教育の機会均等に挑む

黎明期の特殊学級と普通学級における北海道の実践

市澤 豊
ICHISAWA Yutaka

福村出版

[JCOPY]〈(社)出版者著作権管理機構　委託出版物〉
本書の無断複写は著作権法上での例外を除き禁じられています。複写される場合は、そのつど事前に、(社)出版者著作権管理機構（電話 03-3513-6969、FAX 03-3513-6979、e-mail: info@jcopy.or.jp）の許諾を得てください。

■目次■

序　章......6
- 第1　課題の所在について......6
- 第2　本書執筆の意図について......7
- 第3　教育実践者たちの「教育の機会均等」意識について......8
- 第4　本書の構成について......9

第1章　発達障害児等の教育実践通史......11
第1節　戦前期の発達障害児等の教育実践......11
- 第1　通常の初等教育実践の特質......11
- 第2　明治期の特別教育......11
- 第3　大正・昭和戦前期の特別教育......12

第2節　占領期の発達障害児等の教育実践論......13
- 第1　普遍的理念の萌芽性......13
- 第2　教育目的と児童観の普遍性......14
- 第3　教育観と教育内容・方法の原理性......14
- 第4　学習組織の集団性と個別性の統合......15
- 第5　発達障害児教育実践研究成果を通常教育推進の基盤に......16
- 第6　講習会等の「特殊教育関係講座」に参加・関係した人々......17

第3節　戦後期の発達障害児等の教育実践......17
- 第1　新開発北海道における特殊教育実践の胎動......18
- 第2　発達障害児等教育の成立と展開......20
- 第3　発達障害児等の教育実践......21

第2章　黎明期(1945年代～1965年代)の北海道......25
- 第1節　1950年代当時の北海道の学校教育......25
- 第2節　北海道の地域区分......28

第3章　各地区における教育実践......33
第1節　宗谷地区の教育実践......33
- 第1　宗谷地区の概況......33
- 第2　宗谷地区発達障害児等の教育実践......34
- 第3　宗谷地区発達障害児等特殊教育の歩みと特質......48

第2節　網走地区の教育実践……52
　第1　網走地区の概況……52
　第2　網走地区発達障害児等の教育実践……53
　第3　網走地区発達障害児等特殊教育の特質と歩み……80

第3節　根室地区の教育実践……85
　第1　根室地区の概況……85
　第2　根室地区発達障害児等の教育実践……85
　第3　根室地区発達障害児等特殊教育の歩みと特質……92

第4節　釧路地区の教育実践……95
　第1　釧路地区の概況……95
　第2　釧路地区発達障害児等の教育実践……96
　第3　釧路地区発達障害児等特殊教育の歩みと特質……124

第5節　十勝地区の教育実践……129
　第1　十勝地区の概況……129
　第2　十勝地区発達障害児等の教育実践……129
　第3　十勝地区達障害児等特殊教育の歩みと特質……159

第6節　留萌地区の教育実践……164
　第1　留萌地区の概況……164
　第2　留萌地区発達障害児等の教育実践……165
　第3　留萌地区発達障害児等特殊教育の歩みと特質……188

第7節　上川地区の教育実践……193
　第1　上川地区の概況……193
　第2　上川地区発達障害児等の教育実践……194
　第3　上川地区発達障害児等特殊教育の歩みと特質……216

第8節　空知地区の教育実践……220
　第1　空知地区の概況……220
　第2　空知地区発達障害児等の教育実践……221
　第3　空知地区発達障害児等特殊教育の歩みと特質……287

第9節　石狩地区の教育実践……296
　第1　石狩地区の概況……296

目　次

  第2　石狩地区発達障害児等の教育実践......297
  第3　石狩地区発達障害児等特殊教育の歩みと特質......339

 第10節　後志地区の教育実践......347
  第1　後志地区の概況......347
  第2　後志地区発達障害児等の教育実践......348
  第3　後志地区発達障害児等特殊教育の歩みと特質......368

 第11節　檜山地区の教育実践......372
  第1　檜山地区の概況......372
  第2　檜山地区発達障害児等の教育実践......373
  第3　檜山地区発達障害児等特殊教育の歩みと特質......380

 第12節　渡島地区の教育実践......384
  第1　渡島地区の概況......384
  第2　渡島地区発達障害児等の教育実践......385
  第3　渡島地区発達障害児等特殊教育の歩みと特質......403

 第13節　胆振地区の教育実践......407
  第1　胆振地区の概況......407
  第2　胆振地区発達障害児等の教育実践......408
  第3　胆振地区発達障害児等特殊教育の歩みと特質......428

 第14節　日高地区の教育実践......431
  第1　日高地区の概況......431
  第2　日高地区発達障害児等の教育実践......432
  第3　日高地区発達障害児等特殊教育の歩みと特質......447

終　章......451

 あとがきに代えて......454

 人名索引......455

序　章

第1. 課題の所在について

　筆者は，北海道の特殊学級や養護学校及び特殊教育センターに奉職後に教育科学を学びなおした者である。そうして，学術上の分類による「発達障害児等」の教育実践方法の史資料を蒐集・整理し「教育実践史と資料」を書き残すことを課題としていた。そして，本書第1章に概説したように北海道における発達障害児等の教育実践の内実を検討して，教育実践史として戦前期の『発達障害児教育実践史』(2006年) と占領期の『発達障害児教育実践論』(2005年) 及び戦後期の『戦後 発達障害児教育実践史』(2010年) として上梓した。戦後期の『戦後 発達障害児教育実践史』は，総体的かつ通史的な内容であることから，それを補完するために1945年から1965年までの20年間の北海道内の地域史を書き残すことにした。

　また，大学教員として特別支援学校教員の養成にあたり，今日までの過去10年間に全国の特別支援学校320数校を訪問して，直に教育実践の事実である「授業」に触れ研究協議しあう機会に恵まれた。この経験から，改めて発達障害児等の授業実践のありかたについて論究することが課題となった。

　戦後の新たな特殊教育は，1947年の学校教育法制定により制度化され，2006年の法改正により特別支援教育へ転換された。我が国は，2008年に「障害者の権利に関する条約」の発効を機に本条約終結に向けた国内関係法令の整備を進め，2011年「障害者基本法」の改正，2012年「障害者総合支援法」の成立，2013年「障害者差別解消法」の成立と「障害者雇用促進法」の改正を経て2013年「障害者の権利に関する条約」が批准され2014年に批准書を寄託した。そして，2014年の効力発生により，障害者の権利の実現に，特に完全なインクルーシブな教育の実質的実現の促進に一層努めなければならない。

　しかし，学校教育法制定以来特殊教育60年，法改正による特別支援教育実施以来10年の年月を経た今日，特別支援教育は量的拡大をもたらしたものの，教育権利主体者の「教育の機会均等と教育を受ける権利」の中核的内実である学習と発達権の実質的保障を実現可能にする指導理念と指導原理は可視的に蓄積されたであろうか。また，社会の構成原理は，障害者の社会参加・自立の実現を支える福祉，医療，労働等の関係法令と制度は整備はされてきているが，特別支援教育により多様な素質と豊かな能力を発芽生育させて学校を卒業した障

害者等を受け入れ，その素質を存分に発揮させ能力を全面開花させて一層豊かに自己実現を図れるよう支援しているであろうか。これらの実態的な関係性の論証が課題である。とはいえ，本書執筆の意図は次に述べるように，〈教育の機会均等〉論及び〈教育を受ける権利〉論それ自体を論考することではない。これについては，発達障害等を含むすべての人々の〈学習と発達権〉の実現可能な「授業実践論」として別の機会としたい。

第2. 本書執筆の意図について

本書は，戦後初期の1945年から1965年までを発達障害児等教育を含めた新教育実践黎明期と位置づけて，《教育の機会均等》を旗幟とした先達の教育実践事例について支庁と名づけられている北海道の行政14地区別に整理して検討したものである。筆者が蒐集し本書で採りあげた史資料による435の教育実践事例は，異常児等（精神遅滞児，学業不振児，反社会行動児，性格異常児）の特殊学級形態事例が253事例，普通学級形態における指導事例が182事例に区分けされた。そして，これらの教育実践例には，その取り組みの理由として一様に日本国憲法と教育基本法の教育に関する理念として《基本的人権の尊重》，《教育の機会均等》，《民主教育の推進》の実現をあげている。しかし，《教育を受ける権利》についての論述はほとんどみられない。

前掲の戦後編『戦後 発達障害児教育実践史』は，いわば特殊学級形態主体の〈森林のなかの目立った草木〉についての論述から北海道発達障害児教育史という森林を描きだしたものである。森林の生態は，一草一木が相互に共生しあう集合体である。たとえ，その森林のなかの銘木などと評されたものであっても，他のあまたな草木との共生なしには自生し得ないのである。その実例を挙げれば，北海道の発達障害児等特殊学級を代表する実践として，関係者が膾炙する「A市のB小学校」の特殊学級とそのC担当者だけが発達障害児教育実践史に記録されているが，A市B小学校は，第3章で詳述するように特殊学級開設以前から《普通学級における精神遅滞児など発達障害児等の教育実践》を全校的に取り組んでおり，その過程で特殊学級形態を成立させたのである。このように，総体的・通史的な内実は，論述の主要点が森の中の一本の木だけに注目し顕現させ，それを支えている多くの名の知られていない草木まで描き出せない限界があった。黎明期に限定して教育実践事例を整理し検討することの意図は，各地域における教師らによる特殊学級形態の成立の背景及び特殊学級形態をとらずに普通学級における《一人一人の教育の機会》をもたらした教育実践を描き出すことである。しかし，教育実践史の論述は，一次史資料によるだけに筆者が蒐集した史資料には自ずから限界があり十全な検討とはいい難く

今後の課題となった。

　本書のテーマは，執筆当初の「黎明期の発達障害児等教育実践から学ぶ」から「一人一人を確かに伸ばす教育実践の探究」に替えるなど全体構想が定まらないままに作業を進めた。本書名を「教育の機会均等に挑む」としたのは，前述のように本書で取り上げた教育実践研究事例435事例の多くが，その事始めに《教育の機会均等》を事由として明記されていたからである。しかし，筆者は，法制理論の研究を自らに課すことがなかったし，自らの教育実践を教育権や学習と発達権といった視点から検討を試みてもいない。したがって，「教育の機会均等」の原則についての法理論と教育実践との関係の検討は，本書の枠を越える課題である。教育の機会均等論は，戦前期から戦後期への接続性や憲法と教育基本法の法制化過程をふまえた学術的検討による原則の定説は定かでなく，しかも，教育実践事例を関係づけるには実践事例の縦断的内容が不足している。すなわち，五十嵐顕が「教育機会の普及と均等化」『現代教育学』(1961年，p.270) で指摘しているように，本書で取り上げた教育実践事例をして，教育の機会均等の本質に迫る歴史的機能などと解釈するに足る要件を整え得ないからである。

第3. 教育実践者たちの「教育の機会均等」意識について

　日本国憲法は，その第26条で「教育の機会均等と教育を受ける権利」を規定している。そして，この原則は教育基本法第3条と第4条に具体的に表現されている。一般的に，この教育の機会均等の原則は，近代教育制度のなかでも代表的な教育の指導理念であると考えられている。堀尾輝久は，「［教育と平等］をめぐる問題―教育の機会均等論批判―」(『現代教育の思想と構造』1992年，p.220) のなかで次のように論考している。すなわち，〈これまでの研究において，この原則それ自体の内包，および，それの思想全体のなかでの文脈的な位置づけが十分おこなわれず，むしろ原則それ自体は自明の理の如く扱われ，かつそれが，平等思想のコロラリーとして，社会進歩のシンボルの一つであることが，一般に信じられているようである (傍点は筆者)。〉と。

　発達障害児等の特殊教育と「教育の機会均等と教育を受ける権利》にかかわる教育思想からの検討や法制化の批判検討は，管見であるが1968年の日本教育学会の課題研究「障害児の教育を受ける権利―権利としての障害児教育―」が嚆矢であると理解している。しかし，それに続くすぐれたモノグラフの出現は本章の研究対象時期の後のことである。視点を海外に広げれば，1948年の第3回国連総会において「世界人権宣言」が採択され，その第26条で教育を受ける権利，教育の目的としての人格発達，親の教育選択権などが明記されている。

しかし，その情報は教育現場の教師らにまで普及してはいなかった。
　なお，当時の文部省特殊教育室主任官の辻村泰男は，「教育機会均等のために─特殊教育の重要性─」『健康教育 別冊』(pp.2-3, 1969年)に，特殊教育対象者の就学免除者が42.1％もあり就学率が向上していない現状を憂うべからざる事実であるとして，特殊教育の振興について論説している。
　一方，日本教職員組合の教育研究集会特殊教育関係部会においては，1951年1月の第1回全国集会の反省に立って1953年第2回大会から〈問題の中心を普通学校において，教育上取扱いに困る子ども〉に教育実践研究の軸足を移すよう決議している。また，日本教職員組合が編集し刊行した『日本の教育』には，「教育の機会均等と教育を受ける権利」に関する研究協議内容は1960年の第9回集会特殊教育関係部会まで見当たらない。一方，日本教職員組合傘下の北海道教職員組合は，1951年3月の第11回中央委員会において，「昭和26年度運動方針及び運動スローガン」を決定した。その中の一項目である「民主教育の確立」の具体活動として《教育機会均等の徹底》を謳っている。この「教育の機会均等と教育を受ける権利」意識の表明は，日本教職員組合中央本部を越える先進性として注目してよいであろう。
　1945年から1965年当時北海道の教師たちは，新教育への移行思想と憲法と教育基本法の法制化過程に関するある程度の情報について〈自明の理〉として理解し，共感しており，加えて北海道教職員組合の運動方針を組合員として自らの教育実践理念としていたことは確かである。とはいっても，「教育の機会均等の原則と教育を受ける権利」の教育実践的認識は，生存権としての学習と発達権，それは学習主体である子どもは，同時に学習の権利主体であるという人権思想のコロラリーに位置づいていること，しかも，その教育実践研究のスタンスとしては，人間らしい生存とその人らしい幸福は一人一人の成長・発達の無限の可能性に即して，それにふさわしい的確な教育を受ける権利の実現にあるという意識に立つまでには至ってはいないのも明らかである。

第4. 本書の構成について

　課題意識を解明する糸口は，1945年から1965年当時の新教育実践の黎明期の実践事例を読み解くことにあると仮定して執筆した。執筆に当たっての参照・引用は筆者が蒐集し手許に所蔵した一次資料に限定した。しかし，本書は，学術的な研究論文ではないが，個々の教育実践事例に対する論評は筆者の特別教育観による教育実践論を述べたものである。論評は，研究発表者個人に対する評価としてではなく，あくまでもより確かな教育実践研究の向上を願ったもので，特に教育実践研究の観点から研究主題とその主題解決の研究手法と内容

ついて幾分厳正に論評を加えたものである。

　本書は，序章，第1章，第2章，第3章及び終章の5章からなっている。序章は，本主題を執筆し刊行する意図について，第1「課題意識」，第2「本書執筆の意図」，第3「教育実践者達の［教育の機会均等］意識」及び第4「本書の構成」として論述した，いわば本書の導入部である。第2章は，「黎明期（1945年代〜1965年代）の北海道」として第1節「1945年から1965年当時の北海道」及び第2節「北海道の地域区分」とした。北海道の行政区分である14支庁を14地区と読み替えて，各地区における問題児とか異常児などと呼称されている，いわば発達障害児等への教育実践事例を発掘して検討したものである。「発達障害」については，法令用語概念とは異なるとの批判はあるが、学術的用語概念に立って用いている。したがって，その教育実践の成立と発展の背景を理解する最小限の地域情報を「資料」として記載したものである。第3章の「各地域における教育実践」は，本書の本論とでもいうべき内容である。北海道内14支庁を地区と読み替えて，その教育実践について，各節に一地域ごとに史資料を参照・引用して，第1「地区の概況」，第2「発達障害児等の教育実践」及び第3「発達障害児等教育の歩みと特質」として論述した，第1の「地区の概況」は，発達障害児等教育実践の基盤となる1960年度の市町村の現勢（北海道新聞社『1960年版 北海道年鑑』1959年より援用した。この「備考」には，全道市町村からの調査回答は1958年7月31日現在で，面積・人口・世帯数は1959年3月31日現在の北海道統計課調査結果と記されている）と市町村の通常学校の教育的風土を描き出そうとした。しかし，教育風土に関しては，各市町村教育史は不揃いな上に記載内容の欠落も多く一部の地区を除き意図をそぐものとなった。取り上げた教育実践事例は，筆者の史観による軽重はあるが第2の「教育実践」と第3の「教育実践の特質」に関しては本書の主題を根底において論考したものである。

　本文または引用文中には「〈　〉と《　》」を付けた。筆者として強調したい文言には〈　〉でくくり，発表者等の論述内容からの引用で強調したい文言等には《　》を付してある。

　なお，引用や論述の一部には，今日では不適切な用語や表現とされて使用されていないものもあるが，教育実践史研究であることから，原資料に使用されている用字用語は他に替え難いので使用したことをお断りしておく。

第1章　発達障害児等の教育実践通史

第1節　戦前期の発達障害児等の教育実践

第1. 通常の初等教育実践の特質

　北海道における劣等児等の特別教育実践においては，「特別学級」形態と「通常学級」形態における双方に，通常教育の実践との共通性が普遍的に存在していたことが特徴である。すなわち，北海道における初等通常教育は，行政の拓地殖民優先施策のもとに，児童の居住地に適応させる能力の育成を目標に掲げ，簡易・簡便な教育条件を特例として成立し発展した。

　劣等児等の特別教育との関係性で最も重要な情況は，［単級複式編制］による教育組織と教育内容・方法である。単級複式編制教育は，北海道の初等通常学校のうちのほぼ80％相当が該当し，その実践をおこなっていた。

　明治前期の北海道初等通常教育は，大多数の開拓集落においては，わずかな就学児童数，正規教員不足，学校施設設備の不備等の情況にあった。したがって，1886年の小学校令及び小学校簡易科要領などにより［単級学校］による単級複式編制教育を法制化した。当時の単級複式編制教育は，寺小屋的教育から受け継がれた教育理念と教授法がとられていた。すなわち，単級複式編制教育においては，学年や学級の区分がなく，個別的教授と自学自習を組み合わせた徳育中心の教育を実践していた。

　このように，僻地における単級複式編制教育は，その教育形態の結果として、「個性重視の教育」・「体験重視の教育」・「地域・家庭一体の教育」の三つの特質を形成することにつながったと総括できる。

　特別教育の成立とその実践校は，以下のとおりであった。

第2. 明治期の特別教育

　北海道における劣等児等への特別教育は，通常学級に在学する児童のなかで，通常の教育内容・方法では学習が著しく困難な者への教育的対応の一つの教育形態として成立し，展開された。

　北海道における劣等児等の特別教育の成立は，特別教育論の顕現化と特別教育実践の顕在化に反映されている。特別教育論が北海道の教育会関係雑誌に初出したのは，1905年10月である。その初出論文は，北海道師範学校附属小

学校訓導北村衛也による「劣等生について」である。一方，特別教育の実践は，［特別学級］編制形態によるものと，［通常学級］指導形態があった。空知郡三笠村幌内小学校は，1910年に，［通常学級］における［課業時間内特別指導］と［課業時間外特別指導］を実践している。幌別郡幌別村幌別小学校の特別指導は，鉱山地区の発展による学校の大規模化に伴う学級編制上の問題解決策として成立したが，劣等児等の［特別学級］を編成することはなかった。特別学級編制形態は，1908年4月の北海道師範学校代用附属円山小学校［複式特別学級］が最初である。1910年当時，函館市東川小学校と亀田小学校では，「就学児童のうち劣等児等の取扱い」を教育経営上の問題として取り上げ，準備期間を経て特別学級編制形態による実践に取り組んだ。また，1910年当時の［通常学級］において，劣等児等への特別配慮指導や特別指導による実践が特徴的に成立したのは，いずれも鉱山地区と函館市や小樽市等の振興地区においてであり，しかも，学校規模の増大化に対処するためのものであった。

このように，北海道における劣等児等の特別教育は，拓地殖民を優先した教育の「北海道性」を背景として，1905年頃に特別教育論が興り，1908年には特殊学級編制による実験的教育実践が開始され，1910年には［通常学級］における特別な配慮指導及び特別指導形態により成立したとみてよい。

第3. 大正・昭和戦前期の特別教育

特別学級成立の第二興隆期は，1920年代であるとされている。大正期は，六年制義務教育制度の完成期を迎え，教育内容・方法の効率化，知能検査の標準化，児童の個性や自主性を尊重する新教育思想及び［学校衛生］思想並びに［社会教育］行政指導が顕現化し，それらが新しい教育実践の展開へ影響を与えた時期である。

北海道においては，1923年に札幌師範学校附属小学校［特別学級・補助学級］が，1926年には小樽市色内小学校［特別学級・遅進児学級］が，翌1927年には北海道函館師範学校代用附属亀田小学校［特別学級・劣等児学級］が開設された。続いて，1931年函館市東川小学校［養護学級］が，さらに1935年に室蘭市天澤小学校［特別学級］がそれぞれ開設されている。

大正末期から昭和期に至って，北海道の劣等児等の特別教育における基礎教科の学力観が明らかに変化している。それは，学力救済観から生活的学力観への変質である。すなわち，教師達は，国語・算数等の基礎教科の学力向上を願いながらも，単なる卒業・進級認定基準を充たすための学力とは異なる，実生活で〈生きて働く学力〉の形成を目指した。それは，北海道にも新教育思想が浸透したこともあるが，劣等児等への具体的な教育実践によるものであった。

第1節 戦前期の発達障害児等の教育実践

また，北海道においては，1916年に「小学校教科目教授ノ程度及教授時数ニ関スル規程」（庁令第84号）及び改正「特別教育規程」（庁令第85号）により，「本道ノ民度実情ニ一層適切ナル教育」が求められたことも背景にあったと考える。
　北海道における劣等児等の特別教育は，我が国の第二興隆期の動向にやや遅れたものの，それぞれの学校の教育実践は「北海道性」を背景としながら，1945年頃まで展開された。

第2節　占領期の発達障害児等の教育実践論

　北海道の発達障害児等教育が試行されていた黎明期には，連合国最高司令官・総司令部・民間情報教育局のCI＆Eと文部省による教育指導者講習などの教育職員再教育講座が開催されていた。特殊教育関係の講座は，特殊教育研究集会，特殊教育教員再教育講座，精神薄弱児教育講座，特殊教育研究集会等指導者講習だけでなく，小学校・幼稚園・中等教員研究集会，指導主事教科別連絡協議会においても開講された。
　特殊教育関係講座では，教育理念，教育目的及び内容・方法などの教育課程の編成とその実施にかかわる実践理論が日米講師により講義され講師と参加者による研究協議がなされた。
　本項では，上記講習会の講習と研究協議内容について関係誌に伝承されていることではなく，史資料が現存するもので，しかも，筆者が教育実践上から意義があると認められる五つの特質について論考する。なお，詳細は拙書『発達障害児教育実践論―占領期の教育職員再教育講習会等の「特殊教育講座」の検討―』2005年を参照されたい。

第1. 普遍的理念の萌芽性

　教育理念に関する代表的なものとしては，教育指導者講習（IFEL）におけるM.B.スタントン博士[注1]の克明な講義録がある。その講義内容から，その趣意を要約すると以下のようになる。
　戦後の新教育体制を成立・発展させるための教育思想は，〈日本国憲法や教育基本法の精神に立つ民主主義国家を形成する国民の育成〉であった。その教育理念は，〈基本的人権の尊重，人格の完成と個性の伸長を目指した教育機会の均等〉による一人一人の能力に応じた教育の実現にあった。

発達障害児等の教育実践は、新憲法や教育基本法が成立し、その精神に基づいた教育実践を渇望した黎明期当時の原点に立ち返らなければならない。

第2. 教育目的と児童観の普遍性

教育理念は、〈民主主義国家の構築とその形成者の育成〉及び〈一人一人の能力と適性を確実に伸ばす〉教育目的に帰結している。

その児童観は、人間は誰もが〈成長・発達の可能性があり、成長・発達への要求をもつ存在〉として描かれている。発達障害児を含めた児童観は、民主主義の教育思想に基づいており、〈精神薄弱児は自らの成長・発達及び国家の形成者としての基本的要求〉の二面的要求をもつ存在ととらえられている。そこには、教育観や教育目的の設定の観点として、普遍的教育原理である〈社会的要求と児童・生徒の要求〉との一元的把握と教育像としての〈民主主義国家を築きあげる社会的実践人〉が明示されている。児童・生徒の要求とは、成長・発達のニーズに応える教育であり、今日的なニーズ教育の理念的萌芽と理解することに大きな支障はないであろう。しかし、このすぐれて先進的な児童観は、今日の「特別な教育的ニーズ」観を超える普遍性が内在していたと評価したい。

具体的な教育目標としては、〈一人一人が生活の自立を目指し、その能力・興味・経験等に応じた自律的な生活者〉の育成を想定している。この目標に込められている内容は、障害者基本法第三条の基本理念や目標概念並びに障害者福祉における本人内部のエンパワメント形成の概念と通底するものである。これらの教育目的と児童観は、今日の発達障害児教育関係者に対して留意を促していると考える。すなわち、いたずらに、諸外国における教育思想や教育制度及び教育論の新動向に依存する学術的体質を改めること。そして、我が国の教育的風土のなかで萌芽し、自生しようとした土着のすぐれた教育実践遺産とそれによって立つ教育実践論を再評価して、教育実践理論の体系を創り上げていく学校教師と教育実践学研究者との連帯姿勢と地道な協働の必要性についてである。

第3. 教育観と教育内容・方法の原理性

教育原理は、〈児童中心の教育観と生活中心の指導観〉にあった。生活教育は、理想的人間像を自律・自立的な生活者と見なし、生活において、生活のために学ぶ教育を進める教育である。成長・発達の可能性をもつ児童は、その要求を〈生活経験によって学ぶ〉潜在的能力を有しているのである。児童の潜在的能力は、環境と融合することにより発揮され、〈生活的概念〉の獲得となって社会的参加と自立へ向かうのである。すなわち、日常的生活や社会的生活における実践的な学習活動は、その過程において、その学習者の自己を豊かにし、

自己を形成して，自己を実現していく存在に高めるのである。その学習は，生活経験により獲得した学ぶ力により，児童の生活環境を取り込んで活動する過程である。したがって，教育内容・方法は，学校の生活化とカリキュラムの生活化の二つの側面から組織・配列されなければならない。これは，児童の生活地域社会化の視点と地域社会の学校化の視点による統合を意味している。これらの教育観と教育内容・方法の原理は，今日の障害者福祉の目標理念であり実践原理でもある地域福祉における地域生活支援という思想と同根にある。

　教育内容・方法，すなわち教育課程とは，一人一人の人間としての尊厳性の実現を目指した「生活主体者のための教育」を目標概念として，実際的な生活内容を学習内容概念におき，そして，現実度の高い生活による教育を方法概念として，学校の生活化とカリキュラムの生活化の視点により編成・実施・評価される学校の教育計画であると，定義できる。

　また，生活中心教育における〔学習＝支援〕活動として，落ち入りやすい〈生活ごっこ〉や〈学校ごっこ〉について戒めている。指導目標像と学習活動像の一体化，すなわち，〈学習〉とは何かが問われる問題である。

　発達障害児教育においては，今日に至るまで，カリキュラムの生活化に視点が傾き過ぎ，学校の生活化の視点，すなわち，地域生活学校づくりを基盤としたカリキュラムの生活化の実践的視点が不十分であった。生活教育を標榜しながら，地域社会の人々と共に地域の教育機能を回復させる地域生活学校を基盤とした教育実践視点を疎かにしてはならないのである。

第4. 学習組織の集団性と個別性の統合

　生活中心の教育は，教育課程の編成・実施にあたっては各教科と各領域の指導目標と指導内容・方法を組み合わせた「合科・統合形態」による教育実践法が望ましいと主張され，展開されてきている。この生活主義教育における合科・統合形態による指導法の教育学的意味は，学習者と授業者による授業の成立，より具体的には学習者自身の「学習の成立」を図るための指導法的な工夫なのである。合科・統合された学習材は，指導目標による一つのまとまり，すなわち，学習と生活教材の単元として「生活単元」・「経験単元」・「作業単元」等の名称をつけて計画され，「学習＝支援」活動として展開され，学習結果を予測した終結内容に至って一つの区切りにされる。

　この「学習＝支援」活動の展開は，一般的には学習者と教授者による〈社会的協同による共通課題の達成〉という学習形態がとられる。これは，単元学習の展開においては，その単元を学ぶ学習者全員の共通課題を教師と学習者全員による社会的協同によって学び達成することを意味している。すなわち，生活

教育における「学習＝支援」活動形態は，集団学習を基本とするということである。しかし，講習会等における講義や協議記録には，単元学習における「学習の個別化と学習の補修」の必要性についてのみ明記されている。それらに共通するものは，集団による学習に十分適応できない児童・生徒には，集団学習形態には限界があり，教師は個別的配慮としての能力別グループによる学習や個別的学習への細心で，しかも，徹底した「補修的学習」に力を注ぐという普遍的な指導原理である。

このことは，生活中心の教育における「学習＝支援」活動形態は，一人一人の学習課題を達成するにあたっては，一人一人の学習の成立を図るための学習組織の集団化と個別化による教育方法的な工夫の重要性を示唆するものである。したがって，我々発達障害児教育関係者は，斯界に根強く存在している学習活動の実践なき「協働性と個別性」相互排除論を超克しなければならない。そのためには，教育理論や教育実践論に関して発達障害児教育の分野のみならず，通常教育における教育実践の実際とその理論を学びとり，実証するという視野の拡大が求められよう。

第5. 発達障害児教育実践研究成果を通常教育推進の基盤に

講習会等では，米国講師だけでなく日本側の行政担当であり講師も務めていた三木安正が〈特殊教育の研究は普通教育推進の基盤〉をつくるものであるとの教育論を度々講義している。その要点は，《特殊教育は，単に障害をもつ児童・生徒への教育としての一分野を占めるにとどまらず，普遍的な教育理念と教育実践理論を創設する教育機能がある》というものである。

障害をもつ児童・生徒を対象とした特殊教育実践の歴史は長い。しかも，21世紀の特殊教育は，特別な教育的ニーズに応じる特別支援教育論として提案されている。発達障害児教育は，これまでにも一人一人の学習の希いに応える教育実践を意識的に取り組んできたのである。しかし，占領期から半世紀を経た今日，その教育実践の蓄積による教育理論を構築してきたであろうか。現実は，全国各地において，その名称は様々であるが，特別支援教育研究会に類する団体がにわかに澎湃している。発達障害児教育における教育実践研究は，次のような手続きを確実にとり進めることにより，通常教育における教育実践理論となるのである。すなわち，すぐれて確かな教育実践とは，すぐれて普遍的な教育実践論を構築するものでなければならない。また，教育実践に裏づけられた教育実践論は，すぐれて確かな教育実践を創り出すのである。

以上の特質は，北海道の多くの受講者により北海道の特殊教育現場に持ち込まれた。受講者であった教育学者や教育課程行政担当職員は，北海道における

伝達講習会やそれぞれの職分において教育論として伝達し講習した。また，教育実践者達は，伝達講習会や関連する研究会における講師として伝達し助言するとともに，自らの教育実践に取り込んでいったと考えられる。これらの特質が北海道の発達障害児等への教育実践にどのように浸透していったのか，その顕現化については前掲の拙書（2010年）の第2部及び第3部で論述したので参照されたい。

第6. 講習会等の「特殊教育関係講座」に参加・関係した人々

講習会に参加ないしは指導者・実演授業などで関係した人は相当数に上る。しかし，その氏名とその後の研究，指導，教育実践などの活動に関しては明らかにされていない。「昭和28年度東北・北海道地区特殊教育研究集会」は札幌で開催された。

註解

1. 文部省大学学術局教職員養成課『教育指導者講習小史』（1953.3.学芸図書）の「講師」欄の米国側講師 スタントン博士 Stanton, Midred B について次のように紹介している。Special Education, Senior Supervision for Special Education, State Department of Education, Hartford, Connecticut. p.36. スタントンは，第5期，第6期の指導者講習「特殊教育講座」において特殊教育に関する主要な講義題目をほぼ担当した。

第3節　戦後期の発達障害児等の教育実践

戦後北海道の精神遅滞や自閉症など発達障害児等の教育実践の特質は，「北海道方式」と評価されており，それらは三つの系譜，すなわち，戦前期における劣等児等への特別教育実践と占領期におけるCI＆E・文部省による教育職員再教育講座及び北海道大学教育学部特殊教育講座の学内外活動等により形成されたのである。その特質とは，要約すれば，「児童一人一人の成長・発達の課題に確かに応える教育実践」となる。その教育実践をすすめる教育課程の根幹には，自己実現を理念とし，教育目標を自立と社会参加におき，教育内容・方法の原則は児童中心の生活と作業による教育である。教育実践手法は，教育課程という実践仮説に基づいて展開された個別的カリキュラムによる教育事実を

検証するための教育評価と指導事例研究法による実証的な手続きである。

本項は，三つの系譜，教育行政施策，各種研究団体の研究活動を基盤とした学校教育における優れた教育実践を克明に分析検討した拙書『戦後発達障害児教育実践史』(明石書店，2010年) の論述内容を要約したものである。

今日，世界の教育動向は，一人一人の教育的ニーズに応える「個性化と個別化」の最適な教育実践の追求にある。本研究の教育実践モデルは，個性化と個別化教育の普遍的理論を有意に示唆するものである。

第1. 新開発北海道における特殊教育実践の胎動

政府は，1945年に日本再建のための「緊急開発事業実施要領」を閣議決定して北海道に食糧基地開墾と戦災による離職者，復員者，海外引揚者等の入植地を求めた。

北海道は，未開発資源と人口収容力を持つ唯一の希望の地域として1946年に「北海道総合開発調査委員会」を設置して新たな総合開発に取り組むこととなった。同委員会は，1947年に『北海道総合開発計画書』をまとめ知事に答申した。そのなかには，《本道の特殊教育はきわめて貧弱たる》として特殊教育の新興をあげている。これを受けた田中敏文知事は「教育立道体制」構想《道民生活の安定と新生の日本建設は，正しい教育に依らなければならない》と教育重視の方針を打ち上げている。

1. 教育行政方針，学校教育指導の重点等と特殊教育観と施策

北海道教育委員会(以下「道教委」)は，1949年発行の『北海道教育要覧』に「本道の特殊教育の諸問題」として《不遇なるものが先に救われることは社会の通念である。特殊教育が真に理解され，尊ばれ，徹底普及するのは尚はるかである》との認識を示し，「精神薄弱児の教育について」は《知能指数79以下の生徒児童は，普通の学級では取扱がはなはだ困難なので，特別学級を設置して不幸な生徒児童の教育を行い，民主教育の徹底を期したい》としている。以後，特別学級の計画的設置を目標に掲げるが，戦後の財政が逼迫するなかで新制中学校舎建築など新教育体制の整備が先決課題であり1960年代までは容易に進展することはなかった。

1959年6月の北海道教育委員会広報誌『教育月報』(第103号)は特殊教育特集号であった。北海道教育委員会教育長尾見鐐次郎は，巻頭言「特殊教育に寄せて」(p.1.)に次のような特殊教育論を述べているので摘記する。

教育長尾見鐐次郎「特殊教育に寄せて」

教育の機会均等は，憲法と教育基本法に謳われていて，特殊児童と呼ばれてい

る子供達もそれぞれの能力に適応した教育を受ける権利が保障されている。このことは，戦後とみに高まった男女平等の精神に基づく共学が実施普及されたこととまったく同一趣旨であるにもかかわらず，特殊教育の普及率は未だに低い。

　先天的或いは後天的な理由によって不幸にして心身に欠陥をもつ児童・生徒といえども，国民の一人として変わりなく，人間性の尊厳を認め，これを尊重することは，我々社会人の連帯責任である。これらの児童にふさわしい環境と適切な指導によって社会の一員としての生活技術を身につけるにいたるものであることは，おおくの実例によって明らかである。

　特殊教育と一般教育とは別のものであるといったような考え方や態度は厳にいましめ，特殊教育の孤立化を防がなければならない。（以下省略）

　教育長尾見鐐次郎の特殊教育論は，当時の北海道教育委員会の特殊教育観である。特殊教育の実施が憲法や教育基本法の精神である〈教育の機会均等〉，〈能力に応じた教育を受ける権利〉，〈人間の尊厳の尊重〉の保障にあるとしている。しかし，北海道における特殊教育の実施・普及率が低いと認識している。

　1965年，教育長は定例道議会において特殊教育の新興を盛り込んだ「昭和40年度教育行政方針」を述べたのを機に特殊学級（呼称は特別学級から変わる）の増設計画に取り組み，1970年の「昭和45年度教育行政方針」では《心身障害児の教育条件の整備等全国一の特殊教育の実現》を高々と掲げている。

　2. 発達障害児等の実態と就学対策

　道教委は，精神遅滞児の出現率を1950年には2.05％としたが，1957年の「北海道特殊児童調査委員会」は小学児童が3～4％で中学生徒が約4.5％と算定した。就学率は，1962年2.90％，1967年31.00％，1975年33.90％と暫時上昇していったが全国の就学率に比べると低率であった。

　3. 北大教育学部特殊教育講座の成立と役割

　北大教育学部は，1947年全国各大学に先がけて「特殊教育講座（精神衛生講座）」を開講した。開講時の主任教授奥田三郎は，戦前東京の松沢病院医長を勤める傍ら精神薄弱児施設小金井学園の経営や瀧乃川学園の指導にあたった精神医学者である。助教授の木村謙二は，文部省教育研修所の研究員として品川区立大崎中学校分教場の開設と指導に当たっている。助手の山本普は，大崎中学校分教場の教師を務めている。この三名は，大学内外活動により発達障害児教育実践理論である「生活と労働による教育」，「実践記録の分析・検討」及び「指導事例研究」等の北海道方式の形成に指導的役割を果たした。

　そして，戦後初の特別学級は，1949年にオホーツク海に面する雄武町立雄武小学校において開始され，同年には札幌報恩学園が我が国初の養護学校として授業を開始している。次いで，1950年には新得小学校など6校に特別学級が設

置された．そのなかには戦前の函館師範学校代用附属亀田小学校の教育実践を引き継いだ函館市立港小学校特別学級があった．

第2. 発達障害児等教育の成立と展開

1. 特殊教育研究団体の発足と活動

次の4研究団体の名称は発足当時のものである．

(1) 北海道特殊教育研究会

北大特殊教育講座の三名は，特別学級関係者の要望に応え，1952年2月に第一回研究会開催を足がかりとして『研究会ニュース』の発行と研究会を組織して4年間運営した．北海道初の研究組織は，各団体による組織化を促しその役割を果たして解消した．

(2) 北海道精神遅滞児教育連盟（「道精連」）

道精連は，1952年特殊学級，教育課程行政担当及び大学などの関係者により教育条件の整備等を求める陳情団体的な目的を掲げて発足した．その後，道教委と協力関係を築きながら特殊教育の啓発，特殊学級の増設，教育実践の普及等に取り組んだ．名称を改め教育研究団体としての性格を強め，研究会の開催，会報の発行及び地区活動の支援など幅広い活動を見せて発展した．しかし，教育実践の深化を目指しながらも会組織の量的拡大と教育観の拡散もあって特質形成には地域的な格差が生じるようになった．

(3) 北海道教職員組合教育研究集会「特殊教育部会」（「特殊教育部会」）

北教組は，《平和を守り真実を貫く民主教育の確立》をスローガンに掲げて1951年に第一回北海道教育研究大会を開催した．以後の研究会活動を総括すると，①組織性，②計画性，③継続性，④科学性及び⑤資料性等に高い特質があったと評価される．特殊教育部会は，初期においては識見の優れた共同研究者を擁して確かな教育実践の取り組みがあったが，1970年に入るころから特定のプロパガンダ的活動の突出などにより組織内の民主主義が形骸化して開かれた協議が硬直していった．

(4) 北海道情緒障害教育研究会（「道情研」）

自閉症児など情緒障害児への取り組みは，1960年代の北大医学部精神科医による研究を発信源として，関心を持つ教員らとの準備期を経て1974年に研究会として活動を開始した．研究会は，精神科医，学校教員，保育所や幼稚園など乳幼児保育関係者を会員として，発達段階を踏まえた理解とその教育支援の一貫性を指向した実践性がみられた．

第3. 発達障害児等の教育実践

1. 教育実践の概要

　北海道方式の形成過程は，①教育方法の研究・試行期（三つの系譜から教育内容・方法を取込む），②教育課程編成と実践的試行期（教育内容の組織・配列による実践），③教育課程の定着・深化期（教科・領域の合科・統合形態による実践），④新たな教育内容・方法の再検討・実践期（生活科と養護・訓練の実践）の四期に区分される。詳細は市澤豊（2010年）を参照されたい。

2. 特別学級成立期の教育課題と実践

　初期の通常学校の教師達は，教育機会均等の実現を念頭に多様な教育的課題をもつ児童のために能力別編成・二部授業・特別学級等の教育形態を創意して実践した。これらの望ましい教育形態は，今日の特別な教育的ニーズに応える教育実践の原型であったが，特殊学級の法整備が進むにつれて消滅した。このように，通常学級における児童の多様なニーズに応えた先達による教育理念とその実践の事実から学ぶものがある。

3. 特別学級の成立と教育実践展開

(1) 小学校の教育

　前述の雄武小学校は，学業不振児の促進学級，中間児・感覚異常児・社会不適応児などの通級指導方式学級及び精神遅滞児の特殊学級三学級を編成して二担任制により開始した。教育目標（社会生活への適応，独立生活への資質の獲得）を達成させるために四つの教育課程（中心課程，日常生活課程，基礎課程，技能課程）により実践をすすめた。1950年に開級した網走小学校かつら学級は，評価研究から暦年齢主義の画一教育では救済できない児童を《特別な環境において，準ずる教育を施し，合わせて特殊な才能を見出し，生計の道を開き社会に適応させる》ことを目的に掲げて開設された。その能力に応じた「カリキュラム基底」は，精神年齢を横軸に経験領域を縦軸にして教育内容を選択し配列した。そして，教育課程の中心に「生活単元」を据えて，手作りの学習帳『月の本』により生活学習を実践した。本学級の教育実践はその後に開級された道内特殊学級のモデルとなった。

　1950年開設の新得小学校杉の子学級の教育実践の特色は，「観察と指導の記録」から出発した指導計画の作成とその展開にある。同年開設の函館港小学校山本学級は，前述のように戦前期の教育実践である《この子一人の拓かれゆく力に感応する教育観，すなわち「児童の無限の生成観」にたち，児童一人一人の国語・算数の「現実の学力の分析・理解」とそれに相応した生活現実の学力の養成》を継承して発足したが，新教育思潮や教育方法に適合したものであっ

た。担任の山本宇一郎は，年度初めの三か月間を《解放期》と称して児童の理解と関係づくりに当て，授業実践の要諦を「直感化・具体化・行動化・作業化・実際化」などの用語を用いて語っている。
　1951年に始業した札幌郡琴似小学校特別学級は，通常学級における精神遅滞など教育課題をもつ児童へ全校体制を組んでの教育実践活動が基盤にあって特別学級経営を支えたことに留意したい。滝止士は，学校・家庭の連絡記録『この子の母』を残している。同年開設の岩見沢北本町小学校星組は，1952年に本校の《学級に学習上忘れられた子供をなくす》という教育方針により開級された。その特色は，生活指導と学習指導を基本にした「個人別カリキュラム」の作成による児童に密着した実践と指導事例研究にある。美唄市栄小学校雪組の教育は，担任木元綱三郎の《この子らを前にしては，一にも二にも嘆息のいとまなき生活訓練であると思う》に要約される生活指導主体の実践である。木元は，《書くだけで疲れるようなカリキュラムに下痢している》と自分がのめり込める実践を大事にした。1954年開設の滝川第一小学校特別学級は，宮田秀男校長の《特殊教育は，特別学級という特別な教育の場における障害児の教育としてだけではなく，学業不振児，性格異常児，社会不適応児など学校及び家庭生活上の教育的課題をもつ児童のための教育が原点である》との経営視点から通常学級に遅進児の実験学級を設けたり遅進児指導の教育相談室を設けるなど教育課題を有する児童らへの全校支援体制を築く過程で開級された。近時に話題となった夕張市は，1947年の新学制開始と同時に全市教職員による研究協議会を組織して《教育の機会均等，個性重視，能力適応の民主教育の原則に立つ教育実践》を夕張市立教育研究所と協力して取り組んだ地区である。そして，特殊教育は《可哀想だといった同情や慈善の心からではなく，人間が自ら理想とする社会を作り出していこうとする，現実社会に対する人間の闘争である》との念いから1954年に第一，第二，若菜，鹿島の四小学校に特別学級を設置した。夕張第一小学校椿学級の教育の特色は，事例研究法と生活主体重視の実践にある。旭川青雲小学校特殊学級は1952年に授業を開始した。四代目担任の橋本勝朗は，《現在の特殊教育は，特殊学級あるいは特定の特殊児童の研究のみに重点が置かれている観がある。特殊学級のみをつくることに焦らずに普通学級に散在する不振児にもう少し目を向けて，そこより出発する特殊教育であるよう，堅実なあゆみを教育の流れに持ちたい》と正論を述べて自ら実践している。

(2) 中学校の教育
　戦後初期における中学校特別学級の設置形態は，小学校特別学級併置型から中学校単置型があった。道都札幌市は，特殊教育への取り組みが遅れ1951年になって札幌美香保中学校菅原学級を開設した。菅原学級は，教室が確保できず

払下げの「電車学級」から出発したが大崎中学校分教場の教育実践を踏襲して、《生産を通した生活カリキュラム（バザー単元）》に取り組み、1953年には東北・北海道地区特殊教育研修会会場校として職業・家庭科の実演授業を公開した。室蘭鶴ヶ崎中学校美の又学級は1954年開級した。担任の美濃又重道は、同校の生徒指導係として非行少年問題の研究と指導に専念していたが非行少年の中の精神薄弱児問題に関心が高まり《この生徒一人救われなくて先生が務まるか》との思いで学級経営に当たった。教育の特色は、教育愛、詳細な指導日案の作成と実践記録、自作教材・教具による指導法の考案、自作教科書にあり、「特殊カリキュラム」により実践した。留萌港南中学校職業補導学級は1956年に開級した。その教育は、学校工場方式による「萠園白墨」製造などを作業を中心とした職業人の育成である。倶知安町立倶知安中学校こまどり学級は、小学校特殊学級併置型として1959年に開設された。学校は、主に農林業地域に所在していたことから、作業種に「藁加工」を取り入れた作業学習を展開した。釧路東中学校職業学級は、1960年学習室、男子作業室、女子作業室を備えた独立の新校舎に開設された。教育の特色である作業学習は、男子の木工、女子はクリーニング、男女共通の活版印刷であった。そして、各作業の展開は、それぞれの作業工程の分析結果と生徒一人一人の作業能力と適性を考慮して職業人と家庭人を育成した。旭川市立中学校特殊学級合同作業教室は、《現実社会との密接な関連に立ち、生産活動を行い、職業人としての厳しさを体得させる》目的で市内特殊学級5校合同の作業教室として1968年に開設された。開設当時は、10名の担任が指導となり紙工、縫工、金工、木工の四作業種に59名の生徒が実習に励んだ。北海道学芸大学附属札幌小・中学校ふじのめ学級は、教員養成の充実を図るための教育実習と教育実践研究の場として1965年に開設され、実験学級としての使命を果たしている。

4. 養護学校の成立と教育実践の展開

日本初の養護学校となった札幌報恩養護学校は、報恩学園が教護施設から精神薄弱児施設に転換した1949年に学校教育実施校として認可されて始業した。教育の特色は、施設機能としての保護と学校教育としての社会的自立を目標に、生活指導を基盤とした学習指導と職業指導による24時間教育である。北海道札幌養護学校は、北海道の発達障害児教育のセンター的役割を期待されて1958年開校された。創設にあたったのは、港小学校山本学級担任から昇任した山本宇一郎教頭であった。教育の特色は、《生活を通して生活する力を与える。校内・職場実習を通して職業教育を行う》を目標に生活学習、生産学習及び基礎学習を中核とした実践と研究にある。毎年、実践研究紀要をまとめ研究会を開催して全道の特殊学級関係者に実践的な影響を与えた。我が国初の高等部単置校で

全寮制の北海道白樺高等学校は，いわゆる《落ち穂拾い》の後期中等教育を行うために1965年開校した。

その後，養護学校の開校はみられず，養護学校の務制に備えて1977年に至って，漸く稚内と美唄地区に道立養護学校が設置され，以後年次計画により各地に開校されていった。

5. 自閉症児など情緒障害児の教育実践

1966年，北大幼児園において情緒障害幼児教育が開始され，1972年には札幌大通・中央・北九条の各小学校に《①感情の安定を図り，情緒的な人間関係の発達を援助する，②知的能力，言語能力の開発，③基本的生活習慣の形成》を目的とした情緒障害児学級が開設された。教育実践は，教育的診断に基づく遊技的治療教育を基本に学習指導と生活指導及び教育相談を行った。この実践原理は，今日の発達障害児教育に影響を与えている。

以上，戦後北海道における発達障害児等の教育実践を通史的に記述した。これらの優れた教育実践は，今日氾濫気味の目新しいハウツウものにはみられない，実践者たちが児童らと共に創りあげた汗と実践知があり，それは時代を超える普遍的原理性がある。今日の発達障害児等教育に資するものが豊富にある。《真の教育実践者は，歴史的事績から学び自らを高めている》という教訓を再認識しなければならない。

第2章　黎明期（1945年代～1965年代）の北海道

第1節　1950年代当時の北海道の学校教育

　新しい北海道への出発：拓殖的開発から総合的開発へ　戦後，我が国が当面する緊急かつ重要な課題は人口問題の解決と資源の開発による経済の増強を図ることであった。そして，九州，四国及び台湾を抱合する面積を有しながら人口はわずか400万人にすぎない北海道の開発が最重要課題とされた。そして，政府は，1949年3月に内閣総理大臣が北海道総合開発に関する調査審議を推進させるための「北海道総合開発審議会」を内閣に設置した。北海道は，その審議会の答申を経て1950年5月に北海道開発法（法律第126号）の制定，北海道開発庁の設置，北海道総合開発委員会の発足などにより，それまでの物的資源の開発に片寄っていた拓殖計画から，物的資源に加えて人的資源の開発発展を促進する総合開発計画へと転換した。まさに，新しい北海道への出発であった。北海道総合開発委員会は，1950年9月に「北海道総合開発第一次計画書」と知事に答申した。

　北海道の新制小学校と新制中学校　日本の初等教育は，1941年4月に発足した国民学校初等科に代わり，1947年3月の学校教育法の公布・施行により，〈心身の発達に応じて，初等普通教育を施すことを目的とする〉新制小学校として発足した。前期中等教育機関となった中学校は，〈小学校における教育の基礎の上に，心身の発達に応じて，中等普通教育を施すことを目的する〉として1957年5月に新生した。新教育の理念と教育制度は，とりわけ，「民主社会」，「基本的人権」，「個人の尊重」，「能力に応じた教育」，「教育の機会均等」，「男女共学」といった用語等が北海道の教師たちにとっても眩しいほどに新鮮であり刺激的なものであった。

　しかし，北海道の学校教育環境は，戦後の混乱した社会情勢のもとにあって，しかも，北海道の自然的・社会的・経済的環境のなかで他府県と比べて劣弱を極めていた。したがって，新しい学校教育を推進していくには，次のような教育環境の実態からも困難な問題が数多くあった。その第一は，学校において実地教育を担う教員の問題である。その教員は，小学校で43％，中学校で30％が無資格教員であり，全教員数の約1/3が年齢20歳から25歳の若手教員が占めるという実態であった。学校経営問題としては，校長該当者不足を埋めるため採用枠を7級職で年齢30歳以上経験5年以上に広げなければならなかった。北海

道は広大な地域に比して人口密度が低く,児童生徒数に比べて学校数が非常に多いのである。そして,開発途上にあるため,いわゆる僻地校が小学校で36％,中学校で32％存在し,単級複式学校が多いことになる。単級複式の実態は,全学校中に占める割合は小学校69％,中学校70％もあり,これらのことが北海道教育全般を規定する主要な因子となっている。さらに,1949年に文部省が全国の不正常授業の実態を調査開始しているが,「始業時刻を前後する二部授業」による不正常授業は,北海道教育委員会資料によれば,小学校（160校,440学級,児童数7,436人,全学級数の11.2％）で全国（5.66％）の約2倍,中学校は（106学校,777学級,生徒数38,249人,全学級数の13.1％）で全国（3.01％）の約4.4倍となっている。北海道の学校教育は,これらの実態からも明らかなように,学校施設の整備・教員の充足・教員待遇といった諸問題をはらみ,貧困な地方財政問題と関連して,新教育への着手とその振興を阻む重要な課題であった。

北海道教育計画の策定 戦後の北海道教育策定への理念や基本事項は,北海道総合開発委員会文化厚生部会で審議された「総合開発に伴う教育計画の研究方針」に盛り込まれた。これを受けて,北海道教育委員会は,1951年7月に「教育計画立案の根本方針」を定め,北海道教育研究所に検討を指示した。根本精神は,〈北海道の総合開発は,日本再建に寄与する道民の生活文化の確立にあり,文化面の開発を離れて総合開発は成立しない〉という教育の果たす使命を謳いあげたものであった。しかし,この時点では「義務教育の充実」とあるが〈教育の機会均等〉や〈特殊教育の振興〉といった文言はない。北海道教育研究所は,北海道教育委員会の指示による「北海道総合開発と教育計画」の研究結果を1952年7月の教育研究所紀要第3号に発表した。その結論に,「北海道教育計画」の必要が述べられた。北海道総合開発委員会文化厚生部教育部会委員長城戸幡太郎は,1952年12月に「北海道教育計画」を作成し,北海道総合開発委員長から田中敏文知事に答申した。

北海道教育の特殊事情 「北海道教育計画」の第2章には,北海道教育の特殊事情に触れて,教育人口の増加,教育施設の不備,教員の不足と無資格教員の増加,単級学校の夥多,教育費の増高,教育の機会均等,職業教育の不振の7項目について述べている。教育の機会均等とかかわる事項としては,1,530人の未就学生徒（市部では就学猶予者が増加し,郡部には就学免除者その他の事情による不就学者）が多いこと。また,就学生徒の73％は僻地の単級学校に在籍しており,施設の不備,教員不足等悪条件下の環境にあるので,義務教育の充実・教育水準の向上は単級学校から始める必要があること。さらに小学校老朽校舎,中学校は危険校舎で屋内運動の無い学校が多いことをあげている。次いで,養護学校,養護学級の教員増には養護教員養成所の設立が望まれると述べ

て，就職機会の向上の観点からの発達障害児等への特別な教育には言及されていない。

　北海道の教師たち　北海道教育の問題は，すなわち北海道の教師たちが当面し解決を迫られている問題であった。学校の教師たちは，新聞紙大の「折りたたみ式教科書」に代表されるように教材・教具の質量不足，一学級児童生徒数60人，70人という過密学級の経営，教室などの施設・設備の不備・不足，二部授業の兼務担当，複式学級といった教育環境におかれていた。しかも，教員待遇は劣悪であることから生活基盤を自ら確保することすら覚束ない状況であった。とは言っても，〈教育は時を俟たず〉，教師たちは，新教育改革に伴う教育価値観の転換を図り，新教育理念の理解と〈心身の発達に応じた教育〉方法と内容，すなわち，単元学習，カリキュラム，ガイダンスといった教育課程の自主編成と実施に求められる職能養成のために，教員として義務づけられた研修と教員再教育の機会を生かして自らの教員としての資質と専門的知識・技術の向上に努めなければならなかった。しかも，職場の民主化と教育事務処理，雑務の整理，実践研究時間の確保といった職務の合理化問題に取り組む課題もあった。一方，民主教育の推進を標榜する北海道教職員組合は，その教宣活動の一環として機関紙『北教』を発行し組合員のみならず道民に配布したが，〈『北教』は現行のままでは，全組合員に読ませるには無理がある。あまりに組合張りのことばや難解な字句を使いすぎて，読むのがかなりの努力が必要である（北海道教育実践討議会記録『北海教育評論』第5巻第9号，1952年）〉，といった内実への批判に対する課題を抱いていた。

　教師たちは，こうした生活環境と教育環境にあっても，いや，あらばこそ，〈民主教育の実現は教育の機会均等への実践にある〉として，当時は〈異常児とか問題児〉と一括りに呼称されていた非行児，性格異常児，問題行動児，学業劣等児等の発達障害児等への特別な教育実践研究を志向したのである。その特別な教育実践形態は，精神遅滞児等への「特別学級形態」と普通学級における学業不振児等への個に応じた指導である「普通学級配慮指導形態」の二つに大きく区分される。

　しかし，経験主義的学力観から主知主義的学力観への転換，高度経済成長期に見合った能力と人材育成への期待，高校進学率向上に伴う学力促進指導の強化などを背景として，任意設置の特別学級形態から法制適用の計画的設置による特殊学級形態への整理，教育の機会均等思潮にたつ特別な教育は，《特殊学級形態が栄え，普通学級配慮指導形態の衰退》へと向かって行くことになるのである。このことは，観点を変えれば教師たちの教育的信念とはうらはらに「民主教育」推進活動の衰退と言え替えることでもあった。

第2章　黎明期（1945年代〜1965年代）の北海道

北海道の子どもたち　戦後の北海道は，戦前に殖民開拓の歩みを経て日本再建のホープといわれた。しかし，厳しい自然環境下にある農山漁村と炭鉱地域における生産様式は人力依存の前近代性で，そこでの従事者の大半は封建性と貧困と低文化にあえいでいた。農産物の収穫期や漁獲最盛期には小中学生が家業や賃労働のために学校を休まなければならなかった。日本の経済復興を支える一次産業の後継者となるための学力が求められ，「全村教育」運動に刈り込まれる事例もあった。炭鉱地域は，生活や文化の特殊性が強調され生活格差問題が常態化していた。これらに地域では，『夏休み帳』を買い与えられない世帯も少なくなかった。また，急速に人口増加した都市部は，消費経済と低俗文化の流入に翻弄される非行児や不良少年ら社会行動問題児が増えていた。

　そして，北海道の初等中等教育の当面する課題は，基礎学力と学習能力といった地域に生きる基本的学習能力の向上にあった。

　子どもたちは，このような生活環境と教育環境におかれ，自らの生活を幸福にする自主的で意欲的で勤労的な教育像を求められていたのである。

第2節　北海道の地域区分

第1. 北海道開発計画に於ける地域の範囲及び特性

　北海道の地域は，道北，道東，道央及び道南の四地域で区分されることがある。これは，北海道開発を進めるにあたって，北海道を四地域に大別して地理的，社会的，経済的な各条件に適合するようにしたものである。

　しかし，北海道は，1960年時には地区は行政地区として14支庁別となったが，道北地域，道東地域，道央地域，道南地域の呼称は残っている。

「地域の範囲及び特性（四地域十一地区）」

地域名	範　囲	開発上の特性
道北部	**宗谷**・**網走**の一部・**留萌**・**上川**の一部	未開発で残された部分が多い
道東部	**網走**の一部・**釧路**・**根室**・**十勝**	漸く開発に入らんとしている
道央部	**上川**の一部・**空知**・**石狩**・**後志**の一部・**胆振**・**日高**	現在，開発の最盛期にある
道南部	**後志**の一部・**桧山**・**渡島**	最も古くから開発されている

（『北海道教育史 戦後編一』pp.27-28.より。太字は支庁名）

第2. 支庁別市町村名の変遷

本書は，行政区分である14支庁を14地区と読み替えている。

支庁別市町村名（1948年時，1960年時，2007年時）

区分	1948（昭和23）年当時	1960（昭和35）年当時	2007（平成19）年当時
宗谷支庁	稚内町　宗谷村　猿払村 頓別村　中頓別村　枝幸町 歌登村　香深村　船泊村 鴛泊村　沓形村　仙法志村 鬼脇村	稚内市　猿払村　浜頓別町 中頓別村　枝幸町　歌登村 豊富町　礼文町　利尻町 東利尻町	稚内市　猿払村　浜頓別町 中頓別町　枝幸町　豊富町 礼文町　利尻町 利尻富士町
網走支庁	網走市　留萌市　北見市 東藻琴村　女満別村 美幌町　津別町　斜里町 上斜里村　小清水村 端野村　訓子府村　置戸村 相内村　留辺蘂町 佐呂間村　若竹村　常呂村 置戸村　相内村　留辺蘂町 佐呂間村　若竹村　常呂村	北見市　網走市　紋別市 東藻琴村　女満別町 美幌町　津別町　斜里町 清里町　小清水町　端野村 訓子府町　置戸町 留辺蘂町　佐呂間町 常呂町　生田原町　遠軽町 丸瀬布町　白滝村 上湧別町　湧別町　滝上町	北見市　網走市　紋別市 大空町　美幌町　津別町 斜里町　清里町　小清水町 訓子府町　置戸町　遠軽町 佐呂間町　上湧別町 湧別町　滝上町　興部町 西興部町　雄武町

第2章　黎明期（1945年代〜1965年代）の北海道

	生田原村　遠軽町　紋別町 上湧別村　下湧別村 丸瀬布村　白瀧村　雄武村 上渚滑村　渚滑村　興部村 西興部村　瀧ノ上村	興部町　西興部村　雄武町	
根室支庁	根室町　和田村　歯舞村 別海村　標津村　中標津村 羅臼村	根室市　別海村　中標津村 標津村　羅臼村	根室市　別海村　中標津町 標津町　羅臼町　色丹村 泊村　留夜別村　留別村 紗那村　蘂取村
釧路国支庁	釧路市　鳥取町　昆布森村 厚岸町　浜中村　大田村 標茶村　弟子屈町　阿寒村 鶴居村　白糠村　音別村 厚岸村　浜中村　大田村 足寄村　陸別村	釧路市　釧路村　厚岸町 浜中村　標茶町　弟子屈町 阿寒村　鶴居村　白糠村 音別町	釧路市　釧路町　厚岸町 浜中村　標茶町　弟子屈町 鶴居村　白糠村
十勝支庁	帯広市　大正村　中札内村 更別村　川西村　芽室村 御影村　清水町　新得村 鹿追村　士幌村　上士幌村 更別村　幕別村　池田町 本別村　西足寄村　豊頃村 浦幌村　大津村　広尾町 大樹村	帯広市　音更町　士幌村 上士幌村　鹿追村　新得村 清水町　芽室町　中札内村 更別村　忠類村　大樹村 広尾町　幕別村　池田町 豊頃村　本別町　足寄村 陸別町　浦幌町	帯広市　音更町　士幌町 上士幌町　鹿追町　新得町 清水町　芽室町　中札内村 更別村　大樹町　広尾町 幕本町　池田町　豊頃町 足寄町　本別村　陸別町 浦幌町
留萌支庁	留萌市　増毛町　小平村 鬼鹿村　苫前村　羽幌町 初山別村　天売村　焼尻村 遠別村　天塩村　幌延村 豊富村	留萌市　増毛町　小平町 苫前村　羽幌町　初山別村 遠別町　天塩町　幌延村	留萌市　増毛町　小平町 苫前村　羽幌町　初山別村 遠別町　天塩町　幌延村
上川支庁	旭川市　東鷹栖村　鷹栖村 江丹別村　東旭川村 神楽村　東神楽村 神居村　永山村　当麻村 比布村　愛別村　上川村 東川村　美瑛町 上富良野村　中富良野村 富良野町　山部村　東山村 南富良野村　占冠村 和寒村　剣淵村　士別町 上士別村　温根別村風連村 多寄村　名寄町	旭川市　士別市　名寄市 東鷹栖村　鷹栖村 東旭川町　神楽町 東神楽村　永山町　当麻町 比布村　愛別村　上川町 東川町　美瑛町　富良野市 上富良野町　中富良野村 山部村　南富良野村 占冠村　和寒町　剣淵村 朝日村　風連町　下川町 美深町　常盤村　中川町	旭川市　富良野市　名寄市 士別市　鷹栖町　東神楽町 当麻町　比布町　愛別町 上川町　東川町　美瑛町 上富良野町　中富良野町 南富良野町　占冠町村 和寒町　剣淵町　下川町 美深町　音威子府村 中川町
空知支庁	下川村　智恵文村 美深町　常盤村　中川町 夕張市　岩見沢市　北村 栗沢村　幌向村　三笠町 美唄町　奈井江村　砂川町 滝川市　音江村　江部乙村 歌志内町	夕張市　岩見沢市　三笠市 美唄市　芦別市　砂川市 赤平市　滝川市　歌志内市 北村　栗沢村　幌向村 奈井江町　上砂川町 江部乙町　音江村　由仁町 長沼町　栗山町　月形町	深川市　芦別市　赤平市 滝川市　赤平市　滝川市 砂川市　歌志内市　夕張市 岩見沢市　美唄市　三笠市 妹背牛町　秩父別町 北竜町　沼田町　幌加内町 奈井江町　羅臼町

第2節　北海道の地域区分

支庁	(1945年代)	(中期)	(1965年代)
	芦別町　赤平町　由仁町 長沼村　角田村　月形村 浦臼村　新十津川村 深川町　妹背牛村 秩父別村　一巳村　納内村 多度志村　雨竜村　北竜村 沼田村　幌加内村	浦臼村　新十津川町 深川町　妹背牛町 秩父別町　一巳村　納内村 多度志村　雨竜村　北竜村 沼田町　幌加内町	上砂川町　新十津川町 雨竜町　南幌町　由仁町 長沼町　栗山町　月形町
石狩支庁	札幌市　札幌村　篠路村 琴似町　手稲町　豊平町 白石村　広島村　江別町 石狩町　当別町 新篠津村　厚田村 浜益村　恵庭村　千歳町 札幌市　千歳市　江別市 手稲町　豊平町　広島村 石狩町　新篠津村　厚田村 浜益村　恵庭町	札幌市　千歳市　江別市 手稲町　豊平町　広島村 石狩町　新篠津村　厚田村 浜益村　恵庭町	札幌市　江別市　千歳市 恵庭市　北広島市　石狩市 当別町　新篠津村
後志支庁	小樽市　塩谷村　余市町 大江村　赤井川村 古平町　美国町　入舸村 余別村　神居内村　泊村 島野村　岩内町　発足村 前田村　小沢村　京極村 倶知安町　喜茂別村 留寿都村　真狩村　狩太村 南尻別村　磯谷村　歌棄村 熱郛村　黒松内村　樽岸村 寿都町　東島牧村　西島牧村	小樽市　島牧村　寿都町 黒松内村　蘭越村　狩太町 真狩村　留寿都村 喜茂別町　京極村　共和村 倶知安町　岩内町　泊村 神恵内村　積丹村　古平町 大江村　余市町　赤井川村	小樽市　島牧村　寿都町 黒松内町　蘭越町　真狩村 ニセコ町　留寿都村 喜茂別町　京極町　共和町 倶知安町　岩内町　泊村 神恵内村　積丹町　古平町 仁木町　余市町　赤井川村
檜山支庁	江差町　上ノ国村　泊村 厚沢部村　乙部村　熊石村 貝取澗村　久遠村　奥尻村 太櫓村　瀬棚村　東瀬棚村 今金町	江差町　上ノ国村 厚沢部村　乙部村　熊石村 大成町　奥尻村　瀬棚町 北檜山町　今金町	江差町　上ノ国町 厚沢部町　乙部町 せたな町　奥尻町　今金町
渡島支庁	函館市　大島村　小島村 松前町　大澤村　吉岡村 福島町　知内村　茂別村 木古内町　上磯町　大野村 七飯町　亀田村　銭亀沢村 戸井村　尻岸内村　椴法華村 尾札部村　臼尻村 鹿部村　砂原町　森町 部落村　八雲町　長万部町	函館市　松前町　福島町 知内村　木古内町　上磯町 大野町　七飯町　亀田村 銭亀沢村　戸井村　尻岸内村　椴法華村　南茅部村 鹿部村　佐原村　森町 八雲町　長万部町	函館市　北斗市　松前町 福島町　知内町　木古内町 七飯町　森町　鹿部町 八雲町　長万部町
胆振支庁	室蘭市　苫小牧市 厚眞村　安平村　鵡川村 穂別村　伊達町　壮瞥村 徳舜瞥村　虻田町 豊浦村　洞爺村　幌別村	室蘭市　苫小牧市　豊浦町 虻田町　洞爺村　大滝村 壮瞥村　伊達町　幌別町 白老町　早来町　追分町 厚真村　鵡川町　穂別村	室蘭市　苫小牧市　登別市 伊達市　豊浦町　洞爺湖町 壮瞥町　白老町　安平町 厚真町　むかわ町

第2章　黎明期（1945年代～1965年代）の北海道

	白老村		
日高支庁	日高村　平取村　門別村 新冠村　静内町　三石村 萩伏村　浦河町　様似村 幌泉村	日高村　平取町　門別町 静内町　三石町　浦河町 様似町　幌泉町	日高町　平取町　新冠町 新ひだか町　浦河町 様似町　えりも町

第2節　北海道の地域区分

第3章　各地区における教育実践

第1節　宗谷地区の教育実践

第1. 宗谷地区の概況

　宗谷地区は，総面積約4,100平方㌖に1市7町2村の行政区があり，総人口約140,000人，世帯数約24,000世帯の過疎地帯である。

　宗谷管内の産業は，大半がオホーツク海及び日本海北部を基盤とする漁業と，その漁業資源に依存した水産加工業に占められ，それに林業，農業，畜産，鉱業などがある。しかし，近年，漁業依存の安定性に陰りが見え，反面，不振続きの寒冷地農業が東西両天北地区の高集酪地区指定を受けて主畜農業への転換期に入った。また，稚内港の重要港湾指定に伴う大埠頭の建設事業が着工され，豊富な地下資源をはじめ，広大な背面開発などの展望が描かれるようになった。

　学校数は，小学校90（分校3）校，中学校50校，高等学校5（道立1）校である。しかし，面積に比して人口が希薄のため，市街地を除いては単級複式校が多く，小学校学71校，中学校29校を数える。教職員は，助教諭数が全教員数の10％を占めている。学校の校舎及び屋内体育館の保有面積も最低基準を下回り相当数不足している。

　こうした悪条件にあって，宗谷地方教育教育局，宗谷管内町村教育研究会，北教組宗谷地区文教部などが宗谷教育研究所を設立し辺地教育の振興に努力しているが，これも予算不足に悩まされている。また，沿岸漁業の不振と未開発地域として営農不振からくる貧困家庭が多く，これらが教育振興の障害となっており，宗谷地方の特殊性として指摘されている。

　社会教育面では文化センターとしての図書館が皆無である。青年団は30団体，婦人団体200あり，それぞれ連絡協議会を結

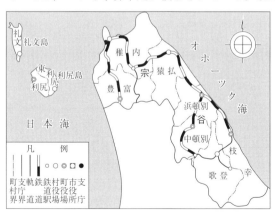

33

成して活動している。病院は公立1，同診療所20，一般病院5，史会員13，保健所1となっている。

第2．宗谷地区発達障害児等の教育実践

　稚内市・宗谷管内発達障害児等特殊教育の黎明期の歩みの概略は，次の文献から実態に符合するものを参考にして作成した。すなわち，野田誠「稚内市における特殊教育の歩み」『小学校高学年における作業学習について』(p.2, 1964年)，稚内市史編纂委員会『稚内市史 北懇』(第一集1969年，第二集1999年)，稚内市特殊教育20周年記念協賛会編纂「稚内市特殊教育20年の歩み」『稚内市特殊教育20周年記念誌 自立の灯を高く掲げて 1980』(pp.10-19, 1980年)，鎌田篤「宗谷」北海道精神薄弱教育研究連盟『道精連 三十年の歩み』(pp.141-145, 1982年)，宗谷教育研究所『三十周年記念誌 道』(1990年)の五つである。尚，庄崎裕史氏より資料の紹介と提供を頂いたことを記し謝意といたします。

1．北海道稚内盲・聾学校の成立とその役割

　稚内市を含めた宗谷地区の発達障害児等の教育開始に関しては，宗谷地区特殊学級担任部会事務局「宗谷における特殊教育の現状」(宗谷地区精神薄弱教育研究協議会『研究紀要 昭和51年9月』p.8.)に次のような論述がある。

特殊学級担任部会「宗谷における特殊教育の現状」

　全道各地で特殊教育の重要さが叫ばれ，特殊学級が続々と開設される状況を見聞しながら，上部の無関心，下からの盛り上がりの無さ等が影響し，特殊学級開設の道は容易に開けなかった。それが，昭和33年頃より稚内市教育研究会特殊部会の話し合いのなかに特殊学級の話題が出て来るようになり，34年，甚だ不備なものではあったが市内における障害児の概数をおさえた。35年にはいり特殊部会の方針のなかに特殊学級開設を掲げ普通学級における障害児のおかれている状況を部員各自が事例研究をした。その結果，普通学級の中では障害児を生かすことに困難を痛感し，市教委へ学級開設の働きかけをした。このようにして，36年9月待望の特殊学級が稚内小学校に開設された。ここに至るまで当時稚内の設置されていた道立稚内盲，ろう学校の先生方の力添えが大きかったことは見逃せない。爾来10余年，1市9ヵ町村の当管内に遅々たる設置状況ではあるが小学校7校9学級，中学校3校6学級を数えるに至った。

　このことから，宗谷における特殊教育の成立は，1947（昭和22）年に設新された私立稚内盲啞学院の設置運動において萌芽をみ，稚内市教育研究会特殊教育部会会員による研究活動とともに形成されたと理解してよいであろう。

終戦直後における北海道の盲教育，聾教育の状況は，盲学校1校，聾啞学校1校，盲啞学校4校，盲聾啞学校1校の計7校であった。このうち北海道庁立盲学校1校を除いて，すべて私立学校で，名称も学院（2校），学校（4校）であった。しかも，この私立学校の設置主体は，財団法人によるものが2校と個人によるものが4校であった。
　ここで，私立稚内盲啞学院の設立過程と北海道稚内盲学校・稚内聾学校教員の教育実践活動を取り上げておく。
　私立旭川盲啞学校長南雲俊次郎は，1946年に道北地区に盲啞教育施設を創設したいと考え，北海道庁学務課の了解を得て，宗谷支庁長富永清や稚内町長富田敬政らと稚内市内に設置することを協議した。そして，1946年12月には「私立稚内盲啞学院建設準備委員会（実行委員長　竹田俊山〈禅徳寺僧侶〉）」が発足した。次いで，1947年9月，盲聾者の職業教育を目的とする盲啞学院を設立することとして，中学部に盲児3名を入学させ禅徳寺内託児所を仮校舎として無認可のまま開院式をおこなった。その後，速やかな道立移管の方針のもとに，1948年に稚内町立稚内盲啞学院，1949年稚内市立稚内盲啞学校と相次いで改組し，1950年には北海道立稚内盲学校，北海道立稚内聾学校として北海道に分離移管された。初代学校長は，両校を兼ねて平柳幹雄が就任した。
　北海道稚内盲学校・北海道稚内聾学校（以下「北海道稚内盲・聾学校」と略記する）は，道立移管をみたものの，校舎及び寄宿舎等の施設と設備は整わないばかりか特殊学校の教員や寮母の志願者がなく，まして有資格者を得ることが困難であった。そこで，窮余の策として，稚内市内の中学校現職教員4名の派遣を得て授業を担当してもらった。現職の4名の教員は，視覚障害や聴覚障害児教育の教員資格はなく，勿論未経験であった。特殊教育の成立と発展には，教員の資質の向上と養成が急務であったが，特殊学校と普通学校との交流が宗谷の特殊教育振興の底流の一つとなったといえよう。
　北海道稚内盲・聾学校は，北海道教職員組合（以下「北教組」と略記する）が主催し北海道教育委員会（以下「道教委」と略記する）が後援する教育研究全道集会特殊教育部会に1956年から1958年まで三年連続して，〈特殊教育の普及度〉，〈社会と特殊教育〉，〈特殊教育振興のための社会学的考察〉を主題とする実践研究課題を発表した。その集大成として，1958年の昭和33年度稚内市・宗谷管内合同研究会特殊教育部会において「特殊教育振興のための社会学的考察」と題する発表をおこなった。
　この特殊教育部会の研究テーマは，「普通学級内での問題児や遅滞児の指導をどうしたらよいか」と「盲ろう児の問題」の二つである。普通学級内での問題児や遅滞児とは，社会不適応児・学習障害児・知的障害児などであり，正

に今日の発達障害児等であることに留意したい。本研究の主題は,「稚内市における特殊教育の普及度について」で, 1956年6月から継続的に取り組んだ調査研究の三年次の結果である。研究の基本的姿勢は, 憲法第26条の〈すべて国民は法律の定めるところにより, その能力に応じて, ひとしく教育を受ける権利を有する〉を基調において〈人権の平等〉と〈教育の機会均等〉の実現をうたった高邁な理念を掲げている。研究目標の「特殊教育振興の社会学的視考察」の観点は, 今日の特別支援教育の理念に通底するものなので, 少し多いが次に全文を再掲する。

稚内盲・聾学校「特殊教育振興の教育社会学的観点」

　教育は社会的事実であり, 社会は教育を欠いてはその存在さえ怪しくなると言われる。「人権の平等」「教育の機会均等」という理念から発生した特殊教育においても(1)本来の意味に於ける教育活動の社会的側面, (2)教育活動に関係あり, またそれに影響を与える社会的諸現象, (3)教育の社会に対する影響力等という教育社会学的な観点からの研究が重要になってきている。榊原清氏は, オルセン(E.G. Olsen)等の「学校と地域社会」に著した基本的な教育方法についての考え方を特殊教育に当てはめて次のようにいっている。《特殊教育においても丁度これを一つの離れ〈小島の学校〉と考えて, これに対して (1)理解・同情・関心, (2)援助・協力, (3)法的措置, (4)経済的裏づけ, (5)治療・復元, (6)予防計画, (7)生活・職業, (8)宣伝普及の八つの〈地域社会〉という大陸の援助がなければならない》。こうした考えは特殊教育に於ける社会学的考察を要請するものである。

　以上のことから, 私たちは次のような目標をたててこの研究に着手した。(1)現在の社会に於ける特殊教育の位置を具体的に認識する, (2)特殊教育の成果を社会的観点から認識する, (3)特殊教育の現状を, その目的まで高めるための方策を考案する。

　榊原清の理論には,〈同情〉とか〈予防計画〉といった社会防衛的思想がみられるものの, 稚内盲・聾学校の教師たちの特殊教育観が宗谷の教師らに繰り返し繰り返し熱く語られていったことになる。それは, 後述するように1958年の北教組第8次全道教育研究集会第15分会(以下「北教組第○次教研集会」と略記する)で「学力遅進児の一考察」を発表した稚内市立南小学校の山川貞勝のレポートが一つの証左として顕れている。

　調査は, 稚内市民2,000人を対象に, 北海道稚内盲・聾学校の認知度(学校の所在, 名称, 行事への参加度合, 盲・聾教育の方法, 教育成果に対する期待)を推しはかり, そこから今後の学校のあり方と社会に対するPR活動を考察する資料を得ることを目的として実施された。調査結果の考察には,〈教育の社会的機能への期待〉として次の二つの課題をあげている。

<u>　　　　第1節　宗谷地区の教育実践</u>

稚内盲・聾学校「教育の社会的機能への期待」

　私達の考えを得，実現され得るであろう手だては次の二つに集約される。すなわち，一般的な普通科目をしっかり勉強させ，人間としての教養を高めておいて卒業後その性格に適する職業に従事させること，②または，一般市井の事業場に生徒を委託し昔の徒弟制度の長所を取り入れて職業教育をすることである。①については，この教育に対する恒常的な課題であって今更論をまたないが，②については，民主化されたとは言え因習の悪習の未だ消えぬ今日の社会に於いて，相当の抵抗があることは，三年間を通じて，この研究によってはっきりと見てきた私達には遺憾乍ら認めざるを得ない。その解決には，私たち自身が社会教育に参加し，且つまた小中学校の先生方と提携して人間改造を骨子とする社会の改革を教育と言う社会的機能によって実現するよう期待し，不断の努力を重ねて行かねばならない。

　北教組稚内支部稚内聾学校の齋藤良二は，1960年の北教組第10次教研集会に研究主題『特殊学校と普通学校との連携』を発表した。この研究主題は，北海道の発達障害児等の教育実践黎明期における初の実践課題意識として注目される。学校創立以来，地域の特殊学校として地域社会に拓かれた教育を意識的に取り組んだ12年間の帰結の一つとして評価される。稚内盲・聾学校の教師たちは，調査研究を踏まえて稚内市の小・中学校の児童・生徒との交流学習の取り組だけでなく，自らの授業を公開し，稚内市・宗谷管内合同研究会特殊教育部会において主導的に活動した。さらに，母親学級へ働きかけて精神薄弱や肢体不自由などの特殊児童をもつ母親のサークルを結成し，稚内市の中堅教師が担っていた青年学級を通じて青年層への啓発活動にも着手していった。

　宗谷初の特殊教育は，このように教育制度も財政も不充分な状況にあったが，通常の中学校の教員が盲・聾学校の教員として派遣されて開始された。この通常学校の教員を特殊学校へ派遣して特殊教育を支援する形態は，宗谷の先達が義務制となっている視覚障害児や聴覚障害児への教育に限定することなく発達障害児等にかかわる教育への関心を高め教育実践への取り組みを意識させることに影響を与えていったと考える。

　稚内市教育研究会は，稚内市教育委員会，宗谷地方教育局，北教組稚内支部により組織され1950年に発足した。北海道稚内盲・聾学校稚内市教育研究の一組織として特殊教育部会が設けられたのは北海道稚内盲・聾学校関係者の強い意向によるものであった。稚内市・宗谷管内合同教育研究大会は，稚内市と宗谷管内の小・中学校及び北海道稚内盲・聾学校の教員による教育実践の研究協議の場として，1956年10月から毎年開催された。大会運営組織は，主催者が宗谷地方教育局・稚内市教育研究所・宗谷教育研究所・稚内市教育委員会で，稚

内市・宗谷管内町村教育委員会・北教組稚内支部・北教組宗谷地区協議会・宗谷教育振興会・稚内市連合PTA・宗谷管内連合PTAの七後援団体により構成されている。本研究会特殊教育部会では，小・中学校会員による発達障害児等への特殊教育への熱い想いと，北海道稚内盲・聾学校会員の教育社会学的視点による地域社会への普及活動が次第に高揚していった。

次に，稚内盲・聾学校以外の宗谷の先達たちの教育実践を検討する。

2. 通常の小・中学校の先達たち

稚内市立稚内小学校の笹森晃は，1952年の北教組第二回北海道教育研究大会（筆者註：北教組教研集会の名称は，1951年から1953年までは「第○回北海道教育研究大会」を，1954年からは「第○次全道教育研究集会」となった。北教組教研集会特殊教育部会については，拙書『戦後発達障害児教育実践史』2010年，明石書店を参照下されたい）特殊教育部会において，『ひとりっ子の社会適応の指導』と題する三ヵ年の特異児童F子の指導事例を発表した。笹森晃は，1953年の北教組第3回教研集会において，一般学級における特異児童の指導経験から，『特異児童の取扱いと特殊教育の振興対策』を提言した。提言

笹森晃『特異児童の取扱いと特殊教育の振興対策』1952年

内容は，○序文 建設のあゆみ○研究の意義，○問題点に対する対策，○調査（学校・学級の実態，清音・書き方調べ），○指導，○指導の難点，○精神遅滞児教育の振興，○結となっている。笹森晃の1952年の提言は，宗谷地区における最初のものとして貴重であるから，提言内容を次に摘記する。

稚内小学校笹森晃「特異児童の取扱いと特殊教育の振興対策」

建設のあゆみ 我々は国土と同じように破壊し尽くされた教育を建設しなければならない。学校教育建設の土台を築くものは，これまでのような教科指導や訓練によるのではなく，建設の根本はただ児童を人間として，社会人として十分な条件を備えて成人するように「育てる」ことにある。今日，我々は外面的なことに幻惑されることを厳しく警戒して，児童の心を見つめ，児童の身体を見つめ，その手をとって共に進むことこそ真実の建設である。

研究の意義 人間の能力は，素質と環境により制約され，同時に相互に影響し合って一個の人間となる。近代教育は，個人差に応じて児童の成長発達を助長し，各人が幸福な生活を営むと共に社会生活の責任を分担させることを理想としている。

この思想は，まさに民主主義の理想に基盤をおいたものである。この個人差に応じた教育は，英才児，心身障害児のみならず性格異常者や不良児など極めて困

難な状況におかれている児童の問題でもある。これらの異常児を問題とする特殊教育は，最も高度に近代化した教育の分野である。それは，人間が自ら理想とする社会を作りだして行こうとする人間の戦いであり，教育関係者に与えられた使命である。本研究は，普通学級に多く存在する精神薄弱児などへの対策と指導問題の解明にある。

　問題の対策　稚内市の対策として，各学校より同志が集まり研究を進めると共に社会啓蒙運動を進めてきた。しかし，一般学級における特異児童の指導問題は，なかなか解決できないので，次のような研究対策を講ずることにした。ア．安定感があり，所属感が抱ける学級経営により精神薄弱児を学級全員でいたわり，助け合うこができる，イ．学級活動の分担を与え，学級の重要な一員である自覚と責任をもたせる，ウ．用具教科（筆者註：国語・算数など）の初歩は，徐々に指導する。

　　調査　（筆者省略）

　　指導　1．読める字を表にまとめる，2．教室のものに平仮名を書いて張る，3．絵本を沢山用意する，4．文字カードを用意する，5．ことばのカードを作る，6．姓名が書けるようにする，7．拗音・促音・長音について反復稽古させる，8．書写，聴写の繰り返し指導する，9．書く稽古は絵と言葉を関係づけるようにする，10．文の読み書きを指導する。

　　指導の難点　父兄は教育に無関心である。常に父兄の理解と協力がなければ指導の効果は上がらない。

　　精神遅滞児教育の対策　当面の対策は，ア．特殊教育の研究態勢は6・3・3を通じた一環性をもたせること，イ．ワークブックの活用，ウ．早期からの職業指導的作業の実施の三点である。特殊教育を「忘れられた子供」，「忘れられた教師」，「忘れられた教室」ではなく，民主教育のトップを育成する教育であり，それは〈特殊〉な教育ではない〈普通〉の当たりまえの教育としなければならない。

　　結　たゆまぬ愛と見まもりを持て!!

　笹森晃の発表内容は，終戦後二年目の教育実践である。彼には，戦前の学校教育が用具教科中心であったことを省みて，新憲法や教育基本法の理念に即して人格の完成と民主的社会の形成者を育成するという理想がみられる。精神薄弱児などの発達障害児と英才児も視野に入れた教育観や障害観も未成熟ではあるが格調高く，継続的に取り組んでいる指導の実際とに大きなずれはない。惜しむらくは，「指導法」の工夫による指導の実際について，指導法と児童の学習実態にかかわる記述が抜けていることである。稚内小学校（現稚内中央小学校）は，笹森晃を中心に特異児童の教育研究を継続して1961年宗谷地区で最初の特殊学級を開設したのである。

　1953年4月，宗谷管内町村と稚内市の合同研究推進委員会が発足し，「宗谷管内教育研究協議会」が発足する。本研究協議会は，1957年5月に発展的に解

消して「宗谷教育研究所」となる。

　1953年11月、浜頓別町立浜頓別小学校の村上勉は、北教組第3回教研集会で主題『この児を道連れに』を報告した。報告の内容は、○この子を知ったのは、○この子の元型探究のために（1.教師の記録と級友の記憶から、2.事例研究協議会資料）、○対策として（当分の間、近き将来に於いて）、○結びとして、からなっている。1953年時の浜頓別小学校は、学級数8学級、児童数410人、教員数8人で浜頓別町では規模の一番大きい学校である。主題の「この子を道連れに」には、小学5年生の「けんちゃん」に対する今後の指針を得るための一年半の取り組みと研究協議の過程が述べられている。しかも、対策としての特殊学級の設置は財政難的に困難であり、児童福祉施設への入所についても父母の理解も得られず途方に暮れているという生々しい内容となっている。村上勉は、最後に《現時点で今後の方針は立てられない。願わくばこの子を取り巻く多くの人々に、彼も人の子吾も人の子の大いなる愛情を期待し、省みられざるこれ等一群の子供たちに教育の機会を均等に与えられるよう切望して止みません》と結んでいる。本事例の「けんちゃん」は、村上勉の報告書を精読すると今日の障害区分からは発達障害児である。当時、精神薄弱と診断された児童は、特殊学級の対象とされ特別な教育が施されていたが、本事例の児童は、学力遅滞に加えて凶暴性と衝動性と多動性があり、身体的には不器用で癲癇発作、盗み・徘徊・無賃乗車・異性へ過剰なかかわり・孤立など非社会的・反社会的性格と行動に顕著な発現があり、学校教師は〈できるだけ刺激を与えないように〉腫れ物に触るように当たらず障らずの状態であった。本事例研究が特異児童の教育に対する関心を引き起こし、中頓別小学校に特殊学級が開設したのは1967年であった。

　1955年、稚内市立稚内北小学校の渥美敏郎は、『行動問題児についての一考察』を北教組第5次教研集会で発表した。渥美敏郎が取り組んだ問題行動児とは、通常の学校生活に適応して行けない学業不振の、しかも、社会的不適応の児童で今日の障害分類からすると発達障害児であろう。本発表内容は、○はじめに、○本人の生活歴、○問題となった点（家族の状況、家庭の状況、校区の一般的環境、住居地の一般的環境、生育歴、非行当時の交友関係、身体状況、精神検査からみて、行動について、学習状況）、○診断（原因の考察、以前の指導の欠陥、指導上の要点）、○指導の経過（家庭連絡から、児童の日記から、学級社会から）、○結びとなっており、整った形態の指導事例研究であると評価される。渥美敏郎は、本児小学5年生に対して次のような課題意識をもって取り組んでいるので摘記する。

渥美敏郎「学業不振を伴う社会不適応児への取り組」

　私たち教師は，常に個々の児童に接し，理解して教育しなければならない。とは言っても学級成員一人ひとりを個々に理解し教育することは容易ではない。しかし，この子の将来を考え，この子の家庭を考えた時に〈この子だけは〉と言う考えが沸き起こって研究に取り組んだ。問題児の研究と指導とは，現場教育において最も重要な問題の一つである。それにもとづく指導は，ただ問題をもつ子供たちを救う道を開くだけでなく，子供たちを深く理解し適切に導くものであることを，この研究に着手して痛感したのである。

　本研究の優れて示唆的なものは三つある。すなわち，①渥美敏郎の課題意識と　②以前の指導の欠陥を学び直した姿勢，及び③問題解決の研究フィールドを学校内から家庭や地域社会に広げた視点である。戦後の学校社会の教師たちは，民主主義に関する理解が未成熟のこともあり，お互いの教育実践を相互に検討し吟味し合い高め合うといった〈同僚性〉は未発達であった。学校社会の職場は，相互の教育実践の主体性を尊重するといった曖昧な雰囲気により，相互に〈学び合い，高め合う〉ことを避け，相互には〈学び合わず，競わず〉の個人的な閉鎖的社会となっている職場が少なくなかった。渥美敏郎は，3年生，4年生時の指導の実際を掘り起こして検討し，そこから新たな視点による実践研究に取り組んでいる。教育実践研究は，対象児への最適な指導法を見い出すと共に彼を取り巻く社会環境の改善に主眼があるのであって，決して形式的で穏便に研究をまとめることではない。

　1955年，枝幸郡江差町立山臼小中学校の篠崎繁雄は，宗谷管内開拓団地の豊富村庄内校田畑次左衛門・豊富村稚咲校柏倉玄栄・猿払村芦野校三国秀夫・猿払村狩別校松本清之の四名と共同で取り組んだ研究『開拓地の子供の実態』を北教組第5次教研集会に発表した。宗谷の開拓者の入植により農業開墾費で建設された学校〈教授場〉は1947年から1953年までの7年間に45校を数えている。篠崎繁雄の報告書の内容は，○地域環境（開拓団地概況，文化度，道路状況，営農の実態），○家庭環境（住居の状況，家計の状況，生活の時間配分），○学校環境（施設，通学距離），○子供の実態（健康さ，時間配分），○教育のいとなみ（教師の願い，楽しい環境の構成，楽しく勉強できる身体），○むすび，となっている。1953年に開校した猿払村芦野校の規模は，1959年当時学級数1学級，児童数46名，教員数2名の単級学校である。戦前における北海道の発達障害児等の特別教育については，本書第1章第1節に既述したように北海道としての特質があった。北海道の小学校の特色の一つ単級複式校が多数を存在し教育方法も単級複式編成による年齢や個に応じた指導が採用されていた。そのために，郡部や過疎地においては，在学しているすべての児童の学習の実態や進路に応じ

た配慮がなされていたことから特別な教育形態の成立は生じにくかったのである。すなわち，篠崎繁雄らは，開拓地の学校の施設・設備や児童らの生活環境が劣悪な緒条件下にあるにもかかわらず，生活基盤を立て直し一人一人が楽しく生活し学ぶことに意を注いでいる。このことは，今日，世界の先達たちが求めている〈一人一人の特別な教育的ニーズに応える〉という教育理念に通底するものがあると評価されよう。

1958年，稚内市立稚内南小学校の山川貞勝は，北教組第8次教研集会で『学力遅退児の一考察』を発表した。山川貞勝の本研究内容は，前述の第四回稚内市・宗谷管内合同研究会特殊教育部会で発表した「普通学級における問題児，遅滞児の教育をどうしたらよいか」と同じものである。内容構成は，○序文，○研究の概要（目標，組織，調査方法，本校の推移），○学力遅滞児と知能（知能と国語成績の関係，学力遅滞児と知能の段階区分と分布），並びに環境調査（学力遅滞児の校内における生活学力遅滞児の環境調査），○結び（児童と人間形成，今後の問題点）となっている。山川貞勝が勤務する稚内南小

山川貞勝『学力遅退児の一考察』1958年

学校は，稚内市街南方に位置する地域で終戦後樺太からの転住と平和産業の開発に伴って住宅地と工業地帯として発展したところである。1958年時の学校規模は，児童数1,641名，学級数32，教員数37名，職員数8名の大規模校である。本報告の主要は，同校の学力優良児と学力遅滞児の実態調査結果とその検討であるが，特殊教育の対象として学力優秀児と遅滞児というガウス曲線の両極端に存在する児童の調査に視点を向けていることに留意したい。ここでは，「序文」に述べられている特殊教育観について注目してその要点を摘記する。

山川貞勝「等しく教育を受ける権利と特殊教育」

「すべて国民は法律の定めるところにより，その能力に応じて，等しく教育を受ける権利を有する（憲法第26条）」。

　教育の機会均等の理想を実現することが目的であることから，その実施のための諸法令等が制定され施行された。このことは，教育の画期的な転換であり，それを如実に示すものとして特殊教育の重視がある。漸く精神薄弱児童及び学業不振児等の問題がとり挙げられ，遅ればせながら特殊教育が前向きに発展しつつある。〈I.Q.75以下の者は，普通と同じ組で普通児と同じく取り扱うのでは幾ら教師が骨を折っても無駄である〉と言うことを聞くに及んで，子をもつ親の立場に立った

とき，可能な限り普通児に近づけ，自立できるように願い，手をほどこすことが教師の良心であろう。

憲法が発布・施行された当時，学校教師の誰もが〈能力に応じて等しく教育を受ける権利と教育の機会均等〉の規定を文字どおりに解釈して，その具体化に志したのである。宗谷の特殊教育に取り組んだ先達は，憲法と教育基本法の理念と教育社会学的視点にたって特殊教育の理解・啓蒙と発達障害児等の特殊学級の設置にかかわる教育実践研究に取り組んだのである。しかしながら，これらの条文による行政施策は国民や特殊教育の先達らの解釈と大きく異なっていた。本書においては，その解釈についての論争に立ち入らないが，当時の教師たちは，〈児童・生徒の一人一人の成長・発達の特質に応じた教育〉に取り組むことが新教育であり民主主義であると確信していたのである。

浜頓別町立下頓別中学校の逸見育子は，新任教師として着任した中学校の学級担任となって，学級の問題児Aの存在とその指導に戸惑う一年目であった。そして，稚内市教育研究会特殊教育部会の会員らに学びながら，1960年の北教組第10次教研集会で『問題児「A」に関する行動記録』と題する事例研究的実践記録を報告した。その内容構成は，○はじめに，○宗谷管内の教育状況（学校数と児童数，宗谷管内における特殊教育の実態），○「A」に関する事例研究（問題の所在，資料〈生育状況，性格行動記録，諸テスト結果の考察，身体状況，近隣友人関係〉），○診断，○今後の指導に当たって，となっている。ここでは，「宗谷管内の教育状況」と「今後の指導に当たって」の二つについて検討する。まず，1960年時の宗谷管内の教育状況について次に摘記する。

逸見育子『問題児「A」に関する行動記録』1960年

下頓別中学校逸見育子「宗谷管内の教育状況」

宗谷管内の学校数と児童数					就学猶予・免除者数	
区分		学校数	学級数	児童・生徒数	猶予者数	免除者数
9町村	小学校	91	396	14,602	7	6
	中学校	50	164	5,556	1	1
稚内市	小学校	26	197	8,132	4	0
	中学校	22	81	3,016	1	1

第3章　各地区における教育実践

9町村の学校規模

区分	単級校	副式校	多級校	計
小学校	5	62	24	91
中学校	15	12	23	50

　9町村の小学校の場合，一校当たりの平均学級数は6学級に充たない。このことから，一校一学級の単級複式校，または，一校一学級とならない数学級の複式学級校が小学校で約74％，中学校で54％を占めている。このため，中学校においては遠距離通学者が非常に多く，往復12㌔メートルの生徒が42名おり，遠路通学で長期欠席するものが10名にのぼっている。

　宗谷管内における特殊教育の実態　1960年10月現在で，稚内盲啞学校を除いて特殊児童を収容する施設はなく，そのため普通学級における特殊児童の教育は教師にとって非常な関心事であります。しかし，特殊学級などによる教育の実施については，普通児の教育効果，学級の生徒数，先生の多忙などの理由から困難な問題となっている。

　逸見育子の報告でも，単級複式や複式学級規模の学校においては，問題児への教育は教育条件が整わず特殊学級を開設して行うという気運は起こらなかった。生後一年に満たないAは，終戦間もないときに実父母と兄二人姉二人とともに樺太から引き揚げ母親の実家で過ごした。その後に，父母と二女との四人で小頓別の開拓村に移り住んだ。Aは，三歳のときに過労死した母と別れ，その丸一年後に急性盲腸で医者にかかることなく一晩苦しみ続けて死んでいく父親を見守った。そして，四歳になって長姉の嫁いだ先に引き取られた。診断内容からは，知的な遅れはないが身体虚弱で学業不振，性格は陰険で癇癪による粗暴性があり，人間関係は孤立した存在で，万引き，家出，動物虐待，事物の破壊や他害行動など社会行動に問題を現出する生徒となっていた。逸見育子は，生徒Aに対する次に摘記したような指導方針を立てて指導に努めている。

逸見育子「問題児Aへの指導方針とその後」

1.クラスを明るく何でも話せるようにする，2.机の配列を考え良い仲間づくりをする，3.悪い行動したときは話し合いで納得させる，4.特別扱いをしない（Aが望まないから），5.家庭訪問を続け家庭との連絡を密にする，6.希望する図工クラブで活動させることにより安定した学校生活になるようにする，7.少し落ち着いたら日記を書かせる。

　私は，掃除も弁当も遊びもクラスの仕事も時間の許す範囲内において，生徒と共に過ごすことにしている。だから，生徒は先生というよりは何でも言える人のように接している。しかし，Aは未だ未だうち解けてすべてを語ってはくれない。

第1節　宗谷地区の教育実践

けれども，現在Aに対する不安も薄らぎ，明るく接することができるようになっただけでも幸せなことである。

　逸見育子は，新任教員でありながら問題児の事例研究に取り組んで学級経営を行っている。問題児の指導は，問題児への個別的な対処療法的に取り組まれがちである。しかし，逸見育子の教育実践は，常に生徒と共に在る教師を目指し，学級社会のなかで解決しようとした視点と家庭訪問を繰り返し行って学校と家庭の相互理解を徐々に高めていった粘り強い実践であることに留意したい。
　稚内市立北小学校の野田誠は，逸見育子と同じ新任教員で5年生56名の学級担任であった。そして，先輩の笹森晃や渥美敏郎の問題児に対する丁寧な実践研究の姿勢に学びながらも自分の学級の精神薄弱児を含む発達障害児等の指導に苦慮する日々であった。その新米教師の野田誠は，稚内市における特殊学級開設までの経緯について，1960年の北教組第10次教研集会において『特殊学級設置のために』と題して報告している。当時の宗谷における教育実践研究発表のなかで，研究主題に初めて〈特殊学級の設置〉を掲げたのは若い野田誠であった。野田誠の報告書は，○はじめに，○研究の概要（目標，組織），○研究の経過，○本年度の目標及び今後の進め方から構成されているので，次にその内容を摘記する。

野田誠「特殊学級設置のために」

　はじめに　知的能力の欠陥により普通学級の学習についていくことができず，社会的能力が低い児童に教育の場を与え，人間関係，社会適応能力を伸ばし，立派な職業人に育てることを目指す特殊教育には意義がある。稚内市は，人口五万を超える都市でありながら未だに特殊学級が一学級もなく，他地区と較べて四，五年の遅れがある。市当局に働きかけてきたが関心の度合いは薄かった。1960年に至って関係教職員による盛り上がりが出て「特殊学級設置推進委員会」の設置をみ，漸く光明が見えてきた。
　研究の概要　研究の目標は，1.稚内市に特殊学級を設置を阻んでいるもの，その機運や地域の特性などを究明し解決する。また，2.普通学級に放置されている精神薄弱児の実態を明らかにすることの二つである。研究組織は，稚内教育研究会特殊教育部会は，教科部会の影にかくれてお義理に各校に一，二名の会員登録で会員数も少なく，会員の半数以上は稚内盲・聾学校の先生方である。
　研究の経過　昭和33年度の研究目標は，「学力と知能の相関」としたが，全体に関心は低く結論は出せなかった。昭和34年度の研究目標は，「精神薄弱児実態調査」とした。市当局は，そのための資料は勿論のこと調査すらおこなっていない。第一段階として全市小学校児童を対象に知能検査を実施した。その結果は，あまり芳しいものではありませんでした。その原因としては，1.知能検査は市教委の都合で市内全校に実施できなかったこと，2.協力校が少なく，3.実施校からの結果

報告が遅れたことなどがあり，これが稚内の特殊性であった。調査結果からは，稚内市内には出現率4％として特殊学級は130学級必要である。この結果は非常に信頼性の低いものであった。それは，団体式知能検査であること，集計資料は報告のあった一部学校の結果の類推であったこと，知能検査以外の資料がないこと，知能検査と地域性（学校の大半が複式校で，農村地帯も多い，ある学校の全児童の約46％がI.Q.75以下という結果もあった）の関係の分析・検討が出来なかったなどによる。

昭和35年度の目標 研究主題に「稚内市に特殊学級を設置しよう」を掲げ，次の二つの調査をおこない，その結果を教研集会に発表して啓発することにした。調査・研究事項は，1.普通学校内における精神薄弱児の実態（学習面，交友関係，性格面の歪み）と 2.この教育に対する父兄の関心（精神薄弱児をもつ親の関心度，正常児父兄の関心度）について，でその結果をもとに各方面へ特殊学級設置を働きかけることにした。

普通学級における精神薄弱児の実態 私は，教員生活六ヶ月の新米教師です。現在小学校五年生を担任し精神薄弱児の指導に苦しんだ。はたして普通学級でこの子を救えるかどうか。彼等に何か済まないことをしているように感じ，特殊学級を早く開設して欲しい気持ちで一杯である。

野田誠は，自分が担当するクラスの5年生56名に対して，教研式団体知能検査を実施した結果，知能指数85以下14名，内75以下7名という結果に驚駭した。そして，I.Q.85以下の児童にWISC検査を実施した。その結果は，知能指数85以下8名，75以下3名であった。さらに，その3名のWISCの下位検査結果と日頃の行動観察結果から精神薄弱児と判断している。次いで，3名に対して総合的資料を得る意図から，教研式学力検査による学力測定，ソシオメトリックテストによる学級における地位の把握，教研式ゲスフーテストによる他児童からの評価，絵画欲求不満テストによる性格理解，精神薄弱児実態調査委員会（筆者註：1953年に文部省特殊教育室は全国の精神薄弱児の実態調査を行うことにし，三木安正・鳥津一夫・林知己夫・杉田裕を調査委員に委嘱し，特殊教育室の山口薫が加わって精神薄弱児実態調査委員会を発足させた。本委員会は，調査要綱を作成して前項の抽出調査を実施した。その調査要綱，調査方法及び結果は，1956年に刊行された『精神薄弱児の実態』東大出版会に記載された）が作成した「家庭調査」による家庭の関心把握などに努めている。野田誠は，日頃の行動観察とこれらの検査手続きと結果がほぼ一致していたことに自信を得て特殊学校設置運動を高める意思を強く持ったのである。前掲引用に続いて，野田誠の報告書の「要約と今後の

野田誠『小学校高学年における作業学習について』1960年

進め方」を次に摘記する。

野田誠「要約と今後の進め方」

　要約　4月に学級をもって，かなりの数の精薄及び境界線児の存在を知り，彼らをなんとかせねばと考え種々自分なりの方法で手をかけてきましたが，一年の半ばを終わった現在，何一つ彼らに役立てなかったことを後悔すると共に，精薄児の普通学級内指導の不可能なことを実感した。よく言われている，助け合いグループも彼らにとっては所詮〈助けられ〉グループでしかあり得ないのが現実である。特別指導も劣等感育成と学級社会からの締め出しを助長しているのが現状である。一日も早い特殊学級開設を願ってやまない。

　今後の進め方　稚内市教育研究会特殊部会は，これまでの調査研究の結果などを基に協議し合い，特殊教育に対する周囲の情勢を判断すると，より積極的に各方面への働きかけを進めることによりこの一，二年内に学級設置の可能性があると総括した。そこで，開設運動の対象を理事者側（市教委，校長会）と父兄・一般教師側に焦点化して1960年10月29日に実施することとした。

　宗谷の限られた少数の先達たちは，特殊教育の必要性を確信し地味な実践研究を細々と続け，協力し合って設置運動を進めた。そして，宗谷地方最初の特殊学級は，1961年9月に稚内市立稚内小学校（校長 木下三良。現稚内市立中央小学校）に設置された。特殊学級の入級児童は，男子4名，女子4名の8名で，寺岡一男が最初の担任となった。稚内市立稚内小学校の特殊学級は，学級開設二年目には入級児が増え二学級となり須田三枝子が担任に就いた。1963年に初代担任の寺岡一男が転出したことから，野田誠が稚内市立北小学校から転任して稚内市立稚内小学校特殊学級担任となった。稚内市教育研究会特殊教育部会の若き理論者となった野田誠は，1964年の北教組第14次教育研究全道集会に研究題「小学校高学年における作業学習について」の報告を行った。報告の主旨は，特殊学級開設四年目の現状をふまえて確かな教育内容・方法の定着を図るために，〈生活単元学習のほかに作業単元学習の体系化〉を目指した実践を進めることについてである。

　歌登村立歌登小学校の佐々木鉄雄は，1962年に開催された北教組第11次教研集会において『普通学級における特殊児童指導―カリキュラムのおさえ方の一考察―』を発表した。1959年当時の歌登小学校は，学級数9学級で生徒数441名，教員数は9名の中心校である。佐々木鉄雄の発表内容は，○はじめに，○特殊教育の内容と方法（遅滞児教育のカリキュラムのおさえ方は，生活教育についての考え方，読んだり・書いたり・数えたりすることは），○おわりに，となっている。しかし，その記述内容は以下の摘記ように方法論に終始して実践の対象

や実際についての記述はない。

佐々木鉄雄「遅滞児の教育過程と特殊学級の設置を」

　私たちと共に顔を見合わせ，高らかに笑い，はしゃぎ廻っているこの子らのあどけない姿を見つめた時，どうにかして自己の力で「生きがい」のある人生への希望を持たせてやりたいと考え，私たちはここで今やることは何かを話し合っている。
　そして，見い出されたのは遅滞児教育の教科過程をどのようにしたらよいかであった。（中略）毎日学校に出てきても一日中黙って机に座っているだけで，発表もなくその機会すら自己の力で引き出すことのできない子ら，来る日も来る日も失敗の連続であれば自信を失い劣等感が生じ，やればできることにもおびえて手を出そうとしない。このような子らに指導法として効く薬はないものだろうか。このように考えると，特殊学級の中ですくすくと明るいこの笑顔の見られる日の一日も早からんことを祈っている次第である。

　佐々木鉄雄の報告書の末尾に，登別村の精神遅滞児の推定人員が記載されている。それによると，小学校に約49名（収容数　歌登小学校１名），中学校約20名となっている。この歌登小学校に１名収容という記述は特殊学級を設置して１名が特殊教育を受けているということなのか不明である。しかし，その後の諸史資料には，歌登小学校において特別な指導を実施したとか特殊学級が設置されたという記録は見当たらない。発達障害児などの特殊教育の成立と発展は，対象児の実態の把握を抜きにしてカリキュラムや指導論を先行させたり「特殊学級」の設置を祈っているといった第三者的姿勢からは実現することはない。これは，〈他山の石〉としたい実践事例の一つである。

第３．宗谷地区発達障害児等特殊教育の歩みと特質

１．稚内市・宗谷地区の発達障害児等特殊教育の歩み

年　月	事　項
1946年12月	「私立稚内盲唖学院建設準備員会」発足する。
1947年 9月	私立稚内盲唖学院（北海道立稚内盲・聾学校の前身）稚内市禅徳寺内に開設される。
1950年10月	稚内市教育研究会が発足し特殊教育部会付設される。
1952年11月	稚内市立稚内小学校笹森晃が北教組第２回北海道教育研究大会特殊教育部会（以下「北教組第○回教研集会」と略記する）に「一人っ子の社会的適応の指導」を発表する。
1953年 4月	「宗谷管内教育研究協議会」発足する。
11月	稚内市立稚内小学校笹森晃が北教組第３回教研集会に「特異児童の取扱いと特殊教

		育の振興対策」を,浜頓別小学校村上勉が「この児を道連れに」を発表する。
1955年10月		稚内市・宗谷管内合同教育研究大会(第一回)が稚内市において開催される。
	11月	稚内立北小学校の渥美敏郎が北教組第5次教研集会に「行動問題児についての一考察」を,枝幸町立山臼小中学校の篠崎繁雄が「開拓地の子供の実態」を発表する。
1956年11月		北海道立稚内盲学校・稚内聾学校(以下「稚内盲・聾学校」と略記する)は北教組第6次教研集会で「稚内市に於ける特殊教育の普及度についての一考察」を発表する。
1957年11月		稚内盲・聾学校の佐々木邦夫は北教組第7次教研集会に「社会と特殊教育」を発表する。
1958年10月		稚内市・宗谷管内合同教育研究大会(第四回)が稚内市において開催され,稚内市立南小学校の山川貞勝が「普通学級での問題児,遅進児の指導をどうしたらよいか」を稚内盲学校の佐々木邦夫が「特殊教育振興のための社会学的考察」を発表する。
1959年11月		稚内市立稚内南小学校の山川貞勝は北教組第8次教研集会で「学力遅進児の一考察」を発表する
1960年9月		稚内市立稚内北小学校において「特殊教育研究会」が開催され特殊学級の設置について研究協議された。講師は北海道教育委員会指導主事の成田庄三郎。 「稚内市特殊学級設置推進委員会」設置される。 稚内市教育委員会は特殊学級開設の検討を始める。
	11月	稚内聾学校の齋藤良二は北教組第10次教研集会で「特殊学校と普通学校との連携」を,浜頓別町下頓別中学校の逸見育子は「問題児Aに関する行動記録」を,稚内市立稚内北小学校の野田誠は「特殊学級設置のために」をそれぞれ発表する。
	12月	稚内市立学校の校長が北海道内の特殊学級を視察する
1961年2月		稚内市立稚内小学校は特殊学級開設について職員会議で協議し,対象児童の調査により15名を選出する。
	9月	稚内市立稚内小学校の特殊学級入級児童8名(男女各4名)により授業を開始する。
	10月	稚内小学校特殊学級開級式を行う。同日,稚内市特殊教育研究会を開催(公開授業「作業学習〈紙ねんど〉授業者寺岡一男」。講師は北海道札幌養護学校教頭 山本宇一郎)する。
1962年11月		歌登村立歌登小学校の佐々木鉄雄は北教組第11次教研集会に「普通学級における特殊児童指導―カリキュラムのおさえ方の一考察―」を発表する。
1963年11月		稚内市立稚内中学校の須田三枝子は北教組第13次教研集会に「精神薄弱児の描画について」を発表する。
1964年10月		稚内市立南小学校に特殊学級開設される(入級児童11名,担任は松川知)。
	11月	稚内市立稚内小学校の野田誠は北教組第14次教研集会に「小学校高学年における作業学習について」を発表する。
1965年1月		稚内第一回特殊教育作品展示即売会・同振興会開催される。
	4月	稚内市立稚内中学校に特殊学級開設される(入級生徒11名,担任は須田三枝子)。
1967年4月		浜頓別町立中頓別小学校に特殊学級開設される(入級児童5名,担任は楠八千代)。

　1967年以降の特殊学級設置状況は,1968年4月沓形町立沓形小学校,1969年4月中頓別町立中頓別中学校,1970年4月枝幸町立枝幸小学校に発達障害児等を対象とした学級が開設された。前述の鎌田篤は,1961年の宗谷地区の特殊教育の成立・形成期から1975年ごろの発展・充実期までにおける功績者の氏名を

あげている。宗谷地区の黎明期における特殊教育を引き継ぎ充実させたのは，前掲者のほかに沢田文吉，榎本茂，網谷秋信ら指導者と吉田徳夫，鎌田篤，渋谷京子，桜井由香子ら教室実践者であった。

2．宗谷地区における黎明期の発達障害児等特殊教育の特質

宗谷地区は，北海道の北部に位置し北海道全体に占める面積や人口は極めて少なく，戦後は樺太からの引揚者や新開拓地を求める移住者による人口の増加現象が見られた。しかし，戦前から引き続いた産業と経済は豊富な水産資源依存に陰りが生じ，寒冷の泥炭地帯での農畜産業の進展もはかばかしくなく，教育費にかける財政にも苦しむ地域であった。稚内市を除く町村の学校組織は，学級数が少なく，しかも，単級校や複式編制による学級など小・中規模校が多数を占めていた。小・中学生の各教科等の学力は，全道の平均値より総体として低かった。

宗谷の教職員と教育関係者は，新しい教育と研究の輪を求めて日夜奮闘し，基底カリキュラム作りを中心にすえた各町村の研究実践の交流と共同研究の場を設けるため，1953年4月に「宗谷管内教育研究協議会」を発足させた。これと前後して町村と稚内市関係者による合同研究を進めるために合同研究推進委員会を発足させ，1951年5月には研究協議会を発展的に解消して「宗谷教育研究所」を設立させた。これが，宗谷教育研究元年となった。

しかし，宗谷地区における発達障害児等の特殊学級の開設などは1960年代に入ってからであった。特殊教育の黎明は，稚内市に盲聾啞学院が新設された1946年に始まり，1950年に発足した稚内市教育研究会の少数の特殊教育部会員による通常小学校の通常学級における問題児等への教育実践研究により拓かれていった。特殊教育の理念は，憲法や教育基本法の理念である〈能力に応じた教育を受ける権利〉と〈教育機会の均等〉の実現にあった。稚内市の先達は，その活動の初期から迷うことなく〈精神薄弱児などの教育は普通学級では困難であるから特殊学級〉を設置してそこで教育することであると確信に満ちて開設運動を推進したのである。

一方，稚内市以外の町村は，単級複式編制の学校が多く占めていたこともあり，学業遅進や社会的不適応などの発達障害児等の指導は通常学級において個別的に配慮して取り組んだであろうが，その実践的研究の報告は発掘されず数少ない。中頓別町，離島の利尻町沓形，枝幸町に特殊学級が開設されたのは1967年以降であり，その特殊学級を設置した特殊教育の興隆は見られなかった。

宗谷地区は，絶対的な自然条件により主要産業となるものが永続せず人口も希薄であった。そういった条件下にあった財政，文化，教育等の質的量的水準の低下を抑止し一定の水準を保つことに力があったのは，宗谷方式といわれる

組織と活動であった。それは，学校教育に関しては，教育行政と学校長会及び北教組宗谷地区連絡協議会の三団体による「三者懇」談会であった。宗谷における発達障害児等の教育は，次第に「三者懇」により協議され推進されていった。

第2節　網走地区の教育実践

第1．網走地区の概況

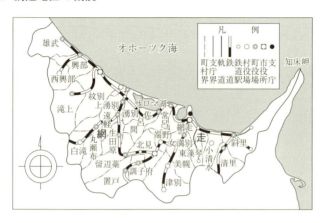

　網走地区（2015年現在は「オホーツク」と呼称されている）の総面積は約11,000平方㌔，人口は約435,000人，世帯数約83,000世帯で，3市19町4村からなっている。網走地区の産業構造は，農業を中心とした林業，水産業を従とする第一次産業が支配的で，原料供給地の域を出ない後進地である。これは，沿海250マイルに及ぶ特殊地形によって管内の経済活動が寸断されているためである。主要産業の農業は，オホーツク海高気圧の冷涼な気候に支配されて不振をきわめている。しかし，近年酪農中心の寒地農業確立への息吹が始っており未来への展望が期待されている。

　学校教育の概要は，小学校206（分校1）校で児童数48,556人，中学校140（分校1）校生徒数18,792人，高等学校26（道立全日定時制併設校13，町立全日制校1，町村立定時制校12）校生徒数6,142人である。辺地指定校は，小学校117校（46％），中学校65校（40％）を占めており，管内では僻地教育振興が義務教育の重要課題となっている。これら辺地小・中学校のうち，いまだに電気のない学校が30校に及んでいる。また，全般に凶漁凶作から貧困家庭が増加し，学用品無償交付や無料給食が要望されているが，町村予算の不足などの理由により，満足な対策は立てられていない。

　社会教育面は，青年団320団体，婦人団体329団体による横の連携も活発である。特に124組の4Hクラブ活動は，実績発表や研究交流など顕著である。

医療施設は，病院23，診療所108，保健所2で，ベット数は2,696となっているが殆どが市街地に集中しており，内陸の開拓地では無医部落のまま残されている。診療所を建てても医師がいないという悩みを抱えている。

第２．網走地区発達障害児等の教育実践

網走地区（現オホーツク地区）の通史的資料としては，以下のものがある。北海道教育庁網走地方事務局『事務局網走 教育情報五月号』（1950年），同『事務局網走 教育情報七月号』（1950年），網走市立網走小学校鈴木天韶『桂・柏学級の歩み』（1966年６月），雄武小学校・雄武中学校『雄武町特殊学級20年の歩み』（pp.7 - 28，1969年），網走地区精神薄弱教育研究連盟北見ブロック『きたみ 身障教育』（ページ記載なし，1970年），網走地区特殊教育研究連盟編『オホーツクの障害児教育—雄武小の創設から30年のあゆみ—』（1980年），椎名安久「網走」北海道精神薄弱教育研究連盟『道精連 三十年の歩み』（pp.133 - 136，1982年），網走市教育委員会『網走の学校 沿革を訪ねて』（pp.26 - 27，pp.110 - 113，1993年），網走地方教育史編集委員会『網走地方教育史』（1983年）がある。また，市澤豊「紋別郡雄武町立雄武小学校特別学級の教育」（pp.602 - 615），「網走市立網走小学校［かつら〈桂〉学級］の教育」（pp.616 - 647，2010年）がある。なお，北海道教育庁オホーツク教育局教育支援課（課長 佐藤潤一）より貴重な資料の提供をいただきましたことを記し謝意を表します。

網走地区の発達障害児教育等の黎明は，「網走管内における障害教育の概要」によると次のように記されている。その内容訂正や補足は後述するが，ここではそのまま引用する。

網走地区特殊教育研究連盟「網走管内の障害児教育の開始」

網走管内の障害児教育は，戦後間もない昭和24年４月，宗谷管内と堺を接する北辺の雄武町雄武小学校で，学力不振児を対象とする促進学級（精神薄弱児学級として認可）を開設したのがその始まりである。

当時，雄武町は総合的な開発の初期にあり，戦後の内外地の引揚者が国や道の施策に沿って，未開発の広々とした天北の原野や波荒いオホーツクの隠された資源を求めて次々と入地・入植していた。当然のことながら，学校でもそれら開拓者や海外からの引揚者の子弟を迎え急増していった。これらの児童のなかには，教育機会に恵まれずに学力の遅れた子ども，身体的な障害や知能的に劣る子どももかなりおり，特別な保護と指導が必要であった。当時の雄武小学校長の丸山春治先生は，その具体的対策として，全教員の理解を得て有賀愛忠・今泉潮子先生を担任とする特殊学級「さくら学級」を発足させた。児童数は男女合わせて12名であった。然し，学級の施設・設備は乏しく，指導資料も皆無の状態で指導にあ

った先生の苦労は大変なものであった。次いで，昭和25年には網走小学校に「桂学級」が昭和35年には北見中央小学校に「かえで学級」が開設されて，管内における障害児教育の輪が次第に広げられていった。

戦後の教育現場の日常は，新しい時代の教育が探り出され，コアカリキュラムやガイダンスなどの新教育思想が流入し，研修に明け暮れる日常であった。

1. 北海道初の特別学級の誕生

本項では，雄武小学校と網走小学校の二校を含めた網走地区の発達障害児等の教育にかかわった教師たちの教育実践論を検討する。

戦後初の特殊学級は，1949年4月に開設された雄武町立雄武小学校「さくら学級」が嚆矢である。雄武小学校に次いで1950年4月に開級されたのは網走市立網走小学校「かつら（桂）学級（以下文章内では「桂学級」とする）」であった。

雄武小学校と網走小学校の特別教育の成立事情とその特質については，市澤豊（2010年）に詳述してあるので参照されたい。

紋別郡雄武町立雄武小学校は，前述援用内容のように移入者の急増に伴う転入学児童数が膨張した。そのために，教員や教室が不足し一部の児童を前後に分けて授業する二部授業を余儀なくされた。特に，転入学児童のなかに，関係者が〈学業空間児〉と呼称した特別な教育を必要とするものが多数含まれていた。

1949年当時の雄武小学校の丸山春治校長と教員たちは，新憲法と教育基本法の精神を遵守する立場から，平和教育やコア・カリキュラムによる指導法や生徒指導のためのガイダンスなどの新教育の動向に真正面から取り組んでいた。1949年に創立された北海道立教育研究所（1957年の規則改正により北海道教育研究所と改称される）は，1950年に北海道内の優れた教育実践校のなかから研究学校を三校選んでいるが，そのなかに雄武小学校の平和教育が研究学校として指定を受けている。このことから明らかなように，雄武小学校の教師たちは，教育を受ける機会に恵まれなかった学業空白児や心身に障害のある児童及び社会生活不適応児等に対する特別な教育にいち早く着手したのである。特別学級の対象児は，学業空白児と学業遅進児グループ，社会不適応児グループ及び身体障害児と精神薄弱児グループの三に分けられていた。そうして，A，B，Cの三つの特別学級を編成して二名の学級担任により特別な指導を開始したのである。この三学級二担任制は，戦前に正規教員が確保できない学校において工夫された教授組織形

北海道教育委員会他『精神遅滞児特別学級経営研究集会要録』1951年

第2節　網走地区の教育実践

態の応用であった。学業不振児等及び社会不適応児への教育形態は，いわば今日の通級指導方式に類似しており，指導による改善がはかられた児童は原学級に復帰させるようにした。そうして，精神薄弱児の特別学級だけが法制の整備とともに後々まで残っていったのである。児童個々の特別な教育的ニーズに応じた特別教育形態が北海道の黎明期において網走地区で実践されていた史的な意義は注目に値する。

本学級は，北海道大学特殊教育講座の奥田三郎や木村謙二の指導を受けながら1965年まで10年間に数多くの教員が担当した。雄武町立雄武小学校・雄武中学校が1969年に編集発行した『雄武町特殊学級20年の歩み』によると，学級編制と担当職員は下表のようになっている。

雄武町立雄武小学校・雄武中学校「特殊学級編制と担当職員」

年度	学校長	担任名	児童数	年度	学校長	担任名	児童数
24	丸山 春治	有賀 愛忠 今泉 潮子	12 (1)	33	後藤菊次郎 井田 松治	平 盛一	12
25	玉山音次郎	有賀 愛忠 中川 つた	10	34	後藤菊次郎 井田 松治	平 盛一 仲藤 克子	8 (4)
26	玉山音次郎	有賀 愛忠 平 盛一	12 (1)	35	後藤菊次郎 井田 松治	仲藤 克子	小学 9 中学 6 (5)
27	玉山音次郎	有賀 愛忠	12	36	対馬 清人 井田 松治	林 幸一 林 克子	小学 6 中学 9 (1)
28	玉山音次郎	武田 俊夫	9 (2)	37	対馬 清人 千葉 照平	林 幸一 林 克子	小学 6 中学 6 (3)
29	玉山音次郎	小野 博道 今泉 潮子 後藤 澄子	9	38	対馬 清人 千葉 照平	林 幸一 林 克子	小学 5 中学 9
30	玉山音次郎	池崎 久雄 佐久間正久	9 (1)	39	対馬 清人 千葉 照平	林 幸一 林 克子	小学 2 中学 7
31	後藤菊次郎	池崎 正久 寺島 清	12 (1)	40	対馬 清人 千葉 照平	坂本 昭和 小川 久子	小学 4 中学 3
32	後藤菊次郎	池崎 正久	9 (1)	41	対馬 清人 千葉 照平	坂本 昭和 森谷 進	小学 9 中学 6

註：1．( ) の数は卒業後1年課程在学したもの，または，途中入学，あるいは転校児。
　　2．昭和33年5月より雄武小学校に雄武中学校特殊学級を併置される。学校長名が二名となっているのは，前者が小学校長名で後者が中学校長名である。
　　3．昭和40年4月小学校二学級認可され中学校特殊学級分離され，雄武中学校の設置される。

これら学級担任のうちで実践研究物を残しているものを取り上げる。

雄武小学校特殊学級開級五年目になって初めて担任となった武田俊夫は，1953年に一学期間の取り組みを『小学校特別学級の経営 精神遅滞児収容施設

はちのこ学級』として書き著している。この内容構成は，○1953年と特別学級，○経営の経過について，○今年度の取扱い重点，○教育計画の構成，○カリキュラム設定，○収容児選出調査，○収容児の実態と現況調査，○家庭の教育的関心度と生活程度，○収容児の家庭生活調査，収容児の基礎能力 国語，算数，○劣等感をもたらす原因調査，○算数能力表，国語能力表，○今年度個別指導の重点，○病的な部数に属する，部類となっている。武田俊夫の研究物からは，「特殊学級経営の経過」と「重点目標及び個別指導の重点」の大要を学びたいので，次に摘記する。

武田俊夫『小学校特殊学級の経営 はちのこ学級』1953年

武田俊夫「雄武小学校特殊学級経営の経過」

　当時，北海道只一つの特殊学級は一寒村雄武に有賀教官によって産声を上げた。廊下の一角を仕切った八坪半の狭ぐるしい教室で15名の児童は，有賀教官の情熱と全職員の絶大なる協力，父兄の積極的な援助によって温床の花の如くすくすくと伸びていった。これらの児童は，単に学力の低下だけでなく，精神的欠陥，機能障碍からでる精神遅滞児であった。全職員で，精神遅滞児の綿密な調査をおこない，指導法について徹底的に究明して指導に着手した。

　以来四年間，実直にその道を歩み，教育の効果は日を重ねるにつれて現れた。劣等感の排除に，基礎学習（ミニマムエッセンシャルズ）の習得，身体的な面にも充分な治療が施された児童は毎日喜々として通学してきている。行政の理解と支援で教室環境は見違えるように整え，父兄もこの教育に心から感謝している。私は，今まで〈忘れられた子ら〉として生活してきた児童のその変容振りを見るにつれて，今までの教育に欠けていた〈そのもの〉に触れたような感に打たれたのであった。

「重点目標，カリキュラム設定の考慮事項，個別指導の重点」

　今年度の取扱いの重点として〈社会性を養い，天賦の個性を最大に発揮し，独立して生活し得る，善良かつ健康な実践的人間を育成したい〉。

　教育計画は，中心課程（日常生活課程），基礎コース，情操コース，訓練コースの四コースによって構成される。教育活動全体の計画は，カリキュラムの編成の適正な研究により次の事項を考慮して作成する。1.学力中心の教育観と人間観から脱却して，実践的な生活能力形成を中心目標とする。2.指導法を教科書中心主義から学習プロジェクト法へ，総合的学習へ切り替える。3.個人差を重視した個別指導の組織化により，適応障害の悪弊を刈り取る。4.感覚器官を刺激し，それらを動員した創造的芽生えを大事にする。5.学校と教室を暖かく民主化し，楽しみのうちに学習するようにする。6.「勉強する子ども」から「人間らしく子どもらしい子ども」を育てる。

区分	学　　習		行動
	言語的能力	数的能力	基礎的習慣
佐藤○一	・三年生程度の漢字が読め書ける。 ・生活作文や日記が書ける。 ・仮名が書ける。 ・筋道が通り，まとまった話ができる。	・二位数＋三位数の加算，三位数予―二位数の引き算ができる。 ・九九を完全に覚える。 ・生年月日，時間，名数の使用ができる。	・好ましくない遊びへの　参加をなくする。 ・裏外の行動をなくする。 ・女子いじめをなくする。 ・ものを大切に扱うことを知らせる。
	性格　情感		校外環境による働きかけ
・虚言，扇動的なところ，気分の変わりやすい面，乱暴なところについて十分に指導する。 ・作業に対する意欲をつける。 ・盗難をなくする。 ・身体面の卑屈をなくする。			・家族的な不和をなくする。 ・近所の父兄に協力的になってもらう。 ・学校を休ませて留守番をさせることを止めさせる。 ・近所の人々が本児を理解し育成に協力するように働きかける。

　武田俊夫の教育観と児童観及び指導観には，今日の特別支援教育に通底する確かな視点がある。すなわち，〈天賦の個性〉という児童観，〈実践的人間の育成〉，〈中心課程〉によるカリキュラムの編成，学力中心主義・教科書中心主義によらない〈生活学習的指導〉，〈個人差〉を重視した教育観及び個別指導目標の設定による〈個別的指導法〉などである。ここで，しっかりと認識しておきたいことは，これらの教育理念や指導法は，単なるその唱名ではなく着実に実践されていることである。

　平盛一は，1951年度，1958年度及び1959年度に学級担任となり，1958年の北教組第8次教研集会に『特殊学級を経営して　その10年の歩みをふりかえって（概要），副題　遅れた子供の生活力をつけさせるために』を，1959年の第9次教研集会に『特殊教育の地域社会における日常生活指導のおしすすめ』を発表した。1958年の発表物は，○特殊学級の誕生，○特殊学級十年のあらまし，○特殊学級指導のねらいと計画，○昭和三十三年度の指導のねらい概要，○十年の歩みをふりかえって思うこと，となっている。1959年の発表物の内容は，○本校特殊学級の基本的立場，○日常生活指導のおしすすめ，○数え箱教具による数の指導となっている。雄武小学校特殊学校における〈生活指導をカリキュラムの中心課程に位置づける〉指導観は，開設当時から一貫して揺るぎなく担任の武田俊夫を経て平盛一に引き継がれている教育の継続性に留意したい。ここでは，平の「十年の歩みをふりかえって思うこと」に注目し，その要点を次に摘記する。

平盛一「雄武小学校特殊学級の十年を振り返って」

1. 収容児の問題 収容児は，小学4年生からがよい。そして，学級は，小学校に中学校が併置され家族的協力態勢が取れるようにする。同一校内に小学部と中学部を設けて一貫した指導体制で進むべきであろう。

2. 普通学級との関係 連絡が取れなくなる傾向がある。普通学級担任と児童に対する指導が必要である。行事や作業学習ではみんなが仲間になれる工夫と特殊学級の授業を普通学級の先生方も担当することが望ましい。

3. 特殊学級担任としての立場 特殊学級の担任は，特殊教育委員会の責任者の立場と学級経営に労力がかかるという理由で校務分掌を軽減されている。特殊扱いされることなく普通学級担当と同等な重さで学校経営に参加しなければならない。

4. 職員の協力 普通学級の先生方は，口を開けば〈特殊学級の担任は苦労が多い。教えることは難しい。指導法が分からない〉といわれるが，自分の学級経営に追われている。私は，繰り返し繰り返し〈特殊学級の担任なんて楽なものだ。自分が指導可能な子供だけを収容して指導しているのだから苦しみなどない。一人一人の子供をじっくり観察・研究できるから楽しみである〉と言い，〈毎日校内に閉じ籠もった指導でなく，野外作業や家庭訪問が毎日できるから，こんな楽しい学級はない〉と理解を求めている。そして，次のような，〈学級の子供のなかで一番困ることはなんですか〉と尋ねると，大抵は〈できない子，問題行動を持った子ども〉と言う答えが返ってくる。そこで，〈その様な子どもたちの指導や対策はどうやっていますか〉と質問すると，些か困り果てて明確な答えは返ってこない。校内に特殊学級があって，十年を経ているにもかかわらず，学級内の児童の問題を学び合い指導力を高めようとしていないのである。

指導の根本は，今直ぐそこにある生活行動の指導である。この人間の指導は，〇〇型という空を突き破った考え方が必要である。

本校での教職経験の長い平盛一は，特殊学級の教育が人間教育として教育の本流にあることを感得している。ところが，通常学級の教育は学習困難児や問題行動児に対して，確かな取り組みをしていない事実を見聞きしている。特殊学級の教育実践は，通常の学級の学習困難児や問題行動児の指導対策だけでなく，すべての児童の学習特性に応じたきめ細かい指導について影響を及ぼしていないと自問自答している。今日，発達障害児等の教育は，いまだに特別支援学校や特別支援学級において隔離・分離して実施されている。すべての児童の教育的ニーズに応えるインクルーシブ・エデュケーションの実現は，平盛一が指摘したように，〈〇〇型教育理論〉の壁を打ち破る教師の柔軟性と相互に学び合い批判し合う〈同僚性〉の向上なくしては望めないであろう。

仲藤克子は，1959年に雄武小学校の担任となった。林幸一は，養護学校教員養成課程を出て1961年から仲藤克子とペアを組んだ。林幸一が小学校に仲藤克

子が中学校に所属して，四年間雄武小学校併設の雄武中学校の特殊学級として小中一貫教育を実践した。そして，両名は，1962年の北教組第12次教研集会に『精薄児を生産人に育てるために中学校に於ける職業指導をどうしたらよいか』を発表した。発表内容は，○雄武における特殊教育の現状と問題点，○精薄児における［生産人］育成のための教育構造，○雄武小学校特殊学級の職業指導，○おわりにからなっている。ここでは，北海道内では既に話題となりつつあった精神薄弱児教育における〈生産人〉像に注目して，次に摘記する。

雄武小学校『精薄児を生産人に育てるために中学校に於ける職業指導をどうしたらよいか』1962年

林幸一・仲藤克子「精神薄弱児教育における生産像」

　精神薄弱児教育のねらう人間像は，「生産人」「職業人」である。すべての人間は，労働によって人間たり得る限り，精薄児にとっても異なることはない。「働く」ことによって社会に生き，自己を生かすことに変わりはない。働き得る人間である限り，そこには「人間的価値」としての差はあり得ない。精神薄弱児教育の指向する「生産人」とは，端的に〈生産社会にあって馬鹿にされることなく自力で食っていくことにより社会的に価値ある生活を営み得る人間〉と考える。すなわち，1.社会生活・生産生活に適応できる人間，2.社会生活・生産生活に必要な基礎的技術を身につけた人間，3.社会的に価値ある人間，並びに社会的に価値ある品を生産し，それによって利潤を得，自活できる人間である。私たちは教育の目指しているこのような人間が〈生産人〉である。

　今日，特別支援教育界は，〈キャリア・エデュケーション〉論で賑わしい。既に，その教育思想と実践形態は1970年代にアメリカから取り込まれていたのであるが，あたかも新しい教育思想のように取りざたされ現場に混乱をもたらしている。学校教育は，地域関係者が作成する「個別の教育支援計画」と，それに依拠して学校教育関係者による「個別の指導計画」の作成と実施という課題がある。1960年代初期において，発達障害児等の教育実践者は，徒に新奇な文言に振りまわされることなく小・中学校9年間で育成する人間像を描き，その達成に努めていたことに思いを馳せ，その実践内容から学ぶ姿勢が求められよう。

　雄武町立雄武町学校は，1959年10月に「網走管内精神遅滞児教育研究大会」の会場校となった。大会当日は，特設授業の公開，実践実状の発表をおこない，『紋別郡雄武町立雄武小学校特殊学級経営の歩み―その11年の歩みをふり

第3章　各地区における教育実践

かえって―』を刊行した。次いで，1960年9月には「第12回北海道精神遅滞児教育研究大会」会場校として，公開授業，実践発表をおこなった。また，『紋別郡雄武町立雄武小学校特殊学級12年の経営の歩み』を刊行した。

　網走市立網走小学校の前身である網走男子国民学校は，1945年7月15日に米軍艦載機による爆撃を受けた。同校の教師たちは，その1945年12月には図画工作の時間にクリスマスの絵を描かせたり，クリスマスツリーやサンタクロースを製作して校内に展示するなど時流に素早く対応できる柔軟性があった。網走小学校は，小林金太郎校長をはじめ，富岡忠義教頭，佐藤信勝教頭，土谷文男，小林信力，川村正男など進取の気性に富む教師が新教育理念と教育方法を道内外に出向いて積極的に学び自らの教育実践に取り入れていた。さらに，1946年には，網走小学校に北教組網走支部事務所がおかれ組合活動の拠点とした。教育実践研究の中心校となっていた網走小学校は，文部省が通知した小学校学籍簿の「五段階評価法」採用に即応する〈学習結果の考査〉課題に精力的に取り組むこととなった。この教育評価研究を追究するうちに，《各学級における共通の問題として，所謂 "お客さん" 扱いされている学業不振児や智恵遅れの子どもの教育が問題となった。そして，教育機会の均等という立場からもこの子等のための特別の学級設置が必要である》となったのである。そして，特殊学級設置委員会を校内に設置し，1年間の準備期間をかけて『昭和二十五年度特殊教育かつら学級経営案 附 精神遅滞児のための教科課程』を作成し，1950年4月に特別学級を開設した。学級担任は，左腕の不自由な川村正男が就いた。網走小学校桂学級の教育は，教育理念，教育方針，教育課程，指導法等が教育学的に，しかも，実践的に整えられたものであった。その質的水準は，当時の日本の発達障害児等の教育界でも高く評価され，全道の関係者たちの実践モデルとなっていた。たとえば，新得小学校特殊学級の初代担任であった杉村正二は，筆者が川村正男の御遺族からいただいた川村正男所蔵の一つである上記資料の最後のページに，直筆で〈写し終わったのでお返しします。これを参考に当校の第一次案を超スピードで作成しました。大変参考になりました。感謝いたします。校長さんに宜しく。昭和二十六・九・四。新得小学校杉本正二〉と記されていることからも明らかである。本学級経営は，全校委員会で作成され全校体制に支えられて展開されている。学級担任は，川村正男の後を継いだ升井健一，武田俊夫，板橋弘らが独自性を加味させながらその任を果たした。そのなかで資料が残っているものを次に取り上げておく。

　前述の網走市立網走小学校『昭和二十五年度 特殊教育 かつら学級経営案 附 精神遅滞児のための教科課程』は，○網走小学校特殊学級設置趣旨，○特殊学級経営方針，○該当児童銓衡の過程，○特殊学級児童一覧，○特殊学級カリ

キュラム基底，○カリキュラムの編成，○一日のプログラム学級施設・教具，○月別単元学習指導計画からなっている。本学級経営案から，改めて問い直したい内容の幾つかを次に項目をあげて摘記する。

網走小学校「かつら学級経営案のいくつかの主張」

特殊学級設置の趣旨 教育基本法第三条は，教育の機会均等であり教育改革の根本要請である。この要求を決定するものは，〈直接的な学習の機会〉であり，〈児童・生徒の能力に応じ，等しく自由に与えられるもの〉でなければならない。我が国の学校教育は，教科書に制約された記憶力による学業成績によって人間を評価する知育偏重の画一教育であった。このような大量生産式の学校教育からは，必ず落伍者が生じた。この落伍者のなかには，知能的に低調で社会性にも欠陥がある精神薄弱児や遅滞児がおり，普通児と共に学習することが困難なものがいた。

この子らは，現今の年齢主義の画一的教育では，救済は不可能であるが，特別に教育することによって，知能優秀者の怠慢児に数倍する社会的価値を発揮している事実は，我が国においてもアメリカにおいても実証されている。特殊教育は，教育方法，教育技術的に特殊な考慮が必要であるという意味である。真の人間教育は，個人差を認め，それを考慮した教育である。以上のような教育観に立脚し，別表のような児童の実態と実状から特殊学級設置の必要を感じその計画を立案した。

特殊学級経営方針 精神薄弱児童並びに遅進児を特別な環境において初等普通教育に準ずる教育を施し，併せて特殊な才能を見出し，生計の道を開き，社会に適応させることを目的とする。

カリキュラムの編成 指導内容は，感覚訓練，手工的訓練，職業的訓練，生活指導，音楽・体育，社会科の分野から選択し組織・配列する。

カリキュラムは次の方針により編成する。1．彼らの能力に応じたカリキュラムを作成する。2．彼らの現在の能力と期待できる能力を適確に把握してかかる。3．融通性に富んだ内容と形態とを具備していること。4．幅のあるカリキュラムにする。5．社会生活の機能をスコープとする。6．シークエンスの決定には知能指数と精神年齢を参照に能力区分する。7．スコープとシークエンスの枠組みから主題となる生活単元を「私たちの家」，「私たちの学校」，「私たちの近所」の三つを設定する。

特殊学級経営年次計画
　第一次　昭和二十四年度　特殊教育の研究と児童調査
　第二次　昭和二十四年度　カリキュラム第一次案，予算編成
　第三次　昭和二十五年度　実際教育とカリキュラム第一次案修正（第二次案）
　　　　　　　　　　　　　備品・教具の整備，遊技場，安息所の設備
　第四次　昭和二十六年度　職業教育実施とカリキュラム第二次案修正（第三次案）
　　　　　　　　　　　　　備品・教具，施設の完備

日本の最北東の網走小学校の教師たちは，終戦後の混乱期にあって，自らの

教育と教育課程観を共有し，12名の児童に実態に応じたカリキュラムを教育学的手法に則って自主編成して発達障害児等の特殊学級を開級した。このカリキュラム編成の方針とその実際は，極めて普遍的であり，今日の特別支援教育関係者が真摯に学ばなければならないものがある。特別支援教育界には，実践的教育課程の作成を手抜きして，まるで各校に共通するような標準化されたカリキュラムに依存し，しかも，実践教育課程と日常の授業カリキュラムの整合性について考慮することなく展開されている。この事実を観るとき，特別な配慮による児童一人一人に応ずる確かな実践は多くなく，支援教育理念や教育法が形骸化されてしまっていると考える外ないのである。

　桂学級経営案は，毎年度の4月には作成され，全校職員会議で共通理解を経て実施されている。この手続きにも深く留意しなければならない。

　網走小学校は，1951年2月に『特殊教育研究誌 かつら学級 カリキュラム第二次案』を発表した。1951年3月には，川村正男が『かつら学級の子等と一年過ごして』を公表した。1951年4月には，同校の小林金太郎校長が『特殊学級経営計画報告書』を北海道精神遅滞児研究連盟全道大会において発表した。この発表は，要約されて「かつら学級」（文部省初等教育課編集『初等教育資料』第21号, pp.32－33, 1952年）として掲載された。

　戦後我が国の発達障害児等の教育形態名は，法制的には「特殊学級」であるが黎明期においては「特別学級」の名称も広く使用されている。北海道においては，特殊学級の設置認可は，道教委の通知により設置申請後一年間の実績を評価して，正式に予算措置をする方法であった。これは，特殊学級を開設しても，特殊学級への偏見などがあって入級児が得られないとか担任となる教員が得られないなどにより実態のない学級が少なくなかったことなどによるものであった。一年間の実績評価の一つに，北海道教育委員会と当該校を管轄する教育委員会等の共催による「精神遅滞児特別学級経営研究集会」の開催が義務づけられていた。北海道教育委員会と網走市が主催する「精神遅滞児特別学級経営研究集会」は1951年5月に網走小学校において二日日程で開催された。本研究集会の主題は，〈特別学級の子どもは，どのように指導したらよいか。(1) これからの子どもを，どのように取り扱ったらよいか，(2) 教育計画は，どのように立てたらよいか〉で，北海道各地から特殊学級教育関係者が出席して協議した。

　網走小学校特殊学級担任川村正男の後を引き継いだ升井健一は，1952年に岩見沢市で開催された全道特殊教育研究集で『かつら学級一般現況について』を発表した。次いで，1953年に前掲横田謙三と同じ北教組第三回教研集会において『遅滞児の自主性を培う学習活動』という教室実践を発表した。升井健一の発表内容は，〇遅滞児の有する具体性（知能，行動，人格的特徴），〇遅滞児

のカリキュラム，○遅滞児の学習形態の性格（他立学習から自立学習へ，一斉学習から個別学習へ，反復による練習学習を，作業学習を通した実習学習で），○自主的学習活動の具体例（自主性を伸ばすカード学習，読書欲を育てる活動，自由な話し合いの時間，日記の学習，喜んで働く学習，自主的活動への参加），○結び（自主的学習活動の問題，自主的学習指導の留意点）となっている。引き続いて，1953年に文部省・道教委・札幌市教委・東北県教委等が主催した東北・北海道地区特殊教育研究集会で『小学校特別学級の経営 精神遅滞児収容施設かつら学級』を発表した。升井健一の発表内容は，B5判に硬筆縦書きの孔版印刷で全80ページに及ぶ詳細かつ膨大なものである。桂学級経営は，既に第四次計画を経て職業教育の計画とその実施期にあり，児童理解の資料が詳細かつ個別的に記録されており，しかも，職業科単元表による指導の実際も記録されている。

　網走小学校は，1953年に『昭和28年度 小学校六年間の算数手引』を作成した。この指導書は，小学校六年間に身につけさせたい数概念や数処理能力を生活に密着した内容だけでなく系統的に指導するための手引きとする意図で編成されている。網走小学校の升井健一は，1958年11月に京都市立生祥小学校を会場として開催された全国特殊教育研究協議会に『本道に於ける特殊教育の現況とかつら学級の実態』の発表をおこなった。この内容は，○本道に於ける特殊教育の現況（1．本網走小学校道精薄施設並に特殊学級一覧，2．特殊学校並に特殊学級の現況），○網走小学校かつら学級の実態（1．特殊学級設置後の概況，2．昭和二十七年度経営の実際，3．昭和二十八年度経営の実際），○本道並に我が校の特殊教育の今後の問題からなっている。特殊教育の現況は，興味ある資料であるが市澤豊（2010年）の論著があるので立ち入らない。ここでは，特殊教育の今後の問題について取り上げ，次に摘記する。

網走小学校『小学校六年間の算数手引き』1953年

升井健一「北海道及び網走小学校の特殊教育の問題」

（1）**特殊学級専任教員の充実**　現在一学級一担任制であるが，特殊児童は知的学習が困難なため職業教育や社会性の陶冶に重点がおかれている。したがって，仕事は山積して日曜日もなく超多忙であることから一学級に男女各一名の専門教員二名必要である。（2）**予算措置の貧困**　特殊学級経営の困難点は，PTA並びに市町村の負担による僅かな経費しかないことである。特殊教育の振興を図るときなの

で道教委による予算措置をお願いしたい。(3)ケース・ワーカーの必要性　精神遅滞児の発見や措置には，精密な鑑別が求められる。専門職のケース・ワーカーの配置を望みたい。(4)普通学級担任との研究サークル活動　一般教員の精神薄弱児教育に対する関心は芽生えてきているが深まりはない。普通学級の教員は，自分の学級にいる学業遅進児への指導法に困窮している。普通学級に残されている学業遅進児等の指導に関する全国的な研究サークルをつくり，普通学級担任と特殊学級担当者が指導法について共同で研究する組織を作ってほしい。

1954年に升井健一の後を引き継いだのは，武田俊夫である。武田俊夫は，既述のように1953年に雄武小学校の特殊学級担任を一年間経験しての着任である。武田俊夫は，『全校生徒と桂学級のつながり　桂学級によい友達を』と題した学級経営記録を残している。武田俊夫の実践研究は，学級成員の人間関係をソシオグラムで理解し，それを手掛かりに通常学級の児童と特殊学級の児童との交流を図ろうとしたものである。詩画を好み情操教育に秀でいた武田俊夫は，児童作品の詩とそれに解釈をつけて『この子等の詩』を1959年に作成した。1961年には，川村正男が自作した学習帳『月の本』を継承して新たに『2月の本』等自作教材を作り児童の学習を支援している。

板橋弘『生活能力の基礎となる人格形成』1968年

1957年には，板橋弘が武田俊夫の後任として桂学級の担任となった。板橋弘は，1957年に札幌市立美香保中学校における研究会に『精神薄弱児の生活をどのように指導したらよいか　小学校に於ける指導内容について』を発表し，1959年には雄武小学校を会場とした研究会に同じテーマで実践発表をしている。この二つの発表内容は，○特殊教育の方向性，○生活指導の必要性，○生活指導の変遷，○生活指導の目標，○生活指導の着眼点，○生活指導の内容，○まとめ，○今後の課題となっている。板橋弘は，1957年から1963年までの7年間桂学級の経営にあたり，関係者から〈生活指導の板橋〉と評価されるようになったのであるが，その出発時点では生活指導に固執して精神遅滞児の生活教育という理論構成に至っていない。板橋弘の実践は，1968年に「私の精薄教育―生活教育と教科学習［生活能力の基礎となる人格形成］」となって全日本特殊教育研究連盟の機関誌『精神薄弱児研究 128』(pp.25-29)，に発表されている。

網走小学校桂学級には，1962年に小学校卒業生のための中学校特殊学級が付

設され，須貝美智子が担任に加わった。網走市立第一中学校特殊学級は，〈柏〉学級の愛称がつけられた。

　1961年には，鈴木天韶が桂学級の担任となる。鈴木天韶は，桂学級の伝統的に継承されてきた教育理念や指導法について，小・中一貫教育の視点から見直しを図った。そして，『桂・柏学級の歩み』(1966年6月，1968年5月)をまとめている。鈴木天韶が教育実践の変遷について総括したものを引用すると，以下のようになる。すなわち，1949年度：準備期間（学問的研究とカリキュラム作成），1950・1951年度：桂学級開設（生活指導と基礎学力確保），1952・1953年度：生活指導（日記・作文などを中心にして），1954・1955・1956年度：生活指導（情操教育を中心として），1957～1963年度：生活指導（労作・視聴覚を中心として社会に適応する人間形成），1964・1965年度：生活教育（感覚・機能訓練，情操教育，作業教育を通して社会的自立の人間教育），小・中一貫教育，1966年度：小・中一貫教育と六領域の平均化，1967年度：諸能力の発見伸長と日常生活指導について課程表の整備・活用，1968年度：子供の特性を知り，実践検証，課程表の整備・補正となる。これは，北海道の発達障害児等教育黎明期における教育実践の推移を物語るに値する実践記録の一つである。

　2．網走地区における教育実践論

　北見市立西小学校の大槻敏雄は，1952年の北教組第二回教研集会において，『問題児対策と事例』と題する提言を行った。その提言内容は，○本校特殊児童教育の指導方針，○特殊教育を必要とする児童，○該当児童に対する対策（精神遅滞児，社会不適応児，身体障害児），○本校に於ける該当児童数，○該当児童の兆候と対策の一例となっている。しかし，前文には，1951年度まで精神遅滞児の研究指定校として，普通学級の精神遅滞児の研究を続けてきたと述べているが，具体的な実践事例は見当たらない。特殊教育を必要とする児童と該当児対策について，1．身体に欠陥のある児童（学業成績の不振，学習態度の不良児童），2．精神に欠陥のある児童（病的傾向，身体の異様な児童），3．環境に欠陥のある児童（情緒的に不安定，性格異常，精神的に幼稚な児童，その他）をあげており，今日的な発達障害児等も含まれていることに留意したい。北見市立西小学校は，大槻敏雄らの取り組みから15年後の1967年に特殊学級を設置した。

　美幌町立美幌小学校の松原要も前記の大槻敏雄が参加した1952年の北教組第二回教研集会で『美幌町に於ける非行生徒に就いて』を発表している。松原要の提言内容は，○美幌町の概況，○非行生徒数と全校生徒数の比率，○主な非行事項，○原因の共通点，○その対策，○結論からなっている。松原要は，小・中学生の非行が顕現した背景を次のように述べているので摘記する。

美幌小学校松原要「非行の社会的背景」

　約2,000人の引揚者，疎開者が移住し人口の8％を占めている。終戦時に多数の町民による旧海軍の施設・設備品を窃盗横領し報道された事件があった。1947年に進駐軍が駐留し，1951年には警察予備隊が配置され飲食店，ダンス・ホール等遊興施設ができた。児童・生徒の行動は，その環境に左右されることが大きい。小学生の非行は，大半が中学生と関わるもので，窃盗，家出，暴行，長欠等が激増した。

　非行問題の対策は，青少年防犯対策の組織化にあり，松原要が取り扱った事例のなかには知能発達が遅れたものも含まれているが特別な教育的配慮問題にはふれられていない。美幌小学校は，1966年に特殊学級を開設した。
　斜里郡小清水町立小清水小学校の横田謙三は，1953年の北教組第3回教研集会において主題『農村の忘れられた子供達は救われるか』を発表した。発表内容は，○忘れられた子供たちの実態，○子供たちの実態を追求する（教師は学校において忘れられた子供をどのように扱っているか，家庭において子供達はどのような位置にあるのか，農村において忘れられた子供達であった者，現在の生活はどうであるか），○忘れられた子供は果たして救われるか，の三章から構成されている。横田謙三の発表物には，1950年代初期の網走管内の教育資料とその解釈等があり貴重なので，その幾つかを整理して次に援用して記載する。この統計資料は，各学校の教員に対する面

横田謙三『農村の忘れられた子供達は救われるか』1953年

接法と質問紙法による結果であるが，面接法や質問紙の内容は示されていない。

佐藤辺太郎「網走管内町村立小・中学校の実態調査結果（抽出）」

忘れられた子どもたち	小学校 30校	中学校 23校	合 計
在籍数	7,243名	2,564名	9,987名
視力欠陥（普通学級で要保護）	101（1.4％）	3	134（1.3％）
聴力欠陥（普通学級で要保護）	27	7	44
言語欠陥（意志疎通困難，不可）	16	7	23
肢体不自由児	54	15	69
虚弱児	61	46	107
白痴（IQ25以下）	9	4	13
痴愚（IQ25-50）	28	6	34
魯鈍（IQ50-75）	181（2.4％）	63（2.5％）	244（2.5％）
学習遅滞児（愚鈍と普通の中間）	525（7.0％）	221（8.6％）	746（7.5％）
精神異常児（性格異常，奇行）	4	3	7

第2節　網走地区の教育実践

| 反社会行為児（犯罪，無断欠席） | 45 | 21 | 66 |
| 非社会行為児（孤独，情緒不安） | 71 | 23 | 94 |

横田謙三「上斜里村立小・中学校の実態調査結果（抽出）」

区分	校数	級数	在籍数	不適応児	身体障害児	不就学児	合計
小学校	8校	35学級	1,653名	87名	6名	12名	105名
中学校	4校	16学級	756名	39名	4名	0名	43名

横田謙三「小清水町立小・中学校の実態調査結果（抽出）」

性	在籍数	社会不適応児	精神薄弱児	学業不振児	肢体不自由児	合計
男	540名	18名(3%)	11名(2%)	57名(10%)	6名	92名(17%)
	561名	19名(3%)	22名(4%)	48名(9%)	3名	92名(16%)
計	1,101名	37名(3%)	33名(3%)	105名(9%)	9名	184名(17%)

　面接法も質問紙法にも欠陥があり，しかも，質問紙の回収率は46％で計数的結果は不安定である。一人の人格体である児童を，学問的な尺度で簡単に決定することはきわめて困難である。精神的に複雑な総合体である児童を表面的に強い行動だけで，安易に問題児であると決定することはできない。然し，我々教師は，学問的に臨床的に統一された正しい方法で，正しい実態の結果が出るまで，現場をそのままにしておいてもよいだろうか。正しい数値ではないが，教師の一人ひとりが常に現場で悩んでいる子どもたちであると思うとき，これらの数字は逆に生きてくるのではないかと思う。

　　（筆者註：「網走三地区教育研究大会第五分科会　佐藤辺太郎氏発表より引用」，とある）

　横田謙三が想定する〈忘れられている子ども〉の実態調査結果の解釈は控えめであるが，在籍数に占める精神薄弱児の出現割合は2.5％から3.0％であり，学業遅滞児・学業不振児の割合が7.0％から9.0％という数値は2000年代の特別支援教育の実施状況から見て首肯されるものである。網走地区の教師たちのなかには，身体障害児と精神薄弱児のみならず精神異常児，反社会行為児，非社会的行為児，学業不振児・学習遅滞児等に対しても教育的関心を持って，個別的な配慮や放課後に特別な手だてを模索している。しかし，大部分の教師たちは，単級複式学級編成の，しかも，多人数学級の経営に苦闘する日々のなかでは確かな〈特殊教育観〉をもって具体化する意志を強固にすることはなかった。その一因には，特殊教育行政関係者が，法制の整備という名目のもとに，特別学級の対象児を学校教育法施行令等の規程により知的障害児に限定して（筆者註：宮部正夫『精神薄弱児の教育』1950年，文部省『特殊児童判別基準とその解説』1932年などに明記されている），今日の発達障害とみなされる児童らを特殊学級の対象外においていたことがあげられる。横田謙三は，農村地帯における発達障害児等の実態について，その社会生活を背景に学校における実態，学校教師

の特殊教育観,家庭生活における実態とその保護者の児童観などを描き出した。そのなかで,教師たちの特殊教育に対する情熱と実践を阻んでいるものをあげているので,次に摘記する。

横田謙三「特殊教育への情熱と実践を阻むもの」
A 教師自体に問題が多く残っている
 1.教師の特殊教育観が確立されていないこと,2.子どもに接する教育技術が未熟であること,3.特殊教育に,事例研究に没頭する時間,研究資料,機関に恵まれていないこと,4.学校の現場の多くは忘れられている子どもらに対し極めて冷たく,協力体制が得られないこと。
B 教師の特殊教育に対する情熱を阻むもの
 1.学校,家庭,子どもたちを取り巻く社会に問題があること,2.行政機構の教育機関,厚生機関,労働機関が一元化されていないこと,3.社会に何ら役に立たない子どもたち,しかも,普通児の教育費の数倍の経費が掛かる子どもたちは非生産的であると見なされていること。
 以上のようなことから,農村の生産基盤を根底とする学校では,教師の力だけでは解決できない問題である。何人も生活する喜び,働く喜びを知り,充実した家庭生活を営むことを願っている。教師たちは,これら問題児,忘れられた子どもたちの大部分は将来独力で生活する可能性がまずないのではないかと憂いる。特殊学級さえ設立すれば,学校における特殊児童に対する一切の問題は解決されると安易に考えている教師の如何に多いことか。仮に,特殊学級があり,そこで学び卒業した子どもたちは,将来の生活まで保護されるかというと,決してそうではない。

 横田謙三は,農村地帯の学校において忘れられた子どもたちの実態を描きだしているが,その子らを取り巻く学校,教師,保護者及び地域社会の環境は整っていない現実を鋭く指摘している。しかし,網走地区においては,既に雄武小学校や網走小学校において特殊学級形態による教育が開始されて五年間,確かな実践の成果を上げているのである。小清水小学校に特殊学級が開設されたのは1967年である。
 1953年の北教組第三回教研集会には,北見市立中央小学校児童補導委員会(岩本秀正)が『本校特殊児童の補導対策』を発表し,北教組網走支部教研集会において,松原要と横田謙三及び岩本秀正らが研究主題「特異児童の問題とその対策」に関して分科会で研究協議したのであろうが,その資料は発掘していない。北見市立中央小学校の関係者は,特殊児童の問題について手始めに〈非行を行っているか非行の潜在素質者〉の矯正補導に取り組むこととして,校内

に「特殊児童補導委員会」を組織した。岩本秀正の報告は，○研究目標（研究題目），○特殊児童補導対策委員会の設立，○特殊児童の仮調査，○特殊児童の科学的検出，○特殊児童の内因研究調査，○指導矯正法の研究，○反応の調査，○補導記録法の研究，○指導助言矯正の反応の検討反省，○全体反省，○結語からなっている。岩本秀正は，特殊児童の教育問題について述べているので次に摘記する。

岩本秀正「特異児童問題を研究指導する意図」

　尊厳であらねばならない人類の立場からも，我々の生命である教育の場からも，常に児童は各々その個性と発達の段階に応じて，平等に，遅滞なく考慮が払われ，指導の手が加えられなければならないのである。然も国体の改変に伴い，憲法の改正に従い，教育基本法の示すところ，社会の意図するところに反映して特異児童への考慮への希求が充足されなければならない。我々は，敗戦後八年間の教育を，深く，広く，永く反省し，省察を加える秋である思う。

　北見市立中央小学校は，1953年の新学期に特殊児童補導対策委員会設立のための準備委員会を，校長，教頭，教務主任，各学年主任の八名で組織した。この校内組織活動については，北教組第4次，第5次教研集会において『特殊児童補導対策の研究』と題する経過発表を行っている。発達障害児等の教育実践に関して，教員の関心を無理なく高め，具体的に取り組む校内体制をつくる方式は，先にあげた網走小学校の実践例から学んだものであろう。1960年に北見市立中央小学校に発達障害児等の特殊学級が開設されるまでに，特殊児童補導対策委員会設立から実に8年の歳月を要している。本特殊児童補導委員会の一人で特殊学級楓組の初代担任となった岩本秀正は，学級開設までの経緯について「北見市特殊教育の概況」（網走地区特殊教育研究連盟北見ブロック編『きたみの身障教育―雄武小学校 特殊学級 20周年』ページ記載なし，1980）に述べているので次に摘記する。

岩本秀正「北見市立中央小学校特殊学級の開級」

　昭和30年台は，敗戦の傷痕尚疼くなか，衣食の生活に漸く活力を見出し，何かほのぼのとし始めたときであった。その頃，市内の小学児童は，その影響からか，非行関係で児童相談所から毎週数人の調査が学校にきていた。
　昭和28年に本校に着任したとき，「君，この非行関係を担当してやってくれや。」と言われた。なるほど，村落地帯にある前任校は未だ平静であったが当市内の非行は相当に活発であった。以来，各校と連繋し，児童相談所，教育委員会などと

連絡し，その仕事に携わった。ところが，そのなかに知能の故に問題の発生する子どもの事例から，智恵遅れの子どものことが話題になり，関心が高まっていった。しかし，智恵遅れの教育問題についての陳情や要請に対して，役所は「私たちは長い間，普通教育の間で十分教育して修業させている。」，「今更，特殊学級など無用だ。」とか，「そんなこと，民間人から言われなくたって十分知っている。」等役人根性丸出しの態度であった。従って，智恵遅れの特殊教育への理解や支援は零に近かった。

　昭和34年には，今の手をつなぐ親の会（育成会）の様なものをつくったものの，幾変遷，幾年もの間浮沈の瀬戸をさまよったものか。特殊学級関係の兄貴格の雄武さん，網走さん，さては旭川の橋本さん，札幌の菅原・滝氏，富ヶ岡さんを訪ねて教えを請い，漸くにしてその臍をかためたものである。その底流には，戦前中の遠軽家庭学校と留岡清男先生に大きな影響を受けさせてもらったことか。

　昭和35年9月，中央小学校に楓組と命名した特殊学級が開級された。唯開設しただけで，雄武さんや網走さんの教育実践にはほど遠く，本道の開拓期みたいなもので，暗中模索の明け暮れであった。語るに友なく，訴えるに術なしで，今振り返って今昔の感にたえないものがある。だが，市内にも特殊学級の仲間が増え，東陵中学の岡田友二先生に巡りあって，やっと語る朋を得てどんなに心強かったことか。ファイトの男，そして，信念の人，ずい分力になっていただいた。

　北見市立中央小学校は，学校が中心街に建っていたこともあり児童の非行が問題化して校内組織により校内体制を整えて対応した。その非行児童の事例研究を継続して取り組むなかで，非行児のほかに〈精神学業遅滞児童や肢体不自由児童〉の実態がより顕在化し教育問題となった。そして，学校関係者や教育行政当局等の理解を得るまでの8年間の歳月を要したのである。

　北見市立中央小学校特殊学級の担任岩本秀正は，1961年の北教組第11次教研集会に『精神薄弱，性格異常（精神病質者）合併児童を取扱って』に次いで，1965年の北教組第15次研究集会に『これから担任なさるかたに』を発表した。前者の発表内容は，○研究の概要と過程，○合併障碍児童の概要，○指導の過程，○指導矯正法の研究，○結語，○附　本児の全容を現すにたる作文からなっている。岩本秀正は，合併障碍児について精神薄弱と性格異常の重複障害児ととらえているが，その障害概要と指導過程から読み取ると今日の障害名

岩本秀正『これから担任なさるかたに』1965年

第2節　網走地区の教育実践

に当てはめると明らかに〈発達障害〉児である。岩本秀正は,それまで非行問題児の指導と対策にかかわってきていたが,この発達障害児に指導効果が現れないことに苦慮して,〈本児により,教師の労力は過度に消耗され,他児に及ぼすべき力が甚だ軽減された。このことは,この種教育の上にも,十分考慮されなければならないことであるまいか〉と述べている。当時の特殊学級は,精神薄弱児を対象とする学級であったが,実状は精神薄弱児だけでなく多様な障害児が入級しており,担任教師はその一人一人の学習特性に合わせた指導をおこなっていた。後者の発表内容は,齢50歳の岩本秀正が通常教育経験と特殊学級担当5年間の経験から得たユニークな特殊教育論である。八項目からなる教育論は,決して書物からの借りものでも他人からの受け売りでもない,岩本秀正の実体験からにじみでた教育的哲学である。次のその要目のみを原文のまま記載する。

岩本秀正「特殊学級の担任となる方に」

　研究などというものではございません。この何年か,平常悩んできたことを,そして,曲がりなりにも片付けてきたことを,そして,自分のものとして信念化されたり,しようとしていることを書いてみました。
1．精神薄弱教育の人間性に立つ,その基底　脳細胞の焼失,流亡の児。2．精神薄弱児(大体I.Q.50〜75前後)のおもてうら。3．人の子としての嗟嘆と,教師の精神衛生。4．肉体も精神も流亡のこの子を。5．象牙の舟も,銀の櫂も(教師の精神衛生を支柱として)。①心のゆがみを解きほぐしてあげる,②一つ覚えの尊さを理解してほしい(応用は利かない),③決して貴公をバカにしているんじゃあない(反応遅鈍,記憶薄劣,環境依存),④摩訶不思議の連続(反抗でも,作為でもなく,独りでそうなるのだ)。6．この仕事,この教育,この教師は,①この教育こそ教育の醍醐味と宣下なさるが,②私には精薄の実子がいないけれど,③誰に語らん術もなく,われ蕭条と途を往くが。7．無差別こそ差別なり。親は子どもの先に逝くものぞ。鈴をつけるは者は誰ぞ。8．百年河清を待っている中に。この子らは,心緩やかに育てる精薄の単置施設・学校に全員収容でき,しかも,全寮制度が設けられたなら,どんなにか幸福であろうか。

　筆者は,1960年の初期頃に,長身痩躯の岩本秀正が札幌養護学校を会場とした研究会や夜の部会となった龍神荘で訥々と教育を語る姿を想い起こしている。岩本秀正は,まさしく,自らの教育実践について自らの哲学で語れる発達障害児等教育実践者としての数少ない教師のひとりであった。
　生田原町立生田原小学校の福士礼子は,1955年の北教組第5次教研集会で『北光学園園児の実態(問題点)とその対策』を発表した。発表内容は,○研

究のすすめ方，○問題と思われる点，○原夫のノートの中から，○健康，発育状況，生活歴，交友関係，学業関係，○処置及び指導の経過，○今後の問題と思われる事項，○結び，○参考資料からなっている。生田原小学校には，地域の児童養護施設北光学園の学齢児童48名（全校児童数の約6.0%）が就学しており，そのなかに本事例の生田原夫（仮名）のような，いわゆる指導上問題となる児童が多くいた。本校の生活指導のためのの学校職員会議「指導連絡会議」では，常に北光学園から就学している〈学習の場を壊し，生活態度を崩す特異児童〉のことが話題となっていた。そこで，本校職員は，養護施設の実態と入所児の特性に関する調査・研究のために，特別委員会を組織して全校的にとりくんだ。特別委員会は，各学年より一名ずつ選出し計六名で構成された。特別委員会は，問題児調査票の作成と調査に当たった。委員は，園児理解のために一週間寝食を共にして参与観察するなど生活からの状況調査に努めた。その結果，児童福祉行政下にある養護施設の貧弱な実態，家庭生活からはじき出された園児の性格・行動などが把握できた。さらに，小学三年生の学級担任福士礼子が事例研究のモデルとして「生田原夫」をとりあげて研究課題を整理した。そして，毎週土曜日に指導連絡会議で特異児童の指導について協議し，北光学園との連繋を図りながら次のような学校と学園による共同対策に着手したのである。

生田原小学校「養護施設児への学園と学校による共同対策」
1. **保健衛生上の問題**　家庭科カリキュラムと生活カリキュラムの編成による日常生活指導の徹底。
2. **学習上の問題**　科学的調査により問題点を追究する。学園の生活環境と学習設備の充実を支援する。
3. **行動上の問題**　科学的調査により問題点を追究する。園児に日記指導をする。看護活動を行う。

三島出『本校に於ける特殊教育三ヶ年計画の第一期報告』1956年

　生田原小学校は，児童養護施設児の指導について，手堅い手続きにより学校と児童福祉施設が共同で取り組んでいることに留意したい。また，指導対策の中核に家庭科カリキュラムや生活カリキュラムといった発達障害児等の教育方法を取り入れてることも評価される。生田原小学校は，発達障害児等を普通学級から分離した教育形態ではなく，通常学級で共学させていることにも注目したい。生田原小学校と生田原中学校に特殊学級が

開設されたのは1967年である。

　1956年，紋別市立中渚滑小・中学校の三島出は，北教組第6次教研集会において『本校に於ける特殊教育三ヶ年計画の第一期報告』を発表した。この報告は，○序論，○教研活動の研究課程，○家庭環境（家庭環境と家族構成，家庭の家族構成，家庭の経済状況，家庭における施設，家庭心理）により構成されている。三島出の特殊教育観は，序論と研究活動の研究課程（筆者註解：研究課程は研究過程の誤植と思われ）に述べられているので，次に摘記する。しかし，本研究は，知的，学的，身的，あるいは経済的に劣っている子らの家庭環境に関する第一次調査・研究であり，その方策や実際の取り組みの内容はない。

三島出「特殊教育観と中渚滑の風土」

　人間にとって，瞬間の出来事は，すべてその人間をある一定方向へと示唆せしめる。すなわち，瞬間瞬間の累積がその人間の全能であり，それを活用させるのが人間の意志である。昭和31年4月に職員定数の七割にあたる膨大な数の教員が中渚滑小・中学校に新しく着任した。その教員たちは，一様に〈特殊児童の如何に多い学校だ〉という印象を持った。学校のある渚滑原野は，入植者による開拓から約五，六十年経て漸く精神的に落ち着きを見せているが，労農に明け暮れる生活水準は低く特殊児童が実態調査結果では45％近く存在（校下戸数122戸中特殊児童のいる戸数55戸）していた。その児童・生徒の割合が，在籍総数266名中95名で37％に達している。この調査に当たっては，4月から10月までに，三度以上は実地にその家庭に入り，夏期休暇を利用して共に農業を手伝い，あるいは同居してその一家族員として生活するなどして確実な資料を得ることに努めた。

　こうした特殊児童は，それが宿命という悲惨なる事実を背負わされてきているのであるが，瞬間という無限連続の刺激によって，新しい希望への道へと導くことは可能であろうし，また，そうすることが教師の義務であり，当然の行為でなければならないと考える。我々同一校に勤務する全職員は，これらの子のために，全力をあげて研究・調査に取り組んでいる。

　中渚滑小・中学校の教員の意気込みが伝わってくる。わが子の教育に悩む父母と〈子育て〉について共感し合い共に歩むために〈家庭の農作業に共に汗を流し，寝食を共にして〉実直に語り合うことなのである。その結果を記録した資料は次の武内隆の発表に引き継がれている。

　1958年の北教組第8次教研集会で中渚滑小・中学校の武内隆は，同校共同研究内容『特殊児童・生徒の教育指導について』を発表した。これは，1956年に三島出が第一期の取り組みを報告したものに続けた第二期と第三期目の内容である。発表内容は，○序，研究概要と経過について，○特殊教育第一期，第二

期の内容について（学力遅進児，社会不適応児，精神薄弱児について），○個別的特徴とその治療方法（学力遅進児，社会不適応児，精神薄弱児），○結びとなっている。本報告の特徴は，家庭環境調査に加えて特殊児童・生徒の個別的調査を実施してその結果を検討していることと，通常学級における治療教育の実践事例が内容である。次に，武内隆の発表内容から研究過程と治療教育観及びその実際について摘記する。

武内隆「中渚滑小・中学校における治療教育の実際」

治療教育観 特殊教育真相は，「一人の百歩より百人の一歩」である。特殊児童・生徒をして一人の置き去りもなく，それなりの幸福をもたせようとする親心から出発せねばならない。人間は，生物的存在であると共に社会的存在であるから特殊児童の理解は，その素質的要因と社会環境的要因を突き止めてその改善治療に当たらなければならない。本校に於いて7.4％を占めている特殊児童の大きな要因は，第一に農村地帯に生きる家庭環境の貧しさに依拠している。事実，特殊児童が成長発達するための刺激は，その78％は家庭においてであり，残る22％のみが学校教育における刺激に過ぎない（一日のうち学校生活を8時間として1年間の授業日数は245日として算出した）。家庭環境の改善と家庭教育力の助成に力を注がなければならないことはあきらかである。

特殊児童・生徒の実数 本校に於ける知能検査，標準学力テスト，日常観察等の結果，特殊児童・生徒の実数が次のように判明した。1. 学業遅進児は37名で全校児童・生徒の約20％である。2. 社会不適応児ないしは性格異常児は14名で全体の3％である。3. 精神薄弱児の判定は困難であったが，I.Q.75～30，S.S.30～15.の者が29名で全体の1％に当たる。4. I.Q.75～85，S.S.30～40.の境界線児は41名で全体の16％を占めている。

学校教育方針 学校の環境を楽しくするための処置として，否定的態度，厳罰主義，不当な要求，過保護，不承認の態度をとらないことに専念する。授業形態は，複式的，存在的，興味的，適応的な四つの方法を交錯させ，更に，個別的心情に即応した指導を行う。更に，教師と子ども，子どもを通じて父兄，父兄対父兄，全校校下全般へとその概念を拡大させ，社会的に貢献し独立し得る児童・生徒を瞬間もゆるがせにすることなく，よい刺激を与え個別的に導くことである。

本校は，この教育方針のもとに，ルイセンコの環境学説とメンデルの遺伝の流れに加えて臨床心理学の理論を学び三ヶ年の研究を重ねている。そして，本年度は，個別的治療のための，社会性に即したカリキュラムの作成とそれに基づいた治療的教育に着手した。

治療教育法

1. 学業遅進児への治療教育法 学業不振児の多くの原因は家庭環境にありこれらを治療するのは困難であるが，家庭に対する指導と学校における指導の二点を実施している。家庭への指導は，家庭訪問，学校参観，父兄懇談会，通知表，伸びゆく記録などにより改善を求めている。基本原則として学習環境の整備となん

ら情意的動揺もなく気軽に学習できる，楽しい学習の場づくりに努めて，学習意欲の誘発と生活指導に重点をおいている。

2. 社会不適応児への治療教育法 家庭環境の改善を第一に，地域の諸団体にたいして〈子どもの人格完成には家庭教育が大切であること〉を理解してもらい協力を得る。学級社会の人間関係，教師と子どもたちの信頼関係を結び情緒の安定を図り，反抗的態度を治療する。一般に基礎学力が欠如しているので，〈一時に一事主義で指導〉学習させ，成功感や自信をもたせるようにしている。

3. 精神薄弱児への治療教育法 社会自立と社会性の伸長の二つを主要点として指導している。個人に対しては次の三点を重点として指導している。(1)障害の実態把握に努め，絶えず個人差に適応した練習により学習への自信と喜びを与えている。(2)基本練習に具体目標を設定し，その成熟度に応じた習得の方法を工夫している。(3)長所の発見に努めその助長を図ると共に生活能力を旺盛ならしめている。(4)常にグループの一員として社会性を養い望ましい性格陶冶を図っている。社会に対しては，(1)父兄の認識を高め協力を得るために家庭環境の改善を図る，(2) 精神薄弱児に対する社会の偏見を除去するための啓発活動，(3)学校職員間の連絡指導の緊密化の三点に取り組んでいる。

中渚滑小・中学校は，全校体制で教育方針を策定し学力遅進児，社会不適応児及び精神薄弱児などの発達障害児等の治療的教育を通常学級において実践して，その適切な方法を探り出していることに留意したい。渚滑地域において特殊学級が設置されたのは，1971年に上渚滑小学校が1973年に至って上渚滑中学校で中渚滑校での開設はない。本校における治療教育に係わる実践記録の発掘こそ課題である。

遠軽町立南小学校の寺岡一男は，1957年に開催された北教組第7次教研集会において『特殊児童をこのように取り扱ってきた』を発表した。発表内容は，○報告書概要，○特異児童研究の動機，○本校の実態，○本校特殊児童の実態，○特殊児童調査の方法，○調査から考えられた点，○特殊児童が表面に著す一般的な兆候，○特殊児童救済の困難性，○指導の実際，○今後の指導方針，○特殊児童指導実践記録となっている。遠軽南小学校は，国鉄遠軽駅周辺の中心街から離れた農村地帯にあり児童数350名の学校である。本校は，特殊児童問題を学校経営の力点として取り組んだ。寺岡一男の報告書のなかから，研究の動機，特殊児童の実態，特殊児童救済の困難性及び指導の実際について，次に摘記する。

寺岡一男「遠軽南小学校における特殊児童の教育」

研究の動機 北海道の特殊児童救済は，行き詰まりを見せている。すなわち，教育予算が貧弱なために，特殊学級の設置，教員定数の確保，教育行政の推進が

軽視され停滞している。この研究は，これらの問題を，教育現場から掘り下げて，現場の盛り上げから大きく社会に訴え解決を図るためのものである。

特殊児童の実態 特殊児童と診断されたものは，45名で毎日の学習でいろいろなかたちとなって支障をきたしている。実数は，実態調査による。特殊児童の診断と救済は，なんと言っても担任教師の意識にあるが，これまで良心的な教育実践家により絶えず試みられ研究されてきたが未解決になっている。その困難性の原因は四点に整理される。

特殊児童救済の困難性 1．特殊児童となった原因は幾年も前に遡って考えられ，学級担任の推定以上に根深く真の原因をつかむことは誠に困難であること。2．特殊児童救済の方法は客観化された定型がないこと，3．治療学習の効果はあまり現れず，指導が長期的になるため根負けしてしまうこと。4．政治的な貧困から特殊教育に対する施設が不充分なことなどの四点である。

遠軽南小学校「特殊児童の分類と実数」

特殊児童（問題児）	身体障害児	・視力，聴力並びに言語障害	8名
		・肢体不自由児	3名
		・その他の障害児	0名
	社会不適応児	・性格異常児	115名
		・不良行為児	
		・情緒不安定児	
		・無口な児童	2名
	精神遅滞児	・精神遅滞児	2名
		・中間児	2名
	学習遅滞児	・意欲に乏しい学業遅進児	45名
		・特別な教科に劣等感を持つ児童	15名

指導の実際 家庭との結びつき（家庭訪問，連絡簿の活用），学友の協力を求める（よい遊び相手を見つけてやる，一緒に遊べる遊具を取り入れる），学級の一員である自覚を持たせる（教師の手近において幼稚な仕事をさせる），日常の躾をする，自立心をつける（図工，音楽，体育などの技能面をつうじて成功の喜びを味わわせる，出来ることは自分でやるようにさせ依頼心を持たせない），童心を育てる（驚くほどの空想家である，絵本や視聴覚教材の活用），特徴のある学習を与える（一教科でよいから自他共に認めるよい特徴のある教科が欲しい）。

今後の指導方針 1．組織の必要性（担任だけでなく学校全体で話し合う機会を設ける。PTA，女教師と母親の会などの理解を求める，この問題の推進委員会のようなものを組織したい，社会福祉等関係機関に実状を認識してもらう）。2．学校（学級経営の力点にし）実践の記録をとり資料とする。子どもの活動の場を見つけてやる。学校行事等に参加させ劣等感を取り除くように努める。（定例的に校内研究をもち研究と指導態勢を整えていく）。3．組織の運営と予算（教育予算の政治的解決を推進する。特殊

学級の整備，定員の確保，学級の児童数の問題，教具・教材・教育費の問題）。

　寺岡一男が論述している特殊児童の実態数と表示の「特殊児童の分類と実数」の関係は明らかでない。六名の特殊児童の指導記録は，抄録ではあるが指導の実際を抄録として叙述されてる。がしかし，それらは対象児童への指導の実際なのか，その指導の実際と指導記録内容との関連性や整合性が認めがたい。今後の指導方針は，指導記録内容に記されている実践事実に基づいて帰納されるものであり，それに基づいて策定されるのが定石である。しかし，総括内容は指導の実際とは考えにくいのである。遠軽南小学校は，特殊児童とされる児童のすべての児童を通常学級において特別な教育的配慮により指導したのか否かも明らかでない。発表題が「特殊児童をこのように取り扱ってきた」であるから，その論述は，「このように扱ってきた…」という指導の事実に基づく内容でありたい。本校に特殊学級が開設されたのは1978年である。

　白滝町立白滝中学校の喜多村忠男は，1960年の北教組第10次教研集会で『問題児の指導について』を発表した。内容は，○研究の経緯，○序論（現在の状況，環境，家族構成及び生育歴，各種テスト結果とその問題点），○本論（指導内容と経過），○反省と今後の問題点，○資料である。喜多村忠男は，自分が担当する中学三年生の学級に普通児と非常に異なる言動を示す児童に注目して，その原因を究明し指導目標を立てて特別な指導を二年間行った。喜多村忠男は，本児への実践について，本児の行動特性，指導目標と内容及び結果にわたって述べているので，次に摘記する。

喜多村忠男「問題児の行動特性，指導目標と内容及び結果」

　問題児の行動特性　授業中の態度（真面目に話したり聞いたり出来ない。絶えず身体を動かし落ち着きがなく，一定の箇所を見ることができない。教科書やノートを破る。居眠りや欠伸をする。他の生徒に話しかけたり迷惑をかける。不器用，動作緩慢，持久力がない，自他のことに無頓着，目がどんよりしている）。優れていると思われる学習能力　数学：簡単な計算ができる。社会：年代の暗記。英語：アルファベット暗記，初歩的な英文の理解。国語：小学校四年生程度の漢字の読み。

　指導の目標　人格の形成を柱として次の目標により指導する。1．劣等感を除去し，抑圧された感情を解放し，自信と安定感をもたせる。2．学級集団

喜多村忠男『問題児の指導について』1960年

に参加できる学級づくり。3．健康で豊かな真情(ママ)を育てる。4．精神衛生に十分気をつけつける。5．性格,社会生活能力は訓練によって伸ばす。6．最低限の知能・技能を身につけさせる。7．家庭との連絡を密にすると同時に子どもの教育に対する理解を深める。

指導内容 指導目標にそってあらゆる生活場面で指導を行う。学級の仕事を分担させ責任感と自信をつけさせ,礼儀正しい姿勢をとるようにさせる。学校行事に参加して活動できるように指導する。

指導の結果 (1)特に改善された点

指導以前	結果
・絶えず身体を動かす	・少々落ち着きがでてきた
・話しかけたり他の生徒に迷惑をかける	・話しかけや迷惑行為が少なくなった
・H.R.で相談する場合話を壊す	・静かに相手の話を聴くようになった
・持久力がない	・体育行事の参加で少し持久力がでてきた
・集団での責任感がない	・個人責任を通して徐々に持てるようになった

全般的に積極性が出てきた。また,集団の仲間づくりの参加し集団責任も強くなり,運動に対する自信と勇気と安定感が出てきた。

(2)よくならなかった点
1．衛生観念がない,2．家庭との連絡が不充分であった。
今後の課題 1．授業は,各教科担任が個別課題を作成して指導に当たっているが,側にいて個別指導しないと学習に取り組めないことへの方策。2．家庭との協力により教育についての理解を強めること。3．中学校卒業後の就職など進路指導が必要であること。

喜多村忠男の実践は,その課題意識と指導目標や内容が素朴で未成熟なところがあるが実際に取り組んでいる報告内容として評価できる。小規模校の通常学級において発達障害児等を指導している真摯な姿勢から学ぶものがある。

紋別市立紋別小学校の特殊学級「花園学級」は,1963年10月に開級され村田仁作が担任となった。既述のように網走管内の小学校特殊学級は,雄武小学校の開設に始まり次いで網走小学校から北見中央小学校と続き,紋別小学校は第四番目の開級である。中学校の特殊学級は,1958年に雄武中学校の分室として雄武小学校に設置され,1962年に網走市立第一中学校(網走小学校に併設)と北見市立東陵中学校にそれぞれ設置された。

紋別小学校の特殊学級担任村田仁作は,1965

村田仁作『特殊学級のあゆみ 私の学級経営』1965年

年の北教組第15次教研集会に学級経営三か年の実践を『特殊教育のあゆみ 私の学級経営』と題して発表した。発表内容は，○はじめに，○特殊学級の設置，○教育目標，○教科（領域）の指導と重点，○昭和四十八・九年度学級経営，○昭和四十年度学級経営，○備品一覧，○にっかひょう，からなっている。村田仁作は，参考書を取り寄せては読み，先進地の学校を視察して疑問を質そうとしたが，現実問題の解決には至らなかった。近くに相談相手になる仲間もなく独り悩み続ける日々のなかで，〈自分なりにやれることに取り組むしかない〉ことを自覚した。〈そして，特殊学級三か年の経営は夢のように過ごした〉と述べている。

　北見市立東陵中学校特殊学級担任の岡田友二は，1966年に文部省と道教委が主催した昭和41年度特殊教育教育課程研究発表会で『教育課程の編成にあたって（編成上の問題と実践資料の一部）』を発表した。発表内容は，○はじめに，○当校における特殊学級の概要，○進路，就職に対する地域の要望，○学級の教育課程をどう進めてきたか―学習指導要領に基づいて―，○年間指導計画作成上の問題，○おわりに，○資料からなっている。発達障害児等の教育問題は，1960年代に入り特殊児童とその教育の理解・啓発の段階から，教育課程の編成や実践的教育課程の作成とその展開といった教育実践上の段階へと移っていった。ここで，岡田友二の発表のなかから，1966年当時の管内特殊学級設置状況について，以下に引用する。

岡田友二「1966年当時の網走管内特殊学級設置状況」

校種＼項目	管内学級数	児童生徒数	特殊学級数	入級児童生徒数	全学級に対する比	全児童生徒に対する比
小学校	1,563	45,756名	11	99名	0.7%	0.02%
中学校	838	29,483名	8	72名	0.9%	0.02%

岡田友二「1966年当時の北見市内特殊学級設置状況」

校種＼項目	市内学級数	児童生徒数	特殊学級数	入級児童生徒数	全学級に対する比	全児童生徒に対する比
小学校	208	7,609名	1	11名	0.06%	0.1%
中学校	117	4,644名	3	30名	2.50%	0.6%

　岡田友二は，特殊学級の担任となった経緯と発足当時について，上記発表物と「北見の智恵遅れ学級発足当時」網走地区特殊教育研究連盟編『オホーツクの障害児教育―雄武小の創設から30年のあゆみ―』（pp.9-11，1980年）に記載しているので，両者のなかから関係部分を参照し次に摘記する。

岡田友二「東陵中学特殊学級担任となったとき」

　北見市立東陵中学校の紺野校長は，昭和37年2月の職員会議に特殊学級設置について次のように諮った。「中央小学校には35年に開級した楓学級があって，今年卒業生が一名ありそれを受け入れなければならない。それで，東陵中学校にも精薄学級を開設して受け入れたい」と。そして，昭和37年度に設置することを決定した。

　その後，職員会議は開かれないままに教務主任の菅原隆二先生が担任になりどのような教育をおこなうのかと関心を持っていた。3月31日に，突然校長室に呼ばれて，「菅原先生は本校にとって重要な人物だから特学の担任にする訳にいかない。君なら子ども好きだし特学担任に適任だから」と一方的に担任にさせられてしまった。

　学級設置認可は4月1日となった。心の準備もないままに初めて特殊学級担任となった私は，子供達を前にして，さて何をしていくべきかと考えるうちに毎日が過ぎて行く。これではいけない，子どもが学習していくことの意義と計画をもたせなければと…。でも，オホーツク斜面の小都市北見では，サークル活動の相手もなく暗中模索の毎日でした。一学級一人担任で4月と5月の二か月間を開設準備期間にあて，中央小学校の卒業生1名と市内小学校から10名の入級者を迎えて6月10日に開級した。日常生活指導，教科的学習，作業学習，就職指導に明け暮れながら，北見中央小学校の岩本秀正　先生，精神薄弱児教育運動に献身的に努力されている「笹の実会」の松川春蔵氏，岩城孝一郎氏，村上聡子氏らに支えられ学び合えるようなった。

　北見東陵中学校の特殊学級担任になった岡田友二は，四年目にして網走地区関係者のなかから選ばれて北海道の特殊教育教育課程研究会で発表するまでになった。その発表内容のなかに，今日の特別支援教育における「個別の指導計画」として受け継がれている指導法の視点があるので，次に援用する。

岡田友二「年間指導計画と個人の目標」

　年間指導計画作成上の問題の第一は，生徒一人一人の実態に即した学習計画の作成にある。それには，取り上げる学習内容から教材の月別配当を中心として年間計画を立てることである。年間計画から週目標，個人の目標に細分化した実態に即した学習計画を立てることである。

第3．網走地区発達障害児等教育の特質と歩み

1．網走管内の発達障害児等特殊教育の歩み

年　月	事　項
1949年4月	雄武町立雄武小学校に三学級二担任制特殊学級「さくら学級」開級される。同年特殊学級PTAが結成される。

第2節　網走地区の教育実践

	網走市立網走小学校特別学級設置委員会により『昭和二十五年度特殊教育かつら学級経営案 附 精神遅滞児のための教科課程』を作成して開級に備えた。
1950年 4月	網走小学校に特別学級「かつら（桂）学級」が開設される。
8月	網走小学校特別学級担任川村正男が文部省他主催「東北・北海道特殊教育研究集会（仙台市）」に参加してG班の研究報告書を作成する。
10月	網走小学校川村正男は『特殊教育研究 精薄児のための—特殊学級における学習指導』を発表する。
1951年 2月	網走小学校『特殊教育研究誌 かつら学級カリキュラム第二次案』作成。
3月	網走小学校川村正男『特殊教育研究誌 かつら学級の子等と一年を過ごして』を発表する。
4月	網走小学校長小林金太郎は『特殊学級経営計画報告』を北海道精神遅滞研究連盟全道大会において発表する（この内容は要約されて，文部省初等教育課編集の『初等教育資料』第21号，1952年2月に掲載された）。
5月	北海道教育委員会・網走市主催の「精神遅滞児特別学級経営研究集会」が二日日程で網走小学校を会場に開催される。 北海道教育委員会・網走市『精神遅滞児特別学級経営研究集会 討議並びに講演速記録』刊行する。 山谷一郎の「かつら学級の子ら①〜⑤」『網走新聞』文化欄に連続掲載される。
1952年 2月	網走小学校川村正男『特殊教育研究 遅滞児におおくあらわれる誤謬の—考察—誤りの傾向を見究めて 指導の手掛かりを得るために—』、『特殊教育研究遅滞児指導に効果のあった教具の一例』を作成して刊行する。
5月	網走小学校升井健一は岩見沢市で開催された「全道教育研究会」で『かつら学級一般現況について』を発表する。
11月	網走市立西小学校の大槻敏雄は北教組第二回教研集会において「問題児対策と事例」を発表した。網走郡美幌町立美幌小学校の松原要は北教組第二回教研集会において「美幌町に於ける非行生徒に就いて」を発表した。
1953年 1月	網走小学校（川村正男）は「昭和二十八年度教育技術研究協力校協議会（東京都）」において「個人差に応じた学習指導（特殊学級と普通学級の関連に於いて）」を発表した。
7月	雄武小学校特別学級担任武田俊夫は文部省・道教委他が主催した「昭和廿八年度東北・北海道地区特殊教育研究会（札幌市）」で「小学校特別学級の経営 精神遅滞児収容施設はちのこ学級」を発表した。 同じ研究において網走小学校の升井健一は「小学校特別学級の経営 精神遅滞児収容施設かつら学級」を発表した。続いて、「全道特殊教育研究集会（岩見沢市）」において「かつら学級一般現況について」を発表した。
11月	北見市立北見中央特殊児童補導委員会が発足する。同委員会は北教組第三回教研集会で「本校児童の補導対策」を発表した。網走小学校の升井健一は北教組第三回教研集会で「遅滞児の自主性を培う学習活動」を作成し川村正男が発表した。 網走小学校は，「本道に於ける特殊教育の現況とかつら学級の実態」を「昭和二十八年度全校特殊教育研究協議会（京都市）」で発表する。 網走小学校『昭和二十八年度 小学校六年間の算数手引き』を刊行する。
1954年 1月	雄武小学校の武田俊夫は実践記録『蜂の子学級のひとこま ブンブン会』を刊行した。
6月	網走小学校桂学級三代目担任となった武田俊夫は「全校生徒と桂学級のつながり 桂学級によい友達を」を作成した。 網走小学校長角野米次郎は，琴似小学校において道教委と琴似町が開催した「全道特殊学級研究大会」において「特殊学級の学校経営上の位置づけ」を発表した。
11月	北見市立中央小学校の岩本秀正らは北教組第4次教研集会において「特殊児童補導対策の研究」を発表した。
1955年11月	生田原町立生田原小学校の福士礼子は北教組第5次教研集会において「北光学園園児の実態（問題点）と対策の指針」を発表した。

第3章 各地区における教育実践

1956年11月	紋別市立中渚滑小・中学校の三島出は北教組第6次研究会において「本校に於ける特殊教育三ヶ年計画の第一期報告」を発表した。網走市中園小学校の小田島達夫は北教組第6次教研集会に『特殊な地域社会にける父母と教師の結びつき』を発表する。
1957年 5月	「網走地方教育研究所」発足する。
10月	網走小学校桂学級の四代目担任板橋弘は札幌美香保中学校で開催された研究集会で「精神遅滞児の生活をどのように指導したらよいか？ 小学校に於ける指導内容について」を発表した。
11月	遠軽町立遠軽小学校の寺岡一男は北教組第7次教研集会において「特殊児童をこのように取り扱ってきた」を発表した。
1958年 5月	雄武町立雄武中学校特殊学級が雄武小学校内に併設され小中の一貫教育が開始された。1965年4月に小学校から分離し雄武中学校に設置された。
11月	雄武小学校の平盛一は北教組第8次教研集会において「特殊学級を経営してその十年をふりかえって（副題）遅れた子供の生活力をつけさせるために」を発表した。紋別市立中渚滑小学校武内隆（共同研究者 渚滑中学校全職員）は北教組第8次教研集会において「特殊児童・生徒の教育指導について」を発表した。
1959年10月	雄武町教育委員会と雄武小学校は「網走管内精神遅滞児教育研究大会」を雄武小学校を会場として開催した。 雄武小学校の平盛一は北教組第9次教研集会において「特殊教育の地域社会における日常生活指導のおしすすめ」を発表した。 北見市手をつなぐ親の会結成される。
1960年 9月	北海道教育委員会・北海道精神遅滞児教育連盟・雄武町教育委員会・雄武町共催の「第12回北海道精神遅滞児教育研究大会」二日日程で雄武小学校で開催された。 雄武小学校は上記研究大会の全体会において「紋別郡雄武小学校特殊学級12年の経営の歩み」を発表した。 北見市立中央小学校特殊学級「楓学級」開級される。
11月	白滝村白滝小学校の喜多村忠男は北教組第10次教研集会において「問題児の指導について」を発表した。
1961年11月	北見市立北見小学校の岩本秀正は北教組第11次教研集会において「精神薄弱，性格異常（精神病質者）合併児童を取り扱って」を発表した。
1962年 4月	網走市立第一中学校特殊学級開級「柏学級」が網走小学校内に併設された。
6月	北見市立東陵中学校に特殊学級開級される。
10月	紋別市立紋別小学校特殊学級「花園学級」開級される。
11月	雄武小学校林幸一（雄武中学校仲藤克子）は北教組第12次教研集会において「精薄児を生産人育てるために中が校に於ける職業教育をどうしたらよいか」を発表した。
1963年 4月	置戸町立置戸小学校，留辺蘂町立留辺蘂小学校，紋別市立紋別小学校，紋別中学校にそれぞれ特殊学級が開設される。
1965年 4月	中学校にそれぞれ特殊学級開級される。
11月	北見市立北見中央小学校の岩本秀正は北教組第15次教委研修会において「これから担任なさるかたに」を発表した。 紋別小学校特殊学級花園学級担任の村田仁作は北教組第15次教研集会において「特殊教育のあゆみ 私の学級経営」を発表した。
1966年 4月	網走市立中央小学校，美幌町立美幌小学校，東藻琴村立東藻琴小学校，常呂町立常呂小学校，上湧別町立上湧別中学校，北見市立光西中学校，紋別市立潮見小学校，滝上町立滝上小学校にそれぞれ特殊学級が開級される（これは「北海道の特殊教育推進五か年計画」による奨励設置に応えたものである）。
9月	北見市立東陵中学校特殊学級担任に岡田友二は「昭和41年度特殊教育教育課程研究発表大会」において「教育課程の編成にあたって（編成上の問題と実践資料の一部）」を発表した。

第2節　網走地区の教育実践

| 第一回管内特殊教育研究大会が網走市で開催された。 |

　管内の特殊学級は，1949年に雄武町立雄武小学校に北海道初の特別学級が開級され，その翌年の1950年に網走小学校に開設された，以後10年間は新設学級はない。1966年に至って，計画的な教育行政施策が推進されたのに符合されたかのように急増設されている。

2. 網走管内における発達障害児等特殊教育の特質

　網走地区の開拓の歴史は，オホーツク海高気圧の冷涼な気候もあり網走市街を除くと明治後期に入ってからであった。戦後は，宗谷管内と同様に新生日本の新開拓地として入植人口が急増したが，安定した主要産業の成立と発展は期しがたく，人口密度も薄く財政的にも困窮する地域が少なくなかった。しかし，管内のなかでは，網走地区や北見地区等は戦前から単級複式教育形態による子弟教育に熱心であり，教育実践研究は自ら〈オホーツク斜面の教育〉と喧伝し他管内からも評価されていた。オホーツク斜面教育とは，単なる景観地理的な地域性をいい表したことばではなく，オホーツク斜面で実際に行われている，さらには地域性に立って追究しようとした教育実践の課題と方向性に込めた言葉であったのであろう。それは，網走地区は，〈生み出す力，育てる力，色あせぬセンスやアイデア，これを結ぶ信義と友愛，オホーツク斜面は底知れぬ未来を誕生させる素地と潜在力を胎んでいる〉（『網走地方教育史』p.10，1983年）教育的風土があり，そこに住み着く教師たちの教育実践研究姿勢を象徴する誇らしい言葉なのである。網走事務局は，『網走情報』を通じて新教育の精髄とその情勢を広報すると共に1949年度から「教育研究の方向と教育振興計画」と題して網走地域の情報を流している。

　1952年，オホーツク斜面教育界は，地域社会の要求に応え根づく「学校教育振興のための五大目標」として，①教育精神を高揚し教育観の確立に努める，②地域に立つ教育―僻地社会学校―の実践を強化する，③学習指導法の改善に努める，④道徳教育の振興をはかる，⑤学校経営の合理化につとめるの五つである。しかし，発達障害児等教育に関する内容は盛られていない。

　これらの動向とは別に，教育遠軽町社名淵にある北海道家庭学校の少年達への教育委員会が網走管内の住民と教師たちに直接的・間接的に影響を及ぼしていたと考えられる。北海道の特殊教育の祖と称されている奥田三郎は，1946年4月から遠軽家庭学校の園医となり，同年10月に遠軽保健所長に就いた。当時日本一広い管轄地域をもつ遠軽保健所は，地域保健医療を推進する方策の一つとして1949年から移動保健所を開始している。奥田所長は，進駐軍から払い下げを受けた四トン車ダッチ・ウエポン・キャリーヤーに関係職員とともに乗って

管内の部落末端まで入り込み巡回して，無料診察，結核検診，食品衛生指導，映画・座談会余による啓発宣伝などを行った。1950年5月に精神衛生法が公布され，奥田の管轄区は網走管内を超えて道東・道北に及ぶ広域となった。奥田三郎は，移動保健所と精神鑑定医としての業務を遂行するなかで，精神薄弱児施設や特殊学級の必要性と具体的な方策について戦前の経験を交えて熱心に関係者に説いている（市澤豊『シリーズ福祉に生きる第60巻　奥田三郎』pp.179-184，2011年，大空社）。

　北海道初の発達障害児等の特別な教育を実践した雄武小学校の特別学級は，戦前からの〈オホーツク斜面の教育〉の伝統と平和教育などの新教育理念の昂揚が具現化されて全校職員の内発的意志によって開設されたことが評価される。そして，戦前から〈オホーツク斜面の教育〉実践の中心校であった網走小学校は，教職員組合活動の拠点を校内に設けて，いち早く新教育の理念と教育法論を道外に求めて取り組む教育実践研究の基盤を組織したことに特質がある。特別学級の嚆矢を雄武小学校とする史的評価に異論はないが，網走小学校は，1949年に『昭和二十五年度特殊教育　かつら学級経営案』を作成しており，しかも，その作成方針と内容が極めて優れて実践的かつ今日的であった史実に深く留意したい。

　雄武小学校と網走小学校の特別学級の設立理念とその実践方法は，学級担当者の交替にもかかわらず継続的に伝承され成果をあげていった。そして，その教育実践は，管内の先進的な教師たちに少なからず刺激を与えた。それは，網走管内26市町村の教師たちの代表者は，既述のように北教組が主催し道教委が後援した「北海道教育研究集会（教研集会）特殊教育部会」で発達障害児等の教育実践の諸問題について毎回発表していることから明らかである。黎明期における網走管内の発達障害児等の教育は，雄武小学校さくら学級と網走小学校桂学級の教育理念に基づいた教育実践を学びそれぞれの市町村の教育的事情を背景にしながら遅速であるが試行錯誤を重ねながら確実な進展を見せていったと言えよう。

　最後に，網走地方教育史委員会編纂の『網走地方教育史』1983年3月には特殊教育に関する項目も実践内容も論述されていないことを附記しておく。

第3節 根室地区の教育実践

第1. 根室地区の概況

　古い歴史と伝統のある根室市を含む管内であるが，地理的条件が悪いため内陸地帯の開発が遅れて後進地帯であった。管内の産業と経済の中心は農業で，水産業と林業がこれに次いでいる。別海村のパイロット・ファームの建設とともに内陸地帯の酪農の進展がめざましい。総面積約3,400平方㌔に1市2町2村が区制され，人口約91,000人，世帯数約17,000世帯が居住している。学校と児童・生徒数は，小学校65校8,972人，中学校41校3,019人，高校4（道立校1，町村立3）校である。これらのうち，小学校57校と中学校34校が辺地校の指定を受けており，小規模校といわれる単級複式校が全体の70％で，施設・設備も一様に貧困である。管内の教育は，恵まれない自然環境，封建的地域社会の文化環境，文化・厚生・医療施設なども市街地に偏在するなどの悪条件が多く，不振である。また，各町村にあっては教育財政の問題，校舎の整備など未解決の事項が多い。

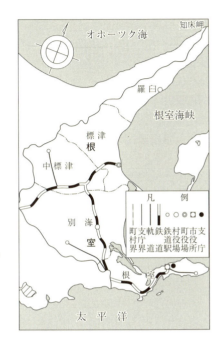

　社会教育面では，青年学級23，成人学校7，社会学級7，母親学級8が各市町村で実施され，学校教員が講師を兼ねて指導している。青年団70，婦人団体45団体あり，4Hクラブがすぐれた活動している。医療施設は，病院5，診療所18，保健所1がある。

第2. 根室地区発達障害児等の教育実践

　発達障害児等の教育実践にかかわる一次資料は，根室町立北斗小学校「根室町北斗小学校〈佐藤学級〉実態調査（B4判孔版印刷縦書き1ページ，年代不詳）」，羅臼村立春松小学校特殊教育研究サークル（発表者梅田勉）「普通学級における

学力不振児・特殊児の指導はどうあるべきか」(B5版孔版印刷縦書き，13ページ，1961年11月)，羅臼小学校鶴木俊介「昭和41年度養護学校教育課程研究集会 精神薄弱教育部門 資料1」(B4判孔版印刷横書き，2ページ，1960年9月)，根室市立光洋中学校森山猛「昭和41年度養護学校教育課程研究集会 精神薄弱教育部門 資料1」(B4判孔版印刷横書き，2ページ，1960年9月)の四点のみである。通史的な二次資料としては，池田勝・岩佐井「根室」北海道精神薄弱教育研究連盟編『道精連 三十年のあゆみ』(pp.123-126, 1982年)と根室管内障害児教育研究会『昭和61年度 根室管内障害児教育研究会20周年記念誌 二十年のあゆみ』(pp.5-26, 1986年9月)，根室管内障害児教育研究会発行『根室 昭和61年度 第34回全日本特殊教育研究連盟北海道地区研究集会 根室／中標津大会 大会速報1』(B4版タイプ印刷横書き1ページ，1986年9月)，根室地方教育局・根室教育研究所・根室地区協議会『根室教育の歩み 1962』(1962年)がある。特に，教育実践記録としては，北教組主催の教研集会特殊教育部会における発表物は第11次集会の梅田勉のものが唯一と少ない。

まず，二次資料ではあるが中標津町立東小学校池田勝と中標津町立広陵中学校岩佐井による「根室」から根室地区のあゆみを援用して，次に摘記する。

池田勝・岩佐井「根室地区のあゆみ—東雲に障害児教育の燈を掲げて31年—」

漁業と酪農業を基幹産業とする道東根釧台地，根室管内における障害児教育の第一歩は昭和26年である。当時，根室市立北斗小学校の橋本光博先生が中心になり，〈学力遅進児〉や〈知能が低くて授業についていけない児童達〉のために特別な学級の必要性を唱え，学校長や教育委員会に対して積極的に開級を働きかけたのが発端である。しかし，障害児に対する誤った考え方や，その教育についての理解が貧弱で学級開級の道は茨のみちのごとく険しいものであった。

そして，その灯は昭和26年に根室市立北斗小学校一学級が開設し管内最初の産声を上げたのである。教室は，空き教室を利用し，施設・設備もなく全く不充分な常態であったが，親の理解と協力があり，周りの教員の助けによって，《精薄児と学力遅進児との混成学級》として出帆した。教育内容や指導方法は，全く手探りの状態であったが，児童達は〈できるだけ生活に即した学習内容〉と〈幅広く経験を積ませる〉ことに配慮した。遅進児は，ある程度まで学力が改善されると親学級に戻す形態であった。昭和30年代に入ると，小さな燈は若干の広がりと明るさを見せ，更に40年代には内陸四町（別海町，中標津町，羅臼町）すべてにわたって特殊学級開設という大きな炎となって燃え広がっていったのである。

ここには，根室地区の灯の広がる経緯は描かれている。だが，発端となった最初の燈（当時）は，何年に点火されたのかは明らかに記されていない。

次に，前出の根室管内障害児教育研究会編著『根室管内障害児教育研究会20

年の歩み』から沿革内容を次に摘記する。

「根室管内障害児教育研究会20年の歩み」

根室市立北斗小学校に特殊学級が開設されたのは，昭和26年1月である。当時，佐藤賢一先生（元中標津小学校校長，昭和26年，27年，30年特殊学級担任）が，学級開設のために長期研修に出向かれ，諸準備に力を尽くされた。佐藤先生は，今から34,5年前（筆者註解：昭和26年頃か）の特殊学級担任時代に次のように書いている。

○折角教育しても，さあこれからという時に，中学校には特殊学級がなく，再び普通学級に入れなければならないこと。○成績の向上が牛の歩みのように遅く，目に見えないところから無用視され，厄介視されたこと。○予算がないために，諸施設を設備することができないこと。○世間一般の人が，このような子どもたちに対して無理解・無関心であること。

根室管内障害児教育研究会『二十年のあゆみ』1986年

特殊学級担任は，昭和30年代のはじめに山内清二先生（現花咲小学校長）に引き継がれた。そして，山内校長は，今（筆者註解：昭和60年頃か）当時の実践について学校経営の立場から，《私はよく先生方に，一度は特殊学級を受け持ったら，子どもの本当のことが分かるのではないか。それは，本当に子どもに愛情を持っていたら，子どもの心情を考えて，安易な物の言い方や安易に叱ったり，変に虚勢を張ったりすることがなくなるんでないかと思うからです。》と語りかけている。

こうして，根室管内で最初に特殊学級が開設されてから10年後の昭和35年に根室市立花咲小学校に，昭和38年には中学校として初めて，光洋中学校に開設された。

昭和40年代に入って，羅臼町，別海町，根室市内，標津町が次々と開設し，根室管内一市四町にゆきわたったことになる。

特殊学級担任の増加に伴い，昭和41年6月に羅臼小学校において管内研修会をもち，翌42年に根室市立光洋中学校で森山猛先生（現岩見沢市社会教育主事）が中心となって作業学習の研究会が開かれた。根室管内障害児教育研究会（当時は道精連根室地区研究会）となって今日に至っている。

これらの史資料から推測すると，根室地区の黎明期に特殊学級の必要性を訴え運動に立ち上がったのは1951年以前であり，その代表的人物はに根室市立北斗小学校の橋本光博であった。

そして，佐藤賢一が開級準備のため長期研修に出向き1951年1月に北斗小学校に管内初の精神遅滞児児と学業不振児の特殊学級が開級されたことになる。

第3章　各地区における教育実践

初担任者は佐藤賢一であったと考えられるが，それを裏づける史資料の発掘が課題である。佐藤賢一は，〈精神遅滞児をうたう〉という詩作を残しているので援用して，次に再掲する。

佐藤賢一「子らとともに―精神遅滞児をうたう―」

世にいう／忘れられた子らの／彼らが吐きだす／つぎはぎの歌の中で／私とともに歌おう／あの子この子の／呼気の温かさに／私の胸底の／沈殿物の一つ一つをはき出そう／彼らの発する声は／私の魂の底に沁み／慰めの声となり／明日への消えざる／希望の火となろう／ともに嘆きともに悔いつつ／翼弱い小鳥の／いためる翼休めつつ／あの高い大空を飛びまわろう

佐藤賢一の障害観と指導観，そして児童への愛が素朴な歌詞から読み取れる。その佐藤が担当したであろう根室町立北斗小学校「佐藤学級」実態調査の資料が残っているので次に転載する。

佐藤賢一「根室北斗小学校佐藤学級の実態」

（1）学級構成人数

性別＼学年	1	2	3	4	5	6	計
男			5	3	3	1	12
女					3		3
備考	全校児童数1,558人						

（10）平仮名が書けるか

能力＼学年	3年	4年	5年	6年
20以下書ける	1	1	0	0
25以下書ける	1	0	2	0
30以下書ける	1	1	0	0
35以下書ける	1	0	0	0
40以下書ける	0	0	0	0
45以下書ける	0	0	0	0
完全	1	1	4	1

（12）性格検査

多弁か		発表するか		喧嘩は	
多い	13	する	13	好かれている	6
普通	10	殆どしない		時々する	6
少ない	2	一度もしない	1	しない	3

作業に対する根気		正直か		教師のいいつけ	
続く	4	正直	3	好かれている	6
普通	3	普通	8	普通	6
続かない	8	嘘をいう	4	つかない	3

（12）性格検査（続）

協力するか		よく泣くか		友達との関係	
よくする	3	泣く	13	好かれている	6
普通	10	普通	1	普通	6
しない	2	泣かない	1	嫌われている	3

強情か		元気よく遊ぶ		劣等感をもつか	
強情	4	遊ぶ		もつ	5
普通	3	殆どしない	8	普通	3
否	8	遊ばない	4	少しも持たない	2

（13）交遊グループ

一人で遊ぶ	1
上級生と遊ぶ	2
同級生と遊ぶ	10
下級生と遊ぶ	2

（13）遊びの集団人数

一人で遊ぶ	1
二人で遊ぶ	3
三人で遊ぶ	8
四人で遊ぶ	2
五人で遊ぶ	1

(2)父兄職業(省略)　(6)始歩期(省略)
(3)生活程度(省略)　(7)病歴(省略)
(4)分娩状況(省略)　(8)出歯期(省略)
(5)出生時の体重(省略)

佐藤学級の実態把握項目は，知的な障害や遅滞ではなく，性格行動や交友関

係等であるところに，佐藤の指導観が垣間見ることができる。しかし，学級経営方針や指導方法などが残されていないのが惜しまれる。

唯一の教育実践記録は，羅臼町立春松小学校の特殊教育サークルによるものである。サークルのメンバーは，対馬政幸，佐藤輝雄，梅田勉，中村浩，吉田篤信，栗原富士夫の六名である。メンバーの一人梅田勉は，1961年11月の北教組第11次教研集会において，『普通学級における学力不振児・特殊児の指導はどうあるべきか〈主として学習指導の面を考える〉』を発表した。発表内容は，○研究の方法，

佐藤賢一「佐藤学級の実態」1951年

○児童の実態，○指導の方法，○実践例，○今後に残された問題からなっている。次に，サークル人の課題意識と指導法について摘記する。

春松小学校特殊教育サークル「課題意識と対象児等」

春松小学校の児童に《学力不振児や特殊児が多く，その子らに特殊学級形態ではなく普通学級のなかで〈個人ごとの指導計画〉を立てて個別的な配慮により生活力をつけて社会の一員として加われる人間の素地を育てたい》のである。学力不振児は，I.Q.に関わらず基礎学力の著しく劣っている児童であり，特殊児は平仮名も読めず，三年生になっても掛け算も覚えられず，自分の名前も書けないI.Q.の著しく劣っている児童である。春松小学校の規模は，学級数12，児童数368名，職員数15名である。三年星組は，児童数32（男子14，女子18）名中I.Q.80以下の児童は男女とも各4名ずつ計8名である。

21世紀のインクルーシブな教育は，発達障害児等を物理的に通常学級から分離して指導することではなく，可能な限り一人一人の教育的ニーズにきめ細かく応える共生教育である。春松小学校の教師たちの教育観は，《学力不振児や特殊児らに特殊学級形態ではなく普通学級のなかで〈個人ごとの指導計画〉を立てて個別的な配慮により生活力をつけて社会の一員として加われる人間の素地を育てる》ことにある。しかも，1960年当時に《個別の指導計画を作成して，個別的な配慮指導により生活力を育てる》という視点とその指導観は極めて優れて今日的であることに深く留意した。

梅田勉『普通学級における学業不振児・特殊児の指導はどうあるべきか』1951年

第3章 各地区における教育実践

次に，その指導の方法と実践事例を摘記する。

春松小学校特殊教育サークルの「指導の形態」

学級の32名の児童の社会的環境，家庭環境，児童の学習能力，性行の特徴，身体状況の実態調査により能力別の形態で四グループに編成した。Aグループを「能力の子」のグループとし，他のB，C，Dは混合グループとした。一グループを均等の各8名とした。指導の方法としては，〈性格をつくるための訓練〉と〈能力を養うための学習〉の二つで進めた。実態調査を参考にして，《個人ごとの指導分野を決めて「個人の指導カルテ」を作成》して，その指導カルテに基づいた《個人の指導計画》による指導を行った。

指導方法として，生活指導（性格をつくるための訓練）と学習指導（能力を養うたもの学習）の指導の両面を意識している点も評価される。

実践例として，I.Q.55の児童の生活指導〈保健指導〉と学習指導〈教科指導〉の例及び学業不振児への「かけざん 九九カードによる指導」例をあげているが，その内容は省略する。〈特殊児は，掛け算の九九は覚えられない〉ことが分かったとある。今後の課題については，以下の五点をあげている。

春松小学校特殊教育サークルの「今後に残された問題」

1. 全校，全町の学力不振児，特殊児の実態調査。2. その原因を考える。3. この子どもたちの学力は何処まで高められるか（主として漢字力の面）を考える。4. 卒業後の生活調査。5. PRをどう進めるか。

どこの学校にも，よく調べてみると特殊児童でないのに教師の手に掛からない（筆者註：手が及ばずの意か？）子ども，教師の指導の不味さから学力不振になっている子どもがいる。これらの子どもの実態を詳しく調べて，子どもの能力などの実態に合った指導の手をさしのべることは我々教師の義務である。特殊学級の設置を一日も早からんことを願っている。

優れて今日的な課題意識と実践例があるにもかかわらず，今後の問題への姿勢は恣意的で具体性が弱い。しかも，グループによる研究姿勢は，特殊児への通常学級における自らの共生教育の成果を追究し，その深化を志向することなく，安易に特殊学級の設置を願っている。これは，〈特殊学級を開設すれば問題児等は一件落着するのであり，普通学級に在籍している学業不振等の指導はそれぞれの学級担任が好きに計らえばよい〉という理論のすり替えであり，当時の学校教育関係者の一般的な風潮であった。

羅臼町立春松小学校に特殊学級が開設されたのは1969年である。それより4年早い1965年12月に羅臼町立羅臼小学校に特殊学級「さくら学級」が開級され

た。その学級担任の鶴木俊介は，1966年9月に開催された昭和41年度養護学校教育教育課程研究集会 精神薄弱教育部門分科会で発表する「資料」を残しているので，その主要点を次に記載する。

羅臼小学校に特殊学級「さくら学級の教育課程」

1. **教育課程** 何を〈経験領域表〉をいつ〈各児童に行事，季節に応じ〉て，どう教えるか〈カリキュラム → 展開法〉

2. **学習の形態** 生活単元（25～35％），教材単元（20～30％），日常生活指導（1～15％），道徳（5％），作業（15～30％），その他（10～15％）
3. **単元配列表** (1)生活単元（4月「楽しい学校」，7月「くらしのきまり」）(2)教材単元（5月国語「短い文，発表，招待状，説明文」，6月数量「買い物，こづかい帳，加減，こよみ」）(3)日常生活，道徳（7月生活「挨拶，洗面，掃除，着脱衣，交通訓練，整理整頓」，7月道徳「もうすぐ夏休み，あそび場」）

当校は，開級時から道教委指導主事の指導を得ていたこともあり，時間特設の「道徳」が合科・統合されることなく展開されている。

根室市立光洋中学校の森山猛は，1969年の同じ研修会に「根室管内の入級判別の状況」，「研究サークルの状況」，「根室光洋中学校特殊学級の教育課程の構造」などについて発表した。その文言から援用して，次に「根室管内の特殊教育の現状と課題」として要点を記しておく。

根室市向陽中学校　森山猛「根室管内の特殊教育の現状と課題」

根室管内の特殊教育は道内でも最も遅れており，その学級数も小学校に6学級中学校に1学級である。その内3学級（筆者註解：根室市立華岬小学校，中標津町立西別小学校，中標津町立計根別小学校）は本年度の開級であり，漸く管内各地に散らばった状態である。

特殊学級担任による「管内特殊教育サークル」は，会員8名の少人数なのでサークルとして認められていないが，教材づくり，家庭連絡帳とその補助簿の製作及び地域性を活かした小中一貫性のある教育課程の作成に向けて取り組んでいる。しかし，特殊教育の専門家や経験者がいないため手探り状態で進めている。

根室光洋中学校特殊学級の教育課程は，合科・統合形態により学校行事に関連した生活単元学習，日常の身辺生活処理，保健衛生等の日常生活指導，学校行事

と下請け作業等の作業単元学習，その他の教科を中心とした教材単元学習により編成されている。学習形態は，学校行事と下請け作業とが中心で，その関連の国数社理を学習し，さらに，体・音・美・家はなるべく関連のある時期の教材を特設した形態で行っている。一週間における学習形態の割合は，日常生活指導13％，生活単元学習20％，作業学習40％，教材単元学習27％，道徳3％となっている。

学習形態の割合の数値合計は3％多くなっているが誤記であろうが，根室光洋中学校特殊学級においても，道徳領域の指導を単独に3％配当している。

この当時における学習指導要領では，教育内容領域の「道徳」の指導については対象児童生徒の障害等による発達段階や学習特性を考慮して〈必要に応じて各教科及び各領域を合わせて指導する〉となっており，道徳の時間を特設して指導する方法は一般的でなかった。しかし，学習指導要領に示された領域の「道徳」を時間を設けて指導することが可能であったのであろう。

第3. 根室地区発達障害児等特殊教育実践の歩みと特質

1. 根室市・根室管内の発達障害児等特殊教育の歩み

根室市と根室管内の発達障害児等特殊教育の歩みについては，既述の二つの資料である池田勝・岩佐井「根室」『道精連 三十年の歩み』(pp.123-126)，1982年と根室管内障害児教育研究会『二十年のあゆみ』(pp.5-26)である。その記述にも差違が見られるので両書に共通する年事歴について作表する。

年 月	事 項
1951年以前	根室北斗小学校の橋本光博が学力遅進児や低地の宇治の止めの特別な学級の必要について訴え，設置運動を行う。
1951年1月	根室市立北斗小学校に精薄児と学力遅進児のための特殊学級開設する。初代担任として佐藤賢一が就く。佐藤は開級準備のために長期研修に派遣されている。
1956年11月	別海町立上春別中学校の堺葛市郎は北教組第6次教研集会に「問題児指導の反省」を発表する。根室市立歯舞・華岬小学校の山田保男は北教組第7次教研集会に「資料・放送教育の現況」を発表した。
1957年11月	根室市立花咲小学校に特殊学級が開級される。
1960年4月	羅臼町立春松小学校に特殊教育サークルが誕生し，普通学級における学力不振児や特殊児の指導について共同研究を開始する。
1961年11月	羅臼町立春松小学校の梅田勉は，同校の特殊教育サークルの実践研究結果を北教組第11次教研集会において「普通学級における学力不振児・特殊児の指導はどうあるべきか」を発表する。
1963年	根室市立光洋中学校に特殊学級が開設される。
1965年12月	羅臼町立羅臼小学校に特殊学級開設される。根室管内特殊教育サークル結成の気運が起こるが，少人数のためサークルとして許認されない。
1966年4月	根室市立華岬小学校，中標津町立西別小学校，中標津町立計根別小学校，別海町

5月	立別海中央小学校にそれぞれ特殊学級が開設される。 根室管内特殊教育サークルによる合同研究会が羅臼町立羅臼小学校において開かれる。
6月	羅臼小学校特殊学級担任鶴木俊介と根室市立光洋中学校特殊学級担任森山猛は、「昭和41年度養護学校教育教育課程研究集会」に実践資料をもって出席する。

2. 根室地区における黎明期の発達障害児等特殊教育の特質

根室教育研究所長の三浦隆治は、『根室教育の歩み 1962』の巻頭言で根室教育について次のように述べている。

根室教育研究所長 三浦隆治「根室教育の歩み」

「根室教育」という、何か一人ひとりの教師の実践を超越した客観的なものがあるように錯覚していないだろうか。そんな超越的な客観的なものがあるわけがない。管内の現場教師が、自己課題としての直接の意識をもって管内的諸条件を呼吸して書いた血脈の流れが根室教育であるだろう。

根室地方は、厳しい自然風土のなかにあって根釧原野開拓上に点在する部落が地域的に偏在している。そして、交通機関は、多くが馬と自転車で文化の晦明の最中にあった。戦後、他府県からの移住者による新しい空気が入り新生活環境設営への萌しが出現しようとしている。根室管内の教育研究は、〈民主的教育の確立〉を目指す北教組教研活動を主軸にした各種研究サークルの誕生を期して、一人一研究、一校一研究、学校班研究、市町村別研究集会活動等の共同研究と個人研究により推進されるようになった。この研究活動は、北海道教育庁根室地方教育局、各市町村教育委員会、根室教育研究所及び北教組根室地区文教部等の関係機関による一体的支えとなって、根室教育振興会を組織し、根室教育研究所を設立させた。1961年度には、学校教育目標として、①子どもの自主的な態度を育て学力の充実をはかる、②職場の人間関係を確立し学校の共同研究を進める、③子どもの教育を共通の課題とするための地域社会との結びつけを深める、④教育活動を確かなものにするために教育の諸条件を整えるように努力するの四項目を設定してその具体化に着手することにしている。しかし、1951年時に点火された〈特殊教育振興の燈火〉は10年間燃え続けてきているのであるが、更なる輝きを与えられてはいないようである。

前述の池田勝と岩佐井は、根室管内の歩みを解説した末尾に、次のように記している。

池田勝・岩佐井「根室の特殊教育事情」

昭和26年に燈された小さな炎は、義務教育の場において大きな炎となったが、しかし、就学前、中学校卒業後の教育・訓練の場、施設等は皆無で全道的にみた

場合,最悪の状態と言える。北方領土,200浬,乳価の問題など政治・経済的にも多くの難問題を抱え,道央から藻園各地という位置的悪条件下ではあるが,管内の全教師が中心となって,この根室の台地が障害児・者にとって安住の地になる日が来ることを信じて推進発展させていきたい。

　特質を論ずるには,筆者の努力も不充分であるが史資料の収集量が少な過ぎる。北海道函館師範学校附属小学校『北海道函館師範学校附属小学校研究叢書4』(1925年)には,同師範学校が第七回小学校教育移動研究会を根室で開催した折の花咲小学校の「成績不良児童の教育方案」(p.44),別海小学校伊澤平三郎の「成績不良児童の教育方案」(pp.44-46),幌茂尻小学校長伊藤初太郎の「成績不良児童の教育方案」(pp.51-53)の三校の教育実践研究内容が収録されている(市澤豊「劣等児等の教育に関する教育論文の解題」(pp.305-338, 2006年)。特に,伊藤初太郎の〈成績不良児童の履修課程選択権〉の思想と方策は,当時としては破格の斬新性があり今日のニーズ教育論に通底するものであった。戦前における優れて斬新的な教育実践が戦後の新教育に継承されていったであろうことは,教育実践資料を抜きには実証できないのである。しかも,残念ながら戦後の発達障害児等教育実践にかかわる一次資料は発掘できないのである。

　根室地区における発達障害児等教育の黎明は,1951年の直近に根室市立北斗小学校の橋本光博による特殊学級設置運動にその基点を求められよう。しかし,それを立証する史資料の発掘が課題である。根室管内最初の特殊学級は,1951年1月に根室市立北斗小学校に開級された。根室市教育委員会は,学級開設に当たって,担任予定者の佐藤賢一に長期研修を命じて意図的に取り組んでいる。北斗小学校特殊学級経営にかかわる史資料の発掘も課題である。根室管内における最初で,しかも,唯一の実践記録は,根室市ではなく羅臼町立春松小学校特殊教育サークルの六名の教師たちによるものであったことも銘記しておきたい。その課題意識と実践は,今日発達障害児等教育関係者が追究しているインクルーシブ・エデュケーションの型としてきわめて先進的であった。

　根室管内の小・中学校の教育形態は,その地域性により単級複式校が多かったのである。しかし,発達障害児等の教育形態は,その特質を活かした通常学級形態における配慮された教育実践を推進することなく特殊学級形態としてのみ発展していったのだとすれば,関係者は自省しなければならないであろう。

第4節　釧路地区の教育実践

第1. 釧路地区の概況

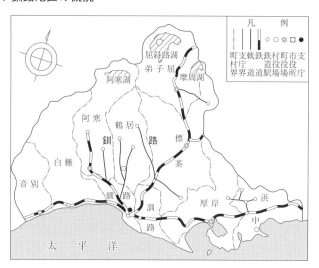

　釧路地区は，面積約6,000平方㌖に1市6町3村に区分して，人口約268,000人，世帯数約53,000世帯が居住している。
　広大な原野と豊富な地下資源，寒暖二海流のもたらす魚族資源を有するため，農，漁，鉱山によって成り立っている。しかし，産業別世帯構成は，農業が25.5％で，次いで，鉱業の20.1％となっており，第二次，第三次産業の比率が低く，全般に後進未開発地域となっている。学校教育は，学校数小学校118校，中学校85校，高校10（普通校5，定時制5）校である。このうち，小学校94校（79.7％），中学校61校（73.6％）が僻地校の指定を受けており，根室，宗谷支庁とならんで貧困な辺地校が多い。このため最寄りの交通機関まで45㌖もあるという学校や電灯のない学校が45校もあり，辺地教育の振興が釧路地方教育の重点事項となっている学校施設も校舎の老朽化したところが多くあり，屋内体育場を持っている学校は小・中学校を合わせて59校と少なく，諸設備は50％，理科設備ではわずかに13％しか整っていなかったのである。
　社会教育としては，婦人団体136，青年団体117団体，4Hクラブ31がある。学校に集会施設がないので公民館施設が発達し，社会学級，青年学級の他に部落会などにも利用されている。医療施設としては，町立病院1，国保直営診療

所4, 開拓診療所5があるものの, おおむね市街地に集中している。

第2. 釧路地区発達障害児等の教育実践

1. 釧路市の教育実践

釧路地区の発達障害児等教育の通史的な資料は釧路市関係が多いが, 教育史としてまとめられたものは無い。参考・引用資料としては, 釧路市教育研究所『昭和三十年度 特別学級施設資料と教育相談開設計画』(1955年), 釧路市教育研究所『問題児の診断と治療』(1957年), 釧路市

釧路市教育研究所『問題児の診断と治療』1957年

教育研究所『昭和33年度 特殊教育研究集録 第一集』(1959年), 釧路市教育研究所『昭和34年度 特殊教育研究集録—精神薄弱児資料編—第2集』(1960年), 釧路市教育研究所『釧路市に於ける精神薄弱児童生徒の実態』(1960年), 釧路管内学校教育研究協議会編・釧路教育研究所「第11部会 特殊教育」『釧路の教育 第二集 昭和34年度』(pp.143-157, 1960年), 釧路管内学校教育研究協議会編・釧路教育研究所「第7部会 特殊教育」『釧路の教育 第11部会第三集 昭和36年度』(pp.77-82, 1962年), 釧路市教育研究所『昭和38年度 特殊児童生徒実態調査 基礎編』(1964年), 音別町教育研究所『特殊教育についての理解を深めるために 音別町の実態』(1965年), 釧路市教育研究所『精神薄弱児のための特殊学級の設置と運営』(1965年),『釧路市教育研究所釧路市教育研究史 戦後二十年の歩み』(1974年), 太田守「釧路」北海道精神薄弱教育研究連盟『道精連 三十年の歩み』(pp.118-122, 1982年) がある。

発達障害児等教育は, 1950年10月釧路市立日進小学校特別学級「みどり学級」により開始された。これは, 北海道において1949年4月の雄武小学校, 1950年4月の網走小学校に次ぐ早期の開設である。日進小学校は, 1878(明治11)年に釧路市の高台に仮教場として創設された釧路教育発祥の伝統校である。同校は, 大正後期から昭和初期にかけて身体虚弱児教育や基礎教科の能力別指導の実践研究に取り組んだ歴史がある。

1951年4月, 釧路市立日進小学校の遠藤源四郎は, 実践記録「本校特別学級の情況」を書き遺している。それには, ○学級開設事情, ○学級児童の実態 (鑑別状況, 収容児童の発生原因及び性情, 学力の状態, 身体の状態), ○学習状況 (日課, 授業, 作業, 躾, 家庭との連絡), ○経費の状況などの内容が記されているが, その中の学級開設事情について次に摘記する。

遠藤源四郎「釧路市立日進小学校特別学級開設事情」

　廿四年の終わり頃，本校で精神遅滞児に対する特別教育をしたいと学校長と話し合った。そこで，道教委が廿五年度に各地区に指定校を置くことになり，当市にその通知があり，市の方から当校への実施要請があったという。
　そこで，私が主となって二学期から実施の準備に取りかかった。予算関係で，現施設のまま，教員も定員枠内で当校限りの試験的に行うこととなった。ワークショップへの出席，各地施設視察，有識先輩の教示等によって準備を進めたが，七月から十一月迄の認定講習出席などあり遅進した。それでも，諸先生方の協力のもとに，鑑別もでき九名（筆者註：下記には8名とある）の児童を収容して開設したのは十月廿五日であった。恰度十月廿八，九日当地方の研究集会があり，当校がその会場に充てられたので，参集の先生方に実地を見て頂き，研究発表の席上で「学級開設までの準備」について説明を行った。

　日進小学校の遠藤源四郎は，精神遅滞児の教育を特別学級において担当したいという強い意向があり，学級開設は行政の設置計画と符合したのである。日進小学校は，1950年に1年生を除く全校児童1,214名に団体式知能検査を実施した。その結果，I.Q.20～24のもの11名，I.Q.25～49のもの15名について，鈴木ビネー式個別検査を行い，13名を入級候補者とした。そして，入級指導に当たった結果親の不同意や性格異常のため対象外にするなどの事情で8名が入級した。8名の学年は，3年3名（女子），4年1名（男子），5年2名（男子1，女子1），6年2名（男子1，女子1）である。遠藤源四郎の「学習状況」について，次に摘記する。

「日進小学校特別学級における学習状況」

　1．**日課**　午前9時始業，40分単位授業の午前4時間，13時30分下校とする。
　第1教時：算数，第2教時：図工，第3教時：国語，第4教時：音楽／体操，社会と理科に関することは算数，国語の時間に加味して取り扱う。
　2．**授業**　国語は，時間の始めに五十音図の読み方を練習し，程度に応じた読みと，書き取りの練習を個別指導する。教科書使用程度に達していない者には文字絵板による平仮名の習得をさせる。算数は，百玉計算器，プリント，絵画や実物を使用して数えたり測ったりさせる。図工は，クレオン（筆者註：クレヨン）で見取図，自由画，塗り絵，模写，図案などを描かせる。工作は，貼り絵，厚紙細工，切り抜きなど男子には木工の初歩を教える。音楽は，知っている唱歌を正確にうたう練習，特に歌詞を正確に覚えさせる。ポータブルレコードプレーヤーで童謡を聴かせると非常に喜ぶ。社会・理科は，身辺の生活経験事象に関連して話し合い学習。体操は，主としてボール遊び，走り競争，鬼ごっこなど広い運動場に八人でするので思い切り走り回っているので，めきめきと能力がついてきた。

3．作業　四人交替の帰り当番や給食当番をさせる。作業態度は非常に良く，学校中で毎日の全校評価は大抵「優」であり，特に綺麗だと註がつけられる。
　4．躾　家庭が中以上なので協力が得やすい。学級の目標は，学校目標に合致させて，「ごあいさつをしましょう」，「きれいにしましょう」，「なかよくしましょう」を掲げている。特に身体の清潔，衣服の整正などを特に注意し，頭髪は学校で刈ってやり，手洗い，爪切り，鼻かみなどを指導している。
　食事の作法，学習中に静かにすることなどを良く守れるようになった。入学以来，出欠が常ならず一年の半分も学校に来なかった子が一日も休まずに登校するようになった。その他の子も，卑屈感，劣等感から脱して毎日喜々として登校して来るようになった。お互いに助け合う気風も出てきて，むしろ普通学級には見られない微笑ましい情景が時々展開される。

　遠藤源四郎の指導は，知能程度が中度ないしは軽度の児童に対して，個々の児童の実態に合わせた教材を工夫して基礎教科の国語と算数を〈個別的に指導〉し，体育，音楽，図画工作により身体動作や情緒の安定をはかり，日常の生活における〈躾〉という指導法により成果をあげている。
　特別学級の開設から閉級までの二か年間の経緯の記録が釧路市教育研究所により『特殊学級施設資料と教育相談開設計画』(pp.1-2, 1955年) としてあるので，次に引用する。

「みどり学級に対する反省」

　当市に於いては昭和二十五年十月に日進小学校に精薄児を対象に特殊学級を学校経営の一環として狐狐の声をあげ運営され，然も二年にして閉鎖の止むを得ない事情になった事例に多くの示唆を与えられる。思えば日進校は今から二十有四年前，現富良野町教育長である藤野先生が，当時，普通学級に於ける身体虚弱児教育研究をとりあげたこと，更に現校長市原先生が引継ぎ促進したものである。閉鎖后も，算数，国語に於ける能力別指導の実験研究に発展させ，幾多の貴重な成果と資料を提供してくれたこと，いずれの場合も，学校児童，父兄，職員の協力態勢の万全なもとに，成功を得た点などその間，幾度か挫折はあったにせよ，戦前，戦后にかけて，一貫した人間愛と知見が，学校内外に溢れている事が認識されたことは喜びとするところであるが，二ヶ年の積み（筆者註：積み重ねか？）をみてその実績を示した特別学級　みどり学級，遠藤源四郎指導の廃級をみたことは，誠に遺憾と言わねばならない。今当時の閉鎖に至った困難点を指摘してみよう。
　①　道教委の指導が（二十五年，十月）に市を通して開設されたのであるが，全市，全校的にこの方面の教育振興に対する気運が未熟であったと思う。
　②　研究会が持たれ現場教師への中間報告が何回かなされたが〈必要性の認識と

いう点で社会的，市民，学校啓蒙が不十分であり，指導機関の手不足〉がみられた。

③ 認可学級でなかったこと，従って諸経費定員，三十学級の枠内で操作され，道教委補助一万五千円（二十五年度）四千円（二十六年度）その他は一般経費，PTA，及び各学年用品代の寄贈を余儀なくされた。総額三万八千百五十円等に見られる通り，担任者は，技術修得のための研修費が，他同僚よりかさみ「少数者のために，不当な予算をくっているのは不都合と」不平の声が聞かれた。

④ 鈴木ビネー個人検査によるI.Q.45〜63までの教育可能児を収容したのであるが，それ以下のどうにもならない特に学級の負担の多い白痴，痴愚は除外されたので，「どうせ馬鹿で，一人前にならぬ子供達の特別な措置を講ずるのはぜいたくである」との陰口も出た。

⑤ 鑑別者十三名中，不承諾の母親三名共通した理由として，かえって劣等感を深め他兄弟と相互になるといって教育の不信を表明したものもあった。（後半期になってはその実績が理解を深めて来たことは遠藤先生のこの教育に対する情熱が認められてきたものと思う）。

⑥ 特殊学級の編成が，小学校に限られていたため，六年の卒業期になって中学校の収容施設がないため，特殊学級の意義を失い再び不遇な境遇にほおり出されて惨めであった。

釧路市関係者は，みどり学級経営の反省から発達障害児等の特殊学級開設に慎重となり，1958年の日進小学校特殊学級「緑学級」の開設まで学級開設の気運の醸成とその対策に努めたのである。釧路市の特殊教育機運の醸成と対策は，釧路市教育研究所，特異児童研究サークル，釧路市地区懇談会等により全市的に進められた。釧路市教育研究所は，北海道学芸大学釧路分校の奥野明教授をはじめ釧路児童相談所，釧路少年鑑別所長，釧路聾学校等の関係者の協力を得て実態調査の実施，教育相談室の開設，指導事例研究等に取り組み，その成果を1954年から特殊教育研究資料として

濱野正則『精神薄弱児童の教育を如何に振興するか』1954年

毎年度発行している。北教組釧路市支部は，釧路市教育委員会・釧路市内小中学校PTAと合同の地区別懇談会や釧路支部教研集会を開催して特殊教育振興策を協議し，その経過を北教組全道研究集会で報告している。

特異児童研究サークルは，精神遅滞児，問題児，性格異常児などの指導事例研究に取り組み，その活動は北教組教研活動や研究所担当所員の調査研究に連動させている。しかし，釧路市立鳥取小学校教諭で釧路教育研究所員である

濱野正則は，1954年に開催された北教組第4次教研集会『精神薄弱児童の教育を如何に振興するか』を発表した。それによれば，1954年当時の特殊教育に関する釧路市地区懇談会における民主的特殊教育推進の理解と振興意識は未成熟な実態であると評価しているので，次に摘記する。

釧路市教育研究所「民主的特殊教育推進のために」

　釧路市に於いて，特殊教育の問題を取りあげて再三地域懇談会を開き深更までも膝を交えて話し合いした結果，次のような話題が取り交わされた。
　1. **父母の意識**　○地域懇談会は非常に短絡的であった。○PTAは寄附対策の機構ではない。もっと身近な真実の問題が欲しい。○特殊教育の問題を，一人の父母と教師の悩みにせず，連合PTA等を利用して政治的に解決すべきである。○このような重要な問題を何故教師は父母との話題にしないのか，教師の認識不足ではないか。○特殊学級を是非設置すべきである。職業補導を考慮した施設が是非必要である。○国の予算に於いて特殊教育の予算措置を考慮すべきである。○話し合いの機会を多く持とう。
　2. **教師の意識**　○現在のすし詰め教育ではどうしようもない。○一種のあきらめ的で，もっぱら施設を望んでいる。○職場の雑務が多い。○諸会合，研究会，事務的に追われて，地域懇談会も流れがちになる。
　以上のことから，教育的真実の悩みは先ず父母と教師が完全に一致協力して事に当たることが重要である。教師の消極的働きかけに対して，父母は積極的真実の問題を切望している。

　戦後，北教組の組合員であった教師達は，民主教育を標榜し地域の人々と共に組織活動を目指していたのであるが，釧路市においても札幌市（後述）などの他市町の教育関係者同様に教育条件の悪さや雑務を理由として民主教育実現の一つであった特殊教育の取り組みには消極的であった。
　次に，釧路市教育研究所の『特別学級施設資料と教育相談開設計画』（1955年）から，釧路市の特別学級促進計画を検討する。1954年10月に実施した実態調査結果によれば，在籍児童・生徒中の精神遅滞児の割合は小学校が4.3％で中学校が4.1％となっている。釧路市教育研究所は，この調査結果をもとに，特殊学級（表題では特別学級となっている）の設置の意義及び障害点の克服などの促進論を次のように認識して進めている。

「特殊学級設置の意義」

　精薄児―これは正常児に対して言われる呼び名であること，つまりは，精神に障碍を受けているが，特別によい教育を施せば正常児になり得なくとも，知能も上がり生活を支えるに足る社会適応が出来る子どもである。偖て新教育が叫ばれ

て，ここ十年個人差に応ずる教育が強く打ち出されている現場は，平均60人を越える悪条件下では正常児（の指導）で精一杯である。精薄児は所謂お客さんとして手の届かぬままに入学と卒業をお祝いしているのが偽らぬ現状であろう。（釧路市に於ける精神薄弱児童生徒の実態　梶原武先生序文抜粋）

　教育の機会均等ということは教育の一様化を意味するものでもなく，そのねらいは教育の機会均等化でなければならない。人は総て斉しく教育を受ける機会を与えられているが，教育する側から考えれば，これは児童生徒の能力に合った教育をするものであるし，又児童生徒の側からすれば個人差による指導を受ける機会を与えられることである。然しながら現実には精薄児童生徒にたいする教育は考えられていない。例えば其の施設において皆無の状態であり，委員会にそこまで手が延びない状態であることは遺憾であります。（釧路市に於ける精神薄弱児童生徒の実態　青山教育長序文抜粋）

　特別学級は，大別すると身体虚弱児又は身体欠陥児を収容する場合と精神遅滞児又は不適応児を成員とする場合の二種に分類されるが私は寧ろ社会的な考え方も不平等感が著しく働く後者の場合を重んじてそれに関する特別施設を望みたい。

　特殊学級設置の意義は，新教育の理念である〈個人差に応ずる教育〉と〈教育の機会均等〉にあるとしている。教育の機会均等とは，一斉画一に教育機会を与えることではなく一人一人の能力に合った個人差に応じて教育を受ける機会を与えることである。特殊学級の設置による特殊教育は，まさにその理念実現の方途なのである。

　しかし，釧路教育委員会教育長青山一二は，戦後の混乱期にあって中等学校教育の新設，すし詰め教室の解消，教職員の確保，教育財政の獲得等多くの問題を抱えており，《特殊学級の設置まで手が延びない》ことを遺憾だとして実情のもどかしさを述べている。

　次に，釧路市教育研究所は，釧路市における特殊学級設置に関する障碍点を整理し，その克服について思考しているので取りあげる。

釧路市教育研究所「特殊学級設置に関する障碍点の克服」

　みどり学級に於いても考えられることであるが，こうした学級編成の利点がある反面障碍点も多くある。1.特殊学級担任教師にその人を得る困難，2.地域社会，特に父兄の理解と協力を得る困難，3.学校長を中心とする全校職員の全面的な協力体制を確立する困難，の三点が主なものになる。特に父兄が反対し，或いは一部教員でも次のような理由で賛成しないのである。

　1.特別学級に編入されることは「馬鹿」と折り紙をつけることだ，2.自分の相当な社会的地位と認められている家からそんな子供を出したとなっては世間体が悪い，3.殊に女子は将来嫁入りの瑕になる，4.特殊学級児童となれば学校の往復途上校内でなぶりものにされたり，いじめられたりするだろう，5.普通学級で優

第3章　各地における教育実践

秀な子供と活動をする中で刺激を受け向上の契機が多いだろう。反対に特別学級では，非常に程度の低い学習が課せられ，いつまで経っても進歩が表れないだろう。6.以上を総合して漠然として不安を感じ，どうも気が進まない，7.うちの子はあんな学級の入れられる様な「ばか」じゃない。唯目下欲がないから学業不振に陥っているだけである。

　然し，人間の価値が単に知能だけで決着づけるものではないが，父兄が抱いている危惧の念を払拭するに足るだけの資料を調えてやれば納得してくれるであろう。

　これには先ず教育委員会が特殊教育に対する確固たる具体方針と，その具体方策を立てなければならない。

　一般父兄に対する啓蒙は教育委員会の任務である。又こうした方面の現職教育計画を立てられなければならない。

　理想的には，1.特殊学級が幼稚園，小学校，中学校，高等学校にできること，2.特殊学級経営の裏づけが必要，3.適切な指導機関，4.特殊学級担任者を一種の専門職とする，5.中学校特殊学級のカリキュラム構成には職業教育を重点におく，6.カウンセラー制度確立，7.特殊学級の定員増，8.教員養成機関に特殊教育講座を設ける。これらのうちで，先ず良い指導者を得ること，カリキュラム構成を職業教育，実技教育，実習に重点をおくこと。

　小学校だけの設置では無意義であるから中等学校への収容施設を併せて計画する。精薄児は，知能方面でも大きな欠陥があり教育に限界があるので普通児を対象とした様な教育では受け付けない。だから，1.簡単なことでも反復練習して良習慣をつける，2.安定感を養う，3.友達と遊べるようにする，4.家庭と連絡してこの子を暖かく見守ってやることである。

　この種の子供は，職業的な実技の繰返しによる教育で成功している例は沢山ある。

　特異児童と劣等感について特殊学級又は能力別学級編成の可不可論は未だ教育界の一つの大きな問題として対立している。一つは学級が多数児を収容する意味に於いて，方法論の立場から等質性を是とし，一つは社会性を重視する立場をとって，特に社会性の欠如，劣等感の問題を重視している。即ち児童の劣等感が性格形成上大きな影響を与えるのではないかというのである。いずれにも長短があり，いずれを選ぶにしても，長所を伸ばし短所を補うことの可能性を信ずる方を採らねばならない。問題は消極的には不遇なこれらの子供は情けをかけてやるということ，積極的には他児童の偏見蔑視の眠っているその子の能力を見出してやることだと思う。

　特殊学級の開設は，特殊教育理念や法制などの根拠があっても，戦後期の混乱と財政の逼迫状況のなかにあって一般の教員や市民などに理解させ納得させるにたるだけの根拠は用意できていなかったのである。入級児童・生徒の劣等感ないしはフラストレーションについては，観念的かつ抽象的に論じられ，それに対しては後述するように殊学級関係者により実証的に否定されて

第4節　釧路地区の教育実践

いる。釧路市関係者は，1954年度に道内外の特殊学級教育の視察と聴き取りにより，《特殊学級の収容児は極めて明朗，己の力に相応の学習を楽しんでおる。予想される卑屈感はみじんも感じられない（特殊学級設置反対の大きな主張であるも，実施してその心配は不要であるようだ）》と述べている。最大の課題は，《良い担任教師》を得ることであるとし，その教師が具備すべき要件を列記しているが，その要件を充たす教師など存在するべくもない。例え存在していたとしても，自ら進んで学級担任を希望して手を挙げる教師が存在していなかったのである。当時，北教組に所属している組合員教師たちは，すべからく〈教育の機会均等や能力に応じた教育〉を標榜し，口角泡を飛ばして特殊教育の必要性を唱えているが，自ら担任を任ずる者は稀少であった（後述）。

　本資料の「特殊学級施設の対策」は，釧路市教育研究所による釧路市の特殊学級設置運営にかかわる全体計画である。そして，同提案では，市教育委員会をはじめ教育関係者と識者に特殊学級開設準備計画の作成を促し，日進小学校及び東中学校特殊学級の成立に影響を与えたであろう特殊学級施設対策について論述されているが市澤豊（2010年）の文献にゆずる。

　ここで，釧路市立日進小学校特殊学級・緑学級の成立とその教育について論考する。釧路市立日進小学校の特殊学級・みどり学級は，1950年10月に開設されたが二か年で閉鎖された。日進小学校特殊学級・緑学級は，同校のみどり学級の経営反省に立って計画設置され，1958年10月15日に関係者の理解と支援を得て授業を開始した。釧路東中学校特殊学級は，日進小学校特殊学級の卒業生を受け入れ中学校での職業教育を行うことを期待されて1960年4月に認可され10月に開級する。そこで，釧路市教育研究所『昭和三十三年度特殊教育研究集録 第一集』（1954年），『釧路市に於ける精神薄弱児童生徒の実態』（1955年）及び釧路市立日進小学校『緑学級経営概要』（1960年）により，日進小学校特殊学級・緑学級の成立と教育の概要を次に検討する。

「日進小学校緑学級経営概要」

　発足前（昭和三十三年四月〜六月）開設のための準備，各種調査票作成，テスト資料集め，道内の特殊学級・施設の視察，教材教具の検討準備

　発足当初（昭和三十三年七月二十二日）選抜委員会結成（学芸大学　奥野教授，児童相談所　田中所長，精神科医　坂本博士，教育委員会　青山教育長・西塚次長・中野係長，指導室　鈴木・小山田指導主事，日進小学校　市原校長，教育研究所菊地所長・岡田所員）

　第一次選抜基準決定（編成基準）

　イ．方針　知能指数50〜75の児童，性格欠陥，疾患進行性の者，通学困難な者，精神病者を除く，日進，東栄，城山，柏木の地区内児童を対象，学年四，五年の男女，担任者が適当と認め保護者の承認が得られる者。

ロ．手順　前述四校の児童の知能検査，その他の調査表の内容を専門家に診断してもらい適当と判定され，保護者の意向を聞き，選抜委員会で審議し，学校長が認めたものを決定，入級させる。第一次選出で該当児少数のため，九月二十六日第二選抜基準を作成（第一次を一部改正）する。知能指数80以下を対象にテストを行い，該当者を委員会で決定，保護者の了解を得て入級させる。延べ四十名の鑑別の結果次のように入級者が決定した。四年生六名（男四，女二），五年生七名（男四，女三）。十月十三日　選抜員会で審議決定，十月十五日　特別学級授業開始，十月三十日　学級名を緑学級とする。

特殊学級の教育目標と教科
　1.生活への適応（社会的　理科的な内容）学校生活を楽しませたい。主我的孤独的心性から社会的行動が出来るようになり，学校，家庭，社会の生活へ少しでもプラスの働きをさせる。2.健康な心身の育成（音楽的　体育的　理科的　道徳的な内容）孤独感の除去　情操教育　身体衛生。3.基礎的学力の育成（国語的　算数的な内容）日常生活上最低必要な読む，書く，話す，数える，測る，計算する等の基礎的知識，技能，理解の増進を図る。4.基礎的技能の修練（図工的　家庭的　理科的　社会的な内容）最小限の基礎的な生きていくために不可欠な能力を身につける（勤労の尊さ　器具の使用能力　創造力の高揚　営繕節約）。

　指導の方針　1.各自が責任を持ち，楽しい学級雰囲気を作り，劣等意識の解消を計る，2.物事をやり通す過程を通して自主的な態度を身につける，3.身の回りの自立の衛生（生活指導　衛生指導の重視），4.感覚訓練及び情操教育の重視（視聴覚，触感覚，平衡感覚，図工，手芸，小動物の愛育，音楽），5.将来自立の基礎となる職業的能力を発見助長する（作業時間の重視），6.生活と遊びと学習の融合された個人指導の重視，7.家庭及び家庭生活に於ける対人関係の調整。

　くらしのめあて　○いつもにこにこしてすなおで元気な子，○思っていることをだれとでも話しの出来る子，○いわれないうちにしごとをして人にすかれる子

　指導内容　性格，知能，生活能力などは差が大きいため画一的な目当てを持たせることは出来ないので個別指導を重視しながら学習内容は集団による学習形態を多くとっている。

指導の方針は，生活，健康，基礎学力，基礎的な職業的能力に加えて〈生活―融合〉という新たな教育方法観に留意したい。そこには，遊びの指導や生活単元学習といった教科統合形態の思想がみられる。さらに，指導内容としては，指導内容の個別化と学習形態の集団化による指導課題への取り組む姿勢も伺われる。

　1958年10月に日進小学校特殊学級「緑学級」に編入学した5年生は，二年後の1960年4月には日進小学校の進学校区にある東中学校特殊学級・職業学級に入学することになる。

　次に，釧路東中学校特殊学級・職業学級の開設事情について論考する。

釧路市教育研究所は，1960年3月に特殊学級の手引書『特殊教育研究集録―精神薄弱児資料編―第2集』を発行した。担当所員は，日進小学校緑学級担任の岡田和夫である。その内容は，教育課程や学級経営等を含む次のような構成となっており，文字どおり釧路市の特殊学級開設と経営のための参考資料である。

　釧路立東中学校特殊学級は，この手引書をもとにして開設・経営されることになり，1960年10月に開級された。釧路市立東中学校特殊学級「職業学級」については，市澤豊の「釧路市立東中学校［職業学級］の教育」『戦後発達障害児教育実践史』（pp.909-951，2010年）に詳述されているので参照いただきたい。

釧路市教育研究所『特殊教育研究集録―精神薄弱児資料編―第2集』1960年

　釧路市の特殊学級の開設にあたっては，教育研究所が主導して大学や特殊教育研究サークルなどの関係者による英知を集め，過去の日進小学校特殊学級「みどり学級」経営の反省にたって，全市的な設置計画の作成，学校経営方針に〈全校職員による理解と協力体制〉を原則に掲げて取り組むことを基本事項とされた。東中学校特殊学級「職業学級」は，1960年4月に開設されたが，校舎建築が完成するまでの間は，日進小学校卒業生だけを当校に間借りして授業を開始し，同年10月17日に新設なった教室で授業行った。開級式は，1960年12月15日，9時から9時45分まで生徒10名による紙箱製作学習を公開し，そのあとの10時から10時40分に行われた。

　釧路市立東中学校特殊学級「職業学級」は，釧路市立日進小学校特殊学級「緑学級」の卒業生を受入れ中学校における職業教育を行う場として1960年4月に開級した。釧路市教育研究所や北教組釧路市支部など教育関係者は，1950年にいち早く開設を見た日進小学校特殊学級「みどり学級」がわずか二か年で閉級に至らざるを得なっかたことの反省にたって，全市的視野から特殊教育振興の気運の醸成を図り設置計画を考案した。その設置計画構想は，釧路市教育研究所が主導して研究調査を経て作成されており，その取り組みは全道的に類のない特質である。しかも，1960年3月に教育研究所が作成した研究集録には，特殊学級開設の手引きないしは基準となる設置・運営に関する内容が示されている。釧路市の各学校は，この特殊学級開設手引書によって学級開設の準備をすれば済む内容が網羅されており，いわば，学級開設のマニュアルであった。

　特殊学級開設の最大の課題は，学級担任教師の人材確保，地域及び父兄の理

解と協力並びに校内協力体制の確立の三点であった。特殊学級は，市内の歴史がある日進小学校に再び開設され，次いで小中一貫教育を謳って東中学校に開設されたのである。

特殊学級開設の理念は，憲法や教育基本法に依拠した〈教育機会の均等〉と〈個人差に応じた指導〉の実現であった。そして，精神遅滞児を［職業人ないしは生産人］という目標像に向けて生活教育と職業教育により達成を図ろうとした。用語［職業人］ないしは［生産人］の説明はなく，当時の精神遅滞児教育関係者による造語であると思われる。筆者は，当時何ら疑問もいだかずに用語〈職業人〉とか〈生産人〉を使用している。現在，本書を執筆する時点に至って，流行語を鵜呑みにして不用意に使用していたことを自省している。職業婦人，職業軍人，生産者という用語は，その概念も明らかで一般に流布しているが，［職業人］ないしは［生産人］という用語は寡聞にして辞書等には見あたらないのである。我が国は，敗戦後の経済・産業は疲弊の奈落にあったが，産業に必要な労働力を国民に供給し，職業の安定と経済・産業の復興が求められていた。

1947年，日本国憲法に規定された職業選択と勤労の義務及び責任を保障し，労働力供給を安定する目的から職業安定法が制定された。職業安定法の施行は，単に職業の紹介斡旋にとどまらず労働者としての労働力の程度や資質など職業訓練による労働者の育成と供給が問われるようになった。1950年に朝鮮戦争が起こり軍事産業を中心に景気が上昇し，それを契機として一般労働者に加えて若年労働者の雇用が促進していった。一方，特殊学級が全国各地に開設されるに伴い，1953年には「精神薄弱児対策基本要項」の決定，1955年には公共職業安定所における精神薄弱者の職業紹介専門職の配置，1959年の中央教育審議会による「特殊教育の充実振興について」の答申等が相次ぎ，特殊学級や養護学校においては職業教育による社会に役立つ人間の教育が目標とされるようになった。このような教育的・社会的背景から職業教育における人間像を［職業人］あるいは［生産人］という造語によって表現したのではないかと考えられるが，今後の検討課題である。

釧路市立東中学校特殊学級は，学級名が物語るように〈職業教育が行われる学級〉であり，職業教育を中核とした教育課程を編成して展開した。その職業教育は，主な作業種として活版印刷学習を選定し，学年別男女の生産学習履修コースに位置づけて実践されている。さらに，職業教育と職業指導を区別して，中学一学年一学期から三学年一学期間の生産学習を職業教育の視点で展開し，三学年の二学期と三学期を職業指導の視点から展開するという明快な論理で実践している。この職業教育と職業指導の区別に関しては，本書において度々各

学級における用語概念とその使用の課題性を指摘した。後述するが、職業学級の女生徒の指導に当たった甲賀睦子は、「女子精神薄弱児の問題点」(1969年)をまとめている。甲賀睦子は、中学校における女子指導の問題として、職業教育における二重構造があると指摘する。すなわち、職業人を育てるだけでなく家庭人の育成という二つの視点による教育についてである。甲賀睦子の資料から卒業生の就職等の状況は、卒業生は三か年で12名出ており、内就職職は9名で8,000円から9,000円の給料を得ている。職業学級の二名の担任は毎月定期的に職場訪問を行い、職場への定着に努めている。

　年次が前後したが、1953年11月には釧路市立東栄小学校の田中敏夫が北教組第三回教研集会において「特異児童の指導とその振興について―性格異常児の指導研究―」を発表した。研究テーマは、『どのようにして性格異常児を導いたらよいか』で、複数の共同研究員による内容は釧路市内の小・中学校24校を対象として〈反社会的行動と非社会的行動〉児に関して回答のあった小学校9校と中学校5校の実態調査結果とそれに基づいた指導事例的研究である。調査にあらわれた問題児数は、小学校に77名、中学校では35名である。田中敏夫ら研究員は、反・非社会的行動のある問題児について、次に摘記したように把握している。

東栄小学校田中敏夫らの「反・非社会的行動問題児とその指導」

　あらゆる子どもの性格は未発達である故、異常な環境条件におかれていれば性格はゆがめられ異常に変化していくが、1.性格の偏りが著しく環境への適応が困難な者、2.前項より軽度であるが反・非社会的行動を示す者、3.一時的に障害を露呈する者、4.一般に児童期に一時的にあらわれる行動特徴が早く出るとか消えることなく持続する者（深く根ざした性格葛藤の兆候）、5.特に目立った行動を示さないがグループに馴染まないとか参加しないとか成熟してゆかない者（重大な性格・葛藤を持っている）などの者が見られる。《これらの子どもたちの心の葛藤は深刻なもので正常な発達が妨げられた欠陥のある子どもたち》である。指導は、問題児を正しく理解することから始まる。その理解は、子どもの表面にあらわれた現象的な行動だけでなくその根底にひそむ真の原因を見極めることである。同一行動が必ずしも同一原因でなく、同一原因に由来するものであってもその現象は多種多様である。

　従って、《指導法には一定の処置方法が決まっているわけではなく、あくまでも、その一人一人に最も適した指導法をうみだすこと》である。不幸な児童が、一人一人回生して行く喜びのために指導事例研究を積み重ねていきたい。

　田中敏夫らは、問題行動を善導するには子どもの内的葛藤（兆候・行動）を

発見し分析することが重要だとして,記入式の「性格異常児(問題児)要因発見のための調査・診断法」を試作して事例研究をおこなっている。田中敏夫らが対象とした性格異常児(問題児)は,今日の特別支援教育対象者と照合するれば〈発達障害〉として診断される子どもたちである。その指導法は,《児童一人一人の教育的ニーズに応える》指導観と《児童の幸せのための事例研究》の継続にあることに留意したい。

釧路市立鳥取小学校の濱野正則は,1955年11月に開催された北教組第5次教研集会で『釧路市における特異児童教育推進の現況』を発表した。

釧路市立共栄小学校の松本勝は,1956年11月に開催された北教組第6次教研集会において『特異児童の診断と治療』を発表した。この濱野正則と松本勝の発表内容は,後述の釧路市教育研究所の公刊資料の内容と重複するので省略する。

釧路市教育研究所は,前述のように釧路市における発達障害児等教育黎明期に主導的役割を果たした。これらの研究資料は,特殊教育論や行政の推進計画等(『昭和三十年度 特別学級施設資料と教育相談開設計画』1955年),特殊児童の実態調査研究等(『釧路市に於ける精神薄弱児童生徒の実態』1955年,『児童生徒の知能検査の傾向(実態調査の集約)』1961年,『昭和38年度 特殊児童生徒実態調査 基礎調査編』1964年)及び指導計画と教室実践等(『問題児の診断と治療』1957年,『昭和三十三年度 特殊教育研究集録 第一集』1959年,『昭和34年度 特殊教育研究集録―精神薄弱児資料集―第2集』1960年,『精神薄弱児のための特殊学級の設置と運営 1965年4月』1965年,『釧路市特殊学級 年間指導計画 第一次試案 昭和41年3月』1966年)に三区分され。その主要点に関しては,前掲の市澤豊(2010年)の著述に引用して解説を加えているので,ここでは,教室実践内容に限ってとりあげておくことにする。

釧路市教育研究所『釧路市に於ける精神薄弱児童生徒の実態』1955年

1955年3月刊行の『釧路市に於ける精神薄弱児童生徒の実態』は,上記分類上は実態調査研究に入れたが,本資料の第7章には精神薄弱児童の生活実態(事例研究19)と遠藤源四郎の教育実践「この子らと共に一年過ごして」が記載されている。遠藤源四郎の実践記録は既述したものと重複するので省いて,次に19事例の報告者名をあげておく。

「精神薄弱児童の生活実態の事例」
　1.境界線児童の事例提供者（日進小学校平田三重子，東栄小学校音道トヨ，城山小学校武隈良子，城山小学校細川仁，東栄小学校西村輝光），2.愚鈍児童の事例提供者（桜が丘小学校木原玲子，湖畔小学校佐藤ユリ，城山小学校牛田正俊，東栄小学校津田勉，寿小学校原利喜雄，日進小学校五十嵐恭次，鳥取小学校浜出英二，日進小学校遠藤源四郎，弥生中学校丸山豊次，鳥取中学校西元範），3.痴愚児童の事例提供者（旭小学校岡村稔，旭小学校大森健次，弥生中学校丸山豊次），4.白痴児童の事例提供者（旭小学校岡村稔）。

　1957年3月刊行の『問題児の診断と治療』は，釧路市教育研究所が釧路市共栄小学校に1956年度研究として委託した問題児の指導事例研究結果を編集したものである。次にその主要点を摘記する。

釧路市立共栄小学校「問題児の診断と治療」
　研究組織は，研究助言者として北海道学芸大学釧路分校奥野明，釧路児童相談所長田中範義，釧路児童相談所員北山進，釧路教育研究所員濱野正則があたり，側面から釧路市特異児童研究サークル部長の岡島広と釧路市教育研究員の松本勝が研究の進捗を支援した。
　本書の内容は，青山一二教育長と富樫剛共栄小学校長の序文，研究の意図，研究の経過―調査研究―，研究対象児を決定するまで，問題児に関する傾向分析（F・M・Pテストの実施結果について，カウンセリングについて，ロールシャッハテストにあらわれた問題児の特質，―事例研究―），研究報告書を送るに当たって，研究の成果に学ぶ，からなっている。

　特殊学級設置のない共栄小学校は，研究主題「問題児の診断と治療」について大学研究者，専門機関の職員及び教育研究所と共同研究に取り組んでいる。1950年代の北海道においては，他に類似した研究組織や研究内容はなく，道東の釧路市で実践されたことに深く留意しなければならない。次に，富樫剛校長の職場研究経営観について摘記する。

共栄小学校　富樫剛「客観的児童理解による指導とその効果」
　考査は，試験といわれ専ら成績査定順位決定等の資料とし百点を賞し，三，四十点組を決めつける材料としていた。一面，考査は我々教師の授業過程の記録で，その結果を教授の反省とする等と妙に納まっていた時代があった。この主観的で百点組の増加のみをねらっていた我々の内にはあかつきの暁天の星のような僅かな教師が下位の者を見出し，いわゆる忘れられた児等に情熱を燃やした。ここ十年ほどの間，特に個性尊重を根底とする新教育が提唱されるに及んで，科学的客

観的な評価のもとで正しく児童を知る気運が高まり色々なテストが続出した。本校は，昭和三十一年度四月に職場研究として各級特異児童二,三名の生育歴,知能,人格,行動等の調査を及び指導の実際について年間継続研究することに決定した。
　一学級60名の児童のうち,僅か二,三名をよく知り得て今まで以上にその児童に対する教育の営みが好転するのである。しかし,教師の苦労は並大抵ではなかったがこの苦労は今までより以上に60名全体を見る目が肥えてきたことを思うとき,何よりの効果であり良い研究であったと自負している。

　本校が全校体制で取り組んだ研究は，教師たちにとっては《学級内で指導上困った児童たちに目を向けて,事例研究法により対応していく実践研究姿勢が学級全体の児童理解の視点や指導法が磨かれていった》という。
　次に,研究の意図について摘記する

釧路市立共栄小学校「研究の意図」

　手のかかる子供,物を言わない子供,落ち着かない子供などは,少人数ではあるが,どの学校にも存在する。これら問題児を放置することは我々教育者としての良心が許さない。本校では,乱暴,我が儘,癇癪持ち,内気,泣き虫など不適応児童の反社会的・非社会的行動に苦悩し困惑している教師や親が少なくない。〈これら自立能力が貧困である様に慣らされた不適応児〉は一体どう扱えばよいか,またどうすれば,それらの習癖を直して正常児になし得るかは我々に与えられた大きな課題である。本校では,これら社会的不適応児を対象として,「一人一人の教官が一人一人の児童を継続研究していく」一人追跡研究を課題とした。

　1956年6月に本校は,企画・調査統計・テスト・事例研究・教育相談の六部構成による「問題児研究部」を組織し校内研究体制をつくり全職員による共同研究に着手した。研究対象児は,第一次問題児抽出で108名となったが最終的に一学級一名として33名となった。1956年9月から1957年2月まで計六回,全校職員に研究助言者と支援員を交えた事例研究会議により事例研究発表をおこなった。事例研究は,問題行動・逸話記録・標準テスト・環境調査と生育歴・診断・指導方針・評価により整理された。釧路市教育委員会の鈴木一男指導主事は,巻末の「研究の成果に学ぶ」のなかで,《子ども一人一人を生かす教育を念じながら,子どもを知り,愛おしむことを忘れがちな現場の多忙の中に,この子一人の理解（診断）から適切な指導（治療）へと,たゆみなく続けられた努力の成果に,我々は学びとって,明日への実践に意欲をもりあげたいものである》と結んでいる。本校職員は,教研活動においても高い研究意欲をもち

発表者を送り出し，教育研究所の所員を輩出しているなど優れた教育実践研究者たちである。しかし，研究内容には〈精神遅滞児等の特殊学級〉という文言は一字も使用されていないのである。そして，本校に特殊学級が設置されたのは1974年に至ってからであった。

　釧路市教育研究所『昭和三十三年度 特殊教育研究集録 第一集』（1959年）と『昭和34年度 特殊教育研究集録―精神薄弱児資料集―第2集』（1960年）は，釧路日進小学校緑学級担任で研究所員の岡田和夫が編著した。研究集録第一集の内容は，○序，○特殊学級開設までの歩み，○特殊学級経営案（教育目標，目標と教科，指導の方針，くらしのめあて，一日の生活表，児童の編成，児童の実態，教育単元一覧），○私の記録から，○施設の概要，○調査票，○ちえおくれの子の特徴，○ちえおくれの子はどうしてできるか，○特殊学級の位置について，○後書き，からなっている。研究集録第二集は，資料編とあるように実践記録はわずかで，主に教育理論の要約である。

　1964年の『昭和38年度 特殊児童生徒実態調査 基礎調査』には，参考資料として「特殊学級担当者の声」が掲載されているので，その主内容を次に摘記しておく。

「特殊学級担当者の声」

　日進小学校の岡田和夫は，「特殊学級を受け持ってみて」に課題として，指導者の増員と学級増について，施設の拡充と予算の増額，通学区域と入級選抜について，重症児や就職困難な子の対策をあげている。

　東中学校の市澤豊は，主題「職業学級の意欲」に，職業学級入級対象者であったが種々の理由で入級できなかった者のアフターの悲惨な実態を述べ，精薄児の基本的特質を考慮した質的な学級設置計画が大切だとしている。

　桜が丘小学校の本田正は，「特殊学級編成までの反省」と題して，学級設置までの手順について振り返り，地域社会の理解と協力，校内研修の充実，鈴衡テストの正確な実施と入級基準の設定，開設時の入級児童数は，行政主体を避けて学級担任主体に7, 8名程度にすることなどをあげている。

　1965年4月に刊行された『精神薄弱児のための特殊学級の設置と運営 1965年4月』は，日進小学校緑学級担任の岡田和夫，東中学校職業学級担任の市澤豊及び桜が丘小学校さくら学級担任の本田正他の四名が執筆し，清水賢研究所員が編集したものである。その内容は，発達障害児とその教育についての理解啓発を目的としたものであるが，単なる理論の援用紹介ではなく，特殊学級の経営の実際から論述されている。

　釧路市立東栄小学校の濱野正則は，1958年11月に北教組第8次教研集会にお

いて『フラストレーション解発治療の一考察』を発表した。発表内容は、○問題行動の実態（学習上の問題点、家庭生活の問題点、家庭環境、生活状況）、○診断資料の分析（WISC個別診断検査の分析、作文の分析、基本的欲求調査の分析、診断の仮説）、○治療の方法とその結果（両親に対する治療、学校自体の考慮点、日記の治療効果）からなっている。濱野正則は、家庭環境に起因するS児のフラストレーションの解発治療を日記を通して実施し、合わせて、生活につて正しい考え方を身につけさせるための指導結果をまとめた。そして、教員生活15年となり《どんな子どもであっても、一対一で話してみるとまったく純真な子どもの世界である。問題を持つ子どもの多くは劣等感のかたまりである。まず劣等感をなくして、人間対人間の魂の触れ合いこそ重要なポイントでなかろうか》と考えている。

釧路市立共栄小学校の清水賢は、1959年11月の北教組第9次教研集会において『学業不振児における賞賛と叱責の効果についての研究』を発表した。

内容は、○目的、○研究の手続及び方法（被験者、実験の方法、実験の日時及び場所、実験者及び研究機関）、○結果の処理、○結論（要約）である。清水賢は、クレペリン内田精神作業検査を用いて普通児に対する賞賛と叱責が学習作業量にどのような影響を与えるかを実験した。そして、第六学年の学業不振児30名（男女各15名）を被験者として普通児との比較実験をおこなった。しかし、比較検討のための母集団の抽出や学業不振児について説明などが明らかでないことから実践に示唆するなどの結論には至っていない。

1960年6月に精神薄弱児通園施設釧路市立こばと学園が開園した。収容定員は30名で職員数は9名で、常勤職員は紀国谷良雄園長、指導園1名、保母3名、運転手1名、給食婦1名、仕丁1名と非常勤職員の嘱託医1名である。

釧路市立東栄小学校の山田縒美は、1960年11月に開催された北教組第10次教研集会で『路市の問題児の実態とその指導』を発表した。内容は、○研究概要と研究経過、○釧路市の問題児の実態（問題、調査方法、結果）、○問題児の指導（問題、実験方法と手続き、結果）、○考察となっている。釧路市特殊教育サークルは、1960年4月より問題児の実態を掴み行政改革や教育的資料の役立てるための調査を進めた。その結果、身体、知能、学業、くせ、性格行動等に問題のある児童生徒は全市内児童生徒の約8％を占めていると把握した。そして、山田縒美は問題児の集団内地位を高めるために、指導の中核にグループダイナミックス理論を適用した。山田縒美によれば、〈問題児の指導は、集団基準に対する同調者、非同調者の特質と非同調者の役割加工による〉と仮説して、自分が経営する共栄小学校第五学年、第六学年の児童に実験したとされている。実験手続きや結果に関しては、公式に統計処理されているのが読み取れるが、

指導の実際や事例といった実践的資料は含まれていない。したがって，山田縒美の指導仮説を裏づける手続きなどの資料がなく惜しまれる。

釧路市立桜が丘小学校の本田正は，1961年11月の北教組第11次教研集会において『反社会児に対するカウンセリングの方法』を発表した。発表は，担当学級のT児に対する心理療法としてのカウンセリングと生活指導の経過である。その内容は，○問題点，○問題の確認，○原因追求のための資料収集（家庭環境と生育歴，身体状況と知能・学業成績，その他の資料），○診断，○カウンセリングの経過から構成されている。本田正の問題意識は，小学校教師として教壇に立って半年，〈どえらい問題児を抱えて右往左往し，五里霧中のままに過ごしたなかでは，問題行動を生むパーソナリティへのアプローチは生活指導によるだけでは限界があることからカウンセリングによる心理療法による対応を試みること〉にあった。本田正の課題意識とその解決法及び手続きはオーソドックスであったことが指導効果に結びついている。本田正は，この二年後に同校の特殊学級さくら学級の初代担任となった。

釧路市立共栄小学校の小山亮は，1962年11月に開催された北教組第12次教研集会において『学級の仲間には入れない子どもの指導』を発表した。発表内容は，同校の教育相談室における問題児指導の概要と普通学級の仲間には入れない事例の二つである。前者の内容は，○ねらい，○経過，○組織，○計画，○運営事項（教育相談，事例研究会，要注意児童の調査，長欠児・怠慢児の指導，地域活動，校外指導），○相談室運営上の問題点となっている。後者は，対象児童，問題点，問題事例，問題背景，真他及び行動，学業成績，交友関係，テスト結果，診断，指導の経過（4月当初，二学期以降，個人操作，家庭操作），反省と今後の課題により構成されている。小山亮は，反省と今後の課題のなかで，〈問題児指導の場合，個人指導と集団指導のバランス，問題児の学級のなかでの位置づけなど，問題児のpersonality，能力などについて深く分析し，より適切な指導をすることが大切である〉と述べている。

1963年8月，釧路市立桜が丘小学校の特殊学級「さくら学級」が開級し，11名の児童が学習を開始した。本校は，開級式当日に『さくら学級―開設概要―1963.8.23』を作成し関係者に配布した。それには，「さくら学級開設にあたって」，「さくら学級設置経過」，「さくら学級入級者名簿」，「桜が丘小学校校舎平面図」，「さくら学級改装予定

釧路市立桜が丘小学校『さくら学級―開設概要―』1963年

図」,「設備備品購入予定表」,「さくら学級経営の骨子」などが記載されている。盛清吉校長は学級開設について次のように述べているので摘記する。見出しは筆者が設定した。

桜が丘小学校　盛清吉「特殊児童なきことを願う特殊教育を」

　教育問題で常に解決が求められながら容易でなく困難ことの一つに〈個人差〉の問題がある。児童一人ひとりの心身の発達の程度や個人の特性，能力は全く十人十色である。然るに学校教育，学級指導においては，能率という観点から一斉授業を余儀なくされており，個人差に応ずるということが等閑視されがちである。そのために能力の著しく低いものほど，常に学校生活において不適応をきたしている状態で，かれらの持つ特性，能力を十分伸ばす機会というものが全くといって良いほど許されていないのである。口では教育の機会均等，個人の尊厳性の尊重を叫ばれながら，現実問題としては未だに充分に，このことが実質的に達せられていないのである。

　特殊児童の処遇について根本的なものとしては人権尊重であろう。江戸末期の司法学者東山先生は〈行刑は刑なきを以て理想とする〉方策無刑録を著された。我々の〈特殊教育研究の主眼は，特殊児童なきをことを念願しての特殊教育でなければならぬ〉と思うのである。

　盛清吉校長は，〈一人ひとりの個人差に応ずる教育が機会均等の教育であり人権尊重の教育である〉として，一人ひとりの個人差を理解して，その教育的ニーズに応える学校教育や学級指導により，学校社会に〈特殊児童と呼ばれるものは存在しなくなる〉ことを念願している。特殊教育という用語概念は，明治期以来今日までに幾たびか変遷し，現在は特別支援教育という用語になっている。特別支援教育の理念は，すべての児童の教育的ニーズに応え最適な教育と支援により発達を図ることにある。盛清吉校長の特殊教育研究主眼である〈特殊児童なきことを念願しての特殊教育〉観は，通常教育における〈個人差を活かし，応える教育〉の探究に徹することを求めていると理解される。

　学級担任の本田正は，開級にあたって「さくら学級の経営の骨子」に五つの骨子をあげているので，次に引用する。

桜が丘小学校　本田正「さくら学級経営の骨子」

　1.先ず，この子らの心理的な解放を，2.この子らの自信の回復を，3.信頼感は集団づくりの道として，4.個人差を確かめ，そして伸ばすこと，5.基本的躾を大切に知能についてよりも，情緒的，社会的な安定と，この子らの，どの能力を，どのように発展させ，そして，それを如何に社会での自立生活に結びつけていくか。この点を今後の指導の根本原則としたい。

釧路市立東中学校特殊学級「職業学級」担任の市澤豊は，1963年11月北教組第13次教研集会において『精神薄弱児の性格行動からみた類型的研究』を発表した。市澤豊は，精神薄弱児の教育指導は，それまでの知的能力の分類・類型や病理解剖学的な分類・類型を手掛かりとされてきたが，実際の学級指導場面においては精神薄弱児の性格や行動の特性を類型的に理解することがより実践に活かせると考えている。発表内容は，○研究のねらい，研究の手続き，○結果，○考察からなっている。類型化の手続きは，釧路東中学校職業学級卒業生34名の在学中の行動観察記録から性格行

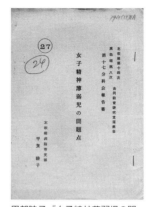

甲賀睦子『女子精神薄弱児の問題点』1964年

動に関する内容73項目を抜き出して，それを5型50項目に整理して，A 幼弱型，B 固執型，C 興奮，衝動型，D 支離滅裂型，E 夢遊型の5タイプとした。次に，釧路市内の四校の特殊学級と通園施設の児童生徒83名について，質問紙法により性格行動を観察し評定してもらった結果，5型50項目による類型化の適用は全体の72%が可能であった。このことから，精神薄弱児の判別，学級編制，学習グループ編成などの教育指導や取扱いに活用できるとしている。市澤豊は，この実践を「精神薄弱児の職業指導 活版印刷学習の展開」にまとめ，1964年10月道教委主催の「昭和39年度精神薄弱児教育及び養護学校教育研究集会（函館大会）」で発表した。発表内容は，職業学級における活版印刷学習指導において，生徒の性格行動特性を考慮した作業工程への配置による実践を検討したものである。その構成は，○経営方針，○教育目標，○生産学習の具体的指導目標，○生産学習組織，○印刷学習の展開，○まとめ，となっている。

釧路市立東中学校職業学級担任の甲賀睦子は，1964年11月の北教組第14次教研集会において『女子精神薄弱児の問題点』を発表した。北海道において，女子精神薄弱児の教育問題を取り上げている。甲賀睦子の実践課題は，室蘭市立鶴ヶ崎中学校の特殊学級担任鶴見幸子が1960年11月の北教組第10次教研集会の研究発表『精薄女子の職業指導』に引き続いたものとなった。発表内容は，○釧路市の特殊（精薄）学級，○学園の状況，○女子精神薄弱児の問題点（釧路市精神薄弱児の出現率，釧路市精神薄弱児の就学状況，入級生徒の特長，職業人だけではない，生理時の状況，異性への関心），○本校職業学級の状況（概略，生産学習について，卒業生の就職一覧）からなっている。釧路市の出現率は，小学校で12.5%，中学校で15.2%と高く，しかも，女子の数が多いとしている。特殊学級への就学率は1.3%で全国平均の5.2%より相当低位である。精神薄弱児と

診断された児童生徒は、通常学級に97％、福祉施設入所1.3％、就学猶予が0.3％である。次に、関連内容は既述したが、甲賀が取り上げた女子精神薄弱児の教育上の諸問題等について摘記する。

釧路東中学校　甲賀睦子「入級女子生徒の諸問題」

入級生徒の特長　○異常体格のものが多い、○知能程度の低いものが多い、○知能程度の高いものでも性格的に問題がある。

職業人だけではない　中学校における職業教育は人間教育であるから就職してよき社会人になることを目標としている。よい社会人となるためには、就職と同時に職業人となり、又家庭人として生活しなければならない。知能が遅れているこの子らも、早いうちからこの二重の生活をしなければならない。従って、〈家庭人として必要な力を身につける教育内容を包含させなければならない〉。

生理面の状況　観察面から、異常なおしゃべりになる、腹痛を訴えて何も出来ない、ものを言わず返事もしない、動物的衝動にかられる、落ち着きがなく失敗ばかりする、夢想にふける、異性に対して関心を示す、自己主張する、他人のことばかり気になる、何も覚えられない、物をかじる、ひなたぼっこをする、作業能率が低下する（ペグボード検査結果省略）。

異性への関心　判断力、知識、自己統制力等は未熟であるが、成人同様の性的衝動を持っていることから起こる結果の内容に未然に防がなければならない。生徒の異性への関心と行動型はさまざまであるが、およそ次のように分けられる。1. 異性と親しくすることに関心や意欲のないもの（3名）、2. 異性に興味を持っているが性的に惹かれるものではないもの（5名）、3. 異性に目覚めて積極的な興味を示すもの（3名）、4. 異性に関心があるが統御しているもの（2名）。特に、3. の行動を示す場合には、彼女らはその行動のし方が分からず、本能を率直に表現するので、指導が大切である。

甲賀睦子の女子精薄児教育についての報告は、実地の職業学級において取り組んだ実践上からの問題提起であった。釧路市立旭小学校特殊学級「あさひ学級」は1962年9月に開設された。初代担任の荒井秀敏は、1965年11月に開催された北教組第15次教研集会に『釧路市における精薄児教育の問題点』を発表した。内容は、○はじめに、○釧路の現況（学級数の不足、釧路市の教育課程、職業指導）、○研究及び活動状況（サークル活動中心のもの、合同行事、社会への啓蒙と育成会）、○研究方向（教育課程編成の歩み、今後の課題）となっている。その内容は、発表テーマにあるように釧路市における発達障害児等教育の変遷と現状及び教育課程編成の課題についてであり、荒井秀敏の教室実践についてはふれられていない。釧路市における特殊学級数は、1965年度で小学校3校4学級、中学校3校3学級で、文部省が示している計画設置目標数の小学校6学級、

中学校6学級に至っていない。教育課程は，釧路の地域性を踏まえた基準試案の作成をめざし，生活指導と職業教育を中核とした合科・統合型に編成する意向である。研究活動は，釧路市特殊教育研究サークル，特殊学級と施設関係者による精薄児教育担当者会議（二木会）があり，施設見学，学習会，授業研究会などを行っている。

また，手をつなぐ親の会や市内の関連サークルと連携し合って，合同行事（作品展示会，親子バス遠足，運動会，交流試合）を共催している。

2. 釧路市以外の管内の教育実践

釧路国音別町立尺別炭砿小学校の黒木重雄は，1952年11月に開催された北教組第二回教研修会において『特異児童の問題とその対策―こぶし学級の実践から―』を報告している。黒木重雄は通常学級において能力別の特別な指導を試みたことについて，○ちえのおくれた子どもとなかよしできない子ども，○ちえのおくれた子ども，なかよしできない子どもの姿，○こぶし学級の誕生と実践の一端，○問題点としては，として発表した。こぶし学級とは，毎週火・木・土曜日の三回，午後の時間に能力別の特別指導をおこなう教室のことである。黒木重雄によれば，《普通学級では何分かしか指導できない児童で，しかも，算数などの特別な教科の扱いが他の方法では困難な者に対して》特別な場所で特別に指導する今日の通級指導形態に近い指導法である。その指導法と成果及び課題について，次に摘記する。

尺別炭砿小学校　黒木重雄「特別指導の方法と成果と課題」

指導は，教科を融合して，生活科（社会と理科），道具教科（算数，国語），感覚訓練（音楽，図工，体育）の三形態により指導した。

指導の要点としては，毎日のプログラムに三つの指導形態を必ず含めて指導すること，〈指導のめあて〉を明確に位置づけること，リズミカルな学習を配慮すること，利用度の高い教具を用意すること，治療的指導を考慮することである。

実践の効果としては，楽しみにして学校に来る，自分の生活や家庭の様子などを喜んで話すようになった，劣等感が少なくなった，親が教育に対する理解を持ち始めた，個人指導の時間が多く取れるなどである。

問題点としては，普通学級の担任をしながらの特別指導は困難であり，特殊学級や学校の増設が望ましい。

白糠町立庶路中学校の下村一孝は，1953年11月に開催された北教組第三回教研集会に『特異児童の取扱いについて』を発表した。発表内容は，○学業成績，○行動面に問題のあるF子の指導事例，○行動面での問題点，○身体状況，○家庭環境，○学業の状況，○行動性格（クレペリン精神作業検査結果），○交友

関係（ソシオグラムによる），○診断，○処置，○F子の行動観察，○学級活動の分担を与える，となっている。次に内容の主要点である〈診断，処置，学級活動の分担〉について摘記する。

庶路中学校　下村一孝「問題児F子の指導」

　診断　家庭生活が貧困で両親と兄二人の素行が悪く盗みなどを行う，善悪の判断ができず他人の言動に左右されやすい，学業不振で級友から孤立し学校生活より帰校後の生活を楽しみにしている，父親無能で母親が出稼ぎして躾など放任している，家庭の経済状態が不安定のため母親を喜ばせようと盗みを犯す。

　処置　教師とF子との人間的つながりをつくること（教師に近づきたい心の葛藤を解決する，教師から愛されているという感じを持たせる，愛情によりF子と社会的距離を近くして話し合うチャンスをとらえる），学級全体の生徒が問題児をいたわり，助け合うことのできる雰囲気をつくりあげる（学級社会の大事な構成員としての自覚を強める，生徒同志お互いに助け合う雰囲気をつくる，本人の興味をつかみ出してやる，仕事を通して自分にもできるのだという自信をもたせる，愛に満ちた人間学級をつくる）。

　学級活動の分担を与える　一人一人が学級の重要な一員であるという自覚とその責任を与える，学級の一人一人が責任を果たし，明るく楽しい，より良い学級を育てるという意欲を仕事を通じてつくりあげる，各自の個性と将来の進路に適する分担を与え，仕事を通じて自分の技術を磨く意欲を持たせる，一人一役主義をとり一人が学校を休めば学級全体の活動に支障をきたすまでに各自の分担をもたせる，各自の能力に合うような仕事を考え与えることによって意欲と自分にも出来る学級の一員であるという自覚を強める。

　下村一孝の学級経営方針は，学級担任としては至極当然のことであるが，学級成員の姿や処置後の結果についての論述とその考察が必要であった。

　1957年11月，白糠町立白糠小学校の大谷昌巳は北教組第7次教研集会において『個人差の研究とその指導』を発表した。その内容は，○個人差研究の出発点，○個人差の意味，○個人差研究の重点，○環境にはいろいろある，○知能検査と学業成績の不均衡（事例）で構成されているが，それぞれの項目の解釈が主で実践的な記述が乏しい。

　弟子屈町立弟子屈小学校の今泉郁子は，1959年11月に開催された北教組第9次教研集会で『本校特殊教育の実際』を発表した。内容は，○はじめに，○設定の具体的方策，○

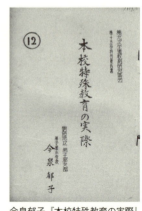

今泉郁子『本校特殊教育の実際』
1959年

実践計画，○教育計画（一般方策，留意点と具体的方策），○事例研究（精神薄弱児Kの指導と今後の方策），○問題行動児M.子の指導について，○むすび，になっている。今泉郁子ら弟子屈小学校の教師たちの普通学級における指導についての念いを次に摘記する。

弟子屈小学校　今泉郁子「発達段階に応じた普通学級指導」

　私たちは，被教育者である児童が如何にしたら幸福にその発達段階に即し正常に成長し得るかということを常に念頭においているのです。教室の隅に小さく屈み，自己の主観から一歩も外に出ることが出来ないこの子ら……，唯に無心か，うつろな瞳，あんぐり開いた口の子ら……，この子らのために黙することはできないのです。確かに，特殊児童が編入した普通学級の経営は困難でありますが，それが精神薄弱児であっても普通学級においてでも指導したいのです。

　入所施設や特殊学級が，学級の精神薄弱児など問題児の教育的措置先として設定されるまでの暫定的措置の不合理を胸にいだきつつ，教育的良心のもとに全校教職員が一致して恵まれない児童のより良い成長を期したいとの課題意識である。そして，二つの指導事例について報告している。弟子屈小学校に特殊学級が設置されたのは，三年後の1962年4月である。

　釧路教育研究所は，釧路管内学校教育研究協議会編『釧路の教育　第三集』を1960年3月に，『釧路の教育　第五集』を1962年4月にそれぞれ発行した。第三集には，昭和34年度釧路管内学校研究協議会「第11部会　特殊教育」と昭和36年度の「第7部会　特殊教育」の二回の研究協議の概要記録が掲載されている。その該当を次に摘記する。

釧路教育研究所『釧路の教育　第三集　昭和34年度』1960年

釧路管内学校研究協議会「第11部会　特殊教育部会の研究協議概要 1960年」

　研究主題　特殊な障碍をもつ子の教育はどのようにしたらよいか。
　部会運営　司会者：弟子屈小学校小笠原善憲，記録者：庶路小学校高橋兼男，運営委員庶路小学校相馬政夫，助言者：釧路児童相談所田中範雄・釧路市日進小学校緑学級岡田和夫，参加者数58名。
　討議の柱　①普通学級に於ける特殊児童生徒の取り扱いをいかにすべきか。②特殊児童生徒の教育施設対策の問題点。　③身体障碍児童生徒の取り扱いをどのよ

うにしなければならないか。

研究発表 ①「精薄児Kちゃん」弟子屈小学校今泉郁子，モンゴリズム形態の小学2年生の事例研究。②「M子の場合」弟子屈小学校工藤光夫，小学4年生の問題行動児への指導。③「単複校における学力不振児の実情」塘路小学校本間俊策，開拓の農業辺地という環境による学力不振児の実態等その指導。④「身体障碍児の体育指導の実態について」標茶小学校開沼伸夫，身体障害児等への体育の個別指導。⑤「本町における特殊児童生徒の実態」小路小学校犬飼忠行，特殊教育対象の身体障碍児3.4％，精神遅滞児（精薄児1.6％，学業不振児4.8％）の実態とその事例。⑥「特殊児童の現況とどの対策」別保小学校榎本幸雄，精神薄弱児等の実数とその研究対策組織。⑦「厚岸町における身体精神障害児の実態」厚岸町教育研究所特殊教育研究部，特殊児童の実態と指導の実例。

研究討議 ①普通学級に於ける特殊児童生徒の取り扱い方をいかにすべきか。
・特殊児童の判定は医師と児童相談所で慎重に行い，入学不入学の意見とする。
・学校生活では喜んで登校するように学級集団の雰囲気に溶け込ませる。
・精神障害児の指導のねらい：生活になじませる生活指導を主眼点とし学力を付けることを主眼としない。その為のカリキュラムを作成して指導することが必要である。普通学級で扱える児童は将来のこともあり教科中心にしたい。精薄児は特殊学級で扱わなければならない児童で不振児とは異なる。精薄児は立派な精薄児を作ることが大切である。学業不振児に対する補習時間として，小学校低学年では一週間に午后から三時頃までの三時間位設けている。高学年では放課後にしている。普通学級での指導は，能力に応じて普通授業の中に特殊児を参画させるようにする。教師が普通児童の中で一人二役をするような指導はしない。学級経営の中に特殊児童を生かす仲間づくりをする。　②特殊児童生徒の教育施設対策と問題点（筆者省略）

釧路管内学校研究協議会「第7部会 特殊教育部会の研究協議概要 1962年」

研究主題　普通学級に於ける特殊児童生徒の取扱いは，いかにすべきか。またその教育施設の設置対策とその問題点。部会運営　司会者：中久著呂小学校小笠原善憲・布伏内小学校千葉正，記録者：標茶小学校小林靖之・布伏内小学校山田由利，運営委員：弟子屈小学校工藤光夫・標茶小学校難波哲雄，助言者：釧路市日進小学校岡田和夫，参加者20名。

主題討議の経過　第二次は特殊児童生徒の選定，生活指導のポイント，身体障害者の指導，学校・学級・家庭の一体化について。第三次は特殊児童生徒の類型，類型別児童生徒の問題点及びその取扱法について。第四次は問題提起であった。

研究発表　①「特殊地域に於ける校下の記録」鶴居村暁峯小学校甲斐義明，不便な山間の新設僻地校の田中B式団体知能検査結果では82％が精薄児となった。②「町の特殊児童生徒の実態調査」弟子屈町立美留和小学校合田秀雄，弟子屈町の実態と事例研究。③「特殊学級設置の必要性について」標茶町立虹別小学校及川和夫，

個人の尊重,教育の機会均等という教育思想にそえば,特殊児童にも力に応じて社会の成員として適切な位置を与えるべきである。

今後の問題 この種教育に関心と熱意を持つ教師の仲間作りをし意欲的に研究を進めていく必要がある。また,普通学級に於ける取扱いを更に進めながら,特殊学級の設置を推し進めるべきである。

研究発表と協議内容は,開拓部落で単複校の多い地域においての実情はきびしいものがある。しかし,単複学校であればこそ,普通学級における配慮した指導の工夫があるであろう。弟子屈町立弟子屈小学校に特殊学級が開設されたのは1964年2月である。

阿寒町立布伏内小学校特殊教育研究部の千葉正は,1960年11月の北教組第10次教研集会で『本校に於ける特殊児童の実態調査と事例研究』を発表した。発表内容は,○研究の経過,○本校に於ける特殊児童の調査(調査の目的,調査の方法,調査の集計,結果の考察,反省),○事例研究(乱暴で

千葉正『本校に於ける特殊児童の実態調査と事例研究』1960年

できない子,粗暴で落ち着きのない子,口をきかずてれる子,どもる子),○研究会で討議された問題及び残された問題となっている。本校教師たちは,山間の炭砿街から通学している特殊児童の指導に〈なやみ〉を持っていた。そして,その〈悩みを持つ教師の集まり〉を特殊教育研究部に組織化して毎週火曜日の午後三時より研究協議を行うことにした。そこでは,生活指導部と関連を持ちながら,理論研究,理論に基づく実践・調査及び事例研究に取り組んだのである。実態調査の結果,特殊児童の総数は全校児童総数1,149名中199名で17.31%であった。その内訳は,身体障害児90名(7.83%),精神遅滞児68名(5.91%),社会不適応児41名(3.49%)であることが分かった。精神遅滞児は学業不振児が3.49%で精神薄弱児が2.35%に区分けされ,社会不適応児の2.17%は性格異常者と考えられた。普通学級における特殊児童への指導について特殊教育研究部で協議された諸問題について次に摘記する。

布伏内小学校「普通学級における特殊児童の指導の諸問題」
1. 普通学級に於けるI.Q.50以下の子どもの指導はどのようにしたらよいか
○これらの児童は,学級活動の中では救えない。○集団行動に慣れさせるなどの生活指導の中で,救うよう努力すべきである。○小さな役目を与えて,責任を

持ってやらせていくよう指導する。
　2. 学業不振児は，どのように伸ばしたらよいか
　　○I.Q.50以下の六年生では，国語で三年生の一学期程度の学力で，算数では二年生の二学期程度の学力しかつけられない（全国の学力テストの結果。筆者註：出典不明）。○具体的な項目に従い詳しく再調査をする。○学業不振の原因を追求し，具体的な指導方向を見得出すようにすべきである。
　3. 事例研究を基にして　○事例研究で共通して言えることは，〈級友関係〉を取り上げ，より良い方向に推進してやること。○その子の責任ある役目を与え，自信をもたせること。
　4. 今後の問題　○普通学級に於ける特殊児童の指導は指導の重点をしぼること。○生活指導部会との関連の在り方をさぐること。○特殊児童の調査方法と分類の方法を明らかにすること。○今後の事例研究の方向を決めること。

　弟子屈町立弟子屈小学校特殊学級担任の沢野井隆吉は，『本校に於ける特殊学級の問題点』を1964年11月の北教組第14次教研集会で発表した。発表内容は，○開級一年目の諸問題についてで，○はじめに，○管内の状況，○本校の設置過程（設置過程，学級の実態），○本校に於ける問題点（入級判別，入級児の父母の悩み，学習計画，作業学習，校内研修），○むすび，となっている。発表内容の要点を見出しをつけて次に摘記する。

弟子屈小学校　沢野井隆吉「開級七か月の特殊学級で」

　設置経過　特殊学級設置は，1962年に教職経験豊富な一教師により〈通常学級において授業を進める際に障害となると思う児童数を校内的にまとめたい〉と提案されたことに起因する。幸い，釧路地方教育教育局や弟子屈町教育委員会の勧めがあり容易に開設することが出来た。1963年度は，特殊学級設置への認識は授業の障害となる児童数は39名もあがったことから高まったが，特殊教育についての知識が不足，予算・教室・〈担任の目途がつかない〉，地域の理解不足などの理由により設置不可能となった。1963年度の後期になって担任候補教員が北海道学芸大学札幌分校の養護教員養成課程に入学することとなり，学級設置の具体的な準備に着手した。そして，初年度は学業不振児の促進学級的性格として再度入級調査を実施し，I.Q.85以下の対象者が47名となったが，諸検査や父母との話合いの結果13名を入級児童とした。学級開設は，1964

沢野井隆吉『本校に於ける精薄学級の問題点』1964年

年4月1日となったが,教室は図書室を転用した。机を入れるには手狭で備品もない有様であった。

予算,施設・設備 備品費23万円,消耗品費4万円,1965年度には特殊学級専用教室が新設される予定である。

本校に於ける問題点 1.入級判別について(入級児童の選出について基準を作成し教員間による齟齬のないようにする)。2.入級児の父母の悩みに応えるには(友達に馬鹿にされる,子どもが孤独にならないか,中学への進学はどうなるのか,学力が尚落ちないか等について,学校としての対応が決まっていない)。3.学習計画について(書籍を読んでも適当な指導法が見え出せずその場主義となるので,指導計画を作成しなければならない)。4.作業学習について(どのように作業学習を位置づけたらよいか,現在行っている木工も材料不足であり,冬期間の作業は困難である)。5.校内職員の研修について(特殊学級が実のある学級になるためには校内の協力体制が大切だと思うが,研修の場がなかなか作れない)。

特殊学級担任となって 担任になって七か月なのに普通学級に戻りたい気持ちである。だが,戻ることも不可なのだと思うと,せめて〈今日の失敗や明日の計画を,又,子ども一人一人のことなどを話し合える同僚が欲しいと思う〉。やがて,釧路管内に特殊教育サークルができ,そこで,いくらかの悩みが解消できる日の来ることを願っている。

沢野井隆吉の特殊学級経営の赤裸々な悩みが伝わってくる。それにしても,校内体制にかかわる記述には,前述の今泉郁子らの共同研究「弟子屈小学校の特殊教育の実際」(1959年)に論述されている〈教職員共通の課題意識〉と沢野井隆吉が特殊学級経営の問題として述べている情況には大きな隔たりが内在している。特殊学級の経営問題は一様には扱えない背景がある。

音別町教育研究所『特殊教育について理解を深めるために 音別町の実態』1965年

1965年4月,音別町教育研究所は,B4判孔版刷の『特殊教育について 理解を深めるために 音別町の実態』を発表した。内容は,表題が示すように理解・啓発資料で,構成は○特殊教育を支えているもの,○特殊教育の必要性,○特殊教育の対象と出現率,○精神薄弱児,○精神薄弱児の見分け方,○精神薄弱児発生の原因,○指導内容,○資料(第一次集計)となっている。資料は,「特殊児童生徒実態調査 第一次集計表」で,小学校6校児童1,278名と中学校4校生徒883名の知能指数別実数を表示している。しかし,知能検査名や実施方法及び

第3章 各地における教育実践

内容などの記述はない。その内訳を整理すると、I.Q.50以下のものは、小学校で6名（0.47％）中学校で8名（0.91％）、I.Q.51～75までが小学校で101名（7.6％）中学校では58名（5.8％）、その他に測定不能のものは小学校に9名で中学校で3名と読み取れた。音別町の特殊学級は、1971年に音別小学校に、次いで1972年に音別中学校にそれぞれ開設された。

厚岸町立厚岸小学校特殊学級「なかよし学級」の担任工藤哲は、1965年11月に開催された北教組第15次教研集会に「特殊学級開設当初に於ける問題点」を発表した。発表内容は、特殊学級開設までの経過、開設までの日記から、開設まで、開設後、本校の現況となっている。発表内容を次に摘記する。

厚岸小学校　工藤哲「特殊学級開設七か月の現状と課題」

特殊学級開設　1965年1月に厚岸町教育委員会から学級設置について働きかけがあり、〈準備期間二か月間というハイスピード〉で4月10日に入級児10名を迎えて開級された。

特殊教育支援体制　特殊学級を校内に位置づけるために「校内特殊教育研究体制」を作ることになった。厚岸町教育委員会は、〈学級開設にあたって物心両面から支えてくれた〉が、開設されてしまうと設置校に下駄を預けてしまった。が、特殊教育研究体制の中に町教委関係者を加えて設置校と行政による組織が必要である。

今後の課題　釧路市、地方教育局、市町村教委、設置校等の関係者による〈管内特殊学級教育連絡協議会〉の発足がある。また、小学校卒業生の将来を考えれば中学校に特殊学級の設置が必要である。

厚岸町立厚岸中学校の特殊学級は、1968年4月に開級された。釧路管内精神薄弱教育研究組織は、1967年に道精連釧路地区規約が制定され整えを見せている。

第3．釧路地区発達障害児等特殊教育の歩みと特質

1．釧路地区の発達障害児等特殊教育の歩み

釧路市と釧路管内発達障害児等特殊教育の歩みについては、釧路市教育研究所『昭和三十年度　特別学級施設資料と教育相談開設計画』（pp.1-2, 1955年）、釧路市教育研究所『釧路市教育研究史　戦後二十五年の歩み』（pp.207-218, 1974年）、釧路市教育委員会『釧路市の心身障害児教育』（p.1, 1980年）及び太田守「釧路」北海道精神薄弱児教育研究連盟『道精連　三十年の歩み』（pp.118-122, 1982年）を参照して各資料に共通する事項により作成した。釧路管内に関する史資料は発掘していないため所蔵資料に依拠して作成した。

年　月	事　項
1948年 7月	釧路市立東栄小学校に聾唖学級開設される（学級は1950年に道立釧路聾学校となる）。
1949年 5月	北海道学芸大学釧路分校新設される。 釧路市立日進小学校は道教委の特別学級設置指定校の打診を受け，遠藤源四郎が開設準備にあたる。
1950年10月	釧路市立日進小学校特別学級「みどり学級」開設される（担任遠藤源四郎，入級児8名，1953年3月に閉級となる）。
1951年 4月	釧路市立日進小学校「みどり学級」担任の遠藤源四郎は，「本校特別学級の状況」を発表する。
1952年 　　　11月	釧路市教育研究所設立され，教育相談室が特殊学級経営の研究に着手する。 釧路国音別町立尺別炭砿小学校の黒木重雄は，北教組第二回教研集会で「特異児童の問題とその対策」を発表する。
1953年11月	釧路市立東栄小学校の田中敏夫は，北教組第三回教研集会で「性格異常児の指導研究」を発表する。 白糠町立庶路中学校の下村一孝は，北教組第三回教研集会で「特異児童の取扱いについて」を発表する。
1954年11月	釧路市立鳥取小学校の濱野正則は，北教組第4次教研集会で「精神薄弱児童の教育を如何に振興するか」を発表する。
1955年 3月 7月 11月	釧路市教育研究所編『釧路市に於ける 精神薄弱児童生徒の実態』公刊される。釧路市教育研究サークルに特殊児童研究部を設け釧路市教育研究所との共同研究を開始する。 釧路市教育研究所『昭和三十年度 特別学級施設資料と教育相談開設計画』を公刊する。 釧路市立鳥取小学校の濱野正則は，北教組第5次教研集会で「釧路市に於ける特殊児童教育推進の現況」を発表する。
1956年11月	釧路市立共栄小学校の松本勝は，北教組第6次教研集会で「特異児の診断と治療」を発表する。
1957年 3月 　　　11月	釧路市立共栄小学校編『問題児の診断と治療』釧路市教育研究所発行。 白糠町立庶路小学校の藤田煕は，北教組第7次教研集会で「運動能力の劣っている児童の指導」を発表する。 白糠町立白糠小学校の大谷昌巳は，北教組第7次教研集会で「個人差の研究と指導」を発表する。
1958年 4月 　　　11月	釧路市立日進小学校特殊学級「緑学級」開級する（担任岡田和夫，入級児童13名）。 釧路市立東栄小学校の濱野正則は，北教組第8次教研集会で「フラストレーション解発治療の一考察」を発表する。
1959年 3月 9月 11月	釧路市教育研究所『昭和三十三年度 特殊教育研究集録 第一集』を公刊する。 山下清画伯日進小学校緑学級を訪ね児童を指導する。 釧路市立東栄小学校の清水賢は，北教組第9次教研集会で「学業不振児のにおける賞賛と叱責の効果についての研究」を発表する。 弟子屈町立弟子屈小学校の今泉郁子は，北教組第9次教研集会で「本校の特殊教育の実際」を発表する。 釧路市立東栄小学校の山田縫美は，北教組第9次教研集会で「集団基準の同調者非同調者の社会的地位と特質についての研究」を発表する。
1960年 3月	釧路市教育研究所『昭和34年度 特殊教育研究集録―精神薄弱児資料集―第二集』を公刊した。 釧路教育研究所・釧路管内学校教育研究協議会は『釧路の教育 第三集 昭和34年度

第3章　各地における教育実践

	4月	を刊行する。
釧路市特殊教育研究サークル実態調査を実施する。
	6月	釧路市立こばと学園（精神薄弱児通園施設）開園する（定員30名）。
	10月	釧路市立東中学校特殊学級「職業学級」開設する（担任甲賀睦子・市澤豊，2学級26名入級する。4月から緑学級卒業生を指導したが開級式は11月）。
釧路市立東栄小学校の山田縒美は，北教組第10次教研集会で「釧路市の問題児の実態とその指導」を発表する。阿寒町立布伏内小学校特殊教育研究部千葉正は，北教組第10次教研集会で「本校における特殊児童の実態調査と事例研究」を発表する。
1961年 1月		釧路市教育研究所『児童生徒の知能検査の傾向（実態調査の集計）』を公刊した。
	11月	釧路市立桜が丘小学校の本田正は，北教組第11次教研集会で「反社会児に対するカウンセリングの方法」を発表する。
1962年 4月		釧路市立旭小学校特殊学級「あさひ学級」が開級する（担任荒井秀敏，入級児童11名）。
釧路市特殊教育研究サークル研究主題「身体的精神的障害をもった子の指導をどうするか」を設定し五か年計画とする。
釧路教育研究所・釧路管内学校教育研究協議会は『釧路の教育 第5集 昭和36年度』を刊行する。
	11月	釧路市立共栄小学校の小山亮は，北教組第12次教研集会で「学級の仲間には入れない子どもの指導」を発表する。
1963年 3月		釧路市教育研究所『昭和38年度 特殊児童生徒実態調査 基礎調査編』を公刊する。
	8月	釧路市立桜が丘小学校特殊学級「さくら学級」が開級する（担任本田正，入級児童11名）。
	11月	釧路市立東中学校「職業学級」担任市澤豊は，北教組第13次教研集会で「精神薄弱児の性格行動からみた類型的研究」を発表する。
1964年 2月		特殊教育研究会（主催団体，規模，内容等不詳）が日進小学校で開催される。
	4月	弟子屈町立弟子屈小学校に特殊学級開級される（担任沢野井隆吉，入級児童13名）。
釧路市立東中学校「職業学級」担任甲賀睦子は，北教組第14次教研集会で「女子精薄児教育の問題点」を発表する。
	11月	弟子屈町立弟子屈小学校特殊学級担任沢野井隆吉は，北教組第14次教研集会で「本校に於ける特殊学級の問題点」を発表する。
白糠町立白糠小学校に特殊学級開級される。
1965年 2月		音別町教育研究所『特殊教育についての理解を深める 音別町の実態』を公刊する。
	4月	釧路市立北中学校特殊学級「職業学級」開級する（担任川端正之，入級生徒8名）。
厚岸町立厚岸小学校特殊学級「なかよし学級」（担任工藤哲）開級される。
釧路市立東中学校『精神薄弱児のための特殊学級の設置と運営』を公刊する。
	10月	釧路市立東中学校の市澤豊は，道教主催の昭和39年度全道精神薄弱教育及び養護学校教育研究集会で「精神薄弱児の職業教育 活版印刷学習の展開」を発表した。
	11月	釧路市立旭小学校あさひ学級担任の荒井秀敏は，北教組第15次教研集会で「釧路市における精薄児教育の問題点」を発表する。
厚岸町立厚岸小学校特殊学級「なかよし学級」の担任工藤哲は，北教組第15次教研集会で「特殊学級開設当初に於ける問題点」を発表する。
1966年 3月		釧路市教育研究所『釧路市特殊学級 年間指導計画 第一次試案』発表する。
	4月	釧路市立春採中学校特殊学級「職業学級」開級する（二学級23名入級）。
釧路市特殊教育研究サークル研究主題「教育課程試案の検証と授業研究」設定し，五か年計画とする。

2. 釧路地区における黎明期の発達障害児等特殊教育の特質

　北海道における発達障害児等教育の黎明期である1949年に，釧路市立日進小

学校の遠藤源四郎は，自ら発達障害児等の教育を願い，教育行政の設置意向に合致して緑学級担任となった。しかし，釧路市教育界は，遠藤源四郎の教育的な熱意と実践的成果を素直に受容する特殊教育の環境は整っていなっかたのである。

　戦後の教育改革の一つに教員養成制度の改革があり，1949年5月に革新的な地域であった釧路市に北海道学芸大学釧路分校が設置され，心理学の奥野明，教育学の北野栄正や星野喜久など新進気鋭の研究者による教員養成講座が開始された。釧路分校の卒業生のなかには，釧路市の教員として北教組教研修会の発表者や教育研究所員となったものが多く含まれているのも特質の一つである。

　釧路市教育委員会は，教育研究所を設立して特殊学級設置にかかわる諸調査・研究をおこなうと共に，特殊学級設置の気運高揚に努めたのである。そして，条件を整え1958年10月に釧路の伝統校日進小学校に特殊学級を開設すると同時に，その卒業生の進学先として釧路市の名門校である東中学校に開設の意向を打診し，1959年9月に至って設置を決定したことになる。

　北海道における特殊学級開設の形態に関してあえて分類すれば，新教育研究所や団体先導型，学校経営課題解決型，熱血型教師主導型，道教委・市町村教育委員会による行政指導型，親の会や関係者による要望運動型などに類別される。しかし，特殊学級開設の実際の形態は，当然ながら単純な一形態によるものではなく，その幾つかが融合されている。釧路市の場合は，教育研究所の調査・研究による全市的な計画設置型とでも名づけられる形態に特質がある。釧路市の日進小学校や東中学校の特殊学級の開設は，当時学卒の新任教師であった筆者が感じたように《釧路教育の良心》による理想的な形態であったことに留意したい。

　特殊学級担当者に関しては，釧路市内だけでなく釧路管内においても希望者がなく，選任は難航したようである。釧路市立日進小学校の岡田和夫は，釧路市教育研究所員を兼務させた。東中学校の甲賀睦子は，教員の夫と共働きであった。東中学校の市澤豊は，特殊学級担任を希望して1960年に道外からの新任教員であった。旭小学校の荒井秀敏は，1962年3月に釧路分校を卒業した新任教師であった。桜が丘小学校の本田正は，1961年3月に釧路分校を卒業して三年目の教師である。彼ら五名は，特殊学級の担当者となった動機は異なっても，それぞれに釧路市の特殊教育の開拓者となって業績を果たしたことは明らかである。

　釧路管内では，1952年に音別町立音別小学校の黒木重雄が北教組第二回教研集会において「特異児童の問題とその対策―こぶし学級の実践から―」を発表している。黒木重雄に引き続いて，白糠町立庶路中学校の下村一孝が「特異児

童の取扱いについて」を1953年の北教組第三回教研集会で発表している。

　いずれの実践発表も，辺地の通常校の通常学級における発達障害児等の特異児童の指導に意を用いているところに管内教育観の特質があった。しかし，特殊学級の開設は，釧路市と同様に，教職員の発意による任意設置型ではなく教育行政指導による計画設置型形態となっていった。そのために，管内の特殊学級関係者は，校内の教職員の協力体制や施設設備の整備，専門的知識と技術の習得など特殊学級経営上の諸問題を内蔵しながら進めざるを得なかったのである。

第5節　十勝地区の教育実践

第1. 十勝地区の概況

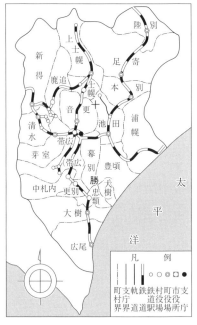

　十勝地区は，北海道三大河川の一つである十勝川が中央部を流れ，その流域に地味肥沃な十勝平野が展開している。総面積は約11,000平方㌔に人口約353,000人，世帯数約70,000世帯が1市11町6村に居住している。耕地の防風林に囲まれた広々とした大平原は，農耕，畜産に最適で〝豆の十勝〟として全国的に知られている程豆類の生産は多いが，この時代に乳牛の導入が盛んになり道内有数の酪農王国になりつつある。農業の他に林業，畜産，漁業，鉱業などの発達にしたがって商工業も盛んになってきている。

　学校と児童生徒数は，小学校245校（分校5校）児童数42,525人，中学校139校（分校8校）生徒数16,601人，高校20校（道立7，町村立12，私立1校）生徒数4,251人である。このうち単級複式校が小学校187（76％）校，中学校55（40％）校もあり，また，僻地指定校は小学校178（73％）校，中学校92（66％）校にのぼっており少数学級が広域に点在している。したがって，これらの学校は施設・設備に恵まれなく，無電灯は小学校42校，中学校19校もある。屋内体育館を設備している学校は，小学校82校，中学校49校と少ない。

　社会教育は，青年団体約8,300人，4Hクラブ約2,500人，農協婦人部約12,000人，農協青年部約1,100人等が農家経営や生活改善問題に取り組んでいる。

　医療施設として病院12，診療所63，歯科医院35，保健所4があるが，開拓地では無医地区がたくさん残されている。

第2. 十勝地区発達障害児等の教育実践

　十勝管内の史的歩みについては，新得町立新得小学校の『特殊教育の歩み』（pp.1-9，1962年），新得町立新得小学校の『学校経営の概要と特殊教育の歩

み』(p.3, pp.22-29, 1962年),帯広市特殊学級研究会編『帯広市特殊教育研究会1967.2.15』(1967年),新得小学校『昭和50年度 本校の特殊教育』(1965年),十勝教育研究所(十勝町村教育委員会連絡協議会協力)「特殊教育」『戦後十勝教育史』(pp.324-327, 1973年),帯広市教育研究会障害児教育部・十勝管内特殊学級担任連絡協議会『研究紀要 昭和50年10月』(pp.3-10, 1975年),本別中央小学校村中与吉「十勝」北海道精神薄弱児教育研究連盟編『道精連 三十年の歩み』(pp.161-163, 1982年),帯広市教育研究会障害児教育部会・帯広市教育委員会・帯広市教育研究所『帯広市障害児教育研究会20周年記念誌 ひとりひとりがいきるよろこびを持ち 人として尊重される障害児教育を求めて』(1983年),新得町立新得小学校開校90周年記念協賛会『ふるさと』(pp.19-20, 1993年),帯広市教育委員会教育研究所(帯広教育史編集委員会編集)「障害児教育」『帯広市教育史〜学校教育の百年〜』(pp.245-248, 1997年),十勝小・中校長会編著『十勝教育史』(2000年)等を参照し,各資料の記述の齟齬を質し整合性の高い事歴だけを採用した。

十勝地区は,新得町,帯広市及びその他の十勝管内の三つに分けて論述する。

1. 新得町の教育実践

十勝地区の発達障害児等教育実践の嚆矢は,上川管内に隣接する山間のまち新得町立新得小学校の特別学級「杉の子学級」であった。新得小学校教頭の杉本正二は,1950年5月に〈持ち込まれた精神遅滞児特別学級研究指定校の立場でなく,あくまでも一人一人に応じたその全面的な成長を目指す教育〉を任意の発意でやりたい意向であった。そして,自らの健康回復などのこともあり1950年11月に特別学級を編成して第一次発足をした。この第一次発足とは,特別学級入級児を選定して開級したにもかかわらず誰一人登校しなかったので自然解消せざるを得ず,改めて1951年2月の第二次学級発足となったからである。

新得小学校の「杉の子学級」開設当初の教育については,杉本正二『杉の子学級経営の実際』(1951年),「精神遅滞児を対象とする特別学級を経営して」北海道十勝教育研究所『昭和二十七年八月 研究紀要第一集(創立一周年記念刊行)』pp.105-127, 1952年)と市澤豊「上川郡新得町立新得小学校[杉の子学級]の教育」『戦後発達障害児教育実践史』(pp.647-661, 2010年)がある。本稿では,特別学級「杉の子学級」の成立と発展についての市澤豊の論考があるので詳細はそれによりたい。杉本正二が論述した前記資料は,○はしがき,○精神遅滞児教育(私はなぜ特別学級の経営をはじめたか,特別学級の経営は如何なる態度でのぞんだか),○教育課程(第一次教育課程,第二次教育課程),○杉の子学級研究経過と一児童の観察記録,○昭和二十六年度十勝支庁管内[精神遅滞児特別学級研究集会要項],○特別学級設置後の感想又は意見から成っている。次に,杉本正二の特殊教育観と指導の実際について摘記する。

新得小学校　杉本正二「特別学級経営の実際」

私の経歴　〈こんな人間が遅滞児の特別学級を受け持ったという責任を明らかにする〉意味で経歴を記す。1933年3月札幌師範学校本科第一部を卒業し，河東郡音更村豊田尋常高等小学校訓導に発令されるが，同年4月短期現役入隊となり8月衛門伍長で除隊となる。1933年9月に豊田尋常高等小学校に赴任する。1943年上川郡新得国民学校訓導となり現在に至る。終戦時在郷軍人副分会長で危ふく追放を逃れる。

杉本正二『杉の子学級経営の実際』
1951年

1947年校長事務取扱に発令される。1946年より1949年まで北教組新得支部長となる。1950年5月に道教委より精神遅滞児教育特別学級の研究指定を受けるが，胃癌手術のこともあり指定校取消を願い出る。9月に再び指定校の交渉があり，術後の経過もよいので受諾する。1950年11月特別学級第一次発足するが，入級予定児が登校せず12月に自然解消する。1951年2月に第二次学級発足となる。

主な活動としては，1951年3月西部十勝女子教員研究集会で研究授業と研究発表，1951年5月網走市立網走小学校における「精神遅滞児特別学級研究集会」で経営経過報告，1951年7月道教委指導課長宛「特別学級経営計画報告書」提出，1951年8月10日間仙台市で開催された「北海道，東北六県特殊教育研究集会」に出席（筆者註：胃癌のため昇任を取りやめる），1951年9月，6日間函館市で開催された「北海道幼稚園小学校教員研究会」に出席，1951年9月精神薄弱児施設「もなみ学園」，「富ヶ岡学園」，「報恩学園」にそれぞれ一泊研修，1951年11月道教委主催「十勝管内精神遅滞児特別学級研究集会」会場校として研究授業及び研究発表などがある。

何故特別学級の経営をはじめたのか　私の末の弟が数え年三歳頃風邪から軽い脳膜炎を引き起こし言語遅滞などの障害児となったことから，18年間の教員生活で，いつも頭から離れなかったことがあった。それは，〈いわゆる劣等児を如何に救ってやるか，性格異常児を如何に矯正するか，身体虚弱児を如何に養護し，健康な身体に育成するか。こうした，特殊児童の指導救済である〉。この気持ちで，農山漁村の僻地校の子らへの教育で若き血を燃やしたのであった。又，教え子の卒業後の歩みを見守るとき，学校時代の劣等児必ずしも社会生活における落伍者ではない。この現実の社会における彼らの生活力を思うとき，過去の教育における児童の評価に何か満たされないものを感じさせられていた。

終戦！教育の大転換！教育者は，新憲法第二十六条〈すべての国民はその能力に応じてひとしく教育受ける権利を有する〉の実現を計らなければならない。教育者は，〈社会の要求を代表して児童生徒に接すると同時に，児童生徒の要求をよく理解して，その心身発達段階，特に個人差に応じた指導〉を行わなければならない。

私の信念は，〈真の教育は一人の落伍者も出さないこと〉であるから，ぼつぼつと指定校という立場からでなく，気ままな気持ちで，図書による研究に乗り出した。

第3章　各地における教育実践

如何なる態度で特別学級の経営にのぞんだか　特殊児童でも普通児でも同じく，あくまでも〈全面的な成長を目指し一人一人に応じた学習の形態と方法を工夫する指導〉が基本である。

　教育目標　普通児の目標と何ら異なるものではないが，彼らのハンディキャップ，生活環境又は生活様式から次の点を強調した。1. その子の有する特徴的な才能を培う教育。2. 健康であり職業上，経済生活上できるだけ自立できる教育。3. 社会の一員として実践的な方向に生きるようにする教育（特に人々に愛される円満な社会性を習慣づける）。

　経営の方針　○教育本来の目的を忘れない教育計画立案。○実態に即した教育形態と方法の工夫。○一人一人の理解は，客観的かつ具体的な観察と他教員や父母及び心理学者の協力を得る。○彼らにとって学校が楽しい場所と感ずるようにする。○楽しい遊び，親しみある話し合い，興味ある作業や運動は児童の中に眠っていた個性がよみがえる。この芽生えを温かい気持ちで，根負けせずに伸ばしてやる。○一人一人のかけがえのない値打ちを見出し発展させる。○特別学級児童は〈母級〉に籍をおき全校普通児と仲良く接する校風を作る。○学習活動は児童らの希望，要求，興味・関心には予定を変更して臨機の処置をする。○その日暮らしにならないよう計画的にカリキュラムの週案や日案を作成して実施する。○児童に適した教材を自作して与える。○情緒的陶冶の観点から小動物の飼育，学級花園の実習，環境の美化清掃などに重きを置く。○男子の家庭工作，女子の編み物など技術面の練習により個性を活かす。○国語や算数科など簡単な反復練習により実用技術を習得させる。○毎日必ず全体の学習指導記録と個人別の学習・行動記録をとる。

　一日のプログラム基底表　児童が興味を持つ経験を改正学習指導要領（筆者註：1951年の第一次学習指導要領改訂のこと）の児童の経験領域を参考にして与える。又，適切な計画的，教育的指導が出来るかを考えて，その発展性の価値（必要性）のおおいものを選択した。

一，あさのごあいさつ「おはよう」「先生おはようございます」
二，あさのうんどう（始業前の鬼遊び等）　三，しゅっせきしらべ，けんこうしらべ
四，あさのせいとん　五，あさのそうだん　六，おべんきょう

(A) ほんよみ　かるたとり　すごろく　かぞくあわせ　おはなし　カードあわせ　いろいろなしらべ　なぜなぜもんどう　なぞあそび　げき
(B) おみせやごっこ　でんわごっこ　ぎんこうごっこ　きしゃごっこ
(C) さいころゲーム　トランプ　わなげゲーム　すうじあわせ　かずあて
(D) たいそう　おにあそび　リズムあそび　ときょうそう　リレー　じあわせきょうそう　すうじあわせきょうそう　あんざんきょうそう　川あそび　山のぼり　川およぎ
(E) もじのけいこ　すうじのけいこ　いろいろなかたちのけいこ　けいさんれんしゅう
(F) さくぶん　ずが　こうさく　えにっき
(G) レコード　ラジオ　げんとう　えいが　かみしばい　けんがく　じっけん　たのしいかい　がっきあそび　おんがく
(H) 調髪，運動会，遠足，身体検査，予防注射，動物飼育，学級園

七，てあらい　八，きゅうしょく，はんせい　九，かえりのおそうじ　十，かえりのごあいさつ「さようなら」「せんせいさようなら」

学級の実態　入級児童10名の内訳は，2年生3名，3年生1名，4年生1名，5年生3名，6年生2名である。これは，学年混合の単級複式学級である。
　カリキュラムの備えるべき諸要素　1.どの子どもも成功の喜びを持てるように。2.その学級の子どもが全員参加できるような幅のある学習内容であること。3.子どもの変化に応じて修正変更が容易であること。4.治療復元的な点が配慮されていること（精神衛生，健康維持増進）。5.生活カリキュラム形態が望ましいこと。年間のカリキュラムは，網走小学校「かつら学級」の川村正男氏の試案を参照し，「学校暦」と「学級目標設定基準表」により作成した。

　北海道教育委員会は，教育行政執行方針の一つに特殊教育の充実をあげ，1950年4月に「精神遅滞児特別学級設置の準備について」を各地方教育事務局長及び各市長宛に通知している。十勝地方事務局は，特別学級の設置指定校を帯広市の学校でなく新得町立新得小学校としたのは当校に教頭杉本正二が勤務していたからであろう。杉本正二の僻遠校における教育実践は，十勝管内の識者から評価を得ていたのである。それは，終戦間もない1947年に年齢30代半ばで校長事務取扱となっていたことからも頷ける。そして，何よりも研究指定を受けて半年足らずの間に自己研修と職務研修により新教育思想を吸収して特殊教育観を形成し学級経営に着手する識見と実践力があった。特に，《一人一人の個人差に応じた教育は，すべての児童の健全な発達を目指す理念であり方法であり，かつ社会の要求と児童の要求に応えるものである》という教育観は，今日世界の潮流となっている〈ニーズ教育〉観そのものである。〈特殊学級児の母級（原籍）〉観とその実践もまた，今日のインクルーシブ・エデュケーション思想推進者によって常態的に取り込まれている。これらの先進的な教育観と実践を観ると，十勝の特殊教育は優れた組合員教師であった杉本正二により切り拓かれたと評価できる。
　1951年11月，北海道教育委員会主催の「精神遅滞児特別学級研究会」が新得小学校で開催された。この研究会は，特別学級新設校に指定された研究発表会として網走小学校，胆振地区幌別中学校に次いで三番目の研究会である。
　杉本正二は，1952年11月に開催された北教組第二回教研集会において『ひろちゃん（精神遅滞児の取扱いについて）』を発表し，全国教研の正会員となった。1952年当時の教研集会のレポートは，抽象的で教室実践の伴わない新教育論や平和教育論とか特殊学級開設一年足らずの学級紹介が多かったが，杉本は一人の児童の克明な三か年の観察と指導記録により特異児の教育論を平易に展開している。このレポートは，○ひろちゃんはどんなこどもだったか，○ひろちゃんはどんな風に変わって行ったか（○子どもの立場をよく理解してやることが大事だ，○取り除かれていく劣等感，○先生！　困りますね杉の子は，○児童観察の記録，

○必ず一日一回はどの子にも口を開かせる，○子どもと話し合って，○子どもの立場で，○教師が作文を），－結び（カリキュラム，要望）から構成されている。

次に，杉本正二が行った実践発表について取り上げておく。1951年5月に網走小学校「かつら学級」を会場とした精神遅滞児を対象とした特別学級研究集会で「杉の子学級経営の実際」を発表した。1953年3月には，「特異児童の教育について」が『北海道教育月報』（第3巻12号，pp.9-10）に掲載され，引き続いて，「特殊教育経営の要点」が『北海道教育月報』（第4巻3号，pp.11-12）に掲載された。これらの全容と詳細については市澤豊（2010年）の論述を参照されたい。教頭職であった杉本正二は，特殊学級の担任して平易な教育論により地に着いた児童主体の教育を実践した。1952年4月に校長に採用されて転出するまでの三年間，北海道教職員組合の正会員として全国大会に参加して発表したり，文部省主催の教育職員再教育研究会の助言者として情熱を注いで活躍した。しかし，1954年9月に宿疾の胃癌が悪化し校長現職のままに不帰の人となった。新得小学校「杉の子学級」経営は，金子茂男，桑原，荻原，渡辺利行らに引き継がれていった。

1953年2月には，「十勝管内特殊教育研究会」が新得小学校で開催された。

新得小学校特殊学級「杉の子学級」の二代目担任となった金子茂男は，1955年11月の北教組第5次教研集会で『特殊児童の補導』を発表した。金子茂男の課題意識は，〈特異児童とは精神遅滞児をいう。普通学級における学業不振児や精薄児の取扱いについての結論〉をだすことであった。発表内容は，○問題点，○事例の概要，○本校の特殊教育（補導の在り方），○結び，となっている。金子茂男は，問題点として，特殊学級における特殊児童の理解を深めること，正しい位置づけること，及び地域社会への呼びかけについて所論を述べ，また，八つの事例をあげている。しかし，これらの論述を踏まえた〈普通学級の特殊児童の位置づけや理解された対策〉に関した提示はない。

新得小学校校長の奈良信雄は，1956年に清水小学校で開催された北教組第6次十勝教育研究集会において『我が校に於ける特殊教育の一考察』を発表した。その内容は，○児童観，○児童の個人差，○特殊児童の判別とその基準，○我が校に於ける精神遅滞児教育の実際（目標，方針，特殊学級児童の実態），○実態に対する考察，○今後の対策となっている。今後の対策について，次に摘記する。

奈良信雄『我が校に於ける特殊教育の一考察』1956年

第5節 十勝地区の教育実践

新得小学校　奈良信雄「本校特殊教育の今後の対策」

　教育は、あくまで個性教育であって、個人の必要と成長に適応した条件におかれることが根本である。児童の要求を完全に満たすためには、一人一人に具体的にあらわれる心身の発達の程度や能力特性が考慮されなければならない。

　当校では、特殊学級の児童は、1，2年生時は〈母級〉集団に所属させ、3年生から特殊学級に編入させて、体操・音楽・図工等の時間に時々〈母級学級〉で学習させている。今後の対策を次のように考えて取り組んでいる。1. 小中の一貫教育を大切にするため本校に中学部を設置する。2. 職業教育に重点をおく。3. 基礎的な社会性の涵養（教科によって母級学習を実施して交友関係を保たせ社会性の助長に資する）。4. 特殊学級の安定性を図るために外部的条件（財政的な裏づけ、特殊教育振興会による支援）と内部的条件（校長と担任は専門的知識と指導上の技術を身につけ、相当な教職経験をもつ、本人と家族が心身共に健康で適当な趣味と社会性を持ち特殊学級業務に家族の理解と協力が得られること。校長は極めて高い関心と意志のある態度を必要とする。担任教師の苦労を労い苦情に寛容で抱負に耳を傾ける人情味と膝を交えて懇談する教育的識見を有すること、児童一人一人の実態を知悉する位よく授業の参観をすること。この教育には金がかかり社会の手をつなぐ協力を求めねばならぬこと。教育効果を急いではならぬこと。いろいろな障害あること）を常に明記することが必要である。

　奈良信雄は、学校経営者として自らに〈担任教師の苦情に寛容で、よく聴くこと〉や〈常に特殊学級を訪問して児童一人一人の実態をよく知悉すること〉を課しており、特殊学級の〈母級〉論を説き、〈特殊学級担任は家族の理解と協力が必要である〉といった学校経営論などにその特質がみられる。

　新得小学校は、特殊学級開設から七年目の1957年4月に十勝地方教育局から特殊教育研究の指定校となり、研究テーマを「行動問題児・精薄児・学業不振児の研究」として実践研究に取り組んだ。本校の神垣義美は、1958年11月の北教組第8次教研集会において『行動問題児・精薄児・学業不振児の研究』を発表した。神垣義美は、研究テーマについて、〈この研究テーマに取り組んだのは、私達の目前にいる子供を如何にして幸せにしてやるか〉ということからだと述べている。二か年研究の中間発表内容は、○研究の概要、○研究体制、○問題児についての考え方、○問題児の原因についての考察、○早期発見に対する考察、○指導の方法に対する考察、○学業不振児との関連、○事例研究、○今後に残された問題、精神薄弱児の鑑別と別冊の「資料編」である。発表内容を幾つかの項目にして、次に摘記する。

新得小学校　神垣義美「行動問題児・精薄児・学業不振児の研究」

　問題児の指導法は児童理解から　教師は一人一人が子供の立場に立って、子供が何を欲し、何を訴えているかを知る必要がある。そこから、子供に何をしてや

ればよいかを知ることが出来る。

研究組織

職員会議 ─ 分担研究部会
- 特殊学級経営部
- 学業不振児対策部
- 行動問題対策部
- 教材研究部
- 調査統計部

各部代表による小委員会
- 実態調査委員会　　　　（5名）
- 対象児判別委員会　　　（6名）
- 特殊学級経営委員会　　（3名）
- 学業不振児対策委員会　（10名）
- 行動問題児対策委員会　（10名）
- 教材教具研究委員会　　（9名）
- 調査統計委員会　　　　（7名）

問題児の分類　私たちが日常困っている子供は，〈出来ない子供，勉強しない子供，教室でいたずらをしたり，騒いだりする学習の妨害となる子供〉である。
　本校では，次のように便宜的に分類して分担研究した。実際にはそれぞれ独立したものではなく相互に絡み合った型となっている。
　1.学業不振児（学業上に問題のある児童），2.精神薄弱児（神経性癖を持つ児童），3.行動問題児（人格上，素行上に問題のある児童で非行児童も含めた）。
　問題児の早期発見法　1.教師の日常観察記録，2.テストの利用（F・M・P，余暇利用，親子関係，道徳性診断，学習興味，精神健康度テスト），3.作文絵画法。
　指導の方法　子供の問題は，全人格分野にわたるので，その人格の全面に働きかけることをねらいとした。個人の能力を基準として考え，更に，将来の生活への適応の問題として子供の傾向や行動を考える。心理的指導法は，1.環境操作によるもの，2.個人操作によるもの，3.実質的な治療によるものが考えられるが，実際は全部を行うことは技術的に困難であった。
　今後に残された問題　1.地域社会の協力体制の確立，2.関係機関との協力体制の確立の二つである。今年ようやく中学校にも特殊学級の設置が認可された。本校の特殊教育はこれからである。

　発達障害児等教育の問題は，一般的に問題児等を対象とした特殊学級を開設することで解決したとする風潮があった。しかし，新得小学校は，特殊学級の学級経営に丸投げすることなく通常学級における行動問題児や学習不振児及び精神遅滞児の教育問題についても校内組織により全職員で取り組んでいることに深く留意したい。しかも，実践研究の実際を指導事例法により示していることと合わせて評価しなければならない。
　十勝管内特殊教育サークルの成立過程は明らかでないが，1959年3月に『特殊教育サークル情報　三四・三・一〇』が発行されていることから，この直近に発足したと想定される。この情報誌は，B4判孔版印刷縦書全8ページのもので，1959年2月に十勝管内特殊教育サークルが主催し新得町と北教組新得支

部が協力して開催された「特殊教育学習会(第一回十勝管内特殊教育研究会)」の特集号である。二日日程の学習会は、主会場を新得中学校に、夜の学習は宿泊所となった町公民館で、十勝の全会員61名中40名が参加して開催された。

学習会の日程は、第一日目は9:00開始「実際授業公開、開会式、公開授業を中心とした研修」、昼食をはさんで研修「講演(菅原馬吉、滝止士)と報告(神垣義美)」、夕食後は研修「十勝特殊教育研究の動き」21:00終了である。第二日目は、9:00開始研修「研究題:特殊学級経営上、指導上の問題点とその対策」、昼食をはさんで「閉会式」13:10終了となっている。

十勝管内特殊教育サークル『特殊教育サークル情報三四・三・一〇』1959年

情報誌のなかから、注目されるものを項目的に取り上げて次に摘記する。

十勝管内特殊教育サークル「宿泊学習会の内容」

第一日目(2月14日)討議のまとめ 授業を中心とした話し合い(指導法について、カリキュラムの問題〈個々別々一人一人のカリキュラム作成が望ましい。指導記録は誰が見ても一人一人の子供の状態が分かるように丹念に、しかも意見をつけて書くこと〉、特殊学級の一日の生活、施設について〈同じ教師でありながら特殊学級に抵抗を感じる、誰でもが出来る特殊学級にしたいものである〉)。

講演、報告 「精神遅滞児と取り組んだ七年間」札幌市美香保中学校菅原馬吉、「全道(全国)精薄教育の実際」札幌市琴似小学校滝止士、「全国教研大阪大会報告」新得小学校神垣義美(筆者省略)。

夜の部会の学習討議のまとめ 宿泊者は朝2時まで話し合った。1.十勝的な協同研究のすすめ方(十勝は血族結婚が多く僻地も多いので精薄児も多い。てんかん、凶暴性、小児麻痺等は医学機関に委ね特殊学級では教育できない。児相、緑ヶ岡病院、畜大の清水心理学教授、教育局、教育研究所との協力体制をつくること)。2.特殊学級の担任はどんな教師が望ましいか(決め手はない、不器用なものでも出来る)。3.特殊学級の定義。4.〈促進学級でなく法的依りどころによる精神遅滞児学級〉。5.特殊学級の卒業生の状態(職人の子供はなんとかなるが俸給生活者の子供はどうにもならない。パーソナリティ、人間づくりである)。6.特殊学級の特殊性(全校的にみて入級児は様々であり只一つの特殊学級しかない現在では多様な児童を収容できない。促進学級、特殊学級、社会施設の三段階に分けて収容するしかない。滝式教育法〈人と犬猫の教育は別にせねばならぬ。精薄は犬猫のたぐいである〉)。7.特殊学級をつくる場合の心構え(〈悪条件を並べてたのでは特殊学級は出来ない〉、〈やっていこうという熱意が先決問題である〉、親とは〈この子の最低の幸福〉について話しあったら、必ずよろこんで協力の明日が開かれる)。8.十勝

への誘致（なんとか十勝にこの教育を盛り立てたいが，芽生えが発展成長しない。教育研究所，児相，専門医，地方教育局，指導主事の協力により方面ごとに三，四校誘致したい）。

第二日目の討議のまとめ　特殊学級経営上の諸問題　1. 特殊教育に対する教師の意識・態勢（〈認識の程度に差はないが，情熱だけでは出来ない〉，〈普通学級でも遅れた子どもに対する指導の研究意識を高めることだ〉）。2. 特殊学級の担任の問題（〈全職員による協議と理解にたった人選〉，〈特殊学級は誰でも出来るという状態になる仲間づくりが必要だ〉）。3. 特殊学級の目標。4. 特殊学級の一日の生活について。5. 特殊学級生徒の実態（能力に応じて何かは出来る。何かしたいという要求を持っている。のろく，まずく，すぐあきやすいが何かはやる）。6. 特殊学級の施設について。7. 特殊学級生徒の評価について。8. 壁にぶつかったときの解決について（疑問は一生持つべきで，疑問を持たぬものは人間の屑で，教育者の風上にもおけない。発展を確信し，書を読み先達の実践報告をあさり，直接聞き，話をして解決する）。

三十三年度特殊教育学習会を終えて　「二，三の感想」十勝管内特殊教育サークル委員長・新得中学校校長池田茂市「1. 子どもは集団で育つが，特殊児童は10人から15人の中で育つべきだ。2.《特殊学級が育てば普通学級はより以上に進展する》。

特殊学級担任は，作業衣を着て朝から晩まで生徒と取り組み，生徒が帰ってからは今日の整理をし明日の準備に，材料購入にリヤカーを引いて町場に出向かねばならぬ。それは，特殊学級担任教師だからではなく，10人15人の担任教師でさえかくするのだから，普通学級の教師こそ40人，50人の生徒のために作業着を着，リヤカーを押さなくとも，教材資料の蒐集に，又今日の指導の整理に，オール・ハッチャキにならねばならぬ。4. 十勝に是非特殊学級を何学級か誘致したい。どうか〈忘れられた子〉教室の〈お客様〉こうした恵まれない子どものために，愛の喜びの一苦労を買って下さる様お願いします」。

この学習会で研究協議された内容は，十勝地区の発達障害児等教育への取り組みの現状と課題を浮き彫りにしている。ここにも，〈特殊学級は促進学級ではなく法的依りどころによる精神遅滞児学級〉といった法制主義が任意設置による特別学級形態を排除する意識が顕現している。この十勝モンロー主義的な思考は，当時啓蒙型教師として引っ張りだこであった中央講師の菅原馬吉と滝止士が熱っぽく声高に，あるいは過激に語ることを，十勝の特殊教育の思想や実践論として受け入れたのであろうか。それにしても，講師の一人が語った〈人と犬猫の教育は別にせねばならない。精薄は犬猫の類いである〉といった障害観と教育観や〈（教育に）疑問を持たぬ者は人間の屑で，教師の風上にもおけない〉といった教師観は，その真意がいずこにあるかは別にしても著しく品性を欠くものだけでなく，特殊教育に対する誤解と差別観を増大させたものであったろう。それだけに，閉会式の挨拶で語った池田茂市委員長の思いと願いの核心は，〈十勝の教師よ一人一人を大切にする教育に奮い立て〉にある。

第5節　十勝地区の教育実践

新得小学校特殊学級「杉の子学級」の卒業生は，1952年4月同校に併設された中学部に入学したが無認可学級であった。新得中学校教師集団の理解が進み1958年5月から晴れて中学校特殊学級となった。この経緯は，新得小学校は，1956年10月に新得小学校に中学部設置を申請し，1957年4月に再度申請したが，中学部の申請は中学校長名によるよう指導を受け1958年5月に指導に沿った申請を行い，同月中学校特殊学級一学級の認可指令を受けたのである。しかし，学級担任のなり手がなく，職員の協議により小学校で二か年の経験のある松田浩に依頼する経緯があったが，松田浩が担任したのは一年間だけであった。

　新得中学校特殊学級「職業補導学級」担任の可知弘は，1960年11月の北教組第10次教研集会において「特殊学級六ヶ月の営み」を発表した。発表内容は，○はじめに，○職業教育（基底となる考え，職種の選定，明年度までのプログラム概要），○職員態勢（今年度入級生勧誘，各面での協力例，職補の全校的奉仕学習の反響），○指導経過の概況（遊び，食の充足，学習，生活態度），○地域との結びつき，からなっている。

　十勝管内の特殊教育のリーダーの一人となっていく可知弘は，「はじめに」のなかで自ら特殊学級を担当するにあたっての所感を述べているので次に摘記する。

可知弘『特殊学級運営の反省』1961年

新得中学校　可知弘「職業補導学級の指導は困難なのか」

　私たち組合員は，口を開けば〈組織の力を持って〉という。けれども，三池炭鉱労働者達が闘いの中から同志的団結力を感じ取っているのに（筆者註：1959年夏の日本最大のヤマ三井炭山三池炭砿で決起した大労働争議を指すと思われる），私たちはどうであろう。数人の教師が困難と闘いつつ僅かな希望の火を灯してくれたのに，その仕事にどれだけの援助をしたであろうか。〈どうして，もっと同志的手をさしのべないのだ〉。特殊教育の必要性を，先ず教師に説得しなければならないという（有言不実行の）矛盾がいたるところに露出されている。

　私たちの特殊教育という仕事は，いつも成功しているわけではない。しかし，そこで私たちが投げ出してしまったらどうなるのか。特殊教育は，対象児が特殊性を帯びて〈困難で〉あるというが，全体の教育全般でも明らかに〈困難だ〉という。このことは，どの教育分野においても同じく困難な問題があるのだ。

　可知弘の所感にある組合員の実態は，新得町以外の地区の学校教師たちを示

すようである。可知弘は，新得中学校の教師たちの協力態勢は実際に良好で安心して学級経営が出来ることを感謝しているからである。先に取り上げた池田茂市校長の挨拶にある《特殊学級が育てば普通学級はより以上に進展する》という言葉は，十勝地区で最初に特殊学級を開設し，確かな教育を展開しているという実感であり，その教育的風土を背景とした切望であろう。

1961年2月に，十勝管内特殊教育サークルは「昭和35年度西部方面研究会」を新得小学校を主会場として二日日程で開催した。その開催要項や研究協議事項の記録等は発掘できず未詳であるが，当日の公開授業学習指導案及び研究発表概要があるので，その題材名と授業者名及び研究発表主題と発表者名を次にあげておく。

西部方面教育研究会「公開授業題材・授業者名及び研究発主題・発表者名」
公開授業　生活単元「立春」新得小学校特殊学級　渡辺利行，作業学習「雛人形つくり」新得中学校職業補導学級　可知弘。
研究発表　○「困ったなあと思われてる子ら」鹿追中学校生活委員会　新田高明，○「本校特殊教育一年の歩み—特殊学級—」幕別小学校　吉田重男，○「思春期の異常心理とその取扱いについて」上幌内中学校　椿原弘，○「特に遅れている生徒の学習について　その実態と対策」新得中学校　松田浩，○「この子等をどうする—特殊学級の設置とその経営—」大樹小学校　岩岡忠勝。

新得小学校特殊学級「杉の子学級」担任の渡辺利行は，「生活単元学習　立春」を特設授業案により授業を公開した。また，新得中学校特殊学級「職業補導学級」担任の可知弘は，授業資料作業学習指導案により「作業学習　雛人形づくり」を公開した。

可知弘は，1961年11月に開催された北教組第11次研究集会において『特殊学級運営の反省』を発表した。可知弘は，発表内容を1960年の教研集会発表以降の学級の活動を整理し，今後の方向づけの資料とすることを主体に作成した。その構成は，○はじめに，○1960年11～12月の活動・整理，○1960年度三学期の活動・整理，○1961年度一学期の活動・整理，○最後に，○資料（職場実習の必要性，別表一　生徒一覧，別表二　六領域のプランと実践の一部）となっている。特殊学級を担当して二年めとなり，当初の高揚感は生徒との日々の交互作用のなかで落ち着き，その実践活動について温かい眼差しで記録している。当時，職業教育論は一定の解釈によりまとまりをみせている。次に，可知弘の生産人論を摘記しておく。

新得中学校　可知弘「自活しうる生産人の育成」

　中学校特殊教育の最終目的は，精薄児を〈労働に従事することによって自活しうる生産人〉に育成することであり，卒業即就職につながるものでなければならない。
　ところが，精薄児は雇用主の大きな利潤追求の源泉にはなり得ないという不利な条件が幾重にもつきまとって，どうしても〈ねんねこ教育〉（筆者註：杉田裕の造語で，背負いねんねこを袢纏を着るようなを甘やかし教育の比喩で，反対語は〈かつぎ屋教育〉である）が許されないのである。従って，生活指導による厳しさに追い込み迫力ある生産人を育成することだと……。そのための教育は，「この子には，いつ繰り下がりのある減算を教えたらよいか」と考えるのではなく「この子は明日の食事を作る能力がどれぐらいあるだろうか」とか「八百屋に電話で注文が掛けられるだろうか」ということになる。又，就職となれば就業上要請される最低基準線の動作ぐらいを身につけさせ，職場での人間関係は望ましい感情の処理，協調性を身につけさせて出さなければならない。中学校では，生産活動を全体とした職業教育が行われることになるのである。唯，その段階的な指導内容及び方法，施設・設備と生徒の人員構成が，それに指導教師との関係などがあり，具体的な精密なカリキュラムを作れない。小中の一貫した教育計画の作成も同様である。

　可知弘の課題意識と着実な実践は，特殊学級二年目の教師として一定以上の高いレベルに至っていると評価される。「最後に」には，十勝管内の実情が述べられているので次に引用する。

可知弘「十勝管内の実状と課題」

　現段階の十勝管内は学級設置と共に総合診断できる研究機関の設置と各学校単位でサークルに参加できるような動きが活発になり，又管内七学級の担任が授業交換をし，出来るだけ密接な繋がりを持とうと考えているけれども，一体何年かかったら，この教育を軌道に乗せられるだろうか。

　幕別小学校吉田重男「本校特殊教育一年の歩み―特殊学級―」と大樹小学校岩岡忠勝「この子等をどうする―特殊学級の設置とその経営―」については，後述の新得町・帯広市を除く十勝管内で取り上げる。
　十勝地方教育局は，機関誌『十勝教育』を編集発行している。その第46号は，1962年10月に十勝管内特殊教育サークル委員長で新得中学校長池田茂市の「特殊教育に思う」と新得小学校長奈良信雄の「特殊教育雑感」を載せている。1962年11月には，道教委・北海道精神薄弱児教育連盟・十勝地方教育行政運営協議会・新得町教育委員会共催の「第14回全道精神薄弱児教育研究新得大会」が新得小学校と新得中学校において二日日程で開かれた。新得小学校は『特殊教育の歩み』を，新得中学校は『昭和37年度　学校経営の概要と特殊教育の歩

み』を編著し，研究会の全体会で発表した。十勝地区関係者で，本研究会の全体会や分科会で実践発表したのは次の人達であった。

「1962年道精連新得大会発表者」

「新得中学校特殊教育経営について」新得中学校長 奈良信雄，「特殊教育の経営について」新得小学校長 池田茂市，「特殊学級3年目を迎えて新得中学校 可知弘，「遊戯から作業学習への移行」新得小学校 渡辺利行，「特殊学級開設前ならびに開設当初の諸問題をどうしたらよいか」大樹小学校 岩岡忠勝，「特殊学級の設置，運営を効果的にする基本的諸問題」帯広市立第三中学校長 千葉孝太郎。

新得小学校特殊学級「杉の子学級」担任の渡辺利行は，学級における児童の遊びを参与観察するなかから，児童が〈粘土〉を素材とした遊びに集中しているうちに，自発的に自由な探索活動や一人遊びから仲間と遊ぶ活動が生まれていることに注目した。そして，遊びには発展段階があるのではないかと考え，次のような視点で遊びから作業への指導段階を想定しているので摘記する。

新得小学校 渡辺利行「粘土遊びから作業学習への段階的指導の試み」

　子どもたちは，積極的な粘土遊びの初期の段階をとおしてかなり早い時間に遊びの段階から自主的な作業学習の方向へと意欲的に転移させることができる。製作品の利用目的を考えさせ，次の課程へと進めるのではないか考えた。
　よく「せんせ，きょうのべんきょうは」と聞きます。「はっぴょうように，こくごにさんすうにおんがく」と予定表に書き入れますと「なあんだ，おもしろくないなー」，「こんなせんせい　だめだ」の次に，「可知せんせのところに行くといいな」，「きかいがいっぱいあって」，「なんでもつくれるし」，「このせんせ さっぱりだ」，「びんぼうなんだな」と続きます。私は，そこで，「よし，今日は正治と俊男は職補に行って鑿と鉋を研ぐのを習ってきなさい」と言い終わらないうちに，「ワアッ」と飛び出していく（勿論予め連絡を取ってあるが，黙って出掛けてしまうこともある）。遊びから作業学習へ興味が芽生えた児童は，実に学習への取り組みに持続性が出てすばらしいのです。

職業教育へ至る過程は，〈遊び〉から〈手工的な活動〉を経て図工・美術科による創作的な表現活動へと発展し，体育科によ身体活動の発達と相まって職業・家庭科などの生産的学習活動を経て労働教育へ系統されるのである。渡辺利行の〈遊びから作業学習へ〉見通した〈遊び〉を大切にした学級経営とその実践姿勢が評価される。可知弘の発表「三年目を迎えて」は，1961年11月の北教組第11次教研集会の内容と重複しているので，次項3に論述する。

第5節　十勝地区の教育実践

2．帯広市の教育実践

　社会福祉法人真宗福祉事業協会は，1960年1月に精神薄弱児収容施設慈光学園を開園し4月までに49名を受け入れた。行政機関十勝支庁所在地の帯広市教育委員会は，慈光学園長菊池達男の〈園児の教育機会の均等〉理念に立った就学要請に応えるかたちで，1964年4月に大正小学校及び第七中学校の特殊学級分教室を慈光学園内に設置した。

　帯広市の発達障害児等教育は，帯広小学校及び大正中学校と帯平第七中学校の慈光学園内分教室における教育により開始されたのである。

　1952年11月に帯広小学校の平山方仁は，北教組第二回教研集会で『帯広市に於ける特異児童と学業不振児の実態調査』を発表した。学校班による共同研究発表は，新教育における特異児童の特殊教育に取り組むにあたって，まず帯広市内の実態を把握する意図で実施した調査結果である。内容は，○概要，○調査の目的，○調査の方法，○調査の処理，○調査の結果（調査表，学業不振児総数，学習状態，知能及び知的活動，学業不振児の趣味の傾向，家庭及び交友関係），○結論から　構成されている。帯広市初の実態調査についてその主内容を次に摘記する。

平山方仁『帯広市に於ける特異児童と学業不振児の実態調査』1952年

帯広小学校　平山方仁「帯広市の特異児童及び学業不振児の実態」

　調査の目的　日教組は，全国的な組織によって身体的，精神的，社会的にハンディキャップ児の教育問題に当たっている。我が学校班は，これらの児童を調査し，その子どもを救う対策を考え，一日も早く楽しい生活環境においてやることである。

　特異児童の分類　1. 身体的欠陥児（盲児，弱視児，聾児，難聴児，肢体不自由児，虚弱児，言語障害児），2. 精神的欠陥児（白痴，痴愚，魯鈍，中間児，英才児），3. 社会的不適応児（反社会的不適応児，非社会的不適応児）。

　調査方法　調査対象は帯広市内小学校5校在籍児童数6,679人，1952年7月各校に記入式調査表（学業不振児用と特異児童用）を配布し，同年9月に回収し記入内容を集計した。

　調査の処理　学校別に特異児童の集計し，その実数を百分率で表した。

　調査の結果　身体欠陥児（総計379人5.67％：身体虚弱児1.9％，弱視児1.3％），精神欠陥児（総数606名9.07％：中間児4.4％，魯鈍3.1％），社会的不適応児（総数95人1.42％：放浪児0.5％，凶暴性のあるもの0.5％）。全体で精神的欠陥児が多く，そのなかで，魯鈍や中間児等の特殊学級に位置する児童数が多い。

結論　今後に残された問題としては，1.特殊学級の設置，2.事例研究を重点的に実施する，3.普通学級における欠陥児の取扱い，4.これら児童に対する学校の態度はどうあるべきか，などがある。理想とする特殊学級の設置は，社会的に，経済的に，行政的に困難な問題が含まれている。この問題は，関係者の特段のちからにより解決点を見いだしてもらいたい。

　この結論は，日教組傘下の北教組帯広支部帯広小学校班の共同研究によるものである。調査目的と今後の対策が連動せず，学校班組織として民主教育を切り拓こうとする気概の高まりによる具体的な方策は未着手である。

　帯広小学校の寺本喜久夫は，本校学校班の調査研究結果を踏まえた内容を，1953年11月の北教組第3回研究集会に『普通学級に於ける精神遅滞児の実態と特殊教育の振興対策』を発表した。内容は，○概要，○研究の目的，○研究調査の方法，○調査の処理，○調査の結果（普通学級における精神遅滞児はどのような取扱いを受けているか，学力テストの結果，精神遅滞児の生活能力調査の結果，特殊教育の対策，精神薄弱児指導上の問題点），○結論により構成されている。帯広小学校の学校班は，前年度の課題の一つとしていた〈事例研究〉に取り組み，調査研究により〈普通学級に於ける精神遅滞児の実態〉を明らかにしたことは評価される。事例研究と普通学級における発達障害児らの実態から導いた「特殊教育の対策」を次に摘記する。

寺本喜久夫『普通学級に於ける精神遅滞児の実態と特殊教育の振興対策』1953年

帯広小学校　寺本喜久夫「特殊教育の対策」

　1．**目的**　もっぱら性格及び気質の社会化をはかり，感覚及び意志運動を訓練し，言語・数量の観念を明らかにし，教育可能の子供をつくることを目標にしている。

　2．**現在迄の指導経過**　○学習時間中に特に遅滞児の指導を1分程度割り当てる。○休憩時，給食時に指導する。○努めて下校時には個人的に話し合いながら途中，或いは自宅まで送る。○家庭に指導法を示し協力してもらう。

　3．**教科の指導**　楽しい雰囲気のなかで国語，算数の補習が必要である。効果的で面白い反復練習を与えるように努める。

　4．**精神遅滞児指導上の問題点**　学習時間の一部を遅滞児指導に当てる苦労は言い表すことが出来ない。○低学年では受け持ちの話すことは理解できるが〈覚えること〉は非常に困難である。従って，努力と時間を要するので教師の根気がいる。○指導時間の確保は，学級事務と学校行事に追われて放課後週一回程度で

ある。○放課後数人残して指導しても，能力指導となり科外指導のため親の理解や費用の出みちがない。○指導困難の最重要点は，時間不足と教師の多忙にある。○遅滞児は意思表示が明確にできないので行動面でも特徴を捉えることができない。○教師の指導がなければ学習に消極的になり，しようとしない。○基礎学力の不足から新教材に対する理解が遅く，暫時遅れて隔たりが大きくなる。

5．**残された問題**　○遅滞児の遅滞児用のワークブックを作成すること。○ワークブックを作成し能力表に成績を記入しつつ努力させる。○遅滞児についての父兄の理解と社会への啓蒙によって〈特殊学級の設置〉の為の定員増を要求し，文部省において予算化に努力を願い，その実現を図るべく日教組の諸兄と共に邁進する。帯広小学校においても，〈遅滞児の教育は普通学級では非常に困難である〉からと，特殊学級を設置するよう要望している。

　帯広市立明星小学校の山本禎寿は，1954年11月の北教組第4次教研集会で『貧困の教育上におよぼす障害とその対策』を発表した。
　既述のように帯広小学校は，1960年4月特殊学級を二学級を設置した。担任は，新任の宮沢登と富田英明であった。1961年2月に，帯広市教育研究所は教育資料第24号『帯広小学校特殊学級の歩み　富田学級・宮沢学級』を公刊した。本誌は，○はじめに，○特殊学級とは，○精薄児教育のねらい，○教育課程構成の方針，○教育課程の基本的構成（教育課程（1）（2），一年の歩み）となっている。
　帯広市立第三中学校長千葉孝太郎は，1962年11月に第14回道精連新得大会第5分会において『特殊学級の設置，運営を効果的にする基本的諸問題』を発表した。発表内容は，○特殊学級の現状を分析し設置の機運を促進せよ（政治的措置の貧困から愛の立法へ，現場は困惑から立ち上がり局面の打開に直進せよ，低迷散漫の運動から組織的集中的な幅の広い国民運動へ），○特殊学級設置受入態勢如何に確立すべきか（施設について，設備について，教職員の配置定数の劣化を防ぐ，特殊学級の設置は全校職員の理解と協力態勢の上に確立すること），○入級生徒選定に関する難点の克服，○施設設備の充実，○教職員組織（特殊学級専任教師の精力的な活動，技術家庭科につき特別助手の任用），○教育課程編成の問題と多岐にわたっている。
　帯広小学校の宮沢登は，1964年度特殊教育教育課程研究集会に『教育課程はどのように編成したらよいか』を発表した。そのなかで，編成の方針を述べているの次に摘記する。

帯広小学校　宮沢登「教育課程編成にあたって」

　○指導内容は六領域でおさえる。○生活領域を中心として，社会科，理科的な内容，日常生活指導，道徳をこの領域に含める。○言語領域では表現技術を重ん

じる。○数量領域では系統を重んじ反復練習の機会を多くする。○健康領域では感覚訓練を重んじる。○各領域の内容はできるだけ生活領域に関連するものを取材する。○作業領域については学期ごとに目標と内容を記載する。行事は子供の活動の活かされるものを取り上げる。○本年度実施後の反省点を詳細に記録し来年度編成する。

帯広小学校特殊学級の担任は、1963年富田英明に替わって前谷重太郎が、1965年には宮沢登に替わって渡辺一兄が後任となった。

前谷重太郎は、1965年11月に開催された北教組第15次教研集会に『精神薄弱児の社会生活能力―集団生活適応力―をどうおさえどうすすめているか』を発表した。内容は、○概要、○社会生活能力について、○計画化の手順、○二年間の実践の整理、○まとめ、○問題点、○資料となっている。次に、前谷重太郎の研究意識、そのまとめ及び問題点について摘記する。

前谷重太郎『精神薄弱児の社会生活能力』1965年

帯広小学校 前谷重太郎「社会生活能力の育成に取り組んで」

研究意識 1963年4月から小学校特殊学級中学年児童10名の担任となった。二、三週間の生活行動観察から一般的な特性、人なつこさ、素直さ、爆発的不適応行動などの表面的なことを理解した。一か月を迎える頃には、自己の感情を抑制できない子、自分の立場を弁解できない子、忘れ物、遅刻、係活動が三日と続かない子、生活技術の低さ、連帯感の欠陥等、内的な特性を実態として観られた。子どもたちの成果現象から指導点を整理した。そして、〈基礎的学力や個人的生活習慣の育成〉より《適当な環境教育によって社会生活能力を高める可能性を重要視した指導》を試みた。

二年間の実践整理 ○個別指導の限界、○社会生活能力の素地は集団づくりから、○係活動によって集団の一員として個々の動きが活発化してくる。○係活動が高まると集団生活への自信、所属の利益を実感する。

問題点 ○集団生活適応に必要な諸能力のうちで内面化によって本物の力となるものは何か。○集団生活適応能力は学級内では育っているが中学校や社会生活に転移するだろうか。○〈道徳指導〉は日常生活指導や行事単元学習で指導している、学習指導要領に示されている道徳的心情や実践力についてどう考えたらよいのか。

当時の児童理解は、科学的検査法による客観的な理解に重きをおき、客観的に理解すれば最適な指導ができるという神話が横溢していた。すなわち、児童

理解は，知能指数・学力・家庭環境・病歴・交友関係・性格行動などについて多面にわたっていた。しかし，それらの情報は必ずしも指導に適切には結びつかないことが次第に分かってきたのである。この当時，宗谷地区の野田誠，釧路地区の市澤豊，渡島地域の中山昭一らは，発達障害児等の児童理解とその指導法を得る手掛かりとして〈社会生活能力の伸長〉に注目した実践研究をしている。社会生活能力に関する研究は，三木安正が1959年頃にアメリカのドル，E. A.がヴァンランド社会成熟度検査を日本に紹介し，実際に全国実態調査の一検査法として用いていることがきっかけであった。そして，発達障害児等は，知能指数（I.Q.）の発達は遅滞していても生活中心の指導により社会生活能力指数（S.Q.）は教育により伸びることが実践的に理解されるようになっていた。これらの研究は，障害観と教育観の大きな転換となるものであったが，実践と結びついて普及することはなかった。

帯広市の特殊学級は，1962年4月に帯広第三中学校に開設され。初代担任の宮上敏秀は12年間担当し，複数担任として森本恵一，中川光夫，頼田トモ，佐々木発朗，菅野英俊，森田州一らが就いた。既述したように，1964年に4月に慈光学園に大正小学校分教室として設置され寺師泰子が担任となった。同年4月に帯広市立第七中学校慈光学園分教室に学級が開級した。担任は，梶原智恵子が初代で，1940年に清水菊のに替わり，1941年から複数担任制となり森厚夫らが加わっている。慈光学園内分教室は，帯広市における児童福祉施設入所児の教育を受ける権利と教育の機会均等への取り組みとして意味がある。

3．新得町・帯広市を除く十勝管内の教育実践

更別村立更別中学校の原一夫は，1953年11月に開かれた北教組第三回教研集会において『普通学級に於ける精神薄弱児教育の研究』を発表した。発表内容は，○地域社会，○学校，○生徒，○精神遅滞児生，○一般的問題，○指導の実際，○反省・感想からなっている。原一夫の報告から更別の地域性と精神遅滞児教育の実際について次に摘記する。

原一夫「純農村における精神遅滞生の教育」

地域社会 1947年に大正村（現帯広市）から分村した開拓間もない純農村地区で村民の文化性や経済力も低い。人口5,700人。通学区域は，村内の中枢部をなし村役場などのある市街地を含み，戸数約400戸うち農業約250戸がある。

学校 在籍生徒数232名，学級数6学級，職員数10名（休職1を含む）。教室は5教室のみで屋内運動場もなく，近接の無縁物故者住宅を改造して仮校舎としているのは，貧弱な村の乏しい財政が反映している。父兄の多くは農業従事者で学歴は低く教育に対する関心，特に新教育への理解は低調である。

生徒 一般に純朴で素直だが積極性に乏しく，学習活動の幅も狭い。特殊の問題をもつ生徒はあまり多くない。特殊生徒は，肢体不自由児5名と精神遅滞生徒と考えられるもの12名である。

精神遅滞生（学業不振生徒）の実態 ○一般的につよい閉鎖性と衝動性を有する。小学校と比べて閉鎖性が目立ち指導の障害となっている。生活年令と劣等感の関係が存在するように思う。○知能差よりも習得差の大きいことが問題を生む普通学級での指導の困難の原因となる。

一般的問題 1.生徒のもつ問題 イ.就職・進学に関することでは，学業不振と不良適応の問題をはらむ。ロ.社会的・自律的生活に関することでは，その欲求と調整力の差が社会的問題生徒を生みがちである。2.教師のもつ問題 イ.専門的教養問題としては，教員養成機構の問題，職能指導・基礎学力指導，生徒観察技能等の教養が必要である。ロ.教科担任制のため総合的視野に欠け，教科学習指導以外でのガイダンスの機会と指導能力の不足がある。3.地域のもつ問題 イ.就職・進学への焦り（特に市街地の家庭）があり，総合的な教育計画の大きな障害となる。ロ.一般的に農家に多いが教育に対して無知無関心である。

指導の実際 ○〈特別学級の編成は経済的，組織的，時間的などすべての面から不可能である〉。○能力別学級編成は形式的なものになり，角を矯めて牛を殺す結果となる。○〈普通学級内の能力別分団編成は可能であり効果的である〉。○〈数学科の計算力の指導は全校生徒の能力別再編成指導で効果があった〉。数学科以外の教科では普通学級内で，〈よく目をかけ，特別易しい問題を与えたり，肉体的な作業に当たらせたりしてもある程度救済できる〉。○特別な時間による補習は，とても教師のオーバーワークとなって不可能である。○カリキュラムは，〈特別なカリキュラムをつくる必要も余裕もない，同じカリキュラムによる異なった取扱い〉が適当である。○クラブ活動はある程度有効であるが，〈相当懇切な方向づけ〉が必用である。○指導の方向は，〈知識の累積よりも職業指導と社会性指導〉にむける。○事例研究を重視する。

反省・感想 ○最大の障害・困難は，教師の労働過重をきたすことで定員増こそ問題解決の第一となる。○特殊の生徒への指導時間と精力をどのように費やすかを反省し，大部分の生徒を犠牲にしてはいけない。○教育の原理と方法は，普通教育と同じであり，〈一般的なよき指導は，そのまま，よき特殊教育である〉。○それ以外の明確な〈精神異常や精薄の生徒は，むしろ，国家財政による特殊施設の収容する〉ことが差し迫った要請である。

北海道の代表的な農村地域の中学校の教育実態と普通教育における発達障害児等の教育観が，教室実践に立って簡明に述べられている。それは，多学年児童の学習指導における〈同時同題材異程度〉とか〈よき指導はよき特殊教育である〉といった教育観に表れている。

幕別町立幕別小学校は，1954年に特殊学級を開設した。当校の青木久美は，

1954年11月に開催された北教組第4次教研集会において『私の学級の助け合いの姿―特に問題児を中心とした記録―』を発表した。発表内容は，問題児の一年生K.子のいる通常学級経営の記録である。内容は，○概要，○私の学級と一人の子供（育てる喜び，喜びと悲しみ，K.子という子供，記録から，調査した資料，その後のK.子の成長，最近のK.子，今後の問題），○むすび，からなっている。青木の課題意識は，〈正しい自由主義教育はヒューマニズムに立脚した個性尊重の理念のうえに展開される。児童一人一人の個性と問題を正しくとらえ適切に指導していくことは現代の学校教育の中心課程である〉にある。教職経験10年目にして1年生の担当となった喜びとK.子に出会った悲しみから，〈助け合い〉の学級経営を目指し〈教師という殻から抜け出し，裸になって子供たちの中へ飛び込み，子供たちと相談し，お互いに協力し合っていかなければならないと反省した〉二か年の詳細な記録である。そして，《教師が前へ行く時は，子供もひとりで前へ行く》という言葉をかみしめている。

　清水町立清水小学校の中原竜昇は，1956年10月の北教組第6次十勝教育研究会に『お客さんと呼ばれる子供達の教育をどうすすめるか』を発表した。その実践研究内容が認められ，11月に札幌市で開催された北教組第6次教研集会の提言者となった。この研究は，清水小学校の一年生学級赤組担任の中原竜昇（52歳，教職経験30年），白組担任芒貞子（51歳，教職経験30年），青組担任吉岡律子（29歳，教職経験10年），黄組担任柿崎淑子（21歳，教職経験2年）の四名による《放課後特別学級形態》の共同実践研究である。

中原竜昇『お客さんと呼ばれる子供達の教育をどうすすめるか』1956年

　発表者の中原竜昇は，新得町で代用教員となった1923年頃から，不具の妹を持ち長年〈お客さん〉と呼ばれた児童や成人した特殊児童の生態と家族問題に関心があり，後述するように実際にその指導を試みている。発表内容は，○はじめの言葉，○成人した特殊児童の生態と家族，○お客さんと呼ばれる一群の子供達（お客さんの生態，どのように扱われたか，私とこの問題との関係），○私たちの実践報告（実践の方針，実践の方法，実践の手続），○現在までの成果，○アフターケアとして，○お客さんを指導して成功した最近の例，○お客さんを取り扱うときの注意，○今後研究してみたい問題，○終りの言葉となっている。発表内容の紹介が多くなるが，次に項目をあげて主要点を摘記する。

清水小学校　中原・芒・吉岡・柿崎「放課後特別学級による指導」

共同実践研究の動機　特殊教育の専門家ではないが，私たちの教室には〈お客さん〉と呼ばれる特殊児童がいる。だがなんとかしなければならないと思った。他の三人に相談したら，〈理論や色々な裏づけになる知識ごときは段々に得ることにして，既有の経験と知識を土台にして《なんとかなる》ということになった〉。

お客さんの生態　学業成績が悪い，注意散漫で何か悪戯をしていて落ち着かない。ポカンとしていて先生の話は少しも興味を持てず努力もしない。社会性が乏しく我が儘で意地悪か無気力，孤独を好み内向的で陰気くさい。涎をたらし粗暴で不潔である。一歩外に出ると腕白で乱暴し残酷であったり鈍感であったりするか，馬鹿にお人好しであったりする。教師は〈指導の意図外におくから，席を同じくする同じ子供も無関心となり《お客さん》として敬遠され，放置される〉ようになる。お客さんは，学業不振児，身体異常児，病弱・栄養失調・貧困や溺愛による脳の発達不良児，精薄児などである。

中原の戦前の実践的試行　私は，1923年に新得小学校の代用教員となり5年生の受け持ちとなった。教育経験もない私はクラスの中のお客さんの正体も分からず扱いに苦心した。唯，ペスタロッチに浮かされて彼のノエホーフの孤児院の教育に憧れ，〈お客さん達を家に連れ込んで，虱退治をしたり，寝小便の蒲団を乾したり，夜遅くまで個別指導をしたり〉したが，学校長の知るところとなり，その無茶を大層叱られ止めたことがあった。1927年頃には入学試験による受験準備が競争的に行われるようになると，二学級の5年生は優劣の二学級に分けられて教育された。私は，進んで劣等組の35名を受け持って，義務教育6年生卒業後直ちに社会に出るための実務教育をおこなった。これは，学校として取り上げた特殊教育であった。

特殊教育は何故取り上げられないのか　○教員は特殊学級の受け持ちは希望されない。○親自身が貧困で多忙，PTAにも出席せず，恥じてその教育を申し出ない。また，封建的な考えが強い。○国家予算が少なく，これを推進する意欲に乏しい。○学校の教員定数が少なく，これを推進することは教師の過労となる。○教師の労力は，より効果的な目立つ仕事に向けられ勝ちである。○社会的認識が高まっていない。

これは，《未だに民主主義が表面的であり，真に人権が尊重され教育の民主化が行われていない証拠である》。

私たちの実践報告

1. 実践の方針　先ず次の事項を考慮に入れて取り組んだ。○長続きする方法を選ぶ。○各受け持ち四人が参加し協力する。○〈1～2％の精薄児のみを対象とせず，お客さん達を少なくすることを目標とする〉。○〈お互いが専門家でないのだから出来ることからやる〉。○この運動を出来るだけ広くし多くの人に関心を持たせるようにする。○早期発見と早期指導を目当てとする。○〈どの学級でも誰でもやれる方法を考える〉。○お互いに少ない労力でやれること。○特殊学級として他の子

供と切り離した学級とせず《原学級で勉強しながら補習教育を受けられる》。

2. 放課後特別学級対象児　数字のテスト，生育歴，面接等により各学級から7〜8名を選び男子15名，女子14名とした。これは，在籍児童数198名の15％に当たる。

3. 実践の方法　〇指導実施日時と担当は，月曜から木曜までの四日間の午後一時から三時までの二時間とし，中原，芒，吉岡，柿崎の順番とする。〇図工・音楽・体育・社会・理科的な遊びを中心として国語と算数の基礎を与える。すなわち《遊びと躾による学習から国数の基礎を養う》ことである。〇カリキュラムは二時間単位とする。〇《指導の結果はこまかく日誌に書きお互いの連絡と指導の目安にする》。〇学習材料は常に普通学級のカリキュラムを参考にして考え，次の研究者の資料をつくり，次の担当者はこれを元にしてカリキュラムをつくるようにする。

4. 実践への手続き　〇〈子ども一人一人のデーターをつくり父兄に面接して（特別指導）の案を説明した〉。〇〈印刷した（特別指導）の案を父兄に渡して，父兄の希望の有無を回答させた〉。〇特別の指導を受ける希望者には弁当を持参させた。〇対象の子供達には，舞踊や音楽や体操を教えてやるから（放課後）残りなさいと話した。この子等の他にも優秀な子供達が舞踊や木琴を教えているのをしっていたから，その様に話した。

現在までの成果

1. 教師の面より　〇週二時間の奉仕なので大した苦労でない。〇同質児童なので焦らないで済む。〇指導法や見方の異なる教師による指導に効果的である。

2. 児童の面より　〇劣等感が薄らいだ。〇異なる先生に教えてもらうことは，児童の観察を主観的なものから客観的なものとし，方法も発達段階に即しているので分かりやすくなる。〇教師の見方が異なるので指導法も異なり学習に変化がでる。〇子供同士での競争が始まる。〇特別に教えてもらっているという誇りをもっている。

3. 父兄の面より　〇教師の苦労が解り感謝している。〇先生達が特別にやってくれているので教育に関心を持ち協力する人も出てきた。〇父兄が学校の相談に来るようになった。〇中には親の手数が省けると喜ぶものもいる。

4. クラスの面から　特別学級で補習されない者で，補習された者より成績があがらぬ子供が10名程おり，対象者の入れ替えをした。

特別教育のアフターケアとして　この教育は，一年生だけでは意味がないので，次のように継続させることが必要である。〇学年を追って二年三年と継続する。〇中学校においては漸次学級人数を少なくして職業・家庭科による教育を強化する。〇児童相談所と連絡し研究しあう。〇特殊学級「母の会」を開きお互いに励まし合う。〇父兄は我が子の成人後も手を握るようにする。

私たちの提案　〇継続研究により（児童期から成人期までの）データーを蓄積したい。〇優秀な子供は，親兄弟，教師，社会から常に両手を広げて歓迎され優遇され愛されている。しかし遅れている子供達は，放置され，世の中から兄弟からさ

え侮蔑と冷遇しかされていない。少なくとも,〈全国の教師に一週に二時間だけ彼らのために奉仕していただきたい〉。○私たちのやり方が間違っていないのであれば,放課後特殊学級形態をつくることで多くの児童が救われると信ずる。○この形態による果敢な取り組みにより教員定数の獲得につながる。○この指導形態は父兄の理解が得やすく,社会的環境の改善につながる。

　ささやかな実践だが,《放課後特別学級編成形態》による実践は,〈どこの学校でも,どの教師でも,何時でも〉しかも,法制にとらわれることなく取り組めるという大きな視点があり,その成果は疑いもなく確かなものとなる指導形態であることに深く留意したい。
　筆者は,北海道の発達障害児の教育実践史を研究してきた者として,1972年当時の清水町における特別な指導実践も,そして,この共同実践研究物に初めて接し,実践史資料の発掘の努力不足と特殊教育界において一度も見聞することがなかった管見を恥じる思いである。
　戦前の北海道における発達障害児等教育の教育形態は,市澤豊「劣等児等の特別教育の成立過程と教育実践」(『発達障害児教育実践史研究―戦前北海道における特別教育の成立と教育理念・目標・方法―』pp.177-184, 2006年)によれば,特別学級を編成して教育する「特別学級教育形態」と通常学級における特別な配慮による「通常学級教育形態」があった。さらに,「通常学級教育形態」には,課業時間内配慮指導形態と課業内特別指導形態及び課業時間外特別指導形態の三つの形態があった。中原竜昇らの特別指導は,「通常学級教育形態」の課業時間外形態である。その実践思想と方法は,発達障害児等教育実践史に刻印し後世に遺さなければならない。そして,北海道における同形態で同質の教育実践を発掘することが課題である。
　上士幌町立北門小学校の山口徳雄は,1956年11月の北教組第6次教研集会において『特殊教育をどう進めるか―特殊児童の取扱いについて』を発表した。発表内容は,○はじめに,○特殊児童の定義と分類,○特殊児童の判別,○我が国の状態,○本校の状況,○本校の取扱い,○結論からなっているので,本校の実態とその取扱いについて次に摘記する。

北門小学校　山口徳雄「特殊児童の実態とその取扱い」

　本校の実態　1956年5月に教研式学年別知能検査を実施して結果,I.Q.70以下の児童は在籍児童数134名中19名(小中学生)約15%であった。全国平均より高率であるのは,部落内の血族結婚,飲酒,教育環境等が考えられる。
　本校の取扱い　彼ら遅進児は,生きる目的を持てない,無為,自信喪失者である。

教師の質問に殆ど答えられず，唯下を向いてもじもじしたりニヤニヤ笑ったりするだけである。彼らをどうしたらよいか職員にとっての悩みの種である。職員会議で次のように取り扱うことにした。

1.生きる目的を与えること。各学級担任が彼らに簡単仕事を一つ二つ専門に受け持たせる。2.親密感を与えること。毎日一回必ず個人的に明るい態度で話しかけ口を聞いてあげる。3.級友間のグループで教師も入って一緒に遊ぶこと。4.能力に応じた最低到達線を設定して，それを反復練習させること。5.父兄特に母親との連絡を密にすること。6.〈各教師は，彼らを学校全体の担任児童といった気持ちで養護指導する〉こと。

指導の効果 国語，理科その他の学習において時々挙手するようになり，学習意欲もわいてきている。ようするに，遅れた彼らに自信をつけてやること，無理に押しつけるのではなく自然とかれらが身に着けれるようにしてやること等が大切であることが認識された。

結論 僻地の学校にあって特殊児童への日々の対策は殆ど不可能である。それは，単複校では普通児の指導だけで手が一杯で教師の指導に限界があるからである。二，三名の特殊児童のために普通児の学習が遅れることは大変なことである。僻地校にも彼らのための専門の教師を配置することを要求する。

再度の論評となるが，辺地校などの教師にとっては〈学級における配慮した指導にも限界があり，特殊児童の指導は不可能〉なのである。そして，これは，当時の教育界における一般的な教育観であり指導観の実状であった。

大樹町立大樹中学校の森清は，1957年11月に開催された北教組第7次教研集会において『本校における問題児の診断と治療』を発表した。発表内容は，大樹中学校が取り組んでいる校内補導委員会の組織による問題児対策で，○研究のすすめ方，○問題児と其の要因，○早期発見の方法，○診断の方法，○治療の方法，○事例，○現在進んでいる方向と今後の問題，○参考資料で構成されている。大樹中学校は，学校教育重点目標〈地域社会の人々と手をつないで，生き生きと生活出来る子供を育てる〉をめざしており，不適応児の予防と治療は生活指導により対応する方針であった。校内補導委員会の活動は四年目となり町内各地の関係団体と連携を深めている。問題児に対する対策は，特別な環境である特殊学級によること，普通学級にカウンセラーを配置することを願っているが，自校での実際的な解決策は示されていない。

浦幌町立浦幌小学校の永井秀子は，1959年11月に開催された北教組第9次教研集会において『問題児指導は如何にあるべきか』を発表した。発表内容は，校内で指導上問題となる知能異常児20名と身体異常児9名の学級における生活状態を描き，〈問題児の問題点と治療〉について科学的研究に取り組みたいといった趣意であるが，その具体的な実践報告に至っていない。

第3章　各地における教育実践

豊頃町立札文内中学校の可知弘は，永井秀子と同じく1959年11月の北教組第9次教研集会において『普通学級における問題児指導はいかにあるべきか』を発表した。発表内容は，問題児問題について二か年間意識的に自己研修しながら指導に取り組んだことを自省的にまとめたものである。その構成は，○はじめに，○指導対象の限界，○精神遅滞児の人格形成，○対人関係，○社会の進歩にどうマッチさせるか，○地域社会に対して，○終りに，○資料よりなっている。可知弘の問題児指導観とその中学一年生29人学級中5名の問題児指導の実際について次に摘記する。

礼文内中学校可知弘「中学校普通学級の精神遅滞児指導について」

問題児指導観 精神遅滞児指導理論の曖昧さと教育行政面の欠陥と教師の消極的姿勢が〈お客さん〉を生み放置している。現在の特殊教育は，教師の身体的，精神的かつ経済的に荷重指導の限界を超える大きな自己犠牲の上に成り立っているため，少数の教師に限定されて取り組まれている。〈精神遅滞児の教育は，教師個々人の人生観によって行われている〉。

指導対象の限界 29人学級の中に精薄児2名，社会的非行児2名，身体障害者1名を二か年間悩みながら全力をあげて指導したが，そのために24名の子どもを置き去りにしてしまった。そして，改めて知能指数50以下は補助学級でも指導困難とみられている。精神遅滞児は，単に切り離された知能の病気だけでなく全人的な欠陥である。知能テストの結果，その発達環境を規定する環境が理解されない限り，例外なく使用に耐えない，などの解決が求められ限界を感じた。そして，二名の精薄児に対しては自分の手でという考えに反する施設入所の方向へとなってしまった。

可知弘『普通学級における問題児指導はいかにあるべきか』1959年

指導の実際 先ず，教師は愛を持った絶対者として子供とラポートをつくようにした。役割を与え学級の中に位置づけるようにした。グループ学級組織による個別的な配慮をした。社会に出て落伍者とならないように〈生活する職業人〉にする職業教育を行った。両親と地域社会に対して働きかけた。

可知弘の指導観や対象児観などは，1958年と1959年に道精連主催の全道精神遅滞児教教育研究大会に参加するなどの自己研修により会得したのであろう。実際の指導は特別なものはないが，常に自省しながら向上しようとする姿勢が読み取れる。普通学級における精神遅滞児の指導経験が，新得町立新得中学校

の特殊学級担任として要請されたことになる。本節の1に既述しているように，可知弘の教育実践は，新設特殊学級経営において生起した，正に《精神薄弱児教育は教師個人の人生観によって行われる》という感慨を自ら切り拓いていったことになる。

　幕別町立幕別小学校は1959年10月に特殊学級を設置した。担任の吉田重男は，既述の1961年2月に新得町で開催された十勝管内特殊教育サークル学習会において『本校特殊教育一年の歩み―特殊学級―』を発表した。発表内容は，○はじめに，○特殊学級設置までの経過，○編入児童選択の経過，○経営上の方針，○教育の目標，○普通学級との関係，○指導の実際，○普通学級に於ける特殊児童の指導，○今後の問題点，○むすびとして，からなっている。吉田重男の発表内容から，その主要点を次に摘記する。

幕別小学校　吉田重男「特殊学級経営一年目と普通学級のこと」

　特殊児童とは指導のための類型を規定したもの　教育の場には，〈教育の民主化，機会均等〉が叫ばれながら，その陥没した部分に取り残された子どもがいる。〈特殊教育は単に特殊児童を救済するという趣旨で行われるのではない〉。特殊児童は，普通でないもの即ちあるハンディーを背負わされた子どもであって，それ自体は勿論低劣などという意味はない。むしろ，〈個人の尊重，個人差の認識，教育の機会均等という近代的教育思潮の流れに沿って，如何にすればこの子どもを社会の成員として適切な位置を与えるかという科学的な考察にたって児童の類型を規定したものにほかならない。そして，何処までも，人間愛を基調としたものである〉。

　特殊学級開設の経緯　1955年に全校あげて教育評価研究に傾注した結果，従来の教育上の欠陥を発見し将来への努力点を確認した。その中の陥没点として〈ちえ遅れの子ども〉の問題があり，諸検査や観察法により精薄児対策の調査・研究を進めた。1954年度の学校の重点目標の一つとして特殊教育の振興を決定し年度内に特殊学級を設置することにした。教室は，学級源で16坪規模の教室を確保したが組合専従が一名おり，新たな教育を得るまで開設が不可能となり，半年間準備を進め1954年10月開設の運びとなった。入級児童数は，予定の10名を上廻り15名を余儀なく選ぶこととなった。

　経営方針と指導の実際　○《校内特殊教育センターの場として普通学級の特殊児童指導の強化に努める》。○誰からも愛される人柄，たくましく生産的な勤労態度と技能，ねばり強い底力を持った人間の形成を目指す。○〈学習は喜びを持たせ，自分の進歩を分からせ自信を持たせる〉。○指導は集団として進めながら〈あくまでも個別指導〉をとる。○抑圧からの解放，〈権威の破壊は，そこに子どもとの信頼の建設がある。長い間の抑圧からの解放は，ここから始まり，子どもとのラポートの問題は絶対不可欠のものである〉。○食べ物をつくり食べること，肌の触れあい，どんなことでも聞き話させること，常に公平であること，家庭と仲良しに

なること，出来る喜びを味わわせる。
　普通学級における特殊児童の指導　○愛情もって接し〈忘れられた子ども〉にしない。○その子どもに応じた指導法を工夫する。○社会的能力の向上を目標とする。○グループ活動のなかでその子に位置を与える。○教科学習では個別指導に努める。○家庭と十分に連絡し合う。

　吉田重男は，《特殊児童とは，近代的教育思潮の流れに沿った「指導のための類型を規定したもの」である》という児童観と最後に述べている《精薄は治すことは出来ないが活かすことは出来る》という指導観をもった教師である。筆者は，ことある毎に〈障害名は，単なる医学的診断や法制上つけられた用語であって，学校教育上でも便宜的ではあるが教育方法の概念としての意義は薄い。精神発達障害児が存在するのではなく，ある児童がおりその子に診断名を付しているに過ぎないのである〉と説いてきている。吉田重男が，特殊児童とは〈科学的な考察にたって児童の類型を規定したものにほかならない〉という主張に深く同意したい。
　大樹町立大樹小学校は，1961年7月に特殊学級「ひかり学級」を開設した。同校の特殊学級担任となった岩岡忠勝は，1961年2月に新得町で開催された十勝管内特殊教育サークルの学習会で『この子等をどうするか―特殊学級の設置とその経営―』を，そして，1962年11月に開催された第14回全道精神薄弱児教育研究新得大会の第一分科会において『特殊学級開設前ならびに開設当初の諸問題をどうしたらよいか』発表した。後者の発表内容は，○はじめに，○開級までの経過と問題点（わからぬことばかり，教室をどうするという発想を高めて，嫁に行けなくなるという教育長さんの心配，馬鹿学級という意識を払拭して，学級認可まで，ちえおくれと誰が決めるか，子供を育てた親のいい分，施設・設備をどう整えたか，開級の日），○開設当初の指導をどうすすめたか，となっている。記述内容は，学級通信『アベロン』から引用した独特な口語文体のこともあり全体像の把握はなし難い。
　岩岡忠勝の発表物によれば，大樹小学校の「ひかり学級」開設の経緯は大略次のようであった。1959年頃，校内で特殊学級設置の声が上がり，1960年に十勝地方教育局などから特殊学級設置の勧誘を受け，1960年1月に職員会議で設置を決定し2月に学級設置計画書を提出した。3月に担任予定者がきまり，1960年4月に学級設置の認可通知を受けた。そして，7月1日に17名の入級予定者を選んだが，保護者の理解が得られた14名が7月11日の入級式に出席した。教室は，12坪の図書室に手洗い用流しや整理棚をつけて整えた。次に，岩岡忠勝の学級経営について摘記する。

大樹小学校　岩岡忠勝「特殊学級の経営に当たって」

経営方針と目標　○学校経営に位置づけて遊離した存在とならないようにする。○地域の理解を高める。○普通学級に残されている子どもの教育を確かなものにする。○他人に可愛がられるたくましい子供になって欲しい。

開級当初の指導　子どもと一緒に遊び，一人一人をよくみつめ，〈触れて，認めて，褒めて〉一つ一つの固い殻を破っていく。夏休みが終わり二学期には開級当初の状態に逆戻りしたので，秋の野山や川に出かけて思い切り遊ばせた。

その後の指導　子ども中から，「算数の問題出してちょうだい」，「絵を描かせて欲しい」，「宿題を出してちょうだい」という要求がでてきたので，徐々に意図的な指導へと移っていった。

子供はどう変わったか　○T子とS吉が初めて絵を描いた。○自己表示のなかった子が話したり行動したりし出した。○身近なことを自分でやれるようになった。S吉やS郎は通学距離が一里以上もあり遅刻の常習犯であったが少なくなった。仲間への思いやりや助け合う気持ちがでてきた。

今後の問題　○中学校特殊学級の設置。○指導計画の作成による計画的な指導。○専門性の向上。特殊学級担任のあつまりをもつ。○のんきに仕事を続けること。

　大樹小学校特殊学級「ひかり学級」は，特殊学級経営の要点である〈解放期という指導〉や〈無理なく，呑気に〉といった自然体の共同実践姿勢により軌道に乗っていったことになる。

　広尾町立広尾中学校の赤間勘一は，1962年11月の北教組第12次教研集会に『特殊児の実態とその対策』を発表した。発表内容は，1960年から生活指導部（特殊児童研究部）が主に非行生徒などへ継続的に取り組んだ経過である。構成は，○本校における特殊児の研究，○生活指導部の研究，○本校における当特殊児の事例研究，○普通学級における精薄児研究，○問題児の取扱い，○結び，となっている。この研究には，特殊児（学業不振児，問題行動児），精薄児，問題児などの用語概念の未整理などがあり，具体的に取り組んだ内容となっていない。また，赤間勘一の研究に限らず，これまで取り上げた研究発表には，例外なく意識的な「事例研究」の取り組みとその内容が記載されているが，その事例研究の目的や研究結果から何を学び，何を取り入れようとしているのかが曖昧である。研究の主題が特殊教育でありながら，若しくは特殊教育であるからなのか，教育実践研究の目的と方法とその評価といった手法が未発達であった。

　新得小学校特殊学級「杉の子学級」の担任であった豊頃町立豊頃小学校の渡辺利行は，1965年の北教組第15次教研集会において『普通学級に於ける精薄児の指導について』を発表した。渡辺利行は，小学5年時，6年時の二年間普通学級児童32名中2名の精薄児を指導した。発表内容は，○はじめに，○診

断について，○指導の方法，○指導の結果と反省からなっている。渡辺利行は，1959年から1964年まで新得小学校の特殊学級を担当した経験者である。その渡辺利行の普通学級における精薄児の指導観とその二か年の取り組みについて次に摘記する。

豊頃小学校　渡辺利行「普通学級における精薄児指導の実際」

普通学級では　特殊教育が振興・普及して十数年経ち普通学級担当者にも参考になることが多い。普通学級には特殊学級から取り残されている精薄児が多くいる。その精薄児に対して，特殊学級での効果的な指導法が取り入れられているかというと疑問がある。例えば，○精薄の特質を知って，指導を試みるのは無駄だといった考えや諦めがある。○〈専門に指導する施設や専門家に任せておけばよいといったムードがある〉。○この種の子どもの判別や指導の煩雑さに手を焼いているなどがある。

診断の簡素化とその方法　特殊学級のない普通学級で手軽に取り組めることが大切である。正しい判別には諸検査事項を忠実に実施することであるが，一般的には簡単には行えない。そこで次のような段階と方法をとった。第一段階：団体知能検査，学習状況，生活状況によりふるい分ける。第二段階：簡素化されたテスト事項によって判別する。第三段階：仮説によって実験指導を試み資料を裏づける。

渡辺利行『普通学級に於ける精薄児の指導について』1965年

指導の基本的かまえ　精薄児を普通学級で指導する場合は，基本的に特殊学級における教育理念を念頭においた指導となる。精薄学級が社会生活能力の進展を図る指導を基底にしているならば，普通学級はそれと全く同一に指導できるような条件にはなっていないが，それに沿った，然も，その子にあった条件を整えてやるよう努力しなければならない。

指導の結果と反省　プラスの面としては，○生活態度に自信と誇りをもつようになったこと，○客体的条件の中でも永続的に作業を行えるようになったこと，○級友の労苦が直接，道徳的面の成長を促したこと，などである。マイナスの面としては，○教科指導において級友の妨げになる面が多くあることである。

結論として〈精薄児は養護学校かまたは整備された条件のもとでの特殊学級でなければその効果は望めない〉。

特殊学級が設置されている小学校には，一般的に特殊学級を学校経営上に位置づけ教職員や地域社会がそれを支えるための必要な諸条件と普通学級内の特殊児童に配慮して指導に当たるといった雰囲気が醸成されていたであろう。そ

れは，新得中学校長池田茂市の《特殊学級が育てば普通学級はより以上に進展する》という言葉がよく示している。しかし，特殊学級を設置していない学校には特殊児童を支援する雰囲気と必要条件が整っていなかったのであろう。

第3. 十勝地区発達障害児等特殊教育の歩みと特質
1．十勝管内の発達障害児等特殊教育の歩み

十勝管内の発達障害等特殊教育は，1950年という早期に新得町立新得小学校の教頭杉本正二により開始された。

年　月	事　項
1948年10月	北海道帯広盲学校・聾学校が開校する
1950年 6月 　　　11月	帯広市立柏小学校に虚弱児のための養護学級が開設される。 新得町立新得小学校特殊学級「杉の子学級」開設する（担任杉本正二）。
1951年 5月 　　　 6月 　　　11月	新得小学校特殊学級担任杉本正二は道教委主催の精神遅滞児特別学級経営研究大会（網走）に「杉の子学級経営の実際」を発表する。 十勝教育研究所が設置される。 北海道教育委員会主催「精神遅滞児特別学級研究会」が新得小学校で開催される。
1952年 8月 　　　11月	新得小学校特殊学級担任杉本正二は十勝教育研究所研究紀要第一集に「精神遅滞児を対象とする特別学級を経営して」を発表する。 帯広小学校平山方仁は北教組第二回北教組教研集会で「帯広市に於ける特殊児童と学業不振児の実態調査」を発表する。 新得小学校特殊学級担任杉本正二は北教組第二回北教組教研集会で「ひろちゃん精神遅滞児の取扱いについて」を発表し，全国大会正会員に推薦される。
1953年 2月 　　　11月	「十勝管内特殊教育研究会（サークル学習会）」が新得小学校を会場に開催される。 帯広市立帯広小学校の寺本喜久夫は北教組第三回教研集会に「普通学級における精神遅滞児の実態と特殊教育の振興対策」を発表する。 更別村立更別中学校の原一夫は北教組第三回教研集会に「普通学級に於ける精神遅滞児教育の研究」を発表する。
1954年10月 　　　11月	幕別町立幕別小学校に特殊学級が開設される。 幕別町立幕別小学校の青木久美は北教組第4次教研集会に「私の学級のたすけ合いの姿―特に問題児を中心とした記録―」を発表する。
1955年 4月 　　　11月	帯広市教育研究所が開設する。 幕別町立幕別小学校は教育評価の研究視点から特殊指導問題に取り組む。 新得町立新得小学校杉の子学級担任の金子茂男は北教組第5次教研集会に「特殊児童の補導」を発表する。
1956年11月	上士幌町立北門小学校の山口徳雄は北教組第6次十勝教研集会に「特殊教育をどう進めるか　特殊児童の取扱いについて」を発表する。 清水町立清水小学校の中原竜昇は北教組第6次教研集会に「お客さんと呼ばれる子供達の教育をどうすすめるか」を発表する。 新得小学校長奈良信雄は北教組第6次教研集会に「我が校に於ける特殊教育の一考察」を発表する。
1957年 4月	十勝地方教育局は「行動問題児，精薄児，学業不振児の研究」の研究指定を新得町

	11月	立新得小学校に委託する。 大樹町立大樹中学校の森清は北教組第7次教研集会に「本校に於ける問題児の診断と治療」を発表する。
1958年	4月 11月	新得小学校に（新得中学校の）中学部を併設される（担当山崎，杉田）。 新得町立新得小学校の神直義美は北教組第8次教研集会に「行動問題児，精薄児，学習不振児の研究」を発表する。
1959年	2月 3月 11月	十勝管内特殊教育研究サークルは新得小学校で二日日程の学習会を開催する。 十勝管内特殊教育研究サークル『特殊教育サークル情報』を公刊する。新得中学校に特殊学級設置（新得小学校中学部より移行）する（担任松田浩）。 十勝管内特殊教育研究サークル学習会開催され，研究指定校新得小学校は「行動問題児，精薄児，学習不振児の研究」を発表する。 北教組第9次教研集会が帯広で開催され，豊頃町立礼文内中学校の可知弘は「普通学級に於ける問題児指導は如何にあるべきか」を発表する。また，浦幌町立浦幌小学校の永井秀子は「問題児指導は如何にあるべきか」を発表する。
1960年	1月 4月 9月 11月	社会福祉法人真宗福祉事業協会 精神薄弱者収容施設「慈光学園」開設する。 帯広市立帯広小学校特殊学級開設する（学級30名定員。担任は宮沢登，富田英明）。 十勝管内特殊教育研究サークル学習会新得町で開催される。 十勝管内特殊教育研究サークル学習会新得町で開催される。 新得町立新得中学校職業補導学級担任の可知弘は北教組大10次教研集会に「特殊学級六ヶ月の歩み」を発表する。
1961年	2月 4月 7月 9月 11月	「十勝管内西部方面教育研究大会」が新得町で開催される。 幕別小学校吉田重男「本校の特殊教育一年の歩み—特殊学級」を発表する。 帯広市教育研究所『教育資料第24号・帯広小特殊学級の歩み』を公刊する。 帯広市立第三中学校に特殊学級「養護学級」開設される（担任宮上敏秀）。 大樹町立大樹小学校特殊学級「ひかり学級」開設する（担任岩岡忠勝）。十勝管内特殊教育研究大会が新得小学校で開催される。 第一回帯広市特殊教育研究会が帯広第三中学校で開催される。 新得町立新得中学校職業補導学級担任可知弘は北教組大11次教研集会に「特殊学級運営の反省」を発表する。
1962年	10月	十勝地方教育局は『十勝教育 第64号』を公刊する。第二回帯広市特殊教育研究会が帯広小学校で開催される。道教委・道教連・十勝地方教育行政運営協議会・新得町教育委員会共催の「第14回全道精神薄弱児教育新得大会」が二日日程で新得町で開催され，新得小学校は『特殊教育の歩み』を新得中学校は『学校経営の概要と特殊教育の歩み』を公刊し発表する。広尾町立広尾小学校の赤間勘一は北教組第12次教研集会に「特殊児の実態とその対策」を発表する。
1963年	8月	幕別町立幕別小学校の吉田重男は「昭和38年度精神薄弱教育指導者講座」に参加する。
1964年	4月	帯広市立大正小学校は慈光学園に特殊学級分教室を開級する（担任寺師泰子）。 帯広市立第七中学校は慈光学園に特殊学級分教室を開級する（担任梶原千恵子）。
1965年	 11月	第三回帯広市特殊教育研究大会が第三中学校で開催される。 帯広「つつじケ丘学園」，音更「晩生学園」設立される。 豊頃町立豊頃小学校の渡辺利行は北教組第15次教研集会に「普通学級に於ける精薄児の指導について」を発表する。 帯広市立帯広小学校の前谷重太郎は北教組第15次教研集会に「精神薄弱児の社会生活能力—集団適応能力—をどうおさえどうすすめているか」を発表する。

2．十勝地区における黎明期の発達障害児等特殊教育の特質

十勝地区の自然と風土は，西に日高山脈，北は大雪・阿寒山系，東は白糠丘

第5節　十勝地区の教育実践

陵と三方を標高400から2,000㍍の山，丘陵に囲まれ，南に太平洋を望む大平原である。また，四季の変化に富み，年間寒暖差，一日の寒暖差が大きい地帯である。十勝の学校教育は，早くから交易の場となった海岸地域から始まったが，漁業関係者らによる部外者を寄せつけない状況があり内陸部の開拓は遅れた。しかし，1983年に帯広に入植した渡辺カネによる寺子屋式塾が始められ晩成社夜学塾となり，一方では二宮尊親らの尊徳思想が豊頃に土着すようになる。十勝原野にこれらの種が蒔かれて十勝教育の素地となっていったのであろう。戦前の特殊教育の胎動は，前掲の『戦後十勝教育史』2000年に次に摘記するような源の一つがあったことになる。

「戦前の特殊教育の胎動」

知恵遅れの子どもの教育は，戦前も教育熱心な教師の手によって学力補充とか基礎づくりの名のもとに行われていた。昭和10年，十勝支庁の教育課長兼視学高橋秀一郎は，「少なくとも教育は子供の能力と個性に応じて行われるべきであり，その方法は成すことによって学ばしめる生活教育，作業教育であらねばならぬ」という観点から十勝教育の指導方針を樹立した。そして，こうした先進校の奈良女子高等師範附属小学校に赤池達信，工藤繁太郎校長，門屋寿盛，池田茂一，城浦勝訓導を長期研究生として派遣し，そうした教育を十勝に導入した。

長期研究生の研修成果とその後の十勝教育に関しては他に譲るが，〈能力と個性に応じた教育〉，〈為すことによって学ぶ生活教育と作業教育〉は発達障害児等教育のみならず初等教育における確かな教育実践論である。十勝地区は，広域地に少数学級校が点在しており，その実態は単式の小学校26％，単式中学校24％あり複式小学校52％，複式中学校32％であった。この実態から，「十勝の教育推進は単複教育の振興なくしては何も望めない」と語られていた。新教育は，戦後の混迷にあって，1950年には新生の意気に燃える教育関係者による教員組合の結成による生活と教育を守る活動と各種サークル活動により開始され，各町村は「六三制実施準備協議会」を設けて主に新制中学校の整備問題に対処することから着手された。十勝教育研究所は，難航しながら新教育思想の理解と教育方法を学び研究交流する場として1951年6月に設立された。1952年5月，次のような「十勝学校教育目標（摘記）」が設定された。

「十勝学校教育目標」

前文　根本的な教育目標は教育基本法・学校教育法に明らかである。更に現実の社会の動き，十勝の地域性や児童生徒を理解することによって，具体的な目標が確立するのである。十勝に開拓の鍬が入って日まだ新しく限りない未来が約束

されている。総合開発の国策の上から観ても重要な位置を占めている。併し一方，郷土への愛着心が希薄であり，且つ移住者らの非科学的な生活様式から抜けることができず，生活が能率的でない傾向がある。我々は，十勝のこの現状から特に十勝の開発に適した，たくましい身体と精神，愛郷の念から盛り上がった道義心や豊かな情操による生活の純化・非能率的な生活様式から脱皮するための生活の合理化・科学化，楽しい明るい郷土をつくる為の文化的な社会の建設を強く要望している。此等の要望が個人生活，家庭及び社会生活，並びに経済及び職業生活の各領域にわたって実現する様，十勝の教育目標を次のように設定する。

　教育目標　◎逞しい身体と開発精神を養成する。◎道義心の確立，豊かな情操の涵養に努め生活を純化する。◎生活の合理化・科学化を図る。◎文化的な民主社会を建設する。（各目標の内容10項目は省略する）。

　この教育目標は，1951年に制定された「北海道教育目標」をふまえ，十勝の地域性を加味して十勝学校教育の課題と方向性を定めたものである。そして，十勝学校教育三か年計画に織り込まれた。
　十勝地区の特殊教育は，1948年10月の北海道帯広盲学校・聾学校と1949年6月の帯広市立柏小学校養護学級により開始された。
　黎明期の発達障害児等教育に関する記述は，新得町，帯広市及びその他の町村に分けて論述した。それは，十勝地区が広大な地域にわたり，そこに各地域的風土による教育観や指導観があることから，それを一括りにして描き出せなかったからである。
　北海道教育庁十勝地方教育局は，十勝管内の教育行政の指導機関として「十勝教育」の名において精神遅滞児等の特別学級の開設を企画していたが，支庁所在地の帯広市教育関係者の認識は高まっていなかった。そこで，戦前から僻地教育等に優れた実践と理論的指導者であった新得小学校の教頭杉本正二に白羽の矢を立てて，特別学級の開設を要請したのである。杉本正二は，持病の手術などのため辞退するが再三の懇望に応えたのである。このことから，十勝地区の発達障害児等教育は教育行政主導により開始されたのであるが，しかし，それを育むに足る新得町の教育的風土があったといえる。また，新得地区には特殊学級入級児の学級原籍とか〈母級〉といった教育観による学校経営もすぐれた特質であった。
　帯広市の場合は，1952年頃に北教組帯広支部帯広小学校学校班の人々が，帯広市の特殊児童と学業不振児等の特殊教育に注目して実態調査を行い，その結果を基にした振興対策を想定したことが特殊学級開設に連動していったと理解される。これは，北教組組合員による民主教育に向けた活動の一つの特質であろう。また，1964年には，養護学校義務制に先駆けて精神薄弱児施設慈光学園

第5節　十勝地区の教育実践

の入所児のための義務教育が開始され得いることも十勝教育の特質に加えることができる。

　新得町と帯広市を除く10町6村では，黎明期に特殊学級を開設したのは僅であり，北教組が開催する教研集会特殊教育部会へ実践研究を発表する町村も多くなく限定されている。しかし，清水町立清水小学校では，普通学級における発達障害児等の教育を週四日間放課二時間の特別指導学級を設けて四年間継続実践研究したという事蹟は賞賛に値するものであった。この《放課後特別学級指導形態》は，十勝地区の教育関係者にあまり周知されず，したがって，その優れた発想と手法が普及しなかったのも十勝の特質であったのかと惜しまれる。

　特殊児童の教育問題は，特殊学級を開設しそこに任せれば事足れりといった風潮の強い十勝にあって，《特殊学級が特殊教育のセンターとして，普通学級の中の問題児の指導に機能させる》とか《特殊学級がよくなれば普通学級の教育はより以上に進展する》といった視野の広い教育観に立って率先指導した校長たちがおり，それに応呼し実践に取り組んだ教師たちがいたことに留意したい。

第6節　留萌地区の教育実践

第１．留萌地区の概況

留萌地区の行政区分は，1市5町33村で総面積約4,000平方キロに人口約145,000人，世帯数約26,000世帯が居住している。

開拓の歴史は，約200年前の鰊漁場に始まり，その後も鰊漁と盛衰をともにしてきた。1954年以降は凶漁が続き，首位を占めていた漁業水産は鉱業，農業，工業に次いで第三位に転落した。工業についで生産高第二位の農業には，全人口の三分の一が従事しており1957，1958年と豊作が続いている。農業は，中南部に稲作，北部は畑作と酪農経営が多い。地下資源は，石炭，石油，天然ガス，鉄，クローム，泥炭など種類も多く豊富な埋蔵が見込まれている。商業は，主とし農漁民相手の小規模なものであり，工業も設備，技術面で後進的零細企業が多い。管内は，1958年の羽幌線全線開通により管内を縦断する鉄道が完成して発展が期待されている。

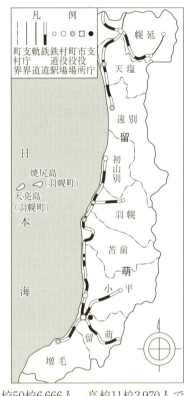

学校教育は，小学校90校17,961人，中学校50校6,666人，高校11校3,970人である。このうち70％は僻地指定校（小学校62校，中学校29校）と単級校である。また，小学校の約半数は危険校舎とみられ，教員住宅や教材教具の不備，無電灯などがあり教育環境は十分とは言えない。全児童のうち約3％は，長期欠席児童であるが，この長欠児童の約半分は経済的理由によるとみられ，管内経済の低さが教育にも影響を及ぼしている。これら多くの教育問題を抱えているだけに，管内教育研究協議会等の研究活動は盛んで，留萌教育研究所を中心に年々活発となってきている。

社会教育では，僻地振興のために力を入れているが経済的な制限もあり教育に影響を及ぼしている。青年団連合体が13，単位会が124で約4,600人が参加している。婦人団連合体が9，単位会が約189で約8,900人が参加し活動している。

医療面では保健所は，北部の天塩保健所と中南部の留萌保健所の二箇所がある。病院は，留萌市を含めて11，診療所は38あり，医師は75年で，医師一人当たりの面積は約53平方㌖にものぼっている。

第2．留萌地区発達障害児等の教育実践

　留萌地区における発達障害児等の通史及び教育実践の萌芽形態を明らかにした史資料は次のようなものがある。1957年11月に発表された留萌市立港南中学校の菊地秀夫による「留萌市における特殊教育研究の経過」『第7次教育研究全道集会第13分科会　本校における特殊学級の経営』(p.2)，次いで増補版となった1959年の留萌港南中学校「留萌市における特殊教育のうごき」『本校における特殊学級の開設と経営及び指導』(pp.1-5)はいずれも留萌市内だけの記述である。留萌市立港南中学校特殊学級の成立とその教育実践については，市澤豊「留萌市立港南中学校［職業補導学級］の教育」『戦後発達障害児教育実践史』(pp.857-889, 2010年)に詳述した。1969年の留萌地方特殊教育研究連盟・留萌教育研究所編「Ⅳ　資料　留萌地方小・中学校特殊学級（精薄教育）設置校（昭和44年度）」『留研第99号　留萌地方小学校・中学校　特殊学級（精神薄弱教育）教育課程』(pp.89-91)が特殊学級開設年度を表示している。そして，留萌東光小学校渡辺シゲ「留萌」北海道精神薄弱教育研究連盟編著『道精連　三十年のあゆみ』(pp.146-150, 1982年)である。この二資料の記述内容は，原典が明らかでなく，その時期などに不整合な箇所もあるので，第3の「発達障害児等特殊教育の歩みと特質」で整理する。通史としては，留萌教育研究所「留萌管内における特殊教育の歩み」『留萌地方戦後教育二十年史』(pp.56-65, 1971年)，留萌市教育研究所「特殊教育」『戦後教育20年のあゆみ』(pp.48-52, 1971年)，留萌教育研究所『留萌教育研究所創立30周年記念誌　研究紀要161号　歴程―留研30年を顧みて―』(1982年)がある。

　本項では，残されている一次資料により教育実践の事実を検討する。

　留萌管内における特殊学級形態は，これまでの上述資料等では1957年の留萌市立港南中学校，1958年の小平町立達布小学校が嚆矢とされている。しかし，北海道教育委員会資料によれば，1951年に開級された苫前町立苫前小学校が始祖となるが，その教育実践資料もなく，当校の学校沿革誌にもその記録は無い。1950年代当初に開設された特別学級は，4月に開級しても諸般の事由により正式な認可がおりる間もまたずに数か月で閉級する事例が少なくなかった。現時点においては，最初の教育実践は1952年9月に遠別中学校で実験的に着手された統合形態の特別学級となる。

　遠別町立遠別中学校の林俊夫は，その実験的実践を1952年11月の北教組第二

回教研集会において『本校第一学年における精神薄弱児の実験的取扱の実態』として発表した。林俊夫の特別学級開設二か月間の報告は，○研究の目的と意義，○対とした精神薄弱児の範囲，○問題の位置と実態，○対策，○指導の現状，○実態（効果），○結論から構成されている。

遠別中学校における精神薄弱児の教育は，〈新教育理念の教育機会均等〉を本然の姿であるとらえ，特別な環境の特別学級において，《天賦の個性と能力を最大限に伸長する意図》から中学第一年の7名を対象に取り組まれている。その実践の実際について次に摘記する。

林俊夫『本校第一学年における精神薄弱児の実験的取扱の実態』1952年

遠別中学校　林俊夫「特別学級開級二カ月の実践」

1. 対策の概要　4月に担任となり，5月に生徒の観察記録と小学校の意見を参考に学級編成した。そして，国語と数学の基礎学力を養うための個別的指導の必要を提案し，教科担任の協力を得て特別指導を開始したが，指導時間の確保，生徒数の制約，担任間の連絡不備等により一学期が過ぎた。夏季休業後，指導方針と目標を定め，職員室内を仕切り8坪の部屋をつくり7名収容の特別学級として9月に開設した。

2. 教育の方針　子ども達の持ちまえの生長・発達を助け，天賦の個性能力を最大限に発揮し基礎的能力を培うと共に特殊な才能の伸長を計り，独立して生活し善良・健康な実践的活動ができる協調的な人間を育成する。

3. 具体的目標　○常に心理的・教育的診断を行い欠陥除去につとめる。○喜んで生活できる環境を調整し，表現活動を多くし，満足感・安全感を与え明朗な態度を養う。○社会性の陶冶。○日常生活・社会生活に必要な基礎を指導し習慣化する。○健康に適応する習慣・態度を育成。○将来自立の基礎となる職業的能力の発見と育成。○感覚器官の修練。

4. 指導のねらい（20項目，内容筆者省略）

5. 指導の現状　「指導の組織」：特別学級主任に学年主任をあて，学級担任と教科担任による協力教授組織。「指導時間」：特別学級での指導は国語・社会・数学・理科・英語科を20単位時間とした。音楽・図工・体育科の計10時間は普通学級での指導とした。毎朝20分間の特別教育活動の時間を設けた。

6. 学習指導の現状　○新しい環境に適応し満足感と安定感を与える。○教育的診断に基づいた《生徒の能力に合った具体的な生活内容（絵日記・手紙の書き方，学級貨幣による買い物・度量衡）》を《実際の生活》を通して，《個別的・団体的》に指導した。《各自のカリキュラム》の考案は課題である。

7. 現在の実態（効果）○無口で静的な行動が動的で変化に富み自己表現が伸び伸びとしてきた。○身辺の処理や清潔面に改善がみられた。○学習に対する興味や積極性が出てきた（7名の学力向上を示す実態筆者省略）。

8. 結論（今後の課題と要望）○この子等の半数は，出来ないのではなく，何らかの原因で遅れているのだ。○特殊学級の指導は効果的である。○教科担任制による特殊学級運営は改善を要する。○普通学級で実施している教科指導法は改善が必要である。○理科の指導法が未解決である。○身体的異常児，社会的異常児の取扱。○学業不振児の取扱い。○特別学級運営費の予算化。○特異児童の国家的処置。○特異児童の本格的な指導は小学校段階から必要である。

教育対象生徒は，精神薄弱児としているが，特異児童・身体的異常児・社会的異常児等の用語もあり，在学生徒には心身障害や学業不振等の多様な実態にあるようだ。遠別中学校における教育理念，教育方針及び教育内容と方法は，1952年当時としては先駆的であったと評価される。

留萌港南中学校の尾田由太郎は，1952年11月の北教組第二回教研集会において『地域社会に於ける非行生徒の実態とその根本対策』を発表した。本報告は，○本テーマを採択した理由，○非行とは何か，○非行の要因，○留萌市における少年犯罪の実態，○質問紙法・面接法による調査結果，○対策からなっているが，特に発達障害児等の用語記述はみられない。留萌市の少年犯罪の実態は，旭川市，名寄市，深川市，稚内市等の地区と比べて多いことを明らかにし，その背景に留萌地域の文化的社会的風土があると考察している。社会的風土の一つの貧困は，鰊漁期中の日雇労務で生計を営む家庭が多く，鰊漁の豊凶による〈有るときの米の飯〉といった非計画的浪費的生活環境をあげている。対策の最後に，「特殊学級カウンセラー等の必要」をあげ非行対策の一方法として特殊学級による指導が意識されている。

尾田由太郎は，前年度に引き続いて1953年11月開催の北教組第三回教研集会に『中学校の普通学級内で精神薄弱児は如何なる学習をしているか』を発表した。尾田由太郎は，前年度の研究を振り返り〈非行少年の不良行為は学業不振によるものであり，学業不振の最大原因は精神遅滞にある〉として，その実態調査結果をまとめた。発表内容は，○調査の目的，○調査の方法，○テストと学力検査の相関，○調査の処理，○調査の結果，結論からなっている。尾田由太郎の調査意識は，

尾田由太郎『中学普通学級内で精薄児は如何なる学習をしているか』1953年

第3章　各地における教育実践

非行少年対策は学業不振問題の解決にあり、学業不振児の多くは精神薄弱児であることから、その教育のヒントを得て特殊学級を設置することにある。そして、教科別総合標準学力検査と知能検査の結果による統計処理により、「普通学級で学習可能な知能」と「普通学級内では到底正常な学習活動が不可能な生徒」を識別しようとした。調査結果から、留萌市内の中学校生徒1,713名の知能分布について、知能偏差値24以下の者24名、34～25の者81名と算出した。その結論は、その後の留萌市の発達障害児教育問題に刺激を与えたであろうと思われるので、次に摘記しておく。

留萌市立港南中学校　尾田由太郎「特異児童の教育について」

　教育の理念　〈国民は、その能力に応じてひとしく教育を受ける権利を有する〉。すべての児童は、身体が不自由な場合や精神の機能が不十分な場合に適切な治療と教育と保護が与えられる。特殊児童の教育は、人権尊重であり人道主義である。特殊児童の教育や保護が無関心であることは、その報いを社会に戻す。非行少年の多い町内からは必ず問題児が多く現れる。

　対策　1. 知的な学習中心の教科学習編成を能力の接近した生徒により編成する。2. 知能の低い学級のカリキュラムをドリルを多くするよう改善する。3. 知能の低い学級では画一的な一斉授業における机間巡視による個別指導を多くする。4. 中学校においては促進学級的な指導も必要である。

　要望　○特殊児童担当教員の養成と現職教育、○60人学級と教員定数の改善、○特殊教育は一部教員の専売的なものでなく、国民の常識的な社会問題にする。

　尾田由太郎の提起は、表題にせまってはいないが、留萌市内に特別学級は皆無であり精神薄弱児の特別な指導は普通学級では不可能であるとしている。しかし、具体的な視点や取り組みの方向性は描いていない。

　羽幌町立天売中学校の入谷正孝は、1954年11月の北教組第4次教研集会に『学業不振児の原因と父兄への働きかけ』を発表した。発表内容は、原資史料が不詳のため明らかにできない。

　1955年10月、留萌中学校の街道重治らによる「特殊教育研究会設立についての趣旨」を次に摘記する。

留萌中学校　街道重治ら「特殊教育研究会の設立趣旨」

　新憲法において基本的人権が認められ、教育基本法にも「教育の機会均等」が明示され、更に盲・聾の義務制が実施されるなど特殊教育は制度化されている。しかし、未だに特殊教育は、現実離れし教育の現場から遊離して具体的な計画が進められていないことに反省する必要はないだろうか。同じ人間として生まれな

がら，身体的，精神的に欠陥があるために，教育の圏外におかれているこれら児童生徒に対して，各人の能力に応じた教育がなされ，将来彼らが何らかの形で社会に寄与できるようにさせ，幸福に生活できる様に仕向けてやる最も適切な教育を施すことを見逃してはならない。しかし，留萌市の現状は，この面の教育は未開拓の状態にあり，恵まれない児童生徒は普通学級の片隅に追いやられているのです。何ら組織的な援助が行われない有様です。今後，この面の教育が組織化され，研究され推進されねばならぬことを痛切に感じるわけであります。幸いにも過日の研究会でこの問題がとりあげられ，また市内の先生方の間にも特殊教育研究会設立の気運が高まりつつあることは真に喜ばしいことであります。この機会に委員多数の参加を得て，特殊教育研究会を設立して研究を進め，やがては特殊学級の設置をみたいと念願しているわけであります。

昭和30年10月25日

留萌中学校 街道重治 留萌小学校 田辺惣治 港南中学校 宮越良一 東光小学校 前田秀雄 港南中学校 尾田由太郎 留萌小学校 滝沢実 港南中学校 菊地秀夫 東光小学校 向山ゆき

留萌市特殊教育研究会は，街道重治ら有志の呼びかけにより1955年に留萌市教育振興会の一サークルとして認められ，1956年から市内の特異児童実態調査を実施し，その資料をもとに特殊学級設置の陳情を行っている。

留萌市立東光小学校の向山ゆきは，1955年11月の北教組第5次教研集会に『障害をもった子供の教育（非行児童を中心として）』を発表した。発表内容は，○留萌支部における特殊教育のうごき（地域の実態），○児童・生徒はどんなことに悩みをもっているか，○障害を持つ子供の傾向について，○障害をもつ子供の学習指導の一端，○E児の事例研究，○障害をもつ子供の取扱いについて，○結び，からなっている。研究の対象として社会不適応児を取り上げたのは共同研究のためである。既に流行語ともなっている〈障害をもつ子供の教育〉であるが，留萌市支部の教師達は研究不足で取り組みも低調であると厳しく指摘している。そして，特殊教育の研究会を組織して市内7校のそれぞれの問題事例を語り合うことから始めたのである。「結び」には，○問題児の診断について，○問題児の指導について，○学校条件が原因で問題行動を起こした子供の指導に当たって，に関して述べている。

留萌市立港南中学校菊地秀夫は，1956年11月の

菊地秀夫『留萌市における特殊児童生徒の実態と現段階における改善点』1956年

北教組第6次教研集会において『留萌市における特殊児童・生徒の実態と現段階における改善点』を報告した。この表題は，1956年2月に設立された留萌市特殊教育研究会の留萌市特殊教育研究会の研究主題でもある。本報告は，○研究のすすめ方，○第1章 留萌市特殊児童生徒の実態（特殊児童生徒数，欠陥児童生徒数，欠陥の原因及び治療の見込み，学校に於ける生活の観察，家庭の生活環境，家庭環境診断テスト結果），第2章 現段階に於ける改善点（知能に欠陥のある生徒の改善点）からなっている。本報告に関しては，前掲の市澤豊（2010年）が論考しているので，本項では留萌市の特殊児童児童・生徒の実態調査結果とその改善点について摘記して検討する。

留萌市立東光中学校 菊地秀夫「留萌市特殊教育研究会設立と活動」

留萌市特殊教育研究会 1951年，留萌市立東光小学校に特殊学級設置の意向があったが学童数の急増に伴う教室等の不足で取り止めとなった。留萌市特殊教育研究会は，留萌小学校長田辺惣治と市内小中学校の教員20名により1956年2月（筆者註：期日に関しては，菊地秀夫〈1956年〉，留萌地方特殊教育研究連盟・留萌教育研究所〈1969年〉では，1955年10月となっている。本稿では1955年10月発足と特定する。更に，1957年10月の留萌市立港南中学校編著の『本校に於ける特殊学級の開設と初期の学級経営（概要）』には，研究会名が「留萌市特殊教育研究協議会」となっている。）に創立された。留萌市教育振興会の組織に加えられた。市内の特殊児童・生徒の実態調査研究活動は1956年7月に開始した。

特殊児童生徒数 実態調査は，研究会が作成した質問項目に市内の全学級担任が回答する質問紙法である。

欠陥別 校種別	感覚機能に 欠陥ある者	肉体的の欠 陥ある者	体質的の欠 陥がある者	知能に欠陥 のある者	性格に欠陥 のある者	(％)
中学校	6.2	5.2	6.6	74.3	7.7	
小学校	5.9	11.3	10.8	66.1	5.9	
合　計	6.1	8.3	8.7	70.1	6.8	

中学校生徒数439名，小学校児童数454名，合計数893名となり，全市児童生徒数の約12％に当たる。知能に欠陥のある児童生徒が626名（70.1％）もおり，圧倒的多数を示している。これを小学校・中学校の特殊児童生徒を総数から比較すると，小学校8.4％，中学校14.2％となっている。知能と性格，感覚と知能と性格などの欠陥が重複している者が48名おり，特に知能の欠陥のある者は性格・体質・感覚・肉体等も影響を与えている。

知能に欠陥のある生徒の改善点 改善点とは，実態調査結果からみた生活指導や学習指導上の主眼点といったことである。その分析結果については一般的な傾向としているが，対象者に共通した傾向と理解される。

○学力がI.Q.に比較して遅れている（好きな教科は音楽，体育，職業・家庭，図工），○授業時間は不熱心である，○仕事は遅く不正確，○飽き易い，○ぞんざいである，○健康な割合には元気がない，○責任はあまり考えない，○規則を破ることが多い，○臆病である，○協同することがすくない。

　学力不振をどうするか　これらの生徒は，性格，身体欠陥，劣等感などや家庭環境の問題など何らかの原因を持っている。この原因を探求して対策を考えることが第一である。また，家庭や教員の教育観を改めてもらうことである。国語や数学の教科の遅れを取り戻すのは容易ではないが，遅れの原因を究明すればその対策が立つし，指導の工夫が大切である。出来れば，〈促進学級〉の設立も考えられる。

　精神薄弱児をどうするか　前記の改善点10項目の傾向は，教師から見捨てられた存在となり強い劣等感を持ち，捨てばちな気持ちになっていることの表れでもある。普通学級での指導では，「お客さん」から近くの「グループの一員」とすることが先決問題である。そして，《笑える子供，お話しの出来る子供，歌うことを喜ぶ子供，そして，人に好かれる子供》にする指導を行う。また，家庭訪問を多くして強力に父母の啓蒙・改善に当たる。しかし，この第一段階の指導は，一学級50人以上もいては問題の多い子供等に対して《個性を尊重し，能力を考えて，一人一人を見つめて指導する》ことは，〈木に登って魚を求める〉の例えと同じで，あまり期待できない。大体，碁盤の目のようにきちんと区切られた教科指導では，社会性を啓することや生活指導を徹底させることは現段階ではどだい無理なのである。従って，根本的に改善するのは，どうしても特殊学級が設置されなければならない。

　史資料には，実態調査に用いた「質問紙」の詳細な項目内容や様式及び回収率並び分析法などの記載はないが，これが留萌市特殊教育研究会が精神薄弱児の特殊学級設置を求める運動の有効な資料となったのであろう。研究会発足前の活動年誌があるが前述の筆者註で触れたように時期が前後している。そのなかでは，1952年10月の北海度精神薄弱研究連盟結成大会出席者名簿に留萌市関係者名の記載は見当たらないので連盟会員登録はそれ以降であろう。1954年1月発行の『北大教育学部特殊教育研究会ニュース』第一号の会員名簿には，個人会員として留萌港南中学校　尾田由太郎の名が記載されている。尾田由太郎は1953年に開かれた第4回研究会に参加したと考えられる。

小野寺信夫『特殊学級のない学校での特殊教育をどう進めるか―図工科を通しての実践』1956年

第3章　各地における教育実践

留萌地区増毛市立増毛第一中学校の小野寺信夫は，菊地秀夫と同じ北教組第6次教研集会に『特殊学級のない学校での特殊教育をどう進めるか―図工科を通しての実践』を発表した。発表内容は，○動機及研究の進め方（はじめに），○特殊生徒調査，○特殊児童の多い原因と考えられるもの（環境としての地域社会），○図工科が特殊教育に適しているのは何故か（①劣等生が知的教科に示す学習行動の分析から言える点，②知的一斉学習中に劣等生の無駄に過ごす時間から言える点，③劣等生をめぐるグループ二時間の図工科学習行動から言える点），○指導の計画（①特殊学級計画，①カリキュラム構成計画，②年間のカリキュラム），○特殊生徒の発達（①E.T.精薄中学一年男子，②Y.N.知的教科に全く興味なく図工科が特に秀ている中学三年男子），○参考資料として，○あとがき，から構成されている。
　本報告には，増毛中学校の特殊生徒調査結果がある。その調査手続きなどの記述はないが，一つの参考データーとして次に掲示しておきたい。

増毛中学校　小野寺信夫「増毛中学校の特殊生徒調査結果」
　1956年4月時点において，本校の生徒総数741名中の特殊生徒数とその割合は，次のとおりである。精神薄弱9名，身体障害 16名（虚弱1，肢体不自由4，弱視8，その他2），不良児8名（盗み3，虚言5），学業不振 24名，計57名で生徒総数の12.1％に当たる。

　発表内容から判断すると，小野寺信夫は，1958年頃から増毛中学校において性格指導，ガイダンス，精神分析などの視点から生徒指導や情操教育に取り組み成果をあげている美術教師である。しかも，〈いかなる生徒に対しても成長・発達の可能性を確信して指導に当たる〉優れた教師のようである。「図工科が特殊教育に適しているのは何故か」の論拠とした，精神薄弱のE.T.児と発達障害らしいY.N.児の豊富な絵画指導事例は説得力がある。また，「遅進児の図工指導の注意」にある，《どんな意味でも作品のあら拾いを決してしない，クレヨンよりも不透明水彩・イーゼルペイントを用いる機会を多くする，もっと教師は正常な子どもに対するよりも熱心に賞賛を与えること，教師は遅進児達の〈めちゃくちゃな絵〉に前よりも一層興味と探究の眼を注ぐこと》などは，小野寺信夫の教育経験と精神分析等の知見から得たものとして評価される指導観である。
　留萌市立港南中学校は，1957年10月に『本校に於ける特殊学級の開設と初期の学級経営（概要）』を作成し，留萌市特殊教育研究協議会で発表した。菊地秀夫は，前年度に続いて1957年11月の北教組第7次教研集会において『本校における特殊学級の経営』を発表した。これは，『本校に於ける特殊学級の開設

と初期の学級経営（概要）』を教研集会用として改めて表紙をかけたものである。本内容は前述の市澤豊（2010年）が取り上げているので重複をさけて，留萌市立港南中学校特別学級「職業補導学級」の成立状況とその教育観や教育方針などについて，本稿に関連した内容を摘記する。

留萌市立港南中学校　菊地秀夫「留萌港南中学校特殊学級の成立と経営」

特殊学級成立過程　1951年頃，反社会的生徒問題がガイダンスの一分野として扱われ，生徒の特殊学級への隔離構想があった。1954年には，東光小学校に特殊学級設置計画があった。留萌市特殊教育研究会が1955年10月に発足し，1956年7月に「特殊児童・生徒実態調査」を実施し，その結果をもって1956年9月に留萌市教育委員会に特殊学級設置の陳情を行った。1956年10月校長会は，教育委員会の「特殊学級設置の可否について」の諮問に対して，全会一致で「設置の要あり」と答申した。これを受けて，港南中学校運営委員会は1956年10月にが特殊学級に関する討議を行った。教育委員会は，日数を置かず教育長・山本課長・小林指導主事・特殊教育研究会代表田辺留萌小学校長が揃って港南中学校長を訪ねて「特殊学級設置」に関する折衝を行った。教育委員会は，10月末日に校長会を招集して「昭和32年度より特殊学級を港南中学校に設置」する了承を取り付けた。

1956年11月に入って，港南中学校は職員会議において特殊学級設置についての意見交換を行い，準備委員会の設置と尾田・吉沢・小笠原・菊地の四名を委員に選出した。準備委員会は，開設の諸準備を整えた1957年3月に解散した。そして，新たに「校内特殊教育委員会（筆者註：1957年10月資料には「港南中学校特殊教育研究会」となっている）」が組織され，学級経営方針及び運営方針等を定めた。入級対象児は，第一次銓衡時33名あがったが第二次銓衡で12名となり，その中で保護者等の理解が得られた男女各4名全8名となった。出身小学校の内訳は，留萌小学校5名，東光小学校2名，港北小学校1名である。

1956年7月には，会員20名の留萌市手をつなぐ親の会が発足した。

1957年4月，留萌市立港南中学校特殊学級が開設し初代担任は菊地秀夫となった。

特殊教育の思い　多人数を受け持っている普通学級の教師は，子ども達の一人でも忘れる気持ちはないが，種々の拘束から知能の遅れた子どもをお客様にしてしまう。新教育は，過去の誤った立身出世の教育を反省して人間の教育を取り上げ，特殊教育はその端的な表れである。日本国憲法は「教育の機会均等」を宣言したし，児童福祉法は「精神薄弱児施設の設置」を称揚し，学校教育法は「特殊教育」の部を設けて精神遅滞児教育への関心を強く打ち出している。

しかし，このような状況にあっても現場教師の意識水準は，依然として「金がない」，「暇がない」，「外に大事なする事がある」といった具合である。現場教師は，特殊児童の実態を知らず，不幸な親子を顧みる余裕すらない現状では正に日本の教育の悲劇の一面でもある。こうした不幸な子供達のための適切な指導の手をさしのべるかどうかは，学校側の決意如何にかかっている。

第3章　各地における教育実践

父兄や教師の特殊教育への理解と関心は，特殊児童が特別な指導を加えることにより，やがて世の中に出て独立の生活ができる時，暖かい理解と厚い愛情とで包むことにより高まるであろう。それに要する時間は長くかかるであろうが，根強く実践研究を重ね，この不幸な子供達の幸福を開拓すべく前進したい。

　初期の学級経営根本方針　1.自活：この教育の使命は，将来自分の力で生きることである。全教育計画の立案は，自律訓練におき教科指導，生活指導，職業指導等は彼らの社会生活に直接つながるものとして指導したい。2.社会性の伸長：協力と友愛の精神により人間関係の確立は困難であろうが，社会生活に適応するのに障害となる態度を矯正し良い躾をみにつけ人間関係を築かせたい。この人間関係については，あらゆる機会と場において指導する。3.劣等感の除去：劣等感はあらゆる生活の場に悪影響を与えている。自分の力を知り自信をもって行動するように導かなくてはならない。4.健康な身体：幸福な社会生活を営むための健康が第一である。彼らの総ては感覚機能に障害があり，幼少時重患の経歴をもっている。

　重点教育目標　○各個人の障害の実態を把握，心の解放，○社会性の啓培，○勤労の態度を養う，○生活に必要且基礎的な知識技能を養う。

　目標設定の根拠　1.綿密な実態把握なしの教育はない。根強く絡む劣等感の解放なしの指導は害あって益なし。2.中学校に於ける精薄児教育の中核をなすものは職業指導である。義務教育に於ける職業指導は，子供達を社会に自立させる最終段階の教育であるから，その教育内容は予備的であると同時に実践的性格を持ったものである。しかし，社会を構成する職業は千差万別で，特定の技術的訓練が必ずしも特殊学級の職業指導ではない。いかなる職場でも共通に要求されるものは，「よく働く」，「誠実」，「好ましい人間関係」であり，素直でよく働くことが特定の技術以上のものである。以上の点から，「仕事に対して真面目で真剣で忍耐強く素直で骨身惜しまず働く態度や心構えを身につけさせる」ことを目標とし，生活指導即ち職業指導とし，その目的達成の手段として多分に作業教材を取り入れるべきと考える。

　学級の名称　「1F」（正式名称：A・B・C・D・Eの順），「職業補導学級」（対外的名称：特殊学級の性格と特殊教育の使命を端的に表現した），「菊地学級」（全国的な特殊学級の名称傾向）。

　留萌市最初の特殊学級は，日本国憲法と教育基本法及び児童福祉法の理念の実現を図ろうとした留萌市特殊教育研究会（後に「留萌市特殊教育協議会」と改称された）の人々によって準備され市教育委員会を動かして開設された。特殊教育研究協議会は，市内の各小・中学校の校長及び学校代表運営委員の20名を会員として組織された。そして，毎月一回の会合において非行問題等や特異児童・生徒に関するの指導上の課題を取り上げ，研究事例を持ち寄って会員相互の特殊教育への共通意識を高めていったのである。港南中学校の教職員は，校内組織をかため15か月の準備期間を経て慎重に開設に当たったことになる。特

殊学級の教育方針や運営方針及び教育目標等には留萌市教育の特質的な姿はあらわれていない。

　1957年12月に，留萌市教育委員会と留萌市教育振興会は留萌管内初の「特殊教育研究会」を港南中学校で開催した。その開催要項『特殊教育研究会誌』から研究会の概要を次に要約する。

留萌市教育委員会・留萌市教育振興会主催「特殊教育研究会要項」

目的　精神遅滞児教育の当面する諸問題を研究し，かつ，この教育の振興を図る。
主題　**精神薄弱児の教育をどうするか**
講師　北海道大学教育学部　山本　普　先生　　指導主事　小林　毅　先生
期日　昭和32年12月13日
日程

8:30	9:30	10:00		12:00	12:40		2:40	3:00
受付	公開授業	開会式	実情報告と研究討議		昼食	講演		閉会式

その他　1. 公開授業　職業補導学級男4女4計8名　男「チョーク製造」女「雑巾縫い」
　　　　2. 研究主題　普通学級における精神遅滞児の教育をどうするのか
　　　　3. 環境と教育（筆者註：内容不明）
　　　　4. 研究討議　どの教室にも幾人かずつ，気にかけつつも手の届かない精薄児，この子らの教育を少しでも進めるために皆んなで話し合いたいと思います。
授業の案内　精神遅滞児の指導は，積極的・実際的の指導でなければ効果があがらない。この理由からチョーク製造又は雑巾作りという生産を通して，生活に必要な基礎的な能力を身につけさせたい。この教育計画に於いて（1）勤労の態度を養うことが出来る（イ．働くことを喜ぶ人，ロ．仕事を最後までやり，後始末をきちんとする人，ハ．道具や品物を大切に扱う人）。(2) 生産を通して販売，そして利潤を得るという経済組織が自然の中に理解できる。(3) 体を鍛えるのに有効である。(4) 社会生活に必要な基礎的知識を授ける事が出来る。(5) 多種な学習場面があるので，すべての生徒が学習に参加でき個性の伸長に有効である。(6) 長期にわたる作業学習が展開されるので，反復練習の効果を上げることができる。
授業の進め方　(1), (2)（筆者註：(1)は「チョーク製造学習」, (2)は「雑巾縫い」の授業略案である。(内容については筆者省略)
十二月の指導目標とカリキュラム，週案，会場案内図（筆者省略）

　開催要項には，生徒に関して生徒名・生年月日・性・出身校・I.Q.・身体状況の一覧がある。I.Q.では，50台が2名，60台4名，70台が2名となっており知能指数からみれば軽中度の生徒が入級している。実情報告と研究討議の内容

や運営についての資料はないが、留萌市立留萌小学校の滝沢実の「知能のおくれているM子の事例研究」と留萌市立潮静小学校の「精神遅滞児の指導—ある精神遅滞児指導の一事—」の発表と留萌市手をつなぐ親の会の「趣意書等」の説明があったと考えられる。

留萌市内の小中学校では、留萌市特殊教育研究協議会の活動や港南中学校特殊学級の開級に触発されて〈普通学級における精神遅滞児の教育〉に取り組んでいたようである。

小平村立達布小学校は、中小規模の炭砿地区における学業遅進児など教育不適応児への教育課題

山口良嗣『初期の特殊学級経営と現状』1958年

があり、1958年4月に特殊学級を開設した。1958年5月に北海道教育委員会より正式に一学級認可された。同校の山口良嗣は、1958年11月の北教組第8次教研集会に『初期の特殊学級経営と現状』を発表した。発表内容は、○特殊学級開設、○初期の学級経営、○現状（学習内容、問題行動、現状の悩み）、○結語からなっている。達布小学校は、校区内の特殊事情から生ずる教育課題について生活指導により対処していたが、高邁な理念を掲げ特殊教育理論を振り回すことなく、校内に「特殊教育運営委員会」を設け、PTA部門に「特殊学級育成会」を発足させて、自然体で運営と指導にあたっている。特殊学級経営は、4月から9月までの6か月間、児童主体の〈解放期指導〉と理解される。その実際を次に摘記する。

小平村立達布小学校　山口良嗣「特殊学級開設10ヵ月の経営」

特殊教育の底にある「すじ」　全く初めての経験でどのように扱ってよいか分からないが、特殊教育の底にある「すじ」というものがあるなら、それは情意教育ではないかと考えている。《手と頭の教育とならんで感情の教育》を掘り下げていくことをとして研究を重ねたい。

入級児童決定まで　2月25日　教研式でI.Q.80以下の児童にWISC検査実施、4月14日WISC検査でI.Q.75以下の児童の父兄と特殊学級入級について懇談する、3月24日鑑別会用資料の作成、3月25日　留萌市鑑別会に特殊学級担任予定教師が出席する、3月26日　北大山本普講師の参加を得て鑑別会議（精薄の程度、健康、症状等の有無）をおこない入級者を決定する。

入級決定生徒　対象児は、(1)　4年生から6年生の精薄児、(2) WISC検査によるI.Q.75以下の者、(3) 学業成績が全教科にわたって極度に遅れている者、(4) 精薄児と思われる行動の多い者。

童名	A	B	C	D	E	F	G	H	I	J	K	L
学年性別	6年男	6年男	6年男	6年女	5年女	5年女	5年女	5年女	5年女	5年男	4年男	4年女
I.Q.	53	62	66	45	68	73	75	77	77	79	76	55
M.A.	6:03	7:00	7:04	5:00	7:06	7:02	7:10	7:07	7:08	8:09	6:04	5:02
山本の判定	魯鈍下位	魯鈍中位	魯鈍中位	魯鈍下位	欠席	魯鈍上位		欠席	境界線児	魯鈍上位	魯鈍中位	魯鈍下位

学級の性格 (1) 精神遅滞児を対象とした学級, (2) 普通学級の教育目標と同じだが基礎能力を身につけさせる, (3) 教科学習以外の行事・朝会・クラブ等には親学級に参加する。

学級指導の現状 1.指導目標 ○毎日の生活を児童と共に楽しくやることに心掛ける。○〈子供達がしたいことをしてよろしい〉という方針でどんどんさせる。児童の中に潜んでいる気持ちをさらけ出して, 本来のままの姿をを見つめて, 劣等感や欲求不満を解消することが指導の発端である。○みんなと仲良く遊ぶ。学校を明るい楽しい魅力あるところとして受け入れるようにする。2.指導目標の展開 一学期はカリキュラム通りにならず, 児童の動きを観察して〈何をしたいのか, 何が出来るのか, 何をしようとしているのか〉を現実に立脚して週案と日案を練った。指導内容は, 4月末から9月末まで単位時間を45分間とし換算すると次のようで, 目的の半分も達成していない(筆者註:下表中の※は, 時間数と指導内容時数の集計の不一致)。

授業分類	時間数	指導内容
学科的なもの	92	絵日記 (41), 算数 (21), 国語 (24), テープ (3), 理科 (4) ※
図工科的なもの	101	木工 (42), ミシン (12), 絵画 (25), 紙工作 (16), 粘土 (6)
体育的なもの	59	運動会 (14), ボール遊び (16), ソフトボール (19) ※
視聴覚	38	音楽 (20), 映画・幻燈 (10), 紙芝居 (8)
生活指導	44	躾 (19), お話し (13), 奉仕 (12)
校外学習	26	炭砿 (2), 営林署 (6), 駅 (4), 山川 (14)
教科外学習	25	クラブ (25)

児童の様子 4, 5月頃は, 〈呼んでも返事をしない〉, 〈一分と落ち着いていない〉, 〈自分の名前が書けない〉, 〈計算は指を使ってする〉, 〈窓に腰をかけてジッとして話をしない〉, 〈大声で叫ぶ〉といった子供達, 〈不従順, 虚言, 残酷で衝動的な行為, 盗み〉などの問題行動に, あきれ果て, 腹が立ち, 逃げ出したくなったこともあった。しかし, 入級するまでは長期欠席児であった者が毎日休まず登校してくるので投げ出すことも出来なかった。特殊教育の参考書もなく何もかも初めてであったし, 何も特別なことは出来なかった。それなのに, 木工学習で, 〈先生, 同じ長さにするには何処を切れば良い?〉と聞きに来た児童に〈うーん

と言って応えないでいると，他の子が〈指しを使えばいいんじゃ〉と答えた。内心うれしくなった。

　秋の遠足を学級員だけで行こうと言い出した。そして，場所や時間や持ち物などについて自分たちで決めようとした。子ども本来の力を表してきたのだと思う。

　結語　特殊教育の底にある「本すじ」は，学校・家庭・地域の環境調整と未来を予測した学級経営にあるようだが，未だはっきりとしていない。特殊教育の題目の〈特殊〉というものを早く脱して教育の本筋の中に溶け込んでゆきたい。

　山口良嗣の発表には，所謂建前論がない。特殊学級開設初期，すなわち〈解放期〉における指導は，教師としての児童の主体尊重と児童理解の視点を外さない適切な教室経営である。発達障害児等の教育は，個性重視，教育機会の均等，人権尊重の教育とする理念や教育観により整えられているが，そのために児童と教師の生々しい学習や生活活動の実態から遊離した美辞麗句により形骸化する傾向にあった。特に，教研集会や研究会の発表内容は，借りものの建前論や指導仮説段階のものが多く，教室実践の事実を根拠とした泥臭いが内実のある論述は稀少である。

　留萌市立港南中学校の菊地秀夫は，1958年11月の北教組第8次教研集会で『特殊学級に於ける職業教育の実践』を発表した。これは，職業補導学級における二か年の教育実践を中心課程である「職業教育」に焦点をあてた内容である。発表題は，「職業教育」であるが，発表内容には用語「職業指導（訓練）」，「作業単元」が使われており，「職業教育」という用語は表題のみである。このことに関しては，市澤豊（2010年）の論考を参照されたい。留萌市立港南中学校特殊学級「職業補導学級」の「学校工場方式」による職業指導は，当時の北海道においては先進的な取り組みであったと評価される。

　1958年12月，留萌市教育委員会と留萌市特殊教育研究協議会は，北海道精神遅滞児教育連盟と留萌市精神遅滞児育成会の後援を得て「留萌市特殊教育研究会」を留萌市立港南中学校を会場に開催した。開催要項は，『留萌市特殊教育研究会要録』によれば前年度の1957年12月大会とほぼ同様である。

　本大会では会員の研究発表として，留萌市立港南中学校「特殊学級の経営　昭和三十三年度の概要」，留萌市立東光小学校小笠原清二「留萌市特殊児童生徒のウイスクによる診断」，留萌市立留萌中学校の安富智正「下知能生徒の音楽性」，留萌小学校大野一「留萌小学校特殊児童の児童とその指導」があった。港南中学校の発表は，留萌市

留萌市教育員会等『留萌市特殊教育研究会要録』1958年

に於ける特殊教育振興の経過，今年度の経営方針，学級経営の根本方針，重点教育目標，カリキュラム，特殊学級経営組織図，学級構造，学級備品及び指導用具，教科と時間配当，生徒一覧表，指導の実際，指導経過の概要，望ましい環境の醸成（職員の協力，普通学級との交流，父兄の協力，社会への働きかけ）で構成されている。小笠原清二は，「WISC検査法」を被験者100名ほどに実施した結果を分析検討しているが，その意図が不明なこともあり個別性知能検査の必要性と検査技術の習得を求める結論となっている。安富智正は，学業成績が〈下〉で音楽科成績が〈劣〉の28名の生徒に対して「音楽素質診断テスト」を実施した結果を考察している。音楽性は，知能の高低に関係は無く低知能の生徒の音楽性を伸ばす指導法が課題であるとしている。妥当な解釈である。

　大野一の研究発表は，1. 留萌小学校特殊教育推進計画（目標，組織，運営，事業計画，その他，対象となった特殊児童の欠陥別人員構成，WISC実施時の知能分布），2. 特殊児童の実態（学習状況，性格と行動，身体状況），3. 特殊児童の指導実態（教師の児童観，児童との人間的交流，特殊児童の学習指導について担任として特別に配慮した児童，生活指導，学習評価面の苦悩・行動評価で困ったこと，家庭連絡），4. 特殊児童の傾向・その対策（WISCの実施結果から，学習状況調査から，生活行動の調査から，指導実態の調査から），5. 結びからなっている。特殊児童160名対する指導実態の調査結果は貴重で興味深い。本研究は，特殊教育推進の調査資料を整えたものなので次に取り上げて摘記する。

留萌市立留萌小学校　大野一「特殊児童の実態とその指導」

特殊教育推進計画

目標　○特殊児童の教育的効果の充実のための指導の資料を蒐集する，○教師がWISCの使用に精通し学習指導に利用できるようにする，○特殊教育推進に必要な事例研究，特殊学級設立準備，特殊児童進学対策等を研究する。

組織　特別委員会（委員長，総務，幹事，委員〈学年2名，計12名〉）

運営　○WISCによる診断と対策，○特殊児童対策の研究，○座談会，懇談会の開催。

対象となった特殊児童の欠陥別人員構成（総数160人，精薄は32人）

欠陥別		学年別	1年	2年	3年	4年	5年	6年	計
身体的の欠陥ある者	感覚機能	視聴覚の欠陥			2	1			3
	肉体的	肢体，言語，その他	1	2	1	5	3	2	14
	体質的	虚弱，らい，その他				1		1	3
精神的の欠陥ある者	知能	劣等，精薄，学業不振	10	32	25	31	12	20	130
	性格	犯罪，浮浪，性格異常	2		1	4	3		10

特殊児童の指導実態（全校学級担任による無記名調査の結果，対処児童数）

1. 教師の児童観（指導の意欲があるかどうか）

○頭が悪い（放任）31，○性格が良くない（迷惑，嫌悪）24，○見所がある（希望，指導意欲）51。

2. 児童との人間的交流（接触の機会）

学習時間中 ○課題や指名を時々やる49，○時には親切に指導40，○監視的気持ちで接している19，○何時も特別な個人指導15，○出席点呼の他は偶然に名前を呼ぶ程度8。**校内学習時間外** ○少人数集団に加えて話し合うことがある55，○全く個人的に接して面接，話し合うことがある27，全然接しない10。**校外での接触** ○殆ど無い43，○家庭訪問や個人的に教師宅に来る29，○行事の時20。

3. 学習指導について担任として特別に配慮した児童

○座席配置やグループ編成で配慮した児童42，○授業形態等を工夫改変した例16，○特別な資料や教材教具を工夫して与えた例13，○学年打合せその他で話題として研究した例11，○指導計画〈日案，教案〉に予め配慮しておいた例10。**特別な学習指導の例** ○家庭作業として特別ノートを作成して与える，○近所の子供と仲良く勉強するように集いを設けている，○一年生程度の特別な課題を与えている，○興味を持つように例えまずいものであっても褒めてやっている。最近稚拙ながらよく勉強してくる。**課外学習の有無** ○問題を特別与えている37，○家庭へ出向いたり教師宅へ時々呼んだりする29。

4. 生活指導

○交友関係について配慮し指導した例35，○時々観察記録を取ったり積極的指導をした例29，○何等特別の配慮もせず放任してある児童18，○計画的・継続的に観察し・記録し・指導した例10。

5. 学習評価面の苦悩，行動評価で困ったこと

○教育的に考えて事実を知らせることについて大変苦悩あり，○長所を取り上げ情意の評点を付けてやり「張り」をもたせてやりたいが，どうしても下位になり自信を与えられない，○期末の評価でなく日常成績品の評価は絶対評価を採っている。

特殊児童の傾向，その対策 ○WISC検査結果からは，I.Q.が90～119迄の44名が学業不振児数と一致した。今後，能力差に応じた指導の工夫など教育技術の改善が求められる。○学習状況調査結果からは，〈学習によろこびを持って参加し，能力に応じて力を発揮するという態度，意欲を持ってくれていない児童がいることが判明した。学級社会に親和感をもたせるなどの改善工夫が課題である。○指導実態の調査からは，先生方は一人でも多くの子どもを何とかして望ましい方向に伸ばそうと懸命の努力をしている。しかし，どの項目をみても，10名以上の子は〈仕方がない〉として放任？ の現状である。手が廻らないのが現実の姿であっても淋しい限りである。

結び ○精神薄弱児教育は，義務教育学校において必然的に特殊学級を置いて

行わなければならない。○特殊学級を置かない学校は，どんなに立派な校舎でどんなに優秀な教師がいても，どんなに立派な卒業生がでても不完全な学校で，何人かの児童・生徒については毎年，それらの者の能力に応じた教育を行わないままに臭いものには蓋をしたままで卒業させてしまっていることになる。○特殊教育の推進は，全校の先生方の異常な情熱と協力を惜しまない強力な基盤なしには効果は期待できない。全校一致して指導対策に当たりたい。

　留萌小学校の特殊教育推進計画は，全校児童の実態調査に限定することなく，全教員に対して特殊児童指導の実際に関した調査を実施することによって特殊教育への関心を高めると共に通常学級における特殊児童への指導法の改善など意識改革を図ったものである。そして，精神遅滞児のための特殊学級の開設と普通学級における学業不振等の特殊児童に対する配慮した指導について全校体制を整えたのである。1959年4月，留萌小学校特殊学級が開級された。

　全道精神遅滞児教育研究会は，1959年9月に北海道教育委員会・留萌市教育委員会・留萌市教育振興会・道精連主催により，留萌小学校・留萌港南中学校を会場に二日日程で開催された。研究主題は，「精神遅滞児を生産人に育てる教育はどうあるべきか」である。留萌小学校四年八組（大野学級担任）大野一は，『すなおに明るく─私の実践ノートから─』を編集して発表した。内容は，○先生も生徒になって（経営の根本方針，重点教育目標），○大野学級の誕生，○二日目のこと，○子供といっしょに帰って，○生まれ出たもののなやみ，○バカの組みでないこと（資料付き），○子供の作品から，○職業的訓練（畠仕事，煙草販売），○あとがき，からなっている。表題も記述内容も

大野一『すなおに明るく─私の実践ノートから─』1959年

易しく，指導が地に着いてくさまが〈児童とのリアルなやり取り〉を平易な文体で書かれている。大野一は，表題『学級開設六ケ月─すなおに明るく─』と替えて1959年11月に開催された北教組第9次教研集会でも発表した。港南中学校は『昭和34年9月25日 本校に於ける特殊学級の開設と経営及び指導』を編成して発表した。本誌の目次には，○はじめに，○留萌市における特殊教育の動き，○本特殊学級の開設，○本特殊学級の経営，○本特殊学級の指導（カリキュラム，教科と時間配当，指導の実際，家庭日課表，基礎教科について，生活〈作文〉，合宿について，休み帳，教育評価，職業指導〈校内職場実習，校外職場

実習)),○テレビ視聴状況,○望ましい環境の醸成,○さいごに,となっている。港南中学校は,特殊学級開設2年目で学級を二学級編成へと拡大し,3年目に全道規模の研究会会場校として,教育方針・目標,経営方針,学級支援協力組織,施設・設備,カリキュラムなど必要要件を整えたのである。しかも,生徒の学習活動記録とその指導経過を公開している。当時の研究発表内容は,教育理念や方針,児童生徒の実態,教育目標,施設・設備など教育環境と指導仮説の域を出ないものが大半であったことからすれば,格別の前進である。港南中学校の教師たちは,小平達布小学校の山口良嗣や留萌小学校の大野一の〈教師と児童の教育活動の事実から教育実践を語る〉姿勢を学び受け継いでいる。この全道精神遅滞児教育研究会の概要については,市澤豊(2010年)が詳述している。港南中学校職業補導学級は,1959年に学習教材『国語』,『数学』を編集しているが,これも先進校の網走小学校や室蘭鶴ヶ崎中学校の実践に次ぐ取り組みとして評価される。

小平村立達布小学校の山口良嗣は,1959年11月の北教組第9次教研集会に『一年五ヶ月精神遅滞児と共に』を発表した。これは,前年の第8次教研集会の発表の継続版である。内容は,○学級経営方針(一昨年度の反省より),○入級当時からの児童の進歩,学級内に於ける交友関係の経緯,○昨年度授業内容と普通学級授業との比較,○技術能力調査の比較,○I.T.君と共に,○結語,となっている。本発表内容は,各児童の行動面と学習面の進歩の跡について記述されており,また,ていねいな個別の絵日記の指導事例が記載されており,学級経営は解放期から安定期に向かっていることが理解できる論述内容である。

留萌市支部留萌市特殊教育研究協議会は,1960年11月の北教組第10次教研集会で『非行生徒の研究と特殊教育に対する意識』を報告した。報告内容は,○非行少年は何を考えているか(実施したテスト用紙,実施方法,各テストの結果集計,問題児は何を考えているか,考察,さいごに),○一般父母に対するアンケート,○特殊教育に対する一般教師の意識について,となっている。表題は,

留萌市特殊教育研究協議会『非行生徒の研究と特殊教育に対する意識』1960年

「非行生徒」,フラストレーションのテスト対象児は「反社会的行動児」,まとめは「問題児」となって用語概念の整合性はない,父母や一般教師へのアンケートには「智恵おくれ・精神遅滞児」となるなど多岐にわたる内容である。アンケート資料が貴重なので,次に摘記して再掲する。

第6節　留萌地区の教育実践

留萌市特殊教育研究協議会「一般父母と教師の特殊教育意識」

一般父母に対するアンケート（対象：留萌小学校父母300人，回収269人，回収率約90％）

質　　問	回　　答	％
A 智恵おくれ，精神遅滞児と言う言葉について	・知っていた ・聞いた事がある ・知らなかった	86 12 2
B 最近の書物によると精神遅滞児のできる原因は，はっきりと遺伝と言えるものは約一割程度で大半は後天性だと言う事ですが，この事についてどう考えますか	・遺伝だと思った ・生まれた後の病気や怪我によると思った ・よくわからない	30 44 26
C 港南中学校・留萌小学校に精神遅滞児のための学級があると言う事を	・知っている ・知らない ・何の教室かと思った	92 7 1
D 精神遅滞児について関心を持ったことが	・ある　　　　　　（筆者註：75の誤植か）→ ・ない	72 25
E 精神遅滞児によって迷惑をこうむったことが	・ある ・ない	15 85
F この様な子供さんに対してどのようにお考えになりますか	・かわいそうだ ・家族に気の毒に思う ・何か力になってあげられる事があったら協力したい ・他人の事だからかまわない ・家にいなくて良かった	28 18 52 0 2
G ご自身の家族や親戚に，若しこのような子供ができた時	・特殊施設や特殊学級に入れる ・あまり人目につかぬように普通学級におく ・医師や児童相談所の先生方の意見を聞いて見栄をはらずに本人の為になる方法をとる	22 2 76
H 最近の教育界で精神遅滞児教育について気運が高まってきた事について	・その様な事に，多くもない予算を消費する事はない ・もっと施設を増加するよう大いに努力すべきだ ・今まで通りそっとしておいて，その家庭に任せる	2 95 3

考察　1.原因について遺伝と考えている人は案外少なかった，2.精薄児，学業不振児，問題行動児とを混同しているようにも見受けられる，3.精神薄弱児に無関心ではなく，且つ同情的であり，又処置について正しい意見を持つ人が多い。これらは，他人事と考える心の余裕もあるかも知れない，4.施設の増加を望み，又その家族に協力する気持ちを持つ人が多いから，私たちは今後正しい理解と協力を得る為に大いに努力すべきである，5.これらの結果，港南中学校と留萌小学校の特殊学級の存在，そして，作品展示会や全道研究会の開催，映画前売券の販売などによるPRの効果でもある。

第3章　各地における教育実践

特殊教育に対する一般教師の意識について
（対象：留萌市内小中学校教員251人，回答167人，回収率67％）

質　問	回　答		%
A　特殊学級設置について	・必要と思う		82
	・あることにこしたことはない		14
	・無理して作る必要はない		3
	・1,260以上を入級させるべきだ（筆者註：意味不明の誤植）		1
B　精薄児教育について	・特にアピールする必要はない		4
	・普通学級にそっとして置いた方が本人の将来の為になることが多いと想う		1
	・社会の人との理解によって社会生活が出来るように積極的に指導すべきである		88
	・無回答		7
C　普通学級内における精薄児教育について	・特別指導したことがある		20
	・その様な場合にあったことがない		10
	・特別指導は必要である		51
	・特別な関心は持っていない		2
	・時間がない		4
	・程度の緒問題		1
	・指導したことがない		1
	・無回答		7
D　特殊学級担任について	担任したい理由	・経験と研究のため	48
		・特別な理由はない	10
		・学生時代に研究したから	0
		・特殊教育は是非必要だから	42
		計 14	
	担任したくない理由	・教育方法が不安でおそろしい	17
		・研究していないから	18
		・非常な忍耐が必要だから	4
		・独創性が必要だから	2
		・持ってみたい気もするがまだ自信がない	18
		・重い責任を感ずるので自信がない	14
		・自分の無力が一層児童を不幸にする	9
		・図工が不得意，自分の専攻を十分にしたい	4
		・能力がなく短気である	6
		・何となく	2
		・考えた事なし	1
		・心理学的能力不足	1
		・経験が浅い	4
		計 45	
	・どちらでもよい		41
E　特殊学級は費用がかかると言うことについて	・大いに金をかけて主体的指導をすべきだ		56
	・基礎学習の促進のためであるから費用は少なくて良い		7
	・教育予算はまだ少ないので我慢すべきだ		17
	・必要に応じかねる		1
	・大いに努力すべき		2
	・一般学級の予算獲得が先決		6
	・無回答		11

第6節　留萌地区の教育実践

F 特殊児（精薄児）が職員室や教室に入ってきたりするとき	・迷惑に思う ・興味を感ずる ・無関心 ・気の毒に思う ・差別感を持たない ・温かく見てやりたい ・意識する方がおかしい ・無回答		1 24 11 37 5 4 1 17
G あなたが特殊学級を担当した場合指導の主眼点をどこにおきますか	・個人能力を最高に伸ばす ・職業指導に主点をおく ・他人に迷惑をかけない ・境界線児の指導に重点をおく ・周囲の者に理解してもらう事 ・予算を取って施設，その他に努力する ・特技指導 ・伸び伸びと育てる事，情緒の安定，性格の訓練 ・正常児に近い社会生活が出来るようにする ・基礎的学習 ・個人の生活指導 ・小学校は生活指導		13 32 3 1 5 2 5 17 17 2 1 2
H 将来性薄児教育は，どうあるべきだと考えられるか	・養護学校の設置が必要である ・教師の養成が急務 ・社会や親の理解と努力が必要 ・国家予算と施設の充実 ・内容の充実を望む ・教師の待遇改善に一考を ・総ての精薄児が教育を受けられるように努力する ・担当者の研究心に任せる ・一学校一学級程度設ける ・職業開校へのPR（筆者註：意味不明の誤植） ・知能を改善する新い薬を考える ・現在ある施設を充分活かして掘り下げて教育する ・精薄児教育についての組織を強くし研究する ・教師の待遇を改善する必要なし		2 10 17 18 2 2 15 1 5 3 1 4 9 1
I 港南中・留萌小に精薄児のための学級があるということを	・知っている ・知らない ・無回答		98 1 1
J 耳の聞こえない子，目の見えない子の為に学校があることを知っていますか	・知っている ・無回答		99 1

考察 1.特殊学級の設置は必要であると考えている人が多くこころづよい，2.国家，社会一般の理解を望み，この子等の自活への道を心配し，社会生活の出来る人間形成に重点をおくべきだ等この子等の将来についても考えている，3.特殊教育への関心は高く，先生方のこの子等に対する配慮が大きい，4.これらの盛り上がりを反映させて一学校一学級設置の早期実現にもっていきたい，5.現在の少ない教育予算内での発足間もない特殊教育には問題が多い。そのことが積極的に担

任を希望する教師が少ないことの要因であると思う。6. 質問D.に対して，特殊学級担任を希望したものは21名であった。年齢20代，30代で15名（71％）も希望していることは，この教育の絶対必要と考える先生方が多いことを物語っている。又，50代で4名（約20％）の希望者がいることも見逃せない。どちらでも良いという答えが全体の41％もあるので，これらの人に積極的にこれから働きかけ，共に研究し，気軽に，誰でも特殊学級を担任できるようにしたいものである。

　本意識調査は，特殊教育に関する教職員への意識改革を求めるとともに，市民への啓発と教育行政への教育条件の整備・充実を求める資料として貴重であったと考えられる。また，北海道の黎明期における発達障害児等にかかわる得難い史資料の一つである。この調査結果については，第7節上川地区及び第9節石狩地区でも同様な調査結果があるので各節で比較検討した。
　次に，本研究対象の期間以降の史資料について，資料名と主内容を取り上げておく。
　小平達布小学校は，1961年11月に，『本校における特殊教育 ひまわり学級 1961.11.13』を公開した。その目次は，○はじめに，○特殊学級開設時までの歩み，○特殊学級の経営，○開設後の歩み，○現在の状況，資料，学習指導案，結び，となっている。

　留萌市立東光小学校三国幸雄は，1961年11月の北教組第11次教研集会に『普通学級にいる精薄児の取扱いについて』を報告した。本報告は，○まえがき，○教科指導の配慮，○生活指導の方針，○学級経営，○学級一員としての自覚，○人間関係の調整，○たくましい精神の養成，○個別指導と集団生活指導，○協力者などの仲間づくり，○保護者との連携，○中学校での教育，から構成されている。本報告は，前述の1960年留萌市特殊教育研究協議会が実施した意識調査を引き継いだアンケート調査結果である。次に，その幾つかを引用して摘記する（「配慮した指導についてのみ引用し，「していない」については省略した）。

三国幸雄『普通学級にいる精薄児の取扱い」について』1961年

留萌東光小学校　三国幸雄「普通学級の精薄児指導の実態」
1. **教科指導における配慮をしている**　○個別指導の可能な国，算は能力に応じ程度を下げて指導している。○他教科は「別問題」を与えている。○国・算のテストは別問題にしている。○机間巡視時必ずノート指導など簡単な問題を指示して

いる。○生活の時間では発問を考えて話合いに参加させている。
　2. **自分のことは他人に依存せずに社会性を育てる**　○用便・昼食・靴・机等の整理整頓。○できるだけ手をかけずに自立させる。○グループ学習をさせる。
　3. **学級の雰囲気，仲間づくりに留意している**　○机の配置や席隣りの工夫。○あの子は「病気だから」して皆で面倒を見る。○明るい子・活発な子のグループに入れる。○笑ったり異様な目で見ないようにさせている。
　4. **本人に学級の一員である自覚を持たせる指導**　本人ができる学級の仕事をさせ，学級のために活動しているという気持ちをもたせている。○責任ある仕事を与え学級代表にさせる。○学級会の司会をよい子に付けて一緒にやらせる。○日直・週番でも差別扱いをせずに割り当てる。
　5. **保護者に対する指導**　○必要時に月に一，二回不定期に連絡している。○できるだけ共に相談し合う。○家庭訪問をしたり，来校してもらって相談したりする。

　アンケートの内容は，三国幸雄も述べているように，特殊学級担任の立場から作成したため，回答を具体的に書くことが難しく「している」，「取り組んでいる」といった抽象的な回答が多くあった。アンケート調査は，目的により内容と方法を吟味して，調査の意図する回答を引き出し，その結果を効果的に活用するなどの成果が求められよう。
　羽幌小学校松田吉治は，1962年11月の北教組第12次教研集会に『精神薄弱児の言語指導（口頭作文指導について）』を発表した。発表内容は，○精薄児と国語教育，言語表現の実態，○表現指導，○表現整理の指導である。
　羽幌町立太陽小学校の影近実は，1963年11月の北教組第13次教研集会に『本校に於ける学業不振児指導の一考察—抽出から原因究明まで—』を発表した。内容は，○はじめに当たって，○研究体制，○研究方法，○資料の整理と考察，○研究のまとめ，○参考事例二題，○終わりに当たって，○本校の特殊学級の概要となっている。
　1963年に特殊学級を開設した羽幌町立太陽小学校は，『昭和38年度学校研究学業不振児指導事例研究』をまとめ公開した。内容は，○はじめに，○研究体制，○研究方法，事例研究，まとめ，となっている。
　1963年11月，留萌市立東光小学校・留萌小学校・留萌中学校・港南中学校は『留萌市の特殊教育要覧 1963.11.25.』を発行した。要覧の内容は，○留萌市の特殊教育の沿革，○留萌市特殊学級，子供のようすと環境，○（児童・生徒の）推移，○卒業生の動向，○日課表，○作業内容，○カリキュラム編成の基本的考え方，○カリキュラム（10月）となっている。
　1964年3月，羽幌町立太陽小学校は「特殊学級増設申請書」を町教育委員会に提出した。増設の理由として，地域社会の要望，児童の要望，学校の態度の

三点を挙げている。そして，1970年に一学級増設が認められた。

　留萌市立留萌小学校の大野一は，昭和39年度特殊教育教育課程研究会に『教育課程編成資料』を発表する。内容は，○カリキュラム編成の基本的な考え方，○今後の課題として（一人一人の限界点の追究，周辺学習の問題，両親教育，地域社会の啓蒙，対教師問題）となっているが，実践的内容の記載はない。

　苫前町立力昼小学校の次席教諭斉藤一利は，1964年11月の北教祖第14次教研集会に『特殊教育の実態』を発表した。内容は，○はじめに，○留萌管内特殊教育の実態，○管内教研特殊部会に於ける発表内容の概要，○結び，となっている。発表主題にあるように，管内の小平村立達布小学校と羽幌町立太陽小学校の特殊学級教育の概要を第三者的にまとめたものである。

　留萌教育研究所は「特殊教育に関する研究（特学設置の問題点）」を研究紀要に発表する。内容は，○特殊学級設置に関する問題，○教育相談（非行問題と学業不振児）となっている。

　1965年4月，増毛町立増毛小学校，羽幌町立羽幌中学校，羽幌町立太陽中学校に，それぞれに特殊学級が設置される。

　羽幌町立羽幌中学校の佐賀隆は，1965年11月の北教祖第15次教研集会に『本校に於ける特殊学級の教育課程―領域表，養護学校教科書と教育課程―』を発表した。内容は，○精薄児教育の目標，本校に於ける教育課程，○教育課程の基本になっている領域表，○単元の編成について，○むすび，となっている。佐賀隆は〈開設一年目はなんとなく分からなく，ただぼんやりと。二年目は何とかやろうと思いながらも手がつかず。三年目になってようやく精薄児の取扱いに慣れ，一応指導計画案ができた〉と偽らざる心境を吐露している。せめて学級の児童の様子だけでも描き出せなかったのであろうか。

　留萌市立港南中学校に転出した山口良嗣は，北教祖第15次教研集会に，『特殊学級に於ける職業指導と就職指導』を発表した。内容は，○職業指導（基本目標，指導目標，指導の実際，各作業製品，指導計画，学級構造，学級予算，作品の販売），○就職指導（就職先一覧，職業分類，転職回数，現就職先作業内容，就職指導上の問題点，就職指導上の対策，事業主の感想文），○結び（職業指導，就職指導）からなっている。留萌港南中学校の特殊学級は，担任交代による学級経営の引継もあり進展をみせているようだ。

第3．留萌地区発達障害児等特殊教育の歩みと特質

1　留萌管内の発達障害児等特殊教育の歩み

年　月	事　項
1951年4月	苫前町立苫前小学校に特殊学級開設される（道教委資料）。

	7月	留萌地区学校教育目標が設定される。 留萌市学校教育関係者が反社会的な生徒の隔離施設としての特殊学級設置の必要を訴える。 留萌教育研究所設立される。
1952年	7月 9月 11月	留萌管内教科別研究協議会（留研教科サークル）発足する。 遠別町立遠別中学校は，精神薄弱児特殊学級形態の実験的指導を開始する。 遠別町立遠別中学校林俊夫は，北教組第二回教研集会に『本校第一学年における精神薄弱児の実験的取扱の実態』を発表する。 留萌市立港南中学校の尾田由太郎は，北教組第二回教研集会に『地域社会に於ける非行生徒の実態とその根本対策』を発表する。
1953年11月		留萌市立港南中学校の尾田由太郎は，北大教育学部第4次特殊教育研究会に参加し，会員となる。 留萌市立港南中学校の尾田由太郎は，北教組第三回教研集会に『中学校の普通学級では精神薄弱児は如何なる学習をしているか』を発表する。
1954年11月		留萌市立東光小学校に，特殊学級設置の気運が起こるも児童急増のため取り止める。 羽幌町立天売中学校の入谷正孝は，北教組第4次教研集会に『学業不振の原因と父兄への働きかけによる対策』を発表する。
1955年10月 	11月	留萌市特殊教育研究会（代表 留萌小学校長 田辺惣治）が全市体制で組織され，特殊生徒の指導研究に着手する。本会は，留萌市教育振興会の一組織となる。 留萌市立東光小学校の向山ゆきは，北教組第5次教研集会に『障害をもった子供の教育（非行児童を中心として）』を発表する。
1956年	9月 11月	留萌市特殊教育研究会は，会長名で特殊学級設置について陳情する。留萌市小中学校長会は，留萌市教委の「特殊学級設置の是非」の諮問に対し「設置の要あり」と回答する。市教委と留萌港南中学校長は，特殊学級開設について協議し準備を進める。 留萌港内中学校の菊地秀夫は文部省が主催した「特殊教育ワークショップ」に参加し，青鳥中学校等を視察した。 留萌市立港南中学校の菊地秀夫は，北教組第6次教研集会に『留萌市における特殊児童・生徒の実態と指導段階における改善点』を発表する。 増毛町立増毛第一中学校の小野寺信夫は，北教組第6次教研集会に『特殊学級のない学校での特殊教育をどう進めるか 図工科を通しての実践』を発表する。 留萌教育研究所「特殊教育の諸問題 特殊児童生徒の実態と対策」を研究紀要に発表する。
1957年	4月 7月 10月 12月	留萌市立港南中学校特殊学級「職業補導学級」開設する（初代担任 菊地秀夫）。 留萌市精神薄弱児育成会（手をつなぐ親の会）発足する。 留萌市立港南中学校『本校に於ける特殊学級の開設と初期の学級経営（概要）』を作成した。同校の菊地秀夫は，11月の北教組第7次教研集会と12月の第一回留萌市特殊教育研究会（主催：留萌市教委・留萌市教育振興会において発表した。 第一回留萌市特殊教育研究会開催される。
1958年	4月 6月 11月 12月	小平村立達布小学校に特殊学級開設される。 留萌市立港南中学校特殊学級は，入級生徒が増え二学級編成となる。 アメリカ文化センター館長ジーン・ビガースタフ女史の講演会等開催される。 小平町立達布小学校の山口良嗣は，北教組第8次教研集会に『初期の特殊学級経営と現状』を報告した。 留萌市立港南中学校の菊地秀夫は，北教組第8次教研集会に『特殊学級における職業教育の実践』を発表した。 留萌市特殊教育研究会（主催：留萌市教委・留萌市特殊教育協議会，会場校：留萌市立港南中学校）開催される。研究発表は，留萌市立港南中学校『特殊学級の経営 昭和33年度の概要』，留萌市立東光小学校小笠原清二『留萌市特殊児童生徒のウィスクによる診断』，留萌市立留萌中学校安富智正『下知能生徒の音楽指導』，留萌市立留萌小学校大野一『留萌小学校特殊児童の実態とその指導』である。

第3章 各地における教育実践

1959年 4月		小平村立達布中学校，留萌市立留萌小学校にそれぞれ特殊学級が設置される。
	9月	第11回全道精神遅滞児教育研究会（主催：道教委・留萌市教委・道精連，会場校：留萌小学校・港南中学校）二日日程で開催された。 留萌市立港南中学校職業補導学級は，教材『国語』，『数学』を作成し発表した。
	11月	留萌市立留萌小学校の大野一は，第11回全道精神遅滞児教育研究会に『すなおに明るく―私の実践ノートから―』を発表し，引き続き同内容のものを北教組第9次教研集会において表題を『学級開設六ヶ月―すなおに明るく―』として発表した。 小平村立達布小学校の山口良嗣は，北教組第9次研究集会で『一年五ヶ月精神遅滞児と共に』を発表した。
1960年11月		留萌市支部留萌市特殊教育協議会は，北教組第10次教研集会に『非行生徒の研究と特殊教育に対する意識』を発表した
1961年 4月		留萌市立東光小学校に特殊学級開設される。 留萌市教育研究所開設される。
	11月	留萌市特殊教育協議会は，教育課程の研究に着手する。 小平村立達布小学校『本校における特殊学級 ひまわり学級 1961.11.13』を公開した。 留萌市立東光小学校の三国幸雄は，北教組第11次教研集会に『普通学級にいる精薄児の取扱いについて』を発表した。
1962年 4月		羽幌町立羽幌小学校に特殊学級開設される。
	11月	羽幌町立羽幌小学校の松田吉治は，北教組第12次教研集会に『精神薄弱児の言語指導（口頭作文指導）』を発表した。
1963年 4月		羽幌町立太陽小学校に特殊学級開設される。
	11月	羽幌町立太陽小学校は，『昭和38年度学校研究 学業不振児指導例研究』を公開教育要覧1963.11.25.』を発行した。
1964年 3月		羽幌町立太陽小学校特殊学級増設申請書提出する。 留萌市立留萌小学校大野一は，昭和39年度特殊教育教育課程研究会に『教育課程編成資料』を発表する。 苫前町立力昼小学校の斉藤一利は，北教組第14次教研集会に『特殊教育の実態』を発表する。 留萌教育研究所「特殊教育に関する研究 特学設置の問題点」を研究紀要に発表する。
1965年 4月		増毛町立増毛小学校，羽幌町立羽幌中学校，羽幌町立太陽中学校（増設）に，それぞれに特殊学級設置される。
	11月	羽幌町立太陽小学校の佐賀隆は，北教組第15次教研集会に『本校に於ける特殊学級の教育課程―領域表，養護学校教科書と教育課程―』を発表する。 留萌市立港南中学校に転出した山口良嗣は，北教組第15次教研集会に『特殊学級に於ける職業指導と就職指導』を発表する。

2. 留萌地区における発達障害児等特殊教育の特質

　厳しい自然と乏しい資源環境にある留萌管内は，新学制実施にあって教科書の墨ぬり，折りたたみ式教科書の使用，教員不足と管内全教員の40％が助教諭であり，学校施設・設備や食糧事情などから午前中授業に実施といった教育条件下におかれていた。それだけに，地域の人々の学校教育への期待が高く，それに応えるべく学校教師たちは同志的結合による教育研究活動に取り組んだ。しかし，教育研究は，新教育という名のカリキュラム・コースオブスタディ・コアカリキュラム・ガイダンスなど片仮名の教育用語の理解といった現職教育的色彩が強く，特定の学校と特定教師を中心としたものが多かった。

留萌地区では，1950年には留萌管内教育計画構成協議会を組織し，1951年4月に「留萌地区学校教育目標」を設定した。教育目標は，①心身の健康を増進し豊かな情操を身につける，②勤労を尊び資源の開発と高度利用の能力を高める，③北方生活文化を創造する態度・技能をやしなう，④郷土を愛し民主社会の建設につとめるの四項目である。学校教育関係者は，教育目標の達成に向けて，学校研究課題と個人研究課題を設定して全管的な研究に着手した。1951年7月には，留萌教育振興会を基盤に「留萌教育研究所」を設立した。次いで，1952年7月には，管内教科研究協議会（別称　教科サークル）が発足したが，この時点では特殊教育研究サークルは含まれていない。

　留萌管内における特別学級形態の特殊教育は，支庁所在地の留萌市においてではなく，1951（昭和26）年に苫前町立苫前小学校において，その翌年の1952年に遠別町立遠別中学校で開始された。苫前町は，1873（明治5）年に開拓使宗谷支庁出張所がおかれた中心地であった。遠別町は，米作が中核の農林業を営む住民が多く，町総予算の32.1％を教育費にかけていた。特別学級形態による特殊教育への開始は，苫前小学校と遠別中学校に共通の特質として，教育的良心と教育実践の二つにみることができる。すなわち，教育的良心とは，憲法や教育基本法の理念を振りかざすことなく，自校の学業不振児や反社会行動児等の発達障害児に基礎学力と生活力を育てたいという率直で自然な発想である。したがって，教育実践は，借りものの教育理論や指導法に依拠することなく，学級の児童と生徒との悲喜こもごもな人間的触れ合いのなから生み出された泥臭さがあった。その実践記録は，児童と生徒の確かな成長発達を捉える視点があり着実さが読み取れる。

　留萌市における発達障害児等への関心は，1951年頃の非行問題対策の一つとして扱われた。その教育上の問題は，留萌市立港南中学校の尾田由太郎らによって実践研究課題として意識され，尾田由太郎は1952年の北教組の第二回教研集会で，「非行問題と対策」を報告することにより関係者の関心を引くこととなった。尾田由太郎は，1952年に北海道大学教育学部内に設けられた「北大教育科学研究会（1953年に「北大特殊教育研究会」として改組された）」に自ら参加し会員となり，積極的に道内外の研究会等に出向いて発達障害児等の特殊教育のハウツーを身につけ，市内の教員に働きかけをして留萌市特殊教育研究会組織づくりを担っている。留萌市初の特殊学級形態による特殊教育は，留萌市特殊教育研究会が主導して市当局及び学校長会に働きかけにより，1957年4月に港南中学校で開始された。初代担任となったのは，留萌市特殊教育研究会の主要メンバーの一人であった菊地秀夫である。留萌市立港南中学校の特殊学級開級は，尾田由太郎や菊地秀夫らの知見により，短日の間に実に計画的で組織

的に取り組まれ，その教育理念と教育目標及び指導計画は見事に整然としたものであった。留萌市立東光小学校の向山ゆきの言葉を借りれば，〈障害をもつ子供の教育が流行語になっている〉ように，全国の先進校の特殊学級経営に比肩するものであった。留萌港南中学校特殊学級「職業補導学級」は，早くも開級した1957年11月に第一回留萌市特殊教育研究会を開催し，1959年には全道規模の精神遅滞児教育研究会の会場校として教育実践を公開している。留萌市立港南中学校の特殊学級の教育実践は，留萌管内及び周辺地域の特殊教育事情に刺激を与えると共に，特殊学級教育経営のセンター的役割を果たしたと評価して誤りではない。

　留萌管内の発達障害児等への教育実践研究の特質の一つに，WISC個別的智能診断検査の活用と技術的普及があったが，管見ながら診断結果が判別資料とするだけでなく，その結果を指導診断に活用した実践事例が出現するのはかなり後になってからである。

　留萌管内では，1968年までに全市町村が特殊学級を設置して発達障害児等への教育を実践していった。しかし，普通学級における問題児等への教育問題に関する研究事例は他地区に比してもわずかであった。このことは，単複式学校が多く個別的な配慮指導がされていたとも考えられるが，1959年の留萌市特殊教育協議会のアンケート調査結果は，大多数の教員は〈精神遅滞児の教育の必要性を認めながら，無関心を装うか自ら進んで係わろうとしていない〉のである。これらのことから〈教育の機会均等と教育を受ける権利〉原則は，教員の一部の人達だけに意識的に実践されていたことになる。

第7節　上川地区の教育実践

第1．上川地区の概況

　上川地区は，北海道の中央部に位置する地域であるが，その一部は地理的・自然的には道北や道東圏にまたがった南北に細長い地域である。行政区分は，3市14町12村からなり総面積約9,900平方㌖に人口約573,000人，世帯数約119,000世帯が居住している。農業戸数が管内総戸数の53％を占め農業依存度が高い地域である。しかし，農家一戸あたりの耕地面積はわずかに3.3㌶に過ぎず，次第に零細化の傾向にある。農業は，水稲と麦・燕麦・大豆などの雑穀類主体であり，冷害に対する抵抗力は極めて弱い。農家は，1950年度から集約酪農地区の指定を受け有蓄農業による経営の合理化と多角化に取り組んでいる。農業に次ぐ林業は，広い面積に蓄積量も高いことから，1958年から林力増強計画がスタートした。鉱業は，資源の種類が多く埋蔵量を秘めてい

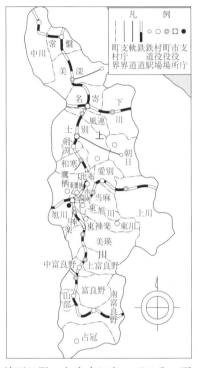

るが，山間部であることと交通不便なため地下に眠ったままになっている。工業は，農産物を原料とする食品工業と林産物を原料とする製材・家具など一次産業加工生産を小規模に経営している。一方，工業の原動力となる電力は全道第一を誇るほど豊富で，南富良野村・朝日村・上川町に多目的ダム開発が計画されている。商業は，農村を背景に零細規模の商店が多く，農家の豊凶に左右されて不安定な状態にある。

　管内の学校数は，小学校200（内分校6）校，中学校93（内分校4）校，高校は道立3校・町村立15（全日制2，定時制13）校である。六三制の教育施設も着々と整備されているが，なお危険校舎と面積不足が多く残されている。また，屋内体育館のない学校は，小学校で51（25％）校，中学校39（28％）ある。僻地指定校は，小学校で109校（約55％），中学校39校（約42％）あるが，なかで

も中川村の幸小・中学校と占冠村のニニウ小・中学校は，最寄り駅から32㌔という辺地に閉じ込められた「陸の孤島」的存在である。教員数の約5％が助教諭であるが，目下現職教育による資格向上に励んでいる。教員の研究サークルとしては，上川管内教育研究会があり，中央部，富良野線，宗谷線の三ブロックに分かれて研究活動を行っている。

社会教育としては，青年団や婦人団体が，それぞれ農村文化の向上や新生活運動などの推進母体となって活動している。医療施設は，病院17，診療所118，保健所1があり，保健衛生に対する関心は高い。

第2．上川地区発達障害児等の教育実践

上川管内は，3市26町村と広範なため教育組織などは今日では地理的条件から南上川，中上川，北上川に分けられることがある。しかし，1950年代から1980年代にかけて地区割りが大きく変改されていることから，本稿では上川を一地方区として扱う。

上川地区初の特殊学級は，1951年に名寄南小学校に開級されている。対象児は，病虚弱男女16名で，初代担任は中西光子であった。

上川地区における発達障害児等の教育実践史にかかわる史料は次のようなものがある。上川教育振興会『上川教育 63号』(1959年)，橋本勝朗「旭川市における特殊教育の歩み」旭川精神衛生協会『旭川精神衛生 第5号 1967』(pp.15－19，1967年)，北海道鷹栖養護学校長橋本勝朗『上川管内特殊教育（特殊学級）推移』(1982年)，旭川市特殊学級担任会『旭川市特殊教育30年の歩み ひとつのみち』(1982年)，旭川地区事務局長佐藤信淵「旭川」(pp.127－132)，中上川地区事務局長（東神楽小学校）水口昌孝「中上川」(pp.137－138)，南上川地区事務局長（上富良野中学校）桜田義秋「南上川」(p.139－140)，上富良野中学校下田達雄「北上川」(pp.151－157)，北海道精神薄弱児教育研究連盟『道精連三十年の歩み』(1982年)，平間俊二『旭川市における特殊学級のあゆみ―精神遅滞児教育を中心として―』(1984年)，旭川市教育委員会「障害児教育」『旭川市教育史』(pp.218－236，1985年)，旭川市立中学校特殊学級合同教室『昭和63年度・研究紀要 20周年記念誌 合同作業教室の歩み・研究―作業学習・進路指導の20年―』(1989年)，市澤豊「旭川市青雲小学校特殊学級の教育」(p.773－793)，「旭川市立中学校特殊学級合同作業教室の教育」(pp.951－961)，『戦後発達障害児教育実践史』(2010年）等である。なお，北海道教育庁上川教育局教育支援課（課長永澤篤）より資料の提供をいただいたことを記し謝意を表します。

上川管内における発達障害児の特殊学級形態の教育実践，上記の史料と収集した一次資料から，上川郡剣淵村立東剣淵小学校において1951年4月に開始さ

れた。初代担任は，阿倍正保であった。
　剣淵村東剣淵小学校校長の能勢喜八は，1953年11月開催された北教組第三回教研集会において『農村地帯に於ける小学校特殊児童の智能分布と精神遅滞児の基礎的教科指導に就いて』を発表した。発表内容は，〇序論，〇農村地帯に於ける小学校児童智能分布の実態（別項），〇精神遅滞児の基礎的教科学習は如何にあるべきか，〇結論からなっている。次に，能勢喜八の教育実践論を摘記する。

東剣淵小学校　能勢喜八「精神遅滞児の基礎的教科学習論」

　序論　教育基本法第3条規定の「能力」とは，経済的能力と知的能力の両者に解釈される。経済的能力に関しては定時制高校などの教育形態や奨学資金制度等により一応の考慮がされているが，〈知的能力の機会均等については全く顧みられない〉のが実状である。普通智能以下の精神遅滞児は，現行の一学級50名から60名の学級組織に於いて教育の機会を与えることは全く不可能であるが，教育現場人である我々は何れの学級に置いても教え救わなければならない。

　農村地帯に於ける小学児童の智能分布の実態　通常知能指数80以下の精神遅滞児は7％と目されている。市街地を含む農村地帯の児童1,029名の智能分布と純農村地帯の児童734名の比較結果では，知能指数80以下の者が14％を示す憂慮すべき実状にある。

能勢喜八『農村地帯に於ける小学校特殊児童の智能分布と精神遅滞児の基礎的教科指導に就いて』1953年

　精神遅滞児の基礎的教科学習　1. 遅滞児のための基礎教科学習目標の設定は，学力学習に限らず生活中心学習が望ましいが，小学校教育の立場からは基礎的教科学習に重点をおかなければならない。2. 学習指導法は，児童の興味とする世界の合致するよう指導する（生理感覚化，教材の直観化，学習の労作化・遊戯化）。反復練習によって習慣化するように指導する。実態に応じた個別指導を主とする。如何なる成功も見落とさずに賞賛する。学習上に現れた誤謬の原因を探求して指導の手がかりとする。3. 特殊児童の学習指導は普通児童の指導法では不可能である。個々に即した特殊的指導法が常に工夫されなければならない。

　結論　現行の知能差を無視した学習形態では知能指数85以下の児童は，明らかに学習の機会が与えられず，自己の知能を全面的に学習に発揮することは封ぜられ，重大な学校期を無為に過ごすことになる。現在の充実なくして何の将来の充実ありや。この種児童は，特殊学級に於ける特別指導なくして活かすことは出来ない。

能勢喜八校長は，特殊学級開設一年前の1950年10月から準備をして校内体制を整えている。特殊学級の開設は，知能指数の実態調査により決定したのであろうが，校下の児童の学業成績や生活の実態及び特殊学級経営の実際などが論述されていないのが惜しまれる。資料として，「国語科と算数科の学習目標設定基準表」が作成されており，その発想と内容には網走市立網走小学校特別学級「かつら学級」等先進校の指導計画の影響がみられる。

　戦後放送教育研究で名声を得た旭川市立青雲小学校は，西石狩川と忠別川とが合流する三角形の中間地帯に位置し，約2,000名近い児童が在学するマンモス校で，知恵遅れ児童数はおおよそ80名程度と推計されている。校下は，三角形の一辺が約1キロメートル余で主として住宅と工業の町であるが，特殊事情として忠別川特殊部落と育児院と市街神楽村の旭川営林署官舎の子弟を収容している。本校は，1950年9月に特殊学級設置申請をして，1951年4月に学級開設の認可を受け，開設の準備を進めて年度内の1952年1月開級した。初代の担任は，新しく着任した中村一枝であったが，三月になって定員削減により普通学級5年生の担任となった。後任の松本幸一も5月に3年生担任となり，後任の石崎ひでが二学期に病気回復するまで校長が補欠担当となった。1953年2月，旭川市教育委員会主催，北海道教育庁上川事務局・北大教育学部・旭川市特殊教育研究会後援による「視聴覚教材教具を利用した教育効果」の研究会が旭川市立青雲小学校で開催された。本研究会は，特殊学級と普通学級における学業遅進児等を対象とした視聴覚教材教具による指導効果についての研究発表大会であった。発表資料は，分厚い『視聴覚教育研究会資料　未完の記録　第四号』である。その内容は，○日程表，○会場図，○本研究会のねらい，○本校の概要，○特殊学級経営　附カリキュラム，○資料（視聴覚教材教具利用の効果調査，事例，知能テスト，学力テスト，環境調査，指導案），○あとがき，からなっている。青雲小学校は，1953年9月に「特殊教育の現況」北海道教育委員会広報誌『北海道教育月報　通巻第26号，第4巻第3号』(pp.14-15) を発表した。内容構成は，○設置計画，○児童の実態，○指導計画と実践並びに反省，○依頼したいこと，○述べたいこと，からなっている。1953年4月に旭川市立青雲小学校特殊学級の四代目担任となった橋本勝朗は，1953年11月の北教組第三回教研集会に『不振児の実態と視聴覚教材教具利用による効果』を発表した。発表内容は，前記資料を教研集会用に整理したもので，○概要，○不振児の実態（調査の目的及び意義，調査方法），○視聴覚教材教具利用による効果，○普通学級と特殊学級との関連性，○今後に残された問題，○雑感からなっている。旭川市立青雲小学校特殊学に関しては，上述の市澤豊（2010年）の論究があるので参照されたい。旭川市立青雲小学校は，旭川市教育委員会から1954年度に「遅

進児指導に於ける視聴覚教材教具の利用はいかにあるべきか」の研究委嘱を受け、発達障害児等の教育実践研究の環境を整えるようになった。その内容は、『未完の記録 昭和廿九年三月 視聴覚教材教具の利用とその事例』にまとめられた。その目次は、幻燈、紙芝居、地図・図表、カード、製作実習、演劇、学校放送、校内放送、テープ・レコーダー、レコード、図書館、見学、特別教育活動、特殊学級報告（本年度に於ける具体的教育目標、学級経営、生育歴、観察記録、1年間を顧みて）となっている。本校の特殊学級経営の要諦は、諸検査法による児童理解、克明な観察記録及び事例研究にある。次に、28歳の青年教師橋本勝朗の赤裸々な特殊学級開設当時の経営の事実について上掲発表資料から抜き出しておきたい。

旭川青雲小学校　橋本勝朗「馬鹿学級先生と呼ばれて」

特殊学級担任初日　昭和28年4月1日H.先生（筆者註：「橋本勝朗」のこと）が出来るか出来ないか一つやってみようと一大決心をして特殊学級担任を引き受けた。H先生は今まで覗いて見たこともない学級、しかも、初対面と言うことで緊張しながらも、微笑をつくり教室に一歩足を踏み入れると、一人の男の子が一尺ぐらいの棒を振りまして暴れ、それを一人の女の子が「あめ、あめ（だめ、だめ）」と手を振り上げて叩くまねをしながら付いて回っている。教室の隅では女の子が顔を机に付けて泣きじゃくり、その側に一人の男がどろんとした目で、長い体を防禦の姿勢をとり頭を抱えてニヤニヤしている。教室の中は乱れ、壁の掲示物さえ床の上に足蹴されているといった状態である。H先生は唖然として、しばし佇み様子を

旭川市教育委員会他『視聴覚教育研究会資料』（編著橋本勝朗）1953年

見ていた。張り切って計画したプランも、四月の初めにして早くも崩れ去り、子供達の機嫌取りと持ち物の始末と子どもの言葉を理解することに費やされ、一人、疲れと淋しさに机にもたれ、自分の衣服についている子どもらの鼻くそごみを眺める毎日を過ごさざるを得なかった。

　昭和29年　開級一週間目に、一人の子どもの親は、「君のやる事は、幼稚園よりまだ悪い。君の様な人間に子どもを預けておいたのでは、子どもをめちゃくちゃにされてしまう。」と怒鳴り込んで来た。その子は、普通学級に戻った。学級がなんとかまとまってきて、散歩しに出たり、運動場で体操をしたり、学級内に閉じ籠もる日が少なくなって、H先生や学級児の顔に明るさがよみがえってきた。この年、旭川五条小学校に二番目の特殊学級が出来たが、それぞれの存在に気がつ

かなかった。

　昭和30年　遠足，運動会，映画観覧などを通じて，普通学級児と接触や町に出ることも多くなった。ある日，M先生が怒鳴り込できた。「おいH君，K君を出せ。」，「M先生どうしましたか。」，「どうもこうもあったもんでない。K男が，私の組の子を怪我させたんだ。」，「どうして！」，「そんなことはどうでもいい。早くK男をここへ出せ。」，「どうしたか，先生教えてくれませんか。」，「なに！　出せと言ったら出せばいいんだ……，大体お前たちは人間でない。」，ここでH先生，若さが故に感情爆発，「なに！　我々が人間でないとは何事だ。」，遂に子どもの喧嘩が教師の喧嘩となった。原因は，H先生が廊下を歩いている時，M先生の組の子が，H先生の後ろ姿を見て，「馬鹿先生が行った」と言ったのをK男が聞いて，「俺の先生を馬鹿先生とは何事だ。」と，その子に暴力を振るったというのである。この事件で，初めて，特殊学級は馬鹿学級，H先生は馬鹿先生と言われていることが分かり，学級の女の子が，登下校の際に泣かされていることが分かった。しかし，どうしようという対策も気力もなく，学級児は以前のような荒ら荒しい行動になりつつあった。その上，H先生までが冷静さを欠き学級に閉じこもる日々が続いた。

　子どもと教師のむき出しの実践から　ともすると，ある特別の学科の権威者がいると，総てがその人の言う通りに盲目的に動く。これが恰も研究会の常道かのように思われ，人々もそれが当然のように思っているのが偽りのない教育界の現状ではないだろうか。私たちの教育は，昼間教室において常に子どもと共に在って，そこから理論が生まれ実践するものであろうと信じている。子ども達一人一人の人格が，いわゆる個性が常に私達の個性と真っ正面からぶつかってくる。寸毫の油断も，又偽りもない。生のままのむき出しである。

　まさに戦後黎明期の「特殊学級」をとりまく教育社会の縮図として，児童一人一人の人間性が活写されている。橋本勝朗は，1950年代初期において《初等教育に於ける特殊学級のみをつくることに焦らず，普通学級に散在する不振児にもう少し目を向け，そこより出発する特殊教育であるよう，堅実な歩みを教育の流れとして持ちたい》という極めて今日的なインクルーシブ・エデュケーション思想の持ち主であった。しかも，子どもと教師による教育活動の実際を参与観察し，記録して考察する実証研究的姿勢，すなわち，今日の「実践的省察」観とその実行性を持ち続けている。橋本勝朗は，児童主体の教育観に基づいた着実な実践者として上川の特殊教育を導いていくのである。

　愛別村立中里中学校の東孝太郎は，1954年11月の北教組第4次教研集会に『普通学級に於ける特殊児童の研究』を発表した。内容は，○問題児派生の要因（問題児の一般的観察，知能から見た問題児，性行から見た問題児，環境から見た問題児），○問題児の指導（指導の目標，教育的措置，教科の指導，社会的な指

導）からなっている。普通学級における特殊児童の教育に関心を持っているようであるが，三つの事例研究の論拠は，実際の実践からなのか参考文献からの引用なのかが判然としていない。

　北教組東旭川支部（発表者 東旭川村立東旭川第五小学校湯浅誠一）は，1955年11月の北教組第5次教研集会に『恵まれない児童生徒の教育』を発表した。内容は，○構想（研究の概要，研究の進め方，研究の目的），○地域の概観（社会環境，研究の対象），○各論（環境に恵まれない児童生徒，健康に恵まれない児童生徒，学業成績不振の児童生徒，精神的に正常でない児童生徒），○結章（検査による判定，研究に関する反省，今后の教育）からなっている。この研究は，村内小中学13校3,862名の児童生徒から，特に〈恵まれない不遇な児童生徒〉62名（小学校35名，中学校27名）を抽出して，観察法と調査・検査法及びケース・スタディにより環境，健康，学業成績，精神的異常の視点から，その実態を明らかにして適切な教育的措置を志向したものである。しかし，62名に対する一般的な教育論は述べられているが，その子等への具体的な取り組みは記されていない。

　旭川市立大成小学校婦人部（発表者 橋山てい）は，1955年11月の北教組第5次教研集会に『落着きのない子の原因考察と指導目標』を発表した。発表内容は，○研究の進め方（研究の目的，個性発見の為の調査，落着きない原因の考察），○落ち着きのない子個指導の目標，○今后の教育の実践方向，研究の反省と所感，○落着きのない原因一覧表，○落着きのない子の事例からなっている。本研究の対象は，〈落ち着きのない子〉であり，今日的には発達障害の範疇に類型化される児童である。その実態と原因を観察法と調査・検査法により明らかにして指導技法を見い出そうとする視点は評価される。しかし，〈落ち着かない〉原因を，その児童や人的環境と学級規模等に求めて，学校生活における授業内容と方法や教師と児童との人間関係について究明する姿勢が欠落している。したがって，その対策は，家庭や地域社会の理解と協力，医療や福祉に求め，自らの学校社会の学力中心の画一的教育への改善といった教育環境の根源的改善へ向けられていない。大成小学校は1960年に青雲小学校特殊学級中学部が設けられるが，1961年に廃校となる。

　愛別村立中里中学校の東孝太郎は，1956年10月の北教組第6次上川地区教研集会に『虞犯少年の補導と性的犯罪者の要因について 虞犯少年と共に生活して』を報告した。内容は，○虞犯少年の補導（虞犯少年と非行少年，虞犯少年の実態，虞犯少年と共に生活して），○虞犯者の要因について（性的犯罪者の実態，性的犯罪と家庭の反省，なぜ性的犯罪を犯すか）からなっている。東孝太郎の論述内容の大半は，関係機関の統計資料とその解釈に費やされている。中学三年生の担任として児童相談所に送致されることになっていた男子生徒の里親とし

て生活を共にした重い実体験には説得力がある。

　旭川市立青雲小学校の橋本勝朗は、1956年11月の北教組第6次教研集会で『特殊教育の実践的研究』を発表した。発表内容は、○本研究の概要、○本研究のねらい、○本研究に於ける特殊教育の概要（地域の特殊性について、研究の経過）、○特殊教育の概要（特殊学級指導の経路、特殊学級指導の現況、普通学級に於ける要監査児の指導）、○要監査児の実態（要保護児、精神遅滞児、遅進児、不適応児、身体不自由児）、○効果と考察からなっている。本教育実践研究の特質は、青雲小学校特殊学級における特殊教育関係よりも普通学級における要観察児童の指導事例研究が紙数を多く占めているところにある。旭川市立青雲小学校の教員らと特殊学級担任橋本勝朗らは、1951年から1955年までの特殊学級経営を安定させることにより、全校教員の意識を高め校内の「特殊教育推進委員会」を組織し普通学級における特殊児童の特殊別な教育の堅実な取り組みを深化していった。すなわち、インクルージョンの理念を先駆的に取り組んだと評価される。

　北教組第7次教研集会は、1957年11月に旭川市立北星中学校と向陵小学校において三日日程で開催された。旭川市立青雲小学校（発表者 藤弘友幸）は、『特殊教育推進の諸問題』を発表した。発表内容は、○研究のすすめ方、○特殊学級に於ける指導の実際（指導目標、学級構成上の留意点、指導方針、提案事項）、○普通学級に於ける問題児指導の実際（問題児指導の指針、問題児の実態と施策、昨年度の継続研究としての問題設定と其の進み）、○普通学級に於ける問題児を対象としたクラブ活動の実際（クラブ活動の目的、クラブ活動の構成、クラブ活動への協力体制、各クラブの目標と年間指導計画及び構成と実態、普通学級に終える問題児指導前進の提案）、○結びにかえて、となっている。次に、旭川市立青雲小学校特殊学級の経営の実際を概観する。

藤弘友幸『特殊教育推進のための諸問題』1957年

旭川市立青雲小学校「特殊学級における指導の実際」

　指導目標　主目標「児童をして社会的自立の最低線を確保せしめる」此の学級の児童は、狭義の学習能力の獲得の可能性は極めてすくなく、此の活動領域における社会的自立の地位を確保することは極めて困難である。従って、焦眉の問題は、社会に順応する能力の養成、欲求抑圧に対して欲求転換を極めて早く行う能力の養成、基本的技能養成におかれる。この観点から次の具体目標が必要になる。

1. 生活への適応，2.健康な身体の養成，3. 基礎的技能素因の育成，4. 基礎的学力の育成。学級編成上の留意点　知能指数が構成要素の第一に上げられているが，参考数値であり側面的至標である。至標としては，環境的条件，即ち，①学校の方針，②地域社会の実情，③父兄の理解度もあげられるが，最も注目すべきは〈家庭における補導内の検討〉である。学級編成は，知能指数，環境条件及び家庭における補導内容の三点から総合的に判断する。

　指導指針　1. 生活を楽しくさせる「場」の構成（楽しみ，作業，学習，共同生活の〈場〉として），2. 社会的適応能力養成のための指導点（健康への良い態度，きまりへの良い態度，仕事への良い態度，人に親しみを持てる良い態度，自分の欲求をある程度我慢する習慣，の養成）。3. 自立生活を営むための指導指針（小・中学校を通したカリキュラムの構成，職業人として最低所要条件を満たすための指導）。

最低所要条件例「製縄工」

項	要素		最低所要条件	項	要素		最低所要条件
身体的方面	力量	握力	10以上（張引力9K）	知能的方面	注意力	集中	藁の食い込み口から眼を離さない
		背筋力				範囲	
	健康		強健（健康）		理解力		藁の使用目的
	視力		0.3以上		推理		
感覚・知覚方面	目測	角度	藁穴に60°程度の角度		判断		藁の使用目的により口金を替える
		長さ	20ザメートル		忍耐		普通
		精密	食い込ませる一定量の藁		根気		普通
	触圧覚				気分の恒常		不
	抵抗感		藁を食い込むのを感じる		果断		不
	運動感覚				大胆		不
運動機能方面	両手の供応		片手で藁を分け差し込む	情意的方面	入念		普通
	手の器用		適当な量に分ける		沈着		普通
	作業運動	速度	速度を要する		用意周到		普通
		確度	確認して手を離す		整頓		整頓能力必要
	動作の機敏		必要		従順		普通
	運動の調整		モータースイッチの切替		責任感		普通
知能方面	一般知能		数唱は20まで，4貫(15 L)の単位		統率力		不
	構成力				共同性		普通
	工夫力				災害に対する用心		相当注意を要する
	洞察力		巻き取り機の量				

　教育理念や目標の実現のために，特殊教育の権威と見なされる人々の高説の受け売りからではなく，児童理解の視点を〈社会的自立〉に据えて指導内容と方法を教室実践から生み出す工夫している。発表資料には，カリキュラムの内

容となる「具体目標達成要素表」が作成されている。そして，特筆したいことは，「普通学級に於ける問題児指導の実際」にある。普通学級における発達障害児等への教育は，指導の方針，指導の方法《小中学校を通じてカリキュラム（特殊学級用）に依る指導，実践週程計画》によって推進されている。さらに，単なる一般論や方法論でなく，〈指導の事実を指導事例として記録し，考察したものをまとめ〉ている。旭川市立青雲小学校は，特殊学級形態による教育実践を深めながら，普通学級における問題児等への教育を意識して進めているのである。

1958年1月，風連町立風連小学校の辻博は，『環境による性格形成とその診断の実践及び指導について』を発表した。内容は，○児童生徒の問題発生の要因（問題発生の精神的要因，問題発生の社会的要因，欲求不満と適応機制），○躾による性格形成とその診断法（躾調査のための百題の質問，百題の質問の整理と診断法，躾による不適応行動，調査例とその考察），○各問題点に於けるその指導（欲求不満とその指導，劣等感とその指導，躾とその指導），○結語からなっている。辻博は，「私は特殊教育の特殊という意味を〈全児童生徒が何等かの問題点を持っている特殊児童〉という広い意味の特殊に向けて，調査研究したもの」と特殊教育観を述べている。しかし，内実は，性格論とその診断法の解説で，実際の指導についての記述はない。

旭川市立青雲小学校の橋本勝朗は，1958年11月の北教組第8次教研集会に『旭川市の本年度に於ける特殊教育の歩み』を発表した。内容は，○旭川市の精神薄弱児教育の歩み，○旭川市の本年度における特殊教育の現況（研修，指導，推進の面，特殊教育機関配置略図），○旭川市の本年度に於ける特殊教育の成果，○結び，となっている。橋本勝朗は，《北海道で最も保守的である旭川市の特殊教育体制が整うには今後10年はかかるだろう》と述べ，精神薄弱児教育の現況と成果について指導，研修，推進の三つに整理して報告している。

旭川市立東五条小学校本間幸俊（発表者）と青雲小学校橋本勝朗は，1958年11月の北教組第8次教研集会に『精神遅滞児教育に於ける造形活動』を発表した。内容は，旭川市の特殊教育の歩み（旭川市「手をつなぐ親の会」，旭川市教育研究会の「特殊教育部」，旭川市「特殊学級担任懇談会」の動き），○精神遅滞児教育に於ける造形活動（本市精神遅滞児教育の造型教育の大要，造形活動の教育的意味，精神遅滞児の特性からみた描画傾向，精神遅滞児教育に造形活動がどんな効果をあげているか），○結び，からなっている。1960年までに，旭川市に特殊学級か開設されたのは，1952年青雲小学校，1954年東五条小学校，1958年日章小学校と中央小学校，1960年大成小学校と青雲小学校中学部であり，その四校特殊学級合同の研究主題が造型教育であった。この発達障害児等の造型教育は，「作業学習」を教育課程の中核に据えために基礎的能力を養う学習として重要

な指導領域であった。本書第8節で述べているように夕張第一小学校特殊学級担任小川司が1956年には実践していたのである。次に，1958年4月現在の四校の特殊学級の概要を引用して掲載する。ここには，青雲小学校中学部についての記載はない。小学校教育段階において，〈職業人〉，〈生産人〉図しての基礎的能力を育成する視点は，今日特別支援教育界でかしましく話題となっている「キャリア・エディケーション」思想と同一である。

「旭川市立小学校特殊学級の概要」1958年4月1日現在

学校名	在籍	設置年月日	教　育　目　標　等	
青雲小学校	9名(男5,女4)	27.1.	指導目標 1. 生活への適応 2. 健康な身体の育成 3. 基本的な技術素因の育成 4. 基礎学力の育成指導方針	指導方針 1. 生活を楽しくさせる場の構成 2. 社会的適応力を養成 3. 自立生活への適応 4. 職業人としての最低所要条件の修得
東五条小学校	10名(男6,女4)	29.3.	指導目標 1. 社会性の伸長とその陶治 2. 健康な身体と豊かな情操 3. 日常生活に必要な知識・技能・態度の養成 4. 職業人としての基礎能力の伸長	実践目標 1. 身のまわりのことが自分でできる 2. 体を丈夫にする 3. まわりの人たちとなかよくする 4. 仕事がすきでかげひなたなくはたらく
日章小学校	10名(男5,女5)	33.1.	教育基本法の主旨に則り，精神遅滞という不幸な障害をもった児童の将来に於ける社会的自立を希い，最低必要としての基礎的生活能力の育成に努め，併せて児童の社会への適応性を増進させることを究極の目的におく	具体目標 1. 生活への適応 2. 健康な心身の育成 3. 基礎的学習能力の育成 4. 生産人としての基礎的能力の育成
中央小学校	7名(男5,女2)		基本的には，普通学級と変わらないが，社会に適応した人間育成をめざし，各自の能力に応じた独立して生活ができることを目標とする	具体目標 1. 生活への適応 2. 健康な心身の育成 3. 基礎的学習能力の育成 4. 生産人としての基礎的能力の育成

　研究主題の造型教育に関しては，その教育的意義や教育効果について論述されているが，造型教育を設計するレベル段階であり，取り組みの実際ついての内容はない。美術教師であった本間幸俊は，1959年に『特殊教育に於ける教育課程の洞察（造形活動を手段とした経験カリキュラムの構造）を全道特殊教育研修会で発表した。発達障害等の教育関係者が体系的に「教育課程」を考察した最初の発表であったことから，特殊学級関係者に鮮烈な示唆を与えた。内容は，○特殊教育本間幸俊「特殊教育に於ける教育課程についての洞察（造形活動）」1959年の教育課程の性格，○教育課程の基本的構成，○造形活動を手段とした経験カリキュラムの構造，○各領域の構造づけ（経験単元と造形単元について，身辺の習慣形成について，関連学習について，ドリルとリピートについて），○教育

課程のもられた内容の時間的分量，資料（教育課程編成のための資料，教育課程年間 Programme，経験単元展開例，造形単元展開例）から構成されている。ここでは，「教育内容の分量図」と「教育課程の構造図」を引用して次に再掲する。

旭川市立東五条小学校 本間幸俊「教育課程」

「教育内容の分量図」

就職まで	対人的態度	社会的技能
中学校		機能的訓練 基本的生活習慣
小学校		
幼児期		

「教育課程の構造図」

生活の場	教育内容	指導方法
個人の場	a 生活健康領域の身辺習慣習慣	個別指導
集団の場	b 造形活動を手段とした生活領域と関連学習 c 経験を中心とした生活領域と関連学習 d 補充及びリピート学習 （健康領域の身体活動，造形，音楽，遊び，飼育，栽培，言語，数量）	集団指導

「冬期日課表と配当時数」

時刻	時限	月	火	水	木	金	土
8:50 9:15 30 35	1	「朝の学習」相談，掃除，体操，朝会，衛生検査健康観察，学習準備，飼育，栽培					
10:00 15 20	2	「unit学習」経験を中心とした生活学習及び関連学習・造形活動を手段とした経験・関連学習					
11:00 15 30	3	「unit学習」経験を中心とした生活学習及び関連学習・造形活動を手段とした経験学習・関連学習					
		「テレビ学習」／やすみ					
12:10	4	「リピート学習」言語・数量			体育		造形
		「昼食」／やすみ					
13:10 13:50	5	体育	音楽	音楽		造形	
	放課後	「課外の学習」掃除，個別指導，スポーツ遊び，学習準備，飼育，栽培					

教育課程編成の基本的理念と理論を踏まえた授業デザインとして整合性があるが，展開事例として児童の学習活動と教師の支援活動についての論述はない。旭川市立東五条小学校は，1950年に文部省特殊教育研究指定校となり，1961年11月に東京で開催された「昭和36年度精神薄弱教育全国協議会」において本間

幸俊が『精神薄弱児教育における教育課程の洞察』を発表した。ちなみに，研究指定校は，旭川東五条小学校，金沢大学附属小・中学校及び東京都中央区浜町中学校であった。発表内容と研究協議による評価に関しては，全日本特殊教育研究連盟編『精神薄弱児研究』（37号，38号，1961年）を参照されたい。この内容は，○研究の経過，○研究の展開，○今後の研究方向，○特殊学級経営の歩み，からなっている。本研究の優れて実践的な特質は，「研究の展開」にある。そのなかで，生活経験学習を組織するための資料単元である「気象的現状をどのようにとらえるか（北海道における四季別気候の概況，旭川市に於ける気候の月別一覧，室内気候，火災と気候）」と「旭川市に於ける冬期生活の具体的現象」を導入していることである。本間幸俊の『教育課程編成の洞察』は，北海道の特殊学級関係者に参照・活用され，1966年に道教委と道精連が編著した『教育課程編成の資料』の原資となったものである。しかし，教育課程は，教育実践仮説の大綱にすぎない。今日の発達障害児等の教育研究においても，相変わらず教育課程論，指導計画論，児童生徒理解の方法論や教育システム論の範疇から出ることがない。教育実践研究は，研究分野としては人間科学であり研究方法は実証科学にある。にもかかわらず，「指導仮説」段階内から抜け出ることはない。最も実証性が求められている授業研究は，どっぷりと「技術的省察」に漬かっており，「実証的省察」や「反省的省察」による姿勢を取り込んでいないのである。このように，〈教育の機会均等と教育を受ける権利〉の原則である〈学習権と発達権〉の確かなレベルに到達できない要因の一つが潜んでいることになる。

旭川市立中央小学校特殊学級「愛護学級」の担任荒木信子は，1959年11月の北教組第9次教研集会に『特殊教育の振興をはばむ問題点』を報告した。報告内容は，○序文，○旭川中央小学校愛護学級の実態（愛護学級の誕生と目標，学級の設備と備品，カリキュラムの一例と各教科の留意点，収容児の実態，当学級現在の問題点とその考察），○あとがき，○附記（札幌地区及び旭川に於ける全道母と教師の集い参加者に対するアンケートのまとめ）からなっている。アンケート調査については，1954年7，8月に2,500人を対象の調査をし8割の回収率であった。前6節に既述した留萌管内留萌特殊教育研究協議会は，調査項目と回答例及び考察までが同一内容のものを1960年11月に発表しており，事実に基づく裏づけとその検証が課題となろう。旭川市立中央小学校の愛護学級は，

荒木信子『特殊教育の振興をはばむ問題点』1959年

美しい色彩と，明るい大きな窓，水道の完備した別棟の教室を1957年2月に開級したが，その成立は変則的であったようである。その事情を「当学級現在の問題点とその考察」に述べられているので，次に摘記する。

旭川市立中央小学校 荒木信子「学級の誕生と問題点」

当学級は，創立に無理があったため地域社会や多くの父母の理解を十分に得る時間がなかった。又，開級が2月1日という年度半ばのこともあり，入級対象児の基準を定める間もなく，児童相談所や父兄の意向で収容児を決めたために，自己中心で，乱暴な行動をする子や，誰の目にもはっきりと分かる低知能の子等，わずか四名と転任早々の教師で出発した。そのため，その後の本校の児童を収容する上で良い影響を残さなかった。更に，その後収容した児童は総て他校区からの転入者であるため，本校に親学級を持っていないことなどから，学級が自然と孤立化していき，担任は子どもの帰った後の三時過ぎくらいまでは職員室には顔を出すことも出来ないのである。

旭川市立中央小学校は，短期間内に特殊学級を開級した背景は不明であるが，この時期に特殊学級担当を希望する者はなく新転任者に担任させるケースが少なくなかった。旭川市特殊学級担当部会は，1959年の7月と8月に，特殊学級併置校の一般父母・特殊児父母，一般教師を対象にアンケート調査を実施し，この資料は貴重なので，次に摘記して再掲する。

「一般父母と教師の特殊教育意識」

一般父母に対するアンケート（対象：旭川市立小学校父母2,500名，回収率約80％）

質 問	回 答 例	％
A 智恵おくれ，精神遅滞児と言う言葉について	・知っていた ・聞いた事がある ・知らなかった	77 16 5
B 最近の書物によると精神遅滞児のできる原因は，はっきりと遺伝と言えるものは約一割程度で大半は後天性だと言う事ですが，この事についてどう考えますか	・遺伝だと思った ・生まれた後の病気や怪我によると思った ・よくわからない	21 53 23
C 青雲・東五条・中央・大成小学校に精神遅滞児のための学級があると言う事を	・知っている ・知らない ・何の教室かと思った	76 22 2
D 精神遅滞児について関心を持ったことが	・ある　　　　（筆者註：75の誤植か）→ ・ない	73 24
E 精神遅滞児によって迷惑をこうむったことが	・ある ・ない	7 93
F この様な子供さんに対してどのようにお考え	・かわいそうだ	32

	になりますか	・家族に気の毒に思う ・何か力になってあげられる事があったら協力したい ・他人の事だからかまわない ・家にいなくて良かった	27 39 0.5 4
G	ご自身の家族や親戚に，若しこのような子供ができた時	・特殊施設や特殊学級に入れる ・あまり人目につかぬように普通学級におく ・医師や児童相談所の先生方の意見を聞いて見栄をはらずに本人の為になる方法をとる	26 2 57
H	最近の教育界で精神遅滞児教育について気運が高まってきた事について	・その様な事に，多くもない予算を消費する事はない ・もっと施設を増加するよう大いに努力すべきだ ・今まで通りそっとしておいて，その家庭に任せる	3 92 5

考察 Eの主な実例（授業中に立って歩く，大声を出す，悪戯をする。子どもの本や玩具を横取りしたりする。黙って家の中に入ってくる。理由なく叩かれたり石をぶつけられたりした。火遊びをして危険だ。言い聞かせても帰らず非行児の言いなりになる）。1. 原因について遺伝と考えている人は案外少なかったが，偏見は強いようである。2. 精薄児，学業不振児，問題行動児とを混同しているようにも見受けられる。3. 精神薄弱児に無関心ではなく，且つ同情的であり，又処置について正しい意見を持つ人が多い。これらは，他人事と考える心の余裕もあるかも知れない。4. 施設の増加を望み，又その家族に協力する気持ちを持つ人が多いのであるから，私たちは正しい理解と協力を得る為に大いに努力すべきであると考える。

特殊学級入学時父母に対するアンケート

34名（中央小10名，日章小8名，東五条小9名，青雲小7名）

質　問	回　答　例	実数
1. お子様が智恵おくれになった理由と思われることはなんですか	・乳幼児の発熱（熱病） ・蒙古症と言われた ・幼児の頭の手術 ・両親（或いは片親）が病弱・栄養障害，戦後の混乱による心労 ・くる病，小児まひ ・不明	7 1 1 4 2 4
2. 智恵おくれと言うことに気づかれた動機は何ですか	・三歳位迄喋らなかった ・知能テストをされて分かった ・遊んでいる時他の子どもと比較して ・いつまでも歩かなかった ・ものを覚えなかった ・何となく分かった ・身体検査の結果	6 2 7 2 2 3 1
3. 今一番お子様について悩んで	・字を覚えたり勉強することをいやがる	6

第3章　各地における教育実践

おられることは何ですか	・中学校に特殊学級がないこと	3
	・職業をどうしたらよいか	3
	・青年になって善悪が判断できるかどうか	1
	・一人前でない。希望の実現性が失われてきた	2
	・学校を卒業した後家庭でブラブラしている空白ををどうするか	2
4. 特殊学級に入れてよかったと思われることはどんなてんですか	・劣等感を持たず自力の範囲で学習できるようになった	6
	・のびのび明るくなり学校に行くことを喜ぶ	10
	・自分のことは自分でするようになった	3
	・偏食が少なくなった	2
	・体が丈夫になった	2
	・なし	1
5. 特殊学級に入れなければよかったと思うてんはどんなことですか	・何時までも特別扱いでお客さんのような気持ちでいるのではないか	1
	・今後中学に入学するのにどうなるか	1
	・分からぬながら今までは学校から帰ると鞄からすぐ本を出していたのに、それがしなくなった	1
	・家族のものが劣等感を持つ	1
	・小さい形にはまったようだ	1
6. 将来どのような方向に進ませたいと思っていらっしゃいますか	・可愛いお嫁さん	1
	・手芸洋裁	3
	・何か手職を覚えさせたい	2
	・運転手か養鶏	1
	・理髪業（現在の家業）	1
	・本人に任せる	2
	・まだ分からない	5
7. 結婚問題についてどうお考えになっていますか	・内職を身につけている方を選びたい	1
	・理解して下さる方を探したい	2
	・可哀想だが諦めている	2
	・悩んでいる	11
	・まだ考えていない	1
8. 特殊学級に望まれることはどんなことですか	・職業に直結した教育	4
	・各人の程度にあった責任指導	1
	・あまりにも色々の生徒なので組で分かれたら先生も楽だ	2
	・正邪善悪の区別がつくように躾けてもらえばよいと思う	2
	・もっと勉強をさせて欲しい	3
	・千円持って自由に買い物ができるくらいに教えて欲しい	1
	・中学課程を置いて欲しい	1
	・社会見学を多くして欲しい	1
	・親同士の話し合いをもっと持ちたい	1
9. 社会に望まれることは何ですか	・見世物を見るような気持ちでなくもっと同情的であってほしい	7
	・父母が互いに手を固く手をつなぎ合い積極的に運動しよう	2
	・ゆりかごから墓場までの特殊教育施設を望む	4
	・政府がもっと本腰を入れてほしい	1
	・別にない	2

第7節　上川地域の教育実践

| | ・ご尽力下さる先生を優遇して下さい | 1 |

考察 1. 末っ子や一人っ子の場合，学校に入るまで智恵遅れと気づかなかった例が二,三あった。2. 親の中にはまだ普通児と同じに教科書による学習の向上を望む方が多くいる。3. 性格が明るくなった，身体が丈夫になったと喜ぶ人が多い。4. 欲を言えば千円程度の買い物ができるように願っているが不憫にも思っている。5. 結婚問題への悩みが多い。6. 中学部の設置と職業の直結した教育要望が多い。7. 施設の増設や親同士の団結を望む声があまり多くなかった。8. 障害や劣等感は個人の問題であるという考えを捨てて，正しい理解と原因の追及及び善後策を講ずるべきである。9. 親や教師の力による大きなグループの力によって根本的な予防と早期治療と発生予防，施設の増加等政治にまで発展させるべきである。

特殊学級併置校の一般教師に対するアンケート（対象：旭川市内小中学校教員）

質　　問	回　答　例	％
1. 特殊学級設置について	・必要と思う ・あることにこしたことはない ・無理して作る必要はない	83 15 1
2. 精薄児教育について	・特にアピールする必要はない ・普通学級にそっとして置いた方が本人の将来の為になることが多いと想う ・社会の人との理解によって社会生活が出来るように積極的に指導すべきである	4 1.5 94
3. 普通学級内における精薄児教育について	・特別指導したことがある ・その様な場合にあったことがない	45 56
4. 特殊学級担任について	・担任したい　（理由後記） ・担任したくない　（理由後記） ・どちらでもない	5 40 48
5. 特殊学級は費用がかかると言うことについて	・大いに金をかけて主体的指導をすべきだ ・基礎学習の促進のためであるから費用は少なくて良い ・教育予算はまだ少ないので我慢すべきだ	77 8 12
6. 特殊児（精薄児）が職員室や教室に入ってきたりした時	・迷惑に思う ・興味を感ずる ・無関心 ・その他	1 46 17 31
7. あなたが特殊学級を担当した場合指導の主眼点をどこにおきますか	・個人能力を最高に伸ばす ・職業指導に主点をおく ・他人に迷惑をかけない ・境界線児の指導に重点をおく ・周囲の者に理解してもらうこと ・予算を取って施設，その他に努力する ・特技指導 ・のびのびと育てること。情緒の安定，性格の訓練 ・正常児に近い社会生活が出来るようにする（生活指導）	6 29 3 1 2 7 10 5 29

	・基礎的学習	6
	・人間として他の動物より優れていることを自覚させる態度を養う	1
	・人間としての自由と権利と幸福を与える	1
8. 将来精薄児教育は，どうあるべきだと考えられるか	・養護学校の設置	15
	・教師の養成	3
	・一般人や親の理解と努力	7
	・国家予算増と施設	14
	・内容の充実	5
	・教師の待遇改善	2
	・すべての精薄児が教育を受けられるように努力すべき	1
	・担当者の研究心に任せる	1
	・一学校一学級程度設ける	2
	・職業解放へのPR	4
	・知能を改善する新しい薬を考える	1
	・現在ある施設を充分生かして掘り下げて教育する	1
	・精薄児教育についての研究	1

　考察　特殊学級担任希望の有無と理由についての回答　○担任したい理由（イ．経験と研究のため，ロ．特別な理由はない）。○担任したくない理由（教育方法がわからず，不安でおそろしい。研究していないから。非常な忍耐が必要だから。独創性が必要だから。持ってみたい気もするがまだ自信がない。重たい責任を感じるので自信がない。自分の無力が一層児童を不幸にする。図工が不得意，自分の専攻を十分にしたい。能力がなく短気である。なんとなく）。1．特殊学級の設置は必要であると考え，更に独立した学校の増設を望んでいる。2．国家，社会一般の理解を望み，この子達の自活への道を心配し，社会生活の出来る人間形成に重点をおくべきだ等この子等の将来についても考えている。3．現在の少ない教育予算内での発足間もない特殊教育には問題が多い。そのことが積極的に担任を希望する教師が少なくなる要因を招いていると思う。今後も，政府に対して文教予算の増加と積極的な行政を望まなければならない。

　本意識調査は，特殊教育に関する教職員への意識改革を求めるとともに，市民への啓発と教育行政への教育条件の整備・充実を求める資料として貴重であったと考えられる。また，北海道の黎明期における発達障害児等にかかわる得難い史資料の一つである。荒木信子は，1960年1月の日教組第9次教研集会全国大会の正会員として『北海道に於ける特殊教育現況の一端』を発表した。発表内容は，○旭川市における特殊学級併置校に対する諸アンケートの結果とその考察，○追記 旭川市中央小学校新設特殊学級における問題点，○全道母と女教師の集い 第4分科会（恵まれない子供達）討議内容及び全参集に対する諸アンケートの結果とその考察，○北海道精神遅滞児教育連盟全道研究大会の内容（連盟本年度運動方針とその成果及び全道特殊学級の実態と分布図），○第9次教育研究全道集会特殊教育分科会発表内容及び討議結果，来年度への課

題，○北海道における手をつなぐ親の会の動向，むすび，となっている。「全道母と女教師の集い 第4分科会（恵まれない子供達）」討議内容及び全参集者に対する諸アンケートの結果は，各項目の回答について全道と札幌市に数的差違は見られない。しかし，注目されるのは次表のような質問の「特殊学級が出来たら担任（手助け）したいと思いますか」に対する札幌市など都市部の教員と札幌市以外の全道の教師による回答割合の差違である。そこで，筆者は，前述第6節の留萌市特殊教育研究協議会の北教組第10次教研集会発表資料（1960年11月）から関係分を抜き出して次表に註解として附記した。

(参考) 荒木信子ほか「特殊学級担当の意向」

質　問		回　答　例　％			
		全道	札幌市	旭川市	留萌市
6. 特殊学級が出来たら担任（手助け）したいと思いますか	担任（手助け）したい	64	38	5	14
	担任（手助け）しない	17	23	40	45
	どちらでもない	5	23	48	41
	はっきり言えない	12	5		筆者註：
	答えなし	3	11		1960年11月

　このアンケート結果は，北教組札幌地区札幌支部（発表者札幌市立豊水小学校高橋春松）が1956年11月の北教組第6次教研集会で発表した『特殊児童生徒の取扱方と特殊教育振興の対策について』の「特殊教育に関する調査結果」と比較しても興味深い結果である（市澤豊2010年, pp.813-814）。荒木信子の調査項目と考察には，精薄児の発生原因究明と予防などの結婚観や優生学上の思想が根強く残っていることは否定できないにしても，よい作業であると評価できよう。

　旭川市立青雲小学校の橋本勝朗は，1960年11月の北教組第10次教研集会に『旭川市に於ける特殊教育の現状と青雲小学校に於ける職業指導』を発表した。発表内容は，○旭川市に於ける特殊教育の現状（発表するにあたって，沿革，入級選択の基準と手順，特殊教育推進のための協力機関の位置づけ，カリキュラム作成のための準備，今後に於ける特殊教育推進のための諸問題），○青雲小学校における職業教育（発表するのあたって，職業指導のための目標，職業教育課程の大要，あとに残された問題点），○雑感となっている。橋本勝朗は，1953年に四代目の特殊学級担任となり，1957年と1958年に一旦特殊学級から離れるが1959年に復帰し

橋本勝朗『旭川市の特殊教育の現状と青雲小学校に於ける職業指導』1960年

1960年に特殊教育6年目で旭川市特殊学級担任会の主導者となった。本発表前段の「発表するに当たって」に1960年当時の旭川市における特殊教育の現状が素朴な表現で記述されているので次に摘記する。

旭川市立青雲小学校　橋本勝朗「1960年当時の旭川市特殊教育事情」

　特殊教育を推進するに当たって，今までのことが想い起こされる。1952年1月青雲小学校の特殊学級誕生して以来，1954年東五条小学校に特殊学級が誕生するまでの三年有余，外部は勿論のこと校内ですら孤立しがちで，そのために担任や学級入級児の父母はどんなに辛い淋しい思いをしたことか。当時の旭川市民は，特殊学級の子供達の歩く姿に，軒並みに窓から顔を出して眺め，囁いたものである。担任と父母達は，「三年たてば岩にも苔が生える」の諺を信じ，じっと耐えたものである。

　この当時の気持ち，今では味わえない。それが，1954年に東五条小学校に特殊学級が出来，青雲小学校特殊学級担任と父母もなれ両校の父母が毎月話し合うようになって，担任と父母の顔色が明るくなってきた。そして，1957年に中央小学校と日章小学校に特殊学級が誕生したので，特殊学級担任会をつくって，「以前の苦労を繰り返すな，同じ失敗を繰り返すな」のスローガンのもとに団結して，特殊学級設置校の校長と特殊学級担任と市教委も含めた会合を継続した。1960年に大成小学校に特殊学級が誕生した。旭川市教育研究会特殊教育部会は，特殊学級設置校長，旭川市教育研究会正副会長，運営委員を含めた60有余の堂々たる部会となった。これ旭川の特殊教育推進の基礎ができあがり前進するのみである。

　旭川市教育研究会特殊教育部会は，1954年度の特殊教育に関するアンケート調査結果を踏まえ，当面の課題に組織的に取り組んだ。特に，父母の要求が高かった，〈職業に直結した教育，社会見学による社会経験の拡大，正邪善悪の判断力と躾け，千円までの買い物能力，親同士の話し合いの機会増〉に応えることであった。青雲小学校は，1956年4月からの特殊学級卒業生を中学部生徒として職業指導を開始した。次に，旭川市立中学校初の特殊学級の職業教育について摘記する。

旭川市立青雲小学校　橋本勝朗「青雲小学校の職業指導」

　中学部附設　特殊学級を卒業した中学生を（中学校に特殊学級がないため）中学校にやることも出来ず預かってきた。I.Q.60以上の5名は，大工の見習い，家事従事，工員，商売の手伝いとして職場と家庭においてそれぞれ喜んで従事している。しかし，I.Q.45以下の子どもは皆家庭でブラブラしているか停級して当学級に残っている現状である。私達は，I.Q.50以下の子どもの職業指導を行うこととした。

　職業指導の目標　ねらいとするところは，将来の人間像と生活構造の中から割

り出されるプロフィルでなければならない。家庭生活など将来に於いて毎日遭遇する事柄をふんまえて，その上での職業指導でなければならない。具体的には，1.丁寧な仕事の出来る人。2.よそ見をしないで仕事に熱中できる人。3.最後まで仕事をやり通せる人，を最低要素とした。

学習形態 1．職業学習 男子には薪結束用金輪つくり，女子は洗濯（学校のカーテン，先生方の運動着，家庭での洗濯物）と雑巾作りをやらせる。2．視聴覚学習 ラジオは週4時間（1,2年生の国語，理科，音楽）テレビは週4時間（低学年の生活，情操）を視聴させる。3．補充学習 職業指導・視聴覚指導単元で充たされないものを補うために，学習研究社の『一年の学習』，『二年の学習』等月刊雑誌を用いて指導する。又，兎の飼育と菊などの花壇栽培をおこなった。4．単元学習 生活を中心とした経験と図工活動を組み合わせて考えた。

残された問題点 職業指導のためのカリキュラムの作成，学級担任に関する問題（交替，適性，融和，年齢等），研究推進の縦横関係，普通学級における遅進児指導，コロニーの設立等限りなくある。

異常教師 「児童生徒と同類の生活で完全に精薄教師と見られているのも善し」としている。

旭川市立中学校合同作業教室が開設されたのは1968年である。それまでの間，1961年に東五条小学校中学部，1962年日章小学校に常盤中学校特殊学級を設け，1964年に北都中学校，1965年に北星中学校等において中学生を教育した。橋本勝朗は，北海道から選ばれて1962年8月に宮城県白石市で開催された「東日本地区昭和37年度精神薄弱教育講座及び精神薄弱教育指導者講座」を受講した。その時，主催者である文部省・宮城県教育委員会は，受講者に対して資料「精神薄弱児教育における教育課程案の概要」を作成して持参するよう義務づけている。作成内容は，○学校概要（学校名及び所在地，特殊学級数及び設置年月日，担任者氏名・年齢及び特殊教育経験年数，地域の自然的・社会的環境または実態，学校の実情，特殊学級の児童生徒一覧表，教室の構造図及び現有する主な施設設備品の品目・数量等），○教育課程（又は指導計画の概要，教育の具体目標，年度別教育の重点，教育課程編成方針及び編成上特に留意し疑問を感じている事項），○教育課程〈又は指導計画〉の構造図，○年間における予定の総授業日数及び週あたりの平均授業時数，○本年6月中の指導計画略案一覧表，○6月中第一週における週時間配当表，○6月第一週における各曜日ごとの日課表，教育課程の編成

旭川市立中学校特殊学級合同作業教室『合同作業教室の歩み・研究』1988年

にあたり担任が特に困難を感じた事項及び問題点といった詳細で実際的なものであった。文部省は、特殊学級の整備拡充を図るだけでなく、地域と学校及び児童生徒の実態にふさわしい教育課程の適切な編成と実施を意図していたのである。講座参加者は、指定された様式にしたがって資料を作成することにより、さらに、講座における実践発表交流し合うなかで自校特殊学級の教育課程編成と実施に関して学びうることが多かったであろう。

富良野町立布礼別小学校の板谷国康は、1961年11月の北教組第11次教研集会に『問題児の指導について（これからの問題点について）』を発表した。内容は、○平和を守り真実を貫く民主教育を確立するために、○ある問題児の治療について（取扱った理由、本児の生育歴及び家族構成、学校について、施設について、心理検査、指導方針治療経過及び行動観察、フォローアップ）、○問題点について（乳幼児期における教育について、学校における問題児指導について、家庭指導上の困難さについて、学校における指導範囲外の生徒について、担任教師の労働過重について、学業不振児及び精神薄弱児について）となっている。養護施設入所児の指導事例を取り上げているが、〈問題児の治療教育が平和を守り真実を貫く民主教育の確立となる〉というスローガン的文言は、その実践なくしては説得力はない。本書で採りあげている発表事例は、このような論調が一般的なため、〈教育の機会均等〉の理念は実践系列における〈教育を受ける権利〉保障にまで浸透するに至っていないのである

板谷国康『問題児の指導について』1961年

旭川市立大成小学校は、1960年9月に13名の児童による特殊学級を開級した。初代担任は、滝本三雄と橋山ていの二名である。同校の滝本三雄は、1961年11月の北教組第11次教研集会に『特殊教育実践過程における一考察』を発表した。その内容は、○精神薄弱児の幸福への道、○特殊教育の現在の位置、○特殊教育発展の障害、○障害除去の対策と方法、○入級児選定の過程、○知能検査の信頼度、○適応度の検査実施、○結び、からなっており、一般論に終始した論述である。

1962年2月、橋本勝朗の、「かんなとぎの浩」北海道精神薄弱児資料センター編『がんばれマーヤ』（pp.137-156、楡書房）が刊行された。これは、橋本勝朗が教え子の浩と共に成長していく記録である。

富良野町立布礼別小学校の阿倍正保は、1962年11月の北教組第12次教研集会に『特殊児童の取扱い』を発表した。発表内容は、○特殊学級設置の必要性、

基本的理念，○学校経営の現場から拾った事実問題（教科学習の指導方針，算数学習上に現れた誤答診断の事例，国語科に於ける漢字学習習得の状況と習得の一方法），○特殊児童の一ヶ年の成長，○個人の一般記録から，○特殊学級の編成とその運営からなっている。阿倍正保は，上川管内初の東剣淵小学校特殊学級を経営したこともあり，力のこもった論点を展開している，算数学習上に現れた誤答診断の事例と国語科に於ける漢字学習習得の状況と習得の一方法は，学習のつまずき指導の事例として参考になる。

　旭川市立東五条小学校の和田房子は，1962年11月の北教組第12次教研集会に『精薄児の運動能力と機能訓練』を発表した。内容は，○精薄児の運動能力について，○運動能の到達目標，○当学級に於ける指導の方法，○学習効果の一端，○指導効果より判断されること，からなっている。本研究の特質は，運動能力の理解と児童一人一人の継続的な指導観察記録にある。

　1962年には，当時精神薄弱教育・福祉の第一人者たちである小杉長平・田村一二・中村健二による「特殊教育講座」が旭川市内で開催された。

　1963年11月の北教組第13次教研集会には，富良野小学校特殊学級の山川昭吾が『本校に於ける特殊教育の歩み』を，旭川市立大成小学校特殊学級担任の橋本三雄が『精神薄弱児の思考に関する一考察』をそれぞれ発表した。

　1964年11月の北教組第14次教研集会には，富良野町立鳥沼小学校特殊学級担任佐藤信淵が『精神薄弱特殊学級における教育課程（富良野町立特殊教育教育課程試案）』を，旭川市立日章小学校特殊学級担任小沼のぶが『特殊学級に於ける視聴覚教材の活用について』をそれぞれ発表した。

　士別町立士別南中学校は，1964年4月に特殊学級を開級した。初代担任となった宮川稔は，1965年11月の北教組第15次教研集会で『教育課程編成のために』を，旭川市立東五条小学校の和田房子は『集団生活への参加と社会生活の理解についての指導計画をどのように立てどのような点に配慮して指導したらよいか』をそれぞれ発表した。

　1965年10月，北海道教育委員会と旭川市教育委員会は，「昭和40年度全道精神薄弱教育及び養護学校教育研究集会」を旭川市において開催した。この研究集会に際して，旭川市教育研究会特殊研究部会は『特殊教育の手引書（旭川試案）』と『精神薄弱児学級の指導計画案 1965年』を発行した。

第3. 上川地区発達障害児等特殊教育の歩みと特質
1. 上川管内の発達障害児等特殊教育の歩み

本稿第2に既述したように，上川管内の発達障害児教育黎明期における史資料は多くなく精確な史実を捉えるには限界がある。

年　月	事　項
1948年10月	私立旭川盲啞学校が道立移管により北海道立旭川盲学校，旭川聾学校となる。
1950年9月	旭川市立青雲小学校は精神遅滞児特殊学級開設の申請をする（1951年4月認可）。
10月	剣淵村立剣淵東小学校は精神遅滞児特殊学級開設準備に入る。
1951年4月	剣淵村立剣淵東小学校精神遅滞児特殊学級開設（校長能勢喜八，担任阿倍正保）。
1952年1月	旭川市立青雲小学校特殊学級（校長渡辺重臣，担任中村一枝）開設する。
1953年2月	旭川市教委主催，道教育庁上川事務所・北大教育学部・旭川市特殊教育研究会後援「視聴覚教材教具を利用した教育効果」を青雲小学校にて開催される。
9月	旭川市立青雲小学校「特殊教育の現況」道教委広報誌『北海道教育月報 通巻第26号，第4巻第3号』に発表する。
11月	剣淵村立剣淵東小学校長能勢喜八は，北教組第3回教研集会に『農村地帯に於ける小学校児童の知能分布の実態と精神遅滞児の基礎的学習について』を発表する。
	旭川市立青雲小学校橋本勝朗は，北教組第3回教研集会に『不振児の実態と視聴覚教材教具利用による効果』を発表する。
1954年3月	旭川市立青雲小学校は，市教委より委託研究「遅進児指導に於ける視聴覚教材教具の利用はいかにあるべきか」を受ける。
	旭川市立青雲小学校は，『未完の記録視聴覚教材教具の利用とその事例』を発表する。
	旭川市立東五条小学校に特殊学級（校長上原竹次郎，担任菅沼俊治）開設する。
11月	愛別村立中里中学校の東孝太郎は，北教組第4次教研集会に『普通学級に於ける特殊児童の研究』を発表する。
1955年11月	東旭川村立東旭川第五小学校湯浅誠一は，北教組第5次教研集会に『恵まれない児童生徒の教育』を発表する。
	旭川市立大成小学校婦人部（発表者橘山てい）は，北教組第5次教研集会に『落ち着きのない子の原因考察と指導目標』を発表する。
1956年10月	上川管内教育研究会発足する。
	愛別町立中里中学校の東孝太郎は，北教組第6次上川地区教研集会に『虞犯少年の補導と性的犯罪者の要因について（虞犯少年と生活を共にして）』を発表する。
11月	旭川市立青雲小学校橋本勝朗は，北教組第6次教研集会に『特殊教育の実践的研究』を発表する。
1957年4月	富良野町立鳥沼小学校に特殊学級（校長飯田三郎，担任五井静代）開設される。
	上川管内教育研究テーマ「遅進児・問題児の指導をどうしたらよいか」設定。
	「旭川市特殊学級担任会」を組織する。
	「旭川手をつなぐ親の会」発足する。
11月	旭川市立青雲小学校（発表者藤弘友幸）は，北教組第7次教研集会で『特殊教育推進のための諸問題』を発表する。
1958年1月	旭川市立日章小学校に特殊学級（校長小野貢）開設される。
2月	旭川市立中央小学校に特殊学級（校長安井善衛，担任荒木信子）開設される。
11月	旭川市教育研究会特殊教育部発足する。
	風連町立風連小学校の辻博は，北教組第8次教研集会で『環境による性格形成とその診断の実践及び指導について』を発表する。

		旭川市立青雲小学校橋本勝朗は，北教組第8次教研集会で『旭川市に於ける特殊教育の歩み』を発表する。 旭川市立東五条小学校本間幸俊と青雲小学校橋本勝朗は，連名で『精神遅滞児教育に於ける造形活動』を発表する。
1959年	4月 11月	名寄市立名寄小学校特殊学級（校長中島晉，担任鷲巣俊誠）開設される。 士別市立士別南小学校特殊学級（校長木村清臣，担任三浦みゆき）開設される。 旭川市教育研究会特殊教育部会研究テーマ「特殊教育を推進するための諸問題」を設定し，「指導要素表」づくりに取り組む。 旭川市立東五条小学校の本間幸俊は，『特殊教育に於ける教育課程の洞察（造型活動を手段とした経験カリキュラムの構造）』を発表する。 旭川市立中央小学校愛護学級担任荒木信子は，北教組第9次教研集会に『特殊教育の振興をはばむ問題点』を発表する。
1960年	1月 8月 9月 10月 11月	旭川市立中央小学校荒木信子は，日教組第9次教研全国集会に『北海道に於ける特殊教育現況の一端』を発表する。 旭川市立青雲小学校特殊学級に「中学部」附設される。 旭川市立東五条小学校文部省特殊教育特殊学級教育課程研究指定校となる。 旭川特殊学級設置校連絡協議会発足する。 研修「旭川市内特殊教育施設めぐり」実施。 旭川市立大成小学校に特殊学級（校長川口金五郎，担任滝本三雄・橋山てい）開設される。 上川・旭川特殊教育研究会が旭川東五条小学校を会場に開催（研究テーマ「特殊児童生徒の指導をどうしたらよいか」）される。 旭川市立青雲小学校橋本勝朗は，北教組第10次教研集会に『旭川市に於ける特殊教育の現状と青雲小学校に於ける職業指導』を発表する。
1961年	4月 11月	名寄市立名寄東中学校（校長杉原光，担任青名畑繁夫），旭川市立大有小学校（校長坂田房之助，担任仲川正行）の特殊学級が開設される。旭川東五条小学校特殊学級に「中学部」附設される。 上川管内・旭川市内特殊学級担任交流協議会開催される。 旭川市立東五条小学校（発表者本間幸俊），文部省・東京都教委催「第十回精神薄弱教育全国協議会」において，「教育課程の洞察」を発表する。 旭川市立大成小学校滝本三雄は，北教組第11次教研集会に『特殊教育実践過程における一考察』を発表する。 富良野町布礼別立小学校の板谷国康は，北教組第11次教研集会に『問題児の指導について（これからの問題点について）』を発表する。
1962年	2月 4月 8月 11月	旭川市立青雲小学校橋本勝朗「かんなとぎの浩」北海道精神薄弱児資料センター編『がんばれマーヤ』（楡書房）刊行される。 美深町立美深小学校（校長菅野実俗，担任横木敏子），富良野町立富良野東中学校（校長徳佐新太郎，担任板谷国康），士別市立士別中学校（校長北原慎一，担任波多野恭輔〈別資料に「布川里子」〉），旭川市立常盤中学校（校長坂上馨，担任熊谷文良）に特殊が級が開設される。 旭川市立青雲小学校橋本勝朗は，文部省・宮城県教委主催の「東日本地区昭和37年度精神薄弱教育講座及び精神薄弱教育指導者講座」に『精神薄弱教育に於ける教育課程試案の概要』を発表する。 富良野町布礼別立小学校阿倍正保は，北教組第12次教研集会に『特殊児童の取扱い』を発表する。 旭川市立東五条小学校特殊学級担任和田房子は，北教組第12次教研集会に『精薄児の運動能力と機能訓練』を発表する。 旭川市教育研究会特殊教育部会「特殊教育講演会」を開催する。同部会「六領域による指導要素」を作成する。 「第一回旭川市特殊学級合同作品展」を開催する。
1963年	4月	士別市立士別小学校（校長早坂亀一，担任藤井立志），富良野町立富良野小学校校

第3章　各地における教育実践

217

11月	長高橋要吉,担任山川昭吾)に特殊学級が開設される。 旭川市特殊学級担任会「旭川市特殊教育設置計画要望書」を提出する。 富良野町立富良野小学校の山川昭吾は,北教組第13次教研集会に『本校に於ける特殊教育の歩み』を発表する。
1964年4月	士別町立多寄小学校(校長矢島恭一,担任飯塚とき)、東神楽町立東神楽小学校(校長浅井時男,担任宮城亮一)、名寄市立名寄南小学校(校長永田忠一,担任吉田正之)、士別市立士別南中学校(校長高野栄作,担任宮川稔)、旭川市立北都中学校(校長斉藤喜春,担任橘山てい)に特殊学級を開設される。
11月	富良野町立鳥沼小学校佐藤信淵は,北教組第14次教研集会に『特殊学級における教育課程(富良野町立特殊学級教育課程試案)』を発表する。旭川市立日章小学校小沼のぶは,北教組第14次教研集会に『特殊学級に於ける視聴覚教材の利用について』を発表する。
1965年4月	富良野町立富良野山部小学校(校長藤原重一,担任相原慈房)、中富良野町立中富良野小学校(校長光延章,担任新田レイ子)、朝日村立旭小学校(校長古屋栄松,担任宮川量子)、上富良野町立上富良野小学校(校長石垣源三郎,担任高原政司)、東川町立東川小学校(校長大平百平,担任久原亘)、当麻町立当麻小学校(校長広田信一,担任千葉兼松)、鷹栖村立鷹栖北野小学校(校長斉藤正一,担任米倉正)、和寒町立和寒小学校(校長鈴木正元,担任足達喜一)、下川町立下川小学校(校長佐藤七郎,担任富田広)、中川村立中川中央小学校(校長武田政治,担任皆川明)、士別市立温根別小学校(校長工藤貞二,担任吉川幸男)、剣淵町立剣淵小学校(校長美濃屋誠一,担任羽野美智子)、旭川市立旭川啓小学校(校長藤岡達義,担任吉本清)、西神楽町立西神楽小学校(担任加藤扶美子)、東神楽町立東神楽中学校(校長井上久雄,担任橘宏)、名寄町立名寄中学校(校長坂井直射,担任遠藤邦雄)、美深町立美深中学校(校長吉田健之助,担任保科孝信・佐竹静子)、旭川市立北星中学校(校長村井徳蔵,担任水野洋一)に特殊学級開設される。 上川地区教育研究推進計画「効果的な指導法の実践研究」を作成する。
10月	道教委・旭川市教委主催「昭和40年度全道精神薄弱教育及び養護学校教育研究集会」旭川市で開催される。旭川市教育研究会特殊教育研究部会は,『特殊教育の手引書(旭川試案)』と『精神薄弱児学級の指導計画案 1965年』を作成し発表した。
11月	士別市立士別南中学校の宮川稔は,北教組第15次教研集会に『教育課程編成のために』を発表した。旭川市立東五条小学校の和田房子は,北教組第15次教研集会に『「集団生活への参加と社会生活の理解」についての指導計画をどのように立て、どのような点に配慮して指導したらよいか』を発表する。

2. 上川管内における黎明期の発達障害児等特殊教育の特質

　上川管内は,開拓の歴史の古い旭川を中心とした厳しい自然におかれた内陸部に位置している。旭川は,上川平野の中央に位置し土地開墾で米どころとして開発され北海道の陸上交通の中心地であった。上川地区の町村は,農村地帯の凶作と米の強制供出などによる当局の財政力が極度に緊迫しており,六三制実施にとって大きな不安材料であり,特に新教育制度の最大の課題は新制中学校問題であった。このため1947年4月に,管内六三制実施促進について公的援助を期待して「六三制実施上川地区協議会」を結成して行動をおこした。

　上川地区の特殊教育は,北海道盲聾啞教育開拓者の一人である南雲総次郎により1922年創設された私立旭川盲啞学校により開始された。本校は,教育の機会均等の対象として盲聾児の就学義務施行に伴い1948年に道立に移管され北海道立旭川盲学校と北海道立旭川聾学校となった。戦後初の特殊教育は,1951

年5月に開設された名寄市立南小学校の病虚弱児特殊学級が嚆矢とされていた。しかし，1951年4月には，剣淵村立剣淵東小学校長の能勢喜八による精神遅滞児特殊学級が一か月早く開級されている。旭川市立青雲小学校は，市教育委員会より精神遅滞児特殊学級開設の要請を受け1951年4月1日開設を目指したが，校内体制や担任人事に隘路があり1952年1月の開設となった。東剣淵小学校は，農村地帯における知能検査による低知能児童の基礎学習能力の向上を願って特別な学級を編成してその指導に当たった。当校は，比較的小規模校で，しかも，校長が陣頭に立ち開設準備を進めるという環境にあった。青雲小学校は，保守的な風土と校下の教育環境からくる特殊教育へのニードの相克により開設が遅進したことになる。旭川市と上川管内の特殊学級は，1950年以降1960年までの10年間で9学級と少なかった。しかし，橋本勝朗が言うように，この10年間は発達障害児等の特殊学級における特殊教育に対する偏見と誤解と差別に耐える日々の〈入植・開拓時代〉であった。特殊学級担任部会で仲間と語り学び合い，入級児の父母に結束を求めて，共に組織力による啓発運動により特殊学級の教育について理解を確かなものにしていった。旭川市の特殊学級形態による特殊教育システムは，中学校に特殊学級を開設せずに，小学校特殊学級に「中学部」を附設して小中一貫の職業指導を実践するという独特なものであった。それは，中学校に特殊学級を開設する環境が整えられない事情があったことになる。その結果，1968年に至って，北海道では例を見ない「中学校合同作業教室」を生み出し教育的成果をあげる方式を成功させたことになる。旭川市以外の市町村の特殊学級は，それぞれの学校教育関係者の発意により成立したが，際立って特色のある特殊学級経営を示すところは現出しなかった。旭川市の特殊学級は，行政からの設置勧奨を受け，各学校がそれぞれ独自に開設した。しかし，特殊学級担当者は相互に連携を持って地道な研究協議を重ね旭川の特殊教育を創りだし，上川管内のセンターとして役割を果たしていったと理解される。上川管内の特殊学級は，1964年から1965年にかけて急増していった。

第8節　空知地区の教育実践

第1．空知地区の概況

石狩平野の大部分を占める空知地区は、9市14町9村があり総面積約6,600平方㌔に約人口871,000人、世帯数約168,000世帯が生活している全道一の「米どころ」である。また、豊富な石狩炭田をひかえて全国出炭量の50％を算出している。管内の歴史は開拓以来60年以上経過しているが、幾春別川と夕張川両水系の開発をはじめ、美唄・幌向原野などの開発が進展している。また、滝川、砂川を中心とした工業地帯化や南空知一帯の地下ガスの開発も軌道に乗っており、恵まれた立地条件と豊富な地下資源の活用により、将来産業文化の発展が期待されている。

農業は、耕作面積の53％が水田が占め、畑作は山沿い地帯が盛んである。作物は、主作の米に続いて玉葱、百合根、アスパラガス、メロン、林檎、種馬鈴薯などがある。しかし、富農と貧農の階層分化が激化していく傾向にある。畜産業としては、優良種雄馬、肉用綿羊、豚などの飼育がある。林業は、夕張、三笠、赤平、芦別、新十津川等が盛んである。鉱業のほとんどが石炭で、石炭確定埋蔵量は63億㌧、推定埋蔵量100億㌧を称され、これら炭鉱の固定資産税や鉱業税は炭鉱市町村の大きな財源となっている。商工業としては、農業や炭鉱に大きく依存しており、これらの景気の変動にされ易い。工業は、豊富な水、石炭、電力資源と有利な立地条件により躍進している。

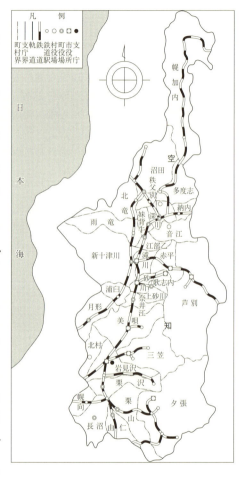

学校数は，小学校262（分校8）校，中学校141（分校1）校，高校44（道立24，市町村立20）校で，このうち辺地指定校が小学校72校（27%），中学校30校（21%）である。辺地校のなかには雨竜村国領小中学校のように市外から24㌔離れた山奥で，電灯も交通の便もない学校もある。校舎施設は，年々整備されているが，校舎・屋体の不足面積が未解決である。一方，廊下・屋体・特別教室などを使った不正常授業を行っている小学校27学級，中学校14学級がある。社会教育では，全空知婦人団体「空婦連協」は，毎年研究発表会や新生活科学講座を開いて活発に研究と実践活動を行ってる。医療施設は，病院33，診療所67，歯科医院51，保健所2，療養所3がある。鉄道やバス路線が網の目のように走っており交通機関の便に恵まれている。炭砿地帯は，文化施設があり活動も活発である。

第2．空知地区発達障害児等の教育実践

　空知管内は，北海道一の面積，市町村数，人口，学校数を有する地域であり，行政区域の統廃合もあり，石炭を中心とした産業・経済・文化の興隆に富み，学校教育は戦前から「教育空知」の名を得ている。戦後初期の空知の教育活動は，北教組空知地区文教部が主導していたが，北・中・南の三地区のほかに，岩見沢市・夕張市・美唄市がそれぞれ独自に，しかも，閉鎖的に活動しており，三地区が連絡し合い相互交流し合うことが課題であった。1957年に，空知地方教育局，空知管内教育委員会連絡協議会，北教組空知三地区連絡協議会及び空知教育研究所の四者が各機関の主体性・独自性を尊重しながら，相互に信頼し合って，それぞれの推進目標計画を検討調整して，その実現化に協力することとなり，「空知教育推進協議会」が発足した。1965年度の空知教育推進計画は，①学校運営組織の合理化と民主化，②教育課程の整備改善，③評価・指導法等の科学的処理技術の向上，④施設設備の近代化と活用，⑤恵まれない児童生徒の教育条件整備，⑥単級複式教育の振興，⑦学校給食の推進である。

　発達障害等特殊教育に関する一次資料は，他管内に比して数多く残されている。しかし，発達障害等特殊教育関係者による研究組織活動は，1960年代後期にいたって空知を中，北，南の三地区に区分整理されたが，1950年代の三地区区分と異なるところがあり混乱を招きやすいので使えない。さらに，発達障害等の特殊教育は，夕張市，岩見沢市，美唄市，赤平市，滝川市などが，それぞれ独自性の強い成立と発達を見せていることからも三地区区分により整理することは難しい。空知管内は，このような状況にあるため，史資料の整理上から，夕張，岩見沢，美唄，芦別，赤平，三笠，滝川の市部と砂川市及び歌志内市を含めた町村部の二つに分けて論述する。

　なお，市澤豊は，「特殊学級の成立と教育実践の展開」（『戦後発達障害児教育

実践史』pp.602-773, 2010年）に岩見沢市立北本町小学校，美唄市立栄小学校，滝川町立第一小学校及び夕張市立夕張第一小学校の特殊学級の成立事情と教育実践の特質について詳述しているので，本稿では重複をさけることにした。

空知の特殊教育通史としては，空知特殊教育研究会編『空知特殊教育』（1号・1955年，2号・1956年，3号・1956年），夕張市立教育研究所『特殊教育の研究 精薄児を主とする特殊教育の歩み 第1集』(1955年)，北海道空知教育研究所『1956 研究シリーズ 第一号』(1956年)，北海道空知教育研究所『教育空知』（第93号-5, 1960年），空知教育研究所「精神薄弱児教育における活動」『研究紀要73号 戦後空知教育研究史 教育研究の推移と教育研究団体の活動』(pp.86-82, 1971年)，岩見沢教育史編さん委員会「特殊教育」『岩見沢教育史』(pp.391-394, 1974年)，（執筆者未詳）「空知三地区」(pp.80-82)，妹背牛小学校鎌田満「北空知」(pp.83-86)，砂川小学校椿坂幸夫「中空知（pp.87-90）」，岩見沢中央小学校砂川邦男「南空知」(pp.91-94)，北海道精神薄弱教育研究連盟『道精連 三十年の歩み』(1982年)，空知校長会『空知教育のあゆみ 戦後編』(1983年)，岩見沢市教育委員会『岩見沢市の障害児教育』(1984年)，道精連中空知地区協議会『中空知の特殊教育 三十年歩み』(1958年)，奈井江南小学校大友純子「岩見沢市における障害児教育の成立過程に関する研究」北海道教育大学旭川分校障害児教育研究室編『情緒障害教育 研究紀要第4号』(pp.47-50), 1985年，北海道空知教育研究所『研究紀要159号 空知教育研究史 続編』(1995年)等がある。

1．夕張市における教育実践

炭鉱のまち夕張の教師たちは，いち早く「夕張社会科研究会」を開催して組合活動と教育活動の統合を目指す研究活動に着手した。次いで，各学校や市内三ブロック別研究では解決できない問題や全市の課題を専門的に取り組む機関として夕張市教育研究所を1950年11月に設立した。

1952年11月，夕張市立夕張第一小学校の小川司は，北教組第二回教研集会において『一般学級に於いて教育上困っている子供の対策は如何にあるべきか』を発表した。内容は，○研究の目的及び意義，○研究の内容（調査の方法，調査の処理，調査の結果），○結論（組織，指導時間，編成，教室，カリキュラム）となっている。小川司は，夕張市内の小学校20校と中学校9校の特殊児童の実態調査を行い，その結果を示した。そして，第一小学校において特異児の指導を試行した。特別学級は，低・中・高学年三学級編成として，特別活動の時間を週二時間当て年間76時間指導を計画した。指導担当は各学年から一名を出し一学級二名担当とした。カリキュラムは，楽しい学校生活におき，保健，遊戯，図画工作，音楽，動植物飼育を中心とした。指導時間を特設して特異児童の指導を試行したことは評価されようが，対象児童の人数や学習活動の実際

及びその結果などの実態像には言及されていない。北教組夕張支部夕張第一小学校の小川司は、夕張支部として日教組及び北教組の教育研究集会第五部会研究主題「普通学級において学業不振児の取扱いをどのようにしたらよいか」にいかに取り組むかを関係者に問いかけた。それは、1953年11月、『夕張市に於ける第五部会の研究過程および今後の研究方針』B4判縦書き孔版印刷二枚である。内容は、○研究組織を作る（注意事項、現場より提出された問題、研究の組織）、○研究計画を樹てる、○研究中間報告を行い発表方法を協議する（夕張市教育研究推進大会に発表する）、○本研究の成果、○夕張市に於ける特殊教育の今後の研究方針からなっている。夕張市の発達障害児等の教育問題が日教組の研究主題

小川司「普通学級において学業不振児の取扱いをどのようにしたらよいか」1953年

に沿って組織的に意識され取り組まれたとみて誤りではないであろう。その具体的実践者である小川司の課題意識とその提案について次に摘記する。

　　　夕張第一小学校　小川司「普通学級に於ける学業不振児の教育」
　研究組織化　第三回夕張市教育研究大会のための組織研究となる参考資料を作成する。対象は、小学校19校と中学校9校で研究員167名である。
　注意事項：研究の視点は、「平和と日本民族の独立を目指す民主教育の確立」にある。参考資料は、各校の現場より出された問題　○普通学級に於ける特異児童の取扱い（真谷地、丁未、第三小学校）、○学校内で特異児童をどう扱ったらよいか（第一小学校）、○特異児童に就いて実施できる分野の対策（鳥島小学校）、○特異児童の特殊性について（登川中学校）、○事例研究の必要性とその方法（北陵中学校）、○学習不振児の原因の探究方法（真谷地小学校）、○事例研究の統合期間とその利用について（真谷地小学校）、○不適応児の早期発見法とその指導について（清水沢中学校）。
　研究の組織（筆者省略）
　研究計画　主題「普通学級において学業不振児の取扱いをどのようにしたらよいか」（性格異常児を除く）。学業不振児の範疇：施設児（普通学級での教育対象外児〈筆者註：この当時精神発達遅滞児は、教育可能児、訓練可能児、保護収容対象児に区分され、軽度遅滞のみを学校教育対象とした〉）、精神遅滞児、仮性精神薄弱児。調査内容：問題点、家庭環境、社会環境、学校環境、知能検査、精神遅滞の状況。指導研究と研究資料の処理：指導方法を日録に残し、評価反省の資料から、今後の方針、普通学級に於ける学業不振児教育の障害点、結論としてまとめる。
　研究中間報告と発表方法　○夕張市の普通学級における学業不振児の問題点、○

学不振児指導法の反省，○今後の指導方針，○受け持ち教師の結論。
　学業不振児教育の具体的振興対策　夕張市教育研究推進大会第五分科会会員96名による研究協議の結果。施設や教具の充実，普通学級数15学級に特殊学級一学級の設置をはかる，普通学級受け持ち児童数は50名以下とする，学業不振児教育についての研究を推進する，PTAの理解を深める，民生委員・児童福祉委員の協力を願う。
　研究の成果：施設及び教具に関わる次年度予算が措置された，市内に特殊学級二学級設置予定となる，学業不振児教育に対する理解が深まり，研究の気運が高まった。
　今後の研究方針　児童の幸福を守ることが教育者の任務である。特殊学級ができ，施設や教具が整っても「普通学級には依然として程度の差こそあれ，学習不振児が存在することを考え，学業不振児教育に対する技術と方法を研究して身につけることが必要である」。この見解に立った事例研究を続け，校内特殊教育協力態勢の確立などにより，12月20日には普通学級における特異児童の取扱いについての研究授業を中心とした研究集会を持つことになっている。

　北教組夕張支部の組合員は，夕張炭鉱労働者運動を間近に体感しながら民主教育の確立を目指していたであろう。小川司は，教研集会第五部会に所属し，〈普通学級における発達障害を含めた学業不振児の教育〉について，極めて今日的識見をもつ優れた教師であり組合員であった。すなわち，教育実践を概説的・網羅的に作文する風潮を厳しく批判している。そして，教育実践とは《生き生きとした子どもと教師による切り結びというぎりぎりの場面を捉えることであり，教師の働きかけを通してつかみ取った子どもの具体的な悩みや生き方を語り綴ることにある》としている。そして，《概説的・網羅的な作文である社会的公式論は決して健全なものではない》と喝破している。さらに，《いかに特殊学級が整っても，普通学級における発達障害などの学業不振児を放置する教師であれば，民主主義教育の推進者とは言えない》とする姿勢から学ばなければならない。小川司は，1953年11月の北教組第三回教研集会に『普通学級において学業不振児の取扱いをどのようにしたらよいか』を報告した。内容は，○研究の目的及び意義，○研究の内容（研究の組織，研究の方法），○結論（指導方法の反省と今後の方針，普通学級において学業不振児教育の障害点，普通学級における学業不振児教育結論）である。
　小川司の報告と前後するが，1953年10月，第三回夕張市教育研究大会夕張支部第五部会が第一小学校で開催された。夕張市立第二小学校長の石垣貞司は，『夕張市に於ける特殊学級の開設』を発表している。内容は，○開設の経過について，○昭和27年度の研究，・昭和28年度の研究，○発足のための準備委員会，○各学校に於ける開設までの諸準備（鹿島小学校の場合）からなっているので，夕張市の特殊教育の成立事情の要点を次に摘記する（作表は筆者）。

夕張市立第二小学校 石垣貞司「夕張市の特殊学級開設事情」

開設の経過 全市教職員で構成された夕張市教育研究協議会は，新学制実施の民主教育の原則である「教育の機会均等，個性重視，能力適応」から特殊教育問題をについて，夕張市教育研究所などと協力して取り組んだ。

項目　　在籍	昭和27（1952）年度	昭和28（1953）年度
研究課題	研究課題　一般学級に於いて教育上取扱に困っている子供の対策はどうなっているか。	普通学級において学習不振児の取扱いをどのようにしたらよいか。
研究目的	本市の具体的状況を調査し，現状の許す範囲での対策を究明し，彼らの学校生活を明瞭で意義あるものにしたい。	前年度の研究成果に立った特殊教育振興を図る。実践の積み上げとしての研究とするために，「子供達の具体的な悩みの解決，生き方に役立つ研究」を目標とする
研究内容	普通学級で何等か特異の要求を持った者で，指導上特別な考慮を払わなければならない特異児童について調査した。対象校は，小学校2校，中学校9校である。	普通学級に於ける特異児の取扱，特異児の特異性，事例研究の必要とその方法，学業不振児の原因探求方法，本市に於ける教育の方途。
調査資料の処理（各学校での具体的対策）	叱責を避け気安く話す，仕事の完成する喜びの機会を持たせる，週一回放課後に個別指導，行動観察記録を活用した個別指導，友人を選んで善導する，父兄との連絡を密にする，差別扱いをしない，身体的不潔に留意する。	研究組織の編成（研究主題を提出した学校に研究班を設置し，各班より代表を一名をもって研究推進委員会を構成して，研究計画の作成，推進，研究資料の整理）を行う。
調査の結果	調査項目の不備によるが精神的原因なる特異児は50名以上占めている。	昭和28年度夕張市教育研究会第五部にいて研究協議し具体的振興策を決議する。
研究の結論	精薄児の指導問題が大きく浮かび上がった。一般的理解と教師自体に研究理解不足がある。組織的な取り組みが必要である。	昭和29年度北海道からの補助でなく，市独自に担当教師の枠を与え予算20万円を計上し，夕張第一，第二，若菜，鹿島の各小学校に特殊学級を開設する。

発足までの準備 市教委指導室・開設学校長・担任による準備委員会により準備を進めた。教室設定。担任決定。入級児の決定（判定診断は北大の指導を受け，I.Q.45～75程度の学校教育可能な小学二年生から五年生）。入級人員は20名以内。特殊学級は精神遅滞児学級で速進学級ではない。

鹿島小学校の開設準備例 1. 校内態勢：学級担任は希望者に決定。職員会議により学級開設の趣旨・経営の概要の理解と協力を求める。2. 特殊学級運営委員会：校長，総務，担任，学習部長，各学年代表の10名の設定。学級編成：三年生から五年生まで：20名以内とした。低学年は判別が明確でない点があり六年生は直ちに中学校開設の見通しがないため除いた。3. 教育計画：児童の毎日の生活記録をとりながら，先輩学級の観察指導により遂次作成する。効果を焦らず試行的，漸進的に進める。4. 指導の方針：明るい素直な子供，愛される子供を育てる。身辺の自立と劣等感・抑圧感の排除。健康な体とよい習慣の養成，友人との協力。生活に必要な能力を身につけさせる。社会に出た働く子供，たくましい精薄児を育てる。5. 日課表，学習内容（筆者省略）。6. 準備予算等：国庫補助の倍額プラスする。

一学級（備品費2万円，消耗品費1万7千円）。
 運営上の問題点 1. 社会への啓蒙理解。2. 学級担任の問題（定員増，固定化による問題点，待遇）。3. 普通学級との交流。4. 強度重症子供を持つ親の悩みが多い。5. 市として特殊教育の方向を明らかにすること。

　夕張市は，1954年4月に40学級以上の各小学校である夕張第一，第二，若菜，鹿島の各校に発達障害児の特殊学級を開設した。当時の北海道において同一行政区に4校4学級同時開設の実績は夕張市のみであった。
　夕張市立第一小学校の福島サチヨは，1954年11月の北教組第4次教研集会に『問題児の主な原因となる長期欠席の調査とその対策』を発表した。内容は，○研究の目的及び意義，○事例，○問題児指導についての反省，○本市に於ける全月欠席者の調査，○結論からなっている。福島サチヨは，夕張支部婦人部の研究課題「青少年不良化防止問題」の一環として全欠児童の実態調査を実施したその結果と自分が担当した二名の指導事例について報告した。
　夕張市立北陵中学校の木城芳子は，1954年11月の北教組第4次教研集会に『家庭は教育に対して如何なる関心を持っているか─炭砿地帯の不良化問題と関連して─』を発表した。課題意識は前述の福島サチヨと同じである。その内容は，○調査の目的及び意義，○調査の方法（教育に対する関心の傾向，事故欠席及び早退者の数とその理由，地域の少年犯罪傾向），○調査の処理及び結果，○結論及び対策となっている。
　1955年2月に，夕張市立教育研究所は，『特殊教育の研究 精薄児を主とした特殊学級の歩み 第1集』を発行した。目次は，「巻頭言」所長及川滋度，「特殊教育の理解と振興を希って」夕張第一小学校長佐藤忠吉，「精薄児を主とした特殊教育への歩み」夕張第一小学校小川司，「本校に於ける精神薄弱児童の特殊学級について」夕張第二小学校安藤茂，「ものを云わなかったN夫の指導」若菜小学校伊藤亨，「特殊児童の五十音（読み）習得難易調査」鹿島小学校佐々木キミとなっている。夕張第一小学校佐藤忠吉校長の見出しにあるように，特殊教育の理解と振興を願って，特殊学級四学級のそれぞれの開設一年目の実践を取り上げたものである。
　夕張第二小学校の特殊学級担任安藤茂は，1955年11月の北教組第5次教研集会に『素質に恵まれない子供達の健全な成長を図る教育活動はどのようにしたらよいか』を発表した。内容は，○報告の概要，○研究のための組織，○夕張市の特殊教育，○精薄児の成長を図る教育活動の実際（精薄特殊学級に於ける劇〈ごっこ〉活動の効果について：夕張第二小学校安藤茂，精薄児教育に於ける造形活動の効果について：夕張第一小学校小川司，文字を覚えさせるためのカード学

習の効果について：若菜小学校伊藤亨，精薄教育に於ける生活カリキュラムの実践：鹿島小学校佐々木キミ)，○結論からなっている。安藤茂は，特殊学級担任各自の教室実践を記録し，それを研究部会に持ち寄り協議しあった結果を報告している。結論には，自らの実践を精神医学や心理学の知見により検討する姿勢や生活現実度の高い教材活用の視点などがうかがえる。

　夕張市教育研究会は，北教組全道教研集会の支部大会として毎年教育研究会を開催した。夕張市教育研究会「第五部会」は，1956年9月に夕張第一小学校で二日日程で開催され，夕張第一小学校特殊学級「椿学級」は特設授業「表現学習」を公開した。研究協議では，特殊学級担任の第一小学校の小川司，第二小学校の安藤茂，若菜小学校の神尾隆治，鹿島小学校の佐々木キミの四名と夕張南部小学校の鈴木博雄が「普通学級での特異児童に関する調査とその対策」をそれぞれ発表した。鈴木博雄の発表内容は，小学三年生男子の指導事例研究である。この内容は，次に述べる北教組第6次教研集会での佐々木キミの発表内容となっている。

　夕張市立鹿島小学校特殊学級担任の佐々木キミは，1956年11月の北教組第6次教研集会に『精神的な障害をもった児童の指導はどうしたらよいか』を発表した。内容は，○報告の概要，○研究のすすめ方，○夕張市の特殊教育，○精神的な障害を持った児童の指導はどのようにしたらよいか（「精神遅滞児指導以前のもの」若菜小学校神尾隆治，「普通学級の精神遅滞児指導は何から手をつけたらよいか」南部小学校鈴木博雄，「精神遅滞児が遊びの学習の中で示す反応とその指導」第二小学校安藤茂，「精神遅滞児の指導目標と造形教材の配当」第一小学校小川司，「ローマ字による精神遅滞児の言語収得について」鹿島小学校佐々木キミ），○結び，からなっている。精神的な障害とは，精神遅滞児（精神薄弱児）のことを指しているようであるが，障害区分では精神病と類別されていない。特殊教育は，本来生きていくための職業教育であるとする教育観に立っている。したがって，その指導観は，将来の社会的自立を考え，手の訓練，心情の訓練，健康の増進に力点をおく考えである。佐々木キミは，1956年11月づけの『特殊学級の進展を望みて』を残している。内容は，○疲れる担任教師，○特殊学校の建設を希望する，○学級の実績を挙げて永続させるには（収容児童の限界について，学習内容について，教室の設備は遊び道具を豊富に，担任教師に必要と思われる条件，担当年数について）となっている。1955年代における北海道の特殊学級を取り巻く環境の一端が実写されて貴重でなので，次に摘記する。

夕張市鹿島小学校　佐々木キミ「特殊学級担任教師」
　疲れている教師　数年前，道内で優秀な成績を上げているという特殊学級等を

いくつか参観させていただいたことがありました。すると，大抵，学級担任には新しい別の先生が交替され，以前担任の先生が過労から健康を害されて入院中とか，ノイローゼ気味になって普通学級に戻されたと聞かされたことでした。それらの先生方の健康を害された原因につきましては，私が実際に特殊学級を担任しておりますので想像に難くないのであります。第一に，担任は朝早く登校，朝会と終会以外は殆ど教室につきっきり，放課後も教材教具の研究製作をする。家庭訪問，児童の校外行動の視察，家に帰れば深夜まで各種の専門的な研究書をひもとく，ほかに学校内の担当事務も相当あり，研究会や研究発表もしなければならない。ちょっと学級経営の成績が上がると，毎日のように参観者や視察にやってくる。各紙新聞等の原稿の依頼や放送などの交渉もあったりして，誠にこれだけでも相当な仕事量となります。担任は，一日，正常さを欠く児童の指導に手一杯疲労して神経が稍おかしくなりかけて，その上，家庭訪問などをするだけで十分の負担量となっていますから，余程，体力精神力の旺盛な持ち主でないと勤まり兼ねると思います。私などは，まだ病気にならないのは，別段強靱な心身の所有者ではないので，学級及び学校内の仕事の手を抜いて，よく言えば健康第一主義に適当にやらせていただいているからでありましょう。道や市から予算などを貰う手前，何等かの実績を要求され，そのための成績を上げるべく無理も起きます。もっと，担任はのんびりさせて貰えないものかと思ったりもいたします。

　担任に必要な資格条件　〇神経質でない，のんびりした人，根気のよい人，ユーモアを解し児童と遊ぶことを喜ぶことの出来る人，技能科（図工，体育，音楽）等が好きで一芸に秀ている人，口も八丁の人（学級を校内で孤立させないで進展させるためには，相当，心臓が強く，社交的，政治的手腕を有する人が現段階として最も必要な資格のように思われる），これらの児童を心から愛し，献身的な努力を惜しまない人。全部を具えなくとも，せめて半分ぐらい条件の備わった人がよいと痛感いたします。

　佐々木キミは，黎明期における発達障害児等特殊学級の担任教師像について，自らの経験と道内特殊学級を担当している先達と接した後に描き出している。そして，特殊学級担当二・三年交替論を主張して担任五年目に特殊学級「すみれ組」を対馬正徳と川添と志子に引き渡した。この時期，記述した十勝管内新得町立新得小学校の杉本正二や後述する空知管内美唄市立栄小学校の木元綱三郎など極めて優れた先達が病に倒れて逝った。

　夕張市立若菜小学校特殊学級担任神尾隆治は，1957年11月の北教組第7次教研集会に『学業不振児の指導をどうしたらよいか』を発表した。内容は，〇報告の概要，〇研究のすすめ方，〇「特殊学級に於ける精薄児の人間関係について」神尾隆治，〇「普通学級に於ける学業不振児の観察」千葉実，〇「結び」小川司となっている。夕張市は，1957年9月に第一中学校に特殊学級を開設し，

小中一貫教育体制を整えようとしている。しかし，特殊学級で特別な教育指導を受けている児童生徒は対象者の30分の1にすぎず，普通学級には多くの学業が不振のままに放置されている児童生徒がいる。夕張市第五部特殊教育分科会の18名は，小川司部長のもとで特殊学級経営を基盤として普通学級における学業不振児問題の解決を目指している。

1958年3月，夕張市教育研究所は，『紀要17号 特殊教育についての研究―特殊学級の実践を中心として―』を発行した。目次は，「普通学校に於ける精神薄弱児教育の構想（精薄児の鑑別，精薄児の教育，特殊学級のカリキュラム，特殊学級設置基準，結び）」小川司，「精神薄弱児の作文指導について（作文指導の意義，各児童の作文の上にあらわれた大体の傾向，作品に対する私の観点，結び）」安藤茂，「32年度指導内容の部分的報告（中学委託児童の指導について，五十音 収得困難文字調査（読み），発音不自由児の困難文字語句調査）」佐々木キミ，となっている。ここでは，安藤茂の作文指導のなかから，児童の作文「いやな先生，いい先生だと思ったこと」と安藤茂の指導観を摘記する。

夕張市教育研究所『特殊教育についての研究―特殊学級の実践を中心として―』1953年

鹿島小学校　安藤茂「作文指導の実際」

　児童の作文「いやな先生・いい先生　N・I」　せんせいは　そ（う）じのみずつまない（くまない）とおこります。みずお　つみなさいと（くみなさい）やさしく　ゆべや（いえば）いいせんせい。うそう（うそ）いうとうそを　つかせないように　おこります。キヤラメルをかってくで（れ）て　みんなにやるからすきだ。しごとしたら（校舎のまわりのゴミをかたつけたこと）　ちょうめんを　くで（れ）ます。おもちやかつて　くで（れ）ます。ずがこうさくをおしえてくで（れ）ます。せんせいちえ（先生の家）へ　みんなをつで（れ）て　いきますからすきです。きのこうさくを　おしえてくで（れ）ます。

　省察　「一人一人を知り，一人一人の生活指導を行う」児童は，次のように教師を批判している。もっと優しくして貰いたいと率直に要求している。小言を言われたり，叱られたりすることに対して抗議している。そうして，自分を認めてくれる者に対して親しみを感じている。自分達の味方になってくれるものに好意を示している。強制と抑圧のないところに，自分達の自由な天地を求めようとしている。偶発的な僅かばかりの心遣いに感じて，そんな時の先生がすきだと表現している。それにつけても，何の信仰をも持たず，教育の理念らしきものを持たず，

児童に対する愛情など人並み以上のものは持ち合わせていない。単なる職業意識のそれから，ぬけ切れない貧弱な自分自身の中に，これらの児童の期待に添え得られる何物があるであろうか。思えば慚愧に堪えないのである。こうした子供に対しての生活作文というようなものが，どれだけ子供達の生活態度を引き上げてくれるかは未知数である。ともあれ，何の飾りも遠慮もなく

「作文の個別指導中の安藤茂」1957年

率直に表現されたこの子等の作文そのもの中から，児童の内面に潜んでいる真の姿を知り，話し合いのきっかけを作り，児童に反省や励ましの機会を与えると同時に，家庭の問題を分析し，社会問題を探り，家庭や社会の啓蒙のための準備を整えると共に，教師自身の在り方について深く考える資料となし得ると思うのである。繰り返していう。特殊児童に対する生活作文は，読み書きを主眼とする国語的なそれではなくて（勿論，それも同時に向上できれば結構だが），児童一人一人を知り，一人一人の生活指導を行うための作文指導でなければならぬと，ひたすら願うものである。

　安藤茂は，自らの教育実践について〈教育の機会均等〉とか〈民主教育の推進〉とかいった前提語を付して論じていない。生活作文の指導は，生活教育の一方法だなどとも理屈づけをせずに児童の側に寄り添って進めている。そうして，児童の情感に触れ，その育ちを教師の喜びとしている。佐々木キミが描く担任の資格条件〈児童一人一人を愛おしむ〉教師像は人間教師安藤茂の姿と重なるのである。1958年になって鹿島中学校の特殊学級が開設されることとなった，鹿島小学校特殊学級に附設された。
　夕張市教育研究協議会・夕張市特殊教育研究会は，恒例の特殊教育研究会を1958年9月に鹿島小学校を会場に開催した。日程は，対馬正徳（小学生）と川添と志子（中学生）の公開授業「物を作ろう」と授業懇談，昼食をはさんで教研部会となっている。講師は北大教育学部の奥田三郎教授であった。
　夕張市立鹿島小学校の対馬正徳は，1958年11月の北教組第8次教研集会に『素質に恵まれない子どもの教育推進のための問題点とその打開策』を発表した。内容は，○研究の概要，○「特殊教育推進のための問題点と打開策（夕張市に於ける就学猶予児童の実態調査と考察）」対馬正徳，「特殊学級位置づけ上の問題」第一小学校千葉実，「一か年の学級経営を反省して次の年度にそなえる」第一中学校矢部文治，「精神遅滞児の作文指導について」鹿島小学校安藤茂，○結

論となっている。次に，夕張市における就学猶予児童の実態調査結果を摘記する。

夕張市立鹿島小学校　対馬正徳「夕張市就学猶予児童の実態」

調査目的と研究過程　私達は恵まれない児童への愛の手をさしのべて，少しでも人間らしい生活ができるように特殊な施設で特殊な教育をしている。しかし，施設に行けず特殊学級にも入れず，家庭で毎日不幸な生活している児童が多数いることを忘れてはならない。身体的，精神的に恵まれない上に環境的にも恵まれない「就学猶予，又は免除児童」は，特殊学級で教育する数以上に当局に届け出ている。これらの実態調査を市内該当校に依頼して考察した。

就学猶予児童の理由と種別　昭和33年度の就学猶予，免除児童は31名（猶予27，免除4）で，その理由は次表の通りである。猶予期間は，5年～3年までの者4名，2年～1年までの者27名である。

分類	理由病名	男	女	計	備考（全体の%）
精神薄弱	蒙古症	2	1	3	計19名（61%）
	精薄	9	4	13	
	小児分裂症	1	0	1	
	脳性小児マヒ	1	0	1	
	結核性脳膜炎	0	1	1	
身体不自由	両足先天股関節脱白 両足内反足 関節炎	0	5	5	計5名（16%）
発育不良	虚弱 発育不良，肺結核 肺浸潤，心臓弁膜症 発育障害	2	5	7	計7名（23%）

考察　猶予期間については詳しい追跡調査が求められる。精薄は全体の61%，身体不自由児は16%，身体虚弱児は23%である。

今後の教育方針（理由）　このまま家庭で教育したい4名（人に迷惑になる，恥ずかしい，人に見せたくない，薄命だから親の側に置く），特殊学級に入れたい4名（この学級でなければ救えない，特殊技能が身につく），施設に送りたい4名（低知能のため特殊学級に入れてもらいない，施設は定員一杯では入れない），普通学級に入れたい5名（身体不自由，虚弱児だから，精薄でないから）である。

本研究は，研究目的にせまる聴き取りや調査・検査資料が乏しく，行政資料に依存しいるため，実態の実像が浮きぼりにされていない。したがって，調査段階だけの内容では打開策を立てるまでに至れないのである。調査研究は，研究の目的ではなく，研究課題解決の手段である。

1959年6月，夕張市教委・夕張第一中学校・夕張市教育研究協議会は，夕張

第一中学校特殊学級を会場に特殊教育研究会を開催した。研究会は，公開授業，研究授業，懇談，北大教育学部山本普の講演となっている。特殊学級担任の矢部文治は，『昭和34年度 特殊教育に於ける職業補導への一環』と『特殊学級教育課程要項』を発表した。第一中学校特殊学級は，1957年4月開級認可を受けて準備期間を経て，9月に特殊学級卒業生4名（第一小学校2名，若菜小学校2名）の授業を開始した。1958年4月には第一小学校特殊学級の卒業生と丁未小学校普通学級卒業生の2名が入級して7名となった。1959年4月には，第一小と第二小学校の特殊学級卒業生が7名入級して14名となった。教育目標は，基礎教科の習練に重点をおいた生活指導と職業補導である。教育課程要領は，指導内容を六領域（生活，健康，情操，生産，言語，数量）によっているが教科的扱いである。特殊学級担当教師のなかには，教育内容が領域名から教科名に改訂されたことで，それまでの経験主義的教授法から教科主義的教授法に安易に変更して，いわゆる〈教科の水増し教育〉を行うものが輩出していった。

夕張市立第一中学校特殊学級担任の矢部文治は，1959年11月の北教組第9次教研集会に『特殊学級に於ける作業教育を通して職業指導』を発表した。発表内容は，○特殊学級の沿革，○教育の目的，○指導計画，○指導内容と学習方法，○生活指導の主体，○職業指導の基礎教育，○職業指導の方法，○指導上の留意点，○実習に対する基礎問題，○校内実習，○校外実習，○成人を対象として，○結び，となっている。研究主題の「作業教育を通して職業指導」といった教育観は，1959年6月発表の主題である「特殊教育に於ける補導教育の一環」よりは整理された概念のようであるが曖昧さは免れない。発表物には，主題設定の理由は述べられていないし，作業教育，労作教育，職業指導，補導教育といった用語概念の説明もない。関係項目の「指導内容と学習方法」の小項目「作業及び実習」には，《労作教育の体験を積み重ね，職業教育の基礎能力を養い，職業指導する》と述べられており，不鮮明さを一層増幅させている。

夕張市手をつなぐ親の会は，1960年9月に夕張第二小学校において結成総会をもち，会則を審議し，役員（会長橋本千恵子）を選出して発足した。

夕張市立第一小学校特殊学級担任の千葉実は，1960年11月の北教組第10次教研集会に『特殊教育を進めるための運動をどのように実践したか』を

千葉実『特殊教育を進めるための運動をどのように実践したか』1960年

報告した。内容は、○研究報告の概要，○昨年度の反省，○本年度研究部の構成，○研究推進の基本的態度，○研究テーマの設定，○特殊教育研究実践のめあて，○問題点打開のための活動状況，○むすびにかえて，○特殊教育前進のために，からなっている。B4版横書孔版印刷の『参考資料集』は，○研究部会開催の記録，○夕張市特殊教育研究会開催記録，○夕張市特殊学級新増設についての協議会，○夕張市特殊教育振興会について，○夕張市手をつなぐ親の会について，○C.A.T.の学習について，○夕張市特殊学級状況概覧からなっている。夕張市の特殊学級は，北教組夕張支部第五部会を主体とした組織運動が市当局を動かし，市立小学校四校同時開設という画期的なものであった。しかも，1954年当時には，逐次，《普通学級における学業不振児に学習する権利と発達を保障する》ために多学級規模の小・中学校に特殊学級を開設する勢いがあった。しかし，それから満6年を経て学級数は下表のように6校7学級にとどまっている。千葉実ら特殊教育研究部会員も12名に減少している。

千葉実「夕張市立学校特殊学級収容児童・生徒数」（1960年10月現在）

学校名		男子	女子	合計
第一小学校		8	4	12
第二小学校	1組	6	6	12
	2組	5	6	11
若菜小学校		4	5	9
鹿島小学校		5	6	11
第一中学校		12	3	15
第二中学校		6	1	7
合　計		46	31	77

　千葉実の報告は，夕張市の特殊教育は創始期から6年も経ているにもかかわらず振興していないことに危機感を抱き，夕張市特殊教育研究部会員が一致結束して本主題のもとに取り組んだ内容である。次に，発表資料から主要点を摘記する。

夕張市立第一小学校　千葉実「特殊教育を進める運動」

　基本的な考え　「特殊教育は一般教育の本流をなすものである」と確信する。
　反省点　我々は常に理論と実践をモットーとして教師集団活動に参加しているのであるが，特殊教育の困難性に怖じけつき，尻込みするようなところがないとは言えない。特に精薄教育に理論は通用しない，と言う錯覚に落ち入ったり，だか

らといって何とかやっていればいいくらいのことでやっているとマンネリズムに落ち入り嫌気がさしてしまう。これらのことは，多かれ少なかれ個人的思考に停着しているからである。このような個人的思考に明け暮れする時代は過ぎたのだ。理論から実践へ，お互いに体得した実践への反応を生かし交換し合い，次の理論へ，実践段階を経て進めていく。即ち，個人研究から集団研究への段階に来たのである。

当面の問題点 1.学校の問題 ①校長の問題：校内の総ての事柄に指導権を持っている校長が特殊教育に対する正しい理解を持っていることが望ましいので，先ず，○特殊教育の見通しを立てさせる，○特殊教育の位置づけをはっきりさせる。②担任の問題：○担任になりてがない，○嫌なのを無理にやっているのですぐ変わる，○長くやっていても研究が浅い，○新しい研究がなく惰性に流される。以上のことから，次の点から解決に近づこうとしている。○科学的な裏づけをもつ，○学級経営の充実を図る，○指導内容の研究（教科課程の自主編成，生活指導，作業教育，教科），○特殊教育の孤立化を防ぐ（普通学級との交流，特殊技術を身につける，普通学級にサービスをする），③普通学級教師の問題：校内外の研究会への参加，サークル活動，展覧会等，仲間意識から理解を深めていく。2.一般家庭，社会，政治へ連なる問題 手をつなぐ親の会，特殊教育振興会の組織づくりから，組織を通して進めていく。

具体的取り組み 1.夕張市教育研究協議会特殊教育部会の会員獲得と活動の年間計画による月例化と充実を図る。2.「夕張市特殊教育振興会」の結成と規約に基づいた活動推進。3.「夕張市手をつなぐ親の会」の結成と活動推進。4. C.A.T.（幼児・児童絵画統覚検査法）の学習による専門技術の習得。5.特殊教育実態調査の実施による現状分析と対策。

教研活動から組合活動へ 「特殊教育」，このことこそ一人一人が思い悩み苦しみ続けていただけではなにも解決されないことを感得することができた。教研活動から組合活動へ，組合活動から広く地域一般社会への啓蒙へと進めていかなければならない。精薄児対策は，働く者同志の連なりのなかから考え大きな社会問題として解決策を見出していくことこそ真の対策ということが出来よう。組合活動の中に特殊教育推進機関を置くこと，施設を多く設立するよう組織をあげて運動し実現の方向に進めることを組合に要望する。

北教組夕張支部千葉実の報告は，教研集会レポートであることから夕張市発達障害児等の特殊学級問題が赤裸々にとらえられており貴重である。日教組の基本方針である「子どもたちの学習権を守り，真実を教える自由と教育研究の自主性を確立する」教研活動としての特殊教育は，〈教育の機会均等〉の実現形態であったが，しかし，停滞していたのである。そして，民主教育の確立を教研活動から組合活動への転換により図ろうとする焦燥感があった。創始期の燃え上がる熱気は，特殊学級が量的に拡大に反比例するかのように〈マンネリズム〉に陥っていくのである。これは，夕張市の関係者に限ったことでなく，教師が一つの実践を粘り強く追究せずに〈新しがる〉性行や〈熱しやすく醒め

やすい〉悪しき行動様式から来る帰結なのであろうか。

夕張市は，1961年4月に，清水沢小学校（担任佐藤正）と東山中学校（担任奥野一雄）に特殊学級を新設した。特殊学級数は，小学校6校9学級，中学校3校3学級と増加した。

夕張市立第一中学校特殊学級担任の金子三郎は，1961年11月の北教組第11次教研集会に『特殊教育を進めるための運動をどのように実践したか』を報告した。報告内容は，○研究報告の概要，○研究推進の基本的態度，○本年度研究部の構成，○特殊教育実践のめあて，○本年度研究推進の活動状況，○結び，となっている。研究部会の構成を固め，研究推進の基本方針と研究テーマを定めて計画的・組織的に取り組んだ内容となっている。

1962年4月，夕張市立丁末小学校に特殊学級が新設され，小学校7校7学級，中学校3校3学級の計10学級となった。

夕張市立若菜小学校特殊学級担任の沓沢利幸は，1962年11月の北教組第12次教研集会に『精薄児の教育課程の自主編成をどう進めたか』を報告した。報告内容は，○はじめに，○研究の経過（試案作成の以前に，教科と領域の前に，前向きの姿勢の中で），○むすび，となっている。精神遅滞児教育課程は，実践経験なくしては容易に理解しがたいのである。特に，教科中心の画一的指導経験しかない教師にとっては，教科以前の指導領域による生活教育には強い抵抗感があった。しかも，指導の一貫性という指導概念も，「個に応じた個別的な指導の一貫性」が基盤であることにまで踏み込んだ理解は困難なようであった。本報告には，「教育課程の構造案」鹿島中学校川添と志子，「生活領域について」第一中学校金子三朗（郎），「単元構成の試案として」第二小学校三谷順子，「生活指導の一考察」第二小学校安藤茂の四名の実践資料が記載されてあり，単なる教育課程論とはならなかった。

1954年来10年目の1965年4月に，夕張市立真谷地小学校の特殊学級が新設され，学級数は小学校10学級，中学校6学級となった。

夕張第一小学校特殊学級担任となった対馬正徳は，1964年の昭和39年度特殊教育教育課程研究集会に，『教育課程はどのように編成したらよいか』を発表した。内容は，○はじめに，○研究の経過（編成以前に話し合われたこと，編成中に問題となったこと），○編成された教育課程（六領域による）となっている。教育課程は，本来学校が法令と学校の実態に応じて編成することとなっていたが，日教組の活動方針でもあった「教育課程の自主編成」と言う文言が，あたかも，教職員団体が主体的に単位集団で編成することのように曲解されて，地域単位の「○○市教育課程」とか「○○研究会教育課程」のように組織的に編成するといった風潮があった。しかも，教育課程編成の原則や編成の手順に関

第3章　各地における教育実践

しては無関心であったり，教育課程無用論者も多数いた時代であった。したがって，教育課程と教育内容の選択・組織との関係はもとより，教育課程の展開と指導計画の関連性など教育方法学の知見に疎く乏しかった。六領域案は，教育内容の選択・組織の教育仮説の範疇だけでなく，児童中心主義の「生活と労働と教育の結合」といった教育方法の思想であった。1950年代後半の教育課程編成論は，教育課程編の基本事項についての論議であり，各学校が編成する教育課程の基本モデルの作成に関する事項であったと考えられよう。

　1965年11月，夕張市立清水沢小学校の吉田敏雄は，北教組第15次教研集会に『精神薄弱児の教育課程の自主編成をどう進めたか』を報告した。内容は，○研究の目的及び概要（試案作成の必要性と目的，研究の概要），○研究のすすめ方（研究の組織，研究方法），○研究の内容（教育糧課程試案編成上の基本的態度，試案編成上の問題点と今後の課題）からなっている。

　夕張市教育研究協議会特殊教育部会は，組織的取り組みによって発達障害児等特殊学級数の増設という量的拡大を収め，教育課程編成の資料となる基準づくりに取り組んできたが，〈普通学級における発達障害児等の指導が真正な民主教育の質的充実という課題〉への到達には至っていない。

２．岩見沢市における教育実践

　岩見沢市の教育は，行政官庁や諸機関等の所在地であることから他市町村とは一線を画した活動進めていた。戦後間もなく，地域に根ざした民主教育を進める方策として1950年12月に岩見沢市教育研究所を設立し，1951年には小学校・中学校・高等学校及び学芸大学岩見沢分校を総合した「岩見沢市教育振興会」を結成して，新教育の実践研究に着手した。

　岩見沢市初の特別学級は，北本町小学校において1950年4月に試行され，11月に遅進児のための仮学級を設けて国語と算数の基礎指導を行い，その経緯を踏まえて1951年4月正規に開級された。校長は小林快哉で初担任は大玉光子である。

　1952年7月，二日日程の「全道特殊教育研究集会」が道教委と岩見沢市により岩見沢市立北本町小学校を会場に開催された。本研究会は，岩見沢市で開催された全道規模の研究大会としては，1951年の「北海道職業課程研究大会」につぐ二番目に早い研究集会であった。次に，研究集会の概要を開催要項から摘記する。

北海道教育委員会・岩見沢市「全道特殊教育研究集会要項」

　目標　特殊学級及び普通学級においての特殊児童生徒の実態を検討し，その個人的及び集団的理解と指導の方法について研究する。

性格 この全道一区の集会は特殊児童生徒を中心とした指導研究を行うものであるが,各参加者は各地区において開催される同種の研究集会にできるだけ協力する。

研究問題 1.問題児の理解と指導,2.事例研究とその協議会,3.問題児カウンセリングの実例,4.物を言わぬ子の理解と指導,5.特別学級においての精神遅滞児指導の実際,6.正常の体力を持ちながら学業の振るわぬ子の理解と指導,7.家出した子の理解と指導,8.友人関係の悪い子の理解と指導,9.習癖のある子の理解と指導,10.難聴児弱視児の理解と指導,11.泣く子泣かぬ子の理解と指導,12.長期欠席児の理解と指導,13.普通学級での精神遅滞児指導の実際。

指導 北海道教育委員会指導主事 吉村忠幸・磯貝芳司

研究発表 (筆者省略)

公開授業 普通学級における学力の振るわぬ子の指導(筆者省略)。特設授業 星組 生活「よい習慣を身につける 買い物に於ける礼儀作法」大玉光子。

参加者名簿 岩見沢市以外46名。

日程

時 \ 日曜	9	10	11	12	13		15	16
21日 月	公開授業	開会式	授業討議	研究発表	昼食	研究発表	指導	
22日 火	特設授業		授業反省討議	班別研究	昼食	班別研究	指導	閉会式

特別学級関係資料 特別学級授業案,知能指数調査,個別基礎教科学力一覧,家庭環境調査実態,生育史,個別知能検査WISC得点グラフ(全12名),遅進児学級は如何に歩んできたか,特異児童を指導したささやかな体験記録(B4判縦書9枚),家庭調査集計表(原簿B4判縦・横書23枚)。

　北海道教育委員会と岩見沢市は,特殊教育研究の対象として学校教育法等に定めた心身に故障のある者の限定することなく,また,特殊学級形態外の教育形態による精神遅滞児等の教育を含めていることが注目される。

　入級児童の理解のための調査検査資料とそれに基づいた指導記録のいずれも,当時残されている公開研究会関係史資料としては群を抜く数量である。既述の網走地区の網走市立網走小学校川村正男と後述する渡島地区函館市立港小学校の山本宇一郎は,指導計画作成のための周到な実践資料として特筆される程の大部なものを作成している。ただし,川村正男と山本宇一郎の史資料は,主に指導計画に関するものであるのに対して大玉光子の大半は児童に関するものと実践記録との違いがある。この三名の特別学級経営は,北海道の発達障害児

第3章　各地における教育実践

等の小学校教育に大きな影響を及ぼしたのである。ちなみに，中学校教育では後述の胆振地区の室蘭市立鶴ヶ崎中学校の美濃又重道の教室実践の史資料は誠実で優れた内容である。この三名の教育実践については，本書の第3章第2節，第12節及び第13節に論述しているので併せて参照されたい。

　北教組第二回教研集会の第四分科会特殊教育部会の主題は，「特異児童の問題とその対策」であった。1952年10月に，北教組岩見沢支部の地区研究集会が岩見沢市で開催され，7名の発表と報告があった。岩見沢市立御茶水小学校の蔦谷博の発表内容は，学力不振児児童，資料，指導方針（児童研究，原因の究明，指導）からなり，5名の児童を取り上げている。複式校の岩見沢市立協和小学校（発表者不記名）は，小学2年と6年生の兄弟の事例研究であった。同じく複式校の岩見沢市立毛陽小学校（発表者不記名）は，「本校に於ける特別指導について」を発表した。三学年の複式学級で算数と国語の学業成績中以下の児童を学年別学習班に編成して，週二回5，6校時に特別指導をした報告である。結果は良好で，能力別指導に対する劣等感か感じられなかったとしている。岩見沢市立岩見沢小学校の髙橋秀男は，「特異児童の指導上の諸問題―N.児の事例研究を中心として―」を発表した。N児は，外泊，窃盗，虚言なども問題行動があり，性格異常か精神病質者と思われる小学四年の男子である。結語として，《教師の愛情や寝食を忘れた両親・教師の指導にも拘わらず善導困難な児童がいることが分かった。特殊児童の教育は，単なる教師の盲目的な情熱によって解決は不可能で，教師のたゆまざる研究と専門家との協力が重要である》と述べている。岩見沢市立東小学校の逢坂重道は，「情意特異児童の指導」と「学業不振児（算数）の指導」の二つの指導事例を発表した。学芸大学卒の新任教師岩見沢市立朝日小学校の山本鉄男は，「社会的不適応児の指導記録」を発表した。山本鉄男は，この事例を通じて《問題児，特殊児童の教育うんぬんは，ペスタロッチの云った〈愛の手を彼らにさしのべる〉ことであり，要は私達の子供に対する愛情によるものである》と経験則により理解している。

　岩見沢市立北本町小学校特殊学級担任の大玉光子は，『星組学級の実態』と『遅進児学級は如何に歩んできたか』を発表した。この発表は，全道大会から全国大会の正会員に推薦された。発表内容は，○指導方針，○生活指導，○学習指導，○児童の実態，○結論，○N児の事例からなって

大玉光子『星組学級の実態』
1952年

いる。北本町小学校は，通学区域が農業地区，市街地区，鉄道官舎地区の三地区からなり，それぞれの生活程度と文化程度が異なることから児童の学力差，特に計算力や国語の理解力などの基礎的学力差が大きく，能力別指導による対応にも限界があった。北本町小学校特殊学級星組の教育実践については，市澤豊（2010年）を参照されたい。

岩見沢市立北本町小学校の千葉正雄は，1953年11月の北教組第三回教研集会に『両親の就労（特に母親）と児童の非行との関係について』を発表した。発表内容は，○主題決定に至るまでの経緯，○母親の就労と児童の非行との関係考察，○画工の指導対策，○附 其の他の資料からなっている。

岩見沢市立栄中学校大垣内一郎は，1956年11月の北教組第6次教研集会に『幼児教育・特殊教育をどう進めるか』を発表した。内容は，○発表の要旨，○発表についての討議，○講師の講話の要旨，○今後の問題点，○講師の講評からなっている。大垣内一郎の課題意識は，特殊教育に関する組織的な体系的な実践研究活動にあり，特別学級担任と児童相談所員や学芸大学教授などを交えた研究の集まりの報告である。

大玉光子は，1955年に「昭和30年度東日本特殊教育研究集会」の精薄第一班に参加した。そして前述の研究集会内容『精薄児の図画工作をどのように指導するか』を報告した。

岩見沢市立小中学校の特殊学級は，1958年5月光陵中学校，1961年南小学校，1962年岩見沢小学校にそれぞれ開設された。次いで，1964年に中央小学校，1965年緑陵中学校，1966年には東光中学校にそれぞれ特殊学級が新設された。北本町小学校特殊学級を卒業した生徒は，受け入れ先の中学校特殊学級が開設されなかったため本学校の委託児として預けられていた。

岩見沢市立光陵中学校特殊学級担任の大垣内一郎は，1960年11月北教組第10次教研集会に『本校における特殊学級の現況と今後のすすめ方』を発表した。内容は，○経過の概要，○特殊学級の現況，○すすめかた，○困難点，○要望，○資料（教具一覧表，特殊学級の現況）からなっている。光陵中学校特殊学級は，小中一貫教育の観点から北本町小学校の特殊学級卒業生を受け入れるために開設された。今後の課題として，精薄教育カリキュラムの整備，職場実習の実践，複数学級設置による能力別・性別指導，生産学習教材教具の充実，特殊教育への理解の五点をあげている。大垣

大垣内一郎『本校における特殊学級の現況と今後のすすめ方』1960年

内一郎は，引き続いて1961年11月の北教組第11次教研集会に『知能に主な原因がある学業不振児の普通学級における実態』を発表した。内容は，○はじめに，○研究の目的，○研究の方法，○研究の結果，○問題提起となっている。大垣内一郎は，前年度の五課題の内の「特殊教育への理解」が不十分であることから，普通学級における学業不振問題を取り上げて通常学級の教職員の意識を喚起しようと取り組んだ報告である。光陵中学校の学業不振児は，「学業遅進生徒調査紙」によるアンケート法により24名を選定した。その24名の生徒について，知能，学業成績，学業状態，授業態度，指導上の困難点，生活特徴，生育歴，家庭のこれらの生徒に対する態度などの実情を調査・検査し，考察を加えている。

　岩見沢市立南小学校の田畠勉は，1963年11月の北教組第12次教研集会に『遅れた子どもの運動能力の実態とその考察』を発表した。内容は，○ねらい，○調査，○実態，○特にやらせて見た事，○考察，○反省からなっている。その後の継続した研究は未詳であるが，この時期の岩見沢市での広がりは発掘されていない。

　岩見沢市立東光中学校の菅原昭雄は，1966年11月の北教組第16次教研集会に『精薄児の判定とその指導』を発表した。内容は，○発表概要，○テーマ設定について，○遅進児対策委員会運営案，○精薄児の判別，○本校に於ける実態，○今後の見通し，○問題点，○支部教研大会における討論からなっている。同じく菅原昭雄は，1965年11月の北教組第15次教研集会に『特殊学級教育課程の研究について』を発表した。内容は，○発表概要，○必要性，○教育課程（教育目標，構造図，日課表），○問題点，支部集会に於ける討論からなっている。菅原昭雄ら岩見沢市の特殊学級関係者は，「学級経営を替わって引き継ぐ時点において，当該学級の指導計画がなく，また，最初から始めなければならなかった」のである。たとえば，生活単元学習指導計画は，お粗末で，しかも，とても計画通りにできない内容である。このことから，日々の指導基準となる指導計画を求め教育課程の編成に取り組むことを課題とした。

　1966年10月，道精連・岩見沢市教委・岩見沢市教育振興会主催の「南空知地区精神薄弱児教育研究集会」が岩見沢市立緑中学校で開催された。研究主題は，「小中一貫した指導のあり方—カリキュラムの編成と内容のしくみ—」で，岩見沢市教育振興会特殊教育部は『教育課程（中間報告）』を報告した。　次に，岩見沢市の教育課程の「教育目標」と「構造図」を援用しておく。

岩見沢市立東光中学校　菅原昭雄「教育課程の基本」

　教育目標　普通児は，自然に学びとってしまうものでも，精薄児にとっては困難な問題である。基本的な生活能力は勿論のこと，社会生活，集団生活にも著し

く適応性が欠けてる。このような障害をもちながらも，厳しい現実の社会に生きていかなければならない。このため，人間として生きていく最も根本的なもの，普通児にとっては極く当たりまえの「生活」そのものが精薄児には指導の重要な問題となるであろう。

○社会生活を営む上に必要な知識，技能，態度を及ぶ限り養い，社会人として自立できる人間育成をめざす。○正しい理解と愛情のもとに，よりよい教育環境を与え，劣等感から解放された，明朗な心身ともにすこやかな，そして，個性に応じた能力を十分に発揮させる。

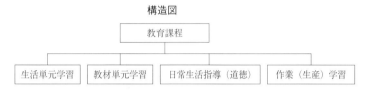

構造図

3．美唄市における教育実践

炭鉱の街美唄の教師たちは，1948年6月いち早く全国，全道に先駆けて教職員組合立の教育研究所を設立した。その設立経費や運営費も組合員の拠出によりまかなうものであった。その経緯について『空知教育のあゆみ 戦後編』には次のように記されているので摘記する。

「組合立美唄教育研究所の誕生」

当時は低い給与の中で，日々の生活にさえ困難な「痩せ細った教師たち」であったが，民主的な美唄の教育を願いながら，教育の理論と実践の研究や地域性豊かな教育の確立を目指して，何よりも，現場と直結した活動が活発に続けられた。

金も物もないままに，ただひたすらに自主的，民主的な美唄教育の確立を目指してスタートした。この組合立の教育研究所は，施設や予算等の経営上の問題もあって，当時の夕張市教育委員会や市理事者，市議会関係者の理解により1951年2月に市立教育研究所として生まれ変わった。このような美唄教育研究所が歩んだ道の根っこにあったものは，あくまでも現場との密着であり，この道を鮮明にしたものは，「本腰を入れた学力調査による児童生徒理解とその実態に応じた学習指導法の研究」である。

自主的・民主的教育の原点とは，教育理論と実践の統合による地域性豊かな教育の確立にほかならない。その理論と実践の統合の具現形態こそ〈教育機会の均等と教育を受ける権利〉原則の実現形態の一つなのである。

美唄市における発達障害児等の特殊学級形態による特殊教育は，1950年10月1日美唄市立栄小学校特殊学級「雪組」において開始された。その成立事情に

ついては，開設当時の栄小学校校長山田市松の『昭和26年5月 特殊学級経営計画報告書』(1951年)，『精神薄弱児の教育課程に対する一考察』(1954年)や美唄栄小学校『特殊学級の歩み 昭和30年10月28日』(1955年)に「昭和30年5月道教育委員会の指定により発足した」と簡潔に記されている。山田市松は，『昭和26年5月 特殊学級経営計画報告書』のなかの「特殊学級設置大要」にその経緯を多少記述しているので次に再掲する。

美唄栄小学校 山田市松「特殊学級設置大要」

　精神薄弱児並びに遅進児童を保護環境におき，普通教育に準ずる教育を施し社会に適応させることを目的として昭和25年7月市の校長会議に於いて各校各一部門の研究を担当することになった。たまたま特殊教育の部門を本校に振当てられ(1) 児童銓衡の項で述べたような手順(下記註解)を踏んだのである。

　註解　学級設置児童銓衡経過　25年8月：特別学級委員会組織，調査(生育歴，性格・生活態度，学習成績・身体検査，知能テスト実施)。25年9月：小樽市特殊教育ワークショップに出席，学級担任意見聴取，選抜会議，父兄の諒解，家庭訪問，入級児童決定。25年10月1日発足。

　年次計画　昭和25年度：特殊教育研究委員会組織，児童調査並びに特殊教育研究，実態観察時代，備品教具の整備。昭和26年度：カリキュラム設定，児童実態調査，教具備品の整備。

　美唄市の発達障害児等の教育は，行政から特殊学級設置の勧奨を受け，市内校長会議を経て栄小学校で開始されたことになる。山田市松は，対象児について〈特別学級対象児童は，全校児童数950名中59名であったが内17名を雪組に収容し他は普通学級で扱っている〉とし，初代担任については〈戦前に能力別分団教育や異常児童研究にかかわり，戦後は特殊教育ワークショップに出席するなどの適任者木元綱三郎〉を充てたと述べている。栄小学校特殊学級，特に木元綱三郎の教育実践については，既述のように市澤豊(2010年)が詳述しているので参照下さい。

　美唄市立栄小学校は，1951年6月に「特殊教育研究会」を開催した。

　美唄市立栄小学校特別学級星組担任木元綱三郎は，1952年11月の北教組第2回教研集会に『特異児童とその経済環境』を発表した。内容は，〇このテーマをとらえた理由，〇住宅調査，〇経済一覧，〇結論からなり，別冊に『中上位児童経済一覧表』がある。栄小学校特殊学級「ゆきぐみ」は，1952年12月に児童の作文集『ゆきぐみ文集　DEC.1952』を発行した。木元綱三郎は，1953年頃に『特殊学級に於ける精神遅滞児指導の実際』を発表している。その内容は，〇はしがき，〇盛りかげん，〇日課表の問題，〇カリキュラムの問題(私

のカリキュラム，地域性），○自発性と習慣としつけ，○レディネスの問題，○異常児の問題，○教師に於ける問題（色気を出さないで，有り難がらない相手），○昭和27年度〈個別カリキュラム〉からなっている。

1953年2月，美唄市立栄小学校は，特殊教育研究会を開催した。日程は，全校20学級の公開授業の後に特別学級雪組の特設授業，昼食休憩をはさんだ午後は講演と研究討議となっている。この公開授業の学習指導案の座席表には，学業不振，精神遅滞，問題行動児等の特殊児童の位置が記されており，配慮した指導の実際が公開されている。次に，『特別学級指導案 特設授業ゆきぐみ授業案』の前段を摘記する。

木元綱三郎『特別学級指導案』
1952年

美唄栄小学校　木元綱三郎「ゆきぐみ指導案」

指導時間　10：30-11：20　児童数 17名（1名欠席）　題材「はなし方とつづり方」
目標　はなすこと（口のつづり方）とつづること（えんぴつのはなし方）の距離を少なくし，1. 口ではなすことをえんぴつにしゃべらせるのだから，おっくうがらずに気らくにどしどし書くということを習慣づけてゆきたい。2. どしどし書くためには，当然字もことばもしらなければならない。書く意欲と作業の間に，それが徐々に習得されるようにしたい。3. 聞くことの訓練。授業の展開　教室の整頓を見てやる。身なりを見てやる。朝のあいさつ。出席しらべ，カルテの記入。日記を見てやる。話し合い（生活の反省）。「はなし方，つづり方」一人一人の話を聴く。この前出してある文を二,三読んでやる。個別の指導。文集配布。おわりのあいさつ。

　学習指導案から，教師と児童の学習活動の様子が浮かび上がってくる。児童と授業参観者に分かりやすい授業目標，教師のきめ細やかな目と手と心が一人一人に行き渡っている計画である。この授業では，主担任木元綱三郎と副担任五十里信子の『ゆきぐみ文集に添えて』が配布された。
　1953年10月，美唄市教委と美唄栄小学校は，美唄市立教育研究所・北教組美唄支部・美唄市教育研究協議会の後援により「特殊教育研究会」を開催した。研究主題は，「1. 特殊児童の生活指導はどのようにしたらよいか（普通学級に於いても），2. 特殊学級の校内に於ける位置づけはどうあるか」となっている。研究会日程は，特設授業，発表質疑，「講演」北大 木村謙二，「質疑，講評」道教委 吉村忠幸，・閉会式となっている。栄小学校「ゆきぐみ」担任の木元綱

三郎は、『特殊児童の生活指導、特殊学級の学校に於ける位置』と『雪組カリキュラム 附 基準要素表』を発表した。生活指導の内容は、○生活訓練の必要、○精神遅滞児の生活指導の内容、○精神遅滞児の生活指導目標、○精神遅滞児の生活指導方針、○私の学級の級訓から、○努力と訓練、○反省からなっている。特殊学級の位置づけは、○特殊学級の設置された意義（モデル学級として、研究機関として、教育相談機関として）、○特殊学級が学校内で円満に存続するためにはどうしたらよいか、からなっている。次に、木元綱三郎の特殊学級経営課題意識について摘記しておく。

木元綱三郎「特別学級の学校に於ける位置づけ」

特別学級の設置された意義 モデル学級として：特別学級に入れなければならない児童数は、少なく見ても全校百名を超えるのに、内十数名収容してどんな意味があるか、効果があるか、誰でも一応考える。特殊児童のモデルケース及びその扱いについて、全校職員がそこらにヒントを得て各普通学級の特殊児童の扱いに応用しているか…。研究機関として：発達の遅滞が故に、発達の段階が高速度撮影の如く観察し得る。つまり、児童心理や精神遅滞児の心理研究とその応用された教育技術は、（普通学級における）特殊児童の研究課題を提供してくれているのに…。教育相談機関として：特別学級担任は、カウンセラーとしての技術が自然の経路として身についてくる。これは、全校の特殊児童の理解と取扱面に生かされているのであろうか…。

特別学級が学校内で円満に存続するためにはどうしたらよいか。 1. 研究価値に於いて特殊学級と普通学級とがつながりあうことである。研究心の退行と惰性のために希薄なつながりとなってはならない。2. 特別学級という標識に課題に興奮して過大な要求を掲げてはならない。教師は、物質面、学級運営面などで学校全体の快い支持が起こるまで忍耐と工夫が必要である。3. 特殊学級は一学級として独立しているが親学級から預かった子であることを念頭におき、絶えず発達の過程を親学級担任に報告し、必ず話し合うことは特別学級担任の義務である。4. 特別学級担任は相当過重な負担をしているが校務分掌は辞退しない。

　特別学級の位置づけという問題は、根本は教師相互のヒューマニズムとパーソナリティーの問題である。我々は、研究者であるとともに人間である。要は、特別学級を学校内にスムーズに存在させるためには、特別学級をあく迄も学校から遊離させてはならないし、教師が同僚と遊離してはならない。汝の友と一盞をわかつ雅量と人なつこさがなくて、至難な特別学級の経営は覚束ない。

　木元綱三郎は、《全校児童中に特別学級の該当児が100名もいるのに、15名のモデル学級一学級を開設して善しとしていることに満足している風潮がある。それは、教育行政に限らず、当該学校の職員の日和見的な状況》であった。

特に，特別学級担任のなかには，《何様にでもなったような衒いや思わせぶりで，研究者みたいな大して必要もない表やプリントを沢山刷って化粧している色気たっぷりの教師》がいることなどに厳しい懸念を抱いている。木元綱三郎は，1953年11月の北教組第三回教研集会に『精神衛生の立場から特殊児童のフラストレーションを観る』を発表した。内容は，○精神衛生の目的と定義，○雪組児童の実態，○事例研究からなっている。特殊児童は，一般に学校生活だけでなく社会生活においても，劣等感など心理的機構が抑制されているのではないかとされ，特に，特殊学級に編入させることで深刻になり不適応行動が増幅するとして，「フラストレーション」に関する研究報告が流行した。しかし，それは特殊学級開設時前後の問題であった。これは，適切な学級経営が展開されるにつれて杞憂であることが分かってきた。

1954年，美唄市立東明中学校に特殊学級が新設された。

1954年9月，美唄市立栄小学校長山田市松は，盛岡市における東日本地区特殊教育研究会精薄専門教育班に参加し『精神薄弱児の教育課程に対する一考察』を発表した。内容は，○美唄市，○栄小学校，○小学校に於ける精神薄弱児童，○精神薄弱児童教育の目標，○特別学級「雪組」編制，○精神薄児の教育課程，○カリキュラム編成の態度，○雪組カリキュラム 附基準要素表，からなっている。

1954年10月，美唄市教育委員会・美唄市教育研究協議会主催，美唄市教育研究所・北教組美唄支部後援の「美唄市栄小学校・東明中学校特殊教育研究会」が開催され，以後毎年継続された。

美唄市立美唄小学校の古川俊三は，1954年11月の北教組第4次教研集会に『遅進児の実態とその指導についての研究』を発表した。内容は，○はじめに，○遅進児の実態について，○指導の実際と効果について（指導の一般的傾向と特別カリキュラムによる指導について，カリキュラム作製の観点とカリキュラムについて，指導の実際と効果），○教師の心構，○結び，となっている。算数指導サークルが遅進児の実態に合わせた特別なカリキュラムで指導して効果があった報告である。古川俊三は，〈児童の実態から遊離しない無理のないカリキュラムと具体物を用いた指導法〉がやれば出来るという成功感と意欲を育てると総括している。

1955年10月，美唄市立栄小学校は，『特殊学級の歩み 昭和30年10月28日』を発行した。内容は，○学校環境，○校下の地域性，○特殊学級の経営，○参考（S.S.分布，学年別特殊児童調査，下位テスト得点比較，WISCプロフィール）である。学校環境と校下の地域性を描き出しているが，その総括は特殊学級経営，特に教育課程編成と実施に生かす意図は読み取れない。

美唄市立三井美唄小学校の松島和幸は，1955年11月の北教組第5次教研集会に『校外生活指導上よりみて社会諸施設に望む点とその実情の検討』を発表した。内容は，〇南美唄地区の環境，〇南美唄地区の遊園施設，〇教護団体と施設，〇部落会と遊園施設の推移，〇児童生徒の実態，〇過去二ヶ年の分析，〇参考からなっている。

美唄市立美唄中学校特殊児童指導研究部（発表者 山之内登志雄）は，1956年11月の北教組第6次教研集会に『普通学級に於ける問題児指導の組織・運営と指導の実際について』を発表した。内容は，〇報告の概要，〇研究のすすめ方について，〇指導組織の確立と運営の合理化，〇事例，〇実

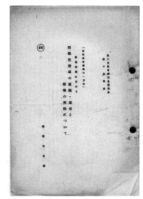

美唄中学校『普通学級に於ける問題児指導の組織・運営と指導の実際』1956年

践を省みて，となっている。これは，木元綱三郎の〈学校における特別学級の位置づけは如何にあるべき〉という，憲法や教育基本法の〈教育機会均等理念の実現形態は，特殊児童を特別学級で行う特殊教育に肩代わりさせている事態への批判的取り組み〉と見なすことが出来よう。次に，山之内登志雄らの研究課題意識を摘記しておく。

美唄市立美唄中学校「普通学級に於ける問題児の指導」

特殊児童教育は特殊学級依存でよいのか 特殊児童教育の重要性が高まり全道的に教育効果をあげている。併し，反面ごく少数の特殊学級や施設に依存する傾向がないであろうか。普通学級しかもたない学校は，特殊児童の教育実践とその研究について，自校の問題として反省し取り組まなければならないのではないか。特に，最近の社会情勢のもとで一向に減少しない青少年非行問題を思うとき，「普通学級に於ける問題児」を救うことを念願に研究テーマを掲げた。

指導組織の確立を そして，1.合理的で実践効果のあがる指導組織の確立を目指し，2.全校職員一人一人のつながり，しかも，活発に対象生徒に根をおく運営を探り出し，3.特殊児童を対象とする広範な研究と困難な技術を身につけるために共同研究体制を確立しなければならない。全職員が，この教育に対する実質的向上を目指して，特殊児童の指導に当たり効果を挙げた実践記録である。

真の特殊教育の振興は，特殊学級を持たない大多数の学校において，以上の三点の打開確立がなされた時にあるものと思う。

しかし，教育の機会均等理念の実現実体である〈すべての児童の学習・発達権保障の視点〉が欠落しており，非行傾向のある生徒の指導を校内組織体制に

より取り組んだ事例研究へと傾斜していることの総括が求められる。

　美唄市立栄小学校・東明中学校・美唄市教育研究協議会生活指導部（発表者渡辺悦男）は、1957年11月の北教組第7次教研集会に『小・中関連の精神遅滞児の指導の実際について』を発表した。内容は、○研究の概要、○精神遅滞児教育の指導内容とその留意点、○生活指導、○美唄市立栄小学校の宇賀村睦は、1958年11月の北教組第8次美唄支部研究集会において『普通学級における特殊児童の家庭環境（特に人間関係）から見た問題点』を発表した。内容は、○概要、○研究の進め方、○特殊児童の実態（美唄市の実態、本校の実態、実態から見た問題点）、○家庭環境から見た問題点（調査、調査結果の考察、事態調査から見た問題点）、○その対策（集団としての対策、個人としての対策）、○むすび、となっている。本調査研究は、特殊児童や問題児となる原因のなかの環境影響、なかんずく家族関係に注目し、その人間関係が〈人格の形成に左右する、人格を社会化する、個性を確立する〉との三点を前提とし、全市と栄小学校の実態を分析したものである。特殊児童と問題児について、それぞれの出現実態を地域的環境を炭鉱、市街地、農村地帯に区分して算出している。宇賀村睦は、日教組第8次教研全国集会の正会員に推薦され同主題の内容を発表した。

　美唄市立栄小学校の大盛昭秋は、1959年11月の北教組第9次教研集会に『普通学級における特殊児童の取扱いをどうするか』を発表した。内容は、診断上に必要な資料とその過程（知能検査集計とその分析、知能と学力の相関）、○N.児の事例研究（問題点、問題の背景、観察）、○診断と対策、○今後の問題となっている。本研究は、学級経営上で集団活動にマイナス要因となる学業不振児や性格異常児への取扱内容である。

　美唄市立美唄小学校の山崎弘道は、1960年11月の北教組第10次教研集会に『普通学級に於ける特殊児童の教育実践例』を発表した。内容は、○研究の概要、○研究の経過、○児童の背景（生育歴、家庭環境）、○観察、○実践例、○今後の対策と問題点からなっている。本研究は、小学4年のT児が学級の一員として適応して、自分のことは自分ででき他に迷惑をかけないように指導した事例研究である。山崎弘道のまとめのなかに、《普通学級の精薄児に特殊学級のカリキュラムを取り上げて指導することは可能かどうか》と素朴な疑問が記されている。この疑問は、単純な内容ではなく普通学級における発達障害児等の教育・指導の根本問題を内包することであったにもかかわらず話題となることがなかった。

　1961年、美唄市立栄小学校は、『昭和36年度 特殊学級指導計画』を作成し発表した。内容は、○生活単元、○指導計画、○指導内容である。指導計画は36年度4月分だけ記述されている。

　美唄三井・住友炭鉱は、経営合理化を進め学校教育現場へも影響を及ぼして

いたが，美唄市は1964年に美唄市立三井美唄（南），常盤，沼東の三小学校と美唄市立美唄三井中学校（南）に特殊学級を新設した。次いで，1965年に美唄市立常盤中学校と沼東中学校に特殊学級を開設した。美唄市の特殊学級開設校は，栄小学校特殊学級「雪組」における特殊教育の開始から10年を経て小学校4校，中学校4校となり学級担任は四倍に増加して，新旧交代もあった。これらの現状から，研究課題を設けて計画的に組織をあげて取り組むこととなったのである。そして，定期的に研究会をもち，1965年9月には研究主題「特殊教育の推進をどのようにしたらよいか」により美唄市特殊教育研究会を開催した。11月には，第四回特殊学級作品展を主催するなど研究活動を軌道にのせようと努めている。

美唄市立美唄三井中学校特殊学級担任の吉村収司は，1965年11月の北教組第15次教研集会に『美唄市に於ける特学を取りまく問題』を報告した。内容は，○序文にかえて，○美唄市の特殊学級の現状（研究課題について，特殊学級の現状，研究行事の経過，今後の研究ならびに教育実践上の課題），○特殊学級を取りまく問題点（指導面からの問題点，教師の研修面からの問題点，教師の精神衛生からの問題，その他の問題点），○あとがき，からなっている。その課題解決の方針について，次に摘記しておきたい。

美唄市立美唄三井中学校　吉村収司「特殊学級の課題解決のために」

1. 試行錯誤の教育ではなく，科学性をもった計画的教育とは何か，2. 一人だけでできる独り善がりの教育ではなくて，誰もができる教育とは何か，3. 個性的で独創的な教育ではなくて，はっきりと根拠づけをもつ教育構造と，そこから派生してくる計画的教育とは何か，という，これら三点から社会的自立を求める精神薄弱児教育の指導体系を極めていこう。

美唄の特殊学級の先達で，既に亡き木元綱三郎が提起し，そのあとに渡辺悦男や山之内登志雄ら中空知地区の教師たちが引き継いできた「普通学級における特殊児童への教育」問題は，二つの相反する方向へと進展した。一つは，〈誰でも担任できる特殊学級〉の教育経営問題へ発展し深化させようとする方向であり，一方は〈普通学級における特殊児童等の実験学級〉による能力に応じた教育への試行であった。しかし，周知のように前者が発展していったが，インクルーシブ・エディケーションの成立を見ることはなかった。ここにも《特殊学級栄え，普通学級での特別な教育滅ぶ》姿がある。

4. 芦別市における教育実践

空知教育研究所は，空知管内の特殊児童の実態を調査しその対策を研究する意図から，1954年8月に『空知 特殊児童判別基準―空知管内に於ける特

殊児童の実態調査とその対策に関する研究資料—』を作成し発行した。次いで，1955年10月に「空知管内の特殊児童の実態調査しその対策に関する研究」『空知教育研究紀要 第3号』を発行した。それによると，芦別市の実態は，精神遅滞児が小学校で1,284名，この内境界線児は595名，学業不振児449名，社会的不適応児82名であった。中学校の精神遅滞児は466名で，学業不振児184名，境界線児182名，社会的不適応児60名であった。芦別市教育委員会指導調査室は，これを受けて1955年10月，市内小中学校に『教育実践資料』を配布した。芦別市教育委員会は，芦別市立西芦別中学校を「普通学級に於ける問題児教育の方法」実験研究校に指定した。同校は，1957年10月に二か年間の実験研究結果報告研究会を二日日程で開催した。芦別市教育委員会は，研究会当日に『研究紀要第1号—実験研究報告—普通学級に於ける問題児教育の方法』を発行して研究会資料とした。研究紀要内容は，「本校に於ける問題児教育の基本理念」学校長羽二生武夫，「研究紀要の発刊に当たって」教育長飯田滝之助，○本研究の目的及び研究課題，○教育全体計画と問題児指導に対応する計画の概要，○問題児指導の為の計画と実施，○各教科に於ける学

芦別市教育委員会『研究紀要第1号—実験研究報告—普通学級に於ける問題児教育の方法』1957年

業不振児の診断と治療の一般的方法，○事例研究となっている。芦別市立西芦別中学校普通学級における問題児指導は，北海道の発達障害児等教育黎明期において，極めて稀少な全校組織による取り組みであった。研究紀要から，研究課題意識と実践の基本的理念について，長文になるが次に摘記する。

芦別市立西芦別中学校「普通学級に於ける問題児指導」

目的 普通学級とは，特殊学級をもたない，しかも，能力別編成等の特別編成をしない優劣混淆の学級をさす。問題児指導は，特に顕著な問題性をもったもの以外は看過されがちであり，学校全体として指導に当たるというよりか教師の個人的な指導であったりする。ある相当程度の指導は，教師の指導技術と継続性や学校全体の教育計画の適正を欠く場合もある。普通学級における問題児指導は，学校全体の教育計画の緻密性，有機性と教師全体の意識と理論的背景とする指導技術とが高められなければならない。本研究では，イ．特殊学級をもたない普通の学校学級に於ける問題児指導に学校全体の教育計画を如何にするか，ロ．障害を克服して，如何なる方法で問題児指導を行うか，ハ．指導の為の組織機構を如何にするか，を解明しようとするものである。

計画の基本的理念　普通学校の普通学級における問題児指導は，特別な環境と特別な方法によってのみ指導されねばならないという考え方は成立し得ない。我々の問題児教育は，教育計画，指導は優秀児から問題児まで考慮した，総てを包含せる型と，中味をもった全体的視野に立った幅広いものであらねばならない。従って，全体計画の完全さ，緻密さ，有機性が期されねばならないが，問題児として特異の存在性を支える計画，指導法はとらない。然し，問題児は不幸にして何等かの原因により，知的，心的，身体的に不適応な問題を有す故に，その問題性に適合し，個人に適合する様に一般的指導の基本に立って，特にそれを顧慮した教育がなされるという立場をとる。

　問題児なるが故に特別な扱いを受け，特別な方法をとらねば指導治療はなし得ないという考えではない。常に，すべての時，場に於ける教育が完全を期せられる様に指導されることが，問題児教育の早期治療の方法であり予防方法であることを力説したい。

学業不振児の一般的指導法　1.原因と，その程度と状態を明らかにする。治療を目的とした教材と治療訓練指導（学習習慣，基礎的な技能，知識，理解の矯正のためのプログラムによる指導）。学習に対する不適応条件の除去（学習態度，情緒の安定，興味の拡大，教師との親密感をはかる）。2.学力が向上しつつあるという意識と自信をもたせる（賞賛と激励，冷静な態度と根気〈叱責，罰，努力不足の追求などの厳禁〉，学習進歩の度合・効果を生徒に見せる〈進歩量の測定と確認，負の条件から正の条件への移行〉，不断の指導記録を活かした計画的指導，事例研究，個別指導の機会を多くする，指導体制の有機的連携，各教材，単元に於ける不振児対応の問題設定〈設問と要求度の見通し〉，各教科に於ける方法〈理解からの再出発，適正な学習量，グループ活動，個人指導の場と学習成就の数量化〉）。

精神薄弱児の一般的指導　1.学級の雰囲気に融合させる工夫。2.HR.活動の分担を与える。3.HR.と教科担任は何等かの指導の機会をもって指導に当たる。4.生活に必要なものを初段階から教える。5.何等かの適性を発見し，又は職業的訓練を早期から為す。5.興味の喚起，（学習の）遊戯化，行動化する。

　基本理念は，《教育は総ての児童生徒に対して，常にすべての時に，すべての場において完全を期して〈個に適合した指導〉がなされるものであるから，特別な児童生徒を対象とした特別な指導も特別な場も不要である》という理想論である。これは，まさしく今日の世界的教育思潮である〈ニーズ教育〉や〈包括一体化教育：インクルーシブ・エディケーション〉と同根にある優れた教育理念であると言えよう。しかし，学業不振児と精神薄弱児への一般的指導法は，「個別やグループ別指導」，「矯正のためのプログラムによる指導」など個に適合した指導が顧慮されており，基本的理念と指導の実際には相違がある。惜しむらくは，事例研究に〈個別プログラムによる実践実例〉と本実験的研究結果の総括といった内容が記載されていないことである。

芦別市の特殊学級は，1960年2月に芦別市立頼城小学校が認可を受け，1961年9月に児童数8名の学級として開級された。その当時の校長は川崎正守で学級担任は野沢昭三である。次いで，1963年4月に芦別市立頼城中学校特殊学級が頼城小学校に併置され，校長は森谷武で担任は竹原昭子であった。芦別市立東芦別小学校特殊学級は1964年4月開設で，校長は松村秀雄，学級担任は田口治夫である。

　1965年には，芦別小学校「ポプラ学級」と西芦別小学校にそれぞれ特殊学級が新設された。芦別小学校の校長は堀川一衛で担任は武部信夫，西芦別小学校の校長は本田照五郎で学級は中村久弘が担った。

野沢昭三『特殊学級開設迄の経過』1963年

　芦別市初の特殊学級担任となった頼城小学校の野沢昭三は，1963年に『特殊学級開設までの経過』を書き残している。内容は，○開級までの年表（主たる経過，備考，反省並問題点），○児童一覧，○財政状況，○教室環境，○普通学校に於ける特殊教育の位置づけに関する考察（故 小野辰男氏の研究発表物より），○特殊学級開設に伴う準備委員会設立に関する計画，○週指導実態，○日課表，○中学校特殊学級備品購入資料，他となっている。頼城小学校特殊学級開設までの経過について，次に摘記する。

頼城小学校　野沢昭三「特殊学級開設設置までの経過」

　特殊教育研究部の設置　1960年以前，普通学級の学業不振児の事例研究などと取り組むなかで，〈知らず知らずのうちに特殊学級の必要性〉を痛感した。1960年に入って特殊学級先達校の見学や資料研究を行い，特殊学級設置の基本態度を検討した。特殊学級の開設は，事例研究等で得られた資料を基にするもので絶対に児童数の過剰解決策としないこと，担任決定に拒否権はないことなどを校内で徹底的に論議しあった。

　特殊学級新設認可　1960年2月に市教委から特殊学級新設認可の内示があり，5月に開設準備委員会により特殊学級設立計画案を作成した。校内研修を重ね，入級該当児童の銓衡のための調査・検査を行った。一方，市費409,595円による教室施設改築工事と教材教具等の購入作業が進行していった。8月になって入級予定児童の家庭訪問により内諾を得て9月に指導を開始した。

　心理的解放期　開設から3〜6か月間は，焦ることなく，先ず遊べ。鉛筆で教えようとするな！子供の心に飛び込み受容する。観察と記録をとり指導の資料にす

る。順次, 基本的生活習慣と遊びの訓練を行うようにした。

普通学級で学業不振児の指導に効果をあげながら, 精神遅滞児などは特殊学級を開設して指導を行う視点に留意したい。

5. 赤平市における教育実践

赤平市立豊里小学校の荒井孝一は, 1954年11月の北教組第4次教研集会に『豊里鉱の実態とその教育の研究』を報告した。内容は, ○実態調査の目的及び意義, ○調査の方法, ○調査の結果とその考察, ○結び, となっている。

中小炭鉱の豊里鉱は, デフレのなかで経営破綻の危機にさらされていた。その実態から学校教育, 特に悲惨な家庭生活と児童らの生活の実情を描き出している。豊里小学校に特殊学級が開設されたのは1963年である。

住友赤平中学校の松橋与之助は, 1955年10月に「子供の考察」(『空知特殊教育 1号』p.5, 空知特殊教育研究会編) を発表した。

赤平市立教育研究所『研究紀要 赤平市における特殊児童実態調査報告』1958年

赤平市教育研究所は, 1958年3月に『研究紀要 赤平市における特殊児童実態調査報告』を発行した。報告書の目次は, 学校不振児実態調査の全体構想とその方法, ○計画実施による団体, 個別知能テストの集計と反省, ○教育診断—専門判定員による診断—, ○ウイスクによる診断法, ○今後の問題, ○あとがき, となっている。本調査は, 赤平市が〈これら恵まれない条件におかれている子どもたちを救う道は, その原因を科学的に調査し, その要因を分析すると同時に学業不振児であるか, 精薄児であるかの厳密な区別をし, それに最も有効な教育方法と内容を考えてやることである〉ことから1957年に実施したものである。そして, この調査結果を資料とした学業不振児対策を策定することにしたのである。次に, 本報告書から実態調査の概要を摘記する。

赤平市教育研究所「特殊児童実態調査報告」

研究目的 学業不振児を科学的手法により正確にその実態を把握して 赤平市の児童生徒を対象として, 各方面で活用されることを期待して実施する。学業不振児とは, 学業の著しく劣るもののみに限定した。その原因が知能の劣るためのものか, 知能があっても他の条件によって, このような状態にあるのかを明らかにする事を主目的とした。

調査対象　市内小学校1,2年,中学2,3年を除く全員とする。小学生6,420名（男子3,290名,女子3,130名）と中学生1,297名（男子647名,女子650名）。

調査研究組織　赤平市特殊児童調査委員会（各校代表,市教委職員,研究所員）15名と北海道特殊児童調査委員会及び調査専門委員会の指導と助言を得た。

研究推進の経過　第一次調査（学業不振児の第一次選出は,団体知能テストの知能指数の集計と分析により,学業不振児出現率を20%として知能指数84以下全員を対象としてを行った）。第二次調査（対象児全員に田中B式知能検査を実施し学業不振児実数を明らかにした）。第三次調査（学業不振児の中から精神薄弱児の実態を把握するため,知能指数74以下全員に対してWISC知能検査と実態調査用紙により生育歴などの把握,さらに家庭訪問による聞き取り調査などによる判定基礎資料を作成した）。第四次調査（専門判定員による面接による個別診断を行う）。

境界線児と精神薄弱児の出現率　境界線児は,知能の遅れが生得的かつ全般的で,しかも,精神薄弱児ほど著しくない児童は,小学5年生女子では5.3%を示し,一学級50人とすれば2,3人の境界線児がいると考えられる。精神薄弱児の出現率は,約3%といわれているが本調査では約2%の児童が精神薄弱児と診断された。相対的に女子の出現率は約2.6%となっている。知能水準が低くて,学業不振をきたしている精神薄弱児は,全体に対して約2%おり,中学校においては約1.3%の生徒が個人的条件によって学業不振の状態となっている。知能の生得的・全般的な発育遅滞している境界線児は全体の約3%の児童生徒がそうであった。

今後の教育対策と教育実践　教育委員会や学校長は,この調査結果に基づいて地域社会や学校の事情に即した精神薄弱児（恵まれぬ子等）にたいする教育対策を立てなくてはならない。学業不振児は,広義に解すると,知能の欠陥児と知的欠陥のない,いわゆる狭義の学業不振児を包含する。

教育的措置は,白痴は就学免除,高度痴愚は就学猶予を考慮し,軽度の痴愚と魯鈍は養護学校か特殊学級に入れて指導すべきである。境界線児については,その状況により養護学校か特殊学級に入れるか普通学級に入れる。学業不振児は当然普通学級で行き届いた指導をなさなければならない。

1958年10月,赤平市特殊教育振興会設立準備委員会が結成された。本会は,「全市的視野に立って特殊教育の推進と育成を図ること」を目的に,当面特殊教育振興会の設立準備に当たった。1960年に赤平小学校と茂尻小学校にそれぞれ「養護学級教育振興会」が設立された。

1959年5月,赤平市立赤平小学校に特殊学級二学級設置が認可となり赤平市初の特殊学級が誕生した。校長は,村田憲之輔で,初代担任は大場恒夫と安藤政子である。同じく6月に,赤平市立茂尻小学校に特殊学級認可があり,「愛護学級」が誕生した。校長は奈良熊十郎で初代担任は小野トキヨであった。1960年4月,赤平市教育委員会編の『赤平市における特殊教育1年の歩み』が発行された。内容は,○「発刊に寄せて」伊藤賢栄教育長,○「特殊学級開設

一年の歩み」赤平小学校大場恒夫，○「愛護学級十ヶ月の歩み」茂尻小学校小野トキヨとなっている。1950年初期には，空知管内の美唄市，岩見沢市，夕張市，滝川市などに，それぞれの成立事情は異なるが特殊学級が新設され，毎年のように研究会を競って開催した。赤平市は，1957年に至って綿密な科学的手法による実態調査を実施して，1959年に小学校二校同時に，しかし，一校二学級二担任制の特殊学級を開設したのである。他市から五年以上も遅れた背景にどのような事情があったのであろうか。伊藤賢栄教育長と赤平小学校特殊学級担任大場恒夫の論述について，次に摘記する。

茂尻小学校『一ヵ年のあゆみ』1961年

赤平市教育長 伊藤賢栄，赤平小学校 大場恒夫「特殊学級誕生」

陣痛実に二年 本市の特殊学級は，陣痛実に二年，凡ゆる生みの悩みを苦しみ抜いて誕生した（伊藤賢栄）。

若干の問題点 本校は，教育の本質から生じた重要な問題として，大きく取り上げられ普通学級という限界内における教育の研究実践を積み重ねてきた。昭和28年に種が蒔かれ，幾度かの職員研究協議会，各種資料・記録の検討等々により，特殊学級設置の気運を醸成した。設立までは順調な滑り出しであったと思います。しかし，入級児判定後に若干の問題点と将来に拘わる極めて微妙な疑問点が少し残った。その問題点としては，特殊教育とか特殊学級と，殊更に特殊な存在に認識されたりすること，即ち，学校体系の中にどう位置づけられるかということだった。特殊学級による特殊教育が現在未来を通じて学校体系の中にあって孤立させられ，又全体的に理解を欠く原因にもなりかねないし，特殊教育の成果等は期待できなくなるだろうということでした（大場恒夫）。

既に，夕張市や美唄市の教育実践でみてきたように，赤平市の教育関係者のなかには，〈教育の機会均等理念〉の実現を「制度上の特殊学級に限定」して，〈普通学級における学業遅進や性格行動上に教育的課題をもつ児童への適切な教育を放置してしまう現実に対して民主教育の危機だと感じていた〉ことになる。それは，特殊学級の開設に反対することではなく，《特殊学級を特殊な教育の場の特殊な教育とならないように》という動きであった。市澤豊（「戦後初期における任意開設型［特別学級］から計画設置型［特殊学級への転換の検討］」2006年）は，黎明期の発達障害児等の学級編成形態は，まず任意設置による「特別学級」形態が全国各地に澎湃として成立したが，特殊教育行政が整備さ

れる過程で計画設置による「特殊学級」形態が拡大され特別学級の極めてすぐれた特質を押し潰していったと論考している。

　赤平市における特殊学級形態による特殊教育の制度的遅れは，民主教育実現への執念が「特殊学級」と「普通学級」に区分された義務教育体系化への疑義となり，「学校教育体系論」として論争したことに一因があったと理解したい。とはいえ，この論争は学校教師が一丸となって取り組む課題として共有され組織的に対処するほどの高揚をみせることなく，いつの間にか衰退していった。次に，小野トキヨの「養護学級十ヵ年のあゆみ」から毎日の生活指導記録から抜粋しておく。

赤平市立茂尻小学校　小野トキヨ「小野学級は馬鹿の学級かい」

　子どもたちの生活がどんなものなのか具体的に知らなければならないと思い「話し合いの場」を多く持つようにした。

　毎日の記録から　７月９日（木）「今朝登校の途中，○年○組の○○君が，僕にね，『おまえ等は馬鹿の学級だべ』といったんだよ」といかにも不服そうな顔のHに，「そうだ僕も言われた」とTも言う。それはけしからんというような表情の子がふえ，お互いに顔を見合わせる。何れ一，二度は，こんなことも起きるだろうと覚悟していたが，始業18日目，数えてみると少し早いような気もする。しかし，早いほうが却って好都合だと心の中で言いながら子どもたちと問答を始めた。「あなた方，馬鹿と言われたら面白くないか？」と聞くと，「面白くないよ。」，「ぼくも……」，「おらも……」と異口同音に答える。「馬鹿なんて言う人と言われる人と，色々あるだろうけど，あなた方は，自分をどう思っているの？」ちょっと無理なことを言ったと思っていると，四年生のS男が，淡々として「ぼくなあ，勉強が出来ないんだ！」と言う。「どうして勉強が出来なかったんだろう？」，「知らんけど，テストの時，零点坊主って言われるんだ。」。零点は悪いという事は皆知っている。「ほほう零点なんか貰ったことがあるの？」「あるよ，国語も算数も，みんな零点のときもある……」，他の子も口を開いて「おらも」，「わたしも」と自分の点数を発表し始める。「だってねテストなんか，わかんないんだもん。」

　勉強できないこと　大体能力が似通った仲間であることがわかってきたようである。そこで，「勉強出来なかったら馬鹿だろうか？」と投げかけてみた。答えは，「いいえ……」と　少し力なく答える。「そうですね。そしたら，おまえ等は馬鹿の学級だべ？　と言われたって，いいえ三,四年の学級です……，と言ったらいいでしょう。」，「うん，そうだね」。「それから，誰かに，悪口言われるからって，喧嘩したり学校を休んだり，ふくれたりする子と，言いたい人にはかまわずに，零点から十点に，十点から三十点に，……と段々覚えていく子と，どちらが偉いんだろうか？」と今後のことに気を配りながら二,三話してみた。「やっぱし勉強して覚えた方がいいよ。」とM男が答える。「字も計算も，お仕事も，お行儀も何

でも頑張るのね。」、「うん、へいちゃらだ。」、「僕も休むのいやだ。」。お互いに、自分の実力を悟り、「何と言われても平気です……」迄こぎ着けた。ある誌で読んだ、〈すてられて なお咲く花のあわれさに またとり上げて水をあたえたり〉の一首をしみじみと感じながら、自分を赤裸々に話し合い、そして、事実を認め合い、その上で協力することの話し合いが出来たことは、不幸中の幸いという感じを深くした。

　開設間のない特殊学級の11名の児童と女教師との人間関係が形成されていく姿が彷彿される。そして、普通学級で学んでいた彼らは、〈テスト問題が分からない〉とか〈零点坊主〉と言われる存在であったことは、彼らは無意識のうちに学校教育を暗に非難しているのである。黎明期の教師は、特殊教育の啓蒙家的な〈口八丁型教師〉の役割も必要であったろうが教室実践において赤裸々に児童と交流し合って児童らの〈こころ、てあし・からだ、あたま〉を開かせ生き生きと活動に導く〈人間型教師〉の役割こそ重視されなければならなかった。
　赤平市立茂尻小学校の梶浦和男は、「本年度学級経営の重点から問題解決としてあげるもの」を1960年2月の空知教育研究所『教育空知 第93号5』に発表した。内容は、○はじめに、○経営の重点となるもの、○環境の整備、○施設の充実—主として教材・教具、○普通学級と養護学級児童とのしこりを解くために、○教師の研修と…、P・Rと地域父兄との連携強化となっている。次に、梶浦和男の学級経営の問題を取り上げて摘記する。

赤平市立茂尻小学校　梶浦和男「児童のしこりを解く」

　父母の中には特殊学級に収容された児童が原級（親学級）との関連が断ち切れてしまうのではないかという心配から入級を拒否し、又、渋ったと言うことがあった。実際、一度入級してしまえば、それっきりもう普通学級とは、何のゆかりもなくなって一生涯を運命づけられるとみている親や人々もいるし、そして、又たいていの場合そのような結論に近づくことが多い。けれども、限られた数個の人格にばかり接していては、狭い世界に陥り易いのではないだろうか。
　事実、学級内では明るい子どもが、一度他のクラスの子に接するや劣等感のみ先に立つものも出てきているのである。それと、昨年度は余りみられなかった旧（原）級担任との話し合いや、子どもを見守って貰うなども今年は積極的にしたい。皆が愛し護っていくことこそ　愛護学級の精神なのであるから。

　学級数45の多級学校の茂尻小学校は、特殊学級開級二年目に二学級編成となった。しかし、入級適当の児童が多数普通学級でぶらぶらしているのである。初年度担任小野トキヨも増設学級担任の梶浦和男も普通学級の児童と愛護学級の児童との軋轢に悩んでいる。児童相互の軋轢は、教師相互の軋轢であり、父

兄や地域社会の人々との人間関係なのである。発達障害児等とその特殊教育に対する偏見と差別感は根深く、しかも、執拗なのである。

　赤平小学校の安藤政子は1960年に6か月間、大場恒夫は1961年1か年間北海道学芸大学の養護学校教員養成課程で長期研修した。1962年12月、特殊教育研究中空知協議会準備会が発足した。

　1961年2月、「空知地区特殊教育研究会」が赤平市で開催され、赤平市立茂尻小学校愛護学級（梶浦和男・古山則子・砂金正三）は、『愛護学級　三十五年度一ヶ年のあゆみ』を発表した。内容は、○学級経営の目標、○学級の特質、○児童の特徴、○指導方針、○愛護学級経営の現状、○二学級としてのあゆみ、○日課時間表、○児童の実態、○振興会について、○施設・設備及び備品となっている。赤平市立住友赤平小学校の特殊学級は、1961年4月に認可され10月に開設した。校長が宮田孝治で、担任には浅田豊がなった。赤平市内の特殊学級は4校6学級となり、学級担任6名による赤平市特殊教育研究サークルが発足した。赤平市教育委員会は、1961年11月に「特殊教育研究会」を赤平小学校で開催した。研究会は、「授業及び作品参観」に始まり、「教育計画並実践発表」、昼食後の「特殊学級の開設並運営について」となっており、北大の木村謙二と道教委指導主事の成田庄三郎が指導講師であった。その開催要項の内容は、四名の発表資料として、「情操領域についての一考察—特に音楽分野（リズム）の実践—」赤平小学校安藤政子、「特殊学級経営上の一考察」茂尻小学校古山則子、「特殊学級経営上の諸問題」赤平小学校長村田憲之輔、「愛護学級教育振興会について」茂尻小学校長奈良熊十郎が掲載されている。

　1961年9月には、赤平市立赤間小学校の特殊学級が新設され、校長は石黒正信、担任は川添正雄である。1962年4月、赤平市は小中一貫教育のために赤平市立双葉中学校の分教室として中学校特殊学級を新設した。校長は高橋伝で、担任は宮川雅枝と白井勇であった。

　赤平市立赤平小学校の大場恒夫は、1962年11月の北教組第12次教研集会に『地域における職能分析の利用—機能的要素の把握—』を発表した。内容は、○精薄児教育の教育課程について、○研究主題の設定及びそのとらえ方、○地域の職務分析とその考察、○反省と今後の研究問題付資料編となっている。大場恒夫は、教育課程編成の基礎資料となる「教育内容の選択と組織・配列」は、精神遅滞児の精神発達特性と地域社会からの要請、すなわち、生徒が卒業し就業するであろう地域の職業群を職能分析した機能的要素の二面から「教育内容のミニマル・エッセンシャルズ」の検討が必要であると主張し、赤平産業社会の「炭鉱夫・手工係」、「大工関係」、「農業関係」の三職業について調査した結果の報告である。そのモデルとなったのは、高知県精薄児教育計画研究委

員会の「精薄児教育に於ける教育課程の研究」である。地域産業の職種を選定して職能分析と作業特性分析を実施したが、赤平地区の精薄者の適職群は特定せず、〈職業の大部分は我々が9か年の特殊教育による結果参加できる〉ものであると考察している。教育内容の選択の参考資料として「基礎要素表」を描き出した。その「基礎要素表」は、特性項目が共応動作（眼と手、眼と手と足、両手）、形態知覚（形の知覚、視覚の鋭さ）、目測（大きさの目測、量の目測、運動の早さの目測）、体力（手の力、腕の力、背の力、脚の力）、器用さ（指先の器用、手腕の器用）、弁別力（色の弁別、触弁別、運動感覚による弁別）から構成されている。内容はすべて身体的・運動的機能で知的機能や心的・精神的機能が算出されていない。大場恒夫は、精神遅滞など発達障害児等の教育課程編成に関して、教育内容の選択には地域社会の職業的機能の分析検討の視点に注目して取り組んだのである。教育内容選択の基本原理を重視した教育課程研究は評価されてよい。

吉田昌雄『赤平市に於ける特殊教育計画及び内容の検討』1964年

1963年に赤平市立豊里小学校に特殊学級が開設された。校長は松本実で初代担任は遠藤芳彰である。

赤平市立特殊教育研究サークル（発表者 赤平市立双葉中学校特殊学級二代目の担任吉田昌雄）は、1964年11月の北教組第14次教研集会に『赤平市に於ける特殊教育計画及び内容の検討』を発表した。内容は、○赤平市に於ける特殊学級のあゆみ、○教育計画、○内容の検討、○今後の研究方向の確認、○赤平市に於ける予後指導の方向となっている。吉田昌雄らは、1959年初度から1961年度までを赤平市特殊学級の開拓混迷の時代と総括して、小中一貫教育体制が整えを見せた1962年度から実践検証時代に入るとことを意識した。次に、吉田昌雄ら特殊学級13名による赤平特殊教育研究サークルの実践検証論と「教育計画赤平プラン」構想について摘記する。

赤平市特殊教育サークル「赤平の特殊教育の実践検証」

実践検証 赤平市の特殊教育は、1959年度を基点として実施された。歩みは特殊学級開設当初の開拓混迷の無収穫時代から実践検証へ進められつつあるが、小中一本化体制や予後指導などの諸問題を内包している。1961年の第11次教研までは、〈水増し教育的な方法〉をぬぐいきれずにいたが、第12次教研を境に特に、地域の要求や実態に応じた仮説をうち立ててその実践検証に当たってきた。特殊学級が孤立から共通への課題意識を持ち、常に共通の広場を求めてきた。教育計画

の編成にあたっては，精薄像の理解に始まり，その人間観の確立，教育観の確認と教育計画・内容の基本的な理念の把握につとめ，更に発展させ，〈この子らを自立させるために必要な教育内容〉をどこからどのように導きだすかという点に視点をおいた。精薄児教育は，普通教育の教育内容を単に程度を下げる指導から炭鉱地域に於いて自立するという大前提の前に，地域的要求に基づいた教育内容の最低必要量を抽出することから出発したのである。

教育計画赤平プラン構想　「教育計画・内容の基本的なおさえ方」イ.精薄児の特性をふまえたもの，ロ.生存及び生産に必須の条件をもったもの，ハ.科学性・合理性にたったもの，ニ.小・中一貫した発展的な構造であること。「三つの欠陥を補う三つの領域」最終の教育目標は生産人に育てることであり，教育内容は生産活動に必要な力を育てるしくみでなければならない。三つの領域とは，身体的機能の面，知的活動面，精神的な面（日常生活の習慣化）とし，文部省で示す彼らの特性を無視した普通教育に準ずる教科主義に対抗した新しい内容を要素とする。「基本的理念の確認」イ.精薄像についての確認，ロ.特殊教育の確認，ハ.特殊教育内容の基本，ニ.教育計画の編成作業（要素のおさえ方，文部省指導要領の分析批判）。「最低必要量の発掘」イ.赤平地区で精薄児が参加しうる仕事とそこで要求される能力と特性について発掘，ロ.精薄児の日常生活の中で培われる能力と特性についての発掘。「職務分析による要素」140数種の職務を48項目にわたって分析した結果，機能的要素，教科的要素及び精神的要素の三要素としておさえることが出来た。赤平市内に於ける各職場の職種を，48項目の評価基準に従ってその適職群を求めた。そして，その職種，社会，対人間の要求している最低限必要な要素を指導内容としておさえたのである。

「赤平市精神薄弱児職業補導所（仮称）」構想　精薄児教育期間延長の必要から学校工場方式によるアフター・ケア施設を設立する。職業補導所は，生産を中心とした生活教育を徹底する場であり，学校であると同時に生産工場である。ギリギリ一杯の生活の場である。研究の場である。運転資金を生み出していく機関である。

教育内容・方法の立て直しと教育と労働の結合による生涯教育構想が想定された。しかし，いずれも，教育と労働の実践仮説である。実践仮説は，すなわち，構想の想定ないしは，計画段階の過程に過ぎず，検証可能な実践的仮説の設定が期待される。1965年7月，赤平市特殊教育連絡協議会と特殊教育研究サークルは，日本海沿岸の石狩町で「合同宿泊訓練」を実施した。参加校は，住友，赤平，赤間，豊里小学校四校と双葉中学校で茂尻小学校は不参加であった。

赤平市特殊教育研究サークル（発表者　赤間小学校川添正雄）は，1965年11月の北教組第15次教研集会に『教育課程の編成を目指して—実践的検証の歩み—』を発表した。内容は，○はじめに，○共同研究の経過（サークルを中心とした実践の歩み，教育課程編成の経過），○今後の課題と展望，別冊資料からなっている。川添正雄は，日教組第15次教研全国集会の正会員となった。教育課程編

成作業は、「最低限必要要素」を具体的な「学習の形態に組み立て」、場面を想定して整備する段階である。特殊研究サークルは、授業研究、研究会、学習会、実技交流会による研究・研修活動、宿泊訓練、合同作品展示会、合同運動会など合同行事の実践、手をつなぐ親の会の一本化と予後指導機関の設立運動に会員が結束して取り組んでいる。

6．三笠市における教育実践

コア・カリキュラム研究先進校の三笠市立奔別小学校は、1949年11月に「本校の教育計画第一次案」を発表した。同校のカリキュラムの特徴は、〈教育は生活の更新である。このことは生活そのものが教育であり、生活によって教育が行われ、生活のための教育が行われることを意味する〉と述べられているように徹底した生活主義を基盤とした教育であった。しかし、生活主義から系統主義への教育思潮の大きな変化のなかでコア・カリキュラムは三笠教育から姿を消していったのである。しかし、生活教育の実践的理念である〈地域に根ざした生きて働く学力〉を育てる教育は、郷土教育や発達障害児等教育に引き継がれていくのである。

三笠市立幾春別中学校の伊藤崇は、1953年11月の北教組第三回教研集会に『南空知地区における特異児童の問題とその対策』を報告した。内容は、○学業不振児について（原因、対策）、○性行不良児（原因、対策）、○結び、となっている。伊藤崇は、学業不振児の原因と対策を列記しているが特に実践的な内容に及んでない。

三笠市立中央中学校の寺舘国治は、1953年11月の北教組第三回教研集会に『南空知に於ける特異児童の傾向とその対策』を報告した。内容は、○農村地帯（調査結果、対策）、○炭砿地帯の犯罪調査、○うそ、盗癖、家出放浪性の子どもの指導事例からなっている。伊藤崇は、1955年10月「事例研究 K.A.の家出」（『空知特殊教育1号』pp.3-4, 空知特殊教育研究会編）を発表した。

三笠市立幾春別中学校の伊藤崇は、1955年11月の北教組に第5次教研集会に『少年不良防止のための実践活動 地区内小中学校を中心とした実践について』を報告した。報告内容は、○はしがき、○社会的不適応児とは？（子供の分類、特殊児童）、○我々の目的（法的には、悪い環境と教師の指導上の位置）、○学校内、地区内及び家庭に於ける指導の一貫性、○事例研究からなっている。1953年の報告内容と比べてみると主体的な視点がでてきている。さらに、伊藤崇は、1956年11月の北教組第6次三笠支部教研集会に『校外にある補導団体を如何に有効に協力させるか』を報告した。この内容は、前年度の少年不良防止の実践活動の継続である。1954年秋に発足した補導機関の三笠町青少年愛育協議会の活動を紹介し、その活用を意図している。

1956年5月,三笠市立中央中学校の小神富男は,「社会的不適応児の事例研究」(空知特殊教育研究会編『空知特殊教育3』pp.1-6)を発表した。内容は,○問題の提起,○学校生活,○家庭生活,○生育歴,○家族歴,○教育歴,○環境からなっている。中学一年男子14歳のNは,盗癖,乱費癖,飲酒と喫煙の常習,さぼり(怠学),暴力,学業不振などで登校停止中の生徒である。この生徒の担任となった小神富男は,指導資料を得るために,教育歴を調査しようとしたが,指導要録その他の教育記録が一切残されていないことに驚いている。学校は,家庭が貧困で教育環境の最劣な生徒について関心を示さないばかりか,その支援の手立てを抛棄して,ただ卒業を認定して送り出す機関であったことなのであろうか。

空知特殊教育研究会『空知特殊教育3』1956年

三笠市立住吉小学校の松原実は,1958年11月の北教組第8次教研集会に『普通学級にある学力不振児の実態と今後の対策』を発表した。内容は,○研究の概要,○研究の経過,○遅進児の実態,○普通学級における特殊児童の指導方針(教師の問題,指導の道),○おわりに,となっている。1957年に新設された住吉小学校は,実態調査の結果,児童数683名で魯鈍と境界線児などの精神発達の遅れとみなされる児童が73名いた。本校では,約10.7%の児童が学力不振児とみなされ,普通学級における遅進児に対して指導カリキュラムによる指導と特殊学級の必要性を感じている。

三笠市に発達障害児等の特殊学級が新設されたのは,1961年4月の幌内小学校が最初で,次いで,1962年に新幌内小学校に開設された。

三笠市立幌内小学校の下田千代美は,1961年11月の北教組第11次教研集会に『特殊教育をどう進めてきたか? 学級半年のあゆみ?』を発表した。内容は,○研究概要,○研究経過,○特殊学級設置まで,○特殊学級の設備,○特殊学級の発足,○児童一覧,○学級半年のあゆみ,○まとめ,○付 設備品となっている。次に,三笠市初の特殊学級成立事情と経緯について摘記する。

三笠市立幌内小学校 下田千代美「特殊学級の成立と半年の歩み」

成立の背景 校内では,1956年まで六年間「普通学級における特殊児の取扱いについて」協議してきた。1957年に,職員会議において「普通学級での指導は困難なので特殊学級を設置」するよう運動することとした。1958年に,三笠市研究サークルが中心となって「三笠市小中学校の特殊児童の実態調査」を実施し,特殊

学級や養護学校必要論の啓蒙資料とした。1959年には，研究サークルによる「個別知能テスト（田中ビネー，ウイスク），ロールシャッハ，絵画統覚検査の実技研修」があった。校内では，教室の事情がつけば特殊学級による特殊教育を行うことを確認した。1960年4月に，三笠市教育研究所と市教委から「研究指定校」を受け，設置態勢を強化して諸準備に取りかかった。

設置までの諸準備 1.（5～7月）調査研究計画（学級構想計画，基礎的理論学習会，先進校視察），2.（7月）一般父兄の啓蒙（全職員による移動懇談会の開催），3.（7～3月12日）入級該当児の抽出と判定（対象児の抽出291名，第一次検査〈291名に新制田中B式団体テスト実施〉，第二次検査〈第一次検査結果から123名に再検査〉，第三次検査〈107名に再検査〉，第四次検査〈53名に研究所員によるウイスク検査による個別診断〉，第五次検査〈該当児童の学級担任による家庭，身体，性格等の諸検査〉，判定〈札幌花園学院長谷口憲郎・岩見沢児童相談所菅谷医師により，該当者は幌内校15名，住吉校3名となる〉），4.（3月）該当児の父兄対策（学年末のため学校長が家庭訪問し8名入級を決定した）。

開級 三笠市議会は特殊学級開設関係予算を承認せず，前校舎階下西玄関横を教室とした。1961年4月7日，「下田学級」は入級児10名（男子4，女子6），I.Q.80以下50までの程度の精薄児が入級して開級された。担任は下田千代美で学担を持たない教員が補助に当たることとなった。

三笠市の発達障害児等の特殊学級形態による教育実践は，幌内小学校の教職員が「普通学級における学業不振児の指導」を意識して実践した過程を経たのちに誕生した。しかし，三笠市立幌内小学校の前身は，三笠村幌内尋常高等小学校であったことを改めて認識しておかなければならない。戦前の北海道における劣等児等の特別教育の形態は，特別学級を編成して教育する「特別学級教育形態」と普通学級における特別な配慮による「普通学級教育形態」があった。「普通学級形態」には，課業時間内配慮指導形態，課業内特別指導形態及び課業時間外特別指導形態の三つの形態があった。幌内尋常高等小学校の前身は，札幌以東では空知地方における学校教育の濫觴で1882（明治15）年幌内炭鉱事務所の一角を改築した「公立幌内学校」である。本校は，教育方法模索時代を経て1910年には教育方法尊重時代を迎えていた。そして，《劣等児の取扱》に注目し，《劣等児救済の方法》に取り組み，1921（大正10）年ごろまでその研究を継続している。この劣等児救済方法の研究とそ

齋藤信雄『特殊教育をどう進めてきたか』1964年

の取り組みに関しては、市澤豊の「劣等児等の特別教育の成立過程と教育実践」(『発達障害児教育実践史研究』pp.265-268, 2006年)を参照されたい。戦前の優れた特別教育実践が戦後の三笠市立幌内小学校に引き継がれていることに深く留意したいものである。同校の二代目特殊学級担任となった齋藤信雄は、1964年11月の北教組第14次教研集会に『特殊教育をどう進めてきたか』を報告した。内容は、○報告概要、○特殊学級設置まで、○特殊学級の推移、○学級経営、○指導計画、○単元の目標と指導内容、○学習の展開、○入級時と現在の比較、○まとめ、となっている。特殊学級担任は、下田千代美教諭が二年間つとめ1953年に吉田教諭が引き継ぎ1954年に齋藤信雄教諭と、開級四年間で三人目となっている。ここでは、入級児の変容の様子を取り上げる。

三笠市立幌内小学校　齋藤信雄「入級児の五年間の変容」

名(IQ) 年	入級時（1961年）	現在（1964年）
S・S (77)	平気で集団秩序を乱す。我が儘勝手なことをする。粗雑な言動が多く、級友の誰にでも物事を命令的に指示する。怒りっぽい。洗面を忘れがち。	集団秩序を乱すことは余りなくなった。言動は依然として粗雑。命令口調はなくなったが怒りっぽくすぐ怒鳴る。洗面はきちんとする。算数の学力が相当進歩してきた。
H・S (68)	衛生観念が乏しい。集団行動からはみ出し自分勝手に振るまう。泣きやすい	時々顔を洗ってこない。集団行動からはみ出す。学力は入級時と変わらない
T・S (57)	依存的である。集団に溶け込めない。引っ込み思案である。いつも口の中でモグモグ呟いているのが、聞き取れない。	指示通りできず、仕事は非常に遅い。国語の学力は非常に進歩し、漢字も相当知っている。読むことも上手だが、話すときは口の中でモグモグ呟く。
T・M (76)	何時も一人でいることが多い。動作が鈍い。天候により言動に波がある。奇声を上げることがある（てんかん）。よく喋る。	ごっこ遊び等は皆とやるが、激しい遊びの時は加わらない。動作は依然として鈍いが奇声を上げることはない。国語の学力が進歩してきた。
S・N (71)	衛生面の習慣に欠ける。生活力はありよく働く。すぐ拗ねる。	鼻汁が出なくなった。拗ねるが気が向くとよく気が利く。何でも知ったふりをしたがる。何時もリーダーになっていたい。学力の向上はない。
R・U (52)	独立した行動が取れない。性格が素直で指示には忠実である。あまり喋らない。何時も不安そうな様子。	仕事は何時も手伝って貰う。はっきり喋れない。学力は向上している。何でも出来なくなると声を殺して泣いている。
S・N (59)	必要以外のことはよく喋る。勝手な行動が多い。他人の言うことは拒否する。洗面を忘れがち。	必要以外のことは余り喋らなくなったが、悪口、暴言、淫らなことを平気で言う。洗面は変わらない。学力は全く伸びない。
M・I (69)	落ち着きがなく、勝手な行動が多く、集団生活に馴染まない。衛生的なことは無関心。	短時間椅子に掛けていられるようになった。飽きてくると自分勝手なことをする。他の者から注意されると怒る。静かなときは、ロケット、船、飛行機を描いている。

T・N (81)	すぐふくれ，ものを喋らない。衛生的観念に乏しい。	失敗したりすると，下を向いて全然喋らない。6年生のS・Nが一緒にいるので，なんかすると威張りたがる。
U・H (69)	集団に溶け込めない。文字は自分の名前がやっとである。意地悪いところがあり，他の者から嫌われる	皆と一緒に自分から遊んでいる。学力は非常に進歩し，平仮名は大抵読める。時刻も分かるようになった。

　齋藤信雄は，開設七か月間，〈児童の可能性，生活を切り拓く学力観，生きるための活力〉などについて悩む日々であった。入級児の特殊学級の教育による成長発達の変容をとらえようとする姿勢は評価されるが，児童の人間像をとらえる視点は未成熟である。齋藤信雄は，1965年11月の北教組第15次教研集会に『学校教育における特殊教育の体系』を発表した。おそらく，第14次教研集会で啓発された課題意識であろう。発表内容は，〇特殊教育，〇普通学級における実態（テストの結果，精薄児の知能程度，精薄児の指導），〇学校経営と学級経営（教育全体の立場から，設置校の意味，実際運営上から）となっている。齋藤信雄の発表から，その実情を次に摘記する。

幌内小学校　齋藤信雄「特殊学級設置反対論と精薄児の実態」

　反対論　三笠市内には特殊学級が小学校3学級，中学校が3学級あるが，毎新年度になると設置校で苦労することは，入級者の殆どが自校の児童で占められていることである。特殊学級未設置校は，殆どが無関心か非協力であるのが実情である。その主な設置反対論は次のようになる。1.差別待遇である。2.公然と低能のレッテルを貼ることになる。3.特別な壺の中で指導したのでは，真の社会的訓練にはならない。4.大脳機能が劣っているから医学的療法によって強化する必要がある。5.「低能児学級に入れるとはけしからん」という親の反対がある。6.貧乏国で普通の子供の教育で手が一杯で，もう少し経済的余裕がなければ出来ない仕事だ。7.設置校と未設置校の教員定数が不均衡である。このような反対論は，父兄や地域社会からばかりでなく同僚の間にも根強くある。特殊学級担任は，受け持った精薄児の指導より，これらの暴言の圧迫に参ってしまうのである。

　普通学級における精薄児の実態　三笠市の実態調査による知能テストの結果では，I.Q.85以下の児童生徒数は884名で全市児童生徒数の8.8%である。勿論，知能指数だけで云々する事は危険であるが相当数が普通学級に在学していることになる。これらの児童生徒を更に精査した結果，精薄児は337名（3.3%）で特殊学級入級児数は52名（1.6%）であることから285名（88.4%）が普通学級の〈お客さん〉として過ごしていると推定される。

　これが教育空知の実情の一端なのであろう。〈教育機会の均等〉を民主教育実現の一方の旗印とする日教組，北教組における教研活動の限界性を物語って

いるようでならない。

7. 滝川市における教育実践

滝川町が市制を施行したのは1958年であるが，本稿では滝川市として論述する。滝川市立第一小学校特殊学級の教育実践に関しては，前述の通り，市澤豊の論考（2010年）があるので重複をさけて論述する。

滝川市立第一小学校の萱野靖は，1952年11月の北教組第二回教研集会に『普通学級に於ける精神遅滞児の原因とその対策』を発表した。内容は，○はしがき，○精神遅滞児の判別鑑定について，○精神遅滞児の教育計画，○精神遅滞児のための社会との協力について，○普通学級に於ける精神遅滞児教育の現実とその対策となっている。萱野靖は，《精神遅滞児教育問題は，民主的な教育上の重要な問題であるから，民主教育の大基にもとづき実現に努めなければならない》と主張しているが具体的な対策提案はみられない。

滝川市立第一小学校校長宮田秀男は，1954年5月に『報告第一号 昭和29年5月6日 特殊児童選定経過報告書』を発表した。内容は，○滝川第一小学校特殊教育委員会会則，○昭和29年度特殊学級の基本的性格，○特殊学級編入児童を決定するまでの経過（別表Ⅰ 対象家庭児童の選定，別表Ⅱ 集団知能検査結果，別表Ⅲ 各種検査結果，別表Ⅳ 専門医師の診断結果），○本校特殊児童の知能と全道特殊児童の平均知能との比較（別表Ⅴ），○収容決定児童の精神年齢による分類（別表Ⅵ），○本校特殊学級教室構想（別表Ⅶ），○特殊学級学習用具（経験要素に合致させるための必要器材），○昭和29年度本校特殊学級予算，○昭和29年度滝川第一小学校特殊教育運営委員会御芳名からなっている。特殊学級開設のための必要かつ十分な対策経過資料が整然と記載されている。不足しているのは，特殊学級経営構想だけである。

滝川第一小学校『本校に於ける特殊学級の實際 第1集』1954年

滝川第一小学校は，1954年10月に『本校に於ける 特殊学級の實際 第1集』を発行した。執筆者は，特殊学級の初代担任となった村田武雄である。内容は，「序」校長宮田秀男，「はしがき」研修部長，○特殊教育委員会代表 岩田信雄，○特殊児童の鑑定判別，○特殊学級の創設，○村田学級の経営，○校下の協力，○担任教師のつぶやき，からなっている。滝川第一小学校特殊学級成立の背景については，次のように記されている。

滝川第一小学校 村田武雄「特殊学級開設の経緯」

　研究指定　本校は，昭和25年に北海道教育委員会より，特殊教育の研究指定をうけ，現研修部長の岩田信雄教諭を中心として逐次研究が推進され，「普通学級において遅進児教育の実践」が遂行されたのである。昭和27年に岩田教諭が空知教育研究所員として転出されたので，萱野教諭（現美流渡中学校勤務）によって引き継がれ寸断なく継続観察と個別指導が行われていた。

　マタイ伝　私たちの姿は，〈百匹の羊を有てる人あらんに，もしその一匹迷わば九十九匹を山に残しおき，往きて迷えるものを訪ねぬか，もし之を見出さば。誠に汝らに告ぐ，迷わぬ九十九匹に勝りて此の一匹を　よろこばん〉の心境である。ともあれ，私たちの願いは二千有余名の児童の中から選ばれた十五人の『この子ら』を，何とかして有用な人間に育て，社会的に一個の人間として生活でき活躍し得る者にしたいと言うことである。

　滝川第一小学校の教師たちが，北海道教育委員会の研究指定を受けて「普通学級における遅滞児教育の実践」に取り組んだという。しかし，本校が特殊学級設置につながる継続観察や個別指導に関する研究の総括は記されていない。本校は，遅進児の特殊学級設置を想定して研究を継続したと考える。何故なら，1954年4月の開設までに，〈精神遅滞児と認定されて，その調書の完備してある児童〉が選定されており，〈その他の学業不振児等の問題児の抽出〉を計画しているからである。学級担任は，31歳の村田武雄で補助教員として養護教諭の今敏子と家庭科専科教諭の斉藤懿子を配

滝川町立滝川第一小学校『特殊教育研究会』1955年

置している。村田武雄は，1955年11月の北教組第5次教研集会に『フラストレーションの解発治療に関する実験（精神遅滞児S.のケース・スタディ）』を発表した。内容は，滝川町立滝川第一小学校に於ける特殊児童の実態とその教育の概要（昭和29年度，30年度はどう進めたか），○フラストレーションの解発治療に関する実験，○滝川市に於いていろいろな障害を持った子どもの教育をどう進めるか，○中空知地区に於いていろいろな障害を持った子どもの教育をどう進めているか，となっている。精神遅滞児S.への治療教育は，専門性が高くしかも精細なケース・スタディとなっている。実態等に関しては，後述の小野辰男の報告を検討した。

　1955年7月，滝川第一小学校で「特殊教育研究会」が開催され，村田学級は『昭和三十年七月十六日　研究授業案・学級経営案』により教室実践を公開した。これは10月研究会の予行研究会としての開催であった。1955年10月には，北海

道教育庁空知事務所・滝川町教育委員会・滝川町教育振興会主催による「滝川町立滝川第一小学校特殊教育研究会」が開催された。次に，開催要項により研究会の概要を摘記して紹介する（図表作成は筆者）。

「滝川町立第一小学校特殊教育研究会開催要項」

研究主題 1.特殊学級に於いて教材教具を利用しての基礎能力の育成。2.精神遅滞児のフラストレーション・トレランスを中心としたケース・スタディ。3.普通学級において学業不振児をどのように指導したらよいか。4.普通学級に於いて学業不振児を指導するために単元をどのように工夫したらよいか。

講師 道教委吉村指導主事，北大教育学部木村（助）教授。

研究発表内容 「普通学級に於いて学業不振児指導を考慮した単元の展開計画について」石原等，「精神遅滞児に対する所謂近感覚機能検査について」今敏子，「精神遅滞児のフラストレーションの解発治療に関する実験中」村田武雄。

資料「実験学級単元展開計画案」，「公開学級　学業不振児の実態」，「公開授業学習指導案」

日程

8:30	9:00	9:55	10:35	11:30	11:45	0:15	0:45	1:20	2:30	2:50	3:30	6:30
受付	公開授業	記録映画	公開授業	開会式	研究発表	昼食	空知特殊教研究会設立総会	質疑応答	講評	閉会式	全体会	連盟総会

遂に，〈普通学級における問題児等への教育実践研究〉が滝川第一小学校の学業不振児等への実験学級授業実践として公開されたのである。しかも，120ページに及ぶ綿密な実践的「実験学級単元展開計画案」，「公開学級学業不振児の実態」，「公開授業学習指導案」付きである。

本特殊教育研究会は，戦後黎明期の普通学級における発達障害児等の教育実践の事実を公開研究協議しあった数少ない，しかも，実践的重みを持ったものである。この教育実践史に特筆される際立って優れた教育実践研究は，空知教育界の指導者の一人であった宮田秀男校長の卓越した教育経営手腕と，それに応えた教師たちの民主教育の実現形態である。ここで，村田武雄の「学業不振児等の実験学級」の大要と石原等の「普通学級における学業不振児等へ授業実践」を摘記する。

第一小学校　村田武雄「学習不振児の普通学級における実験学級」

実験学級の設置　昭和30年4月下旬，普通学級に於ける学業不振児指導を専門的に研究実践するための実験学級を設置した。実験学級は，1年6学級中3学級，2年7学級中3学級，3年5学級中1学級，4年4学級中1学級，5年5学級中

1学級，6年6学級中1学級，分校8学級中3学級の計13学級を設置する。

「ミニマム・エッセンシャルズとしての基礎能力」

年度計画 1.第一学期：問題児の判別鑑定，指導の理論研究，実践への準備。2.第二学期：単元分析（単元展開の工夫，教材のグループ化・能力別化），指導開始。3.第三学期:指導の充実，技術の研究，研究授業，実験学級経営経過報告と次年度への対策。

実験学級の経営 1.共同研究:(1)国語・算数二教科のミニマルエッセンシャルズとしての「基礎的経験要素」を作成した。(2)学業不振児の国語・算数二教科の発展「指導段階表（要素表）」を作成した。2.学業不振児についての調査:(1)標準検査法等により最高とみなされる学力段階を設定した。(2)家庭調査・交友調査・病症調査・その他より学業不振となっている主因をとらえた。その結果は，家計貧困・両親の過度の労働により放任・学習用具の貧困・学習意欲の欠如・劣等感・よい友達が少ない・耳鼻咽喉科疾患・従来の指導による積み重ねがなされていない。受持が替わる毎に変わった取扱を受けてきたことなど，が理解された。3.指導の実際（第一学期）(1)国語・算数二教科について，毎週毎時間に児童の事態に応じて指導された。(2)放課後は，問題の観察と指導の手がかりを発見するために特殊学級に於いて指導を受ける。学習することもあるが，特殊学級内の施設を利用して遊ぶことでフラストレーションの解発を意図した。4.単元のグループ化・能力別化のための分析を行って構成した。各単元の展開は，指導書を教室に持っていっても学業不振児は救われない。救われないどころか，より以上の学業不振児を作ることになる。そこで，学業不振児は同一単元学習のどこかに参加して普通児と共同学習することを多く取り入れた展開を工夫した。そして，学習する内容は，各不振児の発展段階の履修経過をふまえて作成して展開するよう工夫した。単元の展開は，普通児は教科書で，不振児は毎時間別の学習が与えられていると言った風にしたのではない。個別的な学習と他児との共同的学習が行われるように工夫すると言うことである。5.教具の研究と製作:単元の展開を研究すると個別指導のための多くの教材教具が必要になった。これらは，総て実験学級担任により共同製作された。二学期は，単元表により指導し，グルーピングの適否問題について研究する。

特殊教育推進機構図

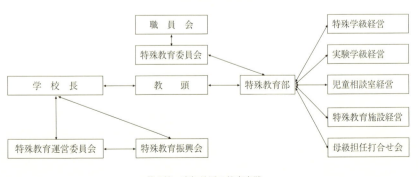

第8節 空知地区の教育実践

滝川第一小学校　石原等「普通学級における学業不振児等へ授業実践」

実験学級担任として　昭和30年度学校計重点目標「問題児指導の強化」に基づき特殊教育部の〈普通学級に於ける学業不振児指導のための実験学級〉設置に自主的に参加した。特殊教育部により決定された年度計画に従って、学級の運営を始めた（年度計画は前掲のとおり）。第一学期に「学業不振児一覧表」を作成した。

学業不振児に対する見解　イ．精神遅滞児の痴愚以下の児童の指導計画は、全児童対象の学習単元指導計画案には織り込まない。即ち、これらの児童は特殊学級ケースであり、特別な生活カリキュラムに依るからである。ロ．しかし、国語・算数などの教材学習の折には別な、例えば図工・絵本を見せる指導にしたり、社会科などの教材ではそれぞれに位置付くように配慮されている。ハ．従って、ここでの学業不振児は、大脳皮質の発育途上に何等の障害を受けていない児童で、環境の如何によって学業が不振となったか、自己の感情により不振となったか、或いは経済その他の諸要因の外的条件によって、通常の課程を履修できない児童を対象とした総称である。ニ．対象児の分類は、知能指数などによって機械的判別ではなく、国語・算数二教科の遅れを促進させていく原則に立っている。

指導のための研究　1.実験学級で決定された学業不振児の一覧を、特殊教育部で検討し、最終的に決定した。2.指導のための教具は、前年度の教具研究委員会作製のものを利用し改善することにした。3.学業不振の原因、特に生育歴と家庭環境の分析に努めた。4.児童は、何が不足し、何を系統的に補充しなければならないかを考究した。5.指導の要素的発展段階表を作成して、その指導の一貫性を持たせようとした。国語と算数の学習指導要領の分析。基礎教科に於けるミニマム・エッセンシャルズとしての基礎的経験要素を設定した。6.教室環境の工夫、教材教具の整備、必要物の展示。7.グルーピングの研究。8.吉村指導主事と木村北大助教授の指導・助言を受けた。

石原学級に於ける学業不振児の実態　（3年1組4名、筆者2名省略）

氏名性別	C.A M.A I.Q	生育歴	家庭環境	基礎教科の学力程度		行動の特徴	児童の問題
				国語	算数		
A.O 女	8:0 7:0 94	出生熟産。長女。母乳による生育。	父親は日雇い。前科有り。真面目な態度なし。母親は教育に関心持っているが参観に来たことがない。盲目的愛と放任。	平仮名は読み書ける。濁音17字だけ。漢字は「一,中,下」は読める。考えていることを大体作文化する。学力テスト－2。	100迄読める。時計は時間単位で読める。繰り上がり繰り下がりは飲みこんでいない。乗法九九不十分。	学習に飽きると道具をしまって席を立って歩く。条件保持の態度が悪い。協調性がない。体は短小。おませなことを言う。我が儘で慣れすぎ手に負えない。	ヒステリー気質による行為、癇癪。作業は不真面目で他人の邪魔をする。よく注意するとひっくり返って泣きわめく。一日中黙っていることがある。

M.K 男	8:1 6:2 76	学齢前の病歴なし。兄弟（四男）が多い故に放任的保育。	父親は機械工、生活保護家庭。母親はヒステリー性気質。父母兄弟ともあらそいが多い。	平仮名は一字ずつの拾い読み。漢字は殆ど読めない。話しかけは少ない。興味のあることだけ聞けるが他のことは落ち着いて聞いていない。学力テスト－2。	15位まで読める。繰り上がり繰り下がりが分からない。掛け算九九も分からない。	癇が強く短気である。すぐふくれ易い。無口で明るさがない。	学習時間女子に対する悪戯が多い。学習時間無口で、学用品を大事にしない。記憶力・理解力共に貧弱である。

単元展開の工夫　能力別編成による学業不振児指導では，通常は正常児の学習活動に参加していない状態におかれ，知的なものの獲得以上に大切なものが指導されない結果となる。従って，本校カリキュラムに配列されてある各単元のミニマム・エッセンシャルズ・基礎能力をおさえて取り上げることもあるが，本校においては小学6年までの「要素表」の要素段階から，単元の要素とにらみ合わせて総合的に決定する仕組みをとっている。即ち，同一単元に於いては，学業不振児ができる限り正常児と学習経験を共にする場合，時間を如何に与えていくかに焦点があり，且つそれが，学業不振児それ自身の「系統的指導段階」のある指導の一つであるという立場をとっている。そのことにより，ダイナミックな展開が要請されているわけである。

単元展開計画試案　1.カリキュラムに配列されている各単元を指導単元とし，2.単元目標は学級の実情を勘案して決定する。3.単元の展開（指導計画）の時数―学習活動―という欄は，前述の基本的な考えにより学業不振児指導を考慮した学習活動を比較的大まかに取り上げて決める。4.学習活動は次に別掲する。学習不振児に用意された活動を考慮しつつ，学級全体的の学習活動の形態が工夫される。単元のこの部分は，教科書中心の全体学習とか，異質グループによる相互学習にするとか，能力別の指導にするとか，単元全体について学習方法上の予定が計画されるのである。5.次に，指導上の留意点であるが，これは教師の覚書であり，あるいは評価のために使用される。6.資料欄は，主として教材教具などの覚書である。7.学業不振児の学習活動は，一単元毎に計画されている。

第三学年 石原学級「国語科単元展開計画試案」，単元名「童話」，取扱時間14時間

「金のさかな」は，欲望の敗北，「風車」は愚かな冒険に対する風刺を扱ったもので，かなりの長文であるので，長文の読解に慣れさせながら，次のような活動を行う。
○話す：相手によく分かるように話す。○聞く：騒がずに静かに聞く。○読む：長文を終わりまで読むことが出来，目的に適った読みをする。○書く：上手にノートがとれ，内容の要点を抜き書きすることが出来る。○作る：簡単な物語が掛け，又読んだ物語の要点をとらえ感想や意見を入れて文を作ることが出来る。

学習活動態	時	形態	学業不振児学習活動	指導上の留意点	資料
（予備調査を行う）				話し合いが主なため	既習教材

1.今までに読んだことのある本,知っている童話について話し合いをする。	2	全体		単調な時間になりやすい。1.学級全体の話し合い,2.グループ別の相談。㈤グループ間のデスカッション。㈠あらかじめノートする。㈦5.について30字ぐらい書き発し合う。㈣学習計画をノートする。	名人の話 かぐや姫 図書 プーシキン作 黒田達男訳 「金のさかな」 セルバテス作, 猪野省三訳 「風車」
(1)自分の持っている本,図書館にある本の名前を発表する。		グループ間	1.本を家庭又は図書館から持ってくる。		
(2)自分が読んだことのある童話について,粗筋を話し合う。		全体	2.粗筋の発表。		
(3)童話と他の文との違いに気づかせるようにする。		グループ間	3.粗筋の発表。		
(4)読んでみたい本の名前を発表し合う。		全体	4.希望を聞く。又は読みたい本を選ばせる。		
(5)「面白い」,「悲しい」,「淋しい」というように気持ちをあらわしている中で,どんなものが読みたいか希望を語る。		全体 個別 個別	5.4.に同じ。どんな物語だろうか。		あらかじめ図書の本を用意 漢字カード50枚 プリント「金のさかな」「風車」
(6)「童話 金のさかな,風車」という単元の学習計画を話し合う。		全体	6.学習内容の順序,次時学習の目当てを確認。		
2.「童話 金のさかな,風車」を読む。			1.①62P10行 ②64P5行 ③65P10行 ④66p10行 ⑤68P3行 ⑥69P8行 ⑦71P11行 ⑧72P8行 ⑨74P5行 ⑩最後まで	学習内容が多くならないようにする。新出文字,主な言葉カード。㋑指名読み。㋺自由読み。㋩黙読。	カード30枚
(1)「金のさかな」を次の目当てを持って読んでいく。 ㋑粗筋を掴んでいく。 ㋺感じたことを発表できる。	8	グループ別			
(2)文字ことばの分からないものを調べ合っていく。		全体	2.書くこと。金・小さな・ある日・家・百・三日月・口・一つ・力。3.他の漢字には平仮名。	カードを持たせて常にドリルが行えるように。読書ノートの正しい取り方。	読書ノート
(3)読むためにどうしても知っておかなければならない文字ことばを取り上げて調べる。					
(4)読み取ったことを「読書ノート」に書く。		個別	4.3.に同じ。		
(5)感想発表や読書ノートの読み合いをして,読み取った程度を確かめ,読書ノートの書き方について批判する。		全体	5.おじさん,おばあさんはどんな人だろうかと考える。		「本読んで」―小図書編
(6)「金のさかな」の学習計画を反省して,「風車」の学習計画を立てる。		全体	6.カタカナの読み調査。		
(7)A-1の㋑㋺から出発して,2,3はグループ別に方法を考えていく場合。B指名読を行う場合。C教師がところどころ読む場合。		個別	7.①76P9行 ②78P6行 ③79P4行 ④79P終わり ⑤83P2行 ⑥最後まで。1.3.6.の読み。2.4.5.は全体学習で取り上げる。	7.要するに効果的に読解力を養うようにすること。	
(8)ドンキホーテの気持ち(性格)の良くあらわされている言葉の発表。㋑ドンキホーテはどんな人か。㋺サンチョはどうだろう。		グループ別	8.書くこと。大きな・三十・四十・見え・長い・馬・音・手・原・今。他の漢字は平仮名。		
(9)新出文字,主な言葉のまとめテスト。	4	個別 能別	9.平仮名のところを漢字で読む練習。口頭発表。それを文に書くこと。読むこと。まとめ。		
3.教科書以外の童話を読んだり,童話を作ってみる。		グループ別			

第3章　各地における教育実践

(1)学級文庫,図書館,家庭から持ち寄った本を選定させて,良い童話の案内をする。㋑書名,著者,発行所,内容の発表。		1.2.選んだ本を㋑について調べる。	遊んでしまわないように留意。
(2)読みたい本を一冊選定する。	個別		
(3)読む前に読書のきまりを確認させる。㋑本を大切に。㋺ページのめくり方。㋩姿勢良く。㋥黙読する。㋭読書ノートを丁寧に要点よく記入する。	全体	3.声を出しても良い。	読めない場合が多いので,その日の日に簡単に記入するように。又忘れてしまわないようにすること。カードによる指導。
(4)各自読書をする。	個別	4.㋑出て来るもの。㋺どうした。	
(5)読書ノートに書き込む。	個別	5.感じたままを書くよう。	母親との連絡。家庭の猫を主題。
(6)感想の発表と批評し合う。㋑読んだら父母や弟妹友人に話してやるようにする。	全体	6.字の間違い,粗筋の補足。㋑家庭で話す。	前三年A子作「エミー物語」
(7)自分で簡単な童話を書いてみる。	個別	7.簡単な作文で良い。動物を扱う。	
㋑友達の書いた童話を参考として読む。	全体	文字,仮名遣いの訂正。	表紙の絵,用紙を揃えることなどの作業。
㋺作文用紙に書く。	個別		
(8)読みあって感想の発表をする。			
(9)童話集を作る。	グループ別		

指導の実際例(石原学級)

(1)童話―金のさかな―風車― 第二段階 二「童話 金のさかな 風車」を読む

　　八時間の指導の実際

　　　　予備調査　家庭での学習しらべ(筆者省略)

教材の研究　1.童話「金のさかな　風車」(小学国語三の上) 2.「金のさかな」は欲望の敗北,「風車」は愚かな冒険に対する風刺を扱ったもので,かなり長文である。3.新出文字「童話,金のさかな,小さな家に住む,古い家,配,心配する,お金もち,毛皮のふく,皮,馬ごや,女王さま,風車,一週間,旅にでた,島,勇気をだす,勝ち負け」

資料　小学国語　三の上　読書ノート「本を読んで」―小図書編

段階時間形態	主要事項	普通児の学習活動	学業不振児の学習活動	評価	指導の結果
導入 0.5 全体 グループ	学習計画を立てる	「金のさかな」の読みについて話し合う。1.どんな読み方をしたら良いだろうか。2.読むための計画を立てる。	プリントに従って各自読みの計画を立てる。	興味を持って学習計画を立てたか。(観察)	学業不振児物語全部の読みは不可能である。
展開 2.5 個別	しらべる	㋑新出文字,言葉を調べる。㋺粗筋を掴むとともに,	㋑金,小さな,ある日,家,百,三日目,口,中,一つ,力。	順序よく興味を持って学習しているか。	助け合い学習は慣れていない。学業不振

		感じたことが発表できるように	㈡上に同じ。	（観察）	内容理解は大体できる。
整理 1.0 全体	まとめる	㈠読み取ったことを読書ノートに書く。 ㈡感想発表会を開く。	感想文を見てやり，カードを使って正しい文字の習得。 正しく書き直し感想文の発表。	物語の要点を読み取っているか。 （作品） 終わりまではっきり話しているか。 （観察）	感想文でなく，筋書き。

(2)「金のさかな」の展開段階　第一時間目の実際

優劣混合グループ　Bグループ　学習型　(1)個別相互学習

主要事項	学習内容	A児群	B児群	C児群	時間	反省
○新出文字,言葉を調べる。 1.読める。 教科書 普P69まで。 特P64まで。 2.書ける。	学業不振児 金,小さな,ある日,出,家,早。 普通児 新出字：童話,金のさかな,小さな家に住む,古い家,心配するお金持ち,毛皮のふく。 主な言葉：つむいで，せめて，おけ，にごって，おくさん，毛皮，ずきん，うでわ，童話，金のさかな。 ①童話②金③住④配⑤毛⑥皮	参考書（学習の手引き)，学習カードで自学する。 筆順を唱えながらノートする。 教師に質問して良い。 ↓ 学習したことの発表。 教師と共に筆順を覚えていく。 まとめ	Aの指導を受けつつ自学する。 ノートしない。主に読みの練習。 分からない言葉をノートする。 ↓ Aに同じ。	教師作成平仮名プリントから知っている漢字を入れていく。 漢字カード 一の中 一の下 二の上 読んで書けるようにする。 ↓	5分 25分 15分	A児群 学習をマスターして遊んでいたようである。 B児群 A群より教師に頼っていた。 C児群 漢字カードを探すのに手間取る。 むしろC児群のみ能力別に行った方が良い。 B児群の指導が不充分となるから，その点A児群のリーダーとしての指導が必要であろう。

グループ学習の問題

1. 優劣混合グループ：（このグループを常置的とする）毎時間とられるものではない。六つのグループを編成する。「上の児童：6名＝A児群」普通以上に知能及び学力を有し，自分で相当深く学習できる者。「中の児童：14名＝B児群」普通に考えられる者。教師の指導で大体その教材を理解し得る者。「下の児童：7名＝C児群」多少余計に手を加えれば普通のレベルに達していく者＝学業不振児。「下の下の児童：5名」。各教科の適用を計る。上記のグループ組織で学習を行う場合は，その単元並教材がグループ学習に適用されるよう事前に教材のグループ化がなければ

ならない（学習進行の段階をとらえて適用する）。2. 能力グループ：(臨時的グループ) 能力別等質グループで教科に応じて能力の接近した者を集めて学習する。3. 問題別グループ：学習問題を中心にして同じ問題を研究しようとする者が集まってグループを形成する。主に社会科学習で用いる。学級会グループをあてる場合が多い。4. 地域別グループ：掃除当番その他，地区会の行事で多く用いる。このグループで課外学習の指導を行う。5. 興味中心グループ：理科学習，図工学習及び体育，レクリエーションなどで用いる。6. ドリル中心グループ：漢字練習，算数計算に用いて，かなり効果をあげている。その他，交友グループ6人単位，週グループ，議会型，座席相関，縮小社会型，家庭職業別，教師誘導，大単元小単元同好グループなどがあげられる。

　以上，グループについてその内容を研究してきたが，主に優劣混合グループによる学習を行ってきている。しかし，C児群の扱いにおいて教材，机の配置などの点に困難を感じている。

　今後に課せられた問題点（反省）1. カリキュラムの問題：教師がかなりな技術がなければ，普通児が学業不振児のいずれかを少し遊ばせてしまう憂いがある。学習活動についての相当綿密な検討が必要にある。2. 教材教具の問題：必要な教材教具が時間不足などで用意できない。保管には教室が狭くて困る。3. 児童の問題：学業不振の原因を心理的科学的に追求しなければならないこと。学業不振児は劣等感を持っていること（一学期に比べると普通児は，学業不振児に対して大変親切に面倒を見てやれるようなった）。4. 教師の問題：学級の児童一人一人を充分指導してやるだけの時間がない。家庭との連絡を充分取り，その上の指導でなければ効果がない。当たり前のことであるが，教材教具が大切である。

　石原等の論述分量が多くなったのは，それらを精読・理解して摘記するには用字・用語が独特で表記と文脈が錯綜しているため，貴重な一次資料の本意を伝えるために原簿を再録したからである。学業不振児指導が，国語科と算数科だけでなく学級活動や地域生活等まで見渡している点など非凡で優れた視点がある。カリキュラムは，学習指導要領と「ミニマム・エッセンシャルズとしての基礎能力（学業不振児の指導体系）」により作成し，指導教材として「教科用図書」と「自作教材」を使用し，学習形態は「全体学習」，「個別学習」，「グループ別学習」を組み合わせている。本学業不振児指導の最大の特質は，国語科と算数科の《ミニマム・エッセンシャルズとしての基礎能力（学業不振児の指導体系）》の導入にあるが，惜しいことに，「国語科単元展開計画試案」や指導の実践例「金のさかな」の展開過程にその位置づけが読み取れないことと，指導経過による学業不振児の学業の変容についての論考がなかったことである。

　第1章に論述したように，北海道の初等教育は，戦前から単級複式形態等の学級における〈学年別学習段階や同一学年内能力差違に応じた授業計画とその

展開していった〉伝統的な授業実践研究がなされ，継承されてきたのである。それは，同時同一教科・同一単元・異程度による展開法，学業優秀児のモニターによる助教法，座席配列の工夫法，一斉指導と机間巡視による個別対応等の〈個〉や〈学習進度〉に応じた指導法である。その指導原理をもとに工夫した取り組みであると評価できる。

滝川第一小学校校長宮田秀男は，1956年9月に『特殊学級を学校経営上どのように位置づけているか』を発表した。内容は，○当校三年間の足跡（昭和29年度，30年度，31年度の概要），○位置づけをこのように考えている（学校運営機構上の位置

宮田秀男『全道特殊学級実態調査に関する中間報告』1961年

づけ，財政的位置づけ，児童という環境における位置づけ，社会に於ける位置づけ，特殊学級それ自体の安定)，からなっている。宮田秀男は，道精連情報編集当番空知地区代表でもあった。1961年9月に『昭和31年4月20日 全道特殊学級実態調査に関する中間報告』を発表した。これは，宮田秀男が担当していた『連盟情報第8号』に掲載予定のものであったが調査回答が遅着のため別冊としたものである。内容は，○特殊学級担任教官について（資格別，年齢別，学歴別，教職経験年数，特殊学級担任の経験年数，特殊学級担任教官の文章事務），○特殊学級について（学級の名称，学級の設置された年度，学級の予算，予算の経理計画について），○児童生徒について（男女別人員，学年別人員，知能指数の分布），○児童の判別鑑定の方法（知能検査について，判別鑑定の方法について），○児童の家庭（家庭の生活程度，家庭の職業，家庭の異常），○精薄の原因，○特殊教育推進のための組織・機構について，○普通学級の問題児対策について，○カリキュラムについて，○その他の問題について，となっている。調査対象数は，全道30学級であるが，回収率は良くなく特殊学級17であった。このなかから，次に「普通学級の問題児対策について」を再掲する。

道精連情報編集代表　宮田秀男「普通学級の問題児対策について」

実験学級を設置している	現在立案中である	全然ない	学級対策のみである	無回答	計
3	3	2	6	3	17

全校的な対策と実践は，全職員の問題意識の程度などにより中々困難である。また，学校全体の特殊教育の位置づけによっても異なるであろう。学校全体の校務が極端に多忙すぎるような学校においては，例え問題意識が高揚されていたとしても，良い成績を期待することは無理である。母級の強化育成を充分に図っ

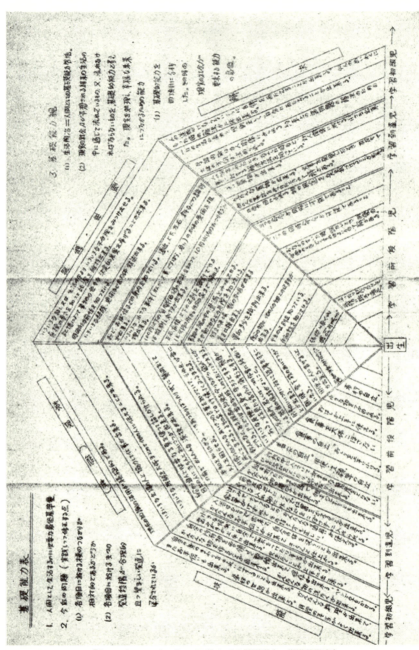

「ミニマム・エッセンシャルズとしての基礎学力・指導段階表」

第8節　空知地区の教育実践

てから，実験学級の設置の必要が考えられる。実験学級は，希望により指定され，一年限りでなく，数年継続して研究されるべきであろう。

　宮田秀男の胸中には，全道特殊学級実態調査結果は結果として，自校の実験学級運営の実際から，その課題と方策もあるのであろう。当時の教育システムと行財政からみても〈学業不振児等の普通学級における指導継続〉は重いものであったに違いない。宮田秀男は，1956年9月に『特殊学級を学校経営上どのように位置づけているか』を発表した。内容は，○当校三年間の足跡，○位置づけをこのように考えている，となっている。
　滝川第一小学校の小野辰男は，1956年11月の北教組第6次教研集会に『特殊教育の実態と対策』を報告した。内容は，○滝川町立第一小学校に於ける特殊教育の実態とその概要（当校三年の足跡，特殊学級経営上の位置づけ，特殊学級経営の現況，普通学級に於ける学業不振児の取扱い，現職教育），○滝川市に於いて色々な障害を持つ児童の対策（滝川町江陵中学校特殊学級設置，滝川町教育振興会特殊教育部の活動，手をつなぐ親の会），○中空知地区に於ける特殊教育をどう進めているか，○中空知地区として特殊教育の問題点となっており，前年度の村田武雄の発表内容と重複している。研究指定校として，宮田秀男校長の優れて行き届いた計画設置の特殊学級経営の足跡と中空知地区の特殊教育取り組みの現状などを次に摘記して理解したい。

滝川第一小学校　小野辰男「特殊学級の三年と中空知地区の実態」

　特殊学級が浮き上がり易く，担任教師の苦悩の連続と，恵まれない児童らが周囲から軽蔑されがちとなる孤立化をどう防ぎ，経営を安定させるかが課題である。
　1954年度第一年目　特殊学級の基盤安定に重点をおき，協力機関として校内に「特殊教育委員会」と校外に「特殊教育運営委員会」を設けた。特殊教育委員会は，a. 特殊学級経営部3名（選任1，兼任2），b. 学業不振児対策部7名（普通学級に実験学級7学級設定），c. 教具研究部7名，d. 不適応児対策部3名（a.同人），e. 虚弱児・肢体不自由児対策部（上に全）。特殊学級は，校内で最も便利で広い（27.5坪）教室をあて，学級名称は担任名を付け全校的に統一した。また，特殊学級を特殊教育指導センターとして機能させるために教員用特殊教育関係図書50冊を学級図書備品とした。初年度の経費は，町費85,000円（教室改造70,000円，一般需用費15,000円）とPTAの経常費から42,000円補填された。特殊学級担任教師と実験学級担任教師は授業交流などの機会を設け，普通学級に於ける問題児の発見と指導に活かすようにした。
　1955年度第二年目　特殊教育の後援団体「特殊教育振興会」を設置した。特殊教育の拡充と普通学級に於ける学業不振の対策を重点目標とし，校務分掌機

構に「特殊教育部」を新設した。部員は，特殊学級運営3名，児童相談4名，実験学級運営13名，母級担任協議会14名構成とした。特殊学級経費は194,150円（町費45,000円，PTA30,000円，特殊教育振興会100,600円，その他特殊寄附18,550円）である。特殊教育振興会予算費より，問題児等の生活困窮者に対して修学旅行・社会見学の旅費，疾病治療費の補助などを支出した。実験学級12を設定して普通学級に於ける問題児の指導を研究した。特殊学級経営状況を18㍉フィルム4巻及び幻燈スライドの撮影をして，校下の啓蒙に努めた。

1956年度第三年目 第一回卒業生を江陵中学校特殊学級に送り込むことと，特殊学級経営並びに実験学級経営の地味な実践の積み上げを主眼とした。特殊学級経費は，150,610円（町費35,000円，PTA10,000円，特殊教育振興会105,610円）である。
学業不振児対策 特殊教育部内部署の対策部は，実験学級担任，特殊教育部員，校長により構成され，次の業務を行う。1. 実験学級は各学年1名以上で9学級設置する。2. 実験学級内の学業不振児の原因の究明。3. 実験学級で学業不振のケースをとり，不振児対策部の部員と研究する。4. 不振児指導について学年打合せで協議する。5. 国語算数の二教科は，同一時間同一単元の質量を考慮し，「基礎的経験要素」を発達段階に配列したものを出来るだけ児童の実態に即した指導を行うようにしている。6. 教具の使用法について研究する。その際，特殊学級にある教具を大いに活用する。7. 特殊学級を治療の場と使用するときもある。8. 実験学級には研究補助として年額壱千円を与える。

江陵中学校特殊学級 1956年4月中学校側の非常な熱意で設置された。特殊教育振興会は，第一小学校・江陵中学校特殊教育振興会として改組され，滝川町教育振興会特殊教育部が活動を開始した。

中空知地区の特殊教育 中空知地区は滝川，赤平，芦別，浦臼，奈井江，新十津川，江部乙，上砂川，砂川，雨竜など北教組各支部がある。新十津川支部上徳富小学校は，校内特殊教育部が1954年から三か年計画により，問題児の調査・鑑別を終え実験指導段階に入っている。毎週日時を決めて学業不振児に国語と算数の基礎学力を付けるための能力別グループ指導を行っている。事例研究の他に幼児期の生活実態とその指導対策を研究している。

浦臼支部晩内小学校は，事例研究が盛んで各学級担任がそれぞれ手をさしのべ交流し合っている。

江部乙支部北進小中学校は，1955年4月から，同学年内に一学級25名程の学力促進学級を設けて研究している。上砂川支部上砂川第二小学校は，全職員が学業不振児のケースをとって研究態勢を整えている。

砂川支部焼山小学校は，農村の自然的・社会的条件が児童の成長発達に与える影響をテーマに全校研究に取り組んでいる。

奈井江支部は，各校の婦人部員が詳細な幼児研究に取り組んでいる。

特殊学級設置の隘路 イ．特殊学級設置の関心は学校長，職員共に薄い。ロ．教室の不足。ハ．開設に多額の費用がかかる。ニ．学級担任は二名配置でないと充分な

指導が出来ない。ホ．児童鑑別が困難である。ヘ．担任適任者，希望者がいない。ト．義務制実施となっていない。チ．一般人の考え方に問題がある。リ．空知に精神薄弱児養護学校を設置しないことに問題がある。ヌ．特殊学級と普通学級の結びつき。

　中空知地区は，道教委等の研究勧奨を受け，あるいは教職員の発意により《普通学級における学業不振児等の特殊児童の特殊教育を実験学級形態により実践研究》したという。特殊学級の開設は，「普通学級における学業不振児等の特殊児童指導研究」の一つの到達点であり，特殊学級開設と同時に普通学級における特殊児童指導を取り止めた学校と特殊学級を校内特殊教育のセンターとして機能させようと経営努力した学校が存在したことになる。教育実践理念を可視的に実現させるためには，その理念に基づいた計画的で組織的な，しかも，継続的な実践事実を記録し，それを振り返り確かめ合って前へ進める実践の姿勢が不可欠である。このような観点に立って，既にみてきたように，岩見沢市，美唄市，妹背牛町，芦別市等の教育実践史資料の収集とそのインクルーシブ・エディケーションの検討が課題である。

　小野辰男は，中空知地区代表として1957年11月の北教組第7次教研集会に『特殊教育をどう進めるか』を報告した。発表項目は，前年度とほぼ同じで，○滝川第一小学校に於ける特殊教育，滝川町に於ける特殊教育の現状，○中空知に於ける特殊教育の動き，○中空知地区としての問題点となっている。中空知地区の学業不振児への取り組みの概況を，次に摘記する。

滝川第一小学校　小野辰男「中空知地区の学業不振児実験学級」

　滝川江陵中学校　昭和30年に特殊学級を開設した。生活指導は，ホームルーム担任が担当し，国語・算数（筆者註：数学の誤記であろう）の二教科において学力補導が工夫されている。実験学級は，6学級あるが高校受験という問題があり基礎学力調査研究の推進には困難度が大きい。

　滝川第二小学校　学業不振児と社会不適応児の指導のための実験学級を2学級設置している。

　滝川西小学校　昨年度に引き続いて，低，中，高学年に各一学級の実験学級を設定し，特に，学力の実態調査とカリキュラム研究を主題にしている。

　滝川市実験学級懇話会　四校の実験学級担任による研究授業の交流や未設置校への実験学級開設の啓蒙とはたらきかけなどを行っている。

　赤平市立赤平小学校　学力遅進児を対象とした国語科，算数科の研究実践を行っている。

　江部乙町立北辰小学校　普通学級における学業不振児指導のための促進学級が設置され教具，学習内容等を研究し指導している。

新十津川町立上徳富小学校 普通学級における学業不振児と精神遅滞児の指導法を研究している。特殊学級設置を道教委に申請中である。

芦別市 市内小中学校では，問題児の調査を行い，普通学級における学業不振児取扱いの研究会をもった。特殊学級設置の希望がある。

滝川市など中空知の小中学校は，実験指導学級形態により学業不振児や精神遅滞児等の主として学力促進のための実践に取り組んでいる。滝川市立江陵中学校・西小学校・第一小学校の実験学級の経営については，滝川市教委・滝川市特殊教育振興会が1959年3月に刊行した『特殊教育のあゆみ―第二集―』に掲載されている。その研究誌の目次は，「序」市教委教育長豊田由太郎，「序」特殊教育振興会長芳村良徳，「特殊教育の最低線と最高使命」江陵中学校長高橋均，「ペン折る日」第一小学校長宮田秀男，「特殊学級の経営（第一小学校小野辰男，江陵中学校佐藤文彌）」，「実験学級の経営（江陵中学校塚本貞男，同 中川弘，同 若山良一，同 林喜久次），西小学校一年石原学級，同 二年岡部学級，同 三年山田学級，同 四年阿倍学級，同 五年山口学級，同 六年澁谷学級，第一小学校仙丸芳和，同 平野敏雄」，「事例研究（第二小学校大谷常生，第三小学校金子忠司）」，「調査研究（第一小学校小野辰男，第二小学校田宮寛己）」，「参考資料」となっている。『特殊教育のあゆみ―第三集―』は1960年3月に刊行された。

滝川市教育委員会他『特殊教育のあゆみ―第二集―』1959年

滝川市立西小学校の石原等は，1959年11月の北教組第9次教研集会に『助け合い はげましあう くらしの記録―普通学級における特殊児童の取扱いをどのようにしたか―』を発表した。内容は，○研究のあゆみ，○実践のあらまし，○出発，○みんななかよし，○結びあう心，○まとめ，となっている。これは，第一小学校から西小学校に異動し小学一年生担任石原等の学級経営記録である。

滝川市立江陵中学校特殊学級担任の佐藤文彌は，1959年度北海道学校職業指導研究会第三部会に『生活指導と職業指導の関連について―特殊学級における職業指導の内容―』を発表した。内容は，○生活指導と職業指導，○職業指導の目標，○職業指導の分野，○職業教育，○進路指導となっている。発表内容は，職業指導に関する解説である。生活指導と職業指導の概念規定等は良く整理されているが，職業指導と職業教育の関係及び進路指導と職業指導の関連性については触れていない。次いで，佐藤文彌は，1959年9月の道精連留萌大会

で『中学校に於ける特殊学級の経営（昭和33年度）』を発表した。内容は，○学級の性格，○教育目標，○指導の方針，○指導計画上の問題，○指導要項，○指導の実際，○経費，予算，設備，○理解と協力の体制となっている。特殊学級開設三年目を迎える江陵中学校は，校内特殊教育員会，PTA特殊教育振興会を設けて特殊学級の理解を得る方途として試行している。そして，普通学級の教科専任教員が特殊学級の授業を担当して特殊学級が孤立しない協力体制を築いている。しかし，そのために，特殊学級の生活と作業を中核とした教育課程が教科指導と作業学習となる課題を生んでいる。佐藤文彌は，1960年4月に「特殊教育の問題点」（『教育空知 第93号5』pp.20−21，空知教育研究所）を発表した。内容は，○精薄児の判別について，○親の理解について，○特殊学級か，養護学校か，○教育内容について，となっているが，解説的内容である。

1961年4月に滝川第一小学校特殊学級四代目担任の松本忠孝は，若くして道精連中空知地区事務局長に就き東奔西走して各組織を統合し，全空知の特殊教育を高めたと評価された。また，村田武雄は，「思い出 特殊教育のはじめ？昭和29年頃から」『空知教育のあゆみ 戦後編』（pp.87−88，1983年）に記録映画「滝川第一小学校特殊学級」が保存されていると記している。

8．砂川市，歌志内市と23町村における教育実践

北竜村立真龍小学校渡伊佐松は，1952年11月の北教組第二回教研集会に『「問題児の実態と対策考究」改め問題児の所在概観』を発表した。内容は，○概要，○調査の目的，○取扱の態度，○調査の内容，○意義の限界と対象，○調査の結果（どのような問題を持った子供がどのくらいいるか，どのような家庭の子供が問題を持つか），○結論（問題児の処理について，問題家庭の処理について，同胞の地位による問題性の研究，対策）となっている。渡伊佐松は，農村地帯における青少年の不良化問題を家庭環境実態調査により問題児の実態と問題児発生の所在を概観しようとした。

1953年，妹背牛町立妹背牛小学校（担任 小林八重），江部乙町立北辰中学校（担任 平野信夫）のそれぞれ特殊学級が開設された。

妹背牛町立妹背牛小学校の小林八重は，1953年11月の北教組第三回教研集会において『問題児指導の実際とその考察の研究』を発表した。内容は，○研究をとりあげた理由，○北地区に於ける問題児の実態（対象の問題児），○調査結果と考察，○問題児指導の実際，○問題児指導の問題点，○結

宮部守興『計算力不振児の個別指導について』1954年

び，からなっている。小林八重は，〈民主的な教育は個人の尊厳と価値の上にたって営まれる〉として，身体虚弱児と精神遅滞児を除外した問題児の実態調査を行った。本報告の特色は，北空知地区7校の指導事例研究（反抗的，盗み，強情，無口，注意力散漫）が記載されているところにある。

妹背牛町立妹背牛小学校宮部守興は，1954年11月の北教組第4次教研集会に『計算力不振児の個別指導について』を発表した。発表内容は，○研究としてとりあげた理由，○研究の進め方（全体計画，実態調査，指導計画），○個別指導対象となる不振児童一覧，○この研究実践を通してみられるささやかな傾向となっている。宮部守興は，計算力のつまずきを明らかにし，個別的指導計画により学力を高める指導を実践した。その要点を次に摘記する。

妹背牛小学校　宮部守興「計算力不振児の個別指導について」

理由　児童に力をつけたい。人間は尊重し，されねばならない。

研究の進め方「相互扶助学習による個別指導による雰囲気づくり」1. 子どもたちが素直に物を言う皆の広場で，教師は進んで，（子どもは）喜ぶ場。2. 尊重し合う，他人の良いところを認め合う（誕生日おめでとう〈などと〉）。3. 協力し合う自治組織（全員が「学級の前進」という目標のために）。「研究の計画」計画立案，詳細に具体的な事態調査，指導計画（1. 相互扶助学習の形態＝地域的・性格的・生活や興味を考慮した一人の不振児に一人の指導児童を配する。2. 実態調査結果を指導する児童によく説明してやる）。4. 指導時間と指導法（「朝の自習時間の能力別ワーク時には，誤りやすい問題を集中的に練習させ，同時に繰り上げ繰り下がりの理解を具体的に教具を利用して学習させる。一斉学習時には，発問の程度を考える。学習内容や問題を児童の力に適したものに変えてやる。家庭学習は，計算問題を西洋紙半枚に20題ずつ書けるようプリントし，子どもの間違う傾向の問題を一人一人書いてやる）。「結果の処理」朝の自習時に相互に評価させる。家庭学習物は教師が評価する。「個人別指導案」指導を要する点や指導方法を作成する。繰下がりの出来ない子の例：数の合成・分解，補数，数カード，位取り，十進法の指導要点と指導法について計画する。

「指導計画細案」

月	実態調査	統計と分析	対策と処置
四	加法診断テスト		
五	減法診断テスト	加法診断テストの統計	
六	乗法九九，除法九九診断テスト	減法診断テストの特計	
七	乗法診断テスト 三位数×一位数まで	加・減法診断テストの実態分析	個人別指導計画立案 第一次處置準備と実施 （個人別に練習カード作成し，夏休み中のホーム・ワークにする）

八	不振児対策　加法・減法診断テスト	乗除法九九の実態の統計と分析	第二次処置の準備と実施　能力別ワーク・ブックの作成児童の相互扶助学習の計画
九	不振児対策　加法・減法診断テスト	左記テストの実態分析・誤答傾向	第三次処置の準備と実施　加減法九九，数の合成分解，累加計算，補数，位取り，0の取扱い，繰上り繰下り
十	繰上り繰下りの理解度テスト	加減法九九の誤答傾向把握・自分の速度をグラフにする	第三次の継続実施
十一	以上の算法により解決できる応用問題の診断テスト	個人別速度・正不正確数をグラフに書く乗法診断テストの実態分析	10月までの取扱いの結果，更に集約された方法を考える
十二	除法診断テスト　三位数÷一位数まで	冬休み中の個人別指導計画立案。除法診断テストの実態分析	和・差の意味を正しく把握するための問題集を作る
一			個人ワーク・ブック（上記問題集）
二	以上の乗除法算法により解決できる応用問題の診断テスト	誤答傾向の把握。速度と正確度のグラフを書く	余りのある除法九九の練習　□□の意味を正確に把握するための問題集（□判読不能の文字）

　児童の実態　「個別指導の対象となる不振児童一覧」の統計と分析表（筆者省略）。
　指導のまとめ「不振児の学習態度」1. わからない時に聞ける。2. 自分の出来ることはしようとし，中には進んでやるようになった子もいる。「不振児の学力」誤答　の傾向が狭くなってきた。「不振児の生活」自分を教えてくれる子供の生活や人柄を通して，学級の動きに加わってきた。作文などに現れている。「一般児童」直接指導に当たるほど意識の高まりはみられないが，それらの指導者の行為を高く認めている。直接指導に当たっている子の驕った様子は，殆ど見られない。

　普通学級における発達障害児等の実態調査結果や教育理念論及び指導すべき論には，食傷気味であった。宮部守興は，自らの学業不振児の教室実践を理論書から引用して着色したり誇示したりすることなく，ささやかだが確実な学級経営と教科経営により，しかも，「学業不振児の個別指導計画案」の作成により《個に応じた，個を生かす》教育を計画的に進めている。1年間の指導結果についても，控えめで慎重で真摯な教育実践姿勢が覗われてすがすがしい。
　新十津川町立盤之沢小学校の今利男は，1954年11月の北教組第4次教研集会に『父母への働きかけとしての資料　家庭環境と学力の相関』を発表した。内容は，○環境測定の重要性，○環境と知能，環境と学力の相関，○結果の利用となっている。盤之沢の子どもたちは，零細な営農の労働力として余儀なく家業に就かされ，知能や学力に発達遅滞をきたしている。その実態資料をもとに父母の理解を得ようとする報告である。

1955年，江部乙町立北辰小学校に特殊学級が新設された。

秩父別中学校の渡伊佐松は，1955年10月に「特殊教育以前の問題―若い母親の手紙―」(『空知特殊教育1号』pp.7-10，空知特殊教育研究会編)を発表した。三児の母親になっている，かっての教え子が障害児の養育に苦しんでいる。手紙形式による特殊教育への薦めである。

1956年5月，新十津川町立上徳富小学校の平田角平は，「H.N.の観察記録を中心にして，一年の歩み」(『空知特殊教育3』pp.8-10，空知特殊教育研究会編)を発表した。内容は，H.N児の指導事例研究である。

秩父別町立秩父別中央小学校(発表者 大森一弘)は，1957年11月の北教組第7次教研集会で『小学校に於ける社会不適応児の要因分析と指導の歩み』を報告した。内容は，○研究の概要，○研究の進め方，○社会不適応の診断と対策，○実践の反省と今後の方向，○むすび，○資料集となっている。社会不適応児は，非社会的不適応と反社会的不適応に分け，その実数と指導事例が報告されている。

1958年には，妹背牛町立妹背牛小学校(校長 成田重吉，担任 田口治夫)と新十津川町立上徳富小学校(校長 沢井勝栄)に特殊学級が開設された。

新十津川町立上徳富小学校特殊学級「仲良し学級」担任平田角平は，1958年9月に夕張市立鹿島小学校で開催された「夕張市特殊教育研究会」で『基礎能力要素配列表』を発表した。次いで，平田角平は，11月の北教組第8次教研集会に『集団構造内に於ける特殊児童の位置の研究』を発表した。内容は，○研究の進め方，○研究のねらい，○対象児童の範囲，○本研究に出てくる特殊児童の一覧表，○集団構造内における特殊児童の位置(学級集団，家庭集団，遊戯集団においては)，○今後の研究，○資料「Nにたいする治療的指導ケース」となっている。特殊児童は，精神的異常(学業不振児，境界線児，魯鈍，痴愚)と社会的異常(反社会的，非社会的不適応児)に分けて，農村の市街地域，純農村地域，山間地域によって集団生活上の人間関係の実態を考究しようとした。いわば，生態学的理解による指導法を想起している。

上砂川町立上砂川小学校は，1960年4月に特殊学級を新設した。校長は山崎徳助で学級担任は吉田昌雄である。吉田昌雄は，1960年11月北教組第10次教研集会に『特殊教育をどうすすめるか―けんかにあけくれた六ヶ月の歩み―』を報告した。

吉田昌雄『特殊教育をどうすすめるか―けんかにあけくれた六ヶ月の歩み』1960年

内容は，○研究の概要，○研究の経過（普通学級で特殊児童をどのように扱ってきたか，特殊学級をどのようにして設置したか），○けんかにあけくれた六ヶ月のあゆみ，○結び，からなっている。上砂川小学校特殊学級開設の経緯と経営について，次に摘記する。

上砂川小学校　吉田昌雄「学級開設の経緯と経営」

開設までの経緯　1959年9月，「特殊学級設置特別委員会」をおいて学級開設準備任務を開始する。入級該当児は，11月の第一次調査結果から89名を選出し，1960年1月にWISC検査結果から精薄児24名を抽出した。3月に入って家庭訪問などによる父兄懇談により9名の内諾が得られた。

1960年4月4日，特殊学級「吉田学級」が開級した。開設経費は，町費197,700円あった。

学級経営の方針　「学校運営上の問題」1.地域との結びつき。2.全校職員との関係並びに校内における位置づけ。3.普通学級との交流。「指導上の留意点」1.児童の見方並びに取扱いの原則：イ.教科本位の考え方を捨てる（歌って・読んで，踊って・書いて，作って・遊ぶ），ロ.生活本位の指導に力点をおく，ハ.4H.（健康，心情，手，習慣）教育を重視する，ニ.娯楽，休養の指導を重視する，ホ.文部省の教育課程にとらわれない。2.力点：イ.劣等感の除去，ロ.学習意欲をつける，ハ.勤労意欲を盛り上げる，ニ.協同心の育成。

吉田昌雄の経営方針にある〈歌って・読んで，踊って・書いて，作って・遊ぶ〉は，平仮名書きであるから児童に分かるような「学級訓」なのであろう。

上砂川町立上砂川第二中学校の清水正男と荒木明男は，1964年5月に「H・Rにおける問題児の指導―仲間づくりの過程から」（『空知教育 第93号5』pp.18－19, 空知教育研究所）を発表した。内容は，中学一年生の学級で，〈何でも話しあえる雰囲気〉づくりによる〈問題の掘り起こしとその指導を，個は集団によって生かされ，集団は個によって確かなもの〉とした指導である。

妹背牛町立妹背牛小学校の前田正太郎は，1960年11月の北教組第10次教研集会に『普通学校に於ける特殊学級の経営』を発表した。内容は，○沿革の概要，○学級経営の方針，○特殊学級への協力，○年度別予算，○設備・備品，○現在収容児の実態，○指導内容，○年間指導計画表，○学習と時間配当，○指導の実際，○経営上からの問題点，○別表からなっている。妹背牛小学校は，1956年10月に「全校児童実態調査」を実施し，多数の精薄児が在籍していることが分かり，父兄の強い要望もあることから特殊学級設置運動を開始した。1958年4月に学級が認可され6名の児童を入級させて開設した。開設費は，7万円（道費3万，町費3万，PTA.1万）であった。1960年には，児童数9名に

増加したが，内3名は委託教育の中学生であり，担任は吉崎富男に替わった。
　妹背牛小学校特殊学級担任の吉崎富男は，1961年11月の北教組第11次教研集会に『精薄児の学習指導』を発表した。内容は，○研究の概要，○特殊学級の実態，○校下父兄の関心度，○研究の経過と考察（診断，治療），○まとめ，となっている。吉崎富男は，普通学級で特別配慮されなければならない発達障害児等への教育について思索しているが，その方途は見出せない。
　納内村立納内中学校の亀掛川清弘は，1961年11月の北教組第11次教研集会に『恵まれない生徒の指導』を発表した。内容は，○はじめに，○本校の指導方針・計画，○恵まれない子供をどのようにして見つけるか，○ホームルーム一覧表をつくる，○問題点の把握，○指導の対策，○指導の具体例，○実践の記録，○まとめ，となっている。
　新十津川町立上徳富小学校の平田角平は，1961年の北教組第11次教研集会に『特殊学級の教育課程について─養護学校学習指導要領を中心として─』を発表した。内容は，○戦後の精神薄弱児教育，○北海道における教育課程の研究，○今問題となっている教育課程，○われわれの精神薄弱児教育について，○不確かな想定による思惑と言えようか，○養護学校の学習指導要領のねらうもの，と別冊「資料」からなっている。平田角平は，教育内容の区分が従来の「六領域」でなく，文部省により「教科名」に改定されることへの激しい批判論である。前述したように，任意設置型の特別学級形態から法制による計画設置型の特殊学級形態への進展過程においては指導内容と方法，すなわち，教育課程編成と実施そのものを抱合していったのである。
　北海道における発達障害児等の特殊教育実践は，1960年代に至って民主教育理念実現の発現としての特殊教育から，法制の判別基準による限られた心身障害児のための特殊教育へと変質していく過渡期に立たされたことになる。そして，教育課程行政による指導が整えを見せ始めると，特殊学級教育関係者の主体的・自主的な，しかも，ともすれば自我自尊とも見られ勝ちだが，燃えるような情意と執着心が衰退していくことになったのである。平田角平に代表される批判論もまた，立ち消えとなっていくのである。
　江部乙町立北辰小学校は，1962年4月に特殊学級開設に認可が下り6月に開級した。校長は平田守一で学級担当は諸橋道雄である。北辰中学校特殊学級の新設は，三年後の1965年で，校長が北向与八で学級担任は山田清美である。
　江部乙町立北辰中学校の木下信義は，1961年11月の北教組第11次教研集会に『普通学級に於ける学業不振児の指導』を発表した。内容は，○緒言，○本校の現状・学業不振児の意味，○実態調査，○学業不振児の原因，○指導評価（ホーム／ルーム担任の指導部面，教科担任の指導部面），○残された問題，結び，

第8節　空知地区の教育実践

○事例研究となっている。結論は，普通学級における学業不振児等への指導は到底困難であるとしており，普通学級における指導への想いは揺らぎはじめている。

特殊学級開設状況は，1962年には上砂川町立上砂川中学校，1963年上砂川第一中学校（校長 宮野七郎，担任 市川貞），1964年には砂川町立中央小学校（校長 奈良熊十郎，担任 猪口英武），歌志内町立上歌志内小学校（校長 野原次郎輔，担任 小沢直善），歌志内神威小学校（校長 本田照五郎，担任 本山有大），栗沢町立美流渡小学校，長沼町立長沼中央小学校，1965年には砂川町立砂川小学校，砂川豊沼中学校，新十津川町立新十津川小学校（校長 福永清治，担任 渡辺博文），歌志内町立神威中学校（校長 山沢芳夫，担任 白木貞次郎），江部乙北辰中学校にそれぞれ特殊学級が開設された。

妹背牛町立妹背牛小学校の砂川邦男は，1965年11月の北教組第15次教研集会に『特殊教育の啓蒙をどう進めているか』を報告した。内容は，○はじめに，○主題設定にあたって，○地域の実態（地域の実態，特殊教育に対する父母の意識），○啓蒙活動をどう進めてきたか（地域社会への啓蒙，普通学級児童への啓蒙，学級親の会の活動），○むすび，となっている。特殊学級開設7年目の妹背牛小学校父兄の理解は，農村地域という特性もあるがさほど変わらないのである。砂川邦男が目指す啓蒙対象者に地域の学校や自校の教師の姿が描き出されていない。

第3．空知地区発達障害児等特殊教育の歩みと特質

1．空知地区の発達障害児等特殊教育の歩み

年　月	事　　項
1948年6月	「組合立美唄教育研究所」設立される。
1949年6月	「空知教育振興会」発足する（1957年空知教育推進協議会となり，「空知教育推進計画」を作成する）。
1950年4月	岩見沢市立北本町小学校は学業遅進児の指導を試行し，11月に特別学級形態による基礎教科指導を行い，1951年4月に正規な特殊学級（大玉光子）を開設した。
9月	美唄市立栄小学校の特殊学級担任予定の木元綱三郎は，小樽市で開催された「特殊教育ワークショップ」に参加した。
10月	美唄市立栄小学校は，1950年5月に道教委の指定を受け，諸準備を経て特殊学級を開設する。 三笠市立幌内小学校は，戦前からの特殊児童への教育を継承し，普通学級における取扱について研究協議を続けている。
12月	「岩見沢市教育研究所」設立される。
1951年6月	「岩見沢市教育振興会」が結成される。美唄市立栄小学校は「特殊教育研究会」を開催した。

1952年	2月	美唄市立栄小学校は、「特殊教育研究会」を開催する。
	4月	「空知教育研究所」が開設される。
	7月	道教委・岩見沢市主催の「全道特殊教育研究集会」が岩見沢本町小学校で開催される。「美唄市教育研究所」と改組される。
	10月	北教組岩見沢支部は、支部研究集会を開催した。美唄市教委・美唄小学校は、「特殊教育研究会」を開催する。
	11月	夕張市立第一小学校小川司は、北教組第二回教研集会に『一般学級に於いて教育上困っている子どもの対策は如何にあるべきか』を発表する。美唄市立栄小学校木元綱三郎は、北教組第二回教研集会に『特異児童とその経済環境』を発表する。滝川市立第一小学校萱野靖は、北教組第二回教研集会に『普通学級に於ける精神遅滞児の原因とその対策』を発表する。北竜村立真龍小学校渡伊佐松は、北教組第二回教研集会に『問題児の事態と対策考究』を発表する。
1953年	4月	道教委・岩見沢市は、岩見沢立北本町小学校を会場に二日日程の「全道特殊教育研究集会」を開催する。妹背牛町立妹背牛小学校に特殊学級開設される。江部乙町立北辰中学校特殊学級誕生する。
	9月	「全空知特殊教育研究集会」が秩父別中学校において開催される。
	10月	第三回夕張市教育研究大会夕張支部第五部会が第一小学校で開催される。夕張市立第二小学校長石垣貞司は『夕張市に於ける特殊学級の開設』を発表する。
	11月	夕張市立第一小学校小川司は『夕張に於ける第五部会の研究過程および今後の研究方法』を発表する。北教組第三回教研集会に『普通学級において学業不振児の取扱いをどのようにしたらよいか』を発表する。妹背牛町立妹背牛小学校小林八重は、北教組第三回教研集会に『問題児指導の実際とその考察の研究』を発表する。岩見沢市立北本町小学校千葉正雄は、北教組第三回教研集会に『両親の就労（特に母親）と児童の非行との関係について』を発表する。美唄栄小学校木元綱三郎は、北教組第三回教研集会に『精神衛生の立場から特殊児童のフラストレーションを観る』を発表する。三笠市立幾春別中学校伊藤崇は、北教組第三回教研集会に『南空知地区における特異児童の問題とその対策』を発表する。三笠市立中央中学校寺館国治は、北教組第三回教研集会に『南空知に於ける特異児童の傾向とその対策』を発表する。
1954年		美唄市立東明中学校に特殊学級新設される。
	5月	滝川市立第一小学校長宮田秀男は、『報告第一号 昭和29年5月6日 特殊児童選定報告書』を発表した。
	8月	空知教育研究所は『空知 特殊児童判別基準―空知管内に於ける特殊児童の実態調査とその対策に関する研究資料』を作成して発表した。
	9月	美唄市立栄小学校山田市松は、「東日本地区特殊教育研究会精薄専門教育班」に参加し、『精神薄弱児の教育課程に対する一考察』を発表する。
	10月	滝川市立第一小学校は『本校に於ける特殊学級の実際 第1集』を発行した。
	11月	夕張市立第一小学校福島サチヨは、北教組第4次教研集会に『問題児の主因となる長期欠席の調査とその対策』を発表する。夕張市立北陵中学校木城芳子は、北教組第4次教研集会に『家庭は教育に対していかなる関心を持っているか―炭砿地帯の不良化問題と関連して―』を発表する。美唄市立美唄小学校古川俊三は、北教組第4次教研集会に『遅進児の実態とその指導についての研究』を発表する。赤平市立豊里小学校の荒井孝一は、北教組第4次教研集会に『豊里鉱の実態とその教育の研究』を発表した。妹背牛町立妹背牛小学校宮部守興は、北教組第4次教研集会に『計算力不振児の個別指導について』を発表する。新十津川町立盤之沢小学校今利男は、北教組第4次教研集会に『父母への働きかけとしての資料 家庭環境と学力の相関』を発表する。
	12月	滝川市立第一小学校財団法人青鳥会よりヘレンケラー賞を受ける。『問題児のための教具の作りかた 第1集』を発表した。
1955年	2月	美唄市教委・美唄市教育研究協議会は、「美唄市栄小学校・東明中学校特殊教育研究会」を開催した。
	4月	夕張市立教育研究所は、『特殊教育の研究 精薄児を主とした特殊教学級の歩み第1集』を発行した。

第8節　空知地区の教育実践

	7月	夕張市立第一，第二，若菜，鹿島小学校に特殊学級開設される。 江部乙町立北辰小学校に特殊学級新設される。 美唄市立栄小学校は，『特殊学級の歩み 昭和30年10月28日』を発行する。 上砂川町立第二小学校は，学業不振児の指導事例研究に取り組んでいる。 滝川第一小学校においてプレ「特殊教育研究会」が開催され『研究授業案・学級経営案』による教育実践を公開する。
	10月	江部乙町立北辰小中学校は，学力促進学級編成による研究を継続している。 滝川市立第一小学校は「特殊教育研究会」を開催する（普通学級における学業不振児の授業公開，指導計画細案等を発表した）。 芦別市教育委員会指導調査室は，『教育実践資料』を関係部署に配布した。芦別市教委は，芦別市立西芦別中学校を「普通学級に於ける問題児教育の方法」研究指定校とする。空知教育研究所は，「空知管内の特殊児童の実態調査とその対策に関する研究」『空知教育研究紀要 第3号』を発刊する。 赤平教育研究所は，『研究紀要 赤平市における特殊児童の実態調査報告』を発行した。 三笠市幾春別中学校伊藤崇は，「事例研究K.A.の家出」を，秩父別中学校渡伊佐松は「特殊教育以前の問題—若い母親の手紙—」を空知特殊教育研究会編『空知特殊教育1号』に発表する
	11月	岩見沢市立北本町小学校大玉光子は，「昭和30年度東日本特殊教育研究集会」に『精薄児の図画工作をどのように指導するか』を発表する。 夕張市立第二小学校安藤茂は，北教組第5次教研集会に『素質に恵まれない子供達の健全な成長を図る教育活動をどうしたらよいか』を発表する。 美唄市立三井美唄小学校の松島幸は，北教組第5次教研修会に『郊外生活指導上よりみて社会諸施設に望む点とその実情の検討』を発表する。三笠市立幾春別中学校伊藤崇は，北教組第5次教研集会に『少年不良防止のための実践活動 地区内小中学校を中心としたじっせんについて』を発表した。滝川市立第一小学校村田武雄は，北教組懃5次教研集会に『フラストレーションの解発治療に関する実験（精神遅滞児S.のケース・スタディ）』を発表する。
1956年	5月	三笠市立三笠中央中学校小神富男は，「社会的不適応児の事例研究」空知特殊教育研究会編『空知特殊教育3』を発表した。
	9月	夕張市教育研究会「第五部会」が夕張市立第一小学校で二日日程で開催される。 滝川市立第一小学長宮田秀男は，『特殊学級を学校経営上のどのように位置づけているか』，『昭和31年9月20日全道特殊学級実態調査に関する中間報告』を発表した。
	10月	妹背牛町立妹背牛小学校は，全校児童実態調査を実施する。
	11月	三笠市立幾春別中学校伊藤崇は，北教組第6次三笠支部教研集会に『校外にある補導団体を如何に有効に協力させるか』を提言する。 夕張市立鹿島小学校の佐々木キミは，北教組第6次教研集会に『精神的に障害をもった児童の指導はどうしたらよいか』を発表する。岩見沢市立栄中学校大垣内一郎は，北教組第6次教研集会に『幼児教育・特殊教育をどう進めるか』を発表する。美唄市立美唄中学校児童指導研究部（発表者 山之内登志雄）は，北教組第6次教研集会に『普通学級に於ける問題児の指導の組織・運営と指導の実際について』を発表した。滝川市立第一小学校小野辰男は，北教組第6次教研集会に『特殊教育の実態と対策』を発表する。
1957年	4月	夕張第一中学校特殊学級開設認可される。開級は9月。 赤平市教育研究所「特殊児童実態調査」を実施する。
	8月	空知教育推進委員会が発足し「空知教育推進計画」が策定される。 「第一回教育研究全空知集会」が開催される。
	10月	芦別市立西芦別中学校は，二か年の実験研究を『研究紀要第1号—実験研究報告—普通学級に於ける問題児教育の方法』により発表した。
	11月	夕張市立若菜小学校の神尾隆治は，北教組第7次教研集会に『学業不振児の指導をどうしたらよいか』を発表する。美唄市立栄小学校・東明中学校・美唄市教育研究協議会（発表者 渡辺悦男）は，北教組第7次教研集会に『小・中関連の精神遅滞児の指導の実際について』を発表した。滝川市立第一小学校小野辰男は，北教組第7次

教研集会に『特殊教育をどう進めるか』を発表する。秩父別町立秩父別中央小学校（発表者 大森一弘）は、北教組第7次教研集会に『小学校に於ける社会的不適応児の要因分析と指導の歩み』を発表する。

1958年 3月		夕張市教育研究所は、『紀要17号 特殊教育についての研究―特殊が級の実践を中心として―』を発行する。
	4月	夕張市立鹿島小学校の特殊学級に同鹿島中学校特殊学級が附設される。岩見沢市立光陵中学校の特殊学級開設（担任は大垣内一郎・檀戸トシ子）される。妹背牛町立妹背牛小学校に特殊学級開設される。新十津川町立上徳富小学校に特殊学級開設される。三笠市特殊教育研究サークル「小中学校の特異児童の実態調査」を実施する。
	9月	夕張市教育研究協議会・夕張市特殊教育研究会は、鹿島小学校で「特殊教育研究会」を開催する。
	10月	「赤平市特殊教育設立準備委員会」が結成された。
	11月	夕張市立鹿島小学校の対馬正徳は、北教組第8次教研集会に『素質に恵まれない子どもの教育推進のための問題点とその打開策』を発表する。美唄市立栄小学校宇賀村睦は、北教組第8次教研集会に『普通学級における特殊児童の家庭環境（特に人間関係）からみた問題点』を発表する。三笠市立住吉小学校松原実は、北教組第8次教研集会に『普通学級にある学力不振児の実態と今後の対策』を発表する。新十津川町立上徳富小学校平田角平は、北教組第8次教研集会に『集団構造内に於ける特殊児童の位置』を発表する。
1959年 3月		滝川市教委・滝川井特殊教育振興会編『昭和33年度 特殊教育のあゆみ 第二集』発行される。
	5月	赤平市立赤平小学校特殊学級2学級認可され開級した。
	6月	夕張市教委・夕張市立第一中学校・夕張市教育研究協議会は、夕張市立第一小学校を会場に「特殊教育研究会」を開催した。上砂川町立上砂川小学校は「特殊学級設置特別委員会」を設置する。
	9月	赤平市立茂尻小学校特殊学級認可開設される。
	11月	滝川市江陵中学校の佐藤文彌は、1959年9月の道連留萌大会に『中学校に於ける特殊学級の経営（昭和33年度）』を発表した滝川市立江陵中学校佐藤文彌は、「昭和54年度北海道学校職業指導研究会第三部会」に『生活指導と職業指導の関連について―特殊学級における職業指導の内容―』を発表する。夕張第一中学校矢部文治は、北教組第9次教研集会に『特殊学級に於ける作業教育を通して職業指導』を発表する。美唄市立学校の大盛茂秋は、北教組第9次教研集会に『普通学級における特殊児童の取扱いをどうするか』を発表する。滝川市立西小学校石原等は、北教組第9次教研集会に『助け合い はげましあう くらしの記録―普通学級における特殊児童の取扱いをどのようにしたか―』を発表する。
1960年 2月		芦別市立頼城小学校は、特殊学級設置認可を受け、1961年9月に開級した。赤平市立赤平小学校と茂尻小学校に「養護学級教育振興会」が設立された。赤平市教育委員会編『赤平市における特殊教育1年の歩み』発行される。赤平市立茂尻小学校梶浦和男は、「本年度学級経営の重点から問題解決としてあげるもの」空知教育研究所『空知教育 第93号5』を発表した。
	3月	滝川市教委・滝川市特殊教育振興会『特殊教育のあゆみ 第三集』発行される。
	4月	上砂川町立上砂川小学校に特殊学級開設される。
	9月	三笠市立幌内小学校は、三笠市教育研究所と市教委から研究指定を受け特殊学級設置に関する研究に着手する。滝川市立江陵中学校佐藤文彌は、「特殊教育の問題点」空知教育研究所編『空知教育 第93号5』を発表する。
	11月	「夕張市手をつなぐ親の会」の結成総会開催される。夕張市立第一小学校千葉実は、北教組第10次教研集会に『特殊教育を進めるための運動をどのように実践したか』を発表する。岩見沢市立光陵中学校大垣内一郎は、北教組第10次教研集会に『本校に於ける特殊が級の現況と今後のすすめ方』を発表する。美唄市立小学校の山崎弘道は、北教組第10次教研集会に『普通学級に於ける特殊児童の教育実践例』を発表する。上砂川町立上砂川小学校吉田昌雄は、北教組第10次

	12月	教研集会に『特殊教育をどうすすめるか―けんかにあけくれた六ヶ月の歩み―』を発表する。妹背牛町立妹背牛小学校前田正太郎は、北教組第10次教研集会に『普通学校に於ける特殊学級の経営』を発表する。 「特殊教育研究中空知協議会準備会」発足する。
1961年	4月	夕張市立清水沢中学校と同東山中学校に特殊学級新設される。岩見沢市立南小学校に特殊学級開設（担任 田畠勉）される。 赤平市立住友赤平小学校に特殊学級開設認可され、10月に開級する。三笠市立幌内小学校に特殊学級新設される。 美唄市立栄小学校は、『昭和36年度 特殊学級指導計画』を作成する。
	9月	「赤平市特殊教育研究サークル」発足する。
	11月	赤平市立赤間小学校に特殊学級新設される。 夕張市立第一中学校金子三郎は、北教組第11次教研集会に『特殊教育を進めるための運動をどのように実践したか』を発表する。三笠市立幌内小学校下田千代美は、北教組第11次教研集会に『特殊教育をどう進めてきたか―学級半年の歩み―』を発表する。妹背牛町立妹背牛小学校吉崎富男は、北教組第11次教研集会に『精薄児の学習指導』を発表する。納内村立納内中学校亀掛川清弘は、北教組第11次教研集会に『恵まれない生徒の指導』を発表する。新十津川町立上徳富小学校平田角平は、北教組第11次教研集会に『特殊学級の教育課程について―養護学校学習指導要領を中心に―』を発表する。江部乙町立学校の木下信義は、北教組第11次教研集会に『普通学級に於ける学業不振児の指導』を発表する。 赤平市教委は「特殊教育研究会」を赤平小学校で開催する。
	12月	「空知地区特殊教育研究会」開催される。
1962年	4月	夕張市立丁未小学校の特殊学級開設される。赤平市立双葉中学校特殊学級分教室が誕生する。三笠市立新幌内小学校に特殊学級設置される。江部乙町立北辰小学校は、特殊学級の認可を得、6月に開級した。上砂川町立上砂川中学校に特殊学級開設される。
	11月	夕張市立若菜小学校沓沢利幸は、北教組第12次教研集会に『精薄児の教育課程の自主編成をどう進めてきたか』を発表する。岩見沢市光陵中学校大垣内一郎は、北教組第12次教研集会に『知能に主な原因がある学業不振児普通学級における実態』を発表する。赤平市立赤平小学校大場恒夫は、北教組第12次教研集会に『地域における職能分析の利用―機能的要素の把握―』を発表する。
	12月	「特殊教育中空知協議会準備会」が発足する。
1963年	4月	芦別市立頼城小学校に頼城中学校特殊学級が併設された。赤平市立豊里小学校に特殊学級開設される。上砂川町立上砂川第一中学校に特殊学級開設される。 芦別市立頼城小学校野沢昭三は、『特殊学級開設までの経過』を書き残している。
	11月	岩見沢市立小学校の田畠勉は、北教組第12次教研集会に『遅れた子どもの運動能力の実態とその考察』を発表する。
1964年	4月	岩見沢市立中央小学校に特殊学級新設（担任 奥田智久）される。美唄市立三井美唄、常盤、沼東小学校と三井美唄中学校に特殊学級が開設される。芦別市立東芦別小学校に特殊学級が新設される。砂川町立砂川中央小学校に特殊学級設置される。歌志内町立上歌志内、神威小学校に特殊学級開設される。栗沢町立美流渡小学校に特殊学級開設される。長沼町立長沼中央小学校に特殊学級開設される。
	5月	夕張市立第一小学校の対馬正徳は、昭和39年度特殊教育課程研究集会に『教育課程はどのように編成したらよいか』を発表する。
	11月	上砂川町立第二中学校の清水正男と荒木明男は、「H・Rにおける問題児の指導―仲間づくりの過程から―」を『空知教育 第93号 5』に発表した。 赤平市立特殊教育研究サークル（発表者 双葉中学校吉田昌雄）は、北教組第14次教研集会に『赤平市における特殊教育計画及び内容の検討』を発表した。三笠市立幌内小学校齊藤信雄は、北教組第14次教研集会に『特殊教育をどう進めてきたか』を発表する。
1965年	4月	夕張市立真谷地小学校に特殊学級開設される。岩見沢市立緑陵中学校特殊学級（担任 竹内亮二）が開設される。美唄市立常盤、沼東中学校に特殊学級が開設される。

第3章　各地における教育実践

	芦別市立芦別，西芦別小学校にそれぞれ特殊学級が開設される。江部乙町立江部乙中学校に特殊学級開設される。砂川町立砂川小学校，砂川豊沼中学校に特殊学級開設される。新十津川町立新十津川小学校に特殊学級開設される。歌志内町立神威中学校に特殊学級開設される。幌加内町立幌加内小学校に特殊学級開設される。
7月	赤平市特殊教育連絡協議会・特殊教育研究サークル「合同宿泊訓練」を実施する。
9月	美唄市立小中学校特殊学級部会による「美唄市特殊教育研究会」が開催される。
11月	美唄市立小中学校特殊学級部会による「美唄市特殊学級作品展」開催される。
	夕張市立学校の吉田昌雄は，北教組第15次教研集会に『精神薄弱児の教育課程の自主編成をどう進めたか』を発表する。岩見沢市立東光中学校の菅原昭雄は，北教組第15次教研集会に『精薄児の判定とその指導』を発表した。美唄市立三井美唄中学校吉村収司は，北教組第15次教研集会に『美唄市に於ける特学をとりまく問題』を発表する。赤平市特殊教育研究サークル（発表者 赤間小学校川添正雄）は，北教組第15次教研集会に『教育課程の編成を目指して―実践的検証の歩み―』を発表する。三笠市立幌内小学校齊藤信雄は，北教組第15次教研集会に『学校教育における特殊教育の体系』を発表する。妹背牛町立妹背牛小学校砂川邦男は，北教組第15次教研集会に『特殊教育の啓蒙をどう進めているか』を報告した。

2．空知地区の黎明期における発達障害児等特殊教育の特質

　広範な地域の空知管内は，自然と産業・経済・文化等の発展の背景が異なる市町村が多くあり，空知教育界の発達障害児等教育への意識や成立にも少なからず相違が認められる。しかし，北海道における1950年代から1960年代の特殊教育は，特殊教育行政と北教組教研集会特殊教育部会の労使関係を超えた一体的な理念実現の取り組みによって成立し発展している。特に，空知管内各市町村の発達障害児等教育は，特殊教育行政施策と教研集会特殊教育部会の研究主題を受容する過程に相違があるものの，「北海道の民間教育研究は空知から育った」といわれたほど教員間の連帯意識が強く，しかも，誇りをもって粘り強く進められている。

　北教組は，1947年，田中敏文北海道知事と労働協約を取り決めた業務協議会「北海道教育復興会議」の12項要望事項内容として6・3・3制の完全実施などと共に〈特殊教育の完備〉を明記している。以後，日教組傘下の北教組は，1951年第一回教研集会に「特殊教育部会」を設け，教育研究活動を教育運動に位置づけて組合員を指導していった。一方，北海道教育委員会は，1950年度教育施策重点の一つである「学校教育の再組織」の内容に〈養護学校の設置〉と《養護学級及び精神薄弱学級の設置》をあげ，以後その計画的設置を推進した。空知地区は質量ともに中心的に教育実践を担ったと言えよう。

　次に，空知管内の1950年から1955年までの主な事蹟を概説する。空知教育研究所は，空知三地区協議会連絡会の特別機関である空知教育振興会を創立母体として，美唄，岩見沢，夕張の三市を除く空知23市町村を基盤に1952年4月に滝川町立広陵中学校の一教室で研究所業務を開始した。空知教育研究所は，「空知教育の地域性に即応した教育の理論と実践について研究を行い，地域性

豊かな教育の建設に資するため，調査・研究をし，その研究資料を現場に提供する一方，現場の種々の問題や実践的研究内容を提供してもらうなど，現場と研究所が緊密な連携を保持する」機関として設立された。

　空知管内における発達障害児等教育は，1950年にその萌芽形態があった。岩見沢市では，1950年に北本町小学校に管内初の特殊学級「雪組」が開設された。本校は，校下の社会環境が異なる多級校のため，〈普通学級における学業不振児対策〉の方法として学力促進学級を試行する過程で特殊学級を設置した。美唄市では，教育行政指導により特殊学級設置を計画的に進め，文部省とCI&E（民間教育情報局）による「特殊教育ワークショップ」に栄小学校特殊学級担当予定者を派遣して開設準備に当たっている。三笠市では，幌内小学校が戦前から普通学級における発達障害などの特異児童等の教育に取り組んでおり，その実践理念的継承もあり〈普通学級における特異児童の取扱い〉について校内研究を継続している。夕張市では，1952年前後から北教組夕張支部の「教研集会特殊教育第五部」部員が主体となって夕張市教育研究所と協働して〈一般学級における精神遅滞児問題〉について研究協議を進めている。そのエネルギーを特殊学級設置運動に転換して市当局に働きかけて，1955年に多級校の第一，第二，若菜，鹿島小学校に特殊学級を同時開設させている。この時期に，特殊学級が同一市町村で同年度に四校四学級同時開設は夕張市が最初であった。1953年に入ると，教育行政は各市町村教委に特殊学級設置奨励策として「研究指定校」の指定を働きかけている。この年，滝川市第一小学校は宮田秀男校長のもとで〈普通学級における学業不振児への指導〉問題に取り組み，その授業の実際を公開した。妹背牛町立妹背牛小学校と江部乙町立北辰中学校に特殊学級が設置された。1954年には，滝川市立第一小学校は，滝川市教委の特殊学級設置奨励を受けて設置した。空知教育研究所が「空知管内における特殊児童の実態調査とその対策」の研究課題に着手しており，管内各市の教育研究所も同調して特殊児童実態調査を実施しその結果を特殊学級開設資料として整えている。1955年には，夕張市の四校四学級，江部乙町立北辰小学校，江部乙町立北辰中学校に特殊学級が開設された。芦別市教育委員会指導調査室は，普通学級における問題児の取扱に関する『教育実践資料』を作成するとともに，西芦別中学校に「普通学級に於ける問題児教育の方法」の研究を指定した。同校は二か年研究に取り組み1957年に研究成果を公開した。1965年には，空知管内の全市町村に特殊学級が設置されたが，学校の統廃合などにより止むなく学級を閉鎖するところもあり，その実態の精査が課題である。

　1958年には，空知教育推進連絡会が国語教育等14の教育研究部会を構成し「教育研究全空知集会」を開催した。その14部会には「遅進児童指導部会」が

あり全管的な研究協議が行われるようになった。1961年と1962年の集会では，研究主題「恵まれない児童の教育」により，普通学級における学業不振児，貧困家庭児，集団に入れない児等への実践研究が討議された。敗戦後の混迷する社会情勢にあって，教育研究を全空知集会に結集し，児童一人一人の意識や認識を掘り下げさせた研究や教師の使命感を高めた実践は〈教育の機会均等〉と〈空知の教師としての良識と教育に対する飽くなき情熱〉であった。

　空知管内における発達障害児等教育の主な特質は次の三点である。その第一は，極めて注目される，戦前の普通学級における発達障害児等教育理念の継承による根強い〈普通学級における学業不振児の指導〉問題への意識的な取り組みである。第二には，教育行政指導と北教組の教育運動の相互関係による特殊学級形態の成立がある。第三には，教育研究所の時宜を得た，しかも，教育現場との接続度の高い研究と公報活動がある。

　ここでは，第一の特質に関して，教育理念の継承と教育実践論の継承の二つについて検討する。このことは，本稿第8節第2で論述したように，空知管内市町村の学校教員たちは，その教研活動において精神発達遅滞，社会的問題行動，貧困家庭環境等により学業不振となっている児童に対する教育のあり方について，《学校教育体系における特殊学級の位置づけ》の観点にたって解決しようとしたのである。戦前の空知管内における先達の理念を継承して，民主教育の発現という主張であった。そして，〈精神遅滞児特殊学級の設置形態〉の開設による指導と〈学業不振児指導実験学級の設置形態〉の試行及び〈普通学級における配慮指導形態〉の三形態を，個別的に，あるいは全校体制により，さらには関係地域ごとに工夫して取り組んだのである。しかし，1960年代後半には教育実践研究に苦慮したにもかかわらず，《教育機会の均等理念の発現形態》を〈精神遅滞児特殊学級の設置形態〉だけに代替せざるを得なかったのである。したがって，教育運動として〈学校教育体系の改革〉に迫ることはなかったのである。民主教育の発現は，新教育の理念〈教育機会の均等と教育を受ける権利〉の実現にあるとする課題意識は，戦前の普通学級における特異児童の教育の理念と結合する背景があったのである。しかし，戦前教育は，教育形態や指導法も総括されて否定されていたことから，北海道の優れて実践的な単級複式教育法を再確認して学び取ることはなかった。また，新教育を取り入れることや超多人数学級の経営におわれて指導法研究を果たせない状況もあったであろう。

　空知管内の初等教育は，戦前から「空知教育」として高く評価されていた。特に，単級複式教育の授業原理による教授法は道内で群を抜く興隆地域であった。その教授法の原理原則には，〈自学自習環境の整備と自学自習の自動化〉，〈学習進度表による自習〉，〈個別指導と集団指導〉，〈分団学習と教授法〉など

があり，普通学級における個を生かす指導法として実践されている。単級・複式教育の実践研究校の一つである樺戸郡浦臼聖園小学校は，1914に研究成果を『動的教育法原理之研究』として刊行している。動的教育法原理には，〈同時同教材同程度〉，〈同時同教材異程度〉，〈同時異教材異程度〉などの授業展開例が紹介されている。戦前からの伝統的な教育王国である空知地区の教員達は，〈個人差や能力に応じた指導〉理念を継承しながら，それと表裏関係にある指導理論の実際を継承して，その実践を積み上げることなく試行を繰り返していたことが惜しまれる。先達の尊い営為からうまれた実践知から学ぶ《教育実践の継承》こそ教師成長への課題であろう。このことは，空知地区のみならず，北海道の学校教員を含む日本の教員が1872年の「学制」施行以降，真の《授業実践》における児童の学習活動と教師の支援活動の一体的な成立を追究して積み上げることを回避してきた体質の帰結によるものであろう。

第9節　石狩地区の教育実践

第1. 石狩地区の概況

石狩地区内は，総面積約3,600平方キロ余に3市5町4村があり人口が約733,000人，世帯数約178,000世帯が居住する北海道開発の中心地域である。

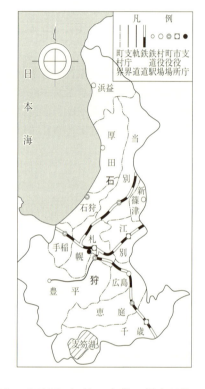

管内の産業，経済の中心は農業で，総世帯数の三分の一を占めている。次いで，サービス業，公務の順となっている。管内の農業は，消費都市札幌と結びついているために複雑な形態をもち北海道農業の縮図となっている。主要作物は，水稲，小麦，燕麦，大豆などである。その他の主な産業としては，国有林が80％を占める林業，酪農主体の畜産業，浜益，厚田，石狩の三臨海町村と石狩川の内水面で行われる漁業，金・銀・亜鉛等の鉱業がある。商工業は，大企業が札幌と小樽に集中しているため，その他の地域には中小あるいは零細企業が多い。

教育や文化関係では，学校数は，小学校89（75,342人，分校1）校，中学校43（31,184人，分校4）校，高校29（28,395人，定時制4）校，大学・短大10校（11,196人）であるが，本道の中心地であるにもかかわらず僻地校が多く，辺地指定校が小学校45（1級14，2級17，3級9，4級3，5級2）校もあり，施設等の課題がある。教育研究活動は，活発で研究集会をもったり，石狩教育研究所が中心となって学区種別ごとの研究テーマによる共同研究により管内教育を推進している。社会教育では，青年団が115団体あり会員が約4,000人，95の婦人団体に約9,000の会員がおり，生活と結びついた問題を討議し向上に努めている。医療施設としては，病院及び診療所66，保健所1（当別町）がある。医師の分布状況は，一人が20.6平方キロを受け持つことになり，人口1万人に対する病床数は3.4床と非常に少なく，全道平均を下回っている。これは，札幌

市内の大病院に依存していることによるものであろう。

第2．石狩地区発達障害児等の教育実践

　石狩地区は，北海道の行財政・教育・文化の中心都市札幌とその他の市町村に区分けされる。発達障害児等教育は，1950年6月に札幌郡琴似町立琴似小学校特殊学級設置認定をもって濫觴とされている。札幌市は，琴似町が1955年3月に札幌村，篠路村とともに札幌市に併合したことから，札幌市立琴似小学校特殊学級が石狩地区の嚆矢であると喧伝している。石狩地区の発達障害児等の教育実践史的資料としては，（著者名不記）「石狩」(pp.71－79)，島村恒三「札幌」(pp.170－177)・「養護学校」(pp.180－181)・「小樽」(pp.182－183)・北海道精神薄弱教育研究連盟『道精連 三十年の歩み』(1982年)，札幌市教育委員会『札幌市の特殊教育』(1971年)・『昭和55年度 札幌市の障害児教育』(1980年)，札幌市学校教育推進行政史刊行会『札幌市学校教育指導行政史―教育委員会制度の発足より―』(1985年)，石狩管内特殊教育振興会『昭和53年度石特振集録 石特振10年のあゆみと石狩管内の特殊教育』(1978年)，『昭和56年度石特振集録・資料「石狩の特殊教育 №2」石狩の特殊教育―石狩管内特殊学級現況（要覧）及び関係資料―』(1981年)，佐藤弘「特殊教育」石狩教育史編纂委員会『石狩教育史』(pp.341－372, 1980年)，山崎長吉「特殊学校・学級，幼稚園・保育所，各種学校の発展」『札幌教育史 下巻』(pp.809－819, 1997年) 等があり年誌的な通史である。市澤豊（2010年）は，「札幌郡琴似町立琴似小学校特別学級の教育」(pp.687－715)，と「札幌市立美香保中学校［菅原学級］の教育」(pp.795－817)，北海道教育大学附属札幌小・中学校特殊学級「ふじのめ学級」(pp.968－1004)，及び我が国最初の養護学校「札幌報恩学園養護学校」(pp.1005－1025) と「北海道札幌養護学校」(pp.1026－1080)，並びに高等部単置校として嚆矢の「北海道白樺養護学校」(pp.1081－1117) について，それぞれ詳述しているので参照されたい。

　本稿では，史資料の多い札幌市関係と千歳市・江別市及び町村関係の二つに分けて論述する。琴似町立琴似小学校特別学級については札幌市に含める。

我が国最初の札幌報恩学園養護学校の「校舎と音楽科の学習風景」1950年頃

1. 札幌市における発達障害児等の教育実践

　小池九一は，1919年5月に家庭的少年救護施設「札幌報恩学園」を藻岩村大字山鼻村（現 札幌中央区南14条西16丁目）を開園した。1949年8月，児童福祉法による精神薄弱児施設札幌報恩学園に改組した。1949年9月には，我が国初の札幌報恩学園養護学校が認可され施設内学校として教育を開始した。

　札幌市立向陵中学校の原島孝雄は，1950年5月に「学業不振児指導法の実践的研究」を北海道立教育研究所機関誌『北海道教育 第1号』(pp.30-36)に発表した。内容は，○序論，○本論（知能性格環境学力総合テストの分類，児童の知能指数分類とテスト結果の所感〈3名の事例〉），○研究結果の反省と所見，○今後の課題からなっている。原島孝雄は，学業不振児の科学的指導には各種テストバッティリーによる総合的理解が重要だとしている。そして，精神薄弱児は特別な補助学級で指導し，いわゆる中間児は校内に能力別学級を積極的に設けて指導すべきであるが〈実施し得ず困難である〉と認識しているが，主題は実践的研究であるが実践論の一提起である。

　札幌郡琴似小学校特殊学級は，1951年1月に授業を開始し，1953年6月には小学校卒業生7名に対する中学校教育を行っている。その開設準備期の1949年に『精神遅滞児のための特別学級の設置に就いて』という特殊学級設置のための手引書を作成した。内容は，○特殊学級は如何なる見地に立って設置されたか，○特別学級運営のためのさまざまの困難は如何にして克服されたか，○特殊学級を設置してどんな点がよくなったか，○特別学級経営のためにはどんな考慮が必要か，○指導　助言を仰いだ方々，○並に参考文献，○おわりに，からなっている。その要点を次に摘記する。

札幌郡琴似小学校「特別学級の設置について」

　特別学級設置の見地　1. 基本的人権からの見地：基本的理念である〈総ての児童に対する教育機会の均等〉とは総ての児童が義務教育を受けることだけであろうか。真の意味の教育機会の均等とは，〈人間一人一人の生得的に異なる稟質の最も適合する方法に依って可能な限りの進歩発達を助成すること〉である。故に，教育方法に於いて徹底的に個人差に応じた実践方途が講じられなければならない。〈稟質能力などに依って分けられた群団に対する特殊な教育こそ教育機会均等の道である〉。2. 社会問題からの見地：特殊児童は，英才児を除けば将来社会の落伍者となり，社会の大きな負担となる公算が大きく社会問題である。3. 学校運営上からの見地：特殊児童の中で，精神不安定児や精神遅滞児は，普通学級で教育するには最も苦心が多く，特に精神遅滞児の教育には時間と労力が多く取られ，普通児に対する教育力が殺される。以上の見地から，精神遅滞児の教育は特別学級に依る必要性と緊急を要する。吉村・斉藤指導主事からの進めもあり，1949年8月

16日付けの教育長名の「特別学級設置の指定」を受けたのである。

特別学級運営の困難と克服 1. 創設時の諸問題：財政面，両親保護者の躊躇，心なき大人の言動，他の児童の言動，教育方針や教育計画樹立の困難（参考文献もなく，担任は未経験，この方面の先達があるのか無いのか皆目分からず教えを請う縁もなく，試行錯誤的な時が続いていった。《子供の反応と変化と実践の反省》を唯一の手がかりとして歩んだのである）。《意志の存する所道あり》，これこそ，その困難を克服する尊い信条である。学校長の信念と温かい激励，全職員の強い協力，担任者の意志と熱意が，すべての困難を克服させて来た力である。2. 現在当面している諸問題：教室の施設・設備が狭く貧弱である。該当児の両親の了解が得られない。中学校に特別学級がなく卒業生の行き場所がない。

特別学級設置の効用 1. 子供達の進歩発達は目ざましい（喜んで登校し学習を楽しむようになった。性格行動に明朗さや快活さが表れ，清潔な生活習慣が身についてきた）。2. 父兄に安心感が出てきた（学校に対する信頼と関心が高まり，子供の将来の生活に希望がわき，特別学級の設置や啓蒙について考えるようになった）。3. 普通学級担任の指導技術も進歩した（個人差に応ずる教育方法を深め，児童理解に関心を持ち，教具の創作や多角的利用による指導の工夫がみられた）。

特別学級経営の考慮事項 1. 教育目標の設定（この子等の将来の自立のために。明るく端麗で伸び伸びとした性格の形成。素直で人によく協力するような社会的態度の育成）。2. 指導上の留意点（国語・算数の基礎的学力の伸長。少ない事項を確実に習得させる。成功の喜びを常に感じさせる。職業的な芽生えを取り上げて習熟させる。心情性格の陶冶と道徳的な行動の指導。健康衛生の習慣形成）。3. 両親との密着と絶えざる校下への啓蒙。

本校の精神遅滞児等への確かな指導理論は，まだ成立していない時代であったことに留意したい。しかし，当時の関係者は，四気〈のんき，こんき，ほんき，げんき〉を合い言葉に〈子どもから学ぶ〉ことや〈信念を持って取り組む〉ことにより自らの指導法に手応えをもてるようになったのである。この〈子どもの反応と変化〉の事実を追究する姿勢こそが教育実践研究の本道である。また，〈意志の存する所道あり〉は今日でも通用する至言であろう。

札幌郡琴似小学校特殊学級の担任滝止士は，『学校・家庭の連絡記録 この子の母 27.11.1.〜28.3.31.』を発表した。これは，個別家庭連絡ノートの集約である。この記録は，北海教育評論社『北海教育評論』(6-6, pp.29-39, 1953年) に「遅れた子をもつ母の訴え―受持教師と母の連絡帳から―」が掲載された。市澤

琴似小学校『精神遅滞児特殊学級に就いて』1953年

豊（2010年）も取り上げているので参照されたい。

琴似町琴似小学校は、1953年6月に「経営の概要について」（北海道教育委員会『北海道教育月報』通巻第26号, 4-3, p.20.）を発表した。これは、前記1950年発行の『精神遅滞児のための特別学級の設置に就いて』の要約である。次いで、1953年7月には、『精神遅滞児特殊学級に就いて』を発表した。内容は、○序、○沿革の概要（開設まで、当時の状況、其の後の変化、当時の困難点とその克服の経過）、○学級の概要、○教育計画（教育目標、指導の方針、児童○生徒の実態と指導計画）、○経営の概況、現在の精神遅滞児特殊教育の悩み、○精神遅滞児指導の方法（草案：滋賀県大津市南郷町 近江学園 田村一二）からなっている。琴似小学校には、知能検査と各学級担任の観察の結果から特殊学級該当児童が45名おり、それらの児童を入級させるには教室数と設備が不足していた。

文部省『東北北海道地区特殊教育研究集会 実施要項 昭和28年度』1953年

1953年7月、文部省・北海道大学・北海道教育委員会・札幌市教育委員会・琴似町教育委員会・東北六県教育委員会が主催する「東北・北海道地区特殊教育研究集会」が札幌市・琴似町などにおいて開催された。

札幌市立山鼻小学校は、本研究会分場として、研究主題「普通学級における精神遅滞児をどのように理解し指導したらよいか」の会場校として実演授業と授業の研究協議を行った。次に実演授業指導案を摘記する。

札幌市立山鼻小学校　城本春時「普通学級における算数科指導案」
1. 児童場所　第5学年66名（男35名、女31名。遅滞児5名〈男3名、女2名〉）
2. 指導者　札幌市立山鼻小学校教諭　城本春時
3. 単元名　札幌市の伝染病
4. 単元設定の理由　A. 生活面：「夏と伝染病」は、毎年繰り返し問題となるが、子供達は比較的無関心でその怖さを知らない。種々の予防接種も、痛いが無理にやらされているので仕方がないくらいに考えている。伝染病の恐ろしさ、伝染力等を統計図表等を通じ、又、人口との比率を求めることにより理解し、これに対処する心構えを要請し健康生活の一助にする。B. 算数面：イ. 折れ線グラフ、棒グラフの特質を考えて、その書き表す技能を伸ばす。ロ. 割合は「何人についてひとりか」で表すことを知らす。ハ. 商の見積もりを早くする仕方、概数の観念を養う。C. 精神遅滞児について：身近な問題だけにある程度の経験もあり理解できると思うので、自己の立場を理解し「自分も何かすることが出来る。何か役立つことが出来る」の観念を養成したい。

第9節　石狩地区の教育実践

5. 学習の展開　A. 伝染病にかかった人の数（導入）2時間。B. 色々な伝染病はどうなっているか2時間。C. 近接市町村はどうなっているか6時間=本時，第3時目。D. 北海道との比較2時間。E. 全国との比較2時間。F. 練習やテスト2時間。総16時間。

6. 本時の目標　イ. 近接する市町村の人口と患者数の比較から割合は「何人についてひとりか」で表すと，はっきりすることを理解させ，其の計算は概数を用いてよいことを理解させ，計算方法を考えさせる（初歩の概数観念）。ロ. グラフの持つ価値を知らせ，作業の習熟をはかる。ハ. 精神遅滞児も学習に参加の喜びを感じさせ，全員が協力して楽しく学習する。

7. 本時の展開
8. 評価

過程	学習項目	精神遅滞児への指導	精神遅滞児の評価	準備
1 導入	1 学習事項の話合い・人口グラフ，患者数グラフについて感じたことの発表。 2 市町村の伝染病の状態を，はっきりさせるには人口に対する患者数の割合を調べればよいことに気づかせる。	・作業の結果を賞してやる。 ・出来るだけ発表の機会を作ってやる（地名，多い少ない等）。	・楽な気持ちで発表できたか。 ・発表しようと努力したか。	既作のグラフ
2 学習の展開	1 多い少ないをはっきりするためには，「何人について一人か」の割合を出すとよいことの理解。 ・人口は特定の日の調査数であること。 ・患者数は年間統計であること。 ・概数でまとめても余り違わないこと。 2 概数を出す計算指導。 ・商を二桁まで計算する。 ・余りを見て商を四捨五入すること。 3「何人についての一人か」の割合をグラフに作る。 ・短時間に作業するにはどうしたらよいかを考えさせ分担を決めさせる。 ・結果を予想させる。 ・正しく早く作業する。 4 表についての話合い。	・理解は伴わないと思うが話合いの中に入れてやる。 ・A・B児を見る。 ・C・D・E児は班員で助け合う。 ・可能な点を発表させる。C・D・E児について。	・話合いの中に入れたか。 ・予想が出来たか。 ・受け持った仕事が出来たか。 ・うまく発表できたか。	
3 終末	・一番多いのは。 ・一番少ないのは。 ・予想とどうであったか。 ・札幌はどうであったか。 ・この方法のよいことがわかったか。 1 計算競争。 ・計算の興味づけ。 2 事後の学習。		・やろうとする意欲が増してきたか。	問題プリント

イ.「何人についてひとりか」で割合を表すことの理解が出来たか。ロ.グラフを正しく書き，必要に応じた利用が出来たか。ハ.伝染病に対する認識が出来たか。ニ.明るく楽しい学習が出来たか。

9. 座席表（6グループに各1名配置。図表筆者省略）

附記 「精神遅滞児に対する学級経営 ①異質グループ編成：小さな社会を作ってやる。相互扶助の精神を培う。社会構成の一員である自覚を高め責任を養う。共同学習の場合に役立つなど，子どもの長短を補い合わせる。 ②話合いの時間の利用：明るく楽しく安定した雰囲気を作るために，子どもの行動を観察し適切な問題を見出して訓話を行い，子どもに反省の材料を与え，生活の進路を発見させるように努める。 ③学級子供会の利用：時々自己批判を行わせ，組織の中で自己の責任を果たしているかの反省もさせる。 ④教師に対する近親感・信頼感を深める：子ども時代の経験談を聞かせ，自分達と同じだと思わせる。学級生活の親である。私の子どもと同様に名前を呼ぶ約束。先生は何でも経験していると思わせる。⑤特殊児であるという観念をもたぬ子と：「異身伝心」の気持ちがよく通じる。特殊児と思って行動すれば彼等も其の様な態度をとり，普通児だと思ってすれば，又其の様な態度をもってくる。特殊児の劣性にはなるべく触れないで，暗示的に自己を知るように努める。 ⑥特殊児に自信をつけてやる：どんな些細なことでも取り上げてやり，やれば出来るぞ，そんな力があるんではないかと激励し賞してやる。こうして楽しく明るい雰囲気の中で一日を過ごすように配意している。〈あせらず，あわてず，時機の到来を待つことがよいのではなかろうか。〉

普通学級における精神遅滞などの発達障害児の指導を実演授業で公開し研究協議された。担任の城本春時の特殊児観は自然体であり，その学級経営も〈呑気，根気，本気，元気〉なところに留意したい。特に，《特殊児童という観念で接すれば，彼等もその様な態度をとる》という観察眼と指導観に低頭するばかりである。しかし，山鼻小学校は，発達障害児等の特殊学級を開設することはなかった。また，札幌市立学校の教師等は，普通学級における学業不振児等への指導課題を個別的にも組織的にも実践することはなかった。

札幌市立啓明中学校も，1953年7月の「東北・北海道地区特殊教育研究集会」の実演授業公開校として，本郷俊夫教諭が中学2年生の「夏休みの計画」を実演した。同校は，学校案内資料として『昭和28年度 本校に於ける特殊教育の現状』を作成し参加者に配布した。内容は，○本校特殊教育の目標，○指導の必要性，○指導のための機構，○本校の概要，○通学地区の概況，○家庭環境の概要，○指導のための資料，○ホーム・ルームの活動，○ホーム・ルームのプログラム，○指導の歩み等からなっている。本校の特殊教育を必要とする特殊生徒とは，〈学業に興味のない生徒，不幸感・憂鬱の生徒，注意散漫な生徒，すぐ失望する生徒，自己意地の生徒，疑い深い生徒，強情な生徒，反抗

的な生徒,劣等感をもっている生徒,他人を批判する生徒,恥ずかしがりの生徒〉である。指導のために,「特殊教育委員会(身体異常児指導分科会,社会的不適応児指導分科会,学習遅滞児指導分科会)」を組織して全校的な体制で取り組もうとする認識が強かった。なかでも,社会的不適応児への指導実践を意図し事例研究の内容等も記載されている。本校も,特殊学級形態による特殊教育には着手していない。

札幌市立東小学校吉田茂一は,1953年7月の「東北・北海道地区特殊教育研究集会」に『ひろ子ちゃんの幸福のために』を発表した。内容は,○ひろ子ちゃんの紹介,○問題の概況と研究の動機,○H子についての調査,○生活記録の一端,○問題点の理解,○今後の指導,○あとがき,となっている。これは,小学4年生の精神遅滞児の指導事例研究である。

札幌市立美香保中学校は,「東北・北海道地区特殊教育研究集会」の主会場の一つで,『特別学級報告 第1集 1953.7』を作成し研究協議の場で発表した。内容は,○序文,○序,○特別学級の成立と経営(特別学級の設立まで,特別学級の設置,1年目の経営,教科指導,卒業生を送る,経営1カ年の検討),○各種テストに現れた特別学級の効果(まえがき,比較グループの編成,知能テスト,学力テスト,パーソナリティテスト),○事例研究,○あとがき,となっている。学級経営の一年間の分析検討の姿勢は評価される。

札幌市立小学校,中学校の特殊学級は,1952年4月に美香保中学校,そして,7年間の空白期間の後の1959年に東水小学校,西創成小学校に,1960年には東小学校,二条小学校に開設された。1961年には,大通小学校,豊平小学校,琴似中学校花園学園分教室に特殊学級が開設された。特に,花園学園分教室は,重度精神遅滞児の園内教育として注目された。1962年には,桑園小学校,苗穂小学校,中央小学校,中島中学校,一条中学校,陵雲中学校,中央中学校及び琴似中学校花園学園分教室に特殊学級が新設された。

札幌美香保中学校の石川伊作校長は,〈同じ人間である一人の子〉を捨て去り難い悲願にも似た情熱をもっていた。そして,1950年10月に特殊学級を担当させたい菅原馬吉を札幌市立西創成小学校から割愛させて当校に迎えた。石川校長と菅原教諭は,特殊学級形態による精神遅滞児の特殊教育構想を職員会議に諮り,1951年3月には全校職員の意志として北海道教育委員会に研究のための助成金交付を申請した。そして,1951年4月に特殊学級開設認可を受けて1年間を開設準備のための基礎研究に当て,1952年3月に始業した。1952年4月には,学級増設の申請を行ったが道の財政難を理由に不認可となった。

琴似町立琴似小学校の杉山静子は,1953年11月の北教組第三回教研集会に『普通学級に於ける精神遅滞児の発見と診断及び處置,予後についての実践的

研究』を発表した。内容は、○精神遅滞児の発見（本人K子，問題点），○精神遅滞児の診断（家庭環境，社会環境，学校環境，精神遅滞としての断定），○診断に対する措置（生記記録），○予後について（処置に対する反省，反省をもとにした指導の方針），○精神遅滞児の教育となっている。琴似小学校は，1951年に精神遅滞児の特殊学級を開級しているが，特殊学級入級該当児の多くは普通学級で生活している現状があった。本研究は，小学3年生で精神遅滞を持つK.子の三か年間の指導実践記録である。

琴似小学校の中野威は，1953年11月の北教組第三回教研集会に『普通学級に於ける指導の困難点と当校の特殊教育』を発表した。内容は，○まえがき，○現在普通学級における精神遅滞児童に対する取扱い，○特殊学級の沿革，○特殊学級の必要性，○特殊教育の振興策，附「前年度教研大会研究発表の全文」からなっている。この前年度発表全文は，前掲の杉山静子の発表内容であることから中野の記憶違いであろう。次に，普通学級における精神遅滞の指導法について摘記する。

琴似町立琴似小学校　中野威「普通学級の精神遅滞児への指導法」

生活面における指導法　○対話で理解できない場合があり，生活指導に重点をおいて，場を与えて，その日その日に喜びを与えるように努める。○なるべく身体を抱きかかえるような気持ちで生活を指導していきたい。○グループ制を利用して，よきグループ員となるよう個別指導をしている。○何か出来た時，又，発表した時は大いに賞賛するように労りの気持ちで接する。○出来るだけ学級の一員として総ての仕事に従事させ，級全体で助けてやるようにしている。○朝の相談も帰りの反省も司会の順番通りにさせており，どうにかやってのける。

学習面における指導法　○席を教師の近くにとり，個別指導や教具利用の機会を多くしている。○致し方なく，指導時間を放課後に持つことがある。○毎日名前を書くことを指導しているが憶えない。そして，字の読み書きの時は，実に悲しい顔をする。○一日の内短時間つきっている。○別の問題を作って与える。○グループの一員として参加した子ども，これを労り目的を達成させるようにしている。○能力混合のグループに編成して，その構成員としている。○グループのリーダーの協力と個別指導による学習指導。○色々な事象の後指導を多く取っている。○その子なりに程度を下げた問題を与える。○基礎学習は異教材を与えて進めている。○出来るだけ自然な学習させ，他の生徒と同一のことを要求しない。○適宜，発言の機会を与え，一言でも二言でも発言させ賞賛している。

中野威ら札幌市立琴似小学校の教師たちは普通学級の精神遅滞児の指導に意を用いている。そして，全校体制の「特殊教育研究サークル」を組織してその

指導強化を図ろうとしている。当時の特殊学級開設形態は，既述のようにその成立時の主体により教育行政主導形態のほかに地域教育研究所・団体先導形態，地域教育組織形態，学校経営課題解決形態，特異な熱血型教師主導形態等に区分される。例え一個人の特殊学級開設への情意や研究があっても，それを支えた校内環境がなければ成立しても維持し発展する可能性はなかったことに深く留意させられる。

中野威は，日教組第三回全国教育研究大会の正会員に推され『普通学級に於ける指導の困難点と当校の特殊教育』を発表した。しかし，その取り組みは，校内の一部教師によるものであった。

中野威・杉山静子『普通学級に於ける指導の困難点と当校の特殊教育』1954年

札幌市立美香保中学校特殊学級担任の菅原馬吉は，1953年11月の北教組第三回教研集会に『特別学級の効果と札幌市における精神遅滞児の実態調査』を発表組した。内容は，○特別学級の効果（まえがき，比較グループの編成，知能テスト，学力テスト，パーソナリティテスト），○札幌市における精神遅滞児の実態調査である。前者は，既述の『特別学級報告 第1集 1953.7』と同一内容である。特殊学級における指導効果を各種テストによる測定結果をその分析により理解しようとした視点と科学的手法は評価される。札幌市の精神遅滞児の実態調査は，1953年10月に市内小学校13校の2年生を対象に実施された。対象児童の選定は，知能検査結果の知能指数80以下，偏差値24以下の者で，国語科と算数科の学業成績が3年以上の遅れのある者，また，日常の行動観察を通じて知能の遅れから普通学級での学習に到底ついていけない者とした。その結果，148名が算出された。その148名について，簡単な質問内容（考慮した指導の有無，学習のようす，知能の伸び，親の養育態度等）により調査した結果である。札幌市は，本調査法を市内全小学校32校・中学校13校を対象に1954年12月時点での実態調査を学級担任へのアンケート方式で実施した。その結果は，小学校全在籍数46,576名に対して396名（0.8％），中学校全在籍数17,989名に対して171名（0.9％）となった。この数値は，文部省などの算出基準を相当に下回っていることから，精神遅滞児の出現率を2.5％に修正して，該当者を小学校約1,200名，中学校約450名とした。そして，必要な特殊学級数を小学校28学級，中学校11学級計39学級と算出した。札幌市教育委員会は，菅原馬吉らの実態調査の結果を全市的視点に立って整理し『札幌市小・中学校に於ける 精神遅滞児の実態

調査（昭和29年12月現在）』と改めて発表した。

　札幌市立北九条小学校生活指導部ガイダンス班は，1954年2月の「第6回問題児童事例研究会」に『問題児のその後の歩み』を発表した。この問題児童事例研究会は，名称及び開催日時から社会福祉施設関係者中心となっていた精神薄弱児問題研究会，あるいは，精薄児事例研究会とは異なるようである。内容は，○既例研究児童のその後の様子，○既例研究外の問題児指導について希望者の事例発表，○特殊教育の専門研究施設機関との連携について等となっている。

　札幌市立白石小学校の大館貞夫も，事例研究『社会不適応児の問題行動について』を発表している。内容は，「障害のある1年A.生」の事例である。

　札幌市立美香保中学校特殊学級は，1954年10月に『生産を通して生活カリキュラム』を作成した。内容は，○生活カリキュラムの展開，○花びん作り，○椅子ふとん作り，○額ぶち作り，○積み木作りの指導内容表である。1955年には，『札幌市立美香保中学校における特殊教育』を作成している。これは，「生産を通推しての生活カリキュラムが実践されるまでの経過」について年度別に記述した内容である。

　札幌市教育研究協議会特殊教育研究部は，1955年に菅原馬吉を部長として発足した。そして，1955年6月に『研究の手引　一』を作成した。内容は，○はじめに，○特殊児童（特殊児童の意味，特殊児童の分類），○特殊教育（特殊教育の歴史，特殊児童の分布，特殊教育の現況，北海道の特殊教育の現状）となっている。1955年9月には『研究の手引　二』が作成され関係者に配布された。内容は，○精神薄弱児の定義，○原因，○鑑別の方法，○実態調査（生育歴・家系の調査，ルップの図形，計算能力検査），特殊教育に対する意識調査となっている。意識調査は，調査用紙だけで検査は未実施のようである。

　1956年11月に，文部省・東京都教育委員会・品川区教育委員会・全国特殊学級研究議会等が主催した「特殊教育（精神薄弱の部）研究指定校発表並全国特殊学級研究協議会」が品川区立大井第一小学校等を会場として四日日程で開かれた。札幌市立美香保中学校は，「中学校特殊学級における生産教育の実践」を発表した。内容は，○学級が誕生するまで，○学級開設から今日まで（学級開設，学級の移動，電車学級の設置，二級認可，新たに電車教室設置），○生産教育の実際（実践第一年の反省，生産教育への芽生え，教育計画

高橋春松『特殊児童生徒の取扱方と特殊教育振興の対策について』1956年

の概要,どのように実践したか,校外実習)からなっている。美香保中学校の生産教育は,北大の山本普講師の指導を受け東京都立青鳥中学校の「バザー単元」方式を取り入れたものである。

札幌市立幌北小学校の高橋春松は,1956年11月の北教組第6回教研集会に『特殊児童生徒の取扱方と特殊教育振興の対策について』を報告した。その内容は,○概要,○この研究を31年度どのような組織で進めてきたか,○精薄児の学級,○学業不振児について,○不適応児について,となっている。本報告書は,札幌市研究協議会特殊教育研究部が作成し高橋春松が発表した。したがって,内容は,主に既述の札幌市実態調査結果と「研究手引の一,二」の要点により構成されている。ここでは,特殊教育に関する調査を再掲する。

札幌市立幌北小学校 高橋春松「特殊教育に関する意識調査」

調査事項	項目	小学校 (688名)	中学校 (151名)	計 (839名)	%
A. 精薄児のための特殊学級の設置を必要と思いますか。	1 必要 2 不要 3 わからない 4 不記	638 名 23 24 3	638 名 23 24 3	700 名 26 40 3	91 3 5 1
B. あなたは特殊学級の経営を希望したいと思いますか。	1 希望する 2 希望しない 3 不記	173 名 504 11	43 名 107 1	216 名 611 12	26 73 1
C. あなたは来年度は,この研究部に所属したいと思いますか。	1 希望する 2 希望しない 3 不記	107 名 323 25	18 名 82 51	125 名 405 304	15 48 37
D. あなたは,どのような児童生徒に指導上最も困難を感じていますか。(解答数の上位のみ)					
調査項目		小学校	中学校	計	%
・落ち着きなく奇声などを発し授業の邪魔をする		240 名	52 名	292 名	46
・口を聴かない		192	21	213	33
・家庭環境が悪い		55	9	61	10
・精神薄弱児		51	5	56	9
・学習意欲がない		50	5	55	9
・学業不振児		36	1	37	6
・一つの作業を続けてできない		33	3	36	6
・乱暴する		26	6	32	5
・注意散漫		29	1	30	5

道都札幌の小中学校教師839名へのアンケート調査結果である。90%の教師は,特殊学級の設置の必要性を認めながら,73%の教師は特殊学級にかかわる希望を持てていないのである。そして,特殊教育研究部会に所属することを忌避し,あるいは,自らの態度を明らかにせず回答を避けている。既述の「留萌地区における教育実践(pp.182-186.)」及び「上川地区における教育実践

(pp.205－211.)」で取り上げている調査結果と本調査結果から，特殊教育に対する意識とその実現に向けた姿勢の相違があるようだ。すなわち，一般的な指摘である，郡部における教師らの〈生活文化に根ざした村落性〉と大都市の教師らの〈消費文化的な中央意識的な都市性〉といったものにはそれぞれの特質があるように思われるが，更なる検討が課題である。

琴似小・中学校特殊学級は，1956年12月に『昭和31年12月1日 琴似小・中学校特殊学級経営の概要』を作成した。内容は，○沿革の大要（設置の概要，設立年月日），○設備の大要（教室，設備品，施設費），○収容人員及び編成，○日課表及び授業時数，○指導上の留意点，○職員の編成，○其の他必要事項である。

札幌市立琴似小学校学習委員会は，1957年3月に『学業不振児の事例研究』をまとめ発表した。内容は，○序（学業不振児の抽出〈知能検査，学力検査，検査結果の処理〉），○学業不振児の9事例，○研究の経過と反省となっている。

琴似小学校は，精神遅滞児の特殊学級を設置した背景には全校的な実践課題として〈普通学級における学業不振児や問題行動児などへの取り組み〉があった。しかし，本研究の意図は，序文にあるように〈学業不振児の個別的ガイダンス〉にあるが，事例研究に留まっており，組織的な取り組みの実際に関する追跡が課題である。

札幌市立幌西小学校の小林武雄は，1957年10月の札幌市特殊教育研究会において『幼児期にもう一度かえりたいという願望から発生せる問題行動及び問題抗議を持つ子どもの指導について』を報告した。内容は，○主題，○問題の子K.児についての描写，○家庭内に於ける人的環境について，○K.児に対する仮説，○問題行動及び問題抗議発生の場とその時の心理の分析について，○診断（家庭訪問・母親との会話），○処置（其の一 父親・家庭訪問に於ける教師の苦悩），（其の二 家庭内で家族の調整をはかってもらうこと），（其の三 K児をとりまく学級の社会性），（其の四 学級から郊外生活へのはたらきかけ），○期待できた態度からなっている。これは，社会的不適応児の研究事例である。

琴似小・中学校特殊学級の室谷好枝は，1957年11月に『精神薄弱児の作文指導をどのようにしたらよいか』を発表した。内容は，○特殊学級の仕事というもの，○特殊学級での国語指導というもの，○私のやってきた作文指導，日記を中心に書く力を育てる，色々な生活経験の中で書く力を育てる，話し合ってほしい問題（発音による字のまちがえ・脱字・だらだら文。精薄児の文集を作ったらどのように活かしたらよいか）である。これまで，特殊学級の教育実践発表は，学級開設の経緯や学級経営上の問題が主な内容であったが，室谷好枝の発表は児童・生徒の指導実践に移る契機となるものである。

札幌市立陵雲中学校の村上徹也は，1957年11月の北教組第7次教研集会に

『社会的不適応児の指導と対策 家出少年の一事例を中心として』を発表した。内容は，○この教研活動はどのようにして進めて来たか，○札幌市に於ける虞犯少年の概況，○X生のケーススタディ（非行事実，家庭環境と生育歴，学校環境，知能・性格・学業成績，診断，指導），○非行少年の指導と対策（本校に於ける指導と対策，札幌市に於ける組織と指導対策）である。札幌市特殊教育研究部の組織は，精薄児班，学業不振児班，社会的不適応児班，盲・聾学校班の四班構成となっている。

　札幌市立琴似小中学校は，1958年3月に『特殊学級七年のあゆみ』を作成した。内容は，○楽しい学級の歌，○はじめのことば（琴似小学校長 藤門省平，琴似中学校長 佐々木豊郎），○学級の性格，○学級のあゆみ，○学級の現況（学級編成，指導上の留意点，日課表，学級活動の実態，家庭との連絡，学級の沿革表）である。七年の指導計画の展開と児童の実態の変容記録が望まれる。

　1958年4月，北海道札幌養護学校（校長 北村利夫）が開校した。4月30日に小学部65名，中学部27名の入学者が決定し5月4日に入学式が行われた。新校舎が完成する7月まで市内の円山公園などで社会見学をかねた青空教室により始業された。

　札幌市立東小学校の齋廣男は，1958年11月の北教組第8次教研集会に『札幌市に於ける社会不適応児の実態調査とその指導法の考察』を発表した。内容は，○研究の経過，○札幌市に於ける社会不適応児の実態調査（本調査の方法，不適応児の実数推定，不適応児の知能分布，不適応児の家庭環境分析），○社会不適応児の指導法の考察（学校及び教師の児童態勢，家庭の協力，指導治療の基礎，学級に於ける指導治療），○むすびのことば，○参考書籍，○折込資料表からなっている。この研究は，第7次に発表した札幌市立陵雲中学校村上徹也の研究の継承であるが，指導法に関する理論的な論述が多く実際の取り組みに関する内容は乏しい。

　札幌市立美香保中学校は，1958年12月に『特殊学級七年』を作成した。その内容は，○学級が誕生するまで，○第一年，○第二年，○第三年，○第四年，○第五年，○第六年，○第七年，○生徒の実態となっている。札幌美香保中学校は，同時に『美香保中学校養護学級新築工事概要』を公開している。

　札幌市立豊水小学校特殊学級は，1959年4月に入級児8名により開級した。札幌市二番目の開設となった『豊水小学校に於ける特殊学級実の践報告』から，その実践について次に摘記する。

札幌市立豊水小学校「特殊学級の実践」

　教育目標　○基礎能力の育成伸長（教科・職業指導），○社会性の啓培（生活指導：

良い習慣：集団・家庭生活，対人関係の調整），○健康な身体（感覚，機能の障害除去と養育）。良い精薄児：人に好かれる，社会に役立つ精神薄弱児を養いたい。

児童 小学1年生2名（男），2年生2名（男女各1名），3年生3名（女），4年生1名（女）。

カリキュラム 学級設置初年度であることから，過重にならないが将来の土台となるもので次のように構成する。

開設より一学期終業迄：解放，観察の期間として時間割を作らない。夏休み：新しい人間関係との気持ちの交流を計る期間。二学期以降：徐行して本格的に指導の斯道(ママ)に乗って活動する期間。日課表を決める。

具体的な計画 決して無理をしない。行過ぎたら直ちに引返して幾度でも反復する心構えで，大まかに，こうしたい，こうあると良いだろうという線で計画した。

─基礎能力──言語（教課書は一の下，その他に能力に応じたテキストを作り与える）。
　　　　　　─数量（教課書は一の下，その他に能力に応じたテキストを作り与える）。
　　　　　　─作業（女子全員は編物，男子は工作。その他整理整頓掃除）。
─社会性　約束を守る。生活の反省。給食指導。学級や家庭の自分の役割。
─感覚機能　ゲーム遊び，テレビ視聴。

日課表（時間割）

区分	1	2	3	4	5	6
月		基礎　言語				掃除3, 4年
火		基礎　数量				
水	朝の会 反省 日記	基礎　言語	視聴覚 テレビ	作業学習	女子	掃除3, 4年
木		基礎　数量				
金		基礎　言語			掃除　全員	
金		基礎　言語				

現在の学級の状態

全般的に
　　　　　良点：学級としてのまとまりが出来た。各自は個性を発揮しながらも協調しあっている。実に生き生きとしているし，今日は何をしようという意欲が充分である。
　　　　　欠点：北が側の教室は狭く，冬季の寒さが心配である。備品が少なく，テレビ等も教室に置きたい。普通学級の児童で暴力を振るって，馬鹿学級の生徒をいじめるのがおり，そのために，廊下側のドアを開けておくことに極端なほど神経を使う。

・児童各自について：開設当初と比較すると，基礎能力，その他総て大変な進歩がある。特殊学級に入級したことによる退歩や悪くなった点は全くない。家庭生活に於いても，本児の占める場，親の関心が広まり高まった。本児の生活が豊かになった。

今后(ママ)の課題 啓蒙の問題（筆者省略）。教育指導の面：小学コースでの生産に直

結した作業学習は，制約のある施設設備や基礎能力を限界まで伸長する課程の中でいかに行い，いかなる方法をとるべきか。

　豊水小学校の特殊学級は，学校長が促進学級設置の意向であったが，教職員らの精神薄弱児学級への根強い意向があった経緯がある。教育目標は，児童の能力の限界まで基礎的な言語・数量能力を伸長させることであり，同時に作業学習による職業指導にも主眼をおいている。その作業学習は，琴似小学校や美香保中学校のような生産性のある，しかも，高い水準が求められていたのであろうか。黎明期における特殊学級関係者の教育像や目標像と指導法には社会的要請に応える面が強かったのは確かである。

　札幌市立幌南小学校の山下松蔵は，1959年11月の北教組第9次教研集会に『特殊児童指導の実践的接近』を報告した。内容は，○本年度研究の概要（テーマの設定と分析，研究の経過），○精薄児・学業不振児の指導（養護学校に於ける指導の実際，特殊学級に於ける指導の実際，普通学級に於ける学業不振児の指導:事例研究，研究の反省），○社会不適応児の指導（事例研究と反省），○結語からなっている。これは，札幌市内の札幌養護学校，豊水小学校特殊学級及び札幌美香保中学校特殊学級の紹介である。普通学級における学業不振児への実践的接近も単なる事例研究の域を出ず，空知の教師達のような組織的な実践への広がりや深まりは見られない。

　1970年6月には，「北海道精神薄弱児資料センター」が北海道札幌養護学校に併設された。

　札幌市立二条小学校特殊学級「複式学級」は，1960年7月に開級した。学級担任の久美屋龍二は，開級式に合わせて，学級概要を作成した。内容は，○複式学級開設式予定，○複式学級開設までの報告，○入級候補児童名簿，○精薄児特殊学級設置上問題点分析，○父兄や社会の問題，○本校に於ける精神遅滞教育目標の分析，○教室環境・施設及び設備報告等からなっている。

　1960年10月，札幌市教育研究協議会・札幌市教育委員会・北教組札幌市支部共催の昭和35年度札幌市教育研究集会が開催された。特殊教育部会では，豊水小学校石川ハル子・西創成小学校高橋英志・東小学校鈴木益江・二条小学校久美屋龍二が「特殊学級開設上の問題点」を発表した。四校の特殊学級開設及び経営上の共通問題は，「特殊学級の孤立化」である。その原因の一つとして，《一般教師の特殊学級に対する無関心・無理解と特殊学級の担任と児童を特別視して特別扱いすること》にあるとしている。しかし，その実情交換はあるが解決の方策は述べられていない。この発表は，表紙を『特殊児童生徒の指導はどうなっているか―精薄特殊学級の開設について―』に替えて1960年11月の北

教組第10次教研集会でも発表された。

　札幌市立琴似小・中学校は，1961年4月に『昭和36年4月 特殊学級十年のあゆみ』を発行した。内容は，○楽しい学級の歌，○「教育愛と特殊教育」琴似小学校長 本間留次郎，「はじめのことば」琴似中学校長 菊地和夫，○学級の性格，○学級設置の条件，○施設の概要，○指導上の留意点，○学級活動の実態，○担任の「満10年を回顧して」，○学級の沿革表である。

　札幌市立琴似小学校の佐藤丈史は，1961年11月の北教組第11次教研集会に『特殊児童生徒の指導はどのようにしたらよいか―その組織について―』を発表した。内容は，○研究の概要，○研究のすすめ方，○学業不振児の調査と指導（校内テストセンターの構成と内容，学業不振児とその類型，学業不振の研究方途，テストセンターの計画と実際），○精薄特殊学級開設上の問題点（札幌市特殊学級連絡協議会について，特殊学級開設の手引きについて，精神薄弱児総合診断について〈案〉，残された問題），○結び，となっている。札幌市の特殊学級開設黎明期における当面する課題は，学校経営における特殊学級の安定した位置づけであった。特に，普通学級の教師たちが特殊学級の児童生徒と担任教師を正しく理解し協力支援する基盤が培われていないのである。佐藤丈史らは，特殊学級における〈個〉を生かす教育方法と普通学級における学業不振児の指導法を共通の研究課題とすることにより，相互理解が図られるのではないかという構想をもったのである。構想には，校内テストセンターにより学業不振児等の実態の理解と指導法の開発案があげているが，具体的内容は示されていない。また，札幌市に対して精神薄弱児対策審議会の設置を要請し，特殊学級連絡協議会による「特殊学級開設の手引」，「特殊学級経営の手引」，「札幌市特殊学級設置基準」等の作成構想をあげている。佐藤丈史は，1962年11月の北教組第12次教研集会に『学業不振児の調査と指導―研究体制とその組織化―』を報告した。内容は，○研究のすすめ方，○学業不振児の調査と指導（研究体制，特殊学級編成のための調査，学力検査と指導法の問題，残された問題），○結び，となっている。期待された「学業不振児の調査と指導」の内容は質量共に少なく，「児童調査票」の様式と三事例の紹介である。札幌市特殊学級連絡協議会は，1962年2月に『精神薄弱児教育基礎資料 特殊学級開設の手引き』を発刊した。内容は，○はしがき，○精神薄弱児教育の根底にあるもの，○特殊学級の意義，○特殊学級と養護学校，○精神薄弱児とは，○特殊学級開設の手順，○特殊学級の施設・設備・備品，○特殊学級の担任，○精神薄弱児教育のねらい，○付 精神薄弱児教育の法的基礎と現状，○参考文献からなっている。関係者の精神薄弱児教育観を次に摘記する。

札幌市特殊学級連絡協議会「精神薄弱児教育の根底にあるもの」

　昭和35年の文部省調査によると，全国の児童・生徒の中に78万人の精薄児が在籍していると推定され，その3.5%が特殊教育を受けているに過ぎないという。従って，義務教育における精薄児教育は，すべての公立小学校，中学校が当面している問題である。

　新しい教育制度は，国民のすべてに教育の機会を等しく与えたわけであるが，改めて「教育の機会均等」ということについて考えてみたい。憲法の第26条に「すべての（筆者註：「の」はなく「すべて」となっている）国民は，その能力に応じてひとしく教育を受ける権利を有する」と規定されている。すなわち，教育の機会均等とは，子ども一人一人の能力に応じて，その能力にふさわしい教育をすることにほかならない。それは人間尊重の立場に立つ。人間尊重とは，一人一人の人間を大切にすることである。たとえ才能に恵まれなかろうと，心身に障害があろうと，かような条件で人間はかりそめにも無視されたり蔑まれたりしてはならない。教育という営みは，せんじつめればどの子どもも，その能力に応じて一人一人がいかされ，すべての子どもの幸福を進めることであろう。このように考えると，精薄教育が精薄児に対する単なる同情とか哀れみにとどまらず，人間尊重の理念に支えられてこそ，かれらのための本当の教育が始まるのでなかろうか。

札幌市特殊学級連絡協議会『精神薄弱児教育基礎資料 特殊学級開設の手引き』1962年

　札幌市特殊学級連絡協議会関係者による，この〈教育の機会均等〉の理解と解釈は，北海道内の特殊学級関係者の理解と解釈もほぼ同様であると言ってよいであろう。しかし，〈教育の機会均等〉の解釈は，日本国憲法や教育基本法の立憲・立法権者側と日教組など民主教育を進める革新側の理解には明らかな相違が存在していたことに留意したい。これまでに度々指摘してきたように，戦後の民主教育を進める教師達には〈教育の機会均等〉の理解とその具現化を精神遅滞児等の特殊教育に限定していた人々と普通学級における学業不振児や社会行動問題児等も含めた児童・生徒一人一人の教育機会均等に挑んだ人々がいたのである。札幌市特殊学級連絡協議会関係者の理解と解釈は，その前者に類する立場であると判断されよう。そして，いずれの立場の主張であっても，教育実践の実質的な平等である〈一人一人の学習と発達権〉を追求するまでに深まることなく，形式的平等，すなわち，〈人間尊重と特殊学級形態〉の開設という修辞語を免罪符とする風潮がまかり通っていた。

第3章　各地における教育実践

1963年6月，札幌市立二条小学校特殊学級は，授業「男子　木工作業，女子洗濯」を公開した。二条小学校は，この公開授業研究会の研究資料として『特殊教育―目標の研究資料―』を配布して提案した。目標設定については，法制的根拠，人間形成，立派な精薄児，具体的目標などを論考して「社会的自立」を設定している。このような目標設定論の提起は多くなく貴重である。

　北海道札幌養護学校の佐伯進は，1964年11月の北教組第14次教研集会に『精薄児の運動能力機能の実践的研究と教育課程への考察』を発表した。内容は○研究の構想，○研究の方法，○今年度の研究方法，○柔軟テスト，○運動能発達検査，○計測検査，○運動能力，○諸テスト結果一覧，○精神薄弱児のための徒手体操，○徒手運動種目，○マット跳び箱運動，○週日課表，○年間計画からなっている。

　札幌市立一条中学校特殊学級担任の花田吉朗は，1964年11月の北教組第14次教研集会に『子どもの姿から考えられる指導計画への見通し』を報告した。内容は，○まえがき，○M.子のケースの概要，○問題解決の考え方，○ケースを通して具体的な指導計画への足場（まとめ），○あとがき，からなっている。本報告は，指導計画の作成は子どもの姿，すなはち，ケース研究を足場にする一歩前身の姿勢があり，前述の二条小学校同様に評価される。

　札幌市立中島中学校特殊学級は，1965年7月に余市町立西中学校（特殊学級設置校）と隣接海浜で二泊三日の宿泊学習を行った。学級主任の大森隆弘と加賀和子は，『昭和40年度　第1回　宿泊生活訓練報告書』をまとめている。その内容は，○概要，○精薄教育における宿泊生活訓練のねらいは何か（杉田裕氏の見解，三木安正氏の見解，われわれの見解），○指導の基本的な留意点，○指

札幌市立中島中学校『昭和40年度　第1回　宿泊生活訓練報告書』1965年

導の経過（概要，実践事例，乗車・下車訓練，駅前集合地確認，持ち物調査，集合練習，掲示教育，金銭指導，炊事実習，家庭調査），○その他の問題点（場所及び宿泊所について，日数について，校外宿泊・海水浴について），○宿泊当日の状況報告，となっている。次に「宿泊生活訓練のねらい」を設定する手続きと見解について摘記する。

札幌市立中島中学校「宿泊生活訓練のねらい」

　ねらいの設定までに　精薄教育の宿泊生活訓練とは，「集団で何日か文字通り生

活を共にすることによって精薄教育のねらいである社会的自立をより確実なものに高める教育活動である」と言える。われわれは、先ず、杉田裕氏と三木安正氏の見解を理解した。次に、赤平地区小・中特殊学級合同宿泊訓練の実地視察、東京都練馬区特殊学級担任と宿泊訓練について懇談、滝川地区特殊学級宿泊訓練記録の閲読などの事前研究を行った。

われわれの見解 宿泊訓練は、やり方によって極めて緩やかなリクレーション的なもの（例えば、一般学級の海浜学校、臨海学校など）から、文字通りの「生活」の宿泊「訓練」にまで高められるものである。われわれは、言うまでもなく、生活密度の濃い宿泊訓練でなければ無意味と考える。従って、宿泊訓練は宿泊を手段とする「生活」の「訓練」、すなわち、宿泊生活訓練でなければならない。宿泊は、生活訓練の手段であり目的ではない。その生活は、「仕事のある生活」あるいは、「仕事のなかの生活」である。つまり、子ども一人一人が、みな具体的な仕事を持った生活集合体として、活動し、24時間の寝食を共にするものでなければならない。

かように、仕事のある生活集団の活動態であるからこそ、有効な生きた観察も出来るのであると思う。だからこそ、子どもに与える、又は発生するパニックも、生き生きとした危機場面、つまり、ピンチとして明白に現れ、その指導も具体化する。従って、われわれは三木安正氏の見解に組みする。三木氏の「親の過保護から切り離し、教師が手をかけずに、自主的に集団生活を営ませ、心理的に自立させ、又、身辺生活の自立を助けること。また、普段見逃しやすい面の観察場面がある」は達見である。

この報告書には、宿泊訓練学習の実施に当たって、とかく指導書やマニュアルに依拠した実践論が少なくないのであるが、実施計画を作成する前に事前研究にしっかりと取り組んでいる姿勢が評価される。しかし、ねらいに謳っているように、生徒の宿泊学習にかかわる生活経験や能力の実態、さらには、宿泊生活訓練における生徒の活動の実際と課題といった観察記録が記載されていないのが惜しまれる。教育実践研究が、実際の教育活動を対象とした検討が始められていることに留意したい。

札幌市立東栄中学校特殊学級担任の島村恒三は、1965年11月の北教組第15次教研集会に『精薄児の職業指導の問題—複数学級と学校工場方式—』を発表した。内容は、○はじめに、○研究のすすめ方、○特殊学級の問題点（札幌市の現況と特殊学級連絡協議会、作業種の条件、指導計画、複数学級と学校工場方式、校外実習のあり方、予后指導のあり方）、○むすび、となっている。1965年当時の札幌市の特殊学級の現況は、小学校10校14学級、中学校6校12学級で300名近い児童・生徒が入級している。しかし、中学校特殊学級の約7割に当たる学級は小学校に併設されている。札幌市教育委員会は、五か年整備計画により小学校特殊学級を分散方式に改め、中学校特殊学級をブロック方式により50学級

まで増設しようとしているが，施設・設備等の見通しは立っていない。複数学級による学校工場方式の構想は，1952年の東京都墨田プランや本書第3章第7節の旭川市立中学校特殊学級合同作業教室と同じ構想に立つものである。

　北海道札幌養護学校中学部の市澤豊は，1965年11月の北教組第15次教研集会に『精神薄弱児の職業教育をどう組織したらよいか』を発表した。内容は，○まえがき，○本校の職業教育（作業班の構成と実態，バザー単元），○作業工程の分析について（作業工程，作業工程の内容と指導の要点，年間指導計画，作業単位の指導標準及び留意事項，作業要素と指導要点，指導案，評価）からなっている。市澤豊の提案は，作業工程の分析が単に作業単位の細分化に留めることではなく，その結果を指導内容に関連づけなければ作業学習指導内容となり難いことを実践的に主張した。

　北海道白樺養護学校の熊谷靖夫は，1965年11月の北教組第15次教研集会に『精神薄弱児の後期中等教育について―白樺養護学校のあり方―』を発表した。内容は，○高等部養護学校の性格論，○白樺養護学校について（設立の趣旨，対象生徒，本校の教育目標，本校の教育方針，指導内容）からなっている。我が国初の精神遅滞児高等部単置養護学校である白樺養護学校は，1965年4月に札幌養護学校内に開校した。当時，精神遅滞児教育関係者による高等部教育必要論と無用論が交錯していた。本校の成立と教育に関しては，市澤豊（2010年）が論考しているので参照されたい。

　北海道学芸大学附属札幌小学校特殊学級「ふじのめ学級」の担任中村恵美は，1965年11月に『精神薄弱児における心理劇の応用（中間発表）』を発表した。内容は，○目的と意義，○基礎となる理論，○予備的実験（題材設定の心理劇），○行動観察，○これから，となっている。中村恵美は，精神薄弱児の行動や人格の歪みを改善する目的で，J. L. モレロが提唱した集団心理療法の一つである心理劇を実験的に試みようとしている。北海道においても，学級社会における人間関係の理解が一つの流行となっている。

　1965年12月，札幌市教育委員会は，『札幌市の特殊学級教育課程編成資料1965年』を作成した。内容は，まえがき，○教育課程編成資料作成の基本的な考え方，○教育目標，○教育内容（生活，言語，数量，情操，健康，生産領域），○指導計画（生活単元学習，バザー単元，雑巾作製作業，製袋作業，紙器作業）からなっている。これは，テーマにあるように各特殊学級が教育課程を編成するときの参考資料となるものであろう。

2．江別市・千歳市及び町村における発達障害児等の教育実践

　1949年4月，管内町村及び北海道教育庁石狩地方事務局の支持を得て，組合の「石狩地区教育研究所」が江別第一中学校に事務局を置いて設置された。設置と運営形態は，本書の第3章第8節に既述した美唄教育研究所の成立形態と

同類であり，開設は道立教育研究所についで三番目であった。

　我が国初の精神遅滞などを含む発達障害児のための養護学校は，1948年9月に札幌報恩学園養護学校として誕生した。校長は山下充郎である。この教育史的意義は，本校が養護学校形態による学校教育の嚆矢であるか否かにあるのではなく，児童福祉施設入所児への義務教育の実施という学校〈教育の機会均等と教育を受ける権利〉に着手したことにある（市澤豊「精神薄弱児施設入所児の教育実践」pp.1178-1219，2010年を参照されたい）。

　1949年10月に広島村富ヶ岡に精神薄弱児施設「富ヶ岡学園」が開設され，就学年齢児等65名の養護にあたった。1950年6月には，北海道教育委員会の強い勧奨により札幌郡琴似町立琴似小学校に特殊学級が認可され，1951年1月に授業を開始した。1952年4月には，琴似小学校特殊学級の卒業生を琴似中学校の委託生として中学校教育を行っている。これは，石狩管内最初の小学校及び中学校の特殊学級であった。

　千歳町立千歳小学校の千葉誠は，1952年1月に高知市で開催された第二回日教組教研集会第5分科会で『軍都と歓楽の北の町チトセ』を発表した。特に，発達障害児等の問題に触れてはいないが，フィールドワークにより当時の千歳町の社会環境とそこに生活する児童らの実態を描き出している。

　1955年には，北海道教育庁石狩地方事務局・石狩教育研究所・北教組石狩地区文教部の三機関により企画運営された「石狩管内共同研究組織（共研）」が誕生し，管内1,200名の教員が参加する研究体制となった。『石狩の教育 第一集』の「石狩の教師とともに」（1955年）には，同研究会設置の理念が述べられているので次に摘記する。

石狩管内共同研究組織「石狩の教師とともに」

　　子供を育てるために，教師が主体的に教育実践をして研究を行うこと，その実践を更に広い組織に結び合わせて，すべての教師が教師としての人間を高めるために，助け合い学習し合わねばならない。教師の中の限られた者が進歩したり，立派な実践をするよりも，全体の教師が高められなければ，本当の教育の向上や前進はあり得ない。

　教師のとしての資質・能力の専門性は，21世紀の今日でも問われていることである。そして，教師は相互に〈助け合い，学習し合う〉同僚性についても言及されている。この組織は，石狩教育を主導して1966年2月に「石狩管内教育研究会」と改組された。

　当別町立当別小学校の中島昭一は，1955年11月の北教組第5次教研集会に『何がこの子の学習を阻んでゐるか（共同研究による）特異児の究明』を発表した。

共同研究とは，当別小学校，恵庭町立恵庭中学校，当別町立高岡小中学校の教師37名による研究である。発表内容は，○研究のみちすじ（研究のねらい，石狩の実態，課題の設定，課題の分析，研究の立場），○研究のあゆみ（小学校に於ける事例研究，中学校における実態究明，複式学級における救済指導），○研究のまとめ（各校の中間結論，中間発表の結論，今後の研究）からなっている。研究意識としては，〈憲法に示された個人の人格の尊重とその存在を強く認め，一人一人が将来平和社会に貢献できる実のある人間〉を育てる教育から出発し，〈特異児童の究明〉を課題とすることである。札幌に隣接する当別と恵庭地域は，かって屯田兵と集団移民によって開拓された封建制の根強い純農漁村地帯である。零細農業と不漁続きの漁村における児童・生徒を取りまく教育環境は，貧困労働による学力低下と非行問題などを抱えていたという。その様な実態をふまえて，学力不振児の実態調査とその救済に地域ぐるみで取り組んだ報告である。

千歳幼稚園は，1956年6月に発足した幼稚園教師による千歳事例研究討議会の9月例会で『幼稚園に於ける問題児の一考察』を発表した。内容は，園児への社会的測定法の「ソシオグラム」の実施結果とその考察，人間関係から孤立した園児や家庭環境に恵まれない園児など4名の事例研究である。黎明期の1956年頃，幼稚園関係者が発達障害幼児の保育実践研究に取り組んでいることに留意したい。

石狩管内の小中学校関係者は，1955年度から北海道教育庁石狩地方事務局，北教組石狩地区文教部及び石狩地区教育研究所の三者による管内共同研究組織による教研活動を開始した。研究目標は，〈生活の正しいあり方を見ぬき，生活を高めていける力のある子どもを育てるための教育〉とし，七つの分科会を構成した。すなわち，①科学的合理的な物の見方考え方を（第一分科会，参加校31校），②創造性を伸ばし情操を豊かにするために（第二分科会，5校），③民主的人間関係を育てるための教育（第三分科会，49校，第四分科会，17校），④健康な子供を育てるための教育（第五分科会，10校），⑤いろいろな障害をもつ子ども及び幼児のための教育（第六分科会，15校），⑥教育目標，指導要領，教科書などの妥当性の検討（第七分科会，7校）である。そして，1956年11月には，前年度に引き続き共同研究集会を開催している。本研究集会に関しては，その開催要項は発掘されていないが筆者が所蔵している12の発表資料により教育実践を取り上げる。

千歳町立北栄小学校は，『普通学級における問

千歳支部北栄小学校『普通学級における問題児の指導』1956年

題児の指導』を発表した。

　内容は，〇わが校教育研究のあゆみ，〇子どもの持つ障害点の具体的な姿（全校問題児調査，問題の原因），〇子どもの周囲への対策（普通学級における問題児教育の難点，難点打開へのこころみ），〇子どもの現状（問題児研究事例）からなっている。本校における問題児とは，身体的障害児と学習上・人格上・素行上で，学級指導上困難を感じている児童，すなわち，今日の発達障害児を含む子どもたちである。その数は，前者が134名で後者が467名となっている。次に，普通学級における問題児教育の難点と難点打開への試みについて摘記する。

千歳町立北栄小学校「問題児教育の難点と打開の試み」

　問題児教育の難点（教師の意識）①個別指導を多く要し，したいと思っても雑務を抱え込んでいて時間的余裕がない。②問題児は特殊学級で教育すべきで普通学級ではどうにもならない。③普通児に比べて概してどうにも好きになれない。④指導しても苦労する割合に効果がない。⑤教室では，普通児の指導におわれて問題児にかまっていられない。⑥問題児の指導どころではない。教師自身がまず問題の教師だから。⑦問題児の原因がつかみにくく対策もはっきりしていない。⑧単純にして効果的な指導法が見つからない。⑨普通児の指導技量の研究だけでも手一杯だ。問題児の指導研究まで手が伸びない。それに現在のカリキュラム構成が適切でなく，教師は教材の消化に追い回されている。最小の要求で最大の効果をねらう教育課程の編成が望ましい。⑩問題児は家庭や社会環境の所産で，その解決は我々の力の及ぶところではない。

　難点打開の試み　学級担任は，主体的にとりあげた研究対象を教育指導と教育研究の一元的な取り組みを研究交流しあうことから始める。研究対象別に学業不振グループ（15名），性格問題児グループ（8名），精神薄弱児グループ（3名），非行児グループ（2名），身体障害児グループ（2名）を構成した。研究交流では，問題児指導の教師の態度，問題児の理解，問題児指導の時間と労力の工夫，問題児指導の場，問題児指導の技倆，学級経営と問題児等について話しあった。

　問題児教育に関する教師の意識は，本音が語られているが，「問題児への教育的実践志向」は表出していない。問題児の指導課題は，教員一人一人の事例研究に委ねられ，その結果を交流し合っているが，解決への共通意識とはならず，したがって，全校的な取り組みとして発展しないのである。
　広島村立西の里小中学校は，『社会養護施設より通学する子供の障害と対策』を発表した。内容は，〇このテーマをとりあげた理由，〇この研究のねらい，〇この研究の計画，〇この子らの障害点の分析，〇障害点の分析の結果（根本的な障害と考えられるものとその原因，指導方針，指導計画），〇この子らと周囲への対策実践例，〇終りに，からなっている。本校は，養護施設児数が小学校に

24％で，中学校には22％おり，学習指導，生活指導上の問題や不定期な入退学問題及び施設との連携等の問題を抱えており，それらが研究内容でもある。施設入所児のための学教教育は，市澤豊（2010年）が論考しているように教育と福祉の連携という複雑な問題を内包しており，それぞれの施設と学校関係者の意向に委ねられてた。

　広島村立西部小学校は，『わがままな子，ものを言いたがらない子，粗暴な子，学習成績のおくれている子をどう指導したらよいか』を発表した。内容は，○共同研究の出発にあたって職員みんなで考えたこと，○研究計画と実践，○中間における反省点，資料（表題の五事例）からなっている。本校は，教育実践上で最も困っている問題に，①クラスの中の障害を持った特定の子どもで，②その程度が相当深く，原因解明が困難で，教育の力で救いうるかどうかの線上にあるもの，③軽度であるが同じような傾向をもつ子らの指導についてである。中間の反省では，事例研究による成果があったとしているが，全校体制による組織的取り組みを志向するまでは至っていない。

　江別市立江別小学校は，『問題児の教育をいかにすべきか』を発表した。内容は，○テーマ設定の理由，○指導事例（仲間意識に欠けている子の指導，学級で孤独な子供，学業不振な子供，欠席の多い子供），○本年度研究推進の反省，からなっている。江別小学校も，多様な教育的ニーズをもった子どもへの教育が当面の課題であった。

　江別市立角山小学校は，『複式学級に於ける遅れた子供達をどうみちびくか』を発表した。内容は，○研究テーマ設定にあたって，○複式学級の実態と問題点（複式学級の実態，本校児童の学力の実態その問題点，遅れた子供達の実態と問題点），○遅れた子供達をどう導くか（カリキュラムの問題と分析，教師の移動が児童に与える影響，今後の研究，結論）からなっている。

　僻遠の地の本校児童は，その大半が戦後開拓者共通の耐乏生活のなかで育つ子弟である。生活環境，学校の施設・設備の不備と複式教授法により自学自習時間の多い教育環境が必然的に学業不振と遅滞をもたらしていると述べている。次に，カリキュラム問題と教員異動による影響問題について摘記する。

江別市立角山小学校「カリキュラム問題と教員の異動問題」

　カリキュラム問題　複式学級におけるカリキュラムは，児童の学習の進度に適合するように編成しているが，遅れた児童には不適当であり，これらの児童を救うことは困難である。その理由としては，①カリキュラムは「同時異教材，異程度」のため，一方の学年は自学自習の態度が出来ていないと無駄に過ごす時間が多くなり，だんだんに遅れてしまう。②一通りの教材を終わらすために，その教材を

徹底的に取り扱う時間がなく、不徹底に終わることがある。③授業中、個々の児童に対する個別指導をする時間の余裕がない。④可能なら、単式授業形式の「同時同教材、異程度」によるカリキュラムが良い。カリキュラムの編成とその実施が課題である。

教員異動による影響問題 教師の勤務年数は、理由は多々あるだろうが平均2～3年以内である。教師が異動する度に児童の気持ちは落ち着かず、やっと慣れると、転勤して行ってしまう。複式学級で学力が劣る理由を述べてきたが、この児童達を救うのは、我々教師の重大な務めである。真の愛情と情熱をもってこれらの児童と接し、部落を知り、家庭を知り、そして、一人一人の性格を

江別支部角山小学校『複式学級に於ける遅れた子供達をどうみちびくか』1955年

知って、教育に立ってこそ、はじめてこれらの児童を救うことが出来るのである。そのためにも、出来るだけ長く、その土地に、教育愛に燃えた熱情のもとに勤めるよう希望する。しかし、現状は僻地であり、冬期は陸の孤島でひとしお淋しさを募らせる。その為、どうしても異動が激しくなっている。

教育本来の理想の地域社会とは、学校の地域化と地域の学校化の伴った地域である。近年の学校教師は、憲法が「居住の自由」を保障していることもあり学校所在地に居住し地域社会の一員として共生することが極めて少ない。その傾向は、都会だけの現象でなく農山漁業地域も同様である。教師と子どもたち、教師と地域社会の人々との生活共同体は今日では幻影でしかない。

石狩町立美登位小学校は、『子供の成長発達に障害となる点を究明し、その対策を如何にするか』を発表した。その内容は、○児童の実態、○校内措置の手段、○校外措置の手段からなっている。

石狩町立石狩東小学校は、『いろいろな障害をもった児童の指導をどうするか』を発表した。内容は、○課題設定の理由、○研究のねらいと組織、○研究の推進計画と経過、○事例研究（学業不振児の指導、社会不適応児の指導）、○むすび、である。課題設定の理由は、〈学力が劣るものが教科指導上の障害となる〉、〈行動上問題のある子どもが学級経営上の障害となる〉ことから、これらの児童への指導は児童自身を高めることであり、学級全体を高めることになるためである。しかし、課題意識は、教育の機会均等とか教育権の保障といった積極的姿勢ではなく、〈学習指導や学級経営上に障害があるから〉と消極的、防衛的な姿勢である。

石狩町立八の沢小学校は、『いろいろな障害をもつ子供の指導をどうするか』を発表した。内容は、○三児の観察と調査結果、○補導となっているが、具体

第3章　各地における教育実践

的な取り組みの記録はない。

　厚田村立望来小学校は,『読みの遅れた子供の救済』を発表した。内容は,○実践討議会までのあらまし(課題の設定,漢字の認知力調査,原因調査,対策),○その後の積み重ね,○生活指導,○家庭環境の改善,○診断テストの結果について,である。課題の設定は,〈読解力の不足は国語科だけでなく他の学習指導にも影響がある。特に,漢字の読みのできない児童が多く自主的学習に支障をきたしている〉実態を改善するためである。自作教材による指導法の工夫などの実践記録は評価される。

　浜益村立浜益小学校は,『学業不振児のとりあつかい』を発表した。内容は,○概要,○学業不振児の範囲,○学業不振児の診断,○学業不振の探究の実態と指導,○事例(異常児,行動問題児,家庭環境貧困児,性格異常児)である。本校は,学業不振児の範囲を定め,その諸調査・検査の結果,2年生18.9％,3年生17.3％,4年生16.7％,6年生19.0％が学業不振児と診断した。そして,研究対象4名の事例研究を行った。

　当別町立当別高岡小中学校は,『複式学級における遅進児の指導はいかにあるべきか』を発表した。その内容は,○研究のあゆみ,○研究のねらい,○実践討議会以後のまとめ(遅進児指導とその研究,学習指導法の研究)である。研究のねらいは,〈複式学級は,教師の手を離れた自学自習の姿が多い。教室の隅に忘れられた劣等児の原因を探求して,それを阻むものを明確に把握し,教師の努力によって遅進児を救済する為の効率的な指導法を研究する〉ことである。研究対象は,学力と環境の観点から小学校4名,中学校4名を抽出して,授業中における指導と家庭における指導を意識的に留意して行った。効率的な学習指導法としては,優秀児,普通児,遅進児のグループ編成による指導,個別的指導,学習リーダの設定,机の配列の工夫,対人関係の調整等を試行しており,その成果が期待される。

　豊平町立平岸中学校は,『学習上障害点を持つ生徒の指導について』を発表した。内容は,○序文,○共同研究内容一覧表,○実践の結果(能力に応じた教材の分析と効果的指導法の研究,学習上特に障害点を持つ生徒の生活指導),○まとめ,からなっている。本校が1952年度から教育目標に「基礎学力の充実――一人一人の生徒の力を見つめて―」を掲げて実践してきた「能力差に応ずる指導法及び治療的指導の研究」について次に摘記する。

豊平支部平岸中学校『学習上障害点を持つ生徒の指導について』1956年

豊平町立平岸中学校「能力差に応ずる指導法及び治療的指導の研究」

教育目標 1. 基礎学力の充実——一人一人の生徒の力を見つめて——：A. 能力別指導の徹底（練習の指導，効果の指導，補習の指導，コース別指導）。B. 系統的評価の研究（指導と評価の一体化，教育課程における系統的評価の観点の確立）。C. 学習指導の研究（能力差に応ずる指導法の研究）。2. 生徒会活動を場とするガイダンスの研究。3. 治療的指導の研究——一人一人の人格を尊重して——（指導の個別化，教育調査の徹底，家庭との協力）。

1952年度からのあゆみ 1952年度：補習時間の設定と確保，1953年度：ABコース別学級編成の実施・評価系統表の作成，1954年度：学習手引き書の作成，1955年度：学習手引書の改訂，1956年度：ABC 3コース編成実施，学習手引書の三回改訂，特別指導の実施。研究課題「学習上の障害点を持つ生徒の指導」設定。

能力別指導の徹底 学習上の障害点にきめこまかく対応するために，従来の2年3年生対象のAB 2コース編成（国語，数学，社会，理科，英語の5教科）からABC 3コース編成とした。「学習手引書」の改訂と指導法の工夫といった学習指導面だけでは限界があり，生活指導面との一体的な取り組みが課題となった。

学習指導と生活指導 学習指導面では，手引書の改訂にとどまらず，障害点を持つ生徒の個々の教科目標を立てて実践すること。又，ごく能力の低い生徒に国語と数学の基礎学力向上のための特別指導を行うこととした。生活指導面としては，学級経営の研究を通じて障害点を持つ生徒の指導を行うこと。学習効果があがらない原因には，知能的なものの他に性格・家庭環境等の多くの要因が考えられることからその把握が大切である。

平岸中学校のコース別指導は，いわば習熟度別編成による個別的な指導として先駆的実践である。その実践記録を基礎資料とした実践の反省と改善という省察的研究手法も今日的でもある。そして，学習指導と生活指導の統合的接近の姿勢による実践研究はすぐれて適切である。今後は指導の成果ないしは研究の検証が生徒の〈学びの変容の姿〉として示すことが課題である。

以上，12の実践研究発表を要約して紹介した。研究テーマは，石狩管内で統一されているためか，課題意識も課題解明の研究手法も整合されて各校の際立った特色ある取り組みはみられない。1950年代，北海道内の各地域においては，憲法や教育基本法の理念の実現を意識的・組織的な取り組みが開始されはじめた時期である。しかし，石狩管内においては劣等児や学業不振児及び性格行動異常児等の問題児への〈教育の機会均等と教育を受ける権利〉保障教育や特殊教育形態への志向が論議されていないが，それは〈個〉に注目し〈個〉を生かす実践により表現していると理解される。

広島村立西部小学校の福島弘は，1956年11月の北教組第6次教研集会に『わがままな子，ものを言いたがらない子，粗暴な子，学習成績のおくれている子

をどう指導したらよいか』を発表した。内容は支部大会のものである。
　江別市立江別小学校の宮澤一成は，1956年11月の北教組第6次教研集会に『仲間意識に欠けている問題児の教育』を発表した。内容は，○はじめに（こんな考えで，どんな子供を問題児としたか，こんなことが原因なのではないか），○この子の実態（遊びの時のようす，学習時のようす，家庭でのようす，教師に対する態度），○こんな指導をした（問題児の発生は親の人生観と教育の偏見からくる，集団生活や活動を阻害するボス的問題児の発生は片寄った教師の子供に対する取扱いからである，問題児の家庭生活に追われている親の放任的態度からである，貧困から受けるいろいろな条件が子供を萎縮させ卑屈にする），○指導を通してこんな結論をもった，からなっている。
　指導の実際については，「こんな指導をした」という指導仮説とその実際及び仮説の反省から構成されており一定の実践研究要件の整った手法として評価される。課題は問題児教育方法の基本的な手立ての論述である。
　千歳町立北栄小学校の宮本彰三は，1957年11月の北教組第7次教研集会に『普通学級において問題児の生活力を高める指導をどのようにしたか』を発表した。内容は，○研究のあらまし，○石狩ではこの教育活動をどのような組織で進めてきたか，○問題児の指導をどうしたか（個人指導の面から，集団場面での個人治療，学習活動を通しての発見と指導，絵を通しての発見と指導），○問題児の早期発見をどうしたか（問題児の原因はどこにあるか，早期発見の技術，問題児の判別をどうしたか，五年生S・Mはなぜ犯罪をおかしたか），○子供の周囲への対策をどうしたか，○普通学級における問題児教育の難点と今後の進め方（普通学級における難点，今後の進め方）である。
　千歳町立北栄小学校は，前述した1956年11月の報告一年後の姿である。その経過から，〈普通学級での個人研究の行きづまり，能力別グループ指導の行きづまり〉の打開策として〈集団場面での治療法と絵を通しての早期発見と治療の方策〉に取り組んだとしている。また，〈児童対教師の問題は，知性ある愛情により克服できると確信しあったが，思想または社会的・政治的・経済的問題は，一人の教師，一つの学校における教師は無力であった。改めて，共同研究の全道的全国的広がりを希求する〉と総括している。校内問題児の指導対策組織として，「問題児研究委員会」を組織し，外部カウンセラーの協力を得て，事例研究法の検討，各種テスト法等の研究により治療と予防策に取り組むといった前進をみせている。
　1957年9月，江別市手をつなぐ親の会は，市議会に「知能障害による不就学児童の處置について」を請願し，市議会は特殊学級の代替えとして通園養護施設の設置を決議した。通園養護施設「江別市立緑光学園」は，1960年1月に開

園したが，1965年には小・中学校に特殊学級が設置されたことから閉園した。1958年秋，江別市立第一中学校に特殊学級（担任中村齋）が開設され，引き続いて1960年4月に江別市立第三小学校特殊学級「あすか学級，（担任林恵文）」が誕生した。

社会福祉法人富ヶ岡学園副園長福永重治は，1958年7月の札幌市において開催された東日本精神薄弱児施設研究協議会において『本園に於ける退所児の実態とその反省』を発表した，内容は，○はしがき，○児童の入退所数，○退園事由別調，○家庭引取児の在園期間調について，○就職退所児について，○措置変更児について，○死亡児について，○むすび，からなっている。これは，

中村齋『特殊学級―その認識の経過―』1960年

富ヶ岡学園開設から八年間の園児の入退所の実態を数値とその事由が詳細に記録されており，施設併設特殊学級教育にとっても貴重な資料である。

江別市立江別第一中学校特殊学級初代担任の中村齋は，1960年11月の北教組第10次教研集会で『特殊学級―その認識の経過―』を発表した。内容は，○研究の概要，○研究の経過，○研究の内容（暗中模索の時代1958年，ワンマン活躍時代1959年，曇後晴の時代1960年）である。その研究の内容から，特殊学級の成立状況や校内態勢についての赤裸な実践論を次に摘記する。

江別市立第一中学校　中村齋「特殊学級開設三年のあゆみ」

　暗中模索時代　特殊学級開設は，充分な認識もなく，全く別な意図のもとに創立された。校長は，特殊学級担任の人事は校内人事でなく教育局の人事だという。とすれば，特殊学級は，一つの学校として認められるのか精神薄弱児についての知識もお粗末で，促進学級のごとき，養護学級のごとき，非行児矯正学級的色彩を帯びた出発であった。近頃良く引き合いに出される山下清画伯の例から，何か絵ばかり描かせて面白い画調を発見することが教育だといった風潮があった。対象生徒は，札幌養護学校の先生に依頼し入級予定者7名を選定したが，家庭訪問による説得の結果入級承諾を得た4名であった。8坪ほどの小使室の部屋を使用して細々と出発したのが昭和33年秋のことであった。担任として，補助担任問題や特殊学級運営委員会の設置等の協力態勢を職員会議でお願いしたが〈職員構成，時期尚早〉を理由に否決され，独りでやるほかなかった。とりあえず，次の年次目標を立て特殊学級独立の教育をはじめた。

　　基本目標　1. 生活訓練（日常生活を立派に出来るように）。
　　　　　　　2. 団体訓練（友達とよくつきあえるように。社会の人と交際できるように）。

3. 作業訓練（働くことに，よろこびを持つように）。
　4. 職業訓練（自分に適した職業を選び得るように）。
　中学校の特殊教育は，職業教育に重点をおくべきことは分かっていたが，小学コースが無かった当時は，生活指導に重点をおかざるを得なかった。勿論，数量，言語の領域についても，〈水増しカリキュラム的要素〉で進めた。
　こうした，特殊教育に疑問を持ちつつの暗中模索のときに，室蘭市立鶴ヶ崎中学校で行われた全道精神薄弱児教育研究大会に参加して学んだことは大きかった。特に印象深かったことは，鶴ヶ崎中学校の特殊学級が全校体制の中で経営されている事実と次の四点であった。①精薄教育は，盲聾唖学校が義務化しているように義務化すべきである。②この教育は，学校長の理解なしには行われ得ない。③学校の全職員が参加しなければなし得ない。④社会的な理解と協力態勢を必要とする。いずれも，自校と比べて雲泥の差があるものばかりであった。
　次年度の特殊学級入級者選定の資料にと校下各小学校に「調査依頼状」を送ったが，返答があったのは郡部校のみで江別市内の学校からは何の音沙汰もなかった。こうして，プアな生徒と先生の塊は第一年を送ることになる。
　ワンマン活躍時代　この年，入級者の選抜テスト等事務は，担任一人に任された。授業をもちながら家庭訪問もし，女生徒2名を含む4名の入級者を得た。8坪の小部屋は，生活指導も職業指導どころで無く，生徒8名で身動きもならない。狭い教室の解消と校長の要望もあって，三年生4名を煎餅工場と自転車店に2名ずつ職場実習に出した。校内職業実習の必要から，職員会議に「購買部」の設立を提案したが，〈武士の商法の危険性〉があるとして認められなかった。学級運営資金源なし，名案なし，反対意見ばかりの助け出すものなし，八方ふさがりで泣きたくなり，引き籠もらざるを得なかった。設立2年目，慌ただしい動きの中に，妙な諦めの雰囲気に包まれた一年であった。それは，前年に引き続いて，校内の協力態勢がほとんど得られずに過ぎたからである。
　曇後晴の時代　年度初めに担任の身分について校長に質した。特殊教育の専門性を高めることから，北海道学芸大学に新設された特殊教育教員養成課程（筆者註：1960年4月開設された「養護学校教員養成課程」）への留学意向も代替教員が得られないと認められなかった。〈異動したくなければ特学担任になれ，特学を持ちたくなければ転出せよ〉というのである。こうした暗雲を吹き払うようなことが起こった。それは，校下外の小学校の母親から〈是非特殊学級に入級させてくれ〉という要望であった。教室は，使丁室を空けて，もとの衛生室に移転を余儀なくされ，一層窮屈になった。新入生の選抜テストは，昨年同様に独りで行い，入級候補者17名の家庭訪問の結果1名のみの入級となった。ひょんなことから，校長が図工科を2時間担当してくれることになり，担任は2時間の空き時間を事務処理や校外実習の見回りにと有効に使用できるようになった。多忙な校長が，2時間も助けてくれた行為に喜びを表現する言葉を知らない。校長が会長を務める江別市手をつなぐ親の会のお母さんが来級されて協力を依頼された。そして，江別市立通

園施設「緑光学園」の抱えている問題は，即，我々の特殊学級の問題であることを知った。又，第三小学校に特殊学級が設置されることとなり，小学校の担任との話し合いができるようになった。そして，江別市立病院の医師の間で医学的な立場から，不幸な子供を診断しようとする動きがでるようになり，心理学者や教師グループなどとの協力・協議が得られるような状況となった。再三の教室移動があり，広さと施設・設備の申し分ない理科教室であるが〈彷徨えるオランダ人〉のごとく，安住の地を求めて流離しねばならぬと考えると喜べないのである。三年目になって，ようやく特殊学級が新たな認識のもとに再出発しつつある。それは，教務関係の先生方が特殊学級及び担任の全校的位置づけ問題に取り組んだことである。その結果，特殊学級の指導は校長の4時間に加えて，教員4名が8時間奉仕してくれることになり，その代わりに，特学担任が普通学級を5時間受け持つことになった。このことは，多様な意義を含んでいる。《正しい認識が，正しい発展を生み出す》からである。

江別市立第一中学校特殊学級の設立事情は明らかでない。特殊学級は，学校経営も位置づけが曖昧なままに開設され，学級担当者の人事は石狩地方教育局まかせのようであった。校内態勢を整えようとする動きも開設3年を経てからである。第一中学校特殊学級成立の背景は，その前史としての江別市教育関係者の特殊教育施策やその取り組みに関する史資料による解明が課題である。明らかなことの一つは，1952年当時琴似小学校校長で道精連委員長の北村利夫が1955年4月に琴似小学校から江別市立第一中学校校長に就任していることである。そして，北村利夫は1958年3月に北海道札幌養護学校校長として転出した。これらのことから，北村利夫校長は，第一中学校特殊学級の開設を参画し，〈先ず始めて機を待つ〉の姿勢だったと推測される。

広島村の精神薄弱児施設「富ヶ岡学園」では，入所児に義務教育を受けさせるための特殊学級設置運動が起こり，1960年4月に村議会への陳情を経て園内に東部小学校富ヶ岡分校として2学級が開設された。次いで11月には施設内に屋内体育館を含む150坪の校舎を完成させた。そして，広島村教育委員会と学園理事者は次のような「誓約書」を取り交わしている。

「誓約書」
広島村東部小学校富ヶ岡分校に特殊学級を設置するに当たり広島村教育委員会委員長中戸川平二と社会福祉法人富ヶ岡学園理事長椿昌雄との間に契約する要領次のとおりとする。
　　　　　　　　　　　　　　　　記
一，広島村教育委員会は富ヶ岡学園内に特殊学級を設置する。
二，特殊学級の運営に必要な一切の経費は富ヶ岡学園が負担する。
三，富ヶ岡学園は特殊学級のなめの分校舎を建設し，此を広島村教育委員会に無償で貸与する。
右契約の証として本書二通を作成し，各一通を保有するものとする。
　昭和三十五年四月一日

昭和三十五年四月一日

札幌郡広島村教育委員会委員長　中戸川平二
社会福祉法人富ヶ岡学園理事長　椿　昌雄

　まさに，〈教育の機会均等と教育を受ける権利〉原則に立った措置であり，精神遅滞等の発達障害児が義務教育施行に至る過程での一事蹟として記録されるものである。

　入所児の学校教育を開始した広島村立東部小学校富ヶ岡分校は，北海道最初の施設入所児の特殊学級である。1960年11月には，工費約400万円をかけた113坪の分校校舎が落成した。そして，1963年4月には中学校特殊学級「こいの子学級（担任小林孝雄）」2学級が開設された。施設入所児への義務教育を実施するために，社会福祉法人が校舎・設備と経費を負担しなければならなかったのである。

　広島村立広島東部小学校富ヶ岡分校の箱根公和は，1961年11月の北教組第11次教研集会において『この子らに生活力を—すずらん学級のあゆみ—』を発表した。発表内容は，〇研究の概要，〇研究の経過，〇よこがお（筆者は特殊学級担任教師として生まされる，第三次元の世界はこうだった），〇研究のあゆみ（設立一年目の実践の歩み，今年度実践の実態の概要），〇研究の反省と今後の方向（研究の反省，今後の方向），〇たわごと（報告書を作成して，孤立化への不安，教師の問題，子供はまっている，最後に）からなっている。「よこがお」と「たわごと」には，江別第一中学校と同様の特殊学級担任人事の経緯と特殊教育観が如実に述べられているので次に摘記する。

東部小学校富ヶ岡分校　箱根公和「三次元世界の特殊学級教員として」

特殊学級担任教師として生まされる　夢にまで見た教員となって，〈僻地廻り教員〉として三学級以下の複式校に15年勤め，1960年に年来の願いが叶って広島村東部小学校に発令された。妻子は〈店やのある街，乗り物のある村〉と喜んでくれた。4月勇躍赴任して学校長に挨拶に行った。校長室に入るや否や爆弾が投下されたのだ。説教が開始され，劣等教員というレッテルを貼られ，〈あなたは特殊教育の教員としてしか生きるほかに道はないと〉断言された。既に，富ヶ岡の特殊学級担任として決定をみており，本人の意向は一切受け付けられないというのだ。〈特殊学級の担任となるか，僻地廻りに戻るか〉の選択を迫られ，身体に自信がなく家族五人をひっさげて再び僻地に飛びたつ勇気は無かった。私は，精神薄弱児施設富ヶ岡学園は勿論，特殊学級とか精神薄弱については全く始めて聞くものであった。校長室では一言の発言もできず果然として座ったまま，教員としての劣等感を背負わされ，特殊学級担任者という第三次元的世界に飛び込むことを決定されたのである。

第9節　石狩地区の教育実践

三次元世界はこうだった　4月11日，分校主任のO先生に会う。先生は胸部疾患で療養所入所中にストマイによる副作用により聴覚を冒されているという。そして，特殊学級担任として再出発するため学芸大学の養護課程に半年間勉強に行くため留守になるという。4月12日，校長とO先生と箱根の三名で，まだ見ぬ，希望もせざる富ヶ岡学園を訪ねた。どこの学校にも遅進児とか問題児と呼ばれている子はおり，その指導にも取り組んできたが，福永副園長の案内で各寮を廻り精神薄弱児（パーということも始めて知った）の群れを見るのは初めてで驚くばかりであった。4月13日，小池園長に会う。小池園長は，「こんな所に来られるということを知らずに赴任されたということで，青天の霹靂だったでしょう。先生には本当に気の毒だと思って，校長さんには〈そんなことでいいんですか〉と言ったのだが……」といわれたときには，なんだかホッとし，生き返ったようになった。そして，小池園長は，「見ること，聞くこと，みんな目新しいことでしょうから，暫くはのんびりとして学園の雰囲気に慣れて貰いたい。又，学園の職員も34名おりますので，どこの寮でも勝手に行ってみて，子供達の姿も見て下さい。特殊教育というのは，最初から余り張り切らず，のんびりと気長にやらなければ続かないものですから」といったことを話された。O先生は学大に行かれて，毎日たった一人自転車に乗って学園通いが始まった。施設の事務所に毛色の変わった者が，一人つくねんと座って，特殊学級設置認可の通知を待ちながら，収容人カルテを出して一冊ずつ読み続ける日がつづいた。

　たわごと　私は，心の準備もなく全くの白紙のままに現場に立たされた。〈自分の心との闘争〉に悩み，〈特殊学級では何をすべきか〉で悩み，〈指導の仕方をどうするか〉で悩み，〈指導者として忘れてはならない考え方や見方〉で悩む一年七か月であった。

　校長は，自ら掌る校務を所属職員に分掌させるのであるが，その手順として誠実に，しかも，相当の配慮ある姿勢を示すものである。当時の多くの教師にとっては特殊学級の教育は，想像を超えた異次元の世界であり，まして，学級担任として分掌することは「三次元世界」という表現を用いるほどの衝撃なのであった。
　発達障害児等教育の黎明期においては，特殊学級担任の希望者がなく人材を得ることは至難であった。特殊学級開設の認可を受けながら担任が決定しないために開設を取り止めた事例も少なくなかったのである。したがって，江別第一中学校や広島東部小学校の特殊学級担任決定は適切さに欠けるものであったであろうが，このようなことは石狩地区の特殊事例ではなかった。発達障害児等対する誤った理解や偏見とその特殊教育と通常児の普通教育とは截然と区分する教育観があったのである。それにしても，富ヶ岡学園の創設者小池国雄のさり気ない言葉に含まれている特殊教育観に深く留意したいものである。
　1959年11月，千歳市手をつなぐ親の会は，「特殊学級設置に関する陳情書」

を市議会に提出した。市議会は，12月に特殊学級設置案を採択した。そして，1960年4月，千歳市立千歳小学校に特殊学級（担任阿倍信弥，百井惣一）が開設され，1962年4月には千歳中学校にも特殊学級（担任林スイ子）が設置された。千歳市は，千歳小学校・中学校の特殊学級の独立校舎を新築し1963年11月に落成した。特殊学級単置の独立校舎は，全国的にも前例がなく話題となった。しかし，北海道教育委員会は，養護学校整備方針により市立養護学校設置を認めず，千歳市立北進小中学校として存続させた。

1962年5月3日には，「昭和37年度石狩管内教育共同研究集会生活指導分科会第五班特殊教育分科会」が千歳市立北栄小学校において開催された。全体会の司会と基調報告を担当したのは，広島東部小学校富ヶ岡分校の箱根公和である。本会において，「特殊教育分科会管内交流会」を年七回開催することが決定され，その第一回交流会は1965年5月24日に広島東部小・中学校富ヶ岡分校で行うこととなった。その開催内容を次に摘記する。

「第一回石狩管内共同研究 特殊教育分科会の概要」

主催　　石狩管内共同研究生活指導分科会第五班特殊教育分科会
後援　　北教組広島支部　広島東部小中学校富ヶ岡分校P・T・A参加者及び案内者　管内特殊学級担任・管内特殊学級設置校長・石狩研究所・石狩指導主事・道指導主事・講師・村教育長・書記長・文教部長・支部所員・富ヶ岡分校P・T・A
期日　　昭和37年5月25日（金）午前9時
場所　　広島村立東部小中学校富ヶ岡分校

運営日程

8:30	9:00	9:10	10:00	10:20	11:00	11:50	12:30	2:50	3:00
受付	H・R	公開授業	開会式	討議1	富ヶ岡学園見学	昼食	討議2	閉会式	懇親会

管内特殊学級一覧

学校名		児童数	所在地	校長名	担任名
江別第三小学校		9名	江別局緑町西	高橋　好保	林　恵文
江別第一中学校		8名	江別局上江別	諏訪田勝衛	中村　齋
千歳	小学校	23名	千歳局栄町	富井　充郎	阿倍　信弥・百井　惣一・石井スイ子
	中学校	6名	千歳児童会館内	藤原　収二	
広島東部	小中 富ヶ岡分校	30名 15名	広島村字富ヶ岡	平井　春雄 三浦　進	大黒　初治・箱根　公和・小林　孝雄

討議1 「富ヶ岡分校の実態」発表，質疑応答。司会者 大黒初治，記録者 小林孝雄

・富ヶ岡学園と分校の概要の説明と質疑応答（筆者内容省略）

討議２「特殊学級の指導計画（六領域）をどのように編成したらよいか」

・教育課程を編成する上での根本的構えについて（「根本的構え」の用語概念について論議があり，提言者から「生きる力（食べること）」，生きるために働く「働く力（儲けること）」，「だまされない」，「考える力」，「生存意欲を持たせること」などの説明があった）。・石狩管内特殊教育分科会が編成しようとする「指導プラン」と道精連が作成したカリキュラムとの関係についての論議があり，それぞれの学校の実践を深めることを大切にすることを確認し合った。・講師の道学大助教授山本普から「石狩の特殊学級形態は小中校併設という異質なのでユニークな研究を望みたい」と期待された。・指導計画の系統性について論議されたが甲論乙駁の並行論に終わった。

「第２回以降の交流計画とその具体的な内容の見通し」

・六領域の検証を，各校の題材を積み重ねた実践を持ち寄り，批判と実践，批判と評価により共通意識を深めたい。「管内特殊教育分科会年間交流計画案」を承認する。

懇親会 閉会式後に富ヶ岡分校 P・T・A主催。本日の昼食も同 P・T・Aが提供した。

参加者名 学大助教授山本普，道教委指導主事成田庄三郎，石狩教育局指導主事牧野昌次，札幌養護学校長北村利夫，石狩地区研究所星野和夫，広島村教育長中戸川平二，広島東部小学校長平井春雄，広島東部中学校長三浦進，北教組広島支部長松澤輝夫，同書記長斉藤実，同文教部長新目昇一，同支部所員水野俊夫，富ヶ岡PTA会長小池国雄，同副会長福永重治，前掲８名の特殊学級担任の22名。

「石狩管内特殊教育分科会交流会」の組織化と年次計画による定期的な開催を意図したのは，広島東部小学校富ヶ岡分校の箱根公和である。自ら，特殊学級教育についての〈無知の知〉をバネにして同志を集い石狩管内の教育実践共同研究を組織したことを評価しなければならない。

千歳市立千歳小中学校養護学級は，1962年から各クラス用の『なつやすみのれんしゅうちょう』や『冬休みのおべんきょう』等を作成した。

阿倍信弥・百井惣一『研究議資料学級概要・教育課程の概略』1962年

1962年８月，「昭和37年度精神薄弱教育教育指導者講座」が宮城県で開催された。千歳市立千歳小学校養護学級・千歳中学校養護学級の阿倍信弥・百井惣一は，『研究協議資料 学級概要・教育課程の概略』を持参して発表した。そのなかから，教育課程の一部を摘記して紹介する。

第3章　各地における教育実践

千歳市立千歳小学校・中学校養護学級「教育課程の概要」

		小学校低学年	小学校高学年	中学校
1. 教育の具体目標		1. 生活指導を中心とした総合学習を行い，社会生活能力を啓培する。 2. 社会生活に適応できるために必要な知識・技能をさずける。 ・音楽，図工，体育，栽培などを通して，情操の陶冶や感覚訓練，運動機能の伸展を図る。 ・集団生活に慣れる。		
2. 年度別教育の重点	35年度	・心理的抑制を除く。 ・集団生活の楽しさを知る。 ・感覚，機能訓練を行う。 ・基本的習慣の自立を図る。 ・両親教育		
	36年度	・集団生活に慣れる。 ・感覚・機能訓練を行う。 ・基本的習慣の自立を図る。	・集団活動ができる。 ・作業学習を楽しく出来る。 ・社会生活に必要な知識を学ぶ。	
	37年度	・喜んで集団生活に参加する。 ・感覚機能訓練を行う。 ・身辺の習慣が自立できる。	・集団活動を自分から進んでやる。 ・作業学習が上手にできる。 ・内面性を陶冶する。 ・社会生活に必要な知識・技術を学ぶ。	・生産技術を身につけようとする態度を養う。 ・内面性を陶冶する。 ・社会生活に必要な知識・技能を学ぶ。
	38年度		・作業学習を進んでする。 ・集団活動の中心になれる。 ・内面性を陶冶する。 ・社会生活に必要な技能を学ぶ。	・知識・生産技術を高める。 ・内面性を陶冶する。 ・社会生活に必要な知識・技能を学ぶ。
	39年度			・対人関係の調整に慣れる。 ・職業実習に慣れる。 ・社会生活に必要な知識・技能を学ぶ。 ・両親，職親教育。
3. 教育課程編成の方針及び編成上特に留意している点		1 方針 ・精神薄弱児の福祉と成長を願い，可能性を期待し，自信をもって実践する。 ・取りまく社会的現実を認識し，児童・生徒の指導を通しながら地域や家庭をも教育する。 ・精神薄弱児の特質と個性について絶えず研究し実践する。 2 留意点 ・個々の児童の実態をとらえ，適切な個別指導や集団指導を行うことができること。 ・地域や家庭に於ける教育の重要さに鑑み，具体的な指導項目を入れること。 ・普通児との交流の機会をつくり，正常な性格作りに役立たせること。 ・計画によって児童を引き回すことのないように弾力性のある指導がなされること。		
4. 教育課程の構造と主な内容項目		教育課程 生活領域：学校行事・TV・ラジオ・日常生活・特別活動 保健領域：保健・体育 情操領域：音楽・図工 生産領域：作業・生産 言語領域：国語 数量領域：算数		

第9節　石狩地区の教育実践

5. 年間総授業日数と授業時数	○総授業日数　210日（総出席日数　245日）。 ○総授業時数　1,155時間（但し小学校低学年は840～945時間）
6. 週平均授業時数	○平均授業時数　33時間（但し小学校低学年は821～822時間の場合がある）

　1962年10月13日，石狩管内特殊教育分科会第5回交流会が江別第一小学校で開催された。参加者は特殊学級担任8名に加えて阿倍ユキ，佐々木チヅ子と外崎鋲一の三名が新しい同志となった。話題は，カリキュラム編成のための要素表の検討であった。1962年10月17日には，臨時集会が千歳小中学校養護学級で開催され中学部の単元構成，6領域の要素表，生産領域の題材一覧表，全道集会報告書のまとめ等の検討であった。1962年12月には，広島東部小中学校富ヶ岡分校において，第8回交流会を持ち，要素表のまとめ，単元の決定とまとめ，管内特殊教育研究会開催要項，全道集会報告などの検討であった。

　千歳市立千歳小学校特殊学級担任阿倍信弥は，1962年11月の北教組第12次教研集会に『この子等に生活力を—石狩に於ける共同研究のあゆみ—』を発表した。内容は，○研究の概要，○研究の経過，○石狩管内に於ける特殊教育の現況，○石狩管内の特殊教育分科会の構成（学校・学級・担任者について，学級の特異性について），○特殊教育共同研究のための体制（特殊教育研究の内容），○研究の経過とその内容（教育課程編成の構え，具体内容と系統的組み立て，教育課程編成のための作業），○今日的な諸問題（教育研究は共同研究でありたい，指導要録・通知箋の作成研究，われわれは特殊教師なのか，乏しい予算をどう使う，子供の声，地域ぐるみの特殊教育推進という点）からなっている。阿倍信弥の内容は，「第一回石狩管内共同研究　特殊教育分科会」の記録である。特殊教育分科会の積み残し課題であった教育課程の編成に関しては，道精連が作成した要素表や札幌養護学校の教育計画を参考に〈石狩管内としての同一基盤に立った教育計画〉をまとめ上げることにした。そして，各学校，各学級の特質が生かされる指導計画の作成を目指すことになった。阿倍信弥は，日教組第12次全国集会の正会員となった。その内容は，北海道の発表内容を基盤にして全道的視野に立ったものに加筆修正したものとなっている。ここでは，われわれは特殊教師なのかを改題した「担任は特殊教師か」を取り上げて次に摘記する。

千歳市立千歳小学校　阿倍信弥「担任は特殊教師か」

　石狩管内の特殊学級担任はどのような経緯で担任を命じられたのかを吐露し合ったが，全道教研集会の場において〈共同研究を阻むものという視点〉で全道に実例から次の五つの類型に整理した。①上の五例のどれかに自分も該当する被強

圧型：説明するまでもなく，〈嫌なら辞めろ〉。仕方なく受ける。②逃避型：言葉は適当でないが，どこかで，どうかして，どうも面白くない。〈ここへ逃げ込め〉と。③飼い殺され型：あそこならば子供と遊んでいられて長生きするだろう。〈ありがとう〉。④尺取り型：伸びんとする者は先ず縮め。〈今に一泡吹かしてやる〉。⑤標準型：命ずる方も，命ぜられる方も極自然で，理に適っている。以上の五例のどれかに自分も該当することが分かった。しかし，特殊教育の振興のために憂うべきことである。と言っても，われわれは担任となる以前に於いて，特殊教育についてもっとよく知っていれば，或いは，①や②の型は出現するわけはなかったと思う。更に，教育委員，教育長，校長など，およそ人事の命令権を持つ方には特段の理解をお願いしたいと思う。

　この五類型は，ユニークであるが特殊学級の担任となった経緯を類別するには難点がある。すなわち，特殊学級担任の決定は，それを命令する者と担任を引き受ける者のそれぞれの思惑と決定までの過程があって初めて成立するのである。本書で記述してきた各地域の特殊学級担当者は，自ら特殊学級設置運動に立ち担任を希望を表明して就任している事例も少なくない。すなわち，担任決定の経緯を類型化するのであれば，命令する者の思惑とそれを受けて担任となることを決意することの類型化と担任を引き受ける者の思惑と受託する過程の類型化とを組み合わせる手続きを経なければならない。ともあれ，〈特殊学級担任は，普通学級担任の墓場である〉，〈パー学級の先生には，使いものにならないパーの先生がなる〉，〈組合役員をやるには特学を持つと動きやすい〉，〈特学担任になった者は出世が早い〉といった，特殊教育蔑視，特殊教育便乗，特殊教育寄生といった風潮が蔓延していた。これは当地区だけではなく，しかも，21世紀の今日でもその傾向を引きずってきている。

　1962年12月には，石狩地方教育局・石狩地区教育研究所・広島村立東部小学校・広島村立東部中学校が「石狩管内特殊教育研究会」を広島村立東部小中学校富ヶ岡分校で開催した。その開催要項から，研究目的，研究主題，研究発表の主要点を次に摘記する。

「石狩管内特殊教育研究会の概要」

　研究目的　普通学級における精神薄弱児教育の困難点を打開するための方策と，特殊学級の実態並びにその問題について研究し，今後の改善をはかる。
　研究主題　1. 普通学級に於ける精薄児の教育をどのように進めたらよいか。2. 特殊学級における教育課程の編成と実践検証をどう進めたか。
　石狩管内教育共同研究体制の中に特殊教育分科会として昭和37年度新発足し，現在までに7回の研究交流と積み重ねている。この成果を，全道集会並びに全道

精薄児教育大会などに参加し発表してきた。石狩における特殊教育の歴史は浅く問題も数多い。しかし，普通学級における精神薄弱児の問題や特殊学級設置について最近教育関係者や普通学級の父母・教師にも関心が持たれ，特殊教育振興の気運が熟しつつある。

今回，公開授業・全道集会及び全道精薄児研究大会の報告・普通学級担任者の研究発表とを中心として，石狩における特殊教育の現状と今後の方向について，管内父母・教師及び関係者などと共に究明し，この教育の振興をはかっていきたい。

研究発表と分科会　教育研究全道集会報告「特殊教育をどうすすめるか」千歳小学校　阿倍信弥。「全道精薄児研究大会概要報告」広島東部小学校富ヶ岡分校箱根公和。第一分科会「特殊学級開設並に開設当初の諸問題をどうしたらよいか」広島東部中学校富ヶ岡分校　佐々木チヅ子。第二分科会「生活訓練を主体とした特殊学級の指導をどうしたらよいか」広島東部小学校富ヶ岡分校　大黒初治。第三分科会「中学校の生産領域に連なる作業学習をどうしたらよいか」江別第三小学校　林恵文。第四分科会「生産人に育てるための中学校における実習　その他の学習をどうしたらよいか」江別中学校　中村齋。第五分科会「特殊学級の運営の効果を挙げるためにはどうしたらよいか」富ヶ岡学園長　小池国雄。研究発表「グループ学習における遅進児の実態」広島村立広島東小学校　星慶子。

講師　北海道学芸大学教授　木村謙二，同助教授　山本普。

石狩管内教育共同研究会特殊教育分科会は，1963年3月に年度最終交流会を千歳小中学校において開催され，要素表と指導計画のまとめ及び次年度の研究計画について協議した。石狩管内教育共同研究会特殊教育分科会は，江別市，千歳市及び広島村の二市一村だけの特殊学級担当者を中心に結束して計画的に年間八回の研究交流会を行い，また，80名の参加者を得て管内大会を開催した。その研究内容は，教育カリキュラムと実践において着実な取り組みによるものであると評価できる。

1964年4月，当別町立当別小学校は小西豊作校長の熱意と教職員の発意と努力により特殊学級「いなほ学級」の開設準備に着手し，内海勝男を担任にすえて9月に始業した。これで，石狩管内の特殊学級は次表のようになった。

「石狩管内特殊学級の特異性と1964年の現況」

学校名	学級数	教員数	学級の特異性
江別市立江別第三小学校	1	1	開設時の混乱と試行的実践を経て安定。
江別市立江別第一中学校	2	2	職業教育，2年生以上の校外職業実習。
千歳市立千歳小学校	2	2	独立校舎と施設設備，小中一貫教育，
千歳市立千歳中学校	2	2	市立養護学校的な特殊教育センター。
広島村立東部小学校富ヶ岡分校	3	3	精薄児施設富ヶ岡学園内分校，独立校舎。

| 広島村立東部中学校富ヶ岡分校 | 3 | 3 | 福祉と教育の一体的な連携。校長の熱 |
| 当別町立当別小学校 | 1 | 1 | 意と職員の努力による開設。 |

　広島村立東部中学校富ヶ岡分校の小林孝雄は，1964年11月の北教組第14次教研集会に『この子等に生活力を―石狩における指導要素の実践と検証を―』研究概要，○石狩地区における教研活動と組織（研究の基本目標，研究の基本方針，研究領域とそのねらい，研究の交流体制及び推進），○石狩管内における特殊教育の現状（特殊学級の設置，学級の特異性），○特殊教育共同研究（経過，交流の方法，本年度の研究内容，交流の方法，今までの実践にあたって，特殊教育をもりあげるために）である。

　研究テーマである「指導要素の実践と検証」に言及した内容はないが，自ら共同作成した指導計画を実践を経て検証する方法が課題である。

　特殊学級担任等は，真の特殊教育振興は〈特殊学級における救済だけではなく，普通学級における特殊児童・生徒の指導が重要である〉との意識を持ち研究会や研究交流集会を企画してきたが，〈過渡期とは言え，特殊学級の教師と一部の教師だけの会合となっており，普通学級の教師の特殊教育に対する理解と共に研究し合うことを望むにはまだ道が遠い〉のである。だが，広島村立広島東部小学校では，1964年4月に校内組織として「特殊学級研究部」を設け全職員が月二回，三，四名が富ヶ岡分校に出向き授業を行い研究交流を行っている。

　1965年9月，「S40. 全国教育研究連盟 特殊教育研究協議会」が千歳市支笏湖観光ホテルと千歳市立千歳小中学校養護学級において三日日程で開催された。この研究協議会は，全国教育研究所連盟・北海道教育研究所・北海道教育研究所連盟主催で千歳市教育委員会が後援した。次に，研究協議会開催要項から，その日程と研究内容を摘記する。

「S40. 全国教育研究連盟 特殊教育研究協議会」

1. 第一日28日。「全国特殊教育の実情交換」各地区における特殊教育の現状と問題点，重点方針や研究動向などを発表し，次の6主題によって討議する。①特殊学級の設置運営に関する問題。②特殊学級の経営に関する問題。③特殊児童の判別と診断に関する問題。④特殊児童の指導に関する問題。⑤言語障害児の診断と治療に関する問題。⑥性格異常児の診断と治療に関する問題。夕食後，「北海道の特殊教育」の発表と懇談会（著者註：北海道教育研究所編『北海道の特殊教育―特殊児童の理解と指導のために―』の刊行を紹介し梗概を発表した）。

2. 第二日29日。虹鱒孵化場見学。千歳市養護学級実演授業参観。千歳市養護学級の提案と討議。懇親会。
3. 第三日30日。全体討議。

　千歳市立千歳小中学校養護学級は，指導計画略案を作成し実演授業を公開した。実演授業は，小学部一組　竹田玉器「リズムあそび」，小学部二組　百村豊吉「楽しい遠足のへき画」，中学部　浦田敏子「雑巾つくり」である。また，『学級要覧（養護学級平面案内図，学級の概要，運営についての考え方，問題点，結び）』を用意して参観と討議の資料として供した。千歳養護学級は，学級担任も創設時の阿倍信弥が札幌市山の手養護学校へ，百井惣一が登別小学校へそれぞれ転出し，また石井スイ子が退任して，後任として柚木恵子，竹田玉器，百村豊吉，大場恒夫，浦田敏子に入れ替わった。

　千歳市教育委員会は，1965年10月に特殊教育の向上を図ることから千歳市小学校と中学校養護学級を分校に昇格させ，千歳市立千歳小学校北栄分校，千歳市立千歳中学校北栄分校とした。1968年4月には千歳市立北進小中学校として特殊学級単置校として独立した。

　当別町立当別小学校特殊学級担任の内海勝男は，1965年11月の北教組第15次教研集会に『精神薄弱児の教育課程の研究』を発表した。内容は，○石狩管内における特殊学級の設置状況，○管内特殊教育共研の経過，○本年度の研究内容（生活単元のとらえ方，指導内容の形態，日課表による児童の活動），○年間の指導計画，○まとめとして，からなっている。次に，石狩管内特殊教育部会関係者による，精薄教育における教育課程編成の考えや編成内容及び当別小学校特殊学級の「日課表による児童の活動」を取り上げておく。

石狩管内特殊教育分科会「精薄教育における教育課程」

　共同研究は，精薄児教育目標と小中一貫した教育課程の樹立を目指した共同作業により団結する。基本的構えとして，〈一個の人格に目覚めた生活をするための権利意識をもった生活力のある精薄児の姿を脳裏に描く〉べきである。生活力を追求するカリキュラムとは，〈生産学習を中心にすえ，六領域による指導要素の編成作業と単元の設定〉である。そして，教育課程の自主編成により六領域の教育課程を編成し，その実践検証をすすめることにした。しかし，編成・検証作業三年目の昭和39年度にいたって，〈指導要素の取捨選択に終わった感が深い〉のである。

　作業四年目は，特殊学級の教育目標が〈社会的自立〉にあるから，総ての学習活動はこれに集約される内容でなければならない。従って，〈個々人は，教室という温室から，必ず社会人として一人歩きしなければならないのであるから，最低人に迷惑をかけることなく生活のできる人間にする〉ことである。学習単元は，

生活指導から作業学習へ、そして、生産学習・職業へと一貫した見透しの上に立って組織され、指導上の断層ができないようにすることである。これらのことから、指導内容の形態は、「日常の生活指導」、「生活単元学習（作業単元）」、「教材学習」の三形態となる。

教育課程の編成・実施・評価といった教育実践方法が未定見なことがある。すなわち、六領域で区分されている「指導内容」を指導形態の指導計画として、「選択」して「組織・配列」する作業内容がなされていないのである。教育課程の「検証」とは、具体的な指導計画の展開の積み重ねによる実践記録を根拠に評価・検討する方法である。検証作業の方法を抜きにすれば編成・検証作業が〈指導要素の取捨選択に終わった感が深い〉という帰結となる。教育実践においては、教育課程の編成・実施・評価という基本事項の実践的な理解とその経営・管理が根源的な課題である。

当別町立当別小学校内海勝男「日課表による児童の活動」

係活動 日直：教室内の整理整頓、火気のとりしまり。衛生係：水の取り替え、肝油の配布、日々の衛生調べ。飼育係：小鳥、兎の管理及び飼育室の整理。栽培係：花壇及び畑の管理。各係・当番は、終わりの会において一日の活動を全体に発表し、常に問題を自分ものとして受け止めさせる。又、全係は輪番制になっているので毎日なにかのかかりとなって活動する。

日課表

8：35	朝の会	10：10		12：00昼休12：45		1：50終りの会	2：10清掃2：40
①		②		③	④	⑤	⑥

①日常の生活指導：絵日記を書き、全体で一日の色々な出来事、その他について話し合う。絵日記の内容や書く早さなどは、正しく知能に比例しており、この時間が一番個別の問題の発見が容易である。個別指導の適切な時間となる。②教材学習：①と関係づけて進められる。③日常の生活指導。④作業単元：その日の係が中心となって率先するから児童の関心が大きい。又、奉仕活動を通じて、他学級との結びつけを行い、できるだけ独立しないように行っている。⑤⑥日常の生活指導。

小学校の教育目標は、生活と学習の基礎基本を身につけさせることである。
札幌市立小学校の特殊学級における作業学習は、生産性の高い作業活動による職業指導的性格であった。一方石狩管内の小学校特殊学級は、主に日常生活のなかでの整理・整頓、掃除、飼育・栽培及び係活動を学習内容としており対照的である。そして、学校の教育目標を達成するための教育方法論の整合性が問われる教育課程観の確かな設定が求められている。

第9節　石狩地区の教育実践

第3．石狩地区発達障害児等特殊教育の歩みと特質

1．石狩地区の発達障害児等特殊教育の歩み

年　月	事　項
1948年 6月	天理教本部は北海道地区に精神薄弱児施設の創業を決定する。
1949年 4月 　　　 8月 　　　 9月 　　　10月	「組合立石狩地区教育研究所」が設立される。 精神薄弱児施設札幌報恩学園認可され，札幌市山鼻に開園する。 わが国最初の札幌報恩学園精神遅滞児養護学校開校する。 札幌郡琴似町立琴似小学校は，道教育長名の「特別学級設置の指定」を受け，設置のための手引き書『精神遅滞児のための特別学級の設置に就いて』を作成する。（琴似町は 1955 年札幌市へ編入）。 広島村に精神薄弱児施設富ヶ岡学園開所する。
1950年 5月	道教委は札幌市立美香保中学校に特殊学級開設を要請する。 札幌市立向陵中学校の原島孝雄は「学業不振児指導法の実践的研究」を道立教育研究所編『北海道教育』に発表する。
1951年 1月 　　　 4月	札幌郡琴似町立琴似小学校特殊学級授業開始する。 札幌市立美香保中学校に特殊学級一学級認可の内示を受ける。
1952年 3月 　　　11月	札幌市立美香保中学校に特殊学級開級する。 琴似町立琴似小学校滝止士は『学校・家庭の連絡記録 この子の母』を発表した。
1953年 1月 　　　 6月 　　　 7月 　　　11月	「琴似町精神薄弱児教育振興会」が発足する。 琴似町立琴似中学校特殊学級開設する（琴似小学校分教室に委託）。 琴似町立琴似小学校の「経営の概要について」北海教育委員会『北海道教育月報』26，4-4に掲載される。 文部省・札幌市教委等による「東北・北海道地区特殊教育研究集会」が札幌市・琴似町において開催され，関係学校が公開授業や実情報告を行った。琴似町立琴似小学校は『精神遅滞児特殊学級に就いて』を発表する。 琴似町立琴似小学校杉山静子は北教組第三回教研集会に『普通学級の於ける精神薄弱児の発見と診断及び処置，予後についての実践的研究』を発表した。琴似小学校中野威も同教研集会に『普通学級に於ける指導の困難点と當校の特殊教育』を発表した。札幌市立美香保中学校特殊学級担任の菅原馬吉も同研究集会で『特別学級の効果と札幌市における精神遅滞児の実態調査』を報告した。
1954年 2月 　　　10月 　　　12月	札幌市立北九条小学校生活指導部ガイダンス班は，第6回問題児童事例研究会に『問題児のその後の歩み』を発表した。 札幌市立白石小学校の大館貞夫も同事例会に『社会不適応児の問題行動について』を発表した。 札幌市立美香保中学校特殊学級は『生産を通しての生活カリキュラム』を作成した。 札幌市教委「札幌市立小・中学校における精神薄弱児の実態調査」結果を発表した。
1955年 6月 　　　11月	札幌市研究協議会特殊教育研究部発足する（部長 菅原馬吉）。同研究部は『研究の手引一』を作成し，9月に『研究の手引二』を作成し関係者に配布した。 「石狩管内共同研究会」組織され，第一回共同研究集会が開催された。 当別町立当別小学校の中島昭一は，北教組第5次教研集会に『何がこの子の学習を阻んでゐるか（共同研究による）特異児の究明』を発表した。
1956年 6月 　　　 9月	「千歳幼稚園事例研究討議会」が発足する。 千歳幼稚園は『幼稚園に於ける問題児の一考察』を発表する。 札幌市立美香保中学校の菅原馬吉は，「特殊教育（精神薄弱の部）研究指定発表会並全国特殊学級研究協議会」で二か年の研究成果『中学校特殊学級における生産教育の

11月	実践』を発表した。 札幌市立幌北小学校の高橋春松は，北教組第6次教研集会に『特殊児童生徒の取扱方と特殊教育振興の対策について』を発表した。広島村立西部小学校の福島弘は，同教研集会に『わがままな子，ものを言いたがらない子，粗暴な子，学習のおくれている子をどう指導したらよいか』を発表した。江別市立江別小学校の宮澤一成は，同教研集会で『仲間意識に欠けていた問題児の教育』を発表した。 石狩管内共同研究会の第二回集会では以下の12校の研究発表があった。千歳支部北栄小学校『普通学級における問題児の指導』，広島村立西の里小・中学校『社会養護施設より通学する子供の障害と対策』，広島村立西部小学校『わがままな子，ものを言いたがらない子，粗暴な子，学習のおくれている子をどう指導したらよいか』，江別市立江別小学校『問題児の教育をいかにすべきか』，江別市立角山小学校『複式学級に於ける遅れた子供達をどうみちびくか』，石狩支部美登位小学校『子供の成長発達に障害となる点を究明し，その対策を如何にするか』，石狩町立石狩東小学校『いろいろな障害をもった児童の指導をどうするか』，石狩支部八の沢小学校『いろいろな障害をもった子どもの指導をどうするか』，厚田村立望来小学校『読みの遅れた子供の救済』，浜益村立浜益小学校『学業不振児のとりあつかい』，当別町立高岡小・中学校『複式学級における遅進児の指導はいかにあるべきか』，豊平町立平岸中学校『学習上障害点を持つ生徒の指導について』。
12月	札幌市立琴似小・中学校特殊学級は『昭和31年12月1日 琴似小・中学校特殊学級経営の概要』を作成した。
1957年 3月	札幌市立琴似小学校学習委員会は，『学業不振児の事例研究』をまとめた。
9月	「江別市手をつなぐ親の会」は市議会に対して「知能障害による不就学児童の處置にについて」を請願し，市議会は通園施設の設置を決議した。
10月	札幌市立幌西小学校の小林武雄は，札幌市特殊教育研究会に『幼児期にもう一度かえりたいという願望から発生せる問題行動及び問題抗議を持つ子どもの指導について』を発表した。
11月	札幌市立琴似小・中学校特殊学級担任の室谷好枝は『精神薄弱児の作文指導をどのようにしたか』をまとめ発表した。 札幌市立陵雲中学校の村上徹也は，北教組第7次教研集会に『社会的不適応児の指導と対策 家出少年の一事例を中心として』を発表した。千歳町立千歳北栄小学校の宮本彰三は，同教研集会に『普通学級における問題児の生活力を高める指導をどのようにしたか』を発表した。
1958年 3月	札幌市立美香保中学校は『特殊学級七年』を作成した。
4月	北海道札幌養護学校開校する。5月入学式，円山公園等での青空教室で始業。
7月	社会福祉法人富ヶ岡学園副園長の福永重治は東日本精神薄弱児施設研究協議会において『本園に於ける退所児の実態とその反省』を発表した。 江別市立第一中学校特殊学級開級する。
11月	札幌市立東小学校の齋廣男は北教組第8次教研集会に『札幌市に於ける社会不適応児の実態調査とその指導法の考察』を発表した。
1959年 4月	札幌市立豊水小学校，札幌市立西創成小学校に特殊学級開設される。 札幌市立豊平小学校特殊学級開級は『特殊学級実践報告』を作成した。
11月	「千歳市手をつなぐ親の会」は特殊学級設置に関する陳情を市議会にて提出する。市議会12月に特殊学級設置案採択した。 札幌市立幌南小学校の山下松蔵は北教組第9次教研集会に『特殊児童指導の実践的接近』を発表した。
1960年 1月	精神薄弱児通園施設「江別市立緑光学園」開園する（1965年閉園）。
4月	千歳市立千歳小学校特殊学級開級する。広島村立広島東部小学校富ヶ岡分校「すずらん学級」と「たんぽぽ学級」の二級が富ヶ岡学園内に開級する。江別市立第三小学校特殊学級「あすか学級」開級する。札幌市立東小学校特殊学級開級する。
5月	通園施設「札幌市かしわ学園」開園する。
6月	「北海道精神薄弱児資料センター」が札幌養護学校に併設される。

	7月	札幌市立二条小学校に特殊学級開級する。
	10月	昭和35年度札幌市教育研究集会が開催され，特殊教育部会で豊水小学校石川ハル子，西創成小学校高橋英志，東小学校鈴木益江，二条小学校久美屋龍二が共通主題の「特殊学級開級上の問題点」を報告した。
	11月	江別市立第一中学校特殊学級担任の中村齋は，北教組第10次教研集会に『特殊学級その認識の経過』を発表した
1961年	4月	札幌市立大通小学校，札幌市立豊平小学校特殊学級開級する。札幌琴似中学校特殊学級花園分教室，花園学園内に開級する。
	6月	札幌市立琴似小・中学校特殊学級は『昭和36年6月 特殊学級十年のあゆみ』を発行した。
	11月	札幌市立琴似小学校の佐藤丈史は北教組第11次教研集会に『特殊児童生徒の指導はどのようにしたらよいか―その組織について―』を発表した。広島村立東部小学校富ヶ岡分校の箱柳公和は，北教組第11次教研集会に『この子らに生活力を―すずらん学級のあゆみ―』を発表した。
1962年	2月	札幌市特殊学級連絡協議会は『精神薄弱児教育基礎資料 特殊学級開設の手引き』を発行した。次いで，『特殊学級経営の手引き』，『特殊学級設置基準』を作成した。
	4月	広島村立東部中学校富ヶ岡分校特殊学級「ひまわり学級」富ヶ岡学園内に開級する。千歳市立千歳中学校特殊学級開級する。札幌市立苗穂小学校，札幌市立中央小学校特殊学級開級する（西創成小学校分教室）。札幌市立中島中学校特殊学級開級する。札幌市立一条中学校，札幌市立中央中学校特殊学級開級する。
	5月	「昭和37年度石狩管内教育共同研究集会生活指導部会第五班特殊教育分科会」開催する。 札幌養護学校の母親らが私設「杉の子寮」を開設する。
	8月	千歳市立千歳小学校特殊学級担任阿倍信弥・百井惣一は，昭和37年度精神薄弱児教育指導者講座に『研究協議資料 学級概要・教育課程の概略』を発表した。
	9月	札幌市立桑園小学校特殊学級開級する。 札幌市立美香保中学校育成園分教室開級する。 札幌市精神薄弱特殊学級入級判別委員会（現・就学指導委員会）発足する。
	11月	千歳市立千歳小学校特殊学級担任阿部信弥は，北教組第12次教研集会に『この子らに生活力を―石狩に於ける共同研究のあゆみ―』を発表した。
	12月	「石狩管内特殊教育研究会」が開催された。
1963年	4月	札幌市立陵雲中学校特殊学級開級（二条小学校分教室）を準備し，9月始業する。
	6月	札幌市立二条小学校得特殊学級は公開授業で『特殊学級―目標の研究資料―』を配布する。
	8月	江別市立江別第一中学校の中村齋は「昭和38年度精神薄弱教育指導者講座」に出席し『学級概要』を発表した。
	10月	「昭和38年度 精神薄弱教育全国協議会」が北大クラーク会館，札幌養護学校，札幌市内小中学校を会場として三日間日程で開催された。
	11月	千歳市立千歳小学校・千歳中学校特殊学級の独立校舎が落成する（北進小・中学校の前身）。
	12月	広島村立東部小・中学校富ヶ岡分校，小中併置の防音鉄筋コンクリート二階建ての独立校舎となる。
1964年	4月	当別町立当別小学校特殊学級「いなほ学級」開級する。札幌市立東橋小学校特殊学級開級する。札幌市立東栄中学校特殊学級開級する。札幌市立一条中学校特殊学級開級（東小学校分教室）する。札幌市立陵雲中学校桑園小学校分教室開級する。 広島村立東部小学校「校内特殊教育研究部」を組織する。 北海道札幌養護学校もみじ学園分教室が北海道立もみじ学園に併設される。
	11月	北海道札幌養護学校の佐伯進は北教組第14次教研集会に『精神薄弱児の運動能力機能の実践的研究と教育課程への考察』を発表した。札幌市立一条中学校特殊学級担任の花田吉朗は北教組第14次教研集会に『子どもの姿から考えられる指導計画への見通し』を発表した。広島村立東部中学校富ヶ岡分校の小林孝雄は，北要素第14次教研集会に

		『この子等に生活力を―石狩における指導要素の実践と検証を―』を発表した。
1965年	4月	千歳市立千歳北栄小学校分校,千歳市立千歳中学校北栄分校（1971年千歳市立北進小・中学校）開校する。札幌市立北九条小学校特殊学級開級する。札幌市立西創成中学校特殊学級開級する。北海道学芸大学附属札幌小学校特殊学級「ふじのめ学級」開級する。北海道白樺養護学校札幌養護学校内に開校する。
	7月	札幌市立中島中学校特殊学級の大森隆弘と加賀和子は『昭和40年度第1回宿泊生活訓練報告書』を作成した。
	9月	「全国教育研究所連絡協議会特殊教育部会研究会」千歳市で開催される。
	11月	札幌市教委「札幌市特殊教育振興計画」策定する。
		札幌市立東栄中学校特殊学級担任の島村恒三は北教組第15次教研集会に『精薄児の職業指導の問題―複式学級と学校工場方式―』を発表した。北海道札幌養護学校中学部の市澤豊も同教研集会に『精神薄弱児の職業教育をどう組織したらよいか』を発表した。北海道白樺養護学校の熊谷靖夫も同教研集会で『精神薄弱児の後期中等教育について―白樺養護学校のあり方について―』を発表した。当別町立当別小学校特殊学級担任内海勝男は,同教研集会に『精神薄弱児の教育課程の研究』を発表した。
	12月	北海道学芸大学附属札幌小学校特殊学級担任の中村恵美は『精神薄弱児に於ける心理劇の応用』を発表した。
		札幌市教育委員会は『札幌市の特殊学級教育課程編成資料1965年』を作成した。

2．石狩地区の黎明期における発達障害児等特殊教育の特質

　石狩管内は，地理的，行財政的，交通的，文化的，そして，教育的に文字通り北海道の中心地域であった。知的障害児等の発達障害児教育は，戦後の新教育開始の黎明期に次のように成立のための背景条件は整えを見せていた。すなわち，1949年には北海道大学教育学部に特殊教育講座が開講され，北海道立教育研究所も新教育研究に着手していた。1950年には，「東北北海道地区精神遅滞児教育教員講習会」が仙台市で開催され，札幌市で「精神薄弱教育ワークショップ」，小樽市で「北海道地区小学校幼稚園教員研修会第7班特殊教育部会」が開催され，多くの道内関係者が参加してる。

　北海道教育委員会は，1950年に，行政資料作成のための「精神薄弱児童知能測定調査」を企画し，1951年には「精神薄弱児特別学級設置校に対する助成金交付について」，「精神薄弱児のための特別学級の経営並びに研究会の準備について」，「精神薄弱児のための特別学級の経営計画書の送付について」，「精神薄弱児特別学級の補助申請について」等を矢継ぎ早に市長等及び学校長並びに地方教育事務局長に開設奨励の通牒を発した。

　北海道教職員組合は，民主教育の実現を掲げて1951年に「第一回北海道教育研究会（特殊教育部会を含む）」を開催した。

　発達障害児等の特別学級は，1959年に道東の雄武町立雄武小学校特別学級開級を嚆矢に札幌報恩学園養護学校が開校し，1950年には道北の釧路市立日進小学校，網走市立網走小学校，十勝管内の新得町立新得小学校，道南の森町立森小学校が開級した。このように，私立の札幌報恩学園養護学校以外は，すべて，

道央圏から離れた周辺地域で開始されている。

（1）札幌市における発達障害児等教育の特質

戦前，札幌市には，札幌師範学校代用附属円山小学校や札幌師範学校附属小学校が特別支援教育を実験的に取り組んでいたが，戦後への教育的接続性はなかった。我が国初の精神遅滞児養護学校である札幌報恩学園養護学校は，児童福祉と学校教育の統合形態として山下充郎校長による独自性のある良質の教育を展開した。札幌市に隣接する琴似町立琴似小学校は，1959年8月に道教委の特別学級設置の要請により「特別学級設置の指定」を受けた。琴似小学校特別学級開設については，多くが「道教委の研究指定を受けて」開設したとしている。これは，あたかも特別学級開設の研究指定校であるかのような記述であるが，これまでにも度々論述したように，特別学級は開設事前に特別学級における教育実践研究が必要要件なのである。道教委は，先にあげたように特別学級設置計画に基づき，開設奨励通牒を発している。その大要は，1950年4月の教育長名「精神遅滞児特別学級設置基準について」（指第145号）によく表現されているので次に摘記する。

北海道教育委員会「精神遅滞児特別学級設置基準の主目」

一．**主目** 義務教育の子どもの中に精神薄弱児は相当に多数いる。これらの子どもの教育については特別な考慮と技術が必要であるので，まずはこの方面の教育に関心を持ち振興させるために各支庁各市に一学級宛を指定して研究されたい。

二．**指定までの手順** (1)小，中学校のいずれでもよいから，特別に関心を持つ教員があり実施可能な学校を選定する。(2)実施可能とは形式だけでなく，特別学級を作ることによって生ずる幾多の困難を十分に打開できるという校長の教育への決意を含む。(3)実施予定校について，その実施案を作り指導課の検討を受ける。(4)特別学級に必要な教育は，各事務局，各市でできるだけ操作する。(5)実際の設置は9月からとする。それまでは右（上記）のための諸準備とする。設置決定の通知は7月末迄に行う。(6)6月下旬に文部省主催の精神遅滞児教育ワークショップが札幌で開催される予定であるので，右指定校の担当予定教員はこれに参加することを条件とする。

特殊学級の設置を勧奨し，研究を奨励したのは市町村の教育委員会であった。普通学級における発達障害児等等の教育に関しては，1950年に札幌市立江陵中学校の菅原孝雄の「普通学級における学業不振児の指導」論考が初出であったが，継続的な研究発表は石狩地区の町村の教師によって行われている。

札幌市は，札幌市における最初の特別学級は琴似町立琴似小学校であるとし

ている。これは、琴似町が1955年に統合されたためで、史実としては正確でない。琴似町立琴似小学校は、1949年に特別学級設置の勧奨を受け、1950年に、〈教育機会の均等〉の理念実現を目指し学業不振児を含めた特異児童の教育について、全校体制による研究協議を行って普通学級における特異児童の個別的事例研究を行っている。次いで、開設準備のための手引書『精神遅滞児のための特別学級の設置について』を作成した。そして、1951年1月、学級担任滝止士による授業を開始したのである。札幌市立美香保中学校は、1951年4月に特別学級一学級設置の内示を受け、1952年3月に学級担任菅原馬吉により授業を開始した。美香保中学校特別学級は、北海道最初の中学校特殊学級と誤って喧伝されている。このことについては、市澤豊（2010年）の論考のように、黎明期における中学校特別学級の設置及び教育形態には、小学校特別学級併設中学校型と中学校特別学級独立型があった。いずれの形態においても中学校年齢該当児の教育が行われた。中学校特別学級独立型は、本章第12節に論述したように1951年4月に開級した函館市立潮見中学校特別学級である。

　札幌市立の特別学級開級と教育の特質は、希有の人や特別学級設置を熱望した教育関団体による下からの盛り上がりによる開設とは異なり、教育行政の設置勧奨を受けて開設されたことにある。その教育実践論は、北大教育学部特殊教育講座の指導、なかでも、東京都立青鳥中学校の教育実践をモデルとしたものであった。札幌市の特別学級は、琴似小学校と美香保中学校の開設から7年後の1959年4月の豊水小学校と西創成小学校の開設まで開設はなかった。1958年に北海道札幌養護学校が開校した。そして、琴似小学校の滝止士と美香保中学校の菅原馬吉の両名は、北海道の発達障害教育の啓蒙者として役割を果たして巷間で硬論の人と評された。それは、札幌市という地の利を地盤に加えて中央崇拝と新奇性を好む北海道人の特質に適合するリーダーシップでもあった。しかし、オリジナリティーな教育的実践研究の積み上げによる特質を描きだした実践的資料は発掘されていない。

　琴似小学校の杉山静子や中野威らは、発達障害児等の特別学級設置形態による教育とは別に「校内特殊教育研究サークル」を組織して通常学級における学業不振児の教育問題に取り組んでいる。そして、1957年に『学業不振児の事例研究』としてまとめた。1953年の札幌市立山鼻小学校の城本春時の「普通学級における算数科指導」のような優れた教育実践もあったが市立学校教育に普及・浸透することはなかった。札幌市の教師たちは、普通学級における学業不振児や社会問題行動児等への教育的関心はあったが、組織的な取り組みにまで高めることなく、個別的な範囲での事例研究に留まっている。憲法や教育基本法の理念である〈教育の機会均等〉による民主教育の実現といった理想を掲げ

た教育姿勢とその実践的取り組みを裏づける史資料は発掘できなかった。中学校特殊学級開設初期には，その教育形態も小学校特殊学級併設型が多く変則的であった。

このように，札幌市の発達障害児等教育を特質づけるに足る史資料の一つは，1956年の札幌市研究協議会特殊教育部会による道都札幌市の公立学教教師839名への意識調査研究の結果が示唆を与えてくれると考える。すなわち，90％の教師が精神遅滞児のための特殊学級の必要性を認識していながら，73％の教師が特殊学級の担当を希望しないのである。そして，特殊教育研究部会への所属にも消極的なのである。この調査結果を裏づけるかのように，特殊学級経営上の最大の課題は《学級への特別視による孤立化》であった。

札幌市においては，特別学級開設が教育行政指導を受けて開始された。特殊学級初担任の多くが，それぞれ他校や他地区からの移入人事であったことなども複合的な遠因となったのかもしれない。

(2) 千歳市・江別市及び町村における発達障害児等教育の特質

1949年8月，札幌報恩学園長小池九一の子息小池国雄は，広島村に精神薄弱児施設富ヶ岡学園を開所し初代園長に就いた。小池国雄は，施設入所児の義務教育就学に並々ならぬ熱意を持っており，施設内特別学級の誘致構想を模索していた。そして，軽度の学齢児を広島村立西の里小・中学校普通学級に通学させ，1960年4月にはすべての学齢児の就学のために学園施設に特殊学級「広島村立広島東部小学校富ヶ岡分校」を附設した。千歳市や広島町では，児童施設入所児の《教育の機会均等と学教育を受ける権利》形態として児童福祉施設関係者からの強い要請にに応えるかたちで施設内特殊学級が開設されている。

札幌市を除く石狩管内は，道央地区にありながら僻地校が多いこともあり小・中学校の教員は，1955年に「石狩管内共同研究会」を組織して年一回以上の共同研究会を地域持ち回りで開催するようになった。そして，僻地校や小規模校が多く，したがって，複式学級形態であることから，〈同時，同一教材，異程度〉の個別的配慮による教育方法となり，特に大規模校でなければ特殊学級の設置を求めることがなかったことになる。

管内における組織的な研究の公開は，1955年に当別町立当別小学校の中島昭一らによって，特異児童の究明を主題とした『何が学習を阻んでいるか』が最初であろう。1956年には，千歳町（1958年市制施行）に「千歳幼稚園事例研究討議会」が発足して，いち早く幼稚園における問題児の養育について取り上げてる。広島村立西部小学校の福島弘や江別市立江別小学校の宮澤一成らが学業遅進児や困難な児童の問題に関して実践研究に取り組んでいる。

石狩管内共同研究会主催の第二回集会では，12校の研究発表があり，その共

通する実践課題は〈普通学級における問題児の基礎的学力と生活力の向上〉を目指す全管内的共同実践研究態勢が整えを見せ発展していった。この全管的な〉共同研究態勢による〈普通学級における問題児の教育実践〉は空知地区と共に他地区には類を見ない大きな特質であった。
　特殊学級の教育形態としては、広島村立東部小・中学校富ヶ岡分校と千歳町立北栄小・中学校分校（のちの千歳市立北進小・中学校）のような、小学校特殊学級と中学校特殊学級が校舎や施設・設備を一にした学校として教育を展開している。いわば、養護学校形態の特殊学級として発展している。

第10節　後志地区の教育実践

第1．後志地区の概況

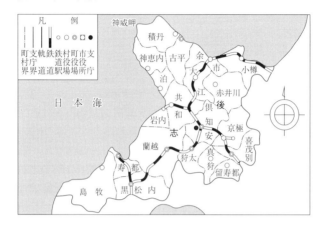

　後志管内は，総面積約4,300平方㌔に1市10町9村があり，そこに人口約410,000人，世帯数84,00世帯が居住している。

　後志は，アイヌ語の〈シリベシ（大草原の流れ）の意〉に漢字をあてたものと言われている。一説には『齋明紀』に後方羊蹄はこの地方を指すとあるが未詳である。

　後志は，海上交通の要路に沿って和人が最初の足跡を残した古い歴史を誇り，伝説，史跡に富む景勝の地が多い。大正時代に謳歌した鰊文化は海流の変化で衰退し水産資源の枯渇を招き，加えて傾斜地農業に代表される自然条件の悪さから，財政再建団体が七か町村に及んでいる。そこで，財政再建策として，遠洋漁業への乗り換え，地下資源が豊富で奇岩景勝地の多い積丹半島の開発，東洋のサン・モリッツといわれるニセコ道立自然公園の整備，疲弊した傾斜耕地に酪農を導入するなど積極的な取り組みが期待されている。

　教育や文化関係では，学校数は小学校142校（分校5），中学校70校（分校3），高等学校16校（道立5，町村立11）である。施設面では，小学校の老朽化が多く，危険校舎17,000㎡，屋内体操場3,700㎡に及び小・中学校の不足面積は17,000㎡に及んでおり，無灯火校も18％ある。一方，辺地指定校は，小学校で88校（60％）あり，いずれも，最寄り駅から10～20㌔はおろか40㌔も離れた山奥や，夏冬ともに船で通学する不便地もある。このような生活資源，文化に恵まれな

い〈陸の孤島〉と呼ばれる地帯もある。無灯火地帯も多く，生活文化が低いために，学童の体位が憂慮され，その対策として学校給食の全校実施が進められている。社会教育では，農漁村を中心の青年団体157団体と婦人団体184団体があり，各農協の農協婦人団体として活動している。医療施設は，病院19，診療所108，保健所3があり，いずれも町村の中央地域に集中している。そのため，無医部落地帯が多く重大課題の一つとなっている。

第2．後志地区発達障害児等の教育実践

後志地区は，古くから開けた小樽市と農漁村を主とした町村に区分けされるが，本稿では一地域として論述する。本地区の単級複式校は，小学校が67％で中学校は47％となっていることから，全道に先駆けて1948年3月に「後志単級複式教育者連盟」が結成された。新教育の取り組みとしては，「銀山プラン」と関係者の口の端にのぼった銀山小学校の生活中心カリキュラムと社会科をコアとした銀山中学校のコア・カリキュラムがあった。

後志における発達障害児等教育実践史資料は，坂本寛・高見郁子「特殊学級の経営」(pp.7-23)，佐藤弘「特殊学級経営」(pp.25-35)，北海道精神薄弱教育研究連盟編『第13回北海道精神薄弱児教育研究大会要項』(1961年)，伊藤潤楽「後志」(pp.95-98)，と島村恒三「小樽」(pp.182-183)，北海道精神薄弱教育研究連盟編著『道精連 三十年の歩み』(1982年)，小樽市小・中学校特殊教育連絡協議会「小樽市における特殊学級の設置状況及びその経過」『小樽市小・中学校 特殊学級教育課程と実践の記録』(pp.1-5, 1969年)，岩内西小学校記念誌編集委員会『岩内西小学校開校記念誌 追憶―76年の歴史をたどる―』(p.6, 1977年)，後志特殊教育連絡協議会『特殊教育指導担当者必携 昭和54年』(1979年)，後志教育百年史編集委員会「特殊教育」『後志教育百年史（戦後編）』(pp.228-243, 1983年)，後志特殊教育連絡協議会『後志の障害児教育 ハンドブック 指導担当者 特殊教育指導担当者必携第3版』(1995年)がある。なお，市澤豊「倶知安町立倶知安中学校［こまどり学級］の教育」(pp.889-908, 2010年)がある。

戦前期の小樽市における特別支援教育の濫觴は，私立小樽聾唖学校である。佐藤忠道「北海道における障害児教育の成立過程に関する研究―戦前期の私立盲唖学校を中心として―」『道都大学紀要 社会福祉学部』(第34号, pp.21-42, 2009年)によれば，1903年に小樽区量徳尋常小学校の主席訓導小林運平が数名の聴覚障害児を勤務終了後に下宿先で指導し，1905年には盲唖私塾を開き，1906年に私立小樽盲唖学校を開設したとある。発達障害児等の特別教育は，1928年に開設され小樽市色内尋常高等小学校の遅進児学級でる。詳細は市澤豊「小樽市色内尋常高等小学校遅進児学級」『発達障害児教育実践史研究』(pp.233

-237, 2006年）を参照されたい。戦後期においては，1950年に文部省とCI&E等による「第2回北海道地区小学校幼稚園教員研修会第7班特殊教育部会」が小樽市立量徳小学校を主会場として開催されている。このように，小樽市を含む後志地区は戦前期から特別教育の歴史をもつ数少ない地域であった。筆者の史資料蒐集には，〈岩内市立岩内西小学校（校長 下口学，教頭 吉田貢）から貴重な資料の紹介と提供を頂きましたことに謝意を表します。しかし，ほかの関係学校及び研究機関等からは資料についての回答を得ることがなく後志史誌として課題が残りました〉とある。

1950年ごろ，後志教育心理サークルが「個人差に応ずる教育」をテーマに教育診断研究会（事例研究）を定例開催しており，その研究会で発達障害児等の教育問題が話題となったようである。

1951年10月，「後志教育研究所」が事務所を倶知安中学校に置いて開設され，後志の教育実践課題の民主的解決に向けた研究活動を担うこととなった。

管内最初の特別学級は，1951年岩内町立岩内西小学校（校長 竹村源次郎）に15名の児童が入級して開設された。初代担任の中藤武彦は，『後志教育百年史（戦後編）』によると，長期研修生として北海道学芸大学で心理学を研修した期待の教員であった。特殊学級「ひまわり学級」開設の背景については，前掲資料からの援用であるが二代目担任坂本寛・高見郁子の「特殊学級の経営」に記述されている。

岩内西小学校　坂本寛・高見郁子「特殊学級の設置事情」

　物置改造教室　昭和26年4月本校にも特殊学級が誕生発足した。当時新教育の名のもとにコアカリキュラム，ガイダンス，能力別指導等々盛んに論議され研修にいとまがなかった。1950年に北海道教育委員会の勧めもあり，その指定を受けることとなり，1951年4月に約15坪の小物置を改造して，2年生から4年生までの11名を収容し，中藤武彦教室として発足した。

　学級閉鎖と再開　1952年10月，学級経営の前途に希望を持ち始めた時期に，定員問題，予算問題等によって，開級からわずか18か月にして止むなく閉鎖の憂き目をみてしまった。その後非常な努力によって問題を解決し，1953年9月14日の第二学期に再び再開され坂本寛が担任となった。〈この子供の幸せを願う心〉は，1954年9月の15号台風による岩内町大火にもめげず学級入級者は増えつづけ，12坪の壁を破って1961年4月には1学級増が認可され高見郁子を担任に普通教室を併合して2学級となった。

　教育目的と目標　目的：個性に応じた自活能力を培い社会の一員として適切な地位を与える。目標：①個人差に応じた教育（本人の特性をいかした社会的自立をはかるとともに，身のまわりの問題に対して自ら処置できるようにする），②社会生活に対す

る行動の適応（自分を中心とした地域社会において社会的な協調ができるようにすると共に，社会一般人に理解協力について啓蒙する），③個人の適切な職業教育の基礎（生活に資する基礎的な技能を身につけるようにする）。

　後志管内最初の特殊学級は，岩内西小学校の新教育研究を背景に教育行政指導により設置された。しかし，学校経営上の問題で閉級を余儀なくされながらも，〈この子供の幸せを願う心〉は萎えることなく，岩内大火をくぐり抜けて発展していった。教育目標や指導計画には，「精神遅滞児」といった文言がなく，《個人差に応じた個性教育》の視点がある。岩内市立岩内第二中学校特殊学級は，岩内西小学校特殊学級卒業生を受け入れ小中一貫の義務教育を保障するために1953年4月に開設された。

　1958年には，余市町立余市沢町小学校，倶知安町立倶知安小学校，小樽市立花園小学校にそれぞれ特殊学級が開設された。

　岩内町立岩内西小学校の特殊学級担任中藤武彦は，1951年11月の北教組第一回教研集会に『特殊教育を如何に振興するか』を発表し，日教組全国集会代表となった。発表内容の一次資料が発掘されていないため発表内容は未詳であるが，研究協議は，○特殊児童に対する態度（両親について，教師について〈近親的な教育愛，科学的資料の盲信，職業的な無関心，教育計画の未熟〉，友人について，社会について），○特殊教育振興の対策，○社会政策による解決などについて話し合われた（北海道教職員組合文教部『北海道教育前進のために―教育研究活動の成果―』p.85, 1957年）。

　余市町立沢町小学校の伊藤潤楽は，1952年の北教組第二回教研集会に『学業不振児とその対策』を発表した。発表内容は，○学業不振児の心理（学業不振児の事実，学業不振児の人格的発達に及ぼす影響，学業不振児の概念と原因），○診断の方法（症状の診断，原因の診断，事例研究），○治療の方法（治療法構築の着眼点，治療効果の評価）からなっているが，理論の記述に終始して実践内容の記述はない。

　1954年に後志教育研究所に「教育診断研究委員会」が設置される。

　倶知安町立寒別中学校の新保昇止は，1954年11月の北教組第4次教研集会に『普通学級に於ける問題児の事例研究』を発表した。内容は，○手におえない乱暴な子（事例，記録），○冷い緘黙の子（事例，記録），○良く訴える子，となっている。事例研究について新保昇止は，次のように述べている。

倶知安町立寒別中学校　新保昇止「事例研究の意義」
　特殊な子どもの指導であるが，別の角度からは学校の信頼を高め，学校と父母

とのつながりを良くする一つの方法である。家庭でも世間でも余され坊主が，ともかくも，治っていったとすれば，良い意味で父母，世間に影響する所が大きい。

事例研究による指導技術が家庭にまで及び，父母はこれを用いて，しかも成功しているのをみる時，例は少ないが何かと示唆しているように思う。

〈よい意味で父母，世間に影響する〉ことの内容記述が課題であるが，正攻法の課題意識は評価できる。

小樽市教育研究所は，1955年7月に特殊教育第一報『本市に於ける特殊教育対象児童生徒調査一般報告—精神薄弱児童実態調査とその研究の為の中間報告—』を発行した。その内容は，○「はしがき」小樽市教育委員会教育長 小金沢要，○調査の趣旨，○調査の対象と分類，○判定基準（身体的欠陥児，精神遅滞児，社会的不適応児），○類別調査（身体的欠陥児〈弱視，難聴，肢体不自由，虚弱児〉，精神遅滞児〈知能検査，学力，行動，疾病異常，通学状況，親の態度，感情・特殊性，指導取扱上の困難点〉，社会的不適応児〈性格異常，言語障害，その他の不適応児〉），○あとがき，からなっている。ここで，小樽市関係者を代表する教育長小金沢要と教育研究所員北村四郎の特殊教育観及び精神遅滞児観を次に摘記する。

新保昇止『普通学級に於ける問題児の事例研究』1954年

小樽市教育委員会教育長・教育研究所「特殊教育観及び精神遅滞児観」

はしがき 児童生徒は〈各自が必要とする教育を受ける権利を持つこと〉は生活に関する民主的哲学の基本的な基礎である。この世に生を受けた者は何人もこれを犯すことのできない貴重な存在であって，その故にこそ各自の為にも社会の為にも，その能力を出来うる限り発揮するよう教育されるべきものである。社会は，全員の存在価値を肯定すると共に全員の奉仕を要求する。かかる見地に立つならば，何等かの身体的，精神的，社会的又は情緒的に欠陥がある児童生徒に対しては特殊な教育手段や付加的な教育手段を必要とするいわゆる特殊教育が実施されなければならない。蓋し，《教育に於ける機会均等の必然的要請》である。（教育長小金沢要）。

調査趣旨 特殊児童のうち天才児を除いては，とかく厄介者扱いされがちである。かかる「忘れられた子等」は，人道的見地からも民主教育の基礎理念からも放って置くわけにはいかない。特殊教育も又厄介視され等閑視されがちであるが，然し，何等かハンディキャップを持つ特殊児童は，教師に児童理解の適切な原理

と指導技術の実際的基礎を与えてくれるものである。特殊教育こそ，教育の真の姿でなければならない。かかる意味で，本調査報告が特殊教育を前進せしめ，地域社会のより理想的な教育計画の樹立に役立てば幸いである。(教育研究所員 北村四郎)。

小樽市小金沢要教育長は，《児童生徒は，各自が必要とする教育を受ける権利を持つ》ており，《教育を受ける権利が民主的哲学の基本的基礎であり，特殊教育の実施は教育に於ける機会均等の必然的要請である》と今日的ニーズ教育論と同様の教育観を述べている。1955年6月の小樽市教育研究所の実態調査結果によれば，精神遅滞児の在学者数は小学校368名，中学校198名である。精神遅滞児類別実数は，小学校が痴愚71名，魯鈍117名，中間児121名，学業不振児59名で，中学校は痴愚30名，魯鈍49名，中間児61名，学業不振児58名である。

小樽市教育研究所は，いち早く特殊教育の基礎資料を得るための研究を開始した。そして，1955年に特殊教育第二報『教育相談の実際』，『A子を魯鈍級精神薄弱児と判定する報告書』，1956年に特殊教育第三報『特殊教育の研究』，特殊教育第四報『精神薄弱児の就業補導に関する研究報告』，1957年に特殊教育第五報『第一部 適応性診断テスト結果のまとめ，第二部 普通学級に於ける精神薄弱児の取扱い』，特別教育第五別冊『この子らとともに』を発行した。第三報『特殊教育の研究』の内容は，○序：小樽市教育委員会教育長 小金沢要，指導主事 三好学，○「精薄児の事例研究」北大教育学部助教授 木村謙二，○「精神遅滞児T.Mを取扱って」稲穂小学校 北原正武，○「A子の仕事」向陽中学校 上山明子，「S・Tを取扱って」奥澤小学校 古館モト子，○「精神遅滞児事例研究」長橋中学校 小林裕，○「A子を魯鈍級精神薄弱児と判定する報告書」教育研究所 北村四郎，○「社会的不適応児の事例研究について」札幌中央児童相談所 安井正一，○「S・Tの記録」潮見台小学校 立藤明，○「社会的不適応児の事例研究」住吉中学校 平野愛子，○「問題児M・Sを取扱って」最上小学校 加藤惣司，○「反社会児の事例研究」東山中学校 志尾修，○「問題行動児K子の場合」花園小学校 山田譲子，○「問題児H.を取扱って」朝里小学校 富田弘，○「一貧困生徒の記録」石山中学校 田川正悦，○「特殊児童の事例研究」入舟小学校 土谷真佐子，○「身体障害児K.子を取扱って」東山中学校 高橋利蔵，○「性格テストの実施と考察」銭函小学校 井田俊未からなっている。

第五報の『第二部 普通学級に於ける精神薄弱児の取扱い』の内容は，○「普通学級に於ける精神薄弱児の取扱い」小樽教育研究所 北村四郎，○「普通学級に於ける遅滞児の国語指導について」天神小学校 飯田栄子，○「K・I児の生長について」花園小学校 田島庄作，○「楽器指導を通して自主共同性を高めたい」

手宮小学校 青山公雄，〇「K子の指導実践記録」豊倉小学校 加賀昭，〇「精神遅滞児を取扱って」汐見台中学校 桑原昭三，〇「国語における遅進児指導」奥沢小学校 古館モト子となっている。次に，小樽市立奥沢小学校古館モト子が〈誰でもやっている平凡な指導〉と述べている「遅進児の国語指導」を摘記して取り上げる。

小樽市教育研究所『特殊教育 第五報』1957年

小樽市立奥沢小学校 古館モト子「普通学級の遅進児の国語指導」

個人差に応ずる教育の必要性 厳密に言えば，全く同じ木の葉は二枚とないし，全く同じ麦粒も二つとはあり得ない。人間も発達の順序とか，学習や適応の仕方なども，大まかな見方においては一般共通した姿を示すが，一人一人の人間を綿密に観察すれば，いろいろな点でみな他人と異なっている。すなわち，人にはそれぞれ個人差がある。それぞれの児童が能力に応じて教育され，毎日の学習が児童の興味と必要の上に自主的に行われるようになり，しかも，その結果が能率的，実質的であれば児童は幸福であり，そこに新しく正しい教育があると信ずる。

私の実施した指導法 国語の五つの分野のうちから，「はなす」と「よむ」の二つの面から反省してみたい。しかし，誰でもやっている平凡な方法を遅々として行ってきた自分のための反省記録であることを断っておきます。

（1）はなす（事例小学二年生）

　ア．聞いても答えない時のS子の場合：知能が低いため学習活動に加わることが甚だ困難である。極易しいことを尋ねても答えることが出来ない。どうしても返事をしなければならない時には首で頷く。その上孤独感が強く，いつも一人で静かにしている。発言に対しては，特別な指導はせずに，「この次は答えて下さいね」と軽く約束する程度にしている。しかし，グループによる作業学習の際は，満足なことは出来なくとも，必ず一員に加えて作業を割り当てている。授業時間でない時には，努めて独りぼっちにさせぬよう他児童にも呼び掛けてきた。

　イ．発音が正しくないY一の場合：言語活動が未だ十分に発達していない。舌の廻りがスムーズでなく，語彙も豊かでないため，答える際には言葉を考え考え，不安げに話している。それは，身体的状況と複雑な家庭環境が一つの要因となっていると思われる。指導に当たっては，発表態度の真面目さを褒めること，国語・算数の個別指導に力を入れ，治療グループの班長にして，積極的な態度と自信をもたせるように努めた。発言の途中でつまずいた際には，最後までまとめるよう暗示をあたえながら導いた。その際，他児童の侮蔑的な態度は劣等感を更に増大するものなので十分に注意した。発音練習としては，放送局のアナウンサーがお

こなう，〈あいうえお　あお　かきくけこ　かこ　云々〉（筆者註：「あえいうえおあお，かけきくけこかこ」か）の反復も効果があると言われている。

　ウ．声が小さすぎて，全体に聞こえないK子の場合：家庭では大声を出して遊んでいるのに，学校では全くおとなしくなってしまう。本を読ませたり，何かを聞いたりすると，口だけは大きく開くが音声が伴わない。このような児童には，学校と家庭を同じような雰囲気に感じさせなければならない。学習時間外には，努めて個人的な話題を見つけては親しく話合い，教師はその児童の身近な人になることである。学習時間中にも，おだてたり，褒めたりしているうちに，漸く聞き取れるような声を出すようになった。教壇上で，全員が代わる代わる発表する場合など，K子も当然な態度で出場し，小声ながらも発表を済ませた時の満足そうな表情は，教師にとっても，この上なくうれしいものであった。

　オ．粗野なY児の場合：入学早々椅子を持ち出して喧嘩を始めるような子であったが，それは家庭における特別扱いによる孤独感の反映であった。それが話し言葉にも現れ，普通に話す言葉が喧嘩腰であり，又，自己防衛の語であった。指導に当たっては，特別扱いによる劣等感をなくすために，普通児と同じような観点で生活指導を行うことにした。長所を伸ばし短所を矯めるために，悪かった場合は叱り良く出来た時には大きく取り上げて褒めた。「Yさんは，このごろとても良くなった。」と賞賛すると，うれしくて堪らないという様子を示し，「この次もしっかりね。」と激励すれば得意になって返事をした。又，投げつけるような物言いの場合は「早くて聞き取れなかったから，もう一度言って下さい。」とか「今の答えは，大変良いことを言っていたから，もう一度，皆にはっきり聞かせて下さい。」といってやり直させるようにした。このように気長く指導した結果，発言は次第に和やかになってきた。

　一人一人をゆっくり愛情を込めて観察し，その結果，精神的な原因のある者に対しては，○「良い聞き手になってやる」，○「良い意味の自信を養ってやる」，○「人前に立つことを慣れさせる」，ことなどを，根気よく繰り返さなければならない。又，一般児童に対しては，他人の発言は尊重する態度を養うことが大切である。なんと言っても，教師の態度，表情がすべてを和らげるもとであると考える。とは言っても，私の場合，研究不足の上，あるときは教材作りに追われ，ある時には自分の感情に負け，思う様に効果をあげ得ないことを児童に対しても申し訳ないと痛感している。

（2）よむ

　ア．読みを主としたグループ（二年生）：一つの単元学習に入った際，その題材を児童がいかに読みこなせるかについて個人別テストをし，それをabcdの四段階に分け（児童には「級」と言わせている），それぞれのグループに分けてドリルの時間を持たせる。展開の途中においても，テストはグループ毎に度々行い，学習の終末段階において再びテストを行い，練習効果のあがった者に対しては「級」を上昇させている。この方法に対して，児童は読むことに興味を持ち努力している姿

が覗われた。

　イ．読書指導：教科書の読みと同時に，課外読み物による読書能力もゆるがせに出来ない。二年生の担任の時，教室が幸い学校図書館の第二閲覧室になっており，各学年の本（主として雑誌）が置いてあった。二年生の学年雑誌は約二百冊あったので，機会ある毎にこれを開放し，好きなように読ませたり，目的を与えて読ませ，後で発表させたりした。指導は，それぞれ自分の能力に応じて読書を楽しみ，読後の感想をお互いに交換した。又，週一回の図書閲覧日には，図書室で良い本の紹介○良い読み方○良い取扱などを指導し，児童の語彙を豊かにするよう努めた。五，六年生になると，「読みましょう。」，「調べましょう。」，「まとめましょう。」等の題材が多くなったので，学校図書館の利用を盛んにすることに努めた。五年生の時の「研究をまとめましょう。」の場合は，物語を読むことに重点をおき，普通及びそれ以上の者は，講談社版の世界名作物語を，程度の低い者には同じく講談社版世界名作童話を準備し，全員各一冊ずつ読ませた。ごく程度の低い者には，ポプラ社版の伝記文庫とあかね書房版の小学生伝記文庫を用意して，ある程度の効果をあげた。しかし，長文を読み通すことは非常に困難なことである。遅れている児童のためには，絵本など興味のあるものから入るのが適当であると思った。

　ウ．読み取るために：学習は，一般児童を対象として進めていくが，学習の流れに沿って〈量的に段階をつけ〉，〈質的に難易をつけ〉，変化のある分団学習の指導に努めた。教師は，特にCグループの指導に力を注ぎ，その際，劣等感を持たせないよう，心を配って実施した。児童は，国語のグループの時間を待ちわび，度々催促するようになってきた。

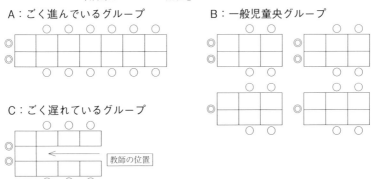

「治療グループの配置」◎：グループリーダー
A：ごく進んでいるグループ
B：一般児童央グループ
C：ごく遅れているグループ
教師の位置

　むすび　個人差に応ずる指導の成否は教師の問題である。教師の考え方，態度，実力がすべてを決定すると言っても言い過ぎではないくらいである。教師は，○「基礎的な教養を身につける」，○「診断の方法をいかし」，○「新しい指導法に上達して」，一人一人の児童の個人差を正しく認識し，明るい眼を持って指導に当たらなければならないと痛感しているが，私にはまだまだ手の届かない面が甚だ多い

のが恥ずかしく思っている。

　古館モト子は，遅進児等の個人差に応じた指導について，〈誰でもやっている平凡な指導法〉といっているが，ほとんどの教師は児童の個人差を認めながらも，同時・同一教材・同程度の画一的な一斉指導の安易さからぬけだせないのである。古館モト子の児童観と教育観及び指導観は，いわゆる専門書と称されるものからのデッド・コピーでない。それは，謙虚に教育実践を積み重ね，自問自答しながら，〈明るい眼〉を養い自らの指導法を生み出したものである。児童がみせる〈学びの実際〉や〈ささやかな表情と言動〉を見逃すことなく，ともに喜び，児童に詫び，素直に自省する教師像がある。そして，遅進児を含めた児童の個人差に応ずる指導法は，自らの実践による専門的なレベルにあると評価される。まさしく〈個人差に応ずる指導の成否は教師の問題である〉は至言である。その至言を地で行っている。

　1955年，小樽市立稲穂小学校の北原正武は，事例研究『精神遅滞児S・Mを取扱って』をまとめた。内容は，○はしがき，○問題点（実態），○本人に関する事項（身体的方面，精神的方面），○家庭に関する事項（家族関係，生活環境），○社会に関する事項（学校生活，社会生活），○診断，○指導の方針（対策），○あとがき，○附（参考文献，学級構成，ソシオグラム）からなっている。精神遅滞児に対する事例研究は，成果があったとしているが，その具体的な成果に関する内容の記述が求められる。

　1961年9月，北海道教育委員会・岩内町教育委員会等による「第7回精神薄弱児教育研究大会」が岩内西小学校と岩内第二中学校を会場に二日日程で開催された。この研究大会を機に後志地区の各市町村に特殊学級開設の気運が広がっていった。

　小樽市立小・中学校の特殊学級は，花園小学校開設後，1960年に量徳小学校と手宮小学校に，1964年に奥沢小学校，1965年に手宮西小学校にそれぞれ特殊学級が開設された。中学校の特殊学級は，1961年に菁園中学校，1962年に住吉中学校，1965年に向陽中学校にそれぞれ開設された。

　一方，後志地区では，1959年に余市町立黒川小学校，倶知安町立倶知安中学校，岩内町立岩内第二中学校，1960年には狩太町立狩太小学校に，1961年に喜茂別町立喜茂別小学校，ニセコ町立ニセコ小学校にそれぞれ特殊学級が開設された。さらに，1962年には，余市町立余市西中学校，古平町立古平小学校，喜茂別町立喜茂別中学校に特殊学級が設置された。引き続いて，1963年には，余市町立大川小学校，寿都町立寿都小学校に，1964年には京極村立京極小学校，岩内町立岩内東小学校，共和村立国富小学校，古平町立古平中学校，余市町立

余市東中学校に，それぞれ特殊学級が開設された。1965年には，共和村立発足小学校，泊村立茅沼小学校，寿都町立寿都中学校，余市町立余市旭中学校に，それぞれ特殊学級が設置された。

　小樽市立銭函小学校の三屋達雄は，1955年11月の北教組第5次教研集会に『特殊生徒取扱いの一考察』を発表した。内容は，○はしがき，○地域社会の人口，○学校の概況，○教育目標，○生徒会活動，○事例研究（問題点，家族構成，教育歴，家屋及び住宅付近の状況，テストの結果，A児の指導について，むすび），からなっている。一考察とあるので，事例研究結果に関する考察の論述が求められよう。

　小樽市立祝津小学校の岸元明は，1955年11月の北教組第5次教研集会に『智能学力検査に基く学習指導の実際的考察』を発表した。内容は，○はじめに，○学力テストについて，○家庭環境について，○成就指数，○むすび，となっている。学習指導の実際に関する考察内容を記述することが課題である。

　1956年3月，小樽市教育委員会と小樽市精神薄弱児育成会発起人会による「特殊教育講演会」と「小樽市精神薄弱児育成会（手をつなぐ親の会）結成大会」が開催され，小樽市精神薄弱児育成会が発足した。

　小樽市立銭函中学校の川越宏司は，1956年11月の北教組第6次教研集会に『本校の問題生徒に対する一考察―その生活指導をふくめて―』を発表した。内容は，○まえがき，○地域社会の特殊性，○学校概観，○地域と父兄の職業とその関係，○問題生徒の研究（問題行動，家族情況，身体的発達情況，目立っている事実，解釈・指導・今後の処置），○本校の生活指導―問題生徒をなくすために―（生徒指導部，小中連絡会，地区別懇談会，社会福祉関係との連絡について），○今後の課題となっている。この発表は，前年度の銭函小学校岸元明の発表を受け継いだ中学校生徒指導版であるが，同様にその考察に関する内容を論述し深めることが課題であった。

　余市町立沢町小学校の川村明は，1956年11月の北教組第6次教研集会に『普通学級に於ける問題児（ものを言わない子，強情で反抗的な子）の指導』を発表する。内容は，○研究の趣旨，○研究の経緯，○指導上特に困難を感じている問題行動の調査，○問題児の一般的な特徴及び原因と指導方針（ものを言わない子，強情で反抗的な子），○普通学級に於ける問題児指導の事例研究（その（1）口をきかない子，その（2）ものをいわない子，その（3）強情で反抗的な子），○普通学級に於ける問題児指導の反省からなってる。川村明は，後志教育心理サークルに属し，問題児の診断法と指導技術について学び事例研究に取り組み報告した。そして，管内規模の事例研究協議会の組織化を課題にかかげた。

　小樽市立富岡小学校の會田進は，1957年11月の北教組第7次教研集会に『特

殊教育をどうすすめるか―普通学級に於ける遅滞児童の取扱いについて』を発表した。内容は，○まえがき○この研究はどのように進められたか（方針，組織と運営），○普通学級に於ける遅進児童の研究（家庭生活，生育身体状況，行動について，学習方面，指導経過，指導上の困難点，反省と対策），○特殊教育設置についての試案（参考），○結び，○別表となっている。小樽市教育研究所の実態調査報告書には，市内の小・中学児童生徒39,000名中遅滞児約800名が普通学級で教育を受けているという。しかし，小樽市は，財源困難を主因として特殊学級の設置が進んでいないのである。會田進は，研究主題について，〈これら800余名の児童生徒を救済する道は只一つである。

會田進『特殊教育をどうすすめるか―普通学級に於ける遅滞児童の扱いについて』1957年

それは，総ての教師がその父兄の協力と共に愛情，情熱を持って問題解決に当たらなければならない〉と論じている。會田進が描く愛とは，〈一人一人への教育的愛，人間愛〉であり，〈情熱とは，その具体的実践への強い意志〉であろう。この時点で，小樽市特殊教育研究部員は56名（遅滞児童研究班32名，非行児童研究班24名）もいることから組織的な研究を志向することとした。そして，800名から13名の児童生徒を抽出して事例研究に着手したのである。特殊教育設置の試案としては，小樽市立花園小学校特殊学級設置を構想している。同校の特殊学級は，1958年に開級したが，普通学級における遅進児への対策は途切れている。

喜茂別町立鈴川中学校の大澤照三は，1957年11月の北教組第7次教研集会に『学級に於ける問題の多い子供の発見とその指導』を発表した。内容は，○まえがき，○担当した学級の特性，○問題早期発見の為の資料，○資料の処理と問題点の発見，○指導と経過（分類，個人調書，指導の機構，経過），○発見された問題の指導例（個人調書より―所見，問題点，指導と経過），○今後の問題児指導の進め方について，○あとがき，○参考の為の表からなっている。本報告は，担当学級の社会的不適応児や性格異常児等について早期発見の方法とその経過を記録したものである。

小樽市立手宮小学校の奥野実は，1958年11月の北教組第8次教研集会に『普通学級に於ける遅進児について』を発表した。内容は，○困る児童，○学業不振児について，○実践実例（中学二年男子Y・S）である。内容には，普通学級における遅進児等への課題意識があっても指導事例の範囲を超えて全校的取り

組みや管内における組織的取り組みに発展する意志的方向性に関する記述はみられない。

1958年11月に開級した小樽市立花園小学校特殊学級は，小樽市教育委員会と共催で1959年11月に第一回の研究会を開催した。同校は，研究会用資料『宮崎学級 一年の歩み 昭和34年11月25日』を作成し関係者に配布した。その内容は，〇本校の特殊学級（開設の趣旨，設置方針，開設経過，経過の反省，児童の選別，啓蒙活動，教室の選定），〇運営の実際（経営方針，性格の移行，教育目標，運営機構と協力態勢，児童の概要，教室の構造，施設並に指導教具，父母会と家庭連絡），〇指導の実際（指導の方針，指導の実際，カリキュラム，能力表，特殊学級の評価，各種様式）〇本校遅進児研究の実態からなっている。次に，小樽市最初の特殊学級である花園小学校特殊学級の成立事情の経緯及び特殊学級の性格について摘記する。

小樽市立花園小学校『宮崎学級 一年の歩み 昭和34年11月25日』1958年

小樽市立花園小学校「特別指導学級宮崎学級の成立と経緯」

成立遅延の背景 小樽市は，1950年代初期に小樽市教育研究所が主導的に特別学級の設置と普通学級における学業不振児等への教育等に関する研究資料を整えるなど，関係者の意識形成を図っていた。しかし，特殊学級設置問題は，度重なる学校火災の発生，特殊教育に関する教職員や市民の理解，財政等の問題があった。

特殊学級設置の経緯 1957年4月，小樽市教委は花園小学校長土谷菊央に対して特殊学級設置についての意向を伝えた。同年8月，土谷校長は所属職員に対して特殊学級の開設の可否について多角的に研究するよう指示した。花園小学校職員会議は，同年11月に可否の検討を行い，〈新教育の根本理念に基づく確かな理解に到達〉し，1958年1月に「特殊学級開設準備委員会」を発足させた。

開設準備委員は，本校職員の他に校外より校医，市教委指導主事，市学務課長，中央児童相談所所員，市福祉事務所員，精神科医を委嘱した。以後，特殊学級開級準備委員会による開設準備が進められ，1958年8月に促進学級の条件に見合う児童11名を特定した。同年9月カリキュラム作成の資料得るため，入級対象児童の学習能力と精密検査を実施し1958年10月に特殊学級の改装工事が行われた。同年11月に担任予定者が着任した。特殊学級開設準備委員会は解散し，新たに特殊学級運営委員会が発足した。同年11月17日特殊学級を開級した。

特殊学級の性格 特殊学級の必要性について疑義はなかったが，教育の比較的未開拓の分野であることから，指導法や内容及び指導効果について理解を統一・深

化することは困難であった。特殊学級に収容する対象児童は，知的能力が著しく遅滞している者であるが，その遅滞の程度により，養護学級，補助学級，治療学級，促進学級などがあり，これらを何れも特殊学級と呼んでいる。特殊学級の性格を決定するに当たって，過去の知能や学力の実態及び教師の日常観察の結果などを総合的に検討し，第一回準備員会で，将来は補助学級（IQ50～74）をつくるのであるが，初年度はその過程として学業不振児を対象とする学級（境界線級）つまり，促進的な性格をもった「特別指導学級」を出発点として特殊教育を実験的に研究し，適当な時期に素質的に下位にある補助学級に性格を移行したと考えたのである。このような過程で特殊学級づくりをした理由には次のようなことがあげられる。①特殊教育に対する研究が充分でなく経験も乏しいこと。②一般の特殊学級に対する理解や関心が深められていない。③施設，設備などの環境的な条件が補助学級にもっていくのに不備であること。④他地域の実態（各地域の特殊学級設置の過程を調査した結果，学力不振児童の収容を出発点として始めた所が多く，長い所で2～3年の期間をかけて移行している例がある。実際学級編成は，あらゆる条件が整わない限り初年度から補助学級にもって行くには相当の困難性が予想される）。

特別指導学級から補助学級へ 以上の点を十分検討し，本校の研究や経験の実態と合わせて第一次は促進的な性格をもった「特別指導学級」を出発点として，児童研究，カリキュラム並びに指導法の研究，学級経営などの実践を通して積み重ね，本来の特殊学級へ移行して考えたのである。

特別指導学級を編成して学習の治療的な面に重点を置き，生活指導を加味して応能指導を進めた。だが，編成された3年生から5年生の児童は，智能の面でも学習のつまずきの面でもほぼ同様なものを収容したのであったが，何か月間の指導の結果，個々のつまずきが除かれるに従って進度が著しく異なることが発見されたのである。これは学年による経験が異なり，遅滞の程度も測定値のみでみると同じであっても，実際の能力には差があり，原因も一様でなく質的なものがあると考えられた。このため実際指導に当たって学習面を重視することも生活面を重視することも困難な状態となり，指導計画などもそれぞれの児童にあうものをつくらなければならない結果となった。

「特別指導学級収容児童の学力調査の結果比較」（数字は指数）

教科	児童	MT	TH	YH	EM	AU	TY	KI	TW	TS	SK	SM
国語	収容前	60	55	67	37	50	43	64	38	10	56	58
国語	収容後	78	69	88	53	75	60	81	53	47	90	81
算数	収容前	55	65	65	39	48	58	0	51	60	75	64
算数	収容後	82	72	83	50	79	68	43	76	71	89	72

特別指導学級に収容された児童は学力検査結果も学習態度にも促進と向上がみられたことから，親学級に復帰させても学習可能であると考えられるものと，素質的な面から復帰が困難のものとに分かれた。この後者のものを質的に低い補助

学級に移行させることにしたのである。

　小樽市立花園小学校の特殊学級「宮崎学級」は，開級までほぼ二か年の開設準備期間をもちながらも，さらに，学級経営の観点から学業不振児を対象とした促進学級として発足させ，無理なく精神遅滞などの発達障害児学級に移行させている。この発達障害児特殊学級開設の理解を得る手法は，その後開設する小樽市立小・中学校のモデルとなった。
　狩太町立桂中学校の今田庄五郎は，1958年11月の北教組後志地区第8次教研集会に『クレペリン精神作業検査による特殊生徒の発見とその対策』を発表した。内容は，○まえがき，○調査目的，○クレペリン精神作業検査の長所と短所，○資料に基づく分析（特殊児の発見とその分析・対策，全校作業量とその曲線傾向・対策，HR，各段階の集計とその傾向・対策），○今後に残る問題点からなっている。クレペリン精神作業検査のみによる特殊生徒の発見は困難であり，他の検査とのテストバッテリーによる総合的な診断的評価が必要であった。
　小樽市立色内小学校の松橋久雄は，1959年11月の北教組第9次教研集会に『普通学級に於ける問題児の実態調査』を報告した。内容は，○まえがき，○研究の進め方，○非行児の実態（目的，対象，方法），○調査内容の分析，○結果を見て，○本校での対策，○N子の行動記録・遅進児の実態調査，○調査内容の分析，○学習態度と生活態度，○指導について，○おわりに，となっている。1959年10月発足した小樽市教育研究協議会特殊教育部会は，第一回会合で花園小学校特殊学級設置の経緯と現状について理解し合い，「普通学級における遅進児の実態とその対策」を研究目標に掲げて組織的な研究に取り組むにとにした。
　1959年11月に，後志管内特殊教育研究会が余市町立沢町小学校で開催された。研究主題は，1.普通学級における特殊児童の取扱いをどう進めたらよいか，2.特殊学級設置上の諸問題をどう解決したらよいか，3.精神遅滞児を生産人に育てる教育はどうしたらよいか，である。特設授業は余市沢町小学校の伊藤潤楽が行った。実状報告は，倶知安小学校の工藤秀勝，余市沢町小学校の伊藤潤楽，倶知安中学校の佐藤照彦であった。
　1960年2月，岩内西小学校特殊学級担任坂本寛と高見侑子は，年間題材配当指導計画『岩内町立岩内西小学校特殊学級教育課程表』を作成した。
　小樽市教育研究協議会特殊教育部会は，1960年10月の北教組第10次小樽支部教研集会で『遅進児の実態調査とその考察』を発表した。内容は，○実態調査の実施について，○智能，生育，環境調査とその考察，○学習能力の実態とその考察，○結び，となっている。小樽市特殊教育部会は，ここ数年「普通学級

に於ける遅進児の指導はどうしたらよいか」を研究主題に共同研究を志向しているが，特殊教育部会だけのことではないが〈結論的に言って，年と共に混迷を深め計画だけで終わっている〉ことを認めざるを得ないのである。その原因は，〈余りに形に囚われすぎていたことや理想的に完成された姿を追って，組織を動かす努力を怠っていた〉ことにあると自省している。そして，実態調査の結果からの学びを生かそうとした。しかし，本調査内容は考察するに足る情報を生み出すに至っていないが，普通学級における学業遅進児等への取り組みの衰退となった事情に留意したい。

1960年11月には，後志特殊教育研究会が倶知安町立倶知安小学校で開催された。倶知安中学校の佐藤照彦は，公開授業「藁工学習」を担当した。実情報告は，岩内西小学校の坂本寛と倶知安中学校の佐藤照彦，余市大川小学校の芳賀豊が行った。倶知安小学校・倶知安中学校特殊学級「こまどり学級」は，研究会資料『本校特殊教育の現況』を作成して参会者に配布した。内容は，○ひとりの子のために，○学級の沿革，○児童生徒，学級構成，○職業別父兄，○教育目標，○指導目標，○指導方針，○努力目標，○日課表，○児童調査票，○備品一覧，○予算，○こまどり文房具店の運営について，○カリキュラム，○学級平面図からなっている。

小樽市立松ヶ枝中学校の鵜沼正は，1960年11月の北教組第10次教研集会に『普通学級における遅滞児の指導』を発表した。内容は○研究主題から，普通学級に見られる不適応児の出現状況（不適応児の出現率，不適応児と普通児の劣等感情，劣等感情の事例），○遅進児の智能・生育・環境調査，○学習能力の実際と考察（国語粗点度数分布表，算数粗点度数分布表），○結び，からなっている。鵜沼正の内容は，前記の小樽市教育研究会特殊教育部会の『遅進児の実態調査とその考察』と同じで研究主題解決のための情意的成果はみられない。民主教育を標榜する研究者が

鵜沼正『普通学級における遅滞児の指導』1960年

自省を込めた課題解決の方策を立てることなく全道教研集会に送り出されている。

1961年6月，狩太町立狩太小学校に児童8名の特殊学級が開設された（1961年1月狩太町教育委員会は開設申請書を後志教育局に提出し同年3月認可通知を受ける）。

余市町立黒川小学校の飯坂八太郎は，1960年11月の北教組第10次教研集会に『特殊学級に於ける文章表現の実態と問題点』を発表した。内容は，○概

要，○研究の組織と経過，○文章表現の実態（文章表現指導について，文章表現の実態について，文章表現の問題点）からなっている。余市町立黒川小学校特殊学級は，1959年に認可を受け1960年3月に授業を開始した。飯坂八太郎の意図は，言語指導の系統性を解き明かし，文章表現指導の効用と限界を明らかにすることのようである。そのためには児童の実態を明らかにすることであると認識している。

　1961年9月，北海道教育委員会・北海道精神薄弱児教育研究連盟・岩内町教育委員会・岩内町主催の「第13回全道精神薄弱児教育研究大会」が岩内市立岩内西小学校を主会場として二日日程で開催される。特設授業は，岩内西小学校特殊学級坂本寛・高見郁子が生活単元学習を，岩内第二中学校特殊学級担任佐藤弘が作業学習をそれぞれ実演した。小樽市立手宮小学校の岡本秀雄は「小学校に於ける作業学習の指導はどうしたらよいか」を，倶知安町立倶知安中学校の佐藤照彦は「小学校に於ける作業学習の指導はどうしたらよいか」を，倶知安手をつなぐ親の会の隅江豊は「精薄児の家庭に於ける指導はどうしたらよいか」をそれぞれの分科会で提言した。

　小樽市立手宮小学校特殊学級「岡本学級」は，1959年7月に小樽市教育委員会から設置勧奨を受け，同年9月の職員会議で特殊学級設置の問題点について協議した。会議では，教室，将来中学校教育との連携，担当教師，教育内容，担任教師と児童の孤立化，父母との了解などが問題点としてあげられ今後の研究課題となった。その後，特殊学級や養護学校の視察，関係研究会への参加，父母対象の社会学級の開催等を経て同年12月の職員会義で開設を決め特殊学級開設準備委員会を発足させた。1960年4月に学級担任者が発表され，学級開級に向けた準備が進められた。同年4月には「小樽市特殊教育三校協議会」が発足し第一回会合を持った。同年5月に入級候補児童を銓衡し父母との個別懇談を持った。1960年6月14日に，児童，父母，関係者が参集して開級式を行った。特殊学級開設準備委員会は特殊学級運営委員会に替わった。1961年3月，小樽市手宮小学校・小樽市特殊教育三校協議会・小樽市教育委員会による公開研究会が開催された。小樽市立手宮小学校は，公開研究会資料として『特殊学級経営の一考察—小樽市手宮小学校岡本学級—』を作成して参会者に配布した。内容は，○「研究会開催に寄せて」小樽市教育長　末岡明治，○「此の度の中間発表について」手宮小学校長　菊地真守，○普通教育との関連性をこのように捉えていきたい，○教育の計画性について，○学級教育目標，○指導の実際（学級の集団づくりをめざして，みんなでいっしょによい仕事を），○親の眼にうつるわが子の姿，○結び，○付録（学級開設までの歩み，単元配当表，学級児童一覧，学級教室見取図並に備品教具設置計画表）となっている。「指導の実際」は学

級の児童八名との日誌風の実践記録である。

余市町立沢町小学校特殊学級担任の伊藤潤楽は，1961年11月の北教組第11次教研集会で「精神薄弱児教育の現状と問題点」を発表した。内容は，○研究のあらまし，○研究の経過，○研究の内容（教育上考慮する必要のある事項，精薄児の福祉に関すること，特殊学級の担任に関すること），○今後の課題（特殊学級担任の反省）からなっている。しかし，内容は研究というよりは特殊学級担任としての雑感的記述となっている。

積丹町立余別小学校の菊田哲は，1961年11月の北教組第11次教研集会に『学級集団における問題児の指導』を発表した。その内容は，○研究目標，○研究経過（34年度，35年度，36年度），○三ヵ年を通じての反省と今後の方向（反省〈問題児の指導について，集団指導について，共同研究について〉，今後の方向〈学校集団，校外集団指導への発展〉）となっている。

1962年6月，余市町立黒川小学校において後志教育局主催の「特殊教育研究大会」が管内関係者41名が参加して開催された。本研究会の二日目には，後志教育局嶋村順蔵指導主事の熱心な助言を受けて「後志特殊学級連絡協議会」が結成された。会の目的は，〈特殊教育関係者が相互に情報を交換しながら，当面する問題を協議し，特殊学級の増設・充実と担任教諭の研修の機会に努める〉で，会長に倶知安町教育長喜多信義，副会長に黒川小学校長一橋精，倶知安小学校長横谷静夫，岩内西小学校長富田鋼一が，理事に余市沢町小学校伊藤潤楽，岩内第二中学校佐藤弘，倶知安小学校工藤秀勝，古平小学校外山俊彦，狩太小学校鈴木天韶，喜茂別中学校長橋絢子がそれぞれ選出された。本会は，1966年に規約改正により「後志特殊教育連絡協議会」と改組した。

狩太村立狩太小学校の鈴木天韶は，1962年11月の北教組第12次教研集会に『普通学校に於ける特殊学級の経営上の問題点とその解決策』を発表した。内容は，○はじめに，○研究のあらまし（これまでのわが校の特殊教育の歩み，開設に至るまでの歩み，開設後の歩み），○経営からみた問題点（学習指導の面の問題，生活指導の面の問題，衛生指導上の問題，家庭・地域社会との協力の問題，校内の協力と担当者の問題，今後の問題）である。狩太村立狩太小学校は，人口約8,000人，世帯数約1,500世帯の山村に建つ小規模校である。その規模は，児童数594人，教職員数18人，学級数15

鈴木天韶『普通学校に於ける特殊学級の経営上の問題点とその解決策』1962年

学級（内特殊学級1学級）である。しかし，学校は創立1905（明治38）年という歴史を誇る教育研究の熱心な狩太村の中心校である。次に，同校の特殊学級開設の歩みと学級経営上の課題を摘記する。

狩太小学校特殊学級担任　鈴木天韶「特殊学級歩みと課題」

　特殊学級成立の歩み　本校は1954年ごろ「学業不振児の指導法」について実践する。1958年に校内特殊学級研究委員会（校長，総務，教諭5名）を組織して問題児の研究に着手する。1959年にPTA総会において特殊学級設置促進を決議する。次いで，学校長・PTA会長の連署による「1960年度に特殊学級開設要望書」を町教育委員会，町議会に提出する。当該年度の開設は，財政上から認められず，「研究の上，1961度の開設に努力する」旨の回答を得る。1960年4月にPTA総会は1961年度の開設要望を決議する。同年6月10日に小学2年生から4年生までの児童8名のための特殊学級を開級し始業する。同年10月に特殊学級入級希望の父兄より学級認可の要望が出る。町教育委員会・PTA代表・学校長の三者による「連絡協議会」を持ち会合を重ねる。同年12月にPTA代表・特殊学級該当父兄・学校長の三者連名の「1961年度特殊学級認可設置について」の陳情書を提出する。1961年1月に町教育委員会は，「町内知恵遅れの児童収容のため狩太小学校に特殊学級を昭和36年度に開設申請すること」を決議する。町議会は，「3月予算を附して特殊学級を昭和36年度に開設申請すること」を決議する。学校長は「特殊学級開設計画書」を町教育委員会に提出する。1961年3月，後志地方教育局より，昭和36年度特殊学級の新認可校の通知を受ける。同年4月10日に校内特殊学級委員会が組織される。同年4月14日に「後志管内特殊学級連絡協議会」に教諭4名が出席する。同年6月10日に開級式を行う。

　学級経営上の課題　1. 学習指導上の問題：生活中心，経験中心になると複雑で作為的な無系統学習になりやすく，国民生活の最低基準とは何か，その具体性が出せない。2. 生活指導上の問題：普通学級にあっては，嫌われ者，お客さん，特別扱い，劣等児等の文字が示すような児童等が置かれている。現在及び将来の位置は余り明るいものではない。能力が低くて誰からも相手にされないものの，グループの中にも位置づけずにいる子等の指導をどうしたらよいか問題が残る。3. 衛生指導上の問題：身体にしまりがない。ズボンの間から下着が出ていて，異臭を放つものを何日も着ていて平気である。不快感を特別感じないのか，家庭でも注意しない。清潔な身辺や衛生の習慣を身につけさせるなど学校の課題である。4. 家庭・地域社会との協力の問題：特殊学級入級児の父兄は引け目を感じている。経済的にも職業的にも恵まれていない暗い家庭である。町の有志やPTAの役員は，特殊教育と対象児について頭では理解しているが真の協力者になりにくい。5. 校内の協力と担当者の問題：原学級との関係はうまくいっている。校内組織の特殊教育研究部と特殊学級運営委員会がよく機能しており問題は生じていない。6. 今後の問題：卒業して入級出来る中学校特殊学級の設置，予算の計上，担任の研修

支援(教育局に専任指導主事の配置),入級児童判定の専門的機関の設置。

狩太小学校特殊学級「やまばと」の開設は,父母と教職員による教育的要求により開設された。すなわち,教育委員会からの開設奨励によるのではなく,教職員の研究実践と特殊学級該当児の父兄を含むPTAの強い要望により開設された数少ない事例である。それだけに,運営上の諸問題も比較的少なく,学級における指導により解決される内容が主であった。

1961年に開設された小樽市立菁園中学校特殊学級担任の岡本秀雄は,1962年11月の北教組第12次教研集会に『生活の自立を目指す教育計画の一考察』を報告した。内容は,○現在の子供たちは日々どんな学習を希望しているか,○中学校教育の方向性,○最近の一事例より,○結び,となっている。特殊学級生徒13名の学習希望をアンケートで理解して教育計画に活かそうという「学習者のニーズに応えようとする姿勢」は評価される。

小樽市立菁園中学校は,1964年2月に『特殊学級教育課程(第1次案)』を作成した。内容は,○教育目標,○指導計画及び内容(教育の基本事項,カリキュラム作成の基本態度,指導領域),○カリキュラム構造と年間計画(生産職業課程,系統課程,単元課程,授業時数及び日課表),○参考資料(学級歴,関係法規,施設・設備)となっている。参考資料の学級歴には,1961年4月に学級設置が認可され,生徒3名は花園小学校特殊学級で合同教育を受けている。初代の担任は上島竜次郎であった。1962年4月になって独立教室に移り生徒数12名と担任岡本秀雄による中学校教育となった。1963年10月花園小学校が火災となり菁園中学校に移転したとある。

小樽市立菁園中学校特殊学級担任岡本秀雄は,1965年11月の北教組第15次教研集会に『職業教育の実践を通して』を報告した。内容は,○卒業生進路状況,○就職安定度,○実践を通して(目標の再確認〈パーソナリティー,教育内容から,校外実習の充実,卒業後の追跡指導の充実,その他の問題点〉)からなっている。岡本秀雄は,指導内容を生徒の学習ニーズから選択・組織しようとする教育観と卒業生の追跡調査結果から教育計画を再確認する教育課程観を持った教師である。次に,就職安定度と転職理由について摘記して取り上げる。

小樽市菁園中学校岡本秀雄「卒業生の就職安定度と転職理由」

転職回数 \ 年次	昭和37年		昭和38年		昭和39年		合計		
	男	女	男	女	男	女	男	女	計
0 回			1	1	1	3	2	4	6
1 回		1					0	1	1

2回				1		1	0	1
3回		1				1	0	1
安定	0	1	1	1	2	3	4	5	9

※ 施設入所者並びに在宅家事手伝者3名は除外

転職の理由 単一理由を指摘することは困難であり，下記分類の主な一つか，或いは二つ三つにまたがる場合が多い。主な原因と思われるものを順列的に挙げれば，次のようである。

1. 性格行動の不調和
 ○新しい人間関係になじめない ─── 自己の殻から出ようとしない（社会性）
 ○自己の能力を抜きにした批判が多い ─── 馬鹿扱いを予感的に恐れる ─── 反感
 ○必要以上に自己を高く見せようとする ─── 職場社会の厳しさに疎い
2. 低能力
 ○努力はしているが出来ない（○判断出来ない，○方法が分からない，○計画性も）。
 ○同僚から馬鹿にされる。○同輩に追い抜かれ，仕事を差別される。○嫌気がさしてくる。○家庭の盲愛は，直ぐに転職の方向を誘う。○休む 依頼心。
3. 条件不満（目下僅少）○労働時間不満。○同僚に比べて給与的不満。
4. 不良行為
 ○学校当時の悪友と断ち切れず，職場に迷惑をかける。○職場の悪先輩に簡単に利用される。
5. その他 ○家庭事情。○病気。

　発達障害者を受け入れる社会，労働環境は厳しく冷厳である。しかし，転職や職場不適応に関して，障害者の個別的な問題に限定しては解決策はない。それは，障害者雇用問題と社会適応環境は，法制が整いを見せているにもかかわらず21世紀の今日に至っても改善されていないことから明らかである。

　1964年11月，北海道後志地方教育局・後志町村教育委員会連絡協議会・古平町教育委員会・後志特殊学級連絡協議会が主催する「昭和39年度後志特殊教育研究会」が古平町立古平小学校で開催された。古平小学校の外山俊彦が研究授業を公開した。研究発表は，「後志特殊学級連絡協議会・後志教育研究所編『特殊学級開級の手引き』」倶知安小学校 板垣幸子，「特殊学級入級児決定までの経過について」岩内東小学校 澁谷哲次，「余市町における特殊学級振興会の結成と

特殊学級連絡協議会他編著『特殊学級開設の手引き』1964年

運営について」余市大川小学校 芳賀豊,「本校の特殊学級の経営について」古平小学校長 滝内直敏がそれぞれ行った。北海道大学教授の奥田三郎は,講演「精神薄弱児の後志理解とその指導」を行った。後志特殊学級連絡協議会・後志教育研究所編『特殊学級開級の手引き』の内容は,○特殊学級開設のねらい,○どんな子どもを特殊学級に入れるか,○開設の一般的手順,○選定までの一般的手順,○特殊学級入級児の判別方法,○特殊学級の施設・設備・備品からなっている。

第3．後志地区発達障害児等特殊教育の歩みと特質

1．後志管内の発達障害児等特殊教育の歩み

年　月	事　項
1946年3月 　　　11月	「後志地区協議会」が後志教育会に代わり結成される。 「後志単級複式教育連盟」が誕生する。 北海道教育庁後志地方事務局（機構改革により支庁教育課より独立する）。
1948年3月	生活主義のコア・カリキュラム「銀山プラン」が作成される。
1950年9月 　　　10月 　　　11月	文部省・CI＆E主催「第2回北海道地区小学校幼稚園教員研修会（ワークショップ）第7班特殊教育班」が小樽市立量徳小学校を主会場として開催される。 「後志教育振興会」が発足する。 後志教育心理サークル「個人差に応ずる教育」の教育診断研究会（事例研究）を開催する。 「余市町教育研究所」開設する。
1951年4月 　　　10月 　　　11月	岩内町立岩内西小学校に特殊学級開設される。 「後志教育研究所」が設立される。 「余市町教育研究所」開所する。 岩内町立岩内西小学校特殊学級担任中藤武彦は北教組第一回教研集会に『特殊教育を如何に振興するか』を発表し,全国集会代表となる。
1952年9月	第一回後志教科別研究会・第一回北教組後志地区教研集会が開催される。 自主的な「研究サークル」が起こり「後志サークル連絡協議会」となり1965年には「後志教育研究会」へと発展する。
1953年11月	余市町立沢町小学校伊藤潤楽は北教組第二回教研集会に『学業不振児とその対策』を発表する。
1954年9月 　　　11月	台風15号の来襲と岩内に大火発生する。 後志教育研究所に教育診断研究委員会が設置される。 倶知安町立寒別中学校新保昇止は北教組第4次教研集会に『普通学級に於ける問題児の事例研究』を発表する。
1955年7月 　　　11月	小樽市教育研究所は『特殊教育第一報　本市に於ける特殊学級対象児童生徒調査一般報告—精神薄弱児童実態調査とその研究のための中間報告—』を発刊する。 小樽市教育研究所は『特殊教育第二報　教育相談の実際』,『A子を魯鈍精神薄弱児と判定する報告書』を刊行する。 小樽市立銭函小学校三屋達雄は北教組第5次教研集会に『特殊生徒取扱いの一考察』を発表する。小樽市立祝津中学校の岸元明は北教組第5次教研集会に『智能学力検査に基づく学習指導の実際的考察』を発表する。小樽市立稲穂小学校の北原正武は,北

		教組第5次教研集会に特殊教育事例研究『精神遅滞児S・Mを取扱って』を発表する。
1956年1月		小樽市教育研究所は『特殊教育第三報 特殊教育の研究』を刊行する。
	3月	小樽市教育研究所は『特殊教育第四報 精神遅滞児の就業補導に関する研究報告を刊行する。
	11月	「小樽市精神薄弱児育成会(手をつなぐ親の会)」発足総会開催される。 小樽市立銭函中学校の川越宏司は北教組第6次教研集会に『本校の問題生徒に対する一考察―その生活指導をふくめて―』を発表する。余市町立沢町小学校の川村明は北教組第6次教研集会に『普通学級に於ける問題児(もの言わない子,強情で反抗的な子)の指導』を発表する。
1957年5月		小樽市教育研究所は『特殊教育第五報 第一部「適応性診断テスト結果のまとめ」,第二部「普通学級に於ける精神薄弱児の取扱い」』,『特別教育第五別報 この子らとともに』を刊行する。
	11月	小樽市立富岡小学校會田進は北教組第7次教研集会に『特殊教育をどう進めるか―普通学級に於ける遅進児童の取扱について―』を発表する。
1958年4月		余市町立余市沢町小学校,倶知安町立倶知安小学校にそれぞれ特殊学級が設置される。狩太村立狩太小学校は「校内特殊教育委員会」を組織する。
	11月	小樽市立小樽花園小学校特殊学級「特別指導学級」開級する。 小樽市立手宮小学校の奥野実は北教組第8次教研集会に『普通学級に於ける遅進児について』を発表する。狩太村立桂中学校今田庄五郎は北教組後志地区第8次教研集会に『クレペリン精神作業検査による特殊生徒の発見とその対策』を発表する。
1959年4月		倶知安町立倶知安中学校,岩内町立岩内第二中学校にそれぞれ特殊学級開設される。
	10月	「小樽市教育研究協議会特殊教育部会」が発足し第一回会合を持つ。
	11月	小樽市立小樽花園小学校特殊学級は第一回研究会を開催し,『宮崎学級一年の歩み 昭和34年11月25日』を発表する。 後志管内特殊教育研究会が余市町立沢町小学校にて開催される。 北教組小樽支部の松橋久雄は北教組第9次教研集会に『普通学級に於ける問題児の実態調査』を発表する
1960年2月		岩内西小学校坂本寛は『昭35・2・6 岩内町立岩内西小学校特殊学級教育課程表』を作成する。
	3月	余市町立黒川小学校(1959年に認可を受ける)授業開始する。
	4月	小樽市立量徳小学校,小樽市立手宮小学校に特殊学級開設される。 「小樽市特殊教育三校協議会」が発足し第一回会合を持つ。
	6月	小樽市立手宮小学校特殊学級「岡本学級」開級式を行う(設置奨励は1959年)。 狩太小学校特殊学級は児童8名で授業を開始する(1961年3月に正式認可される)。
	10月	小樽市教育研究協議会特殊教育部会は北教組小樽支部第10次教研集会に『遅進児の実態とその考察』を発表する。
	11月	後志特殊教育研究会が倶知安町立倶知安小学校に置いて開催される。 小樽市立松ヶ枝中学校鵜沼正は北教組第10次教研集会に『普通学級に於ける遅進児の指導』を発表する。余市町立黒川小学校飯坂八太郎は北教組第10次教研集会に『特殊学級に於ける文章表現とその実態と問題点』を発表する。
1961年3月		小樽市立手宮小学校特殊学級公開研究会を開催する。
	4月	小樽市立菁園中学校特殊学級が花園小学校に併設され開級する。喜茂別町立喜茂別小学校に特殊学級開設される。
	6月	狩太村立狩太小学校特殊学級「やまばと学級」授業を開始する。
	9月	北海道教育委員会・北海道精神薄弱児教育連盟・岩内町教育委員会・岩内町主催「第13回全道精神薄弱児教育研究大会」が二日日程で開催される。
	11月	余市町立沢町小学校特殊学級担任の伊藤潤楽は北教組第11次教研集会に『精神薄弱児教育の現状と問題点』を発表する。積丹町余別小学校の菊田哲は北教組第11次教研集会に『学級集団における問題児の指導』を発表する。
1962年4月		小樽市立住吉中学校,余市町立余市西小学校,古平町立古平小学校,喜茂別町立喜茂

	6月	別中学校にそれぞれ特殊学級開設される。 後志教育局主催の「特殊教育研究会」が余市町立黒川小学校において二日日程で開催され、その二日目に「後志特殊学級連絡協議会」が結成され、1966年7月に「後志特殊教育連絡協議会」となる。
	11月	狩太町立狩太小学校特殊学級担任鈴木天韶は北教組第12次教研集会に『普通学校に於ける特殊学級の経営上の問題とその解決策』を発表する。小樽市立菁園中学校特殊学級担任岡本秀雄は北教組第12次教研集会に『生活の自立を目指す教育計画の一考察』を発表する。
1963年	4月	余市町立大川小学校、寿都町立寿都小学校にそれぞれ特殊学級設置される。
1964年	2月	小樽市立菁園中学校は『特殊学級教育課程（第1次案）』を作成する。
	4月	京極村立京極小学校、岩内町立岩内東小学校、共和村立国富小学校、余市町立余市東中学校、古平町立古平中学校のそれぞれ特殊学級設置される。
	11月	昭和39年度後志特殊教育研究会が古平町立古平小学校において開催される。 後志特殊学級連絡協議会・後志教育研究所は『特殊学級開設の手引き』を刊行する。
1965年	3月	後志教育研究会が発足する。
	4月	小樽市立手宮西小学校、小樽市立向陽中学校、共和村立発足小学校、泊村立茅沼小学校、寿都町立寿都中学校、余市町立余市旭中学校にそれぞれ特殊学級開設される。
	11月	小樽市立菁園中学校岡本秀雄は北教組第15次教研集会に『職業教育の実践を通して』を発表する。

2．後志管内の黎明期における発達障害児等特殊教育の特質

　特殊学級形態による発達障害児等の教育を開始した嚆矢は、1951年に開設された岩内西小学校特殊学級「ひまわり学級」である。当校には、北海道教育庁後志地方事務局による特殊学級開設校に指定される要件が整っていた。すなわち、戦後いち早く新教育研究に着手した教育先進校であり、中藤武彦という特殊学級担当適任者が勤務していたからである。しかも、発達障害児等の教育形態である特殊学級であるにもかかわらず、教育観は、障害特性を前面に掲げることなく、〈児童一人一人の個性を開発し伸ばす個人差に応じた教育〉を標榜しているところに特質がある。この教育観は、発達障害児等の特殊教育観とは根源的につながる〈一人一人の成長・発達のニーズに応える〉ニーズ教育観である。1958年には、余市町立余市沢町小学校、倶知安町立倶知安小学校学特殊学級形態により特殊教育を開始しており、狩太村立狩太小学校は「校内特殊教育委員会」を組織して学業不振児等の教育を志向している。

　後志管内の1965年までの特殊学級設置校数は、管内19町村では僻地校や小規模校の多いなかで13町村を数える。小樽市は、小中学校42校中8校であった。小樽市は、新教育の理念に沿った教育実践のために、小樽市教育研究所が主導して精神遅滞や学習不振児等の発達障害児等の教育関係資料を整えている。その動向には、戦前期の盲唖教育や精神遅滞児教育の実践的継承という事績を窺い知ることはできない。小樽市立花園小学校は、1957年4月に小樽市教育委員会の特殊学級開設の意向を受け、開設の準備に取りかかり1958年11月に小樽市

最初の特殊学級を開級した。教育実践史的な関心からすると，戦前期の視覚障害児教育発祥校であり，戦後は新教育の特殊教育講習会場校であった小樽市立量徳小学校の特殊学級開設が1960年となった事情の解明が課題となる。

　北教組の主流派で占める義務教育関係教師たちは，新教育の理念実現である〈教育の機会均等〉を実践課題として意識し取り組んだのであるが，〈余りに形に囚われ過ぎて理想的に完成された姿を追って，組織的努力を怠った〉という自己批判に代表される結果となった。特に，小樽市内の教師たちが代わる代わる研究発表した民主教育の実現形態の一つである〈普通学級における学業不振児の取扱い問題〉は，実践的には実現をみることなく，特殊学級形態による精神遅滞などの発達障害児教育に限定されていった。教育理論は，実践を伴わなければ，それは空論となる。空論が連発され続けると誰も聞く耳を持たず無気力感を誘発しやすくなり，その教育論は文字通り霧散する。

第11節　檜山地区の教育実践

第1. 檜山地区の概況

　檜山の開拓の歴史は古く，和人渡来の源流はとおく12世紀初めとの説がある。明治の末期に鰊と檜で栄えた檜山は，それ以降北海道開拓から取り残された。さらに，交通機関に恵まれなかったのと近年の漁業不振が一層管内の開発を遅らせた。総面積約2,850平方キロに4町6村があり，人口約110,000人，世帯数約19,000世帯の過疎地帯である。産業構造をみると，第一次産業72％，第二次産業10％，第三次産業18％と第一次産業が圧倒的に多く開発の後進性を示している。今後は浅海増殖を中心とする水産振興，優秀品種の馬鈴薯の作付け，家畜導入，未開発のままであった地下資源や森林資源開発の進行，これに伴う道路網整備などによって産業，経済面の開発が期待されている。

　檜山には，近代から受け継がれた伝統と人心は過疎化による時弊をはね返す理想主義の精神的風土が今日に生きている。学校は，山間部と沿岸部に点在し，その数は小学校87校（分校6校），中学校59校，高校12校（全日制3校，定時制9校）で，このうち小学校61校（分校6校），中学校41校，高校2校が僻地指定校である。また，屋内体育館を持たない学校が多く全体の4割に及んでいる。毎年，いか漁期になるといか釣りに出漁する児童生徒が問題となるが，漁家の窮乏から止むを得ないと半ば習慣化している。50日以上の長欠児童生徒が厚沢部村と上の国村に多く教育上の問題となっている。学校給食は，熊石村4校と奥尻村2校が行っている程度で実施が遅れている。社会教育では，青年学級が停滞気味なのに反して，生活改善から新しい村づくりに向かおうと婦人学級の活動が活発である。医療施設は，病院5，診療所31，歯科診療所15，保健所2がある。

第2. 檜山地区発達障害児等の教育実践

檜山は，北海道文化の発祥地であり，子どもを育てる風土と伝統があるといわれてきた。発達障害児等の教育実践史に関する論述は，久末諭と長江好道の「知恵遅れの子の教育と研究の歩み」長江好道・北海道檜山精神薄弱児教育研究会著『ともに育つ教育』(pp.27-38, 1974年, 明治図書)，桧山教育研究所『30周年記念誌 30年史』(1980年)，加藤活男「檜山」北海道精神薄弱児教育研究連盟『道精連 三十年の歩み』(pp.164-168, 1982年)，久末諭・橋本和男・伊東典哉・長江好道「檜障研のあゆみ」北海道桧山管内心身障害児教育研究会『桧山の障害児教育―「桧障研」20年の歩み―』(pp.9-37, 1985年)，久末諭・中村孝『檜山の障害児教育を語る―足跡をたどる―』(1996年)がある（北海道教育庁檜山教育局教育支援課より資料の提供をいただいたことを記し謝意を表します）。

檜山管内の特殊学級関係者による研究組織「北海道檜山精神薄弱児教育研究会」（後の桧山管内心身障害児教育研究会）は，北海道檜山地方教育局と町村教育委員会の支援を得て毎年開催された研究会記録を『研究紀要』として発行している。とはいっても，後述するように筆者の手許には教育実践記録等にかかわる一次資料は極めて少ない。

1950年10月，桧山教育研究所が江差小学校校長室を事務所として開設された。開設の目的は，戦後の混乱の最中にあって，桧山教育の再建を願い，教育内容を確かなものに整理し，教育の遅れを返上して「桧山教育」をうち立てることにあった。

1953年5月，太櫓郡太櫓村立太櫓小学校（現北檜山町立太櫓小学校）に特殊学級が認可され檜山管内最初の特殊学級「はまなす学級」が14名の入級児童で開設された。太櫓小学校沿革史には，次のように記されている。

太櫓小学校沿革史「開設，廃級の記録」

昭和28年5月1日　かねて設置方申請中の「特殊学級」設置認可の旨檜山事務局長より電報で通知あり，管内最初設置となる。直ちに学級編制を行なう。収容者男8女6，14名。担任は教諭高岡義一。

昭和36年5月23日　本校を会場 北海道第二ブロック特殊教育研究会開催。

昭和43年3月3日　特殊学級解消の内示により北檜山小学校へ国庫補助の教材の引継を行う。

昭和43年3月31日　特殊学級（はまなす学級）は入級者一人となり，全校児童数も年々減少しているので本年度をもって廃止となった（開設前年度の27年度児童数243名，43年度末では109名となっている）。

太櫓は，渡島半島の西側，檜山の北部に位置する小さな漁村である。校長の山下藤蔵は，特殊教育に対する熱意があり担任は高岡義一であった。開設事情とその経過については，前掲『桧障研20年のあゆみ』の記事から援用して次に摘記する。

特殊学級報告書「太櫓小学校特殊学級の開設事情とその経過」

　創設の背景　本校は，教育のねらいとして普通学級における「智能の低い子ども」や「勉強のできない子ども」の指導法を研究していた。学習面では，〈なるべく指名して自信をもたせる，宿題を出す，やさしい問題を与える，夜，自宅に呼んで個別指導をする〉などに取り組んだ。生活指導では，〈不安定なおどおどした態度をなくすために心から味方になってやる，仲良しの友達となり愛情を持って接する〉などを試みまた。しかし，このようなことは，やらないよりは増しだという，単に教師の自己満足に近いものだと分かってきた。

　特殊学級の必要　こうした子どもの教育は，単に教科の読み書きを指導するだけでなく，もっと根本的な生活面の指導，幸せに生きる生き方の指導でなければならないと気付いた。このようなことから，特別な学級を設けて指導する必要性を感じた。

　教科重点の促進学級的指導　初めての試みであり，研究も不充分であるため，自信もなく，一応甚だしく学力の劣るものを4年生以上から選出し，国語・算数・理科・社会の四教科を指導し，他の教科は母級でその担任が指導に当たった。ところが，子どもたちには〈程度の差とともに質的な差がある〉ことに気づいた。程度を下げた学習や水増し学習では，学習の喜びや生きる喜びを感じることがなく，幸せに生きる力にもならないと言うことだ。そこで，特殊学級の教育から学ぶために，1956年に函館市立港小学校特殊学級「山本学級」を視察した。

　飼育栽培的指導　学級の子どもは，魯鈍級精薄児6名と境界線児5名の11名で編成した。そして，鶏と兎の飼育，花畑の手入れなどを中心として，周辺教科として国語的・算数的教材を盛り込んだ飼育栽培的指導を試みた。子どもたちは生き生きと活動し大変効果的であった。

桧山管内心身障害児教育研究会
『桧山の障害児教育―「桧障研」20年あゆみ』1985年

　太櫓小学校の特殊学級は，本校教師等による「普通学級における精神遅滞児や学業不振児等の指導研究」の過程での当為な成立であったと理解される。この時代，「誰でも担当できる特殊学級」といった学級経営観があったが，学級

担当者が開級年度の1953年度から1959年度までの6年間に四名も交替している。

1956年4月に太櫓小学校特殊学級三代目担任となった三階喬は，1957年11月の北教組第7次教研集会に『特殊教育の啓蒙』を発表した。内容は，○研究の概要，○研究の進め方，○校内に於ける啓蒙（校内における問題，なされた対応処置），○校下に対する啓蒙（当該父兄に対して，一般校下父兄に対して），○その他教育機関に対する啓蒙（町教委及び町財政課への働きかけ，管内各学校に対する呼びかけ），○結び，となっている。三階喬が赴任してみると，特殊学級成立が当為となっていた学校環境は異なっていたのである。次に，三階喬が試行した校内における啓発活動等の対応処置について摘記する。

三階喬『特殊教育の啓蒙』1957年

太櫓小学校　三階喬「校内に於ける問題と啓発活動」

校内に於ける問題点　特殊学級が本来の生命を保ち，その運営がスムーズになされるためには，何をおいても校内における全職員及び全児童による理解と助け合いが必要である。これは簡単なようでなかなの難問題であった。すなわち，次のような問題が潜んでいたのである。①母学級担任は，学級から厄介者がいなくなったことから，勘違いしたのか非協力的な態度となっていた。②特殊学級児童と直接接触する機会のない教師は，同情的な気持ちがあっても，いざという場合には他人行儀的協力性よりもたない。③普通学級の担任は40人から50人の児童を抱えているので，わずか10人足らずの精薄児学級を，まるで遊んでいるみたいだと羨望ともつかない軽蔑感ともつかない無理解の気持ちを持っている。④「勉強しなければ特殊学級に入れてやるぞ」という脅し文句，それは激励のつもりの何気ない言葉が，一般児童の特殊学級に対する軽蔑観を助長させ，〈恥ずべき学級〉という気持ちを高めさせている。⑤児童同士が口論した時に，つい〈はまなす学級ヤーイ〉という言葉が出る。

為された対応処置　校内に「特殊教育研究課（筆者註：「課」は会の誤植か）を構成して学級経営の研究を行うことにし，対外的には此の教育の位置づけと啓蒙を図るきっかけとした。①平常時に於ける「はまなす学級」の参観を多くした。特に母学級担任にはこれを求めた。②交換指導を行い，教具作成や使用法等について協力してもらうことにした。③常に職員会議，校内研究発表会等に「はまなす学級」にかかわる諸問題を提起し，全職員でその解決策を講ずることにした。そして，従来までの個人的な悩みを全体的な解決へと仕向けた。④校内研究授業に「はまなす学級」を含めることにした。⑤体育，音楽，学級会には，母学級に帰属

して学習させることにした。⑥児童が母学級に帰った時に特殊学級担任も教科担任となって指導に当たった。

　対応処置は実際的で実に正々堂々と進めている。学校長の理解を得てのことであったが，それだけに通常学級の教師から誤解や反感もあったと述べている。その結果，教職員の真の理解と協力が整う環境となったのかどうかは述べられていない。三階喬は，「特殊学級経営報告書・はまなす」を定期的に発行して校内外の啓発活動に努めるとともに，檜山教育研究サークル「特殊教育研究部会」の設置に中心的な働きをしたが，特殊学級担当を二か年間で辞めている。
　1959年から1965年まで特殊学級を担当した久末諭は，太櫓小学校特殊学級五代目の担任となった当時のことを，次のように述べている。

太櫓小学校　久末諭「太櫓小学校に着任して」
　太櫓小学校に着任すると，私が特殊学級の担任であること，その児童数が7名であることを知り，こんな学級があることを初めて知って不安な気持ちになったものである。子どもたちのほとんどは，知能指数60～75前後の軽度精薄または境界線児であった。機械的な計算能力と漢字の読み書きはある程度できる子どもたちであったが，劣等感が強く，行動の面で問題があった。例えば，授業中に大声をあげて廊下を走りまわるとか，ちょっとした喧嘩にも異常なほど固執するとかが稀でなかった。WISCの下位検査では，言語性検査結果が低く，動作性検査結果が高いという境界線児または軽度精薄のタイプがほとんどであった。その原因については，家族性といわれる低文化性の子どもたちであった。特殊学級担任は，単級複式の経験があれば誰でもやれると言われたが，当座は暗中模索の日々であった。

　久末諭は，太櫓小学校特殊学級担当を出発点として教育実践を積み檜山管内のリーダーの一人として発達障害児等の教育振興と教育実践研究に尽力した。太櫓小学校の実践資料は，『学級経営報告書・はまなす』第1号から第3号に記載されているようであるが，筆者は直接閲読していない。
　北教組第三回教研集会は，1953年11月に開催され第5分会のテーマは「特異児童の取扱いと特殊教育の振興対策」であった。檜山地区上ノ国支部の太田寛蔵は，この分会で『子守児童の実態とその対策』を報告した。内容は，〇序，〇地域社会の実態（産業形態，児童の家庭事情），〇子守児童（子守児童の実態，子守児童に対する考察，対策），〇結語からなっている。太田寛蔵は，特異児童の範疇に子守児童を含めて子守の実態を明らかにして，子守児童を生む地域性とそれを黙認して放置している社会と学校教師に対して厳しく警告している。それは，〈子守児童の身体的・精神的に予想される実態を放任しておいて，何が平

和教育ぞ〉の言質に現れている。太田寛蔵の児童観には，精神遅滞児，学業不振児，社会不適応児，性格異常児だけでなく長欠児も家庭貧困児も子守児童も特別な教育的なニーズを持った児童であるから新教育理念である〈教育の機会均等〉により対処しなければならないといった主張があるようだ。

　1956年4月には，無認可ながら瀬棚町立瀬棚小学校に特殊学級が開設された。1958年に正式認可され学級担任は古畑昌子である（筆者註解：別資料には1958年開設，1959年認可とあり，精確な資料による裏づけが課題である）。1956年4月には，今金町立今金小学校特殊学級が無認可のまま開設され合田昌司が担任となった（正式認可は1958年4月）。これで北部檜山の3町に各1校1学級計3学級が開設されたことになる。この時期に北檜山の太櫓小学校，瀬棚小学校及び今金小学校3校と隣接する渡島地区の国縫小学校を合わせた4校による「北海道精神遅滞児教育連盟道南第二ブロック」をつくり特殊学級関係者による研究組織が成立した。これが「檜山北部精薄教育研究会」の創設へと発展した。1961年には瀬棚町立瀬棚中学校に特殊学級が開設され柴谷勝俊が担任となった。この年に檜山管内合同研究会に特殊教育部会が設けられた。1965年までの檜山管内の特殊学級設置状況を列記すると次のようであった。1962年には江差町立江差小学校，熊熊石村立雲石小学校，大成村立久遠小学校，熊石村立熊石第一中学校に，1963年には北檜山町立太櫓中学校，今金町立今金中学校に，1964年には厚沢部村立厚沢部小学校，乙部村立栄浜小学校，熊石村立相沼小学校，大成村立大成中学校に，1965年には上の国村立上の国小学校，乙部村立明和小学校，厚沢部村立厚沢部中学校にそれぞれ開設された。すなわち，1965年までに奥尻村を除く全町村に特殊学級形態の教育の場が設定されたのである。

桧山教育事務局他『第1回 管内特殊教育研究集会』1962年

　1962年5月，太櫓小学校を会場に北海道第二ブロック特殊教育研究会が開催された。1962年7月，北海道教育庁檜山地方教育局・今金町教育委員会・今金教育推進協議会主催「第1回管内特殊教育研究集会」が今金町立今金小学校を会場として二日日程で開催された。公開授業は今金小学校の清水栄一が行い，太櫓小学校の久末諭と今金小学校の清水栄一が基調報告をした。基調報告と事情報告は，「特殊教育と学級経営について」久末諭，「特殊学級経営の概要」今金小学校清水栄一，「磯の子，3ヶ月の歩み」久遠小学校伊東典哉，「本校における特殊学級の経営」瀬棚中学校柴谷勝俊，「ひまわり」瀬棚小学校山本隆，「かたつむり」

江差小学校伊藤利弘,「本校特殊学級の歩み 開級一年」雲石小学校橋本和男である。二日目の講演は北海道学芸大学の山本普が行った。

　1962年には,檜山教育研究所・檜山地区教研推進委員会編『教育研究ノート』の問題別領域に特殊教育が取り上げられた。研究課題として,1.普通学級における遅進児（精薄児）の取扱いをどうしたらよいか,2.特殊学級における指導計画をどのようにしたらよいか の二つが設定された。

　北檜山町立太櫓小学校の久末諭は,1962年11月の北教組第12次教研集会に『フラストレーションの排除と本校における作業学習』を発表した。内容は,○はじめに,○児童の実態,○作業学習を取り上げた理由,○学習の進め方,○今後の問題となっている。小学校においても,作業学習が効果的でフラストレーションの解消にも有効であるというのである。

　1964年,江差小学校の本多正や厚沢部小学校の佐々木平馬らによって「檜山南部特殊教育研究会」が組織され,既に活動している檜山北部特殊教育研究会と相互交流が図れるようになった。

久末諭『特殊教育と学級経営について』1962年

　今金町立今金小学校の清水栄一は,1964年11月の北教組第14次教研集会に『特殊学級の教育課程の問題』を発表した。内容は,○概要,○本校特殊学級における教育課程（教育目標,具体目標,教育内容,教育方法）,○教育課程編成上の問題（内容についての問題,方法についての問題）となっている。教育課程編成上の問題については,指導の実際から問題を検証して方向性を探究することが求められよう。

　大成村立大成中学校特殊学級担任の中岫健は,1965年11月の北教組第15次教研集会に『辺地校に於ける特殊学級の設置並びに運営を困難にしている諸問題』を報告した。内容は,○はじめに,○特殊学級の設置ならびに運営上の諸問題（特殊教育振興に伴う問題,地域社会の問題,学級運営上の問題,判別指導機関の設置）,○本校に於ける特殊学級経営,○むすび,○資料からなっている。次に,中岫健が提起する僻地校特殊学級経営上の諸問題を摘記する。

大成中学校　中岫健「辺地校特殊学級の経営上の諸問題」

　民主教育の原則　「すべての国民はその能力に応じてひとしく教育を受ける権利を有する……」という民主教育の原則が端的にあらわさなければならないのが特殊教育の面である（筆者註:「すべて〈の〉」でなく「すべて」である）。

辺地性と特殊学級 檜山の特殊教育は歴史が浅いため暗中模索，試行錯誤の開拓時代にある。特殊学級数は，現在小学校で17％，中学校で13％に過ぎず教育の機会均等の理念からほど遠い実態にある。

檜山管内10町村の小学校77.9％，中学校73.3％が僻地指定校で占められ，全体の3/4が僻地校である。従って，封建性，封鎖性，低文化性，貧困性から派生する諸問題が特殊学級の設置並びに運営を困難にしている。特殊学級の設置状況は，心身障害をもつ忘れられた子等の幸せを願って開設する発想ではなく，学級数の増加に伴う教員増や小額の国庫補助を期待しての設置，あるいは，小学校で設置したので仕方なく受け皿として中学校にもといった開設である。設置に当たっては，行政当局も学校側も非常に積極的だが，学級が設置されると〈特殊教育本来の目的が達成された〉と安易に考える向きがある。

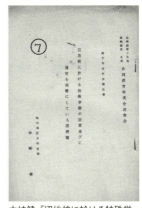

中岫健『辺地校に於ける特殊学級の設置並びに運営を困難にしている諸問題』1965年

教育行政側の消極性 端的に言って不勉強による無理解が甚だしく，消極的で誠意の無さに苦しむ。教育長や指導主事は学級を参観したり子どもらの作品から学ぶなどの研修が必要である。

特殊学級担当者の意識 一般的に，開設当初は職員共通理解の上でスタートするが職員構成が変わるにつれて学校体制は崩れていく。アンケート調査の結果，学級経営上の問題として次の七点があげられた。①普通学級の付けたり的存在で学級の孤立化がある，②研修出張などの場合に補欠授業がうまくいかない，③職員の研修不足による無理解，無関心に悩む，④特殊学級と普通学級を同一視する，⑤学級担任の後任者がいないので心配だ，⑥女教師の応援がない，⑦全校体制による教育推進がうまくいかない。全校体制を確立し，学校ぐるみで推進させるには校長や教頭も担任同様に積極的に研究会等に出席してほしい。

組織による運動化 僻地校に於ける特殊学級運営の諸問題は，個々の教師の熱意である程度救われているが，なんと言っても〈条件が不備であっても実践し，要求し，どう運動化していくべきか〉，組織をもって取り組まなければならない。

1953年に檜山北部の太櫓小学校に特殊学級が開設され奥尻町を除く全町村に特殊学級形態の特殊教育が実施され13年の歳月を経ている。この間に，教育行政，教育研究所，教職員組合及び特殊学級担任による研究組織が一体となって管内特殊教育研究集会開催が定例化している。それにもかかわらず，基本的な問題が解決されていないという報告である。

1965年11月，特殊学級開設校の関係者が厚沢部町に集まり「檜山精神薄弱教育研究会（通称「檜精研」），後に檜山管内心身障害児教育研究会（通称「檜障研」

と改称される)」を発足させた。初代会長には今金中学校長斉藤亮が初代事務局長には今金中学校特殊学級担任の柴谷勝俊が就いた。

柴谷勝俊は，1966年9月の「昭和41年度 全道養護学校教育課程研究集会」の全体会に『教育課程の編成はどうあればよいか（教育課程編成上の基本事項）』を発表した。内容は，〇養護学校学習指導要領の性格上の特性，〇精神薄弱児教育の目標について，〇教育課程の構造と学習形態について，〇むすび，といった一般論である。柴谷勝俊は，檜山管内発達障害児等の教育のリーダーの一人として教育の充実・発展に尽くし，1974年には精神薄弱者更生施設「光の里学園」を設立してその経営に当たった。この研究会の組織化は，檜山管内の実情から，南部（厚沢部，江差，上の国，奥尻），中部（大成，熊石，乙部）及び北部（今金，瀬棚，北檜山）が結びあって現場の研究交流をはかり，問題点を効率的に解明するための管内一本化した組織づくりが要求されていたからである。教育研究会は，機関誌『檜山精薄研情報』を発行し，研究活動を記録に残すとともに啓発資料とした。

長江好道・桧精研『ともに育つ教育―障害児の社会自立と教育』1974年

檜精研は，1967年4月に北海道大学大学院教育学研究科の院生長江好道・諸富隆らに呼びかけ「檜精研」内に「共同小委員会」を設置して実践研究の量的拡大と質的発展を期するための体制を整えていった。共同研究の結果は，『ともに育つ教育』（1974年，明治図書）として刊行された。一地方の発達障害児等の教育関係者団体と大学院研究室との7年間にわたる共同研究は，北海道の教育実践史上類いを見ない極めて優れた取り組みとして深く留意したい。

第3．檜山地区発達障害児等特殊教育の歩みと特質

1．檜山地区の発達障害児等特殊教育の歩み

年　月	事　　項
1950年10月	新教育に向けた教育再建を願って「桧山教育研究所」が設置される。
1953年 5月	太櫓郡太櫓村立太櫓小学校（現北檜山町立太櫓小学校）に特殊学級「はます学級」が認可・設置される（校長 木下藤蔵，学級担任 高岡義一）。
11月	北教組檜山地区上の国支部の太田寛蔵は北教組第三回教研集会に『子守児童の実態とその対策』を発表する。
1956年 4月	瀬棚町立瀬棚小学校特殊学級開設される（校長 伝甫万之助，学級担任 高岡義一 1958

		年4月正式認可となる)。 「北海道精神遅滞児教育連盟道南第三ブロック」が組織される。
1957年	11月	太櫓小学校特殊学級担任三階喬は北教組第7次教研集会に『特殊教育の啓蒙』を発表する。
1958年	4月	今金町立今金小学校に特殊学級開設される(校長 宍戸誠,学級担任 合田昌司)。
1960年	4月	瀬棚町立瀬棚中学校に特殊学級開設される(校長 鈴木祐,学級担任 柴谷勝俊)。
1961年	5月	北海道第二ブロック特殊教育研究会が太櫓小学校で開催される。
1962年	4月	江差町立江差小学校(校長 高橋良治,学級担任 伊藤利弘),熊石村立雲石小学校(校長 輪島治三郎,学級担任 橋本和男),大成村立久遠小学校(校長 笹谷芳一,学級担任 伊東典哉),熊石村立熊石第一中学校(校長 秋元四郎,学級担任 新木茂)にそれぞれ特殊学級が開設される。
	7月	北海道庁檜山地方教育局・今金町教育委員会・今金教育推進協議会主催「第1回管内特殊教育研究集会」開催される。学級経営実情発表は,「特殊教育と学級経営について」太櫓小学校久末論,「特殊学級経営の概要」今金小学校清水栄一,「磯の子,3ヵ月の歩み」久遠小学校伊東典哉,「本校における特殊学級の経営」瀬棚中学校柴谷勝俊,「ひまわり」瀬棚小学校山本隆,「かたつむり」江差小学校伊藤利弘,「本校特殊学級の歩み 開級一年」雲石小学校橋本和男が行った。 檜山教育研究所・檜山地区教研推進委員会編『教育研究ノート』に特殊教育研究主題が掲載される。 「第12次檜山総合教育研究集会」に第13分科会として特殊教育分科会が設けられた。
	11月	北檜山町立太櫓小学校特殊学級担任の久末論は北教組第12次教研集会に『フラストレーションの排除と本校における作業学習』を発表する。 『昭和37年度檜山管内特殊教育研究集会報告書 ひまわり』発行される。
1963年	4月	北檜山町立太櫓中学校(校長 須田武治,学級担任 藤田スエノ),今金町立今金中学校(校長 斉藤亮,学級担任 瀬戸庄次郎)にそれぞれ特殊学級が開設される。 「第2回檜山管内特殊教育研究集会」が太櫓小学校で開催される。
	8月	今金小学校の清水栄一は「昭和38年度精神薄弱児教育指導者講座」に出席した。
1964年	4月	厚沢部村立厚沢部小学校(校長 新明清,学級担任 佐々木平馬),栄浜小学校(校長 山本孝,学級担任 奥崎幸男),乙部村立相沼小学校(校長 四十物谷久義,学級担任 長崎栄一),大成村立大成中学校(校長 境要,学級担任 中岫健)に特殊学級がそれぞれ開設された。 「檜山南部部特殊教育研究会」発足する。 「第3回檜山管内特殊教育研究集会」が熊石町で開催される。
	11月	今金町立今金小学校特殊学級担任の清水栄一は北教組第14次教研集会に『特殊学級の教育課程の問題』を発表する。
1965年	4月	上の国村立上の国小学校(校長 高田正男,学級担任 川端正明),乙部村立明和小学校(校長 佐藤邦夫,学級担任 藤田賢太郎),厚沢部村立厚沢部中学校(校長 能代確治,学級担任 佐々木寛子)にそれぞれ特殊学級が開設された。 特殊学級関係者による「檜山精神薄弱教育研究会」が結成される(現北海道檜山管内心身障害児教育研究会)。 「第1回檜山管内精神薄弱教育研究会」が厚沢部町で開催される。
	11月	大成村立大成中学校特殊学級担任中岫健は北教組第15次教研集会に『辺地校に於ける特殊学級の設置並びに運営を困難にしている諸問題』を報告する。
1966年	9月	柴谷勝俊は「昭和41年度全道養護学校教育課程研究集会」に『教育課程の編成はどうあればよいか(教育課程編成上の基本事項)』を発表する。
1967年	4月	檜障研は北海道大学大学院教育学研究科の院生長江好道・諸富隆等に呼びかけ「檜障研」内に「共同小委員会」を設置する。

2．檜山地区の黎明期における発達障害児等特殊教育の特質

　檜山地域の特質は，管内の地理的，産業・経済的，文化的などが歳月をかけて生成されたであろう環境要件を背景に形成されたと考えられよう。農漁山村地帯の僻地校が多い小・中学校は，全校数の60％が単級校と複式学級を持つ単級複式校である。そこでは，主に地域社会開発と結びついた農山漁村教育が展開されている。檜山の教師たちの間では，〈僻地教育への情熱は先輩校長がこれを語り，単級複式教育の悩みは青年教師の眉に深く宿る〉と語られている。そのような教育環境にあって，道内では比較的早く特殊学級が開設され，しかも，奥尻村を除く9町村に量的に拡大されたことが特質の一つである。しかし，このことに関しては教育社会学的観点からの検討が課題となる。

　檜山教育研究所は，戦後の混乱する教育界にあって，1950年10月に檜山教育の再建をスローガンとして開設され，檜山地区の教育課題に主導的に取り組み檜山教育を先導したが，管見かもしれないが1965年までに発行された「研究紀要」や「機関紙」には特殊教育に関する内容が掲載されていない。

　北教組教研集会は，1951年から1965年までの15年間に15回開催されているが，檜山からの全道集会発表者は通常学級関係者が1名で，特殊学級関係者でも3名と極端に少ないのである。この背景には，推測の域を出ないが檜山管内の教師たちの多くは北教組反主流派に属していたことがあるのではないかと考えられる。一方，檜山総合教育研究集会は毎年開催され，1962年から第13分科会として「特殊教育分科会」が設けられた。檜山の教師たちは，自らの教育実践を管外の場で発表し交流し合う方式ではなく，管内の同志による研究交流方式を採っていたのであろうか。いずれにしても，「特殊学級の教育実践と組織的研究」の興隆に比べて，筆者の史資料の蒐集に限界もあるが，「普通学級における遅進児の取扱いに関する教育実践」が発掘されていないのである。檜山管内特殊学級関係者による「社会自立を目指す」教育実践の大きな特質の一つとして，教育研究集会の定例的な開催とその結果を研究集録として採録し冊子として残していることである。さらに，教育実践の質的向上を求めて北海道大学大学院生との共同研究を謙虚に継続したことも高く評価したい。

　次に，北海道教育大学助教授 長江好道（pp.85-87，1974年）の檜山管内発達障害児等教育実践の変遷の時代区分を援用して本節のまとめとする。

長江好道「檜山管内発達障害児等教育実践の課題」

　①特殊学級の黎明期（1953-1959年）　特殊学級について教師間でも容易に理解されず，校長の説得によって担任が決定される状態が続き，特殊学級とその児童及び担任が孤立化する時期である。担任教師の交代が激しく流動化していたが檜

山北部の久末諭や柴谷勝俊などの教師たちが模索しながらも地道に根を張ろうとする時期でもあった。教育方法では，生活単元学習と作業学習が試行される時期である。

②**教師の共同による実践検討の時期**（1958-1961年）　経営問題について校内研究方式によらず，檜山北部の教師たちが中心になって授業の公開と交流による研究を始めている。そして，教師の共同力による教育実践こそが支柱であると確認しあった。親たちとの連携が意識され，地域と教育の結びつきが特殊学級の教育実践の質を変えることが自覚されるようになった。担任教師も特殊学級の意義を再認し定着するようになる時期である。

③**実践的教育論を構築する時期**（1962-1964年）　「学習指導要領」の改訂を機に，それまでの教育実践を振り返り，地域に根ざした教育課程の編成を指向する時期である。しかし，地域の問題を教育課程に反映させる方法論の未熟さからコピー的教育課程の域を脱することができず，その反省に立った実践的教育論の構築に向けた取り組みに着手する。檜山南部の教師たちのグループ化が進み，北部と南部との相互交流を足場として，特殊学級担任，校長，教育行政及び父母による総合的で全管的な研究組織の結成が叫ばれるようになった。

④**教育実践の科学化に着手する時期**（1965-1968年）　「檜山管内精神薄弱児教育研究会」の創設と北海道大学大学院生との「共同研究」の開始と「親の会」の結成を同時に進めていく時期である。教育実践を高めていくために，地域と教育の結節点を探究していく条件が最小限整備されなければならない。そのために，先ず，教師自身の教育の力量を高めること，すなわち，実践を分析し，総合し，実践を徹底して検討することにある。この時期に，管内規模の共同研究方式による「子どもの社会的自立を目指す教育実践」の縦断的研究が開始されていく。

本項の論述対象は1965年までなので，以下の記述は省略する（⑤教育実践の仮説，検証，「親の会」組織の発展の時期，1969年-）。

地域の教育研究団体は，毎年の定例研究会に年度替わりの中央講師を招聘して研究会の目玉よろしく学ぶことは無意味とは言えないが，教育実践研究手法として一考を要することであろう。地域性をふまえ地域に活きる教育実践研究は，研究課題に沿ったその地域の研究視点及び研究手法があり，その研究視点と研究法により着実な実践研究を積み上げることがなければ実践を検証し，よりよい手法を探求する有効な成果は得られるはずがない。檜山地区の障害児教育研究組織は，特定の研究者を指導者に据えて檜山というフィールドにおける教育活動の事実を基にした研究協議を継続して研究主題に深く接近していったのである。〈教育機会の均等と教育を受ける権利〉の原則に実現には，この研究者との協働研究方式学び，取り入れていくことである。

第12節　渡島地区の教育実践

第1．渡島地区の概況

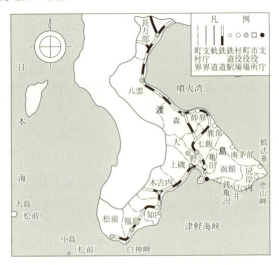

　渡島地区は，総面積約3,800平方㌔に1市10町8村に分轄されており，人口約514,000人，世帯数約10,300世帯が居住している。開発の歴史は，檜山地方と共に古いが，産業の大半を占める漁業が数年来のいか不漁で打撃を受け，沿岸漁業も行き詰まって不振，それに農業は経営面積が少なく，第二次産業もセメント，砂鉄，石油精製以外にとりたてるものがない。これらのことから道税収納率は全道で下位から三番目，生活保護世帯も高率で零細化の一途を辿っている。この対策として1958年に渡島支庁に低位経済農漁家対策本部がつくられ，17町村22部落を対象に鶏，豚などの小家畜導入による多角経営を進め，着々成果をあげている。また，1957年には渡島檜山南部が集約酪農地域に指定され，大野平野総合灌排事業の本格工事が期待されている。1959年に国立公園に昇格した道立大沼公園は，恵山，松前地区と共に道南の観光開発がクローズアップされてきた。商工業では，工場数は814，従業員約4,640人であるが三人以下の零細工場が83％を占めている。内訳は，食糧品製造424（54％），化学工業176（21％），木材製造業（13％）等となっている
　教育や文化面では，学校数小学校125校（分校9校），中学校66校（分校1校），高校11校（道立5校，町村立6校）で，辺地指定校は小学校43校，中学校

18校ある。このうち一般校舎の基準未満校は小学校80校，中学校32校といずれも50％を超え，屋内運動場も小学校55校，中学校30校が未整備で教育施設は充実していない。学校給食実施校は，小学校5校，中学校1校で普及は進んでいない。教員619人は，管内を一本化した渡島教育研究集会と各分科会で活発に活動している。社会教育面では，青年団体230（9,100人），婦人団体251（15,100人）があり各町村毎の協議会と一本化した渡島青年団体連絡協議会，同婦人団体連絡協議会が組織されている。医療・保健衛生施設は，病院10（国立2，道立1，公立4，その他3），診療所64，歯科医院36，伝染病隔離病舎68，保健所4がある。

第2．渡島地区発達障害児等の教育実践

渡島は，函館市や松前町などがあり古くから開かれた地域である。発達障害児等の特殊教育は，1912（大正元）年に函館市立東川小学校が「教育上困難な劣等児取扱」について報告しており，1925年には函館師範学校附属小学校が「成績不良児童の教育方法」に取り組んでいる。特殊学級形態の特殊教育は，1927年に函館師範学校代用附属亀田小学校「特別学級」により開始され，1931年には函館市立東川小学校「養護学級」（現大森小学校）が開設されている（市澤豊「函館師範学校代用附属亀田小学校［特別学級，特別劣等児学級］」pp.215-233，「函館市東川小学校［養護学級］pp.237-251.」『発達障害児教育実践史研究』2006年）。

1950年に函館市に最初に開設された函館市立港小学校特別学級は，函館師範学校代用附属亀田小学校「特別学級」担任中村彌四郎の教育実践を意識的に継承して開設された。また，函館市立東川小学校養護学級担任であった北川能光は，戦後市内校の校長として自らの教育実践を語り伝え特殊学級関係者の実践に影響を与えている（市澤豊「函館市立港小学校［山本学級］の教育」pp.661-687, 2010年）。

まず，黎明期における渡島地区の教育研究活動の歩みの概要を整理する。渡島の学校教育関係者は，1951年10月に新教育の諸課題に組織的に取り組むために北海道教育庁渡島教育事務局・北教組渡島地区文教協議会・小中学校長会の三者による「管内教育刷新委員会」を発足させ，次いで渡島教育研究所を設立した。1953年11月には，渡島管内の教育に関する五機関（北海道教育庁渡島事務所局・渡島地区教育委員会協議会・北教組渡島地区協議会・渡島管内小中学校長会・渡島教育研究所）による渡島教育運営協議会主催の「第一回渡島総合教育研究会（総合研）」を亀田村立亀田小学校と桐花中学校を会場にして開催した。「渡島総合教育研究会」は，それまで乱立の様相であった各種の教科別研究会，サークル研究会，ブロック研究会等及び渡島管内教育研究会を整理統合したものである。一方，北教組渡島地区文教協議会は，1951年から教育研究集会（教研）を毎年開催していた。1956年1月に，渡島事務局の提案により渡島教育運

営協議会（五者会議）が開かれ「渡島管内総合研究会」と「北教組渡島地区教研集会」について協議された。次に、「総合研」と「教研」が統合された「渡島教育研究集会」について摘記する。

「渡島教育研究集会」

　名称　渡島教育研究集会
　目的　民主教育の確立を目指し、渡島地区に存在する学校教育の具体的問題について、その原因を究明し、解決の方途を研究する。
　主催　北海道教育員会渡島事務局・北教組渡島地区協議会・渡島地区教育委員会協議会・渡島小中学校長会・渡島教育研究所
　推進の方針（筆者省略）。組織と運営（筆者省略）。企画委員会（筆者省略）。
　主題の設定　現場にある教科、生活指導、単複等の問題676を受けて次のように設定する。渡島の貧困性に立って教育効果を高めるにはどうしたらよいか。その束ね方は、①教育課程の再検討と構成、②効果的な指導と運営、③教育効果をあげる環境の三点にしぼり、各研究課題を基本的に導くために次のねらいを設定する。(1) 子供の学力を伸ばし、自主的な生活力を育成しよう（筆者註：(1)の内容省略。以下(2)、(3)も同じ)、(2) 地域の後進性を克服し、教育と文化を高めよう、(3) 教師の自覚と団結を強めて教育を民主化しよう。研究課題（国語等14課題）「経営と特殊教育」：特殊教育をどう進めたらよいか。精薄児・問題児・他恵まれない子供達・幼児等の課題。
　（解説）基本主題の設定　教育研究所は、基底カリキュラムを構成する折に渡島の実態調査を行い、その結果に基づいて渡島の地域課題を探り研究紀要第5集に紹介した。今回、渡島教育研究集会の基本主題設定に当たり、再度渡島の地域課題について考える。「我々が課題をもって環境に働きかける之を改造しようとするとき、そこに隘路や障害となるものを打開解決していくことが課題である。課題は、当然内的原因と外的条件の二方面から考えなければならない。前者は教育課題であり、後者は政治、経済的課題である。政治、経済的課題は別にしても、かかる課題を解決する様な人間像を想定して教育の理想にすえる必要である。我々は地域の人々が抱いている生々しい課題に偽りや矛盾や不足がないかどうかを良識とデーターによって突き詰め、それらのそこに潜む渡島の包蔵する最も基本的な課題を握りしめなければならない。即ち、各課題を見通して、そこに角度をもたせる必要があるからである。」
　このような考え方によって探り出された地域課題は次のとおりである。
　①貧困性（諸施設・設備、機関の貧困）、②封建性（個人意識の欠如、封建的慣習の残存的束縛、権威や社会的機関に対する依存的態度）、③封鎖性・排他性（文化交流の不円滑、環境打開に対する積極的意欲の欠乏、狭い同族対立意識による自己中心的傾向）、④文化の遅滞性（文化施設の不備、文化摂取に対する意欲の低調、交通・通信機関の不備より来る文化浸透の不徹底）、⑤非合理性（科学的態度の欠如、生活・生産・環境に対する非合理的態度）。此等の諸欠陥が教育に大きな障害を与え、不当な圧力をかけている。この五つの地域課題を貫くものは、渡島の地域に内蔵する貧困性であると

思われる。なお，この基本主題は現在を肯定するという弱いものに止まらず，それを打破する将来性を含んでいるものであることを付加する。

基本主題は，渡島の学校教育主題であり，そこには「特殊教育」の課題も示されていることに留意したい。これらの教育主題は，教育実践課題として研究主題に結びつける具現化作業には更なる工夫が求められたであろう。

1951年4月，函館市立谷地頭中学校は，知的障害児などの発達障害児等の特殊学級とは性格を異にした促進学級を開設している。

管内町村立校では，1951年4月森町立森小学校と松前町立白神小学校にそれぞれ特殊学級が開設された。

渡島地区の教育実践史にかかわる参考文献は北海道教育委員会渡島事務局・北海道渡島教職員組合渡島地区協議会・渡島管内小中学校長会・渡島地区地方教育委員会協議会・渡島教育研究所『渡島の教育（渡島教育研究集会の記録）』(1956年)，渡島教育研究所『教育研究活動の動向 研究紀要第22集』(1959年)，函館市特殊学級研究会『精薄児教育 実践ノート』(1964年)，函館市教育委員会指導主事奥野留雄「特殊教育風土記［函館市］」全日本特殊教育研究連盟『精神薄弱児研究 135』(pp.54-55, 1969年)，函館市教育委員会・函館市特殊教育研究会『函館市特殊教委の変遷―精神薄弱児教育―』(1971年)，渡島教育研究所「渡島教育研究所のあゆみ」『創立30周年記念 渡島教育研究誌』(1981年)，函館市教育委員会『函館の教育 1975』(1975年)，森町立森小学校浜谷敏雄「渡島」(pp.99-104)，函館市立中島中学校小松重一「函館」(pp.158-160)，北海道精神薄弱教育研究連盟『道精連 三十年の歩み』(1982年)，渡島小中学校長会・障害児教育特別委員会「渡島障害児教育の歩み」『昭和60年度〜昭和62年度 研究報告書』(pp.3-7, 1987年) がある（北海道教育庁渡島教育局教育支援課 課長 沢田紀之氏及び渡島教育研究所副所長 伊藤法雄氏より資料の提供をいただきましたことを記し感謝の意を表します）。

函館市教育委員会他『函館市特殊教育の変遷―精神薄弱児教育―』1971年

渡島小中学校長会・障害児教育特別委員会『研究報告書』1987年

第3章 各地における教育実践

1950年10月2日，函館市立港小学校に特殊学級が開設された。校長は竹村正雄で初代担任は山本宇一郎である。1950年10月20日に北海道教育委員会より特殊教育研究の指定を受ける。本学級の成立事情とその教育については前掲の筆者の論考があるので参照されたい。

　森町立森小学校特殊学級は，1951年4月に認可され開設された。しかし，1953年10月に教員定数問題で一時中止となったが，1954年4月に定員が1名つき再開された。

　函館市立的場中学校の山岸俊哉は，1952年11月の北教組第二回教研集会に『できない子供の問題とその対策』を発表した。内容は，〇問題の対象と範囲（対象となる子，対象の範囲），〇できない子の生まれてくる原因（個体的原因，社会的原因），〇できない子の救済（人権尊重に立つ児童観の確立，特殊学校・特殊学級の設置，普通学級に於ける対策）からなっている。山岸俊哉は，同志と語り合って市内小中学校10校2,831名を対象児に調査をしたと述べているが，調査方法や内容を明らかにしていない。この救済についても，個人の尊重，教育の機会均等，児童憲章前文の理念等をあげているが具体的な取り組みについての論述内容が課題である。

　函館市立谷地頭中学校手塚校長は，鈴木智教諭の願いを受け入れ，1951年4月に学業不振児のための促進学級を公認した。その促進学級は，中学上級生40名で編成された特別指導のモデルケースとして開始された。この学級を報道した新聞の切り抜き記事を次に摘記する。ただし，見出しは筆者が記事内容から付した。なお，掲載新聞紙名及び発行年月日は未詳である。

山岸俊哉『できない子供の問題とその対策』1952年

新聞記事「函館谷地頭中学校促進学級の苦節四年間」

　促進学級編成について　鈴木智先生は，昭和24年4月に赴任した本校の生徒が欠席の多いのに驚き，その理由などの把握に努めた。その主な理由は漁業の手伝いによる長期欠席で，しかも，態度が粗暴であり学業に興味を持たない生徒であった。そこで，性行の善導や学業促進のための特別な集合教育をする必要を感じ，手塚校長と相談の上昭和26年4月に40名からなる促進学級を編成して特別指導を開始した。

　指導の目標について　本学級は，精神薄弱学級と異なり智能は普通並にありながら家庭環境や性格によって勉強が嫌いになり，自然学業不振のためクラスのお客さん扱いされていた生徒たちなのである。指導目標は，頭から劣等観をなくし生活態度を明るくすることであった。

指導の実際について 鈴木教諭は常に生徒たちと接触することを心掛け，授業時間を短縮して遊び時間や娯楽に振り向けたり，作業時間を利用して他の学科と結びつける特別なカリキュラムを作成して学校に親しませるように工夫した。又，休日などには，学級の生徒を引き連れて校外遠足や映画見物をした。一週間に二，三度生徒たちと公衆浴場に行くようにした。しかも，こうした際の経費は全部自腹を切ってのものであった。

指導の結果について こうした若い教員の情熱は次第に生徒たちの生活，学習にも響いて翌年春にはこの学級からも高校進学が10名もあり，就職率は98%という成績で，市内中学校の教員たちを驚かせた。昭和27年には，新一年生から受持っている。学級の生徒は，鈴木先生を父とも兄とも思うほど信頼を寄せ，誰に言われなくとも先生に相談するようになっている。手余しものだった子も素直になり，勉強嫌いだった子も普通学級に帰った。

指導上の悩みについて 家庭の無理解と職業指導のための施設が足りないことである。親たちは，いか漁に入れば折角学校に親しんだ生徒たちを平気で休ませる。鈴木先生は，このような親たちへの説得のために時間を割いて家庭訪問し，分かってくれる迄訪問を続けた。こうした行動の一つ一つがだんだんに明るい社会建設への希望として親と子に理解されつつあるという。

　

教職経験の少ない若い教師の意志と情熱が，生徒を支え，親と地域社会を変える事例である。しかし，鈴木智教諭の真実の実践は，旧弊な学校社会の古参教師たちの理解と支持を得ることは至難である。

函館市立谷地頭中学校（1955年潮見中学校に校名変更される）に特殊学級が設置されたのは1952年4月であった。ここで，函館市立校の特殊学級設置暦年をまとめておきたい。1958年に港中学校，1959年に青柳小学校・新川小学校・中島小学校・若松小学校，1961年に弥生小学校・高盛小学校・新川中学校（新川小学校に附設し1963年本校に開設），1963年には柏野小学校養護学級を廃止して精神遅滞児学級を，的場中学校にそれぞれ設置された。1964年には万年橋小学校に，1965年には松風小学校にそれぞれ設置された。

1951年4月に発足した函館市立潮見中学校（前身は谷地頭中学校）は，1956年に『特殊学級のあゆみ』を作成し公開した。その内容は，○特殊学級発足後現在に至る情況（発足年月日，編成の方針，生徒の程度と人員の変遷，教育方法の変遷，

潮見中学校『特殊学級のあゆみ』1956年

形態上から見ての変遷), ○現在の特殊学級の性格（地域社会, 学校の生徒総数, 学級の生徒数, 普通学級との関連, 校内に於ける位置づけ, 生徒について), 教育目標, ○週の計画からなっている。

　既に本章第9節石狩地区で触れているように, 通説では北海道の中学校特殊学級形態による特殊教育は札幌市立美香保中学校であるとされているが, 美香保中学校の開設認可内示が1951年4月で始業は1952年3月である。したがって, 函館市立潮見中学校特殊学級は, 北海道における特殊学級形態による中学校特殊学級教育の嚆矢となる。しかし, 潮中学校の特殊学級が促進学級的性格であり, 精神薄弱等の対象児は, 法制にしたがって厳選すべきであり, 対象外の児童が入組していた学級を「ごみため学級」などと酷評して差別していた時期であった。次に, 特殊学級の歩みとその教育を概観する。

函館市立潮見中学校「特殊学級の歩みと教育」

　特殊学級発足と歩み　昭和26年4月1日に発足する。学級編成の対象は, 精神薄弱児と社会的不適応状態の高い境界線児である。昭和26年度は, 社会不安定の過渡期に頻発した社会的不適応児及び不良児の指導と学力不振をもつ生徒の指導を中心とした多種混合の学級で, 診断は現象を主体に, 3学年のみを対象（生徒数51名, 内行動問題児11, 境界線児24, 精薄児7）にした。昭和27年度は, 社会安定の目安と前年度の反省により精神薄弱児と境界線児を対象とした。診断は小学校との話合いで新入生のみで編成（生徒数39名, 内行動問題児11, 境界線児22, 精薄児6）した。昭和28年度は, 27年度編入された生徒中より, 普通学級での学習困難性が少ないものを普通学級へ送り人員を減少して編成（生徒数23名, 内行動問題児6, 境界線児10, 精薄児7）した。昭和30年度は, 精神薄弱児だけの編成を考え, 児童相談所等の協力を得て診断・鑑別, 親の了解のもとに2年生と1年生による編成（生徒数14名, 内行動問題児2, 境界線児5, 精薄児7）とした。昭和31年度は, 新入1年生から3年生までの複式学級編成（生徒数15名, 内行動問題児1, 境界線児5, 精薄児9）となる。

教育方法の変遷

指導区劃		指導形態	研究主題	結果からの方向づけ
試行錯誤期	26年度	教科書を中心として画一的学習指導	社会行動の正常化, 基礎学力の向上	
	27年度	上に同じ	上に同じ	編成生徒の程度と促進学級的色彩をとる
	28年度	上に同じ	劣等感排除, 基礎学力の向上	生活習慣の矯正, 環境調整, 家庭啓蒙の必要
混乱期	29年度	併せて農耕・飼育を加えた。若干総合学習の形態もとる	家庭啓蒙, 職業能力の養成, 興味中心の総合学習	教科書中心指導の不適応, 抽象学習の不適応

| 模索期 | 30年度
31年度 | 教科学習中心の総合学習 | 生活能力をつけるための指導（カリキュラム） | 作業室の確保，中学校特殊教育のあり方，基本的職業能力 |

　函館市立潮見中学校特殊学級は，前述の谷地頭中学校の鈴木智教諭による特別編成学級を始点としている。それだけに，かなりマニュアル化された特殊学級黎明期の教育方法ではなく，入級生徒の実態に即した指導形態による教育実践であったと理解される。そして，当時の特殊学級の潮流とは異質な教育とみなされて発達障害児等の教育実践史から疎外されていたのであろう。黎明期には，心身に障害のあるなしにかかわらず様々な教育的ニーズをもつ児童・生徒のための特別学級が学校長と教師らの熱意によって任意に設置され，そのニーズに応える教育実践が展開されていた（市澤豊「戦後初期における任意設置型特別学級と計画設置型特殊学級への転換の検討」『日本特殊教育学会第44回大会発表論文集』p.821，2006年）。潮見中学校の特殊学級は，任意設置型による未認可学級として開始されたが，次第に法制下のもとに整合されていったことに深く留意しなければならない。

　1952年4月，長万部町立国縫小学校に特殊学級が設置された。渡島地区の町村立校の特殊学級開設は，1963年4月に木古内町立木古内小学校特殊学級開設までの11年間皆無であった。

　森町立森小学校特殊学級担任の水島勝敏は，1952年11月の北教組第二回教研集会に『A子の場合―漁村に於けるある日雇児童の観察から―』を報告した。内容は，〇A子について（A子の環境，A子の生育，A子の観察行動の経緯），〇A子から考えられる問題として（社会的なものとして，教師として）となっている。本報告は，特殊学級入級一年目のA子の観察事例である。父親の職業が漁業関係の日雇い人なのである。

　1953年2月，全道精神遅滞児教育研究会が函館港小学校で開催された。本校特殊学級に関しては市澤豊（2010年）に詳述しているので参照されたい。

　1953年11月，森町立森小学校の水島勝敏は実践記録『特別学級の営みの中から』を発表する。内容は，〇巻頭詩（児童作品），〇特別学級収容児童一覧，〇特別学級の子どもの営みの中から（絵日記），〇筆談から，〇はじめた頃（児童に対

水島勝敏『特別学級の営みの中から』1953年

して父兄は，行動上に於いて，学力はどの程度であったか），○中止する頃（父兄の考えはどのように変わったか，行動上どんな変化がみられたか，学力の上にどんな進歩がみられたか）からなっている。水島勝敏は，学級経営，すなわち，児童や父兄とのかかわりの事実を総て日記風に記している。

特別学級による教育は，教員定数問題で休業となり児童が普通学級に戻った頃までの2年間にどのように変化を与えたのであろうか。

下表は，筆者が水島勝則の記録から次のように対比して摘記したものである。

森小学校　水島勝則「特殊学級教育2年間の変化」

児童	指導形態	結果からの方向づけ
父兄は	学級収容の交渉をした当時非常に気にしていた。自分の子供は普通の子供とどこが異なっているか気付いていても，表面きって言われると「そんなに私の子供が……」といった気持ちになる。これには一種の見栄もあるが，傷を剔られたような不愉快さもある。	開設時はいろいろな問題が出た。なんといっても学級に対する周囲の人たちの目に対する〈恥ずかしさ〉や〈見栄〉が原因である。しかし，彼等が細やかなことに汲々している間に子どもは文字を覚え数を数え喜んで学校に通う姿を見て，ほのかな希望と期待とを持ち始めた。私に対する心理的投射の機制が〈憎悪〉となって冷たく向けられていたとは逆に〈感謝と協力〉とに置き換えとなって現れたのである。
行動上において	特別学級は，単式多人数学級の中で複式少人数学級なので不思議に思うのは無理がない。収容された児童も妙な感じだろう。通りすがりに物珍しくのぞき込む，悪戯する子もいる。誰うとなく「あれは特別な学級である」「勉強のできない人ばかり入っている」と言われだし，学級の子どもたちも気付き始め「特別学級の生徒」と呼ばれるのを非常に嫌った。職員会議で「特別扱いしない」いう約束をしたが事態は変わらない。一部の父兄が不用意に自分の子どもに話したことが明らかになった。	設置当時の奇異な目も消えた。注目と関心は平静に戻った。それと共に私の学級の児童も本当に落ち着いた。その上，「われわれの学級」という考え方が彼等の意識に強く浮かび上がった。反抗も逃避もなくなり，本当に犬ころたちが戯れるように固まって楽しく遊んでいる。見違えるような明るさである。職員室へも用事を足しに一人で堂々と入れるようになった。進んで何か仕事を探すことも覚えた。かつての受持の先生へ笑いかけ話しかけられるようになり，先生を驚かしユーモアたっぷりで，かえって私が顔負けすることさえある。

学力について（筆者が8名中が等抽出した，点線上段：1951年，下段：1953年）

児童	名前を書く	文字の読み書き	順序数唱	数の読み方	数を書く	計　算
A女	×字にならない	×	59まで	×	×	×
	○	形を書く。簡単な言葉を書き読む	100まで	100まで	100まで	20以下の繰り上げ下げない加減算ができる
D男	○	知っている字だけ読む	×	3まで	3まで	×
	漢字で書く	三年生読本すらすら読める	100まで	100まで	100まで	繰り上げ下げする3位数の加減算ができる
G女	○	×	100まで	100まで	60まで	×
	漢字で書く	一年の中巻程度	1000まで	1000まで	1000まで	20以下の繰り上げ下げな

| | | | | | い加減算ができる |

　水島勝敏は，実践から得た事実を対話法で記述している。それは自らの教育観にもとづいた内容でありそこには体裁を装う誇張した表現はない。その対話内容は，残念ながら紙幅の関係から紹介できない。

　上磯町立谷川小学校の中原誠一は，1953年11月の北教組第三回教研集会に『特異児童の発生原因とその指導法及びT君の実際指導に当たって』を発表した。内容は，○序論（特異児童の指導は現場にある我々の職場である），○本校に於ける特異児童の指導方針（指導態度，特異児童の一般的原因と指導の要点，発生し易い場），○事例研究T君の実際指導に当たって（本人，問題事項，生育史，本人の情況，家庭情況及び社会環境，総合的所見，指導方針，指導の実際及び指導経過，T君の行動学習の記録一部を拾って，T君の将来の見通し）からなっている。事例のT君は，長欠の小学5年生で反社会的傾向のある児童である。上磯谷川小学校に特殊学級が設置されたのは1964年である。

中原誠一『特異児童の発生原因とその指導法及びT君の実際指導に当たって』1953年

　長万部町立国縫小学校特殊学級担任の香田侑は，1955年11月の北教組第5次教研集会に『精薄児の生活指導』を発表した。内容は，○特殊教育のめざすもの―月並みだが矢張りいつでもかんがえねばならぬこと，○生活指導についての基本的な考え方，○生活指導の内容，○一日の生活の中から，○生活指導の実践対策となっている。生活指導は生きていく上の生活教育であり，学校生活と社会生活にわたる中心教育であると捉えている。しかし，学校環境から教科主体の教育とならざるをえない悩みがあった。

　1956年10月の渡島管内教育研究集会の特殊教育部会に，石倉中学校の及川隆は『普通学級に於ける遅滞児指導』を森町立森小学校の宮村正和は『ちえのおくれている子らととりくんで』を発表した。二人の発表資料は発掘していないので未詳だが，研究協議の記録があるので，次に援用して摘記する。

第一回渡島教育研究集会「特殊教育部会の研究協議概要」

　遅滞児（精薄児）はどの学校，どの学級にも一人二人いる。教育は個性を尊重し，子供の一人一人の性格に即応してなされ，望ましい社会人の育成へと歩みつづけている。この遅進児をかかえた現場の教師は，これらの子供を「忘れられた子供」

にしたくないために，如何に悩み，如何に考え，如何に努力しているか，この二つの研究発表はそれを切実に物語るものと言えよう。①遅進児（精薄児）の特色（5点について筆者が省略する），②如何に指導するか（素直な態度，はきはきした言動，挨拶や言葉遣い，皆と仲良くする，仕事を怠けない，きちんとした後片付け，嫌われない身なり，読み・書き・作る・発表する，買い物ができるなどの生活する最低知的能力を育てる指導），③今後の問題点（子供の真の姿を知ること，父母を啓蒙すること，社会へ働きかけること，学校相互・教師相互の結びつき）。

（『渡島の教育（渡島教育研究集会の記録）1956』pp.116-118，1956年より）

石倉中学校及川隆の発表は普通学級における遅滞児の指導事例であり，森小学校の宮村正和は特殊学級における指導事例である。

函館市立若松小学校の木立勇は，1956年11月の北教組第6次教研集会に『普通学級における特殊な児童の教育をどのようにしたらよいか』を発表した。内容は，○研究テーマの設定，○全市小中学校の普通学級に於ける特殊な児童生徒の実態について（特殊児童の審議について，特殊児童の判別基準について，欠陥の程度並びに現場教師の指導・意見について，調査の結果について，調査結果の考察），○特殊な児童の取扱いについて（一般的指導，具体的指導，性格上の欠陥ある者の指導），○普通学級における特殊教育をすすめる上の問題点からなっている。

木立勇『普通学級における特殊な児童の教育をどのようにしたらよいか』1956年

実態調査は，全市児童・生徒49,032名を対象に調査記録方式で行ったとしている。その結果，「精神的欠陥のある者」は4,950名で全体の10.1%であった。そのうちで知能上の欠陥者は1,959名（3.9%）で，内訳は白痴29名，痴愚92名，魯鈍644名，境界線児1,194名としている。実態調査には，調査用紙や方法に関する資料の提示が必須である。その資料なしには，結果の考察に対する論説も説得性に欠くことになる。普通学級における特異児童への教育は，全道各地の教員の関心事であったが，これらの教育実践に関する渡島地区の教師たちのレポート等の件数は多くない。

森町立森小学校特殊教育部会（水島勝敏，香田貴美子，宮村正和〈発表者〉）は，1957年11月の北教組第7次教研集会に『ちえのおくれている子の教育をどのようにしているか』を発表した。内容は，○おくれた子の現況と特性（ちえのおくれている子の現況，おくれている子の特性），○本校における特殊教育の実態（特殊学級の八年間の歩み，特殊学級の実態，S・Mの場合），○学級の子どもたちはどのように変わったか（社会へ出てからどのような生活をしているだろう），○今

後の問題点としての対策からなっている。水島勝敏は，特殊学級開設時から6年間の担当を経て普通学級に移り宮村正和が引き継いだ。8年間の学級経営方針と児童の変容を明らかにする実践姿勢が継続されていることに留意したい。

1959年に特殊学級関係者による「函館市特殊教育研究会」が組織され，毎月二回の研究会合をもって会員の相互交流と関係機関との連携をめざすこととした。また，『精薄児教育 実践ノート』(1964年)や機関誌『みち（後継誌「うたり」）』を発行している。

函館市立新川小学校特殊学級担任の清野唯夫は，1959年8月に東日本精神薄弱教育講座に参加し受講した。清野唯夫は，1959年11月の北教組第4次教研集会に『特殊児の社会的適応を高めるための指導は如何にあるべきか―精神薄弱児学級の実態と環境整備（主として人間関係）―』を発表した。内容は，○研究の目的と方法，○学級開設に至るまでの経緯，○開設当初の現状，○教育の実際面から，○人間関係の実態，○設備・備品，今後に残された問題となっている。新川小学校特殊学級は，若松，青柳，中島小学校の三校と同様に函館市教育委員会の指示を受けて開設されたものである。

1959年12月，函館市立青柳小学校が『特殊学級（精神遅滞児学級）経営のあゆみ 昭和34年度』を作成した。内容は，○発足，○編成の方針，○教育目標，○経営方針，○経営の努力点，○指導の方針，○学級の構成，○教室設営，○教育計画（12月分），○一日の流れ，○実態調査，○参考資料（市内精神遅滞学級，東日本精神薄弱児教育講座抜き書き）からなっている。本校の教育計画は，学習目標が学級全体と個別の3グループに分けた設定で，「個」を生かす指導観とその指導があるので次に再掲する。

青柳小学校「12月の教育計画」

教科学習		生活学習	
体育	ラジオ体操，リズム遊び，ボール運動	行事参加	訓練と学習
音楽	レコードをきく，あいうえおの歌，歌いながら歩く（仲良しこよし）	・防火避難訓練	○冬の衛生 ・病気と怪我
図工	年賀状の絵，遊び道具をつくる（粘土），絵（雪遊び）		
算数 A	とけい遊び（針がまわる，長い針，短い針），お金の種類を知る		・強いからだ ・運動
算数 B	時計（今何時），お店屋さんごっこ（10以内の数の構成）	・年賀状	○働く ・整理整頓 ・家の仕事
算数 C	時計（今何時半），乗法九九，計算ドリル		
算数 全	時計の見方	・父兄会	
A	言葉遊び，絵や事物と文字の結びつき		○火の用心 ○学級文集作り

国語	B	平仮名の単語の読み書き，短い文を書く（絵日記）	・終業式 ・冬休み	○お客様への御挨拶
	C	生活文を書く，父母の名前を書く，漢字を含む長文の読み書き		
	全	父母の名前を言う，お客様へのごあいさつ，学級文集		○お小遣い（お年玉），貯金

※グループと人数 A：4人（S・T・K・Y），B:5人（N・K・S・M・T），C:2人（R・W）

　特殊学級編成は，複数学年の異年齢で構成され，しかも，その個人間差は大きいのが普通である。にもかかわらず，ほとんどの事例では教育計画の目標や内容が全員共通に，しかも，画一的な設定となっている。それは，少人数であるから個別的配慮が可能なのだと安易に考えてはいないであろうか。青柳小学校の教育計画は，算数科と国語科の基礎学習だけであるが「個別と全体」への意識が文言として明瞭に表現されていることを評価したい。函館市立新川小学校の清野唯夫は，1960年2月に『昭和三十四年度 特殊学級経の概要（精神遅滞児学級開設オ一年目）』を作成して発表した。

清野唯夫『特殊学級経営の概要（精神遅滞児学級開設オ一年目）』1960年

内容は，○「このレポートに寄せて」校長 西谷倉治，○「特殊学級開設満一年目を迎えようとして」特殊学級担任 清野唯夫，○特殊学級設置の趣旨，○特殊学級設置に至る迄の経過（特殊学級設置に関する職員の研修会○その他，精薄児収容に至る迄の調査及び手続き），○開設当初の現状（学年別収容数，知能指数分布，保護者の職業，異常の原因と思われるもの，収容児童の概観，行動面，学習の場において，身体状況），○教育の実際面から（教育目標），本年度指導の重点，一日の生活概略，入級三か月後，一年を迎えようとして（二月末），○教育課程について，○人間関係，○設備・備品及び消耗品について，○次年度への課題となっている。清野唯夫の報告は，児童一人一人の実態が開設当時と三か月後と一年後の三期に分けて詳細に述されている。その児童の変容の実態から教育課程を見直そうとする実践観に留意したい。函館市立新川小学校は，特殊学級児童の詩・作文集『昭和34年度 竹の子の兄弟 特殊学級第一集』を同時に発行した。清野唯夫の発表から，人間関係についての記述「特殊学級児童と担任及び父兄と担任」について次に摘記する。

函館新川小学校 清野唯夫「特殊学級における人間関係」
特殊学級児童と担任 担任を引き受けた当初は，精薄児だからかなり手加減しな

ければならないと考えていたが，今振り返ってみるとそれは全く観念的にそう思い込んでいただけであって，未経験の私が実際に児童の無軌道的な行動に接して，すっかり手を焼いてしまった。これでは教育にならないと考えて，開級十日目頃から要所要所に釘をさして早く一つのレールに乗せてしまおうとかかった。その結果，「○○先生の方が良い（旧担任）」とか「先生の馬鹿」とかと食ってかかる児童や教室から逃げ出す児童が出て閉口してしまった。単に観念的に受け止めたり，常識で判断してしまったことが如何に役立たないものであるかを，この時ほど身に沁みて強く感じたことはなかった。教師がはじめから枠を作ってうまくその中に入れようなどという小細工は彼等らには通用しないのだと言う事を深く反省させられた。三か月間でも四か月間でも，彼等が跳ね回って暴れている間は気をもまないで，じっくり待ってやるべきだし，その間にこそ彼等が「どんなことをしても先生が見ていてくれるのだから安心だ」という考えを彼等の身体全体で受け止めさせてやる事が大切であった。これがうまくいかなければ，幾ら小手先がうまくても精薄児の教育は順調なスタートを切ったとは言えない。即ち，解放期の間に，一人一人の子どもと教師の人間関係を充分作りあげ，信頼感の上に立って計画を推し進めていくのでなければ，精薄児は，又，いつの間にか普通学級に於いて抑圧されたのと同様な結果に陥ってしまうのである。

　父兄と担任　①入級児童が少しずつ変わってきている事実から，父兄から感謝されている（○学校好きになって，朝食が終わると何時でも鞄を背負って登校する。○先生の言うことはよく守れるようになってきた。○最近は誰に言われなくとも時々勉強するようになった。○余り不平を言わないで家の手伝いやお使いをやるようになってきた。○兄弟喧嘩が少なくなった。○訳の分からないごろつき方をしなくなった）。②入級させた事に不平不満を持って訴えにくる父兄は現在いない。③父兄の教師に対する願い（○何にも出来ないが，図画や工作は喜んでやるので特技を伸ばしてほしい。○喧嘩しないで人と仲良く交われる人間にして欲しい。○可哀想なので家では何もさせないが，学校では働く習慣を身につけさせてほしい。○せめて，手紙の読み書きが出来るようにして欲しい。○出来る事なら一日も早く普通学級でみんなと一緒に勉強できるようになって欲しい）。

　特殊学級担任は，児童やその父兄及び同僚並び行政関係者等との人間関係づくりは一様ではない。特に，学級運営における児童との信頼関係の成立なくしては指導は成立しないのである。特殊学級開設期は，「学級解放期」として児童と共に遊び惚けたり，学校から離れた未知の場所まで探索に出掛けたり，手作業などを通じて参与観察する時期である。その過程で，児童との相互信頼関係が築かれるようになり，しかも，児童理解の目が開かれ児童の実態についての資料も得られる重要な教育期間なのである。清野唯夫は，その失敗経験から学ぶ実践姿勢を積み上げて函館市特殊学級関係者のリーダーの一人として成長していった。
　函館市立新川中学校特殊学級担任の中山昭一は，1961年11月の北教組第11次教研集会に『精神薄弱児の社会生活能力について』を報告した。内容は，○前

文, ○調査目的, ○調査方法, ○調査結果と考察（調査結果, S.Q.の分布, C.A.とS.Q.との関係, カテゴリー別に見た社会生活能力, 親と教師の評価の〈ずれ〉について, S.Q.とI.Q.との関係), ○要約からなっている。中山昭一は, 北海道学芸大学函館分校教授の近藤元門下生として卒業論文「精薄児の社会生活能力における臨床的研究」をまとめ, 請われて新設の特殊学級担任と

中山昭一『精神薄弱児の社会生活能力について』1961年

なった。中山昭一の研究は, 既述したように精薄児実態調査委員会『精神薄弱児の実態』（1956年, 東京大学出版会）を下敷きにしたものだけに, 調査方法と内容及び結果の考察には説得力がある。次に, 要約を引用して函館市特殊学級児童の実態を理解したい。

新川小学校　中山昭一「特殊学級児童の社会生活能力の実態」

　精神薄弱児教育のカリキュラムをどうするかを目的に, 精神薄弱児の社会的適応能力について, 次の二点から調査した。1. 2. の結果は次の①②③④⑤のようであった。
1. 函館市特殊学級児童の生活能力の実態はどうか。
2. 社会生活能力の親の評価が教師の評価と較べ, どのような〈ずれ〉がみられるか。
① S.Q.の分布は, 親も教師も共に, 評価範囲がS.Q.50, 60, 70台が多く分布した。
② S.Q.の得点傾向は, 低学年においては概して高く, 学年が進むにつれて低くなる傾向がみられた。
③ S.Q.の各カテゴリーを得点順に列挙すると, 身辺自立＞移動能力＞作業能力＝自己指南＞集団参加＞意志交換となる。
④ 教師の側から見れば, 親の過大評価は, 全体の31％で, 過小評価の8％に較べて多く示された。
⑤ S.Q.とI.Q.との間には+.58でかなりの相関があった。
　以上のことから, この教育は, 生活指導, 作業学習の徹底指導とか父兄を含めて対社会的な啓蒙の重要性等について考えられるが, 今後個々の臨床観察と総合的観点からの考察を加えていきたい。

　これまでに, 多くの調査研究と称される報告を見てきたのであるが, 本研究報告は実態調査等の調査研究法のモデルとなる要件を備えたものである。
　函館市立港中学校照井瑩子の「がんばれマーヤ」（pp.186-203）, 函館市立潮見中学校石橋武雄「ピースのプレゼント」（pp.108-119）, 北海道精神薄弱児資料センター編『がんばれマーヤ』が刊行された（1962年, 楡書房）。著者の一人

石橋武雄は、本書発行の1962年2月10日を待ち望み、それを手にして十日後の2月21日に逝去された。北海道の黎明期には、既述しているように特殊学級の教育経営と振興に精魂を注ぎ志半ばにして病に倒れた十勝地区新得町立新得小学校の杉本正二、空知地区美唄市立美唄栄小学校の木元綱三郎らの教師がいたことを想起されたい。

1962年に精神薄弱児施設「ふたば学園」開設される。

1962年2月に長万部町立国縫小学校において「第1回 渡島管内特殊教育研究会」が開催された。

北海道精神薄弱児資料センター編『がんばれマーヤ』1962年

長万部町立国縫小学校特殊学級担任の浜谷敏雄は、1962年11月の北教組第12次教研集会で『特殊教育をどのようにすすめるか 特殊学級教育課程の編成とその問題点』を発表した。内容は、○特殊教育のねらい(特殊教育のめざすもの、本校特殊学級の目標、本校特殊学級の指導方針)、○特殊学級指導の実際(本校特殊学級編成の基本的考え方、教育課程編成の基本的立場、六領域の考え方、教育課程の要素)、○教育課程実践上の問題(実践の中での反省、子どもを取りまく家庭、原級復帰と中学校との関係)となっている。

国縫小学校は、特殊学級を開設して精神遅滞児教育を10年継続しているが、町内中学校に特殊学級が設置されないために小学校6年生の段階で原級復帰させ、普通教育を受けさせ中学校に進学させている。このことについて浜谷敏雄は、特殊学級の生活中心により編成された教育課程による教育では中学校普通学級における基礎教科を習得する学力は育てられないと指摘している。そのために、小学校6年生段階で国語と算数の基礎学力の育成指導を行わざるを得ないのである。長万部町立国縫中学校に特殊学級が開設されたのは1967年4月である。

函館市立新川中学校特殊学級担任の中山昭一は、1962年11月の北教組第12次教研集会で『精神薄弱児の生育歴及び家庭環境について』を発表した。内容は、○調査目的、○調査方法(生育歴及び家庭環境調査、調査の方法、調査記入、調査結果)からなっている。本調査は、函館市内特殊学級在籍児童・生徒全員の悉皆調査である。対象者は、10学級93名(小学校低学年26名、高学年28名、中学生

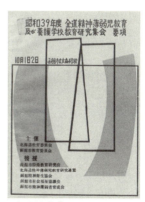

函館市教委『昭和39年度 精神薄弱教育及び養護学校教育研究集会 要項』1964年

39名）であるが，調査項目が細部に過ぎたこともあり集計数値から全体の傾向や特質を読み取るには制約があった。

1964年4月，精神薄弱児施設「ふたば学園」内に特殊学級が併設され施設入所児のための学校教育が開始された。

1964年10月，北海道教育委員会・函館市教育委員会主催の「昭和39年度 全道精神薄弱児教育及び養護学校教育研究集会」が函館市立大森小学校を主会場に二日日程で開催された。新企画である本研究集会の研究主題，開催趣旨，渡島地区特殊学級関係者の活動について次に開催要項から摘記する。

「昭和39年度 全道精神薄弱児教育及び養護学校教育研究集会概要」

研究主題「社会的自立を目標とする精神薄弱児教育の指導体系は，どうあるべきか」 近来，精神薄弱児教育に対する社会的関心が急速に高まり，北海道教育委員会は特殊学級の計画設置を昭和35年度から五か年計画により進めている。この教育は，各地で開拓的情熱によって切り拓かれてきたが，新しい意欲に燃える人たちを多く迎えております。このような時期にあって，社会的自立させる教育をどう用意すべきか，どのような方向から，どのような位置で，どのような方向へ，どのような体系のもとに進むべきかを教育の中心課題とならなければならない。

開催趣旨 この課題の解決を求めようとするならば
1. 試行錯誤の教育ではなくて，科学性をもつ計画的教育とは何か
2. 一人だけができる一人よがりの教育ではなくて，誰もができる教育とは何か
3. 個性的で独創的な教育ではなくて，はっきりとした根拠づけをもつ教育構造とそこから派生してくる計画的教育とは何か

ということでありましょう。私たちは，これらの点から，社会的自立を求める精神薄弱児教育の指導体系を究めていこうとするものであります。

渡島地区関係者名（開催要項順）

研究発表：「学業不振児と恒久的精神遅滞児とを判別するための調査研究とその判別方法についての考察」函館市立柏野小学校 小笠原愈，「運動能と性格類型について」函館市立高盛小学校 池田孝，「社会的自立を目ざす精神薄弱児教育の必要要因への一考察」新川小学校 中山昭一。

研究授業「生活単元 お店やさん」函館市立柏野小学校 田中重夫・小笠原愈，「生活単元 学芸会」函館市立高盛小学校 池田孝，「作業単元 状さしつくり」函館市立新川小学校 清野唯夫・森紀子，「作業単元 マガジンラックづくり」函館市立弥生小学校 嶋田良則，「生産学習 マガジンラック制作」函館市立新川中学校 中山昭一，「生産学習 のれん製作」函館市立新川中学校 手塚弘，「生産学習 啄木碑模型作り」函館市立潮見中学校 後藤慶彦。

分科会提言 「春の遠足という単元設定とその実際的活動を通して考えられた問題点」函館市立弥生小学校 佐々木賢，「学校ぐるみの支援の下に展開する学級園経営の中から」函館市立中島小学校 加茂徳郎，「社会の要求度から見た生産学習のあ

りかた」函館市立港中学校 蝦名啓史,「校外学習と予後指導について」函館ふたば学園 髙田護,「親の理解を深めるために」上磯町立谷川小学校 牧野敏雄,「渡島の精薄学級…運営上の問題点とその対策」七飯町立七飯中学校長 出村弘。

　函館市教育委員会・函館市立小中学校特殊教育研究会はこの研究集会に合わせて,1964年8月に『教育課程 小中学校精薄学級編』を発行した。
　特殊教育指導行政は,学習指導要領に依拠した教育課程の編成とその実施を強く意図しており,開催趣旨にあるように特殊学級における教育実践が〈独善的な一人よがり〉であり,しかも,〈科学的でない〉と総括してこの研究集会を企画推進したのである。研究授業や研究発表及び部会提言のテーマは「社会的自立の指導体系」一色に染まっている。
　そして,北海道の特殊学級形態の教育は,本研修会を境に黎明期における〈子ども一人一人に焦点をあてた〉情意と創意に充ちた特質ある実践が影を潜めていき,地域社会の特質や学級の実態にかかわらず〈誰もができる教育〉に相応すべく標準化された教育課程が顕現化していった。特殊学級関係の先達は,自らの悪戦苦闘の実践から生み出した実践論の確信を語り,相互に高め合うという省察的実践者集団を形成する方途を自ら放棄したかのようであった。それは,民主教育の実現という理想の追求をも抛棄することであった。
　〈教育の機会均等と教育を受ける権利〉原則に立つ教育実践は,人間性豊かな教師と個性豊な児童らとの相互交流による《教え学びあう関係》の進展にある。それは,特定の教育視点からすれば,〈独善的な一人よがり〉と写り〈科学的でない〉と指摘したいのであろうか。確かに,これまで論考してきたいくつかの事例のなかにも指摘されるような教育実践研究があったのは確かである。とはいえ,それを北海道の特殊学級教育全体の実像として一括りにすることではない。児童と教師による《教え学びあう関係》の教育活動の実際をふまえる手続きを省いて一方向的な視点からの指導は〈角を矯めて牛を殺す〉ことになりかねないことを深く考慮したいものである。
　森町立森小学校の特殊学級担任佐藤匡弘は,1964年11月の北教組第14次教研集会に『今日的課題にこたえるための特殊(精神薄弱)教育—特に教育課程を中心に—』を発表した。内容は,○はじめに(現状の把握,渡島での教研活動のあゆみ,本校の教研推進の体制),○教育の今日的課題(子どもをとりまく地域のようす,国民教育への道),○本校特殊教育の現況,○教育課程改善への取りくみ(改善への視点,特に生産領域に対する批判とその改善),○成果として継承しうるもの(労働学習を通して—労働の目ざめ,生産への態度が養われる—生活認識,生活指導の計画と実践),○今後の課題となっている。佐藤匡弘は,教育課程改造論

を展開しているが教研集会という舞台で相互批判し合い相克しあう過程で生みだす改善策が課題であろう。

函館市立港中学校特殊学級担任の蝦名啓史は、1964年11月の北教組第14次教研集会に『社会の要求度から見た精神薄弱児教育の生産学習のありかた―カリキュラムまでの一考察―』を発表した。内容は、○概要、○はじめに、○研究の目的、○研究の方向、○調査方法、○調査結果、○結果の利用、○カリキュラムへの発展、○年間カリキュラム作成、○研究の今後の方向からなっている。蝦名啓史は、カリキュラムの検討に当たって本校卒業生19名の就業的実態、すなわち、20項目から

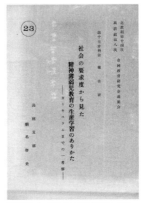

蝦名啓史『社会の要求度から見た精神薄児教育の生産学習のありかた』1964年

の「社会の要求度」を解明しようとした。その結果を、①基本的な生産学習の構え方、②どんな種類の生産学習がよいか、③生産学習の素材はどんなものがよいかに整理し、カリキュラムへ発展させ試案を作成した。精神遅滞児の教育課程は、法制を基盤としながらも地域社会と生徒及び学校の実態をふまえて編成されることが基本である。作業学習における作業種の選定と指導計画は、地域社会の要請、生徒の実態と要望、学級の施設・設備等の実態に対応してデザインされ、それに基づいて展開される。

函館市立新川小学校の清野唯夫は、昭和49年度 特殊教育教育課程研究会参加者に義務づけられている『資料 教育課程をどのように編成したらよいか』を作成した。その内容は、○教育課程編成に関する基本的な諸問題、○教育課程の構造及び各領域の計画の立て方についてとなっている。

函館市立高盛小学校特殊学級担任の池田孝は、1965年11月の北教組第15次教研集会に『現時点における併設特殊（精薄）学級の基本的問題について』を発表した。内容は、○経緯、○可能性（役に立つ人間、にせもの、可能性、柱）、○構造（中心課程、周辺課程）、○確認となっている。池田孝は、北教組函館支部特殊教育部会仲間が五年間かけて作成した「教育課程 小中学校精薄学級編」について、あれこれと所感を述べ最後の「確認」において次のように締めくくっている。

函館市立高盛小学校池田孝「過去五年間の実践の総括の確認」
現時点において最も重要なことは、「不幸な子どもたちへの情熱」などといった得体の知れない形而上のなかで気負っていてはだめだと言うことである。我々は学校教育の対象となっている精神薄弱児をもっているのだ。まさに、知能の低開

発地帯だ。彼等のもっている可能性を，資源にするため，我々の教育はより科学的になる余地と必要があるようだ。我々は今，それを全道に呼びかける。

特殊学級教育の科学性は，特殊教育行政サイドでは法制と学習指導要領に依拠した教育課程編成とその実施に求めており，日教組障害児教育部会傘下の教師サイドでは共同研究組織による経験主義教育から教科主義教育への転換を意味している。しかし，その両者には，人間科学である教育実践研究における科学性という視点が欠落している。池田孝は，教育実践における「科学性」に関する検討を研究グループ仲間と五年間継続してきたと論じている。

その結果として，〈我々は学校教育の対象となっている精神薄弱児をもっているのだ。まさに，知能の低開発地帯だ。彼等のもっている可能性を，資源にする〉という総括に実現可能な内容と方法の提案を付加することである。〈教育の機会均等〉の実現可能な内容と方法の伴わない提案は，提案に値しない。単なる遠吠えとならない教育実践研究姿勢が課題なのである。

第3．渡島地区発達障害児等特殊教育の歩みと特質

1．渡島地区の発達障害児等特殊教育の歩み

年　月	事　　項
1950年10月	函館市立港小学校特別学級が開設される（校長　竹村正雄，担任　山本宇一郎）。
1951年 4月	森町立森小学校，松前町立白神小学校にそれぞれ特別学級が開設される。函館市立谷地頭中学校促進学級（一学級50名）開級する（担任鈴木章。特殊学級としての認可は，1952年4月）。
10月	「渡島教育研究所」開設される。
1952年 4月	倶知安町立国縫小学校に特殊学級開設される。
11月	函館市立的場中学校山岸俊哉は北教組第二回教研集会に『出来ない子供の問題とその対策』を発表する。森町立森小学校特殊学級担任水島勝敏は北教組第二回教研集会に『A.子の場合―漁村に於けるある日雇児童の観察から―』を発表する。
1953年 2月	「全道精神薄弱児教育研究会」が函館市立港小学校を会場に開催される。
11月	森町立森小学校水島勝敏は実践記録『特殊学級の営みの中から』を発表する。上磯町立谷川小学校の中原誠一は北教組第三回教研集会に『特異児童の発生原因とその指導法及びT君の実際指導に当たって』を発表する。第一回渡島総合研究会が亀田町にて開催される。
1956年 4月	函館市立若松小学校の木立勇は北教組第6次教研集会に『普通学級における特殊児童の教育をどのようにしたらよいか』を発表する。
10月	五者会議共催「第一回渡島教育研究集会」が千数百名が参加して三日間日程で開催される。本研究集会特殊教育分科会で森町立石倉中学校の及川隆は『普通学級に於ける遅進児指導』を森小学校の宮村正和は『ちえのおくれているこらととりくんで』を発表する。
1957年11月	森町立森小学校特殊教育部会（水島勝敏・香田貴美子・宮村正和〈発表者〉）は北教組第7次教研集会に『ちえのおくれている子の教育をどのようにしているか』を発表する。

1958年 4月		函館市立港中学校に特殊学級設置される（担任 照井瑩子）。
1959年 4月		函館市立青柳小学校（担任 笠井末吉，大月扶美子），新川小学校（担任 清野唯夫），中島小学校（担任 笠井敬一），若松小学校（担任 佐藤英則）のそれぞれ特殊学級が設置される。
	8月	函館市立新川小学校特殊学級担任清野唯夫は東日本精神薄弱教育講座に出席する。函館市特殊学級関係者による「函館市特殊教育研究会」が組織される。
	11月	函館市立新川小学校特殊学級担任清野唯夫は北教組第9次教研集会に『特殊児の社会適応を高めるための指導は如何にあるべきか―精神薄弱児学級の実態と環境整備（主として人間関係）―』を発表する。
	12月	函館市立青柳小学校『特殊（精神遅滞児学級）経営のあゆみ 昭和34年度』を作成する。
1960年 2月		函館市立新川小学校特殊学級担任清野唯夫は『昭和34年度 特殊学級経営の概要』を作成する。函館市立新川小学校特殊学級は児童の詩・作文集『昭和34年度 竹の子の兄弟特殊学級第一集』を発行する。
1961年 4月		函館市立弥生小学校（担任 嶋田良則），高盛小学校（担任 池田孝），新川中学校（新川小学校に併設学級。担任 中山昭一）にそれぞれ特殊学級が開設される。
	11月	函館市立新川中学校特殊学級担任中山昭一は北教組第11次教研集会に『精神薄弱児の社会生活能力について』を発表する。
1962年 2月		函館市立港中学校特殊学級担任照井瑩子「がんばれマーヤ」，函館市立潮見中学校特殊学級担任石橋武雄「ピースのプレゼント」北海道精神薄弱児資料センター編『がんばれマーヤ』（楡書房）が刊行される。長万部町立国縫小学校において「第一回渡島管内特殊教育研究会」が開催される。
	4月	精神薄弱児施設「ふたば学園」開設される。
	11月	長万部町立国縫小学校特殊学級担任浜谷敏雄は北教組第12次教研集会に『特殊教育をどのようにすすめるか 特殊学級教育課程の編成とその問題点』を発表する。函館市立新川中学校特殊学級担任中山昭一は北教組第12次教研集会に『精神薄弱児の生育歴及び家庭環境について』を発表する。
1963年 4月		函館市立柏野小学校に特殊学級開設される（病弱養護学級廃止。担任 田中重夫，小笠原愈）。函館市立的場小学校（担任 佐久間義弘，田中清昭）に特殊学級開設される。木古内町立木古内小学校に特殊学級が開設される。
1964年 4月		函館市立万年橋小学校に特殊学級開設される（担任 荒井君枝）。上磯町立谷川小学校に特殊学級開設される。
	8月	精神薄弱児施設「ふたば学園」内に特殊学級が併設される（日吉が丘小学校〈担任 滝本勝三〉，深掘中学校〈担任 川又和夫〉か）。
	10月	函館市教育委員会・函館市小中学校特殊教育研究会『教育課程 小中学校精薄学級編』を刊行する。
	11月	北海道教育委員会・函館市教育委員会主催「昭和39年度 全道精神薄弱児教育及び養護学校教育研究集会」が開催される。函館市特殊学級研究会『精薄児教育 実践ノート』を刊行する。函館市立新川小学校清野唯夫は「昭和49年度 特殊教育教育課程研究会」に参加する。函館市立港中学校特殊学級担任蝦名啓史は北教組第14次教研集会に『社会の要求度から見た精神薄弱児教育の生産学習のありかた―カリキュラムまでの考察―』を発表する。
1965年 4月		函館市立松風小学校に特殊学級開設される（担任 山形一見，三上フサ）。
	11月	函館市立潮見中学校（前身は谷地頭中学校）『特殊学級の歩み』を発行する。函館市立高盛小学校特殊学級担任の池田孝は北教組第15次教研集会に『現時点における併設特殊（精薄）学級の基本的問題について』を発表する。
1967年 4月		長万部町立国縫中学校に特殊学級設置される。

2．渡島地区の黎明期における発達障害児等特殊教育の特質

渡島地区は，北海道の文化発祥の地として，特に文物は松前・函館を中心に成立し発達した。

発達障害児等の特殊教育は，1912（大正元）年に函館市立東川小学校が「教育上困難な劣等児取扱」について研究に着手し，知的障害児と身体虚弱児の「養護学級」を開設している。その担任の北川能光の教育は，〈児童をよく知り救済する〉という科学的児童理解による個性尊重の個性教育と適性指導であった。科学的児童理解は，鈴木治太郎や大伴茂の直伝により修得した知能測定法と東京大学大脳研究室の三宅鉱一に師事した心理検査や性能検査等の活用にあった。北川能光の教育実践手法は，戦後の特殊学級担当者である清野唯夫，中山昭一，小笠原愈，蝦名啓史等に代表される社会生活能力検査法，診断的知能検査法，職業適性検査法等にもとづく児童理解として受け継がれている。

一方，1925年には函館師範学校附属小学校は，「成績不良児童の教育方法」の研究から段階的に学級編制形態へ進展し，1927年に函館師範学校代用附属亀田小学校「特別学級」を開設した。主担当者の中村彌四郎は，《児童のうちからの無限の伸張する力があり，それは拓かれゆく力に基づくこの子一人の現実の力である》とした児童の無限の生成観と《この子の要求に応える，この子一人の教育》という教育理念により，学級組織分団の一つに位置づけた特別学級の経営を実践した。函館市初の特別学級を開設した函館市立港小学校は，1947年11月に亀田小学校港分校として開校し，1949年4月に函館市立港小学校に昇格した。すなわち，函館市立港小学校特別学級は函館師範学校代用附属亀田小学校「特別学級」担任中村彌四郎の教育実践の継承を意識して開設されたのである。初代担任となった山本宇一郎は，函館師範学校代用附属亀田小学校の訓導として中村彌四郎や大矢根頼彦らの劣等児教育実践に日常的に触れていた。函館港小学校は，竹村正雄校長のもとで毎週のように授業研究や研究発表会をもって新教育課題にとりくむ新進気鋭の校風みなぎる学校であった。本校の教育課題の一つが〈個人差に応ずるための学習グループの編成のあり方〉であった。したがって，函館市立港小学校特別学級「山本学級」の教育は，〈この子一人に立つ教育〉という個の伸長と社会化を目標とした。実践手法は，児童一人一人の「現実の学力の分析・理解」による「生活現実の学力養成」をめざす「分かる授業」の徹底にあった。山本宇一郎は，1958年函館を離れて，北海道発達障害児等の主導的実践研究のセンター的使命をもって新設された北海道札幌養護学校の教頭に就き，「生活教育と職業教育」に指導力を発揮したのである。

戦後北海道の発達障害児等教育実践の一つの源流は，戦前期の函館市にあり，戦後の黎明期に継承され発展していったと評価される。

渡島管内の10町8村における発達障害児等教育実践は，森町立森小学校と松前町立白神小学校において開始されたが，松前町立白神小学校特別学級は短期間に閉級となった。長万部町立国縫小学校は，中学校に特殊学級が開設されず小中一貫性の教育実践に苦慮した。特殊学級形態による特殊教育は，1965年度までに，わずかに5町において実施され拡大することがなかった。

　渡島管内の教育実践特質の一つには，「普通学級における学業不振児等の教育実践」に関する史資料が究めて少ないことである。関係史資料数は，一般的にその実践の裏づける資料が少ないことであり，その実践が少ないとも理解されがちである。さらに，〈教育の機会均等と教育を受ける権利〉をスローガンにかかげた研究報告も多くない。発達障害児等教育関係史資料が少ないことの背景の究明とともにその発掘と蒐集が課題である。

第13節　胆振地区の教育実践

第1．胆振地区の概況

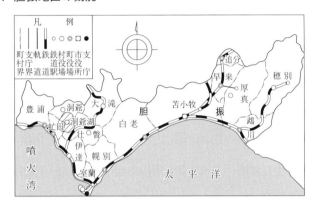

　胆振地区は，総面積約3,800平方㌔に行政区分として2市8町5村があり，人口約357,000人，世帯数約48,000世帯が居住している。産業別世帯数は農家が7,400戸で主位を占めている。開拓の歴史は古いが，火山灰地が多く，太平洋沿岸地帯を除いては開拓のテンポは遅い。しかし，苫小牧港開発と併行して，今まで取り残されていた広大な勇払原野開拓が軌道に乗りつつある。地域経済を左右する農家経済は1957年，1958年の豊作つづきで明るさを取り戻したが沿岸漁業は打ち続く凶漁に疲弊している。他の産業としては，林業の伸び悩みに比して畜産・酪農業が急速な伸びを示している。商業は全くの零細企業で，工業では食品製造，木材製造，鉱業などがある。

　教育面では，学校数は小学校92校，中学校58校，高校13校（道立校2校，町村立11校）で，このうち小学校52校と中学校23校が辺地校に指定されている。辺地校の実態は，電灯のない所が10％，最寄り駅までの平均距離が8㌔，なかには30㌔の所もある。このため胆振地方教育局，胆振教育研究所等では辺地校対策に力を入れ学校図書の整備や校内放送など視聴覚教育施設の充実を図る一方，教育研究所が中心となって小学校の単複カリキュラムを作成したり，その展開編を刊行するなど単複教育の振興に努めている。しかし，沿岸漁業と開拓地農業の不振からくる貧困家庭が多く課題となっている。

　社会教育は，青年団体が96，婦人団体が67あり，特に婦人団体による新生活運動が活発な動きを見せている。

<u>　　　　　　　　　　第3章　各地における教育実践</u>

医療施設としては，病院16，診療所60があるほか，登別温泉に国立療養所，洞爺湖温泉に道立教員保養所や会社，官公庁の療養所が多く，最適な療養地として知られている。

第2．胆振地区発達障害児等の教育実践

　胆振地区は，その地理的条件と教育文化の発達等により東西二区域に分かれて活動されることがある。東胆振は，苫小牧市を中心に白老，早来，追分，厚真，鵡川，穂別の7市町村で，西胆振は室蘭市を中心に登別，虻田，洞爺，大滝，壮瞥，伊達，幌別の8市町村からなっている。発達障害児等教育実践の歴史は，戦前期における西胆振の室蘭市天澤小学校「特別学級」形態と幌別村幌別鉱山尋常小学校単級複式編成による「課業時間内特別指導」形態がある（市澤豊「室蘭市天澤小学校［特別学級］」pp.251-264，「幌別郡幌別村幌別鉱山尋常小学校」pp.268-273，『発達障害児等教育実践史研究』2006年）。戦後では，1951年の幌別中学校「遅進児学級」と1954年の室蘭市鶴ヶ崎中学校「特殊学級」の教育が開始されている（市澤豊「室蘭市立鶴ヶ崎中学校［美の又学級］の教育」pp.818-857，2010年）。

　胆振地区の戦後発達障害児等教育実践通史に関する史資料は，苫小牧市特殊教育研究会・苫小牧市教育委員会『昭和41年度 苫小牧市特殊学級の実態』(1966年)，道精連胆振地区協議会・苫小牧市教育研究会特殊教育研究部会『北海道精神薄弱教育研究連盟 東胆振地区の障害児教育』（1973年）, 室蘭市立鶴ヶ崎中学校 佐井一郎「西胆振」(pp.105-108)，筆者不明「東胆振」(pp.109-111)，北海道精神薄弱児教育研究連盟『道精連 三十年の歩み』(1982年)，苫小牧市教育委員会・苫小牧市教育研究会特殊教育研究部会『苫小牧市の障害児教育』(1985年)，胆振教育研究所『胆振教育研究所 創立四十周年記念誌 年輪』(1990年) 等がある。

「胆振教育研究所」は，1950年12月に設立について胆振教育推進連絡協議会で論議され，結成準備会における規約等の審議を経て設立総会で決定された。教育研究所は，戦後の新しい教育を推進するために，その地域社会の実態に即した教育研究を行う機関が必要であるという認識が高まり誕生した。研究所の機構は，調査研究部・特殊教育研究部，庶務部，カリキュラム編成委員会の四部構成で，北海道内の研究所で「特殊教育部会」が設けているのは胆振研教育究所だけであった。設立当初の事業は，具体的に胆振の教育を展望し，地域の実態に立った胆振教育目標の設定と教育課程の編成であった。そして，1951年には胆振教育の一般目標と学校目標を設定して「胆振カリキュラム目的編」に掲載した。胆振教育研究所は，1952年1月に管内教員研究発表会・講演会を室蘭

市において開催した。

　胆振管内初の特別学級は，1951年4月開設された幌別町立幌別中学校特別学級（校長　戸井田豊，担任　田中英夫）であった。この非認可の遅進児学級は，学校経営上の問題等により一時閉級したが1963年4月に認可学級として再開された。1952年2月，北海道教育委員会主催の「精神遅滞児特別学級経営研究集会」が幌別町立幌別中学校で開催され，本校は，遅進児学級の授業を公開し，実践発表を行った。北海道教育委員会主催の「精神遅滞児特別学級経営研究集会」は，網走市立網走小学校を会場にして1951年5月に初めて開催され，次いで幌別中学校で開催された。その概要を北海道教育委員会教育長名通知（指第79号，1962年2月1日）から次に摘記する。

道精連東胆振地区研究協議会・苫小牧市教育研究会特殊教育研究部会『東胆振地区の障害児教育』1973年

北海道教育委員会「精神遅滞児特別学級経営研究集会の開催要領」

　目的　昨年5月網走会場で開催した研究集会の成果にもとづく各地における実践的検討と各特別学級経営の研究成果を中心に研究協議し，今後の指導に資する。
　主催　北海道教育委員会
　日時　2月19日（火）午前8時30分から午後4時まで。
　会場　幌別郡幌別町立幌別中学校
　会員　小，中学校特別学級担任教員又は，学校長，一般小，中学校教員
　講師　北海道教育委員会指導主事　吉村忠幸
　研究主題　特別学級の子どもをどのように指導しているか。(1)このような子どもをどのように取り扱ってきたか。(2)教育計画をどのように立てているか。(3)今後の指導上どのようなことが重要であるか。
　日程

時間	内容	時間	内容
8:30－8:50	ホームルーム 全校公開	12:40－1:40	(1)精薄生徒指導のための経営説明　学校長 戸井田豊 (2)特別学級指導の経過と授業説明　教諭 田中英夫
8:50－9:40	特別学級授業公開　指導者　田中英夫教諭		
9:50－10:10	開会式	1:40－3:40	各研究報告書をを中心とする研究協議
10:20－12:00	全国精神遅滞児研究協議会（下関市）の報告　吉村指導主事	3:40－4:00	閉会式

　備考
　1. 特別学級設置校からの出席者は，研究報告を50部印刷して持参すること。
　2. 宿泊所の必要あるものは，2月13日までに幌別郡幌別町立幌別中学校長あて

申し込むこと。宿泊所は，幌別郡登別温泉町先生の家（教員更生寮登別中学校入口）であるから18日午後6時までに到着すること。

幌別中学校遅進児学級の開設の経緯等に関する史資料は，本校の学校沿革誌に一行記されている他は，〈個人情報保護〉を理由に資料提供が得られず北海道の発達障害児等教育実践史として惜しまれる。前述のように，幌別には戦前幌別鉱山尋常小学校に劣等児等への特別指導の実績があったことから精神遅滞など発達障害児への教育に着手する教育的エネルギーが潜在していたと考えられる。

登別町立登別中学校の石崎正は，1952年7月に岩見沢市において開催された「全道特別教育研究集会」に『事例研究とその協議会について』を発表した。内容は，○事例協議会（本校のガイダンス計画，事例協議会の位置と組織，事例研究協議会の実際），○事例研究（事例研究の手順，資料蒐集の順序とその整理，問題児発見カード・行動観察カードの例，診断，指導方針），○附表問題行為の一般的性格（資料蒐集と診断のために）となっている。

次に，登別中学校の事例研究議会の考え方と組織について摘記する。

石崎正『事例研究とその協議会について』1952年

登別町立登別中学校　石崎正『事例研究とその協議会について』

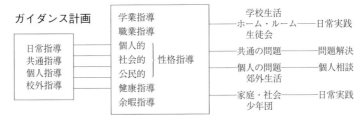

事例協議会の位置と組織

本校のガイダンス計画に於ける個人指導のプログラムは，

　○一人一人の生徒の困っていることや悩んでいることを聞いて，それが解決と明るい生活のために助言と環境の再構成をしてやる―個人相談。

　○多くの子供の中にいる適応困難な子について，その適応困難な領域，即ち問題の行為，又はパーソナリティの問題になる菌をつかみ，環境の再構成をしてやり，その子の自己理解と再適応への意欲に導くことをいうのである―事例研究。

この個人指導のプログラムは，本校の職員組織の中のガイダンス委員会が事例協議会を構成し，それによって計画的な指導をしている。
事例研究の手順

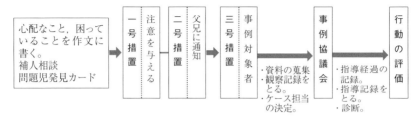

　事例研究協議会の取り上げる対象児は，非行児など社会問題行動児であるが，「個人指導プログラム」による全校組織の指導体制が注目される。
　室蘭市立鶴ヶ崎中学校の美濃又重道は，1952年11月の北教組第二回教研集会に『特異児童の問題と其の対策研究（我が校のI.Q.から見た精神薄弱児と非行生徒）』を発表した。内容は，○特異児童の意義と目標，○我が校のI.Q.調査と結果，○非行生徒の早期発見について（非行生徒の実態調査の結果について，環境性格簡易評定尺度の記入例，性格検査の調査方法について，私のクラスの性格検査の結果について），○長期欠席生徒についての調査，○非行生徒の実態について（非行生徒調査表，事例研究），○調査表の型，○対策（精神薄弱児と非行生徒），○今後の研究となっている。美濃又重道は，本校の生徒指導係として非行生徒の指導に当たって精緻な実態調査を繰り返し実施して，その結果をふまえた対策により確かな成果をあげている。その研究過程において，非行生徒のなかに精神薄弱児が含まれていたことに関心を持ち特別学級形態による特殊教育を開始したのである。鶴ヶ崎中学校特別学級の成立と教育実践に関しては前掲の筆者の論考を参照されたい（2010年）。
　苫小牧市立弥生中学校の大矢稔は，1952年11月の北教組第二回教研集会に『異常児の観察記録（事例研究）』を発表した。内容は，○概要，○本人，○竹雄の問題点，○発見の端緒，○家族（家族構成，家族の状況，経済状態，家族の竹雄に対する態度・考え方，近所の某夫人の言），住居（家屋の状況，周囲の状況），○身体的発達と現在の健康（出産前後の状況，幼児時代の健康状態，少年時代の健康状態，現在の健康状態），○テスト結果（高学年A式団体知能検査，古賀式知能検査，田中向性検査，道徳性診断テスト），○出欠状況並に学業成績，○行動記録，○診断（行動の記録の分析，原因─仮説），○指導方針並に経過，○むすび，となっている。事例の生徒は，家庭環境と知的発達の遅れのために問題行動をひきおこす生徒であるという。大矢は，〈弱き者を軽視して人間の尊重はなく社

会の正義はない。この意味で児童の行動をよく科学的に研究することにより正しく理解し、その不適応や障害を除去してやらねばならぬ〉と主張する。大矢稔は、1953年11月の北教組第三回教研集会にも『不適応児の実態調査とその具体的対策について』を発表した。内容は、○概要、○問題発見の必要性と方法、○児童生徒のもっている悩みと問題（悩みの傾向、問題をもつ子の実態、調査の結果について）、○継父実母の家庭に於ける問題児の事例、○不適応児に対する対策（学校の）運営組織の強化、事例研究並に各テスト実施、各関係方面との連絡、社会生活の積極的改善、特殊学級

大矢稔『不適応児の実態調査とその具体的対策について』1953年

の設置からなっている。大矢の事例研究の姿勢は、論調が〈我々は先ず子どもを理解しなければならない。「理解 → 助言 → 指導」によって子どもはより良く成長し、「指導 → 助言 → 理解」によってより高次の理解が出来る〉と一貫している。そして、実態調査結果の細部な分析をふまえた指導事例研究へと深まりを見せている。

洞爺村立洞爺小学校の藤沢愛子は、1953年11月の北教組第三回教研集会に『小学校低学年に於ける精神遅滞児の判別とその対策』を発表した。内容は、○特殊教育研究の意図（特殊教育の目標、精神遅滞児指導の研究に当たって）、○精神遅滞児の判別と指導上の諸問題（判別の意義、判別の方法と注意点、普通学級内での精神遅滞の指導、特殊学級設置の問題）、○私の学級に於ける児童の実態と低学年の特別教育活動に対する一考察（学級児童の実態、M.児に対する一考察、低学年の特別教育活動〈目的、本年度の特別教育活動〉）、○今後に残された諸問題からなっている。藤沢は、普通学級における精神遅滞児の取扱は困難なので特殊学級が必要だとしながらも、小学校低学年における学級経営において特別活動による救済を試行している。1965年迄に洞爺小学校に特殊学級開設はなかった。

室蘭市立鶴ヶ崎中学校の美濃又重道は、1953年11月の北教組第三回教研集会に『事例研究と特殊学級の経営計画』を発表した。内容は、○「教育長の言葉」室蘭市教育委員会教育長 工藤茂、「学校長の言葉」室蘭市立鶴ヶ崎中学校長 岡本源一、発表者の言葉、○概説、○特殊児童の事例研究（問題とされる点、指導のための実態調査、実態調査の解釈、指導経過、結論〈附 参考文献〉）、○本校における特殊児童の実態調査（特殊児童の実態調査、実態調査の解釈、問題児の事態調査、実態調査の解釈、主観的に精神遅滞児を鑑別する方法）、○特殊学級の

第13節　胆振地区の教育実践

設立について（概説，経営上の問題点，特殊学級経営試案，特殊学級カリキュラムの研究，結論）からなっている。美濃又重道は，工藤茂教育長の言葉を引用すれば，「美濃又重道君は，特異児童に対する深い理解と情熱から，ここ数年来地味ながら重大な問題の解明のために研究の着手し，その体験と思索と研究をまとめた」というように，市教育委員会から研究費の支援を得て，研究対象を非行児問題から精神遅滞児教育へ軸足を移している。そして，特殊学級の経営試案，特殊学級カリキュラム案等を考案して特殊学級開設の必要を説いている。鶴ヶ崎中学校に特殊学級が開設されたのは，

美濃又重道『事例研究と特殊学級の経営計画』1953年

1954年4月で，校長は岡本源一，初代担任は美濃又重道である。

　苫小牧市立弥生中学校の大矢稔は，1954年11月の北教組第4次教研集会に『個人指導の方法とその実態について』を発表した。内容は，○序，○個人指導の観点，○指導の組織，○個人指導の対象となる問題生徒（悩みをもった生徒，反社会的又は非社会的行動を起こし又は起こしそうな問題をもっている生徒），○個人指導の方法（面接，面接の方法，面接の場所，面接の手順，面接の時間，事例会議），○相談係の仕事，○個人指導実践の反省，○反社会的生徒の事例，○本市における個人指導のための組織（児童相談，教護連盟），○結び，からなっている。大矢稔の教育的関心は，反社会的又は非社会的行動生徒への校内教育相談組織化による「個人指導」にあるが，教師の理解と生徒の意識は低迷している。苫小牧市立弥生中学校の特殊学級開設は，1960年に開設された苫小牧市立西小学校特殊学級の卒業生を受け入れるために1961年4月であるが，学級は西小学校の空き教室を利用したものである。

　苫小牧市立東小学校の遠藤繁雄は，1954年11月の北教組第4次教研集会に『学校巡回教育相談の現状とその発展策』を発表した。内容は，○立案（何故「学校巡回教育相談」を考えたのか，実施計画はどのように進められたか），○実施（どんな準備を必要としたか，診断―相談はどう進めていったか），○発展（問題児を科学的にみてもらうために，教育相談を理解してもらうために）となっている。遠藤繁雄は，苫小牧市の各学校に多数いる問題児指導の成果をあげるためには適切な〈診断と相談〉を欠かせないとして，「学校巡回相談」を組織して教育相談を実施しているという報告である。

　室蘭市立成徳中学校の石澤はる子は，1954年11月の北教組第4次教研集会に『この児と共に』を発表した。内容は，○概要，○この児と共に，○O児の指

導の実際にあたって（本人，問題事項，指導のための実態調査），○反省（付録）からなっている。本報告は，粗暴性のある中学一年の生徒Oに対する個別的な指導事例研究である。

室蘭市立北進中学校品田公司は，1954年11月の北教組第4次教研集会に『性格検査による実態調査』を発表した。内容は，○性格検査実施の概要，○目的，○計画，○実施経過，○保護者の職業別による段階，○保護者の住居別による段階，○特別地区の（5地区選定）職業分類，○上記地区の検査項目別段階，○徳性検査，○劣等感検査，○情緒性検査，○信頼性検査，○保護者の住居別による知能テストの段階，○全校生徒の検査項目別段階，○今後の研究，○結び，となっている。品田公司は，実態調査は単なる調査，統計のための調査に終わることなく，指導や対策のために利用する調査でなければならないと述べているが，内容は統計的処理に終わっている。

室蘭市立鶴ヶ崎中学校特殊教育係（文責 美濃又重道）は，1955年10月の校内研究発表資料『美の又学級の実態（4回目）附 研究授業指導案』を作成し配布した。内容は，○本校精神薄弱児の実態，○特殊学級生徒から見た内外向性，○普通学級における特異生徒取扱いの一考察，○特殊学級観察に関する報告，○特殊学級担任の望むところ，○研究授業指導案，○生徒に関する資料，○反省，感想と意見となっている。次に，特殊学級設置校の普通学級における特異生徒取扱いの考え方について摘記する。

美濃又重道『美の又学級の実態（四回目）附 研究授業指導案』1955年

鶴ヶ崎中学校特殊教育係「普通学級における特異生徒取扱いの考え方」

人権尊重の教育　普通学級で特異生徒を教育することは，多くの教師の経験から，一学級五，六十名もの生徒を持ち，教室設備・教具の不足，事務過剰の中からとても困難であり，特に精神薄弱児を取り扱うことは不可能といわれている。そのために，特殊学級が設置されるのであり，普通学級における特異児童の取扱いの対策が叫ばれているのは矛盾したことである。それはあたかも岩石の上に教育という雨水を一滴ずつ落とすように，時間・設備・余力がないという理由で少数の彼等を抛棄することは人権尊重の教育そのものを抛棄することになるからである。それでは普通学級に於ける特異生徒の指導はどうしたら良いかといっても，事新しいものは一つもない。

指導観　義務教育だから所定の課程を全部終えなければならないという人がいる。

これは，形式主義，主知主義の一面だけを強く感じる人である。あたかも身体に合わない服に身体を合わせよということに似ている。即ち，中学一年という教科課程の服に三尺五寸の小人も五尺五寸の大人も皆合わせろというのである。「個性を尊重し能力に応じて」という教育基本法が先かカリキュラムが先かということになる。問題児や非行児などの特異生徒の善導は家庭訪問に限る。学校における彼等の行動や能力は氷山の一角に過ぎない。子どもの足の裏までも知る，朝何を食べて登校したかまでも知る愛情は，そこから生まれる。

指導法

①観察 → ②指導実践 → ③反省 → ④教育技術の研究 →①観察 →②実践 の循環に過ぎないであろう。具体的に書けば，

1. 愛情を注ぐこと（忘れないこと，教師の近くにおかせること，聞いてやること，褒めてやること，家庭訪問をすること）。

2. 位置づけをさせる（小グループの一人として所属させる，安定感を持たせる，成功感を持たせる，社会性をつけさせる，主知主義から外させる）。

実践記録 書くことを嫌わないで，特に指導を要する生徒一，二名の観察記録を週案の隅とか教務手帳の端とかに書くことである。問題児の指導は，長い目で見て反応を確かめる。そのためには，形式はごく簡単なものにして記録することである。

美濃又重道の指導観と指導法及び次の指導に活かす実践記録についての実践論は今日でも学ぶに値するものがある。その実践例の提起は，1956年10月の室蘭市立鶴ヶ崎中学校を会場に開催された「特殊教育研究大会」においてなされている。主催者は，室蘭市教育委員会・室蘭市教育研究会・室蘭市立鶴ヶ崎中学校で，北海道教育委員会胆振事務局と胆振教育研究所が後援した。本校は，普通学級における精神遅滞児の学習指導を公開（1年数学科 秋山秀夫，1年社会科 三好登，2年国語科 実松明，2年数学科 稲葉哲哉，3年国語科 成田能生，3年英語科 畑山智）し，特殊学級は特設授業「職業家庭科」を公開した。研究発表は，「本校に

室蘭市教育委員会他『特殊教育研究大会要録―昭和31年10月30日―』1956年

於ける特殊教育について」校長 岡本源一，「特殊教育に於ける精神遅滞児指導の実際」美濃又重道，「精神遅滞児の非行生徒その指導について」小川原孝が行った。『特殊教育研究大会要録』の内容は，○特殊教育研究大会要項，○本校に於ける特殊教育について，○特殊学級に於ける精神遅滞児指導の実際について，○普通学級に於ける精神遅滞児の指導の実際について，○精神遅滞児の非行とその指導について，○公開学習指導案，○特設学習指導案となっている。

次に，大会要録から特殊学級及び普通学級における精神遅滞児教育について摘記して採録する。

室蘭市立鶴ヶ崎中学校「本校における精神遅滞児教育」

特殊教育について 特殊学級が本校の一隅に呱々の声を上げて三年目を迎えた，無量の喜びと誇りを感じるものである。それは従来，こうした理想主義的教育施設が容易に教育現場に根づかず，線香花火的現象に終わることを常にしていたからである。偖て，新教育は，機会均等の教育であり，ヒューマニズムを原理とするものである。従って，教育の展開は個人主義的になることが必然で，帰結は特殊教育の研究実践にまで発展することが常態であろうと考えられる。然るに，新教育実践の現実は，一般的に講演主義・偏知主義・一斉画一注入主義・形式的機会主義等旧態依然たる姿を残存している如く見受けられる。本校実施の特殊教育研究の狙いは，特殊学級だけのものではなく，学校全体の理想とする教育実践原理の実現であり，教育技術の規範を探究する根源的使命をになっているものである。特殊学級が普通学級の補助的学級であるとの観点に立つならば，その学級の存続は単に時間の問題となる。特に，中学校の教育は教科担任制の関係上，教授法も講演式・注入主義に陥り易いことから，中学校特殊学級の独自的使命を見出すのである。尚，この機会に教育愛実践の聖燈に点火した美濃又重道教諭，之に対して力強い指導鞭撻を賜った関係各位，誠心誠意協力を惜しまなかった本校教職員並びにPTA会員各位に満腔の謝意を捧げるのもである。

特殊学級が生まれるまで 美濃又教諭は，市教委の支援を得て昭和27，28年の理論研究と実態調査を実施し，指導事例研究を通して特異児童とその教育について職員の理解啓蒙に努めた。そこで，特異児童の中の精神遅滞児と非行生徒の対策について，現在の実態と将来像について比較検討し「特殊学級の設立」を力説した。昭和54年4月32名在籍の特殊学級13組が生まれた。しかし，特殊学級生徒を馬鹿扱い，特殊学級無用の悪平等論の噴出，転級生の続出，普通生徒並みの学力過剰期待などの諸課題があったが，生徒の生活力と学力は確かな向上変化を見せるにつれて学級経営は安定し，その存在意義が理解されてきている。

普通学級の精神遅滞児指導 精神遅滞児数は，普通学級在籍生徒数2,023名中58名（2.9％）おり，境界線児が150名（7.4％）いることがわかった。その指導のための研究方策として実験学級を各学年二学級ずつ設置した。実験学級の運営方針として，学級内問題児の判別，該当生徒の観察，指導内容・方法の研究，教具教材の研究，指導の充実，実験学級経営の経過報告を設定した。専門的な心理検査や教育診断は，特殊学級主任の美濃又教諭が担当した。研究対象生徒は，1年生6名（男子2名，女子4名），2年生5名（男子2名，女子3名），3年生4名（男子3名，女子1名）の15名となった。この15名の生徒の指導計画資料となる「各教科の実態と今後の指導の留意点」をまとめ，指導を開始した。今研究会の公開学習指導案はその実践の一端であるが，指導の成否を述べるまでには至っていない（「公開学習指導案」

は筆者省略）。

　室蘭市立鶴ヶ崎中学校長の岡本源一は，《機会均等の教育はヒューマニズムを原理とするもので，必然的に個人主義的な教育となる》といった特殊教育経営論は，1951年当時の斯界関係者にあって極めて優れた教育観と特殊学級観であるばかりか，今日のインクルーシブ・エディケーション論に通ずることに深く留意したい。そして，鶴ヶ崎中学校の教師たちは〈普通学級における特異児の指導〉にも取り組んでいる事実も見落してはならない。

　1956年には，北海道教育庁胆振地方事務局・地方教育委員会胆振連絡協議会・北教組胆振地区協議会・胆振教育研究所の四者が編著した『昭和31年度胆振管内学校教育研究要綱・協同研究の進め方』が関係機関等に配布された。

　室蘭市立鶴ヶ崎中学校美濃又学級は，生徒作文版画集『歯ぐるま　第3集』を1956年に発行した。美濃又重道は，1956年9月の夕張市立第一小学校における北海道特殊教育研究大会に『本校における特殊学級の職業指導はどのようになっているか，又どう考えているか』を発表した。内容は，○日課表とその内容，○月別カリキュラム，○昭和31年度職業科カリキュラム，○職業指導における具体例，○職業指導に対する考え方，○結びと，なっている。引き続いて，1956年11月の北教組第6次教研集会に『特殊教育の実践』を発表した。内容は，○特殊教育が教育一般の中にどう結びつき，且つ位置づけたらよいか，○特殊生徒を理解するための判別の知識や方法をどの様に身につけたらよいか，○特殊教育の特殊性を持たせるためにはどうしたらよいか，○特殊生徒の職業教育をどうしたらよいか，○特殊生徒の早期発見及び家庭問題をどのようにしたらよいか，○結び，となっている。

　1957年11月，室蘭市立鶴ヶ崎中学校精神薄弱児育成会「歯車会」が会則を設けて組織的な活動をすすめた。

　苫小牧市立弥生中学校の西山秀隆は，1956年11月の北教組第6次教研集会に『一問題児の観察記録』を発表した。内容は，○はしがき，○本人に関する諸事項（本人の生活歴，本人の保育歴，身体的状況，精神的状況を，学習面から見て，行動面からみて，出欠状況），○家族構成（父親，母，兄，妹，弟，弟，弟），○居住区の概況，○本人の交友関係，○問題点，○発見の端緒，○問題の行動，○現在に至るまでの指導，○その後の経過及び必要になってきた点（日記に現れた結果，手紙文に現れた結果，医学的診断が必

西山秀隆『一問題児の観察記録』
1956年

要と思われる点)，○結びにかえて，となっている。中学三年生の指導記録である。
　1957年度，室蘭市教育研究会に特殊教育研究部が新設された。
　苫小牧市立若草小学校の佐々木登は，1957年11月の北教組第7次教研集会に『特殊な児童の早期発見の方法について　流行性感冒（東京A57型）と形態的健康度』を発表した。内容は，○概要，○研究の経過，○整理，○結論，○資料（S.S.の説明図，形態的健康度の判定，体位の平均値と形態の分類，形態的健康度の推移と実例）となっている（筆者註：S.S.は心理学用語，「標準得点」）。流行性感冒に罹患し回復が遅い児童には，学年別体位評価法による「虚弱型」が多いとしている。
　北海道精神遅滞児教育連盟・北海道教育委員会・室蘭市教育委員会・室蘭市教育研究会・室蘭市立鶴ヶ崎中学校主催の「昭和33年度全道精神遅滞児教育研究大会」は，1958年9月に二日日程で鶴ヶ崎中学校において開催された。
　胆振管内特殊学級等の関係者による本大会での発表者は，鶴ヶ崎中学校特設授業者の男子組算数科「遊具道具作り」美濃又重道と女子組職業家庭科「楽しい調理」鶴見幸子の二名のみである。美濃又重道は，中学校の数学科でなく，下学年の算数科の内容と職業訓練的内容を合わせた総合的学習「砂袋づくり」による〈実生活に生きて働く基礎学力〉育成の授業を実演した。鶴見幸子は，調理学習を職業家庭科の単科として扱うのではなく，〈職業生活や家庭生活に生きて働く学力〉を育てるために数学科・理科・保健科等を合科させた総合的学習の授業を公開した。室蘭市立鶴ヶ崎中学校は，本研究大会資料として『特殊学級経営の歩み』を作成し関係者に配布した。内容は，○「はしがき」校長　下沢正二，○「発刊に寄せて」室蘭市教育長　工藤茂，前室蘭市立鶴ヶ崎中学校長（現高平小学校長）岡本源一，○特殊学級の生まれるまで（理論的な理解啓蒙の運動，実践的な理解啓蒙の運動，精神遅滞児と非行生徒の対策），○学校経営の概要（沿革の大要，理解と協力の大要，予算・施設・設備一覧表），○指導の計画（教育目標，教育方針，教育課程），○指導の実際（家庭生活，生活指導，基礎学習指導，保健指導と情操教育，職業指導，評価），○結び（学級経営上の反省，今後に残されている問題），○「あとがき」特殊学級担任美濃又重道からなっている。しかし，1956年時に取り組んだ「普通学級における特異児の指導」に関する公開授業や実験学級での研究結果についての内容が取り上げられていないのが惜しまれる。
　室蘭市立鶴ヶ崎中学校は，特殊学級用自作教材『たのしい国語』，『たのしい算数』を作成して地域に根ざした指導に活用している。
　室蘭市立鶴ヶ崎中学校特殊学級担任美濃又重道は，1959年6月の「昭和34年度職業指導研究会」に『特殊学級生徒の能力差による職業実習の時期と期間についての考察』を発表した。内容は，○資料（特殊学級卒業生動向一覧，特殊学級卒業生動向一覧集計表，校外実習手帳），○研究テーマについて，○日課表に

表れている職業指導の実態，○職業実習（校外実習）に対する考え方，○職業実習に対する反省と結び，となっている。職業指導の内容と方法は，特殊学級卒業生の社会的予後からフィードバックする研究姿勢が表れている。

ここで，胆振地区における特殊学級形態の成立を列記する。1951年には幌別町立幌別中学校に，1954年には室蘭市立鶴ヶ崎中学校に，1959年には室蘭市立大和小学校に，1960年には室蘭市立絵鞆小学校，苫小牧市立苫小牧西小学校に，1961年には苫小牧市立弥生中学校に，1962年には室蘭市立港南中学校，虻田町立虻田小学校に，1964年には室蘭市立日新小学校に，1965年には室蘭市立武揚小学校，鵡川町立鵡川小学校，鵡川町立宮戸小学校にそれぞれ開設された。

精神薄弱児社会福祉施設関係では，1962年に通園施設「えとも学園」が，1965年には収容施設「白鳥学園」がそれぞれ開設され，学校教育に準じた保護と訓練を行った。

室蘭市立学校特殊学級児童生徒作品展示会が1959年2月に大手デパートで開催され，以後毎年継続されるようになった。

室蘭市立大和小学校は，1959年10月に『特殊学級経営のあゆみ（四月から十月まで）』を発行した。内容は，○本校特殊教育の概要，○開設までの歩み，○教育目標，○これらのことから年度方針として次のように考えた，○職員組織，○備品（施設・設備），○今まで経営してきて今後の課題，○特殊学級カリキュラム，○児童一覧表となっている。次に，本校特殊学級の成立事情，教育目標，年度方針を摘記する。

室蘭市立大和小学校『特殊学級経営のあゆみ』

特殊学級の成立 本校は，1958年頃より学校経営実践計画に基礎学力の向上を盛り込み，特に，遅進児と精薄児に対する配慮した具体的実践方法を研究課題としていた。鶴ヶ崎中学校と同じ校区のため特殊学級開設の要望は，小中一貫教育の観点から地域の父母からと学校関係者からあり，それらを受けて1958年11月に校内の特殊教育研究グループによる開設の検討を重ねた。1959年4月，21名の児童が入級し特殊学級2学級を開設した。担任は，内野美代子と松枝弘道で，協力研究グループとして山崎勉・豊田登・米谷平一・一口安隆・佐々木英子・今泉洋子が学級経営を支える体制であった。

教育目標 「りっぱなひと」○仲良く生活できる子，○他人に迷惑をかけず協力できる子，○健康

室蘭市立大和小学校『特殊学級のあゆみ』1959年

で明朗で素直な子，○進んで物事のできる子。普通児に近づけるのではなく，この子らを良い精薄にすることを目標とする。そのためには，知的学習よりもよい対人関係とよい生活態度を作ることに重点を置いた。即ち，保護と指導の立場から，健康安全を計ることを最低とし，日常生活の処理，社会生活への適応，職業的能力・態度の涵養に，万能な限りの知的生活への向上を含めて，各人に明るく力強い生活をなし得るようにしてやることを目標とした。

　年度方針　3～6か月間を児童観察により個人を診断し，それに応じた具体的指導内容等の研究期間に当てる。即ち重点として，○児童の個々の性格と能力の把握，○日常生活に必要な具体的知識・技能を習得する，○社会の成員として彼等なりに参加し得る態度の育成，○教師及び特殊学級と家庭との親密化と理解に努める。

　本学級は，校区を同じくする鶴ヶ崎中学校特殊学級の開設とその教育的成果に学び，校内の遅進児や精神遅滞児の指導について実践的に研究しており，校下の父兄らの特殊学級開設の要望と小中一貫教育の観点から準備期間を設けて開設された。教育目標は，〈立派な人=良い精薄〉におき，生活と作業学習による教育をめざしている。

　室蘭市立小学校の佐井一郎は，1959年11月の北教組第9次教研集会に『本校児童の対人関係と適応について』を発表した。内容は，○序文，○子どもと両親との関係（適応の条件となるもの，不適応の原因となるもの），○子どもと友達との関係（友好の条件，学校における対人関係，校下における対人関係），○子どもと教師との関係（性格的条件となるもの，対子どもの態度によるもの，指導技術によるもの，不適応の原因となるもの）となっている。これは，自校児童の調査による対人関係と適応に関する一つの考察である。

　室蘭市立鶴ヶ崎中学校は，1960年4月に『養護学級要覧』を作成し発行した。内容は，○学級の沿革，○組織と運営（職員構成，生徒一覧表），○卒業生の動向，○援助団体（精神薄弱児育成会〈歯車会〉，市教委，PTA），○全市的な動向，○養護学級年間計画となっている。同校は1960年6月に『養護学級の便り』第2号を発行した。次に，『養護学級要覧』と『養護学級の便り』から学級の沿革と精薄教育不振の原因を摘記して採録する。

室蘭市立鶴ヶ崎中学校「特殊学級沿革と精薄教育不振の原因」

特殊学級の沿革

年度	学級数	教員配置	生徒数	担任名	学級名称	学級種別
29	1学級	定員操作	32	美濃又重道	1年13組	促進学級
30	1学級	定員外1名	13	美濃又重道	美の又学級	混合学級
31	1学級	定員外1名	17	美濃又重道，小野サダ	美の又・小野学級	混合学級

32	2学級	定員外2名	21	美濃又重道, 小野サダ	美の又・小野学級	補助学級
33	2学級	定員外2名	24	美濃又重道, 鶴見幸子	特殊学級1,2組	補助学級
34	2学級	定員外2名	25	美濃又重道, 鶴見幸子	特殊学級1,2組	補助学級
35	2学級	定員外2名	23	美濃又重道, 佐井一郎	養護学級1,2組	補助学級

精薄教育不振の原因

1. 古くからの社会通念（精薄に金をかけてもなにもならない）。2. 精神医学の不振（労して効が遅く収支が償わないので専門医が手を引く）。3. 精神薄者は自ら叫ばない（虚弱者や肢体不自由者は自ら不遇を叫んでいる）。4. 親たちの恥ずかしさ（遺伝がからむと見栄から言い出せない）。5. 数が多すぎ（児童生徒だけで50万円）で予算措置ができない。6. 外見上目立たないので同情心が薄い。7. 精神薄弱児の判別の困難性。8. 専門的な教育者が少なく、教員養成の不備。9. 封建性に絡む明治以来の知的偏重。10. 政治の貧困による法律の不完全と各省の連携不足。

社会通念や差別などのバリアーを背景におきながらも、特殊学級は基礎的な研究を重ね、関係者への理解啓蒙活動による校内外の協力を得て、周到な準備のもとに開設された。生活と作業を中核に据えた教育方法により卒業生の社会的予後にも見通しが持てるようになっている。そして、校下の大和小学校にも特殊学級が設置されるなど室蘭市精神遅滞児等の特殊教育は振興・発展期にしているように思われる。しかし、特殊教育に関するバリアーは容易に取り除かれることはなく、学級の名称を特殊学級から養護学級と改称している。

室蘭市立鶴ヶ崎中学校特殊学級担任の鶴見幸子は、1960年11月の北教組第10次教研集会に『精薄女子の職業指導』を発表した。内容は、○序文、○領域と日課表、○女子の職業指導とその作業能力（精薄女子の職業指導について、作業能力について、三年生の成長を顧みて）、○職業教材の選び方とその目指すもの（職業教材を選ぶ場合に考えられる条件、職業教育のなかに生かされる領域、職業教育の目的）となっている。鶴見幸子は、養護学級女子組での指導経験二年半目である。女子の精薄児の職業指導について、卒業生の実態と在籍生徒の作業能力の実態から考察しようとしている。この女子指導観による取り組みは釧路地区の甲賀睦子に引き継がれている。

1961年2月、室蘭市連合精神薄弱児育成会が結成される。これは、鶴ヶ崎中学校育成会（歯車会、1956年）、大和小学校育成会（いずみ会、1959年）、絵鞆小学校育成会（やまびこ会、1960年）の三者による連合体である。室蘭市立学校特殊学級の宿泊学習は、市費による組織的に1961年から小学生二泊三日、中学生三泊四日継続的に実施されるようになった。

虻田町立虻田小学校特殊学級担任の木村淳一は、1961年10月の胆振管内学校

教育研究大会に『低学年特殊学級経営の実際』を発表した。内容は、○本校特殊学級設置の経過（設置の基本的な考え方、開設の経過、判別の方法、開設までの問題点）、○学級経営の実際（特殊教育の一般目標、具体的な学級の教育目標、本年度の重点、教室の施設・設備、児童一覧、年間指導計画、日課表、その他）、○生活指導の実際（低学年生活指導の考え方、指導の実際）、○あとがき、からなっている。教育界は、盛んに「能力別学習指導論」が主張されており、室蘭市や苫小牧市に特殊学級が開設され研究会が開催されるなどの時流があった。虻田小学校は、従来から学業不振児の指導について論議しており、その対策として空き教室があれば特

米沢克己『普通学級の於ける最低知児童の指導をどのように進めたか』1961年

殊学級を設置したい意向をもっていた。そして、1960年に胆振教育局長より特殊学級設置の勧奨があり、1961年度学級減を機として11名の児童を選定して開設に踏み切ったのである。

室蘭市立小学校の米沢克己は、1961年11月の北教組第11次教研集会に『普通学級に於ける最低知児童の指導をどの様に進めたか』を発表した。内容は、○調査、○活動、○今後どのように指導すべきか（小学校項目別標準学力検査国語科・算数科、生活環境、指導記録、一斉指導に於ける行動記録、ある特殊児童の学習計画）となっている。これは、指導事例の記録のようであるが、研究主題である「最低知児童の指導をこの様に進めた」といった内容の論述が課題である。

苫小牧市精神薄弱児育成会は、1960年2月に萬屋直吉会長を選出して発足し、特殊学級設置促進運動を組織的に開始した。苫小牧西小学校長萬屋直吉は、1960年に児童が大成小学校へ移籍して学級数が減少する機会をとらえ、9月に苫小牧市初の特殊学級二学級を開設した。入級児童は19名おり、初代担任には西宮進と大江幸男が就いた。1961年4月には卒業生4名を受け入れるために苫小牧市立弥生中学校特殊学級分教室（校長 伊藤健二、担任 大江幸男）を併設して小中校併設特殊学級とした。苫小牧西小学校特殊学級には大江幸男の後任として後藤昌子が担任となった。1961年9月には、特殊学級開設記念研究会を開催して「特殊学級の指導の実際」を発表した。

苫小牧市立苫小牧西小学校特殊学級担任の西宮進は、1961年11月の北教組第11次教研集会に『特殊学級一年の歩み』を報告した。内容は、○教育目標、○方針、○特殊学級の具体的目標、○学級の実態（学級編成、知能分布、児童・生徒の傾向）、○指導内容、○指導の段階、○指導の実例（日課表、遊びを中心と

した学習，ピストル作りの子供達，音楽と子供達，小中併置学級における生活指導，家庭の指導と啓蒙，本校との関係，地域社会との連携），○まとめ（一年の歩みの中から）となっている。西宮進の報告は，開設記念研究会の実践報告内容と同じものである。本学級教育の特色の一つは音楽教育であるので，次に「音楽と子供達」を摘記して採録する。

苫小牧西小学校　西宮進「音楽と子供達―生活指導と結びついた学習―」

　毎日子供達に接する時一日の生活は音楽に明けて音楽に暮れていると言って良いくらいである。生活指導の中から特に特徴のある子供達についてまとめてみました。
　K児のこと（I.Q.田中ビネー27，4年生）　K児は「むすんで ひらいて」の歌が大好きです。「先生，むすんでのうた」と，幼児語と言語活動の不活発の言葉で言う。入級当初から，この歌一本です。節は知っていても歌詩は充分でないが一生けんめい歌う。歌詩を忘れたところへ来ると先生の顔を見「その手を上に」と一緒に歌うのである。二番三番の歌詩は知らないので，何時までも歌い続ける。時には笑いを浮かべながら，手を全身を動かしてリズムをとりながら歌っている。一度，クリスマスの間近い頃に「ジングルベル」を学習したが，それはもう忘れてしまった。今日も又「むすんで」を歌っている。K児なりの好きな歌をもっている事を羨ましくなることがある。
　M児のこと（I.Q.田中ビネー38，4年生）　職員室に入って来るなり，片手をマイクの形にし口先に持っていき「レコード かけて」と言う。レコードが回転すると，手足が動き，頭をふりふりレコードの側を離れない。その位，M児は音楽と切り離すことができないのです。うたは，「いつも いつも（夜汽車）」が得意であり，その他橋幸夫，守屋浩の歌も不明瞭な口調であるが一応歌うのである。放課後「レコードかけて」と来る。マイクを持たせ録音をさせると目は輝きに充ちてくる。最初は，「いつも いつも」「潮来の伊太郎」「有難や」と順番があり，次に妹の名前を二三度繰り返し，大声でカラカラと笑いながら，ハタと止め，次に数々の質問に入るのである。あさの終会の時の音楽に合わせて歌い足踏みをし実に元気な子が成長している。

　特殊学級の児童は，西宮進の限りなく優しい姿に解き放たれて，自己を開放し学校生活を楽しんでいる。その交歓の授業風景が彷彿される記録である。
　虻田町立虻田小学校木村淳一は，1961年11月の北教組第11次教研集会に『特殊学級の実際』を発表した。内容は前述の『低学年特殊学級経営の実際』と同一である。木村淳一は，1962年11月の北教組第12次教研集会に『小学校特殊学級カリキュラム編成の一考察―飼育学習を中心に―』を発表した。内容は，○始めに，○初年度の反省（開設について，判別について，学級経営について，研究経過），○飼育学習の指導計画（飼育学習の意義，飼育年間計画），○飼育の実際

（初年度の飼育概要，本年度の飼育の実際），○飼育に対する適応能力，○日課表，○まとめ，となっている。木村淳一は，〈特殊学級勧奨開設の一年目は無我夢中で，本で理解したことと実際は随分と異なる波乱の道であったが，二年目に入って急がば回れ〉の諺にしたがって児童の実態把握，学級経営，指導計画の再検討に取り組んでいる。自身が動物好きで自宅で飼っていた兎四羽を学級専用教材にした実践実例である。

室蘭鶴ヶ崎中学校の美濃又重道は，1963年8月の「昭和38年度東日本精神薄弱教育指導者講座」で『研究資料』を持参し発表した。内容は，○特殊学級の概要，○夏期時間表，教科と時数，○級訓，○特殊学級関係職員構成，○生徒数，○智能別，○家庭環境，○生活程度，卒業生の動向，○教室環境・男子実習室，○農園地の経営，○養護学級生徒一覧，○指導内容，○年間指導計画である。室蘭市立鶴ヶ崎中学校特殊学級は，1964年4月に『特殊学級要覧 39年度』を作成発行した。内容は，○特殊学級の沿革，○学級の経営（教育目標，学級経営方針），○職員構成，○生徒一覧，○教材と時数，○日課表，○主な備品，○学級の主な行事，○基礎学習，○作業学習，○卒業生の動向，○年間予算，○入級の方針と方法（方針，方法）からなっている。学級担当は，開設当初からの美濃又重道の後任として小林慎郎に替わった。

室蘭市教育委員会・室蘭市教育研究会は1964年3月に『精神薄弱児教育教育課程』を発行した。内容は，○精神薄弱児教育養護学級年間計画表，○養護学級年間計画（大目標・月目標・行事予定・備考，生活領域，言語領域，数量領域，情操領域，健康領域，生産領域）となっている。本教育課程の編集は鶴ヶ崎中学校が担当している。続いて，室蘭市教育委員会・室蘭市教育研究会は1964年4月に『昭和39年度・室蘭市立大和小学校　精神薄弱児・特殊学級・教育教育課程』を発行した。内容は，○はじめに，○教育課程（教育目標，教育方針，精薄教育，週学習指導領域，各学習内容の時間的比率，教育の方法），○生活経験・単元学習一覧表（生活学習，基礎学習，情操学習，健康学習，生産学習），○能力要素表（生活領域，言語領域，数量領域，情操領域，健康領域，生産領域）となっている。

室蘭市精神薄弱児判別委員会は，『精神薄弱児判別個人調査資料』を作成した。内容は，○調査票作成の要領（作者の主旨，構成と内容，記入の方法），○住所略図，○生活状況調査，○性格・行動状況調査，○家庭状況調査，○身体状況調査，○学校生活状況調査，○医学・心理学専門診断，○総合判別からなっている。この判別委員会は1963年に発足した。

室蘭市立絵鞆小学校特殊学級担任の工藤孝次は，1964年9月の「昭和39年度特殊教育教育課程研究集会」に『本校の教育課程』を発表した。内容は，○本校の教育課程の中に位置する身辺生活，○身辺生活の分化と発展，○身辺生活

の実態と問題点、○家庭の生活環境がおよぼす社会生活能力発達への影響、○指導計画のくみたて、○教育効果を期待した具体的な指導場面、その結果からなっている。

苫小牧市立苫小牧西小学校の西宮進は、1964年11月の北教組第14次教研集会に『精薄児の音楽指導―言語生活を豊かにする歌唱指導について―』を発表した。内容は、○はじめに、○精神薄弱児教育に於ける音楽教育の目標、○指導上の重点目標、○歌唱指導と言語生活に於ける基本的な困難点、○教材への視点、○言語生活をゆたかにする歌唱指導の基本的態度（学級の実態から観て、調査上から観て、諸感覚機能の問題から観て 音声への興味を惹きだすこと）、○実践内容と検証、○今後の課題からなっている。

西宮進『精薄児の音楽指導―言語生活を豊かにする歌唱指導について―』1964年

西宮進の音楽教育論は、1961年からの実践を経て理論的に整理され深化を図っている。特に、音楽教育を音楽科単科の指導とせずに言語生活と結びつける統合学習の観点に立った指導観が評価される。次に、音楽教育論と実践内容とその検証について摘記して採録する。

苫小牧市立西小学校　西宮進「言語生活を豊かにする歌唱指導について」

音楽教育観　人間は元来歌うことを喜び、歌うことを楽しむ本性を持っている。従って、あらゆる時代にあらゆる民族に歌がある。人間には、幼児期から歌を知り、言語、音感の発達に伴い片言で、模倣で数多くの子守歌をはじめ童唄をうたい、更に音の出る玩具・楽器に興味を持つ本性を持っている。

精薄児の音楽教育も、この本性に立ち音楽各領域を生かし統合学習でなければならない。特に、小学校にあっては職業指導につながるための学習には種々の問題を持っているが、その要素の一つには対人関係の協調性がある。これを円滑にさせるためにはコミュニケーションの教育が必要である。日常生活に於けるコトバの指導と合わせ歌唱指導にあたっても、正しいコトバ、美しい発音、正しい口形、リズムを通し、更に体感を通じてコトバの指導がごく自然に訓練できるわけである。歌唱を通し正しいコトバ、語彙をゆたかにし、将来社会人として自立していくための情緒の安定、対人関係、意志の疎通を円滑にし、豊かな人間の形成を目指すことの一翼を担っているものである。

実践内容と検証

1. 入級初期の指導内容（言葉遊び、リズム反応、身体表現活動を重点指導）音楽の時間だけでなく、登校時・休憩時・給食時等の生活の中に楽しい音楽を取り入れる。

既習教材の中で、全員で歌える曲を知り歌詞も簡単なものを多く扱った。個人の愛唱歌を知り、兄妹の学習している教材へ関心を持たせ家庭でも歌えるようにする。打楽器の自由打ち（強弱、高低、速度など）、耳の体操と口の体操、テープレコーダーを聴き音や人当て遊びをする。絵カードによる言葉遊びと文字言葉への興味づけなどを行った。

2. 安定期・指導期の指導内容（全員歌唱と一目読みを重点に指導）個人の愛唱歌や経験したもの、聞いた事のあるリズミカルな日常生活にある歌曲を歌う。テンポは能力に合わせた速さにする。板書やプリントによる歌詞指導を行う。「ゆびのうた」「ぞうさん」「いい声だ」などの歌詞の一部を子どもたちに変更させる。

3. 検証　各自が愛唱歌を持てるようになり、進んで歌うようになってきた。ひとりでも歌うことができ、伴奏を工夫することで正しく第一声が出るようになってきた。前奏、後奏、オクターブ、友達の声を聞き分けたり、各種の音色に興味を持ち始めた。自由学習の時に自分達で取り入れている。言語障害児、発音不明瞭児らも指定された速度よりも遅く伴奏すると歌えるようになってきた。歌詞の内容も簡単な文体で生活詞的なもの、小動物・植物を扱ったもの、季節感のあるものを好んで歌うようになった。父兄からは、「家庭に帰っても歌い表現活動をするようになった」とある。

　西宮進の実践は、1961年から5年を経て音楽教材をたくみに活用して、音楽科というよりは音楽をコアとした総合的な学習活動として実を結んでいる。そして、児童と共に教師としての実践的指導力を高めている。しかし、いや、だからこそ、教育実践研究は、一つのテーマに歳月をかけなければ実践検証の資料は得られない。その実証手続きを経なければ検証と称して論じようとも、それは空論となろう。そうした観点から、西宮進の検証資料が音楽指導の実際資料による提起形態となっていないのが惜しまれる。

　虻田町立虻田小学校特殊学級担任の夏目与市は、1964年11月の北教組第14次教研集会に『胆振の精神薄弱児の実態と特殊学級における問題点』を発表した。内容は、○研究概要、○胆振管内精神薄弱児の実態、○精神薄弱児に対する意識、○特殊学級運営の問題点、○むすび、となっている。

　胆振支庁は、1963年12月現在で胆振管内13町村の小中学校に在学する精神薄弱児（出現率2.8%として算出）数を軽度438人、中度625人、重症児87人と発表した。室蘭市と苫小牧市を除く13町村で特殊学級を設置しているのは虻田町立虻田小学校のみである。

　室蘭市立武揚小学校の高木勲は、1964年11月の北教組第14次教研集会に『特殊学級設置のための研究』を発表した。内容は、○はじめに、○研究の動機（学業不振児の現状、普通学級での指導の限界、この子たちを救う道は、施設・設備

の見通し)，○経過の概要・特学設置の上の問題点(特殊教育に対する理解と研修，担任の問題，学級の性格，判別の方法)，○今後の研究課題(施設・設備・教材・研修と経費，校内の協力体制と普通学級との関係，父母との協力，教育課程の研究，中学校への移行)，○むすび，となっている。

　武揚小学校は，1964年3月の1963年度末反省会において1965年度に特殊学級開設を目標にその研究に取り組むことを決定した。本校の児童数は小学2年生から6年生1,199名で，団体知能検査及び学力検査結果の偏差値35以下の学力遅進児数は29名である。本校は，普通学級での学業不振児指導には限界があることから，1965年4月に特殊学級を開設した。ここにおいても，特殊学級に入級せずに普通学級に在級している学業不振児等への教育の視点が欠落している。

　室蘭市立鶴ヶ崎中学校特殊学級担任小林慎郎は，1965年11月の北教組第15次教研集会に『精薄児の自叙伝(口頭発表を含む)についての一考察─その喜びと悲しみ─』を報告した。内容は，○報告概要，○テーマについて，○学級のようす，○研究計画，○生徒の声，○問題点解決のために，○今後のこと，となっている。

　小林慎郎の教育実践の姿勢は，〈精薄児教育の問題を彼等の側に立って把握することであり，彼等の物の見方と考え方を自叙伝により理解する〉ことにある。いわば，生活綴り方的な指導による生徒理解を根底にした国語的能力と社会的自立能力の育成目指すことにある。

　虻田町立虻田小学校の夏目与市は，1965年11月の北教組第15次教研集会に『精薄児の社会的自立を求める指導体系はいかにあるべきか』を発表した。内容は，○研究概要，○指導計画(小学校低学年の指導計画，小学校高学年の指導計画，炊事学習年間計画表，日課表)，○各領域における指導法と実際(生活指導，数量指導，言語指導，情操指導，生産指導，健康指導)，○結び，からなっている。

夏目与市『精薄児の社会的自立を求める指導体系はいかにあるべきか』1965年

　夏目与市は，〈特殊学級が出来たので直ぐに児童は救われるということにはならない。また，学級にすら入級できずに就学猶予・免除を受けたり，普通学級で過ごす児童も少なくない〉と認識しているが，その方策を得るべくもないのであろう。研究テーマに言及することよりは町村立の特殊学級が都市部の特殊学級と比べて予算措置，重複障害児の入級，特殊学級担任仲間，入級判別業務などの問題に苦労されているのである。

第3. 胆振地区発達障害児等特殊教育の歩みと特質

1. 胆振地区の発達障害児等特殊教育の歩み

年　月	事　項
1950年12月	胆振教育推進連絡協議会議の協議により「胆振教育研究所」が設立される。
1951年 4月	幌別町立幌別中学校特別学級開設（校長 戸井田豊，担任 田中英夫）される。
1952年 2月	北海道教育委員会主催「精神遅滞児特別学級経営研究集会」が幌別中学校で開催される。胆振教育研究所『胆振カリキュラム目的篇』「胆振教育の一般目標・学校目標」を掲載発表する。
7月	登別町立登別中学校の石崎正は岩見沢市で開催された「全道特別教育研究集会」に『事例研究とその協議会について』を発表する。
11月	室蘭市立鶴ヶ崎中学校の美濃又重道は北教組第二回教研集会に『異常児童の問題と其の対策 研究（我が校のI.Q.からみた精薄児と非行生徒）』を発表した。苫小牧市立弥生中学校の大矢稔は北教組第二回教研集会に『異常児の観察記録（事例研究）』を発表した。
1953年 9月	「日高特殊教育研究会」の会則が定められる。
11月	苫小牧市立弥生中学校の大矢稔は北教組第三回教研集会に『不適応児の実態調査とその具体的対策について』を発表する。洞爺村立洞爺小学校の藤沢愛子は北教組第三回教研集会に『小学校低学年に於ける精神遅滞児の判別とその対策』を発表する。室蘭市立鶴ヶ崎中学校の美濃又重道は北教組第三回教研集会に『事例研究と特殊学級の経営計画』を発表する。
1954年 4月	室蘭市立鶴ヶ崎中学校に特別学級開設（校長 岡本源一，担任 美濃又重道）される。
11月	苫小牧市立弥生中学校の大矢稔は北教組第4次教研集会に『個人指導の方法とその実態について』を発表する。苫小牧市立東小学校の遠藤繁雄は北教組第4次教研集会に『学校巡回教育相談の現状とその発展策』を報告した。室蘭市立成徳中学校の石澤はる子は北教組第4次教研集会に『この児と共に』を発表した。室蘭市立北進中学校の品田公司は北教組第4次教研集会に『性格検査による実態調査』を報告した。
1955年10月	室蘭市立鶴ヶ崎中学校特殊教育係（文責 美濃又重道）は校内研究発表会に『美の又学級の実態（四回目）附 研究授業指導案』を作成し発表する。
1956年	北海道教育庁胆振事務局・地教委胆振連絡協議会・北教組胆振地区協議会・胆振教区研究所四者編著『昭和31年度胆振管内学校教育研究要綱・協同研究の進め方』が発行される。
9月	室蘭市立鶴ヶ崎中学校の美濃又重道は北海道特殊教育研究会に『本校における特殊学級の職業指導はどのようになっているか，又どう考えているか』を発表する。
10月	室蘭市教育委員会・室蘭市教育研究会・室蘭市立鶴ヶ崎中学校主催の「特殊教育研究大会」が鶴ヶ崎中学校で開催され，普通学級における精神遅滞児の学習指導が公開された。室蘭市立鶴ヶ崎中学校美濃又学級は生徒作文版画集『歯ぐるま 第3週（育成会機関誌）』を発行する。
11月	室蘭市立鶴ヶ崎中学校の美濃又重道は北教組第6次教研集会に『特殊教育の実践』を発表する。苫小牧市立弥生中学校の西山秀隆は北教組第6次教研集会に『一問題児の観察記録』を発表する。
1957年	室蘭市教育研究会に特殊教育研究部が新設された。
11月	苫小牧市立若草小学校の佐々木登は北教組第7次教研集会に『特殊な児童の早期発見の方法について 流行性感冒（東京A57型）と形態的健康度』を発表した。
1958年 9月	北海道精神薄弱児教育連盟・北海道教育委員会・室蘭市教育委員会・室蘭市教育研究会・室蘭市立鶴ヶ崎中学校主催「昭和33年度全道精神遅滞児教育研究大会」が二日日

	程で室蘭市立鶴ヶ崎中学校を会場に開催される。鶴ヶ崎中学校は研究会資料『特殊学級経営の歩み』,自作教材『たのしい国語』,『たのしい算数』を作成した。
1959年 4月	室蘭市立大和小学校に特殊学級開設される。
6月	室蘭市立鶴ヶ崎中学校の美濃又重道は「昭和34年度職業指導研究会」に『特殊学級生徒の能力差による職業実習の時期と期間についての考察』を発表する。
10月	室蘭市立大和小学校は『特殊学級経営のあゆみ(四月から十月)まで』を発行する。
11月	室蘭市立小学校の佐井一郎は北教組第9次教研集会に『本校児童の対人関係と適応について』を発表する。
1960年 2月	苫小牧市精神薄弱児育成会発足(会長 萬屋直吉西小学校長)。
4月	室蘭市立絵鞆小学校,苫小牧市立苫小牧西小学校に特殊学級がそれぞれ開設される。室蘭市立鶴ヶ崎中学校は『養護学級要覧』を発行した。
6月	室蘭市立鶴ヶ崎中学校は『養護学級便り』第2号を発行する。
11月	室蘭市立鶴ヶ崎中学校特殊学級担任鶴見幸子は北教組第10次教研集会に『精薄女子の職業指導』を発表した。
1961年 2月	室蘭市連合精神薄弱児育成会が結成される。
4月	苫小牧市立弥生中学校に特殊学級が開設される。
10月	虻田町立虻田小学校の特殊学級担任木村淳一は胆振管内学校教育研究大会に『低学年特殊学級経営の実際』を発表する。
11月	室蘭市立小学校の米沢克己は北教組第11次教研集会に『普通学級における最低知児童の指導をどの様に進めたか』を発表する。苫小牧西小学校特殊学級担任西宮進は北教組第11次教研集会で『特殊学級の実際』を発表する。
1962年 4月	室蘭市立港南中学校,虻田町立虻田小学校に特殊学級がそれぞれ開設される。通園施設室蘭「えとも学園」が開園する。
11月	虻田町立虻田小学校の特殊学級担任木村淳一は北教組第12次教研集会に『小学校特殊学級カリキュラム編成の一考察—飼育学習を中心に—』を発表する。
1963年 8月	室蘭市立鶴ヶ崎中学校の美濃又重道は「昭和38年度東日本精神薄弱教育指導者講座」に参加した。
1964年 3月	室蘭市教育委員会・室蘭市教育委員会は『精神薄弱児教育課程』,4月に『昭和39年度・室蘭市立大和小学校 精神薄弱児・特殊学級・教育課程』,『精神薄弱児判別個人調査資料』を発行した。
4月	室蘭市立日新小学校に特殊学級が開設される。
9月	室蘭市立絵鞆小学校特殊学級担任工藤孝次は「昭和39年度特殊教育教育課程研究集会」に『本校の教育課程』を発表した。
11月	苫小牧市立苫小牧西小学校の西宮進は北教組第14次教研集会に『精薄児の音楽指導—言語生活を豊かにする歌唱指導について—』を発表する。虻田町立虻田小学校の特殊学級担任夏目与市は北教組第14次教研集会に『胆振の精神薄弱児の実態と特殊学級における問題点』を発表する。室蘭市立武揚小学校の高木勲は北教組第14次教研集会に『特殊学級設置のための研究』を発表する。
1965年 4月	室蘭市立武揚小学校,鵡川町立鵡川小学校,鵡川町立宮戸小学校に特殊学級がそれぞれ開設される。収容施設室蘭「白鳥学園」が開園する。
11月	室蘭市立鶴ヶ崎中学校特殊学級担任の小林慎郎は北教組第15次教研集会に『精薄児の自叙伝(口頭発表を含む)についての一考察—その喜びと悲しみ—』を発表する。虻田町立虻田小学校の夏目与市は北教組第15次教研集会に『精薄児の社会的自立を求める指導体系はいかにあるべきか』を発表する。

2.胆振地区の黎明期における発達障害児等特殊教育の特質

胆振地区の教育文化は,東西の二つの区域に特徴的に成立し発達していると

いわれており，知的障害などを含む発達障害児等教育の成立においては西高東低の様相を示している。特質の一つは，1950年に全胆振関係機関の合意により設立された胆振教育研究所の組織機構のなかに「特殊教育研究部」が設けられていることである。このことは，当時の北海道立研究所を含む道内の管内・市町村立の研究所には見られない先達的なことであった。

　西胆振地区では，幌別郡幌別村立幌別鉱山尋常小学校は，道内屈指の銅産出鉱であった幌別鉱山地区の児童数の増加に伴う劣等児対策として，1923（大正12）年から単級複式編成による実践研究〈各児童の個性特質及び天賦の能力に個人差があることを認めた児童中心の個別指導〉に取り組んでいる。一方，1931（昭和16）年に室蘭市立天澤小学校の遠藤勲が最も成績不良の5，6年生16名による複式学級を編成して，個別指導を基本とした特別な教育を開始している。遠藤勲は，〈人間は，自己の能力を充分に発揮してこそ満足を得るのである。児童の特殊性を把握して，その特殊性に立脚した救済助長の教育〉を実践した。幌別鉱山尋常小学校は，特別学級編成形態とは異なる通常学級における「課業時間内外特別指導形態」による特別教育であり，室蘭市立天澤小学校は特別な学級編成による「特別学級指導形態」の特別教育である。この二校の先進的な教育実践は，西胆振地区の教育関係者に伝承され，戦後に至っていち早く幌別町立幌別中学校に学業不振児等の特別学級が1951年4月に開設されたのである。さらに，室蘭市立鶴ヶ崎中学校の美濃又重道が三年間の基礎研究を積み上げ，教育行政，学校長及び同僚の理解と支援を得て1954年4月に特別学級形態による特別学級を開始した。美濃又重道の教育実践は，生活と労働と教育の結合による指導形態を中核に据えながらも中学生としての基礎学力の向上にも力を入れたもので，胆振地区発達障害児等教育の魁となり発展していった。

　東胆振地区は，戦前期からの伝承する教育実践もなかったこともあり，苫小牧市立苫小牧西小学校に特殊学級が開設されたのは1960年4月であった。

　1965年度の胆振地区の小・中学校数は，150校の半数にあたる75校が辺地指定校であったこともあり，この当時の都市部を除く町村の特殊学級形態による特殊教育の振興と発展は低調であった。しかも，筆者の史資料能力の制限もあるが特殊学級経営に関する教育実践史資料も多くはない。特に，「普通学級における学業不振児等の教育」を提起する報告も普通学級における指導事例研究も極めてわずかしかないのである。教育団体等による組織的かつ意欲的な論議や活動に関する史資料の発掘が課題である。

第14節　日高地区の教育実践

第1．日高地区の概況

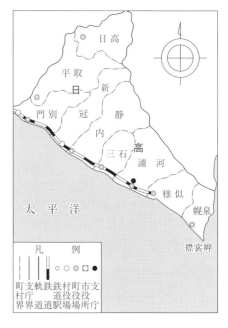

　日高地区は，北海道の中央南部に南北に連なる日高山脈と太平洋沿岸に囲まれた総面積約4,800平方$キロ$に7町2村があり，人口は約122,000人，世帯数約23,000世帯が居住している。日高の産業は，林業，農畜業，漁業の一次産業が中心で，地理的条件が良くないため，商工業，加工業等は低調である。鉱業も鉱種が多いだけで活発ではない。しかし，遅れがちであった奥地の開発も電源開発が進むにつれて次第に活発化してきている。日高農業は，歴史も古く日高山系から太平洋へ注ぐ大小河川の流域を中心に発展し，戦後は奥地開拓や東部日高沿岸地帯の開拓が進んでいる。林業は，気候が温暖なため森林は樹木が豊富で，ほとんどが未開発の天然林である。畜産は，気候に恵まれているため，古くから牧畜業が盛んなところである。特に，ジャージー種牛飼育先進地区であり，我が国の競走馬の主要生産地でもある。漁業は，1958年春の鮭，鱒が比較的好漁を示したほか，秋刀魚の漁獲や昆布の収穫が増収している。

　教育・文化では，学校数は小学校86校，中学校57校，高校10校（道立3校，町村立定時制7校）である。小・中学校143校中僻地指定校は小学校46校，中学校33校といずれも半数以上を占めている。施設は，ほとんど文部省の基準以下で校舎も屋内体育館も不足している。しかし，教育は熱心で，各校とも新教育に真剣に取り組んでいる。ことに集団指導では全道的に進んでいる。社会教育では，青年団80，婦人団体70があり，各町村単位に青年，婦人団体協議会を設けて地域活動の中心となっている。

　医療施設は，管内唯一の総合病院である浦河赤十字病院をはじめ病院7，保健所2，診療所43，歯科20，眼科1のほか1958年度以降各地に道立診療所が開

設された。

第2．日高地区発達障害児等の教育実践

日高地区における発達障害児等の教育実践通史に関する史資料は，日高教育研究所『日高教育目標』(1952年)，様似中学校小泉重雄『日高地区のあゆみ』，北海道精神薄弱教育研究連盟編著『道精連 三十年の歩み』(pp.112-114, 1982年)，日高管内障害児教育研究会『一人ひとりの子どもがたくましく生活していく力を育てるため乃指導―小・中・高等部段階において身につけさせたい力は何か―』(1987年)，日高管内障害児教育研究会『昭和62年度 静内町の障害児教育』(1987年)，日高教育史編集委員会「特殊教育」『日高教育史 戦後編』(pp.260-265, 1992年) がある。しかし，教育実践に関する一次資料は量的にも質的にも極めて少なく限定されている(北海道教育庁日高教育局企画部総務課立川義高氏より資料の提供を頂きましたことを記し謝意を表します)。

日高管内障害児教育研究会『研究紀要 一人ひとりの子どもがたくましく生活していく力を育てるため乃指導―小・中・高等部段階において身につけさせたい力は何か―』1987年

日高地区は，日高の教育風土をふまえ「逞しい日高人の育成」を学校教育目標に掲げて新教育改革に立ち向かった。そして，1949年当時，僻地校が60%の日高の教師たちが，〈戦後北海道の復興は，教育の原点である僻地教育以外にはない〉として「日高へき地教育研究会」結成の気運を高めていた。次いで，1954年に浦河町立絵笛小学校を会場に「第三回全道単複教育研究大会(日高大会)」が開催された。

まず，日高地区における特殊学級形態による教育実践の成立事情について前述の小泉重雄の論述から次に摘記する。

様似中学校　小泉重雄『日高地区のあゆみ』

特殊学級の開設　日高地区における特殊学級の歴史は，御園小学校川端武男の個人研究「日高における特殊教育」(1950年) から開始された。昭和28(1953)年という年は，日高管内に初めて浦河町立浦河小学校特殊学級が誕生した特筆すべき年である。浦河町立浦河小学校特殊学級は，指導内容は六領域による促進学級的性格であったようだが，開設5年後に学級閉鎖となった。次いで，昭和33年，日高町立千栄小学校に特殊学級が開設されたが実験的なもので翌年閉鎖され，その実態ははっきりしていない。

特殊学級の閉鎖　当時先進的な考えで開設された特殊学級が長く継続されなかったのは，主に次の二つ理由からであると考える。その一つは，学業遅進児を対象とした促進学級であったために，入級拒否や差別偏見などを生み学級管理運営面から閉鎖に追い込まれたこと。いま一つは，この教育を推進するために是非必要な教師間の理解と協力，社会の啓蒙，教育振興のための組織の不足が考えられる。
　特殊学級の資料　又，特殊教育の歴史のなかでは浦河小学校や日高町立千栄小学校のように開設後間もなく閉鎖されたとなっているが，各校の学校沿革誌には特殊学級に関する文言が記されていない。これは，特殊学級設置が正式に認可されなかったためであろうと推測される。

　日高地区最初の特殊学級は，1953年ではなく後述するように1951年5月1日に浦河町立浦河小学校に開設されたが数年で閉級となった。日高町立千栄小学校特殊学級に関する史資料の発掘が課題である。その後の日高地区特殊学級の開設は，1962年6月静内町立高静小学校特殊学級「白楊学級」に，1964年10月には浦河町立浦河小学校特殊学級が再開され，1965年静内町立東静内小学校「あざみ学級」，静内町立静内中学校特殊学級「山脈学級」，様似町立様似小学校に，それぞれ開設された。また，1950年には精神薄弱児収容施設「北海暁星学院」が浦河に設立された。小泉重雄が，川端武男の個人研究「日高における特殊教育」が1950年の『北海教育評論』に掲載されていると紹介しているが掲載の該当誌は見当たらない。
　1952年，浦河町立絵笛小学校の庄司宣誉は，単級複式校での生活指導を集団指導に高めた実践理論を「ガイド学習」と名づけた。この「ガイド学習」による集団指導は，管内は勿論北海道の単複教育のみならず，特異児童の事例研究，あるいは生活綴方的教育方法を通して仲間づくりなどに有効だとして広く適用された。そして，日高教育研究所は，1957年7月に『ガイド学習—核づくりの教育理論と実践』を刊行した。これを機に〈日高の集団指導〉が北海道関係者に流布されていったが，日高地区では集団指導形態だけが一人歩きするようになり，集団主義教育へと変質していった。
　静内町立御園小学校の川端武男の「問題児指導の実践記録」は，教育新潮社主催第一回教育新潮賞の第一席に選ばれ，1951年11月発行の『教育新潮』（第2巻第11号, pp.11-20.）に掲載された。内容は，○行動の寸描，○この子をかくあらしめた成因，○基底をなす学級指導の経過，○この子の指導（生活指導，学習指導，この子と学級の調和），○卒業式前後，○終りに，からなっている。問題児（アイヌ児童）に全学級と全校教員の協力を得て愛情を傾注した約1年間の教育実践記録である。
　浦河町立浦河小学校特殊学級担任鈴木章は，1951年に『精神遅滞児学級の経

営〝学級担任の立場から″』を残している。内容は，○特殊学級開設について，○経営の発足，○児童選定の経過（選定の方針，選定の経過，児童数），○備品，○学級の指導目標と指導方針（学級の一般目標，各項目の指導方針）からなっている。鈴木章は，本資料を何時，どこで発表したか記していない。しかし，日高地区の初出の史資料として貴重なので，次にその主要を摘記する。

浦河町立浦河小学校　鈴木章『精神遅滞児学級の経営』

特殊学級の開設　教育が集団で行われる時，各人の素質や後天的な事故のために優劣の差が生じて遅進児（マ マ）と言われるものが生まれるのは止むを得ないことである。特に内に問題をもった児等は忘れ残されてきているのである。然し吾々教育に携わるものからすれば，これも教育の対象児である。其の人間構造に於いて生活能力に於いて或いは取扱いに於いて特殊性を認めるが，この児等の存在を無視し忘れては教育の分野は完全に成り立つとは言い難い。又，従来の教育観は，遅進児（マ マ）の特殊学級の仕事を特別変わった分野に於ける物好きの篤志家の仕事位にみてきたが，この教育に対する認識の不足の結果である。今，教育の営みの上で個人の基本的人権が認められ児童の人格尊重と教育の民主化が大きく取り上げられており喜ばしいことである。

鈴木章『精神遅滞児学級の経営』
1951年

　私は，教職に奉じて八年間，旧土人小学校で恵まれない生活環境と生活水準に依る身体の発育不良を矯正すべく学校給食と精神遅滞児原因探究に鍬を入れようと試みたが，当時の当局の無理解と社会の認識不足のため完成を観ずして終わった。今，この二つの問題が教育の民主化により大きくクローズアップされてきたのを観る時，感慨無量のものがある。特に，本校に職を奉じて昭和24年11月に，全校1,200名の児童の智能測定を実施した結果，内に問題をもつ児童の余りに多いことを知り，一時期敗戦により虚脱して教育への意思を失いかけていたが，こうした児童らの身の上に心の痛む思いで，自らの非力をも省みずこの学級を担任したのである。

経営の発足　折しも，昨昭和25年6月に北海道教育委員会より精神遅滞児特殊学級設置指定の内命を得た。本校の木村校長は，この教育に深い関心と問題解決の立案研究に造詣が深く，木村校長の命により9月から開設準備に取りかかった。再度，智能検査測定を実施し，問題児の抽出，個別智能測定，□（判読不可，「性」か？）行調査，家庭環境調査等を行い，精神遅滞児学級に対する学級内外の理解と協力の向上に努めた。本校は，海外からの引揚者の移住による児童数が増加し，そのための国庫から校舎，施設の増築が認められ教室の余裕が生じていた。昭和26年5月，南西に面した最も明るい静寂な旧作法教室17坪半の教室に8名の児童を入室させて第一次発足とした。

児童選定の経過
　選定の方針：①児童数は15名を限度とする。②選抜の対象は原則として低・中学年とする。③入室希望の父兄の児童のみによる編成とする。④I.Q.40以下は一先ず対象と考えない。選定の経過：①第一次候補者は，学級担任の所見及び智能テスト結果を参考に各学級2，3名選抜する。②第二次候補者は，選抜児童個々の知能能力と情緒性・社会性を考慮して決定する。③最終決定は，父兄の入室諒承又は積極的に希望する父兄の児童とした。
　児童数と学年　2年生2名（男女各1），3年生4名（男女各2），4年生2名（男女各1）。
　一般的指導目標　①日常生活に必要な最小限度の実際習慣・技能・常識を養成する。②情意生活の矯正と指導に力を尽くす。③感覚知覚の訓練に努める。④健康の保持と増進のため特段の留意をする。⑤特技の開発と其の伸長に力を注ぐ。⑥手芸や運動能力の訓練に努める。
　各項目の指導方針　日常生活に必要な最小限度の実際習慣・技能・常識を養成。
　方法　社会科，国語科，算数科，理科等の教材により学校及び家庭において，①情意生活の矯正。②知覚の訓練。③健康保持増進のための指導，④手芸訓練と運動機能訓練，特技の開発と伸張をはかるようにする。

　浦河町立浦河小学校特殊学級の初担任鈴木章は，〈遅進児の特殊学級の仕事を特別変わった分野における物好きの篤志家の仕事とみてきたのは，この教育に対する認識不足の結果である。個人の基本的人権が認められ，児童の人権尊重と教育の民主化が取り上げられていることは喜ばしいことである〉と特殊学級形態による教育に率直に賛同している。そして，日高でアイヌ系児童の教育経験があり，新教育形態であるの発達障害児教育に自然体でたずさわったのである。
　ところが，浦河町立浦河小学校特殊学級の開設時期については，前述の小泉重雄の記述には〈昭和28（1953）年〉とあり，それを援用したと思われる『日高教育史（1992年）』にも昭和28年（p.66, 261, 263.）と記述されている。しかし，『日高教育史』のなかの「日高九町の教育史」項の「浦河町教育史」には浦河小学校特殊学級についての記載はない。本書では，開設時期は初担任鈴木章の一次資料（北大の山本普所蔵）に基づいて1951（昭和26）年とする。
　『日高教育史』には，本校特殊学級が開設五年後に1958年開設の日高町立千栄小学校特殊学級が開設翌年後の短期間に閉鎖された事情について次のように記述されている。

「浦河町立浦河小学校・日高町立千栄小学校特殊学級の短期閉鎖の事情」
　特殊学級開設後の短期間に閉鎖された理由は，管理面から遅進児主体とした促進学級を目的としたため，入級拒否や差別偏見を生んだことや教師間の理解と協力，社会の啓蒙，教育振興のための組織の不足等があげられる（p.66, 261.）。

木村芳雄校長と鈴木章担任の特殊学級形態による教育への想いと努力が養生され根つく土壌ではなかったのであろうか。歴史は，新資料に基づいて書き替えられるものである。

　三石町立歌笛小学校の川端武男は，1952年11月の北教組第二回教研集会に『日高地区の実態からみてどのように解決したらよいか（アイヌ人）』を発表した。本資料は，未発掘のためその内容は不明であるが，後継の発表内容からアイヌ系児童生徒の教育問題であると想定される。

　静内町立高静小学校の安藤順次の「一年生の指導―特に扱いにくい子供の指導を中心とした学級経営の計画と実践―」は，教育新潮社主催第三回教育新潮賞の第三席に選ばれ，1953年11月発行の『教育新潮』（第4巻第11号，pp.25－38）に掲載された。内容は，○この子どもたちの幸福のために，○問題の発生，○問題の発展，○問題の解決のために，○結語からなっている。教育実践の基本的態度として，①子供の実態把握，②個人の能力や興味，欲求を考え十分に活かす計画を立てる，③学級内の問題とせず学年の他学級，家庭，そして子どもたちと常に話し合う，④厳しい反省と評価による日々の改善をあげている。学級経営の実際についての反省と評価内容の発表が望まれる。

　三石町立歌笛小学校の川端武男は，1953年11月の北教組第三回教研集会に『日高地区に於ける「アイヌ系児童生徒」をめぐる実態とその対策（第二年）』を発表した。内容は，○概要，○「アイヌ系児童生徒」の実態（昨年度の調査から，三石町に於ける「アイヌ系児童生徒」と「アイヌ系児童生徒」の動向，日高地区に於ける長欠児童と「アイヌ系児童生徒」の動向，日高支庁児童福祉課において最近扱った状況，その他の概要），○「アイヌ系の人」の実態（道内住宅状況からみた生活実態，日高地区部落別戸口状況，業態，個人的・家庭的・社会的状況，

川端武男『日高地区に於ける「アイヌ系児童生徒」をめぐる実態とその対策（第二年）』1953年

経済的方面，保健・衛生方面，統計的にみた体位，心理的一般的傾向，教育に対する関心），○「アイヌ系の人々」と「和人系の人」との間柄，○「アイヌ系児童生徒」の特殊児童の発生，○原因，○解決のための対策（日高特殊教育研究会の発足―現場教師の行動化。「アイヌ系の人」自信の立上がりと促進経過，他機関との連携），○今後の問題と努力すべき点，○結語となっている。日高地区における特殊教育問題は，鈴木章と川端武男の発表物にあるように〈アイヌ系の児童・生徒〉の教育を含めた論考が課題である，次に，川端武男のアイヌ系の児

童・生徒の教育課題を概観する（筆者註：論述中の「アイヌ系」という用語は北海道大学河野弘道の指導によると付注がある）。

歌笛小学校　川端武男「「アイヌ系の児童・生徒」をめぐる諸問題」

問題の所在　日高地区には，「アイヌ系の児童・生徒」の教育的問題が苦悩の種として横たわり日常の教育活動の障碍となり，更にこの背後にはアイヌ系の人たちを取り混ぜにした社会生活における複雑な問題を惹起し胚胎しながら時が経過している。

実態調査　1952年度から「日高特殊教育研究会」を組織して全児童の概況調査を実施している。その結果から，「アイヌ系の児童・生徒」が特殊児童の対象となっている数が非常に多く現れている。その原因は，「和人系の人」と比べて知能が一般に低い傾向を示し，生活能力，思想に相当の懸隔があり，健康の面をみても退歩しつつあることが認められた。現在，アイヌ系の大部分の人びとは，経済や社会生活が困窮の極みにあり生活から落伍していく者が続出している。特に，追われ行く民族と「和人系の人」の間における微妙なる心理状態が，これらに蜘蛛の糸のように絡んできている。すなわち，「アイヌ系の児童・生徒」は，この家庭・社会環境の織りなす生活の中で成長していることから皆特殊児童と考えられるのである。事実，この児童のいる学級では，しばしば問題行動が起き，長期欠席をはじめとして学業不振，反社会的行動などがだんだん増えてきている。

日高の特殊性への対策　この現実を放置することは出来ない。先ず，現場教師は日高の特殊性を自覚する。そして，問題解決のために教師仲間の横の連携による「日高特殊教育研究会」を組織して一歩一歩前進することにした。又，「アイヌ系の人びと」の生活改善・勤倹思想涵養のための自覚促進運動を行う。そして，子弟教育に対する理解と喚心を起こしていく。更に，教育行政機関を中軸として社会福祉課等関係機関との連携を密接にしていく。問題の子どもを脇道にそらせないようにすると共に早期発見と適正な措置をする。

全道的な対策　「アイヌ系の人びと」の問題は，日高地区だけでなく胆振・十勝・釧路・上川方面を中心に全道各地に点在している。このために教師が先頭に立って，あらゆる生の資料を提示して学者，その他の知識階級の人々と共に強力な団結のもとに推し進めていかなければならない。

日高特殊教育研究会

趣旨：現場で苦しみ悩む問題は，性格異常・精神遅滞・身体障碍等の特殊児童問題である。既に心ある教師は，この問題に不断に取り組んで相当効果をあげつつあるが，未だ個々の動きのため，種々の運営を阻害している。ここに，心ある者と相共に提携し，教育愛に燃えて「問題の子」「可哀想な子」を守り育てようとするものである。尚，日高の特殊性である「アイヌ系の児童・生徒」の問題をも究明し解決するように努力する。

会則　1. 本会は現場に於ける特殊児童の教育のために同志相互の連絡を計って調査並びに研究にあたり，現場の教育，日高管内の教育のために貢しようとする会である。2. 本会は，上の目的を達成するために下の事業を行う。①個人研究を主体とした事例研

究をまとめる。②管内特殊児童の実態調査。アイヌ系の問題の研究。③研究物の集約発行。④研修会の開催。⑤事務所は，三石郡歌笛小学校内におく。⑥本会に下の部をおく。○身体障害児研究部，○精神遅滞児研究部，○性格異常及び社会不適応児研究部，○アイヌ系問題研究部。⑦このきまりは昭和28年9月20日より実施する。（一部省略）

　日高地区は，歴史的な「アイヌ系の人びと」問題という特殊性があり，特殊児童問題とも複雑に交錯している。そこで，1952年からその実態調査に着手し，1952年9月には「日高特殊教育研究会」を発足させて地域ぐるみの取り組みを推進しようとしている。実態調査の結果は，理解しやすい数値や図表資料として整理されているが，知能検査や心理検査などの結果のデータが抜けている。調査対象，調査内容，調査方法などの記述が望まれる。日高特殊教育研究会グループ（筆者註：日高特殊教育研究会のことか）は，1954年11月にも活動内容を引き続いて報告した。教室現場における教育活動に連動する実態調査研究が課題となる。
　静内町立東静内中学校の平尾武夫は，1954年11月の北教組第4次教研集会に『日高地区に於ける「アイヌ系児童生徒」をめぐる実態とその対策（第三年）』を報告した。内容は，○概要，○はじめに（27，28年度の調査から思う），○調査計画の概要，○身体発育面から見た「アイヌ系児童」の実態（三年後の状態。純アイヌ系児童〈Full-bood Aine children〉・混血アイヌ系児童〈mixd-blood Aine children〉の身体発育，日高・胆振西地方の「アイヌ系児童」を身体発育面から見た差違），○「アイヌ系児童」行動特性，○問題児と称される「アイヌ系児童」の実態（家庭環境の診断，学校における行動の診断），○今後の問題と努力すべき点，○結語からなっている。日高特殊教育研究会グループの会員同志は50名を越え，その調査研究は，1952年から継続され三年目となった。しかも，報告内容からは調査対象を日高地区に隣接する胆振地区に広げて比較検討するなど客観的実態に向けた取り組みは評価される。しかし，今後の問題と努力点に記されているように，調査研究とその結果の開示だけでは，現場学校教師の理解と行動化は〈一朝一夕〉に望めないようである。教研運動における《我々は，平和を守り真実を貫く民主教育の確立を期するために特殊教育を強力に推進する》理念の実現には，日高の特殊性をふまえ，その克服と改善に着実に取り組んだ教室実践の報告こそ求められよう。
　幌泉町立苫別小学校の安田精蔵は，1955年11月の北教組第5次教研集会に『単級学校経営の障害と打開策』を発表した。内容は，○研究概要，○緒言，○研究の体系（方法，方向），○地域の実態（地域の沿革と地帯諸面の観察，現住民と生産，現部落民の生計，部落の長所と短所，地域〈郷土〉の沿革，地域〈郷土〉の現況，地域の文化開発面と促進面，現在地域人の声を聴く），○学校経営の実践

状況（打開に着手した動機，学校沿革の大要，着任当時の学校状況，試みた各種施設と改革の諸面，村と地教委の援助，塗装研究について），経営上における問題点の種々相（単級小校の姿，単級校教員の日常生活，単級小校でむしばまれるもの，父母と教師の結合をこのように試みている，規則的な結合方途，父母と教師の結合を阻むもの）となっている。幌泉町立苫別小学校は，1947年6月に襟裳国民学校苫別分校として発足し，10月に苫別小学校となった単級複式の小学校である。教員は，校長職1名で，初代校長任期は10か月，二代目は1年と10か月と任期は極めて少ないが，三代目の安田精蔵は2年6か月と比較的長期の在任である。校舎は，他に

安田精蔵『単級学校経営の障害と打開策』1955年

類のない〈馬小屋〉を改造した仮校舎で，教室は16坪一間，事務室兼図書室が7.5坪一間，屋内運動場が24坪一間である。安田精蔵は，赴任早々，PTA総会を重ねて開催して父兄と共に校舎にペンキを塗り，通学道路を整備し，地教委と村民の支援により日高管内初の風力発電機を建設して視聴覚教材を設備した。この発表は，学校を開拓村づくりの中核におく教育経営に徹した〈百人芸校長夫妻物語〉である。貧困部落の単級校に学ぶ児童の教育ニーズを充たすために部落民と共に生活環境と学校環境を整備することも特別な支援教育であろう。

　平取町立平取中学校の北田武夫は，1955年11月の北教組第5次教研集会に『地域社会に於けるアイヌ系生徒の問題』を発表した。内容は，○まえがき，○テーマ設定の理由，○研究の範囲，○研究の進め方（平取町内に於ける人口の推移，学業不振児の抽出方法），○事例研究，○対策となっている。平取は，アイヌ人文神オキクルミの像が鎮座し〈世人がアイヌの都〉と呼ぶように町民の約2割のアイヌ系住民が居住している。したがって，平取中学校には他校に比して本校独自の教育問題として，「アイヌ系生徒」の教育問題があるという。本校におけるアイヌ系生徒の在籍割合は下表のとおりである。

平取中学校北田武夫「本校に於けるアイヌ系生徒の割合」

学年 性別	1年		2年		3年		合計	
	生徒数	アイヌ系	生徒数	アイヌ系	生徒数	アイヌ系	生徒数	アイヌ系
男子	58	11	47	11	39	7	144	29
女子	49	9	50	3	44	7	143	19
計	107	20	97	14	83	14	287	48

第3章　各地における教育実践

| % | 18.7 | 14.4 | 16.8 | 16.9 |

　平取中学校の教師は,「アイヌ系生徒」の教育問題を解決する一つの手立てとして「学業不振児」に対する事例研究を行っている。その対象生徒は, 国語・社会・数学・理科の四教科の学力偏差値と知能偏差値の相関関係により中学2年生4名（偏差値の高い者と低い者各2名）を任意抽出した。この事例研究から, 今後の対策として, ①人種的偏見による劣等感の除去（人権尊重の教育の推進, 家庭人への働きかけ, 学校での対策〈教科的技術的偏重, 校内教育懇談会, 自発性を培う〉, 地域社会に対する働きかけ〈地区別懇談会, 婦人会, 学級通信〉), ②経済的な貧困の問題（貧困からの開放）をあげている。

　日高特殊教育研究部会（発表者 歌笛小学校椎名義光）は, 1955年11月の北教組第5次教研集会に『特殊教育の実践—日高地区に於ける四年間の歩み—』を報告した。内容は, ○研究の概要, ○地区に於ける特殊教育の歩み（昭和27年度, 28年度, 29年度, 30年度), ○反省, ○結語と今後の方途, ○資料（三年生風の子学級—問題児指導の事例研究, 特異児童の日高管内〈町村別〉調査, 管内学年別特異児童の調査, 町村別に於ける特異児童として指導している状況〈原因別指導状況〉, 町村別に指導している問題児の不適応概況, 日高地区部落別戸口状況, アイヌ系の児童生徒の健康, 三者の父における学歴比較, 三者の母における学歴比較, 児童福祉法による発見通告種別並措置別調, 問題児となった原因並に年齢別調, 保護児童の家庭状況並に年齢別調, 施設収容保護状況調）からなっている。日高特殊教育研究会は, 既述のように1953年9月に発足した全日高管内の研究組織であるが本報告書は「日高地区特殊教育研究部会」となっており, 1954年の報告書には「日高特殊教育研究グループ」とあり, その組織と名称の関係が明らかでない。本研究会の規約からは, 日高管内の各町村に下部組織として研究会支部をおき支部長（連絡員）が会務を掌理していることになる。ともあれ, 日高地区における特殊教育実践四年目の現状を次に摘記する。

日高地区特殊教育研究部会『特殊教育の実践—日高地区に於ける四年間の歩み—』1955年

日高地区特殊教育研究部会『特殊教育の実践』

　浦河支部特殊教育研究会　1954年11月に井寒台小学校において研究会を開催した。講師は北海道学芸大学の奥野明教授で, 研究発表は「普通学級に於ける特殊

児童の指導をどうしたら良いか」井寒台小学校，「本校に於ける特殊教育―特殊教育の概略と非行的な子の事例―」浦河小学校，「非行性児童生徒の取扱原因及び実際指導」杵臼小学校。

学校名	特殊教育研究内容
平取支部岩知志小中学校	20余名の学力不振児の（遅進児）の指導。
平取支部紫雲古津小学校	社会的不適応児，学業不振児，精薄児の15名の指導。
平取支部豊糠小中学校	少数の学業不振児の指導に力を注いだので現在問題児は皆無。
様似支部新富小学校	精神遅滞児少数者に対する指導。
日高支部三岩小中学校	児童数が少ないので徹底した個別指導により問題児を根絶した。
日高支部三島小学校	非行性児1名を教師と父兄と協力して指導している。
平取支部荷負小中学校	精神薄弱児小1名，中1名を指導している。
浦河支部井寒台小学校	遅進児3名，社会不適応児1名，肢体不自由児1名を家庭と一体で指導。
平取支部平取中学校	アイヌ系生徒の問題の背景と実態を把握し事例研究を実施した。
萩伏支部萩伏小学校	「学習に参加しない子」のテーマで研究している。
三石支部三石東中学校	テーマ「この子は如何にして甦ったか」特殊児童補導の事例研究。
三石支部延出小学校	28年度特殊学級編成により10名を指導，29年度，30年度は教室と担任教師の問題から普通学級内で特殊児童を指導する。国語部会員が「遅進児の国語指導」を研究した。
三石支部本桐小学校	精神遅滞児，物を言わない子の事例研究をした。
三石支部延出中学校	学業不振児を特に能力別編成によって指導している。
三石支部歌笛小学校	特殊学級の設置を計画を進めている。問題児に生活作文，生活指導，各教科の学習活動の中で指導している。「問題児教育の実践」を研究した。内容は，指導により問題児がどのように変わってきたかの実践記録である。

管内小・中学校班の実践

普通学級における問題児指導 普通学級における問題児は決して少なくない。しかし乍ら従来の問題児指導の研究をみるに，それら問題児の中より単に1名だけの指導の実践をまとめたものが多い。私は，普通学級に於ける問題児の全部の指導こそ重要視しなくてはならないと考え指導を進めてきた。問題児の指導は，問題児だけを切り離して考え指導するものではない。学級，父兄，教師等の密接なつながりの上に教育活動が行われていくものと考えて，そのように実践してきた。又，この種の研究について継続研究に力を注がねばならないのであるが，この点，支部や地区の特殊教育活動と関連して，本年を以て四年目の継続研究としての積み重ねをしてきている。

　日高地区の取り組みの全容がほぼ明らかにされているが，各校の実践研究の内実が附記されていないのが惜しまれる。日高特殊教育研究会は，普通学級における問題児の指導の重要性を強調して取り組んでいることを評価したい。
　次に，歌笛小学校三年生「風の子学級―問題児指導の事例研究」から，一事例と実践の反省を摘記する。

歌笛小学校3年生『風の子学級―問題児指導の事例研究』

学業不振児の子　○田○子（生年月日）

問題点：判っていることも発表しない。話すことの力が十分でない。作文力が十分でない。恥ずかしがりで教師に物を言わない。

行動の記録：各教科の時間に，判っていることでも指名しなければ手を挙げて発表しようとしない。父母参観日で母親の前でも物を言わない。作文は概念的で能力にふさわしい生活からにじみでたものにならない。

家庭環境：（筆者省略）

交友関係：同じ部落からきている同級のものとは遊ぶが隣机のものと親しくするだけである。市街の者達は相手にしていない。性格が温和なため交友関係に問題は生じない。

知能検査：昭和29年6月1日　点数式田中個別知能検査偏差値56

指導方針と経過：診断＝祖父母の溺愛と本人の病弱・気弱さ等。父母の教育に対する関心の希薄さが問題点である。指導＝直接教師と話せないので家庭連絡帳「ふりこ」を繁く交換した。その結果作文力が高まった。7㌔の山坂道の家庭訪問による祖父母や父母との懇談により人間的な深い心の繋がりを持った。本児に対しては学習時の発表の機会を多く取り褒めたり励ましたり，作品を取り上げて褒めるなどして，意欲と発表力を伸張させた。心の壁を取り除くために，休み時間，体育，作業等の時も意識的に本人に近づき，友達も加えて和やかな雰囲気の中で過ごすようにした。結果＝発言力は，目覚ましくはないが普段より多くなってきた。作文力は，特に詩作には期待するところが多い。その裏づけとして，祖父母や父母の新教育に対する認識も高まっていった。身体面でも，家庭の注意と心身の発達に伴いすっかり健康体となった。

学級における生活も明るく楽しそうである。

〈詩の作品〉―しばれる朝―　学校へくるときに／まゆげがまっ白になる／目があかんくなる／ほっぺがまっかだ／かみの毛もまっ白になって／きれそうだ／歌笛のあさのしばれはすごい。

〈お母さんよりの手紙（原文のまま）〉　暑中お見舞申上ます。お暑さの中を何時もご壮健で何頼とお喜び申してゐます。二人の子供が何かとお世話になってゐます事を有難くお礼申上ます。○子たちの第十号の文集を頂き読まして今更乍ら先生のご熱心に感謝致しました。好くあれ程までに色々な事にお心をおくばりになられました事，それにあまりお丈夫でない先生が，朝早く，又夜おそくまで自分のおつかれもおいといなく，発行を少しでも早くと児童の為におつくしくださいましたそのお心の有難さに唯々感謝致すばかりです。それに○子の作品をあんなに沢山のせて頂き，それも頁をまくると先生と並んでありますし―どんなに嬉しく読ませて頂いたかしれません。これをお作りになる時の先生のお気持ちをそう像しつつ涙を流しながら皆さんのもみんな読みました。あんまり有難くて，つたない私ですけれど是非一度お礼を申さねばと心に思ひつつ今日になりました事をお許し下さいませ。

春,先生がお居出下さいました折に〇子,栄〇と一生懸命勉強しなさいね。亦休みになったら先生はどちらが頑張ったか先生見に来るからねとおっしゃた,そのお言葉に二人共ずいぶん励まされとても頑張りました。先生にあまり喜んで頂ける様な評価でもありませんが,先生がいらっして下さると,子供たちは心からお待ち致してゐますゆゑ,何かとご多忙な先生にご無理な事を申しますが,お話しにでもゆっくりお居出願われたら幸と,私共も心からお待ち申しております。二年間もお世話になりました先生がやはり〇子も一番懐しがってゐますし,栄〇もK先生がお留守の時一度お習いしたと大変喜んで帰ってきました。まだまだ書きたい事ありますが急ぎますので,乱文乍らお礼かた,お伺いまで申上ます。暑さの折ご自愛下さいませ。かしこ

実践の反省 風の子学級に問題児が多いのは,いわゆる戦災児と呼ばれる児童であって,終戦の年に生まれたものが大半である事に大きな原因があると思う。十勝沖地震で校舎が倒壊し,運動場を四つに仕切って学習したり,一教室に60余名が生活したりした経験も大きな影響の一つである。家庭訪問,生活指導,個別指導の機会が多く取れない学級状態であった。問題児の事例研究や,その事に対して傾けるすべての教育活動が普通児を包含した学級全体の教育に大きなプラスになる事を知った。一人一人の児童の幸福を願う教師であれば,自ら父母と密接な結びつきを持たなくてはならないという自覚が出来た。父母と教師と児童が人間として愛し理解と協力によって結合し実践出来得ることの尊さと必要性を認識した。忍耐と情熱を必要とする特殊教育に於いては,特にサークルの必要度を高く認め,教育技術について相互の研究と,それが学級へ直結する効果的な実践の重要性を痛感した。

歌笛小学校特殊学級「風の子学級」担任椎名義光は,返事をしない子,盗みと喧嘩をする子,落ち着きのない子,学業不振の子,落ち着きなく悪戯する子の5名の児童を普通学級で指導した事例である。1955年当時の生活と教育環境は悪劣であったにもかかわらず,しかも,病弱な身体を賭して問題児を見捨てない学級経営を父母と児童との血の通った人間的結びつきによる信頼関係を構築して実践している。この普通学級における学業不振児等への教育実践は,日高地区の教師たちにどのように受け入れられ,どのように浸透していったのであろうか。そこまで視野を広げた解明があると申し分ない。

三石町立延出小学校の宮口良作は,教育新潮社主催第五回新潮賞に「遅進児に対する国語指導の実践」を応募して第二席となり1956年11月の『教育新潮』(第7巻第11号,pp.6-23)に掲載された。内容は,〇はしがき,〇実態から,〇指導計画,〇「話すこと」での事例,〇「読むこと」での事例,〇「作ること」での事例,〇「書くこと」での事例,〇評価と発表の機会,〇あとがき,からなっている。小学5年生の学級には,小児まひ児2名と精神薄弱児1名がおり,

学業遅滞のT児への2年間の指導記録である。その記録には，普通学級における学業不振児への確かな視線が読み取れる。

日高の特殊教育研究は，1961年に至って個人的色彩の強い研究から，組織的な研究へと推移した。それは，富川小学校を主会場として開催された「全日高教育研究集会」に初めて第七分科会 特殊教育部会が設定されたことによるものである。第七分科会の研究主題は，「特殊教育をどのように進めるか」で，管内8校からレポート発表があり研究協議された。1963年には，北海道教育庁日高教育局と北教組日高地区協議会共催の「日高管内特殊教育研究集会」が高静小学校を会場として開催され，当校の北島昌子教諭により特殊学級の授業が初めて公開され，「特殊学級の運営はどのようになされているか」の実践発表もおこなわれた。同時に，研究協議の柱として「普通学級における特殊児童生徒の指導をどのようにするか」が立てられている。

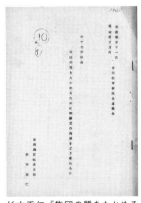
杉本秀仁『集団の質をたかめるために問題児の指導をどう進めるか』1961年

幌泉町立襟裳小中学校の杉本秀仁は，1961年11月の北教組第11次教研集会に『集団の質をたかめるために問題児の指導をどう進めるか』を発表した。内容は，〇研究編（研究の概要，研究の経過の概要，主題設定の理由，研究指導評価の基本的視点，実践についての反省）と〇資料編（卒業生中学業劣等・知能的欠陥ありと思惟される者の動態並全般的考察，襟裳小中学校卒業生職業生活一覧，精薄児の職業指導，精薄児の生活指導と教科指導〈国語科〉の結びつき，事例研究）からなっている。本研究の際立った特色は，1907（明治40）年から1961年までの卒業生の職業的動向調査結果である。対象者は，『学業指導原簿』と『指導要録』から検索した37名である。その内訳は，明治期4名，大正期8名，昭和戦前期12名，戦後期13名となっている。調査結果は，37名ほぼ全員が校下の主産業である漁労と海藻採取業か土工夫などの肉体労働に従事していることが判明した。本校は，その結果と文部省産業教育研究指定校の実績をふまえて，普通学級の職業教育として「漁業と海藻採取業」及び「飼育栽培，農産加工」に関する基礎的知識と技能の育成について中学三か年間計画により実施している。指導分野は，主に漁業（漁，操船，漁業調査），水産製造（貯蔵，加工，増殖（魚類，貝・藻類），栽培（農耕，園芸，造林），飼育（養畜，養蚕）農産加工（加工，醸造）の七分野で，指導内容は普通児童重点内容と精神遅滞児等重点内容に区分けしている。普通学級における精神遅滞児教育の論調は，精神遅滞児等を学

級集団から切り離して特殊学級形態で指導することではなく，地域産業に密着した職業教育を中核にした集団教育の視点から学級集団で指導するということである。本節の導入部に既述したように，日高は集団主義教育に先取的な取り組みを裏づける事例である。次に，1961年6月26日襟裳小学校3年生の「国語科学習指導本時案」を摘記する。

襟裳小学校3年「国語科学習指導案」

教材名「りょうかんさん」（6時間配当）
教材観（筆者省略）
指導目標

普通児の目標	精薄児（Y児）の目標
1.やや長い物語を読み通す力を養う。要点を押さえて読むことに慣れる。	1.本を読むとき「、」や「。」を確かめさせる。 2.既に習った文字や語句を繰り返しおさえて読むことになれさせる。
2.この物語を読むことによって，いろいろな物語を読む習慣をつけさせる。	3.読みやすいところを皆の前で声を出して読むことに慣れさせる。 4.文の中の意味の切れ目に，印をつけさせる。
3.実在した人物の物語（伝記初歩）を中心として，良寛の人柄や行いについて，児童の話し合いのなかで確かめさせる。	5.良寛について短く区切り，「何が書いてあった?」，「どんな気持ちがした」を確かめる。 6.既に習った「人」,「心」,「日」,「雨」,「木」,「草」が書けて，生活の中で使えるように慣れさせる。

指導計画（6時間。筆者省略）

普通児の目標		

本時の指導計画案（4教時限）

普通児の目標	精薄児（Y児）の目標
感想発表を中心に良寛の人柄を皆で話し合う。	良寛がどんな心の持ち主か，皆のお話を聞き，発表できる。「日」,「目」,「中」,「入り口，出口」がわかる。

本時の展開

学習活動（◎普通児，○精薄児）	指導上の留意点
(1)〈共通〉前後の復習をする。 (2)〈共通〉本時の学習事項を話し合う。 ◎その後の良寛はどうなったか。 (3)◎「かくれんぼ」の後半を読む。 ○P34～P35までの部分文を読む。 (4)◎後半の内容を皆で話し合って読べる。^{ママ} ◎良寛はどこに隠れていたか。 〈共通〉隠れている内にどうなったか。 誰に見つけられたか。	〈共通〉「かくれんぼ」の前半の復習。 ◎大意の発表をさせる。 ○良寛さんが村の子どもたちとかくれんぼしていることを絵を通じて発表する。 ○P34～P35.1までの読みをする（平仮名文の一目読み）：個別指導。 ◎会話の部分を中心に筋をつかませる。 ◎「誰だ，そこにいるのは」。 ◎「あれまあ，良寛さん」。 「静かに，静かに」。「ないしょ，ないしょ」。

見つけられた時，良寛はなんと言ったか。 (5)○「日」，「村」，「目」，「出口」，「入り口」の読み書きの練習をする（プリント）。 (6)◎「かくれんぼ」の全文を読む。 　○「かくれんぼ」したときの話をする。 (7)◎感想発表を中心に良寛の人柄について話し合う。 (8)〈共通〉次時学習の確かめをする。	良寛さんの人柄の出ているところであるからよく話し合わせる。 ○日常生活に使用できるように文章の中に位置づけて短文でおさえる。例：ぼくたちの村。きれいな目。出口＝入り口。目と口。 ◎「かくれんぼ」で良寛のしたことをまとめさせる。 ○児童がよくする「かくれんぼ」を思い出させながら読ませる。 ◎出てくる感想を元にして，多面的な話合いに持っていく。しかも，児童の生活の体験を通した話合いに発展させる。

　普通学級における国語科の指導の実際が記述されている。特に，普通児の目標と精薄児の目標及び共通の学習活動と普通児の学習活動と精薄児の学習活動がそれぞれに計画されており，集団一斉学習と個別学習及び個別的配慮などが意識された指導案となっている。しかし，授業展開の実際とその学習活動結果の評価に触れられていないのが惜しまれる。

　幌泉町立襟裳小中学校は，1966年に襟裳小学校特殊学級を1969年に襟裳中学校特殊学級をそれぞれ開設した。それまでの間，普通学級において学業不振児等への個に応じた学習指導を実践した。しかも，地域社会に生きるための職業的基礎能力の育成に努めた教育実践であったと評価される。

　静内町立高静小学校の北島昌子は，1964年11月の北教組第14次教研集会に『作業単元をこのように考えた』を発表した。内容は，○発表物の概要，○はじめに ―日高の特殊教育の現状―，○指導内容をこのように考えた（単元構成について考慮すべきこと，指導内容の形態，日課表の中の配

北島昌子『作業単元をこのように考えた』1964年

分），○作業単元学習のあり方をこのようにとらえた（作業単元学習の目標，学習の形態，生活単元学習との関係，単元の年間計画，単元の目標と学習内容），○今後の問題点となっている。日高地区における特殊学級のカリキュラムは，静内町立高静小学校の北島によって検討されて公表された。地域に即した教育課程の科学的な自主編成を目指すにしても，小学校段階における作業単元学習の年間計画作成以前の問題として，生活単元学習や日常生活指導など各指導形態との関連性や作業種の選定などの基本事項の整理とその解明まで追究することが課題である。

　浦河町立浦河小学校のは，1965年11月の北教組第15次教研集会に『解放期

における指導』を発表した。内容は，〇概要，〇学級生の実態，〇学級開設当時の現状・学級経営，〇具体的目標，〇特殊学級運営機構，〇解放期における指導（絵画を通しての生活づくり，指導の経過，総合的な分析，今後における組織化の問題，反省と問題点）からなっている。浦河小学校の特殊学級は，1964に開設されて二年目に入った。最初の入児童数は，6名（男子5名，女子1名）で二年目に新しく6名（4名，女子2名）が入級し12名となった。入級児童の知能指数は，平均して70前後と高いが家庭環境に恵まれていない児童が多い。開級二年目に入ってなお「解放期」状態なの

渡辺末雄『解放期における指導』1965年

は，学級経営の課題が多く含んでいる証左と言えよう。その解放期に，自由「絵画」学習を取り入れた実践である。

「日高管内特殊教育研究会」は，1966年に至って日高管内における特殊教育の充実と振興図ることを目的として結成され，日高管内教育団体連絡協議会に加入した。そして，新しい段階での活動を開始した。

第3．日高地区発達障害児等特殊教育の歩みと特質

1．日高地区の発達障害児等特殊教育の歩み

年　月	事　項
1949年	「日高へき地教育研究会」結成への胎動
1950年 6月	北海道教育委員会は浦河町立浦河小学校に特殊学級設置を指定する。 浦河町に精神薄弱児収容施設「北海暁星学院」が設立される。
1951年 5月	「日高教育研究所」設置される。 浦河町立浦河小学校に児童8名が入級して特殊学級が開設される（校長 木村芳雄，担任 鈴木章）。
11月	御園小学校川端武男は「問題児指導の実践記録」を教育新潮社『教育新潮』に発表する。
1952年11月	「日高特殊教育研究会」が組織され，特異児童等の実態調査を開始する。 三石町立歌笛小学校の川端武男は，北教組第二回教研集会に『日高地区の実態からみてどのように解決したらよいか（アイヌ人）』を発表する。
1953年11月	静内町立高静小学校の安藤順次は「一年生の指導—特に扱いにくい子供の指導を中心とした学級経営の計画と実践—」を教育新潮社『教育新潮』に発表する。 三石町立歌笛小学校の川端武男は，北教組第三回教研集会に『日高地区に於ける「アイヌ児童生徒」をめぐる実態とその対策（第二年）』を発表する。
1954年11月	静内町立東静内中学校の平尾武夫は，北教組第4次教研集会に『日高地区に於ける「アイヌ系児童生徒」をめぐる実態とその対策（第三年）』を発表する。 平取町立井寒台小学校において「浦河支部特殊教育研究会」が開催される。

1955年11月	幌泉町立苫別小学校の安田精蔵は、北教組第5次教研集会に『単級学校経営の障害と打開策』を発表する。平取町立平取中学校の北田武夫は,北教組第5次教研集会に『地域社会に於けるアイヌ系生徒の問題』を発表する。 日高特殊教育研究会（発表者 歌笛小学校 椎名義光）は,北教組第5次教研集会に『特殊教育の実践―特殊教育の実践―日高地区に於ける四年間の歩み』を報告する。
1956年11月	三石町立延出小学校の宮口良作は「遅進児に対する国語指導の実践」を教育新潮社『教育新潮』に発表する。
1958年 9月	日高町立千栄小学校に特殊学級開設される。
1961年11月	「全日高教育研究会」に第七分科会として特殊教育部会が設けられる。 幌泉町立襟裳中学校の杉本秀仁は、北教組第11次教研集会に『集団の質をたかめるために問題児の指導をどう進めるか』を発表する。
1962年 3月 　　　 4月	十勝沖地震が起きる（震源地襟裳沖東方約70「メートル」）。 静内町立高静小学校に特殊学級「白楊学級」（校長 渡辺宗勝、担任 広川年男）が開設される。
1963年	北海道教育庁日高教育局・北教組日高地区協議会共催の「日高管内特殊教育研究会」が高静小学校を会場として開催される。
1964年10月 　　　11月	浦河町立浦河小学校に特殊学級学（校長 木村庸三、担任 乙井清隆）が再開される。 静内町立高静小学校の北島昌子は、北教組第14次教研集会に『作業単元をのように考えた』を発表する。
1965年 4月 　　　11月	静内町立東静内小学校に特殊学級「あざみ学級学級」、静内町立静内中学校特殊学級「山脈学級」（校長 木村庸三、担任 乙井清隆）、様似町立様似小学校特殊学級がそれぞれ開設される。 幌泉町立襟裳中学校に襟裳小学校特殊学級卒業生4名の特殊学級が開設される（学級担任 五十嵐登紀夫）。 浦河町立浦河小学校の渡辺末雄は、北教組第15次教研集会に『解放期における指導』を発表する。
1966年	「日高管内特殊教育研究会」が結成される。

2．日高地区の黎明期における発達障害児等特殊教育の特質

　日高地区は、渡島地区と胆振地区とは陸路と海路続きである。したがって、開拓の歴史の進展と共にいわゆる和人と先住民との間に産業、生活、教育・文化等の分野における不協和から生ずるさまざまな問題が沈滞していた。

　学校教育についても、〈アイヌ系の人びと〉とその子弟である〈アイヌ系児童生徒〉にかかわる困難な教育問題があり、それらが日高教育の特殊性となっていた。そして、知的障害などの発達障害児等の特殊教育は、〈アイヌ系児童生徒〉の教育問題と切り離せない緊要な課題であった。

　戦後初期の日高教育は、〈僻地の単級複式教育こそ教育の原点である〉として意識的な取り組みが開始され、しかも、北教組日高地区文教部の主導により開始され進められたとされている。それは、当時の校長などの管理職も組合員であり、組合員のなかには町議会議員やのちには地方教育委員会の教育委員となった者も出るなどの時代であった。

浦河町立浦河小学校の木村芳雄校長は，1950年6月に日高地方教育事務局を通じて北海道教育委員会からの精神遅滞児特殊学級設置指定の内示を受けた。本校は，特殊学級設置問題について校内協議を経て1950年9月に特殊学級の開設準備に取りかかり，1951年5月に8名の児童による日高地区初の特別学級形態の特殊教育を開始したのである。初代担任となった鈴木章は，戦前に旧土人学校の教師であったこともあり，新教育の教育形態である特殊学級経営に自然体で臨めたのである。しかし，当時は，北海道内の新設特殊学級は経営環境が整わず開設数年後に閉鎖した事例が少なからずあったように本学級も例外でなかった。浦河町立浦河小学校特殊学級が再開したのは，14年後の1964年となった。この間，1958年に日高町立千栄小学校特殊学級と1962年に静内町立高静小学校特殊学級「白楊学級」が開設した。1965年迄の開設は，前3校に加えて静内町立東静内小学校特殊学級「あざみ学級」，静内町立静内中学校特殊学級「山脈学級」，様似町立様似小学校特殊学級であった。

　日高地区における特殊教育研究は，川端武男の「日高における特殊教育」（1950年），平尾武夫「日高地区における［アイヌ系児童生徒］をめぐる実態とその対策」（1954年）などによって開始された。川端武男は，1952年9月に自ら主導して特殊教育研究会組織の設立を呼びかけ，身体障害児，精神遅滞児，性格異常・社会不適応児及びアイヌ系児童生徒を対象とした研究会を組織し，事務局を勤務校の三石町立歌笛小学校に置き「日高特殊教育研究会」として発足させた。本研究会は，日高全地域規模で40数名会員は身体障害児研究部，精神遅滞児研究部，性格異常・社会不適応児研究部及びアイヌ系児童生徒研究部のいずれかに属して，特殊児童問題にかかわる研究・調査，実践研究交流，研究誌の発行等に事業を推進するという趣意である。そして，研究会発足前の1951年に歌笛小学校川端武男の「アイヌ系児童生徒の実態調査研究」をかわきりに継続研究を行い，その大要をまとめて発表している。しかし，会の名称は，会則にある「日高特殊教育研究会」が日高地区特殊教育研究会，日高特殊教育研究グループ，浦河特殊教育研究会等と統一されておらず，その実体の実証と1966年に結成された「日高管内特殊教育研究会」との関連性など解明が課題である。さらに，本研究会の研究対象であるアイヌ系児童生徒以外の研究活動の史資料の発掘も今後の課題となる。

　戦後初期の北海道各地には，アイヌ系児童生徒が存在していたのは確かであるが，日高地区のようなアイヌ系児童生徒の教育問題の顕在化はほとんどみられなかったことからも日高教育の特殊性は際立った特質であったと指摘されよう。そして，精神遅滞などを含む発達障害児等の特殊学級形態の成立は1961年以降であった。

一方，1954年当時の日高地区内の小・中学校143校中15校において普通学級における劣等児等の問題児への関心と試行的実践がみられることに深く留意したい。このことは，日高地区小・中学校の所在は辺地に多く，しかも，単級校や小中併置校などの単級複式教育による〈一人一人を的確に捉えた指導法〉の取り組みが常態化していたからであろう。その実践事例は，椎名義光による歌笛小学校3年「風の子学級」の経営や日高地区最南の幌泉町立襟裳小中学校の地域性を活かした学校経営に現れている。特に，襟裳小学校における個人差に応じた「基礎的学力」指導案の作成や襟裳中学校における地域産業と密着した職業教育は日高教育実践の特質として評価したい。本校は，精神遅滞児等を普通学級から分離・隔離せずに，普通学級集団のなかで育成した。この劣等児等の教育を普通学級において指導し育成する教育実践は，今日のインクルーシブ・エデュケーション思想に通底するものと言えよう。

終章

　本書の第3章第14節に論述したように，日高地区で最初の特殊学級担任であった浦河小学校の鈴木章は，特殊学級担任となった意思について次のように述べている。

　　精神遅滞児の問題が教育の民主化により大きくクローズアップされてきているのを観るとき，感慨無量なものがある。一時期，敗戦により虚脱して教育への意志を失いかけていたが，こうした児童の身の上を心を痛む思いで，自らの非力も省みずにこの学級を担任したのである。

　鈴木章のように〈教育の機会均等に挑んだ〉教師たちは，戦前日本の軍国主義への荷担について積極的か傍観的か否定的かは別にしても，敗戦という歴史的事態におかれた秘かな悔恨とか慚愧とか無念とかいった暗闇のような想いに噴まれたときがあったであろう。そして，その暗闇のなかで，民主主義，平和国家，基本的人権といった新憲法の理念や個人の尊厳，教育の機会均等，教育の自由といった教育基本法の理念は一条の光であり，新教育実践に駆り立てる道標であった。特に，〈教育の機会均等〉論は，民主教育への実現を渇望した教師たちにとっては，問題児等への教育を平等に施そうとする理想的な啓示となったのであろう。しかも，それは，J.デューイの教育学（1910年）にある〈民主主義社会を学校が準備する〉公的使命を担うという自己意識でもあった。

　本書は，〈教育の機会均等〉に挑んだ教師たちの初発の実践事例をとりあげたに過ぎない。したがって，その実践事例の過程を追究して検証することも，北海道黎明期の学校教育界に射し染めた陽炎が輝きを増すことなく消え去っていた背景を分析して論述する意図でもなかった。けれども，戦後の生活基盤も不確かなうえに教育条件も劣弱であった黎明期に，学校教育の真髄である〈教育の機会均等と教育を受ける権利〉原理・原則に迫ろうと心血を注いで挑んだ先達の教育実践事例から学び，今新たに《教育の機会均等と教育を受ける権利》の原理・原則に立った授業実践を地域社会の人びと共に取り組むことであろう真の教育実践者が輩出することへの一助となればと念願してやまないのである。

　本書でとりあげた435の教育実践事例は，特に学習や生活に課題をもっていた児童生徒の教育は特別な学級編成形態であれ通常学級における計画的・組織的な配慮形態であれ，その先達らが胸にいだき文言で表出した〈教育の機会均等〉論は〈教育を受ける権利〉論の同一体系上におかれていたと理解したい。

　一方，これらの教育実践に関して，文部省の宮部正夫（1950年）や辻村泰男

(1960年，1971年）などは，学校教育法の特殊教育条項を根拠として学業不振児を含む発達障害児等への促進的学級を認めず特別学級の対象児を法制に基づいて厳選するよう指導している。このことは，教育現場にも影響を与え，心身の故障の種別や程度からはみ出た児童生徒が入級している学級を〈ごちゃまぜ学級〉とか〈掃きだめ学級〉などと評し，さらに心身障害児の特殊学級が正当な特殊教育学級であり促進的性格の学級を特殊教育学級として容認しない風潮があった。黎明期における特別な教育的ニーズに応えるインクルーシブな教育の陽光は特殊教育の法制化のもとで輝きを失っていったのである。

　ともあれ，教育実践事例は，明らかに教育の機会均等と教育を受ける権利の原理・原則論の根源となる《学習と発達権の保障》の教育実践形態に到達すべきであったことを示唆している。そして，今日のインクルーシブな教育は，改めて「教育の機会均等に挑む」ことであり，「教育を受ける権利」の実質保障に果敢に立ち向かわなければならないのである。

　その新たな《教育の機会均等と教育を受ける権利》原理・原則は，教育主体者の《学習権》である〈できる，わかる，やれる，もっとやりたい〉といった学習活動への権利であり，その学習活動を通じてその人らしく〈生活する力と生活する喜び，学ぶ力と学ぶ喜び，働く力と働く喜び〉を獲得し，自ら生存し《成長・発達する権利》である。この学習と発達権は，教育方法学としては教師の生命である授業実践における《「学習＝支援」活動の成立》のための授業デザインとその追究と言い換えることができる。特別支援教育は，学習者一人一人の学力と成長・発達のニーズに応える授業実践をインクルーシブな教育形態への質的移行に向けて展開することである。すなわち，一人一人の〈学び〉と〈育つ〉ニーズに応える「学習＝支援」活動の成立の授業実践こそ特別支援教育の実践的理念であり，今日のすべての学校教育における実践的課題である。

　学校教育における今日的教育実践研究課題は，まさしく《教育の機会均等と教育を受ける権利》の原理・原則すなわち《学習と発達権の実質的な保障》の実現にある。黎明期における「教育の機会均等」への挑戦は，形式的平等ではなく授業における学習者と支援者による「学習活動の成立」である実質的平等にほかならなかったことを問い返してくれている。この自明の理の実現は，次の二つの教育実践基盤のもとに構築される《授業における「学習＝支援」活動の確かな成立》への追究なくしては不可能である。教育実践基盤の一つは，児童観としての〈学習者の，その人らしい成長・発達への可能態についての揺るぎない確信〉にある。そして，〈学び，語り合い続ける同僚性に富んだ省察的実践者〉としての教師観の二つである。

　学校は，端的にいえば学校が設定した教育目標を達成する機関である。その

学校教育目標は，公的な「顕在カリキュラム」とそれを支える「潜在カリキュラム」の二つのカリキュラムの相補性により達成されるものである。特に，特別な教育的ニーズに応える教育実践においては，学習者への〈熟慮された適合状況〉づくりとその〈基礎的環境〉の整備という「潜在的カリキュラム」を背景とした機能的な授業デザインにもとづく授業経営が必須要件である。文部科学省は，「障害者の権利に関する条約」の第2条のreasonable accommodationが合理的配慮と訳出されているものを援用しているようであるが，明確な用語概念の規定が求められよう。教育実践レベルにおいては「合理的」などという用語はなじまない。学校教育の公的な「顕在カリキュラム」は，二つの教育実践基盤と「潜在カリキュラム」によって計画的・組織的かつ科学的に展開されなければならない。その展開は，日々刻々に《顕在カリキュラムの具体的な展開である授業における「学習＝支援」活動の確かな成立》として顕現されなければならない。

　顕在カリキュラムとしての授業における「学習＝支援」活動の確かな成立には，次の五つの手続き，すなわち，①「指導診断による現有の生活的概念と科学的概念能力及び教育的ニーズ」の理解及び②本題材・本時の目標達成機能を追究する「授業デザイン」の構築，それに依拠した③授業における「知的作用」「民主社会的作用」「自己啓発作用」を意図した授業経営と④授業展開過程における「形成的アセスメント（formative assessment of learning）」の駆使並びに学習活動と支援活動の事実（evidence）を根拠とした「目標達成状況評価とその検証」により実証的に解明する授業研究手法にかかっている。その省察的な授業実践研究こそが《学習と発達権の実質的保障》具現化への挑戦なのである。

「あとがきに代えて」

　本書執筆の動機は，北海道の『戦後　発達障害教育実践史』（2010年）が通史的内容としての制限があったために，その他の多数の教育実践記録等を文献として書き残すことだった。

　多数の教育実践史資料は，筆者の蒐集したもののほかに大部分が北海道大学教育学部特殊教育講座の三名の指導者がそれぞれに所蔵されていたものだ。奥田三郎所蔵資料は，北海道大学教育学部の小部屋に山積みされていたものを当時の古塚孝助教授と奥田三郎先生のご親族のご厚意により整理して活用したものである。木村謙二所蔵資料は，木村謙二先生のご遺族にお願いして譲り受けた。山本普所蔵資料は，明治学院大学の倉庫に保管されてあったものを当時の金子健教授のご配慮により仕分けして北海道関係分を譲り受けたものだ。三名の先生方は，大学内外活動として各種研究会や講演会等で入手したものや寄贈また蒐集されたものを大事に所蔵されていた。しかし，戦後初期の印刷物は，紙質が劣弱で孔版印刷のこともあり，それに事後の不適切な保管環境と重なり劣化による変質が激しく，取扱いと解読に手惑うことばかりだった。

　本書は，これらの一次級史資料によって執筆させていただいたものだが，改めて教育実践記録を書き残すこと，そして，その整理・保管の意義を強く感じている。また，多くの図書館，文書館等における資料閲覧と遠隔複写サービス，公共機関及び個人の方からの資料提供があったことを深謝する次第である。

　本書の刊行には，今日の情報媒体の変化に伴う厳しい書籍出版事情にもかかわらず，教育実践史といった採算の困難なものを快く引き受けてくれた福村出版の宮下基幸氏によるところが大きい。また編集担当の泊健一氏の常に精緻で，かつ，迅速な業務に支えられて順調に上梓することができた。お二方に深甚の謝意を表したい。

2015年　初冬　市澤　豊

人名索引

あ行

會田　進　357,358,369
相原慈房　218
四十物谷久義　381
青木久美　148,159
青名畑繁夫　217
青山一二　101,103,109
青山公雄　353
赤池達信　161
赤間勘一　157,160
秋元四郎　381
秋山秀夫　415
浅井時男　218
浅田　豊　257
足達喜一　218
東孝太郎　198,199,216
渥美敏郎　40,41,45,49
阿倍信弥　330,331,333,335,337,341
阿倍正保　195,214,215,216,217
阿倍ユキ　333
網谷秋信　50
荒井君枝　404
荒井孝一　252,288
荒井秀敏　116,126,127
荒木明男　285,291
新木　茂　381
荒木信子　205,206,210,211,216,217
有賀愛忠　53,55,56
安藤　茂　226,227,229,230,235,289
安藤順次　436,447
安藤政子　253,257
飯坂八太郎　362,363,369
飯田栄子　352
飯田三郎　216
飯塚とき　218
五十嵐顕　8
五十嵐恭次　109
五十嵐登紀夫　448
五十里信子　243
猪口英武　287
池田　孝　400,402,403,404
池田　勝　86,92,93

池田茂一　161
池田茂市　138,140,141,142,159
池崎久雄　55
池崎正久　55
伊澤平三郎　94
石井スイ子　330,337
石垣源三郎　218
石垣貞司　224,225,288
石川伊作　303
石川ハル子　311,341
石黒正信　257
石崎　正　410,428
石崎ひで　196
石澤はる子　413,428
石橋武雄　398,399,404
石原　等　267,269,274,280,290
磯貝芳司　237
板垣幸子　367
井田俊未　352
井田松治　55
板橋弘　60,64,82
板谷国康　214,217
市川　貞　287
市澤　豊　21,53,54,63,84,94,103,105,108,111,115,126,127,130,134,147,152,165,170,173,178,182,194,196,211,221,239,242,254,263,265,297,299,316,317,320,342,344,348,385,391,408
一橋　精　364
齋　廣男　309,340
伊藤賢栄　253,254
伊藤健二　422
伊藤潤楽　348,350,361,364,368,369
伊藤　崇　260,288,289
伊藤　亨　226,227
伊藤利弘　378,381
伊藤法雄　387
伊東典哉　373,377,381
伊藤初太郎　94
稲葉哲哉　415
犬飼忠行　120
井上久雄　218
今泉潮子　53,55

今泉侑子　118,119,120,123,125
今泉洋子　419
今田庄五郎　361,369
入谷正孝　168,189
岩岡忠勝　140,141,142,156,157,160
岩城孝一郎　80
岩佐　井　86,92,93
岩田信雄　265,266
岩本秀正　68,69,70,71,80,81,82
上島竜次郎　366
上原竹次郎　216
宇賀村睦　247,290
牛田正俊　109
内野美代子　419
内海勝男　335,337,338,342
鵜沼　正　362,369
梅田　勉　85,86,89,92
浦田敏子　337
榎本　茂　50
榎本幸雄　120
蝦名啓史　401,402,404,405
遠藤　勲　430
遠藤邦雄　218
遠藤繁雄　413,428
遠藤源四郎　96,97,98,108,109,125,127
遠藤芳彰　258
及川和夫　120
及川滋度　226
及川　隆　393,394,403
逢坂重道　238
大江幸男　422
大垣内一郎　239,240,289,290,291
大黒初治　330,335
大澤照三　358
太田寛蔵　376,377,380
太田　守　96,124
大館貞夫　306,339
大谷常生　280
大谷昌己　118,125
大玉光子　236,237,238,239,287,289
大槻敏雄　65,81
大月扶美子　404

大伴　茂　405
大友純子　222
大野　一　178,179,181,182,188,189,190
大場恒夫　253,254,257,258,291,337
大平百平　218
大盛昭秋　247,290
大森一弘　284,290
大森健次　109
大森隆弘　314,342
大矢根頼彦　405
大矢　稔　411,412,413,428
小笠原清二　178,179,189
小笠原愈　400,404,405
小笠原善憲　119,120
岡島　広　109
岡田和夫　105,111,119,120,125,127
岡田友二　70,79,80,82
岡村　稔　109
岡本源一　412,413,415,417,418,428
岡本秀雄　363,366,370
小川　司　203,222,223,224,226,227,228,229,288
小川久子　55
小川原孝　415
奥崎幸男　381
奥田三郎　19,55,83,84,230,368,454
奥田智久　291
奥野　明　99,109,127,440
奥野一雄　235
奥野留雄　387
奥野　実　358,369
小沢直善　287
尾田由太郎　167,168,169,171,189,191
小田島達夫　82
乙井清隆　448
小沼のぶ　215,218
小野辰男　251,266,277,279,280,289
小野トキヨ　253,254,255,256
小野博道　55
小野　貢　216
小野寺信夫　171,172,189
尾見鐐次郎　18,19
音道トヨ　109

か　行

街道重治　168,169
開沼伸夫　120
甲斐義明　120
加賀　昭　353
加賀和子　314,342
柿崎淑子　149
影近　実　187
角野米次郎　81
笠井敬一　404
笠井末吉　404
梶浦和男　256,257,290
梶原　武　101
梶原智恵子　147,160
柏倉玄栄　41
可知　弘　139,140,141,142,154,155,160,
加藤活男　373
加藤惣司　352
加藤芙美子　218
門屋寿盛　161
金子　健　454
金子三郎　235,291
金子茂男　134,159
金子忠司　280
鎌田　篤　34,49,50
鎌田　満　222
神尾隆治　227,228,289
上山明子　352
加茂徳郎　400
萱野　靖　265,288
川口金五郎　217
川越宏司　357,369
川崎正守　251
川添と志子　228,230,235
川添正雄　257,259,292
川端武男　432,433,436,437,447,449
川端正明　381
川端正之　126
川又和夫　404
川村　明　357,369
川村正男　60,62,64,81,133,237
菊田　哲　364,369
菊池達男　143
菊地秀夫　169,170,172,173,178,189,191
菊地真守　363
紀国谷良雄　112

亀掛川清弘　286,291
岸元　明　357,368
木城芳子　226,288
北川能光　385,405
北島昌子　444,446,448
北田武夫　439,448
木立　勇　394,403
北野栄正　127
喜多信義　364
北原慎一　217
北原正武　352,356,368
北向与八　286
北村四郎　351,352
喜多村忠男　77,78,82
北村利夫　309,327,331
北山　進　109
城戸幡太郎　26
木下信義　286,291
木下藤蔵　380
木下三良　47
木原玲子　109
木村清臣　217
木村謙二　19,55,243,257,335,352,454
木村淳一　421,423,424,429
木村庸三　448
木村芳雄　436,447,449
木元綱三郎　22,228,242,243,244,245,246,248,287,288,399
清野唯夫　395,396,397,400,402,404,405
杮沢利幸　235,291
工藤貞治　218
工藤　哲　124,126
工藤繁太郎　161
工藤　茂　412,413,418
工藤孝次　424,429
工藤秀勝　361,364
工藤光夫　120
楠八千代　49
久原　亘　218
熊谷文良　217
熊谷靖夫　316,342
久美屋龍二　311,341
栗原富士夫　89
黒木重雄　117,125,127
桑原昭三　353
小池九一　298,345
小池国雄　329,331,335,345
小泉重雄　432,433,435

人名索引

五井静代　216
神垣義美　135, 137, 160
甲賀睦子　107, 115, 116, 126, 127, 421
香田貴美子　394, 403
合田秀雄　120
合田昌司　377, 381
香田　侑　393
小金沢要　351, 352
小神富男　261, 289
小杉長平　215
後藤菊次郎　55
後藤澄子　55
後藤昌子　422
後藤慶彦　400
小西豊作　335
小林運平　348
小林快哉　236
小林金太郎　60, 62, 81
小林孝雄　328, 330, 336, 341
小林武雄　308, 340
小林　毅　175
小林信義　60
小林　裕　352
小林慎郎　424, 427, 429
小林八重　281, 282, 288
小林靖一　120
小松重一　387
小山　亮　113, 126
近藤　元　398
今　利男　283, 288
今　敏子　266, 267

さ行

佐井一郎　408, 420, 421, 429
斉藤一利　188, 190
斉藤正一　218
齋藤信雄　262, 263, 264, 291, 292
斉藤　亮　380, 381
斉藤　実　331
斉藤懿子　266
齋藤良二　37, 49
斉藤喜春　218
佐伯　進　314, 341
堺葛市郎　92
境　要　381
坂井直射　218
坂上　馨　217
榊原　清　36
佐賀　隆　188, 190

坂田房之助　217
砂金正三　257
坂本　寛　348, 349, 361, 362, 363, 369
坂本昭和　55
佐久間正久　55
佐久間義弘　404
桜井由香子　50
桜田義秋　194
佐々木英子　419
佐々木キミ　226, 227, 228, 229, 230, 289
佐々木邦夫　49
佐々木賢　400
佐々木チヅ子　333, 335
佐々木鉄雄　47, 48, 49
佐々木豊郎　309
佐々木発朗　147
佐々木寛子　381
佐々木平馬　378, 381
笹森　晃　38, 39, 45, 48
笹谷芳一　381
佐竹静子　218
佐藤邦夫　381
佐藤賢一　87, 88, 89, 92, 94
佐藤七郎　218
佐藤潤一　53
佐藤信淵　194, 215, 218
佐藤丈史　312, 341
佐藤　正　235
佐藤忠道　348
佐藤忠吉　226
佐藤輝雄　89
佐藤照彦　361, 362, 363
佐藤信勝　60
佐藤　弘　297, 348, 363, 364
佐藤英則　404
佐藤文彌　280, 281, 290
佐藤辺太郎　67
佐藤匡弘　401
佐藤ユリ　109
実松　明　415
沢井勝栄　284
沢田紀之　387
沢田文吉　50
沢野井隆吉　122, 123, 126
椎名安久　53
椎名義光　440, 443, 448, 450
志尾　修　352

宍戸　誠　381
品田公司　414, 428
篠崎繁雄　41, 42, 49
柴谷勝俊　377, 380, 381, 383
渋谷京子　50
澁谷哲次　367
嶋田良則　400, 404
島村恒三　297, 315, 342, 348
嶋村順蔵　364
清水栄一　377, 378, 381
清水菊の　147
清水　賢　111, 112, 125
清水正男　285, 291
下口　学　349
下沢正二　418
下田達雄　194
下田千代美　261, 262, 263, 291
下村一孝　117, 118, 125, 127
庄崎裕史　34
庄司宣誉　433
白井　勇　257
白木貞次郎　287
城浦　勝　161
城本春時　300, 302, 344
新保昇止　350, 351, 368
新目昇一　331
新明　清　381
末岡明治　363
須貝美智子　65
菅沼俊治　216
菅野英俊　147
菅野実稔　217
菅原昭雄　240, 292
菅原馬吉　137, 138, 303, 305, 306, 339, 344
菅原孝雄　343
菅原隆二　80
杉田　裕　46, 141, 314, 315
杉原　光　217
杉本正二　60, 130, 131, 133, 134, 159, 162, 228, 399
杉本秀仁　444, 448
杉山静子　303, 304, 305, 339, 344
鈴木　章　403, 433, 434, 435, 436, 447, 449, 451
鈴木一男　110
芒　貞子　149
鈴木　智　388, 389, 391
鈴木　祐　381
鈴木天韶　53, 65, 364, 365, 370

人名索引

457

鈴木治太郎　405
鈴木博雄　227
鈴木益江　311,341
鈴木正元　218
須田武治　381
須田三枝子　47,49
スタントン, M. B.　13,17
砂川邦男　222,287,292
隅江　豊　363
諏訪田勝衛　330
瀬戸庄次郎　381
仙丸芳和　280
相馬政夫　119

た　行

平　盛一　55,57,58,82
高岡義一　373,374,380
高木　勲　426,429
高田正男　381
高田　護　401
高野栄作　218
高橋英志　311,341
高橋兼男　119
高橋　伝　257
高橋利蔵　352
高橋春松　211,306,307,340
高橋秀男　238
高橋　均　280
高橋要吉　218
高橋好保　330
高橋良治　381
高見郁子　348,349,361,363
高原政司　218
田川正悦　352
滝内直敏　368
滝沢　実　169,176
滝止士　22,137,138,299,339,344
滝本勝三　404
滝本三雄　214,217
田口治夫　251,284
武内　隆　73,74,82
竹内亮二　291
武隈良子　109
武田俊夫　55,56,57,60,64,81
竹田俊山　35
竹田玉器　337
武田政治　218
竹原昭子　251
武部信夫　251

竹村源次郎　349
竹村正雄　388,403,405
田島庄作　352
立川義高　432
橘　宏　218
立藤　明　352
田中清昭　404
田中重夫　400,404
田中敏夫　107,108,125
田中敏文　18,26,292
田中範雄　119
田中範義　109
田中英夫　409,428
田辺惣治　169,170,189
田畑次左衛門　41
田畠　勉　240,291
玉山音次郎　55
田宮寛己　217
田村一二　215,300
千葉兼松　218
千葉孝太郎　142,145
千葉照平　55
千葉　正　120,121,126
千葉　誠　317
千葉正雄　239,288
千葉　実　228,230,232,233,234,290
塚本貞男　280
辻　博　202,216
対馬政幸　89
対馬正徳　228,230,231,235,290,291
対馬清人　55
辻村泰男　9,451
津田　勉　109
蔦谷　宏　238
土谷菊央　359
土谷文男　60
土谷真佐子　352
椿坂幸夫　222
椿原　弘　140
椿　昌雄　327,328
鶴木俊介　86,91,93
鶴見幸子　115,418,421,429
手塚　弘　400
出村　弘　401
デューイ, J.　451
寺岡一男　47,49,75,77,82
寺島　清　55
寺師泰子　147,160

寺館国治　260,288
寺本喜久夫　144,159
照井瑩子　398,404
伝甫万之助　380
戸井田豊　409,428
富樫　剛　109
徳佐新太郎　217
富井充郎　330
富岡忠義　60
富田鋼一　364
富田英明　145,146,160
富田　弘　352
富田　広　218
富田敬政　35
富永　清　35
留岡清男　70
外山俊彦　364,367
豊田　登　419
豊田由太郎　280
鳥津一夫　46
ドル, E. A.　147

な　行

永井秀子　153,154,160
長江好道　373,380,381,382
中川　弘　280
中川光夫　147
中川つた　55
仲川正行　217
長崎栄一　381
永澤　篤　194
中岫　健　378,379,381
中島昭一　317,339,345
中島　晋　217
中戸川平二　327,328,331
永田忠一　218
中西光子　194
中野　威　304,305,339,344
長橋絢子　364
中原誠一　393,403
中原竜昇　149,152,159
仲條克子　55,58,59,82
中藤武彦　349,350,368,370
中村　齋　325,330,335,341
中村恵美　316,342
中村一枝　196,216
中村　孝　373
中村健二　215
中村久弘　251
中村　浩　89

人名索引

458

中村彌四郎　385, 405
中山昭一　147, 397, 398, 399, 400, 404, 405
南雲総次郎　35, 218
夏目与市　426, 427, 429
奈良熊十郎　253, 257, 287
奈良信雄　134, 135, 141, 142, 159
成田重吉　284
成田庄三郎　49, 257, 331
成田能生　415
難波哲雄　120
西谷倉治　396
西宮　進　422, 423, 425, 426, 429
西村輝光　109
西元　範　109
西山秀隆　417, 428
新田高明　140
新田レイ子　218
二宮尊親　161
布川里子　217
野沢昭三　251, 291
能代確治　381
能勢喜八　195, 196, 216, 219
野田　誠　34, 45, 46, 47, 49, 147
野原次郎輔　287

は　行

芳賀　豊　362, 368
箱根公和　328, 330, 331, 335, 341
橋本和男　373, 378, 381
橋本勝朗　22, 194, 196, 197, 198, 200, 202, 211, 212, 213, 214, 216, 217, 219
橋本千恵子　232
橋本三雄　215
橋本光博　86, 87, 92, 94
橋山てい　199, 214, 216, 217, 218
畑山　智　415
花田吉朗　314, 341
波多野恭輔　217
羽野美智子　218
浜谷敏雄　387, 399, 404
浜出英二　109
濱野正則　100, 108, 109, 111, 112, 125
早坂亀一　217
林　克子　55
林喜久次　280
林　幸一　55, 58, 59, 82
林　恵文　325, 330, 335

林スイ子　330
林知己夫　46
林　俊夫　165, 166, 189
原　一夫　147, 159
原島孝雄　298, 339
原利喜雄　109
ビガースタフ, G.　189
光　延章　218
久末　諭　373, 376, 377, 378, 381, 383
一口安隆　419
平井春雄　330, 331
平尾武夫　438, 447, 449,
平田角平　284, 286, 290, 291
平田三重子　109
平田守一　286
平野愛子　352
平野敏雄　280
平野信夫　281
平間俊二　194
平柳幹雄　35
平山方仁　143, 159
広川年男　448
広田信一　218
福島サチヨ　226, 288
福島　弘　323, 340, 345
福士礼子　71, 72, 81
福永重治　325, 331, 340
福永清治　287
藤井立志　217
藤岡達義　218
藤門省平　309
藤沢愛子　412, 428
藤田賢太郎　381
藤田　熙　125
藤田スエノ　381
藤弘友幸　200, 216
藤原重一　218
藤原収二　330
古屋栄松　218
古川俊三　245, 288
古館モト子　352, 353, 356
古塚　孝　454
古畑昌子　377
古山則子　257
逸見育子　43, 44, 45, 49
星　慶子　335
保科孝信　218
星野和夫　331
星野喜久　127

細川　仁　109
堀尾輝久　8
堀川一衛　251
本郷俊夫　302
本田照五郎　251, 287
本多　正　378
本田　正　111, 113, 114, 126, 127
本間俊策　120
本間留次郎　312
本間幸俊　202, 203, 204, 205, 217

ま　行

前田正太郎　285, 291
前谷重太郎　146, 160
前田秀雄　169
牧野敏雄　401
牧野昌次　331
升井健一　60, 62, 63, 64, 81
松枝弘道　419
松川　知　49
松川春蔵　80
松澤輝夫　331
松島和幸　246, 289
松田　浩　139, 140, 160
松田吉治　187, 190
松橋久雄　361, 369
松橋与之助　252
松原　要　65, 66, 68, 81
松原　実　261, 290
松村秀雄　251
松本清之　41
松本幸一　196
松本忠孝　281
松本　勝　108, 109, 125
松本　実　258
丸山豊次　109
丸山春治　53, 54
三浦　進　330, 331
三浦みゆき　217
三浦隆治　93
三上フサ　404
三木安正　16, 46, 147, 314, 315
三国秀夫　41
三国幸雄　186, 187, 190
三階　喬　375, 376, 381
三島　出　72, 73, 82
水口昌孝　194
水島勝敏　391, 392, 393, 394, 395, 403
水野俊夫　331

人名索引

459

水野洋一　218
三谷順子　235
三屋達雄　357, 368
皆川　明　218
美濃又重道　23, 238, 411, 412,
　　413, 414, 415, 416, 417, 418, 420,
　　421, 424, 428, 429, 430,
美濃屋誠一　218
宮上敏秀　147, 160
宮川雅枝　257
宮川　稔　215, 218
宮川量子　218
宮城亮一　218
宮口良作　443, 448
三宅鉱一　405
宮越良一　169
宮澤一成　324, 340, 345
宮田孝治　257
宮田秀男　22, 265, 267, 275, 277,
　　280, 288, 289, 293
宮田　登　145, 146, 160
宮野七郎　287
宮部正夫　67, 451
宮部守興　281, 282, 283, 288
宮村正和　393, 394, 395, 403
宮本彰三　324, 340
三好　登　415
三好　学　352
権戸トシ子　290
向山ゆき　169, 189, 192
村井徳三　218
村上聡子　80
村上徹也　308, 309, 340
村上　勉　40, 49
村田憲之輔　253, 257
村田仁作　78, 79, 82
村田武雄　265, 266, 267, 277, 281,
　　289
室谷好枝　308, 340
本山有力　287
百井惣一　330, 331, 337, 341
百村豊吉　337
森　厚夫　147
森　清　153, 160
盛　清吉　114
森田州一　147
森　紀子　400
森谷　進　55
森本恵一　147
森谷　武　251

森山　猛　86, 87, 91, 93
モレロ, J. L.　316
諸富　隆　380, 381
諸橋道雄　286

や　行

矢島恭一　218
安井正一　352
安井善衛　216
安田精蔵　438, 439, 448
安富智正　178, 179, 189
矢部文治　230, 232, 290
山内清二　87
山川貞勝　36, 42, 49
山川昭吾　215, 218
山形一見　404
山岸俊哉　388, 403
山口徳雄　152, 159
山口良嗣　176, 178, 182, 188, 189,
　　190
山崎長吉　297
山崎　勉　419
山崎徳助　284
山崎弘道　247, 290
山沢芳夫　287
山下藤蔵　374
山下松蔵　311, 340
山下充郎　317, 343
山田市松　242, 245, 288
山田清美　286
山田縫美　112, 113, 125, 126
山田譲子　352
山田由利　120
山之内登志雄　246, 248, 289
山本宇一郎　22, 23, 49, 237, 388,
　　403, 405
山本禎寿　145
山本鉄男　238
山本　普　19, 176, 232, 307, 331,
　　335, 378, 435, 454
山本　隆　377, 381
山谷一郎　81
湯浅誠一　199, 216
柚木恵子　337
横木敏子　217
横山謙三　62, 66, 67, 68
横谷静夫　364
吉岡律子　149
吉崎富男　286, 291
吉川幸男　218

吉田篤信　89
吉田健之助　218
吉田重男　140, 141, 155, 156, 160
吉田茂一　303
吉田敏雄　236
吉田徳夫　50
吉田正之　218
吉田昌雄　258, 284, 285, 290, 291,
　　292
吉田　貢　349
吉村収司　248, 292
吉村忠幸　237, 243, 409
芳村良徳　280
吉本　清　218
米倉　正　218
米沢克己　422, 429
米谷平一　419
頼戸トモ　147
萬屋直吉　422, 429

わ　行

若山良一　280
鷲巣俊誠　217
輪島治三郎　381
渡辺一兆　146
渡辺悦男　247, 248, 289
渡辺シゲ　165
渡辺重臣　216
渡辺末雄　446, 447, 448
渡辺利三　134, 140, 142, 157, 158,
　　160
渡辺博文　287
渡辺宗勝　448
和田房子　215, 217, 218
渡伊佐松　281, 284, 288, 289

人名索引

460

著者紹介

市澤　豊（いちさわ　ゆたか）

1935年福島県に生まれる。
福島大学学芸学部，東京教育大学教育学部特殊教育学科，北海道大学大学院教育学研究科博士後期課程に学ぶ，博士（教育学）。
北海道公立学校教員・校長，北海道立特殊教育センター所長，北海道教育大学教育学部非常勤講師，北海道浅井学園大学大学院人間福祉学研究科教授を経て，現在星槎大学客員教授。
単著：『発達障害児教育実践論―占領期の教育職員再教育講習会等の「特殊教育講座」の検討―』2005年 学術出版会，『発達障害児教育実践史研究―戦前の北海道における特別教育の成立と教育理念・目標・内容・方法―』2006年 多賀出版，『戦後発達障害児教育実践史』2010年 明石書店，『シリーズ福祉に生きる60 奥田三郎』2011年 大空社．

教育の機会均等に挑む
――黎明期の特殊学級と普通学級における北海道の実践――

2015年12月10日　初版第1刷発行

著　者　　市　澤　　豊
発行者　　石　井　昭　男
発行所　　福村出版株式会社
〒113-0034　東京都文京区湯島2-14-11
電　話　03-5812-9702
ＦＡＸ　03-5812-9705
http://www.fukumura.co.jp

印刷・株式会社文化カラー印刷　製本・本間製本株式会社

© Y. Ichisawa　2015
Printed in Japan
ISBN978-4-571-12127-2　C3037
落丁・乱丁本はお取替えいたします．
定価はカバーに表示してあります．

福村出版◆好評図書

岸田幸弘 著
子どもの登校を支援する学校教育システム
●不登校をのりこえる子どもと教師の関係づくり
◎5,000円　ISBN978-4-571-10170-0　C3037

不登校児童生徒への支援と、登校を促す魅力ある学級づくり等の教育実践と学校教育システムを論考する。

小野善郎・保坂 亨 編著
移行支援としての高校教育
●思春期の発達支援からみた高校教育改革への提言
◎3,500円　ISBN978-4-571-10161-8　C3037

思春期・青年期から成人への移行期を発達精神病理学的に理解し、移行支援としての高校教育を考察する。

小笠原道雄・伴野昌弘・渡邉 満 編
教育的思考の作法 ①
教職概論
◎2,600円　ISBN978-4-571-10141-0　C3037

教職に欠かせない自ら思考する作法を伝授。新時代に求められる教育の歴史、制度、哲学等を多角的に解説。

小笠原道雄・森川 直・坂越正樹 編
教育的思考の作法 ②
教育学概論
◎2,800円　ISBN978-4-571-10140-3　C3037

環境教育、平和教育、報道と教育問題など、今後の重要テーマを解説。激変する社会に対応した新しい概説書。

小笠原道雄 編
教育的思考の作法 ③
進化する子ども学
◎2,600円　ISBN978-4-571-10152-6　C3037

小児学、心理学等の学際的研究と子ども・子育て支援の実践的観点から、支援のプロを養成する実践テキスト。

小笠原道雄・田代尚弘・堺 正之 編
教育的思考の作法 ④
道徳教育の可能性
●徳は教えられるか
◎2,800円　ISBN978-4-571-10155-7　C3037

道徳教育の基本的理論やその可能性を導く手法を提示し、変革する現代社会での道徳教育の意義を改めて問う。

小笠原道雄 編
教育的思考の作法 ⑤
教育哲学の課題「教育の知とは何か」
●啓蒙・革新・実践
◎3,500円　ISBN978-4-571-10171-7　C3037

近代教育学の諸思想の再考から現代教育学の実践まで、多様な視点から教育哲学の意義と課題に迫る論考集。

◎価格は本体価格です。

福村出版 ◆ 好評図書

日本教育行政学会研究推進委員会 編
地方政治と教育行財政改革
●転換期の変容をどう見るか

◎3,600円　ISBN978-4-571-10159-5　C3037

1990年代以降の教育行財政改革の背景,変化内容,改革前後の状況をどう理解すべきか,実証的分析に基づき詳説。

日本教育行政学会研究推進委員会 編
教育機会格差と教育行政
●転換期の教育保障を展望する

◎3,600円　ISBN978-4-571-10165-6　C3037

子どもの貧困と教育機会格差の現状を明確にし,克服のための課題を検討。教育保障に必要なものを探る。

日本教育行政学会研究推進委員会 編
首長主導改革と教育委員会制度
●現代日本における教育と政治

◎3,900円　ISBN978-4-571-10167-0　C3037

「教育の政治的中立性」を目的とした教育委員会制度を,首長主導の教育行政に改革することを多面的に検討。

河野和清 編著
現代教育の制度と行政

◎2,300円　ISBN978-4-571-10144-1　C3037

教育の制度と行政を,教育がかかえる諸問題点を踏まえ,体系的かつ初学者にもわかりやすく解説した入門書。

森山沾一 著
社会教育における人権教育の研究
●部落解放実践が人間解放に向け切り拓いた地平

◎5,300円　ISBN978-4-571-30036-3　C3037

同和問題がメディアや行政の視野から逸れゆく趨勢に,自身が参加した地域の解放運動を統計データとともに分析。

松田武雄 著
コミュニティ・ガバナンスと社会教育の再定義
●社会教育福祉の可能性

◎4,500円　ISBN978-4-571-41053-6　C3037

国内外の豊かな事例から社会教育概念を実証的に再定義,社会教育再編下における社会教育の可能性を展望する。

末本 誠 著
沖縄のシマ社会への社会教育的アプローチ
●暮らしと学び空間のナラティヴ

◎5,000円　ISBN978-4-571-41052-9　C3037

沖縄の社会教育を,字公民館,字誌づくり,村踊り等から幅広くアプローチ。固有性からその普遍性をさぐる。

◎価格は本体価格です。

福村出版◆好評図書

太田俊己 監修／日本特殊教育学会北海道自主シンポジウムグループ 編著
発達障害児らの今と明日のハッピーを支える
◎2,500円　ISBN978-4-571-12113-5　C3037

特別支援教育の関係者たちが「個に応じた教育実践」を追求し、議論し続けた学会シンポジウムでの11年の実践報告。

石井正子 著
障害のある子どものインクルージョンと保育システム
◎4,000円　ISBN978-4-571-12120-3　C3037

「障害のある子ども」のいる保育の場面で求められる専門性とは何か。「かかわり」という視点からの問題提起。

小山 望・太田俊己・加藤和成・河合高鋭 編著
インクルーシブ保育っていいね
●一人ひとりが大切にされる保育をめざして
◎2,200円　ISBN978-4-571-12121-0　C3037

障がいのある・なしに関係なく、すべての子どものニーズに応えるインクルーシブ保育の考え方と実践を述べる。

橋本創一 他 編著
知的・発達障害のある子のための「インクルーシブ保育」実践プログラム
●遊び活動から就学移行・療育支援まで
◎2,400円　ISBN978-4-571-12119-7　C3037

すぐに活用できる知的・発達障害児の保育事例集。集団保育から小学校の入学準備、療育支援まで扱っている。

橋本創一・熊谷 亮・大伴 潔・林 安紀子・菅野 敦 編著
特別支援教育・教育相談・障害者支援のために
ASIST学校適応スキルプロフィール
●適応スキル・支援ニーズのアセスメントと支援目標の立案
◎5,000円　ISBN978-4-571-12123-4　C3037

学校・職場などでの適応状況を可視化するオリジナルの調査法。専門知識は不要ですぐに使える。CD-ROM付。

冨永光昭 編著
小学校・中学校・高等学校における新しい障がい理解教育の創造
●交流及び共同学習・福祉教育との関連と5原則による授業づくり
◎2,200円　ISBN978-4-571-12114-2　C3037

交流及び共同学習・福祉教育における「新たな障がい理解教育の5原則」を提起し、諸実践や指導計画を提案する。

冨永光昭 著
ハインリッヒ・ハンゼルマンにおける治療教育思想の研究
●スイス障害児教育の巨星の生涯とその思想
◎4,500円　ISBN978-4-571-12117-3　C3037

障害児教育の先駆者ハンゼルマンの思想を考究、実践の足跡を辿り特別ニーズ教育への新たな視点を提示する。

◎価格は本体価格です。